개정4판

보험법

한창희 저

국민대학교 출판부
KOOKMIN UNIVERSITY PRESS

개정4판 머리말

이 책의 초판이 간행된지도 8년이 경과하였다. 그간 제4차산업혁명의 진전에 따른 인슈테크의 발전과 보험모집의 아웃 소싱화, 판매채널의 다양화와 GA를 비롯한 보험대리점의 대형화, 손해사정의 전문성과 공정성의 강화 등, 보험업을 둘러싼 환경이 크게 변화하였다. 개정4판에서는 이와 같은 환경변화에 따른 각종 통계를 업데이트하고, 그동안의 우리나라 판례도 추가하였으며, 국내외 학자의 연구를 반영하였고, 이에 따라 개정3판에 비하여 약 20여 페이지가 추가되었다. 앞으로도 독자의 비판을 받아 수정할 것을 약속드린다.

2019년 10월 국민인슈테크연구소에서 저자 씀

초판 머리말

보험법은 보험계약관계를 규율하는 법이다. 보험법의 수업은 법학부와 법학전문대학원 모두에서 행해지고 있다. 이 책은 법학부에서 학습함에 초급수준에서 중급수준에 이르도록 하는 것을 목적으로 저술되었고, 전반적으로 전형적인 판례를 소개하여 이 책만으로 보험법의 학습이 완결적으로 가능하도록 하였기에 법학전문대학원의 교재의 기능을 할 수도 있을 것으로 생각된다.

이 책을 저술함에 있어서는 각국·지역에 따라 보험법과 보험계약에 대한 규제수준과 방법은 크게 다르지만, 국제적인 표준화를 향한 노력이 진행되고 있고, 우리나라의 보험법도 국제적인 조류에 합치하도록 단계적으로 변화될 것이 예상되고 있다는 점에 유념하였다. 이에 고지의무, 보험자의 정보제공의무 등 보험소비자보호와 관련한 유럽연합을 비롯하여 미국, 영국, 일본, 독일 등의 변동상황을 반영하고, 우리법의 입법론을 제시하였다.

또한 제1편에서는 보험법규가 규율하는 대상인 보험업의 발달과정·현황·특징 등을 소개하고, 근래 우리나라의 금융감독체제의 개편동향·보험교육을 포함하여 보험감독에 대하여서도 중요한 사항을 기술하였으며, 나아가 부당한 공동행위의 금지와 상호협정 등 공정거래에 관한 사항을 검토하였다.

오늘날 신성장동력분야인 연금보험, 상해보험·민영건강보험에 대하여서도 독립한 편을 할애하였고, 실무상 매우 중요한 자동차손해배상보장사업에 대하여서도 서술하였다.

이 책의 출간에는 많은 분의 도움을 받았다. 특히 은사이신 양승규교수님, 김영선교수님과 양희산교수님, 이순재교수님, 이원돈교수님을 비롯한 한국보험학회의 동료교수님, 보험연구원의 여러 연구자, 한국금융소비자학회의 정홍주교수님, 윤정혜교수님 등의 도움을 받았다. 또한 멀리 케임브리지대학교의 말콤 클라크교수님과도 이 저서의 출간을 함께 하고 싶다.

2011년 8월 저자씀

Contents

제1편 보험법 총론

Contents

Contents

Contents

Contents

Contents

Contents

Contents

Contents

제1편

보험법 총론

제1편 보험법 총론

제1장 보험[1]과 위험

Ⅰ. 사람의 경제생활상의 위험과 보험제도

사람의 일상생활에서 사고와 재해를 당하지 아니하는 한 특히 위험을 의식하는 일은 많지 않다. 많은 사람은 아침에 근무하는 직장에 출근하고, 밤에 귀가할 때까지 아무 일도 없으면, 특히 위험을 의식하지 않고, 무사한 것이 당연한 것처럼 매일을 생활하고 있다.

그러나 일단 교통사고, 주택화재, 홍수, 태풍, 질병이나 상해에 의한 입원 등과 같은 사고를 겪는다면, 자신의 경제생활에 큰 손해를 입게 된다. 이 경우 다시는 이와 같은 혹독한 사고를 당하지 않고자 함과 동시에, 만일 그와 같은 사고를 입으면, 그로부터 회복할 수 있도록 대비하기를 원하게 된다.

또한 그와 같은 피해를 당하지 않더라도 매스 미디어와 주위의 사람을 통하여 그 피해의 경위, 결과를 알게 되면, 자신도 그와 같은 사고를 입을 가능성이 있음이 명확하기 때문에, 이에 대하여 준비를 하여야 하겠다고 생각하는 사람이 있게 된다.

이와 같이 사람이 경제생활을 하는 중에, 이에 피해·불이익을 초래하는 사고를 경제생활에서의 위험으로 인식하고, 그 위험이 현실화하는 경우에 대비하는 경제적인 제도가 보험제도이다.

---

1) 보험이라는 용어는 일본에서 경제용어로 씌였던 것이 우리말로 들어왔고, 일본에서 보험회사가 처음 생긴 것은 1879년 동경화재해상보험회사이며, 1895년 유길준의 서유견문 7편에 보험이라는 단어가 사용되었다.; 이한섭, 일본에서 온 우리말 사전, 고려대학교출판부, 2014, 381면.

Ⅱ. 위험

보험수리상으로 위험[2]은 불리한 사고로 인하여 손해가 발생하는 경우에, 그 사고가 약정한 기간안에 발생하거나 특정한 도전으로 인하여 발생할 개연성이다.[3]

보험자에게 위험은 부보된 유형의 손해가 발생할 기회이다. 손해는 단어 그대로 목적물이 절취당하여 입는 손해이거나 화재와 같은 사고로 인하여 보험계약자의 경제적 안전에 대하여 영향을 미쳐 발생하는 금전적 손해일 수 있다. 보험자는 손해가 발생할지 여부에 대하여 관심을 가지는 경우도 있고, 생명보험과 같이 피보험자가 사망하는 것은 명확하지만 언제 사망하는지가 불확실한 경우에는 손해의 발생시점에 대하여 관심을 가지는 경우도 있다.

보험계약자에게 위험의 개념은 손해의 측면과 불확실성이라는 2가지 요소를 포함한다. 손해와 관련하여 보험계약자가 보험계약을 체결함에 의하여 위험은 보험료의 수준으로 감소하며, 불편한 점이라고는 보험계약을 체결하고, 사고가 발생하는 경우 보험금을 지급받는데 드는 시간일 뿐이다. 불확실성과 사고가 발생할지 여부는 객관적으로는 감소되지 않는다. 그러나 우산을 가지고 있으면 비가 오지 않는다고 느끼는 사람이 있는 것과 같이 주관적으로 약간의 사람들은 보험이 위험을 물리치는 마법과 같은 기능을 한다고 생각한다. 객관적으로는 불확실성은 손해 특히 비용에 관하여서만 감소되는 것이다. 또한 보험자가 위험, 사고발생가능성을 방지하는데 자문이나 인센티브를 제공하는 경우에는, 불확실성은 추가적으로 감소할 수 있다.

---

2) 위험(risk)은 보험에서는 손해(손실)의 발생가능성 또는 그와 같은 가능성이 있는 상태의 의미로 사용되고 있다. 상법에서는 보험사고를 의미하는 단어로 사용되고 있는 경우도 있다(상법 제647조). 위험으로 번역되는 단어에는 hazard와 peril이 있다. hazard는 다음의 위험사고의 발생원인 또는 기초로 되는 다양한 사정을 의미하고, 다른 단어와 구별하기 위하여 위험사정 또는 위험조건으로 번역되는 경우도 있다. peril은 리스크가 현실화한 사고를 의미하지만, 법률상 보험사고라고 하여도 무방하다(山下友信, 保險法(上), 有斐閣, 2018, 7面).

3) Malcolm Clarke, Policies and Perceptions of Insurance Law in the Twenty-First Century, (Oxford University Press, 2007), p. 2.

Ⅲ. 위험의 회피

1달러를 잃는 것과 10달러를 잃는데 10%의 기회중 어느 것을 선택하겠느냐는 질문에 대하여, 대부분의 사람들은 10달러를 잃거나 아무 것도 잃지 않는 위험한 결과보다는 1달러를 잃는 확실한 방법을 선택한다. 그 이유는 위험의 회피가 인간의 본성의 특징이기 때문이다.[4)]

이를 보험에 적용하면 1억원의 주택이 전손될 가능성이 0.01%이면 비록 개연성이 적지만 큰 손해를 입을 가능성을 방지하기 위하여 확실한 10,000원을 보험료로 기꺼이 지급하려 할 것이다.[5)]

그 주요한 이유는 사람들은 위험을 전가하기 위하여 보험료를 지급하는 것을 선택하기 때문이다. 이것이 위험의 회피이다.

이에 보험은 부보된 자가 보다 확실하게 가계예산을 짜거나 기업활동을 계획할 수 있도록 하는 것으로 설명된다.

그렇다면 사람들은 왜 위험을 수용하지 못하여 그 무엇을 할 결정 특히 보험을 구입하는 것인가를 살펴보는 것이 필요하다.

Ⅲ. 근심의 회피와 안심의 구입

위험의 회피는 근심을 회피하고자 하는데서 발생한다. 인간의 근심의 원인 하나는 자신의 상황이나 자신을 통제할 수 없다는 감정이다. 많은 사람이 항공기여행을 기피하는 원인은 항공기사고에 대한 공포만이 아니라 자신에 대한 통제력의 상실의 공포이다. 연구에 따르면 통제력이 없는 보행자의 근심의 정도가 운전자보다 높았다.

사람이 자신의 삶의 통제력을 회복하고, 근심을 감소하며, 약간의 안심을 추구하는 방법중 하나가 보험계약을 체결하는 것이다.

---

4) Malcolm Clarke, op, cit., p. 3.

5) Robert H. Jerry, II and Douglas R. Richmond, Understanding Insurance Law, (2nd ed., LexisNexis, 2007), p. 10.

보험자가 판매담당직원의 교육과정에 고객의 감정적 수요를 학습하도록 하는 이유이기도 하다. 이는 또한 보험자가 생명보험이 “평생 동안의 안심”을, 여행보험이 “여행중 안심”을 제공한다고 광고하는 이유이기도 한다. 이와 같은 광고는 상당한 효과가 있는 것으로 알려지고 있다.

안심과 확정성과 관련이 있는 것은 안전에 대한 바람이다. 심리학자에 따르면 의식주의 기본적인 요구가 충족되면, 안전에 대한 욕구가 나타난다고 한다. 이에 보험자가 보험계약자에게 상품을 설명하는 이미지의 다른 현저한 특징은 안전이다.

나아가 최근에는 생명보험자가 생존배우자에게 자문을 제공하는 급부를 포함하고, 애완동물보험자는 그 소유자에게 자문을 제공하기도 한다.[6)]

따라서 보험계약자가 보험계약을 체결하는 중요한 이유는 안심이다.

제2장 보험의 유형

Ⅰ. 운영목적에 따른 유형

보험은 국가 기타 공공단체가 인수주체가 되어 특별법에 기하여 경제 전체적인 견지에서 공적 정책을 실현하는 수단으로 행하여지는 공보험과 관계자의 사경제적인 견지에서 운영되는 사보험으로 분류된다.

1. 공보험

공보험에는 사회정책적 목적을 실현하기 위한 사회보험과 산업정책적 목적을 실현하기 위한 산업보험이 있다.

---

6) Malcolm Clarke, op. cit., p. 4.

가. 사회보험

국민건강보험(국민건강보험법), 국민연금보험(국민연금보험법), 고용보험(고용보험법), 산업재해보상보험(산업재해보상보험법) 등 4대 사회보험과 노인장기요양보험(노인장기요양보험법) 등이 있다.

나. 산업보험

무역관계보험으로는 수출보험(수출보험법), 중소기업관계보험으로는 중소기업신용보험(중소기업신용보험법), 농어업관계보험으로는 농어업재해보험(농어업재해보험법), 금융관계보험으로는 예금보험(예금자보호법) 등이 있다. 원자력손해배상책임보험은 보험회사 등 사법인이 인수하지만 피해자보호를 목적으로 하는 것이고(원자력손해배상보상계약에 관한 법률), 어선원보험(어선원 및 어선재해보상보험법)도 이에 속한다.

다. 공보험의 특징

공보험의 특징으로는 보험의 운영주체의 공적 성격, 국가, 지방자치단체로부터 재정자금의 보조·조성, 가입의 강제, 법률에 의한 보험관계의 성립, 급여반대급여균형의 원칙 등의 보험기술의 수정 등을 들 수 있지만, 이 모든 특징이 갖추어지지 않은 공보험도 있다.

2. 사보험

사보험은 국고 등의 보조를 받지 않고, 사인 사이의 사적자치의 원칙이 적용되는 보험이며, 운영주체도 보험회사 기타 사법인이고, 가입 여부는 임의에 맡겨져 있다. 상법, 민법 등의 사법에 의하여 규율되는 외에, 보험업법 등 공법에 의하여도 규율된다.

3. 한계영역의 보험

자동차손해배상책임보험은 보험회사가 인수주체인 사보험이다. 그러나 자동차보유자는 자동차책임보험에 가입하여야 하고(자동차손해배상보장법 제5조), 보험회사 등은 원칙적으로 가입을 거부할 수 없으며(동법 제24조), 보험회사가 지급받은 보험료의 총액과 지급보험금의 총액이 균등할 필요가 없다(동법 제 조). 보험급여 시에 피해자구제의 관점에서 손해배상의 일반법리와 다른 원칙이 적용되는 등 공보험의 성격이 강하다.

Ⅱ. 사보험의 기본유형

1. 손해보험·인보험

보험급여의 내용이 보험사고로 인하여 생긴 손해의 전보인가 아니면 사고발생의 객체가 사람인가에 따른 분류이다. 우리 상법을 비롯하여 중국보험법, 스위스보험계약법, 프랑스보험법이 취하는 분류방식이다.

2. 손해보험·정액보험

보험의 급여방법의 차이를 기준으로 하는 분류이다. 보험급여의 내용이 보험사고로 인하여 생긴 손해를 전보하는 것인가 아니면 미리 약정한 금액을 지급하는가에 따른 분류이다. 정액보험의 대표적 예는 생명보험이고, 상해보험 및 민영건강보험은 정액보험이 일반이지만 손해보험형도 있다. 일본 보험법은 손해보험·생명보험·상해질병정액보험으로 3가지 유형을 인정하고 있다.

3. 손해보험·생명보험·제3보험

보험업법의 분류이다. 보험업법은 보험상품을 "위험보장을 목적으로 우연한 사건 발생에 관하여 금전 및 그 밖의 급여를 지급할 것을 약정하고 대가를 수수하는 계약(제3조 1호)"라고 하고, 각 보험상품에 대하여 정의하고 있다.

생명보험상품은 "위험보장을 목적으로 사람의 생존 또는 사망에 관하여 약정한 금전 및 그 밖의 급여를 지급할 것을 약속하고 대가를 수수하는 계약(제3조

1호 가목)"이고, 손해보험상품은 "위험보장을 목적으로 우연한 사건으로 발생하는 손해에 관하여 금전 및 그 밖의 급여를 지급할 것을 약속하고 대가를 수수하는 계약(제3조 1호 나목)"이다.

제3보험은 "위험보장을 목적으로 사람의 질병·상해 또는 이에 따른 간병에 관하여 금전 및 그 밖의 급여를 지급할 것을 약속하고 대가를 수수하는 계약"(제3조 1호 다목)이라고 정의되어 있다. 제3보험은 보험금의 지급방법이 손해보상형과 정액급여형 어느 것도 가능하고, 사람에 관한 보험으로 손해보험과 생명보험에 공통적인 성질을 가지기 때문에 보험업법은 제3보험으로 규정하고 있다.

보험업법 제10조는 생명보험과 손해보험의 겸영을 금지하고 있다. 생명보험업에서는 위험이 비교적 규칙적인데 대하여, 손해보험업에서는 보험사고의 발생률이 불안정하여 일시적인 거대손해가 발생할 우려가 있고, 계약기간도 손해보험은 단기, 생명보험은 장기라는 차이가 있기 때문에 두 사업이 한 보험회사에 의하여 행해지면 보험가입자간에 불공평이 발생할 우려가 있음이 고려된 것이다.[7] 또한 보험업의 전문성을 확보하고, 보험업의 안정을 도모하고자 한 것이다.[8] 다만, ① 생명보험 · 제3보험의 재보험, ② 조세특례제한법상의 연금저축계약, 근로자퇴직급여보장법상의 퇴직보험계약, ③ 제3보험의 질병사망특약(요건 : 만기80세 이하, 개인당 2억원 한도, 만기환급금이 납입보험료 합계액 범위 내 일 것) 등은 겸영이 가능하다(보험업법 제10조, 동법 시행령 제15조).

4. 물건보험과 인보험

보험사고가 발생하는 객체 또는 보험보호의 대상이 물건인가 사람인가에 따른 분류이다.

가. 물건보험

물건보험은 보험가입자의 물건 또는 재산에 대하여 생긴 사고를 보험사고로

7) 山下友信·竹濱修·洲崎博史·山本哲生, 保險法, 有斐閣, 2015, 39面.
8) 사법연수원, 보험법연구, 2012, 8면.

하는 보험이다. 일반적으로는 구체적인 물건에 대하여 생긴 사고를 보험사고로 하는 보험을 물건보험이라고 하지만, 특정물이 아닌 가입자의 전 재산에 대하여 생긴 사고를 보험사고로 하는 재산보험(책임보험)도 여기에 속한다.

나. 인보험

인보험은 사람의 신체에 대하여 생긴 사고를 보험사고로 하는 보험이다. 생명보험·상해보험·민영건강보험 등이 이에 속한다.

Ⅲ. 보험이 행해지는 목적에 의한 유형

1. 기업보험·가계보험(소비자보험)

가. 가계보험(소비자보험)과 기업보험

보험을 경제생활주체의 차이에 따라 분류하면, 기업이 기업경제생활의 존속유지를 위하여 가입하는 기업보험과 가정이 가계경제생활을 존속·유지하기 위하여 가입하는 가계보험(소비자보험)으로 나뉜다.

나. 구별의 실익-불이익변경금지의 원칙의 적용

가계보험은 보험자와 보험가입자 사이에 경제력과 보험계약에 관한 지식과 정보 등에서 현저한 격차가 있기 때문에(정보의 비대칭성), 보험가입자 측을 보호하기 위한 법적 규제가 필요하다. 상법은 소비자보험에 한하여 상법 보험편의 내용보다 보험계약자 측에게 불이익으로 변경하지 못하도록 한다(상법 제663조).

2. 개인보험·단체보험

개개의 보험의 대상마다 보험계약이 체결되는 것이 개인보험이고, 다수의 보험의 대상을 포괄하여 보험계약을 체결하는 것이 단체보험이다. 단체생명보험은 회사가 종업원 전원을 피보험자로 하여 회사가 보험계약자가 되어 체결한다(상법 제735조의 3). 단체생명보험은 단체 전체의 위험에 기하여 위험선택을 하기 때문에 개인생명보험과 다른 규율이 행해진다.

3. 강제보험·임의보험

법률에 의하여 가입이 의무화되어 있는가 여부에 의한 분류이다. 사보험의 대부분은 임의보험이지만, 자동차손해배상책임보험(자동차손해배상보장법 제5조). 원자력손해배상책임보험(원자력손해배상법 제5조), 유류오염손해배상책임보험(유류오염손해배상보장법 제14조)은 강제보험이다. 이와 같이 사보험중 강제보험으로 되는 것은 책임보험이고, 손해배상을 보장하는 제도를 확립하여 피해자를 보호하는 것을 주요한 목적으로 하고 있다(자동차손해배상보장법 제1조 참조).

4. 보장성보험·저축성보험

손해보험은 일반적으로 보험기간은 1년이고 그 기간중 보험사고가 발생하면 보험급여가 행해지지만, 발생하지 않으면 보험계약은 종료하여 보험계약자의 보험료지급에 대하여 보험자로부터 보험계약자측에 대한 반대급부는 없는 것이 된다. 이와 같은 경우 보험계약자는 보험계약을 체결함에 의하여 위험을 보험자에게 이전하고 보험사고가 발생하면 보험급여를 받을 가능성을 확보하기 때문에 안심을 구입하였다고 고찰될 수 있다. 이와 같은 보험은 위험의 현실화에 의한 손실에 대비한다는 기능으로 특화된 점에서 보장성보험이라고 한다.

이에 대하여 생명보험 중 양노보험은 보험기간 중 피보험자가 사망하면 사망보험금이 지급되는 점에서는 보장성을 가지지만, 피보험자가 사망하지 않고 보험기간이 만료하면 만기보험금이 지급되며, 확률상 만기를 맞을 가능성이 높기 때문에, 보험계약자에게는 저축을 한 것과 같은 결과가 된다. 또한 만기를 맞이하기 전에도 보험자는 보험계약자로부터 지급받은 보험료를 보험금의 지급을 위하여 적립하고, 보험계약자는 이 자금에 근거하여 해약환급금의 반환을 청구할 수 있다. 이와 같은 성질을 가진 보험을 저축성보험이라고 한다.

보험기간이 짧은 보험은 보장성보험이 많고, 긴 보험은 저축성보험이 많다. 저축성보험은 현금화될 수 있는 재산적 가치를 가지기 때문에 예금 등 금융거래와 같은 실체법적·절차법적 법률문제가 발생하며, 보험감독법상 보장성보험과 저축성보험은 달리 규제되고 있다.[9)]

영국 보험영업행위준칙(ICOBS)은 적용범위를 손해보험과 순수보장성보험(pure protection insurance)으로 하고, 후자는 보험기간이 단기이고 환급보험료가 없는 생명보험을 의미한다.[10)]

Ⅳ. 기타 유형

1. 영리보험·상호보험

보험단체형성의 목적, 방식 등의 차이를 기준으로 하는 분류로, 보험자는 보험가입자측으로부터 수령하는 보험료의 총액과 보험가입자측에 지급하는 보험금의 총액의 차액을 이익으로 수령하는 것을 목적으로 하는 보험을 영리보험이라고 한다. 영리보험을 인수하는 행위는 기본적 상행위이고(상법 제46조 17호), 보험자는 상인이다(상법 제4조).

이에 대하여 상호보험은 보험가입자가 동시에 보험자단체의 구성원이 되어 사단법인의 사원과 같은 관계를 형성하는 보험이다. 우리나라에서는 선주상호보험조합법에 의한 선주상호보험이 이에 속한다. 상호보험의 인수는 보험가입자에게 보험을 제공하는 것을 목적으로 하여 영리목적을 결하기 때문에 상행위가 아니지만, 상호회사에는 영리보험을 영위하는 주식회사에 관한 규정이 준용된다(보험업법 제59조, 제69조).

9) 山下友信, 전게서, 52面.

10) John Birds, Modern insurance law, (10th ed., Sweet & Maxwell, 2016), p. 37.

2. 원보험·재보험

보험자는 보험사고가 발생하면 보험금을 보험가입자측에게 지급할 위험을 진다. 따라서 보험자가 인수한 계약상의 책임의 전부 또는 일부를 다른 보험자에게 인수하도록 하는 경우가 있다. 이 경우 보험자가 보험가입자측으로부터 인수한 보험을 원보험, 이것을 다른 보험자에게 인수시킨 보험을 재보험이라고 한다. 재보험은 원보험이 손해보험인지 생명보험인지 묻지 않으나, 원보험자의 보험금지급채무의 부담이라는 손해를 전보하는 보험이므로 그 법적 성질은 책임보험(상법 제726조)인 동시에 손해보험이다. 재보험은 계약내용이 원보험과 다른 점이 많기 때문에, 재보험에는 보험계약법은 적용되지 않는다.

3. 단독보험·공동보험

보험자가 단독으로 하나의 위험을 인수하는 단독보험의 경우, 보험계약자로부터 수령한 보험료는 전액 취득하지만, 보험사고가 발생하면 지급하는 보험금은 거액이 되어, 보험자의 경영이 불안정해질 가능성이 있다. 따라서 특히 거대위험에 대하여서는 복수의 보험자가 공동으로 위험을 인수하여 보험자 사이에 위험을 분산하고, 한 보험자의 위험을 경감시키고 있다. 이와 같이 복수의 보험자가 공동으로 하나의 보험을 인수하는 제도를 공동보험이라고 한다.

4. 해상보험·항공보험·육상보험

보험사고가 발생하는 장소의 차이를 기준으로 하는 분류이다. 해상보험은 해상사업에 관한 사고로 인하여 생길 손해를 보상하는 것을 목적으로 하는 보험이고(상법 제693조), 항공보험은 항공기와 그 운항에 관련하여 생기는 손해를 보상하는 보험이다. 그 밖의 보험은 육상보험이다.

5. 적극보험·소극보험

보험가입자측이 입은 손해의 차이를 기준으로 하는 분류이다. 적극보험은 보험가입자측이 보유하는 유체재산에 대하여 생기는 손해에 대하여 보험금이 지급되는 보험을 말하고, 소극보험은 보험가입자측의 책임으로 타인이 입은 손해를 배상할 책임을 부담하는 것에 대하여 보험금이 지급되는 보험을 말한다. 적극보험에는 화재보험과 자동차보험(책임보험을 제외함) 등이 있고, 소극보험에는 책임보험이 있다.

V. 정액보험과 변액보험

정액보험은 보험계약 체결당시 보험금이 미리 정액으로 결정되어 있는 보험이고, 변액보험은 보험금이 자산운용의 성과에 따라 변동하는 보험계약이다(보험업법 제108조 제1항 3호). 정액보험은 자산운용에 따른 투자위험을 보험회사가 부담하는데 반하여, 변액보험은 자산운용실적에 따라 보험금이나 해지환급금이 변동하므로 그 투자위험을 보험계약자가 부담하는 점에서 정액보험과 구별되고, 변액보험은 보험자의 자산운용에 따라 보험금 등이 변동하는 점에서 투자신탁회사의 수익증권이나 뮤추얼펀드와 같은 실적배당상품이다. 변액보험은 일반계정과 특별계정으로 분리되고, 특별계정은 자본시장법에 따른 자산운용을 하며, 그 운용성과에 따라 보험금과 해약환급금이 증감한다. 또한 근래 예금자보호법의 개정으로 변액보험의 경우에도 금융기관이 파산한 경우 1인당 5천만원을 한도로 보호대상예금에 포함되었다.

2010년 개정 보험업법상 적합성원칙이 도입되어 보험회사 및 판매자는 보험계약의 체결을 권유하기 전에 면담 또는 질문을 통하여 고객의 연령, 재산상황, 가입목적 등을 파악하고 확인(서명 등)을 받도록 하고, 시행령에서 적용상품과 확인내용, 유지관리기간 등을 규정하도록 위임하고 있다(보험업법 제95조의 3). 적합성원칙의 적용범위는 변액보험으로 한정되어 정보확인서의 작성이 요구되고 있고, 장차 그 적용범위가 확대될 전망이다.

제3장 보험유사제도

Ⅰ. 저축

저축은 경제생활의 안정을 위하여 수입의 일부를 적립하는 것이다. 보험과 저축은 장래의 불안에 대비하기 위한 경제적 제도인 점에서 공통적이지만, 차이점도 많다. 목적의 면에서 보험은 특정한 우연한 사고에 대비하는 제도이지만, 저축은 특정한 위험에 한정하지 않고 다양한 위험에 일반적으로 대비하기 위한 것이고, 보험은 다수의 경제주체를 필요로 하는데 비하여, 저축은 단독의 경제주체로 구성된다. 그 형태와 관련하여 보험은 경제주체가 다른 경제주체와 협력하여 위험에 대비하는 제도이지만, 저축은 각 경제주체가 개별적으로 경제적 수요에 대비하는 것이다. 다만 생명보험과 일부 손해보험은 저축으로서의 측면을 보유하고, 저축목적으로 이와 같은 보험에 가입하는 경우가 많다.

Ⅱ. 도박·복권

도박이라 함은 당사자가 재산의 취득과 상실이라는 위험을 부담하고, 우연한 승패에 의하여 금전과 재산의 수수를 결정하는 사행행위를 말하고, 원칙적으로 형법에서 금지된다(형법 제246조). 복권이라 함은 발매자가 다수의 복권(복표)을 판매하고, 추첨 기타 방법으로 불평등한 금전 등의 분배를 하는 것을 말한다. 도박과 복권은 금전 등의 급여가 우연한 사건의 발생에 기인하는 사행성을 가진 제도하는 점에서 보험과 유사하다. 그러나 도박과 복권은 우연한 사건의 발생에 기인하는 금전 등의 급여를 위한 제도이고, 경제생활의 불안정을 조장하는데 비하여, 보험은 우연한 사건의 발생에 대하여 경제생활의 안정을 확보하는 것이 목적이라는 점에서 도박·복권과는 차이가 있다.[11]

---

11) 岡田豊基, 現代保險法, 中央經濟社, 2017, 16面.

Ⅲ. 자가보험·캡티브

1. 자가보험

자가보험(self-insurance)이라 함은 회사가 통상적으로 보험료로 지급되는 금액을 손해배상청구에 대비하여 별도로 적립하는 경우와 같이 특정한 위험에 대비하여 별도로 일정금액을 적립하는 것이다. 이와 같은 방식으로 위험을 보유하는 것은 중요한 위험관리방법이고, 보험계약자는 보험회사에 지급되었을 보험료를 절약하는 결과가 된다, 이와 같은 위험보유가 보험사업에 해당하는가 여부에 대하여 대부분의 미국판례는 이에 부정적인 입장을 취한다.[12)]

자가보험은 단일한 경제주체 내에서 행해지는 위험준비제도이고, 각 자가보험에서는 각 경제주체는 자가보험의 위험준비금을 사고발생 시에 사용할 수 있게 된다. 준비금을 적립하는 것은 단일한 경제주체이라는 점에서 자가보험은 보험이 아니고 그 실체는 저축이다.

2. 캡티브

캡티브(Captive) 또는 캡티브보험거래라 함은 기업 또는 기업집단 사이에서만 외형적으로 보험거래의 법형식을 취하는 거래를 하는 기업을 말한다. 캡티브는 경제적 실질은 자가보험과 유사하다. 또한 캡티브보험회사의 의의는 다양하지만, 보험회사 이외의 모조직의 리스크에 파이넌스하기 위하여 모조직에 의하여 소유·관리되는 보험회사를 말한다.[13)]

12) Davidson v. American Freightways, Inc., 25 S.W.2d 94 (Ky, 2000); State v. Continental Cas. Co., 879 P.2d 1111(Idaho, 1994); Budget Rent A Car Systems, Inc., v. Taylor, 626 So.2d 976 (Fla. Dist. App. 1993).

13) 岡田豊基, 전게서, 17面.

Ⅳ. 공제

일정한 직업 또는 지역에 속하는 자가 단체를 형성하여 상호 일정한 금액을 출연하고 단체구성원에게 재해와 불행(화재와 사망 등)이 발생하는 경우에 일정한 급부(공제금의 지급)를 하는 것을 공제라고 한다. 공제는 단체구성원의 범위와 공제금액이 비교적 적게 채택되는 경우도 있고, 각종 협동조합이 행하는 공제와 같이 보험과 같은 기술을 사용하여 대규모로 행하는 경우까지 다양하다.

공제가 보험과 같은 기술을 사용하는 경우, 그 실질은 보험과 다름이 없지만, 공제는 단체구성원의 상호부조를 위하여 행하는 것으로 영리목적으로 행하는 것은 아니기 때문에 상법의 규정이 공제에 당연히 적용되는 것은 아니다. 그러나 그 실질이 보험에 가까운 공제에 대하여서는 상법의 보험계약에 관한 규정을 유추적용하는 것이 타당하다.

명칭은 어떻든 실질적으로 보험사업에 해당하는 것을 보험업법상 허가를 받지 아니하거나 근거법률에 의하지 아니하고 공제사업을 행하는 경우에는 무면허영업으로 되어 보험업법과 유사수신행위의 규제에 관한 법률의 제2조 제4호 위반이 된다.

Ⅴ. 보증

보증이란 제3자가 채권자에 대하여 주채무의 이행을 담보하는 일종의 채권담보제도이다(민법 제429조). 보증인이 피보증인인 피용자의 행위로 사용자가 받을 손해를 배상하기로 하는 신원보증(신원보증법 제1조)이 그 예이다. 보증은 보증인과 피보증인과 사이의 개별적인 관계에서 이루어지고, 주채무에 대하여 종속적이며, 일반적으로 무상으로 제공되는 점에서 하나의 위험단체를 전제로 위험분산을 꾀하고 있는 보험과는 구별된다. 그러나 오늘날 보증에 있어서도 단체적인 구조를 전제로 다수의 경제주체를 대상으로 합리적인 위험측정에 의하여 유상으로 보증을 인수하는 제도인 보증보험이 발달하고 있다(보험업법 제5조 제1항).

Ⅵ. 금융파생상품

파생상품(derivatives)이라 함은 금융자산으로 그 가치가 다른 금융자산(기초자산)의 가치로부터 파생하는 것으로 선물거래, 선도거래, 옵션, 스왑의 4종류 또는 이들이 결합한 것을 말한다.[14)]

장래의 급여가 기초자산의 시세변동이라는 우연한 사실의 발생에 따르는 점에서 보험과 공통된다. 그러나 파생상품은 일정한 조건을 충족하면 손해의 유무를 묻지 않고 급여가 지급되는 점에서 손해보험과 다르다. 또한 보험은 위험의 전가를 본질로 하는데 반하여,[15)] 파생상품은 옵션을 제외하고는 위험의 이전은 쌍방향인 점에서 차이가 있다.[16)]

다만 통합금융상품의 일반화에 따라 파생상품과 보험계약의 구별은 희박하여지고 있고, 파생상품의 일종인 변액보험이 생명보험에서의 판매비중이 비약적으로 증대하고 있다.

Ⅶ. 옵션거래

옵션이라 함은 일정한 상품과 증권 등의 현물자산을 소정의 기일(만기일) 또는 기간내에 소정의 가격(권리행사가격)으로 매수할 권리(콜 옵션) 또는 상대방에게 매도할 권리(풋 옵션)를 말한다.[17)] 이 권리의 매매를 옵션거래라고 한다.

옵션거래에는 매도인과 매수인이 존재하고, 매수인으로부터 매도인에게 옵션의 수수료가 지급된다. 가령 X주식회사의 주식을 보유하고 있는 A주식회사는 B주식회사로부터 주식가격이 하락할 것을 예상하여 현재의 주가 1만9000원, 권리행사가격 2만원, 수수료 1,000원, 권리행사기간 3월의 조건으로 풋 옵션을 매

14) 山下友信, 전게서, 24面. 자본시장법 제5조 제1항은 선도, 옵션, 스왑 중의 어느 하나에 해당하는 계약상의 권리라고 규정하고 있다.
15) 양승규·장덕조·한창희, 보험법개정의 관점, 청목출판사, 2009, 154면.
16) 岡田豊基, 전게서, 18面.
17) 岡田豊基, 상게서, 19面.

수하였다. 그 후 주가가 하락하여 행사기간 내 일자에 주가가 1만7천원이 되어 A회사는 B회사에 대하여 콜 옵션을 행사한다면 1주당 2,000원(2만원-1만7,000원-1,000원)의 얻게 된다. 풋 옵션을 행사한다면 현물자산의 가격이 하락하는 위험을 회피할 수 있게 된다. 반면 콜 옵션을 행한다면 가격이 상승하여 얻을 이윤은 잃게 된다.

보험은 옵션과 동일한 구조이다.[18] 갑주식회사와 을주식회사 사이에 가격 2억 원의 건물이 1년간(권리행사기간)에 화재로 멸실하여도 을회사에 2억원(권리행사가격)으로 매도할 수 있는 풋 옵션을 50만원으로 매수하였다고 하자. 기간 내에 건물이 화재로 멸실하였어도 갑 회사는 풋 옵션을 행사하여 을회사에 건물을 2억 원에 매수하도록 하여 재산의 멸실위험은 회피되는 것이다. 반면 화재가 발생하지 않으면 권리를 행사하지 않고 수수료 50만원을 잃게 된다. 갑회사가 보험가입자, 을회사가 보험자에 해당하고, 이 옵션거래가 보험에 유사하다.

제4장 보험법의 발달

보험은 대수의 법칙 등의 보험기술에 입각하여 행하여지는 이상 기본적으로는 법률규정도 보편적이어야 하고,[19] 외국 보험시장에 대한 재보험의 필요성 등으로 인하여 보험에 관한 규범을 국제기준과 현대사회에 적절하도록 하는 것이 요구되고 있다. 이 장에서는 먼저 해상보험, 화재보험, 생명보험의 탄생에 대하여 검토한다. 다음으로 오늘날의 보험법의 발상지라고 할 수 있는 영국보험법의 발달과정과 근래의 보험법의 개혁논의를 살펴보고, 독일, 호주, 유럽연합, 일본 등의 보험법의 현대화의 노력을 고찰한다.

---

18) 高尾厚, 保険とオプション, 千倉書房, 1998, 25面 이하.

19) 山下友信, "保險法現代化の意義,"『ジュリスト』, No. 1368, 2008. 12. 1, 62面.

제1절 보험제도의 탄생

보험제도는 14세기에 이탈리아 상업도시, 피사, 제노바 등의 도시에서 해상보험으로 탄생하여 화재보험, 생명보험, 상해보험, 도난보험, 자동차보험으로 영역을 확대하였다.

Ⅰ. 해상보험

해상보험제도는 유태인이 프랑스에서 추방된 때인 1182년에 고안하여 이주한 이탈리아의 롬바르드지방에 소개되었다.[20] 13세기 이전에 선박을 담보로 자금을 대부한 관행(선박모험대차: bottomry)와 적하를 담보로 자금을 대부한 관행(적하모험대차: respondentia)이 발달하였다. 선박모험대차와 유사한 기록이 프르타르크의 영웅전에 나타나 있는데, 그는 기원전 234년부터 149년에 생존한 사람으로 선박보험대차에 매우 유사한 유형의 사업을 전문적으로 행한 대부업자인 마르쿠스 카토(Marcus Cato)에 대하여 서술하고 있다.

동지중해상업의 발전에 공헌한 초기의 그리스인들은 선박모험대차계약거래를 하기 위하여 아테네 거래소를 창설하였다. 그리스인들은 기원전 2250년 함무라비법전하에서 담모물과 지급이율에 대하여 특정한 조건을 정하고, 무역업자가 자기측의 과실와 고의없이 수송도중에 도난당하는 경우 정식으로 통지함에 의하여, 그 채무 즉 원금과 이자의 변제를 면제하는 합의아래, 상인이 화물을 담보로 무역업자에게 금을 대출하는 것을 인정하고, 이와 교환하여, 무역업자는 상인에 대하여 화물의 가액을 기재한 상품제공목록을 제공한 제도를 바비로니아사람들로부터 모방한 것이다.

카르타고인, 포에니아인, 로마인도 선박모험대차계약에 의한 거래를 하였지만, 기원후 533년의 로마황제 유스티니아누스의 칙령은 선박모험대차의 최대이

---

20) 피렌체에서 출생한 은행가로 공무원·외교관으로 근무한 역사가, 연대기작가인 Giovanni Villani가 저술한 신연대기(Nuova Cronica)의 본문의 기술이다.

율을 12%로 정하였다.

유대인이 12세기말에 해상보험을 고안하였지만, 롬마르드인이 이 제도를 개량한 것으로 고찰된다.[21]

보험에 중요한 의의를 가지는 것은 1369년 10월 22일 총독 가브리엘 아도르노(Gabriele Adorno)가 공표한 "서면 기타의 방법으로 행해진 계약과 보험계약은 불법적인 것이라고 주장하는 자에 대하여"라는 제목의 조례로서, 이에 의하여 보험금의 지급을 거절하는 경우에 벌금을 부과하고 채무의 변제를 강제함에 의하여 보험의 유효성이 인정되었다.[22] 진정한 보험이 행해진 것은 약간의 시간이 지난 후이다. 최초의 보험은 피사의 1379년 4월 13일자의 해상보험증권이고, 제노바에서는 1390년대에 진정한 보험이 행하여졌다.

이와 같이 이탈리아 도시에서 탄생한 해상보험은 거의 시차 없이 지중해를 동서로 횡단하여 프랑스의 마르세이유, 스페인의 바르셀로나 등으로 전해졌다. 바로세로나에서는 14세기말 이미 서면으로 확인된 해상보험건수만 10건이 넘는다.

이어 해상보험은 북유럽 브룩스, 앤트워프로 전해지고, 북으로는 암스테르담, 함부르크, 서로는 런던으로 전파되었다. 18세기 이후에는 런던을 중심으로 해상보험은 번영하였고, 이에 크게 공헌한 것은 로이즈이다.

II. 화재보험

인류가 불을 사용한 흔적은 프랑스에서 발견된 것으로는 100만년 전의 것으로 추정되는 흔적이 있고, 북경인의 유적에서도 다수의 불의 흔적이 발견된다. 따라서 인간의 탄생 직후 불이 사용되어 인간과 함께 한 것이다.

불은 문명의 진화에 크게 공헌하였지만, 문명의 파괴를 초래하기도 하였다. 오늘날에도 화재는 우리의 대표적인 위험의 하나이다.

화재보험의 탄생의 계기가 된 것은 1666년 9월 2일의 런던대화재이다. 4일

21) Barries G. Jervis, Reeds Marine Insurance, 2005(大谷孝一中出哲譯, 現代海上保險, 成山堂書店, 2013), 1~4面.

22) 近見正彦·吉澤卓哉·高尾厚·甘利公人·久保英也, 新·保險學, 有斐閣, 2006, 19面.

동안 런던의 5분의 4를 파괴하고, 1만3,200의 주택과 89동의 교회를 파괴하고, 피해자가 10만이나 되었다. 1681년 9월 투기적인 건축업자인 니콜라스 바본(Nicholas Barbon)은 세계 최초의 보험회사인 Fire Office를 개업하였다. 이것이 오늘날의 영리화재보험의 시초이고, 해상보험이 육상에서 이용된 해이다. 18세기 중엽에는 유럽에서 화재보험이 행해지고, 1752년에는 벤자민 프랭클린에 의하여 미국에 최초로 화재보험회사가 설립되었다.

19세기 후반에 이르러 다수의 보험이 탄생하였다. 1849년의 상해보험, 1885년의 도난보험, 1896년의 자동차보험 등이 그 예이다.

Ⅲ. 생명보험

생명보험의 탄생은 명확하지 않다. 일반적으로 생명보험은 영국에서 1762년 사망표를 기초로 한 생명보험회사 Equitable Life Assurance Society에 비롯한다고 알려지고 있다.

제2절 각국의 보험법의 발달

Ⅰ. 영국

1. 해상보험의 발전

가. 초기의 역사적 배경

손해에 대한 다양한 보호방법의 하나로서 해상보험은 해상사업과 함께 기원하는 가장 오랜 역사를 가지고 있다. 고대 포에니아인, 그리스인, 로마인은 오늘날 로이즈에서 실무상 행해지고 있는 인수(underwriting)의 기법에 익숙하지는 않았어도 금전소비대차 또는 상호보증 등의 다양한 보험제도에 의하여 해상사업에 따르는 위험을 전가하였다. 최초의 해상보험에 관한 기록은 533년의 유스티니아누스 황제시대의 로마칙령에서 발견된다. 가장 오래된 제도는 모험대차(Bottomry)로서, 선박의 저당으로 정의되는데, 선박이 멸실하는 경우에는 대주는 선박을 담보로 제공한 대여금을 잃지만, 선박이 목적항에 무사히 도착하는 경우에는 대여금에 약정한 추가금액을 회수하였다. 이와 같은 모험대차에서 해상보험의 형식으로 발전하였는데, 그 주된 이유는 첫째, 거래가 극히 단순하였다는 점, 둘째, 당시 고리대금업에 대하여 법에 의하여 보편적으로 부과되던 벌금을 회피하기를 원하였다는 점이 들어진다.[23)]

모험대차와 현대의 해상보험의 차이점은 전자는 실제 손해가 발생하기 이전에 미리 보상한 것임에 비하여, 후자는 손해가 발생한 후에 보상할 것을 약정하는 것이다.

모험대차는 중세의 상업의 부흥시기에 해상보험으로 발전하였고, 멀지 않아 현대보험으로 성장하였다.

나. 롬바르드인

다양한 형태의 해상보험이 유럽 전역에 확산되었는데, 최초의 보험센터가 한자상인에 의하여 북부유럽의 부룩스(Bruges)에 세워졌다. 1432년에는 바르셀로나시는 선박보험에 관한 최초로 기록되는 법령을 제정하였다. 영국에서 해상보험은 처음에는 한자상인에 의하여 시작되고, 독일 이주민에 의하여 상당한 기간 동안 거의 경쟁 없이 수행되다가 롬바르드인의 출현과 함께 경쟁에 직면하게 되었다. 오늘날 런던의 중심 금융가의 명칭인 롬바르드 스트리트(Lombard Street)는 최초로 해상보험사업을 본격적으로 수행 한 롬바르드인에 유래한다. 이들은 모험대차의 대부를 통하여 해상보험을 시작하였고, 외국무역이 영국인의 손에 들어갈 때까지 영업을 계속하였는데, 그들은 금융과 상업의 기초를 세웠고, 해상보험에 관한 적절한 원칙과 규제를 도입하여 해상보험이 무역거래계에 널리 이용하도록 하여 해상보험실무를 일반화한 공로가 인정된다.

---

23) Kyriaki Noussia, The Principle of Indemnity in Marine Insurance Contracts, (Springer, Leipzig, 2007), pp. 1~2.

다. 초기의 영국해상보험

16세기까지는 해상보험은 주로 외국인에 의하여 영위되었지만, 17세기에는 영국기업의 수중으로 들어갔다. 그 분기점은 "상인간의 보험에 관한 법"이라는 제목의 1601년 엘리자베스법(Elizabethan Act)인데, 이는 해상보험에 관한 최초의 법률로 기록되고 있다. 동법은 보험법원을 창설하였는데, 상인계층과 보통법 법원이 선호하지 않아 이 법원에 제소된 소송은 극히 적었다.

라. 로이즈의 창설과 로이즈커피하우스의 융성

1666년까지는 보험인수사업은 은행, 금전대여자, 그리고 부업으로 보험사업을 행하는 자의 개인사무실에서 행하여졌지 특정한 거점에서 수행되지 않았다. 1630년 옥스퍼드대 총장이던 윌리엄 로드(Willim Laud)가 교수로 초빙한 크레타 사람 니타니엘 코노피우스(Nathaniel Conopius)가 이슬람지역에서 유행중이던 커페문화를 런던에 도입하였다. 런던에 커피 하우스가 1652년에 최초로 개설된 후 년 내에 폭발적으로 증가하였고, 보험자를 위한 편리한 장소임이 판명되었다. 로이즈 커피하우스가 개점한 장소는 타우너 스트리트(Towner Street)이었지만, 1691년 또는 1692년에 롬바르드 스트리트 근처로 이전되었다.[24] 상업소식과 선박뉴스를 제공하는 주간신문인 로이즈 뉴스(Lloyd's News)의 발간과 함께 로이즈 커피하우스는 해운산업관련자의 휴식처가 되었다. 1771년에는 보험자를 대표할 위원회가 설립되어 보험자의 단체의 시초를 이루었으나 조직화된 기구가 된 것은 1871년의 로이즈법(Lloyd's Act)에 의하여서이다.

---

24) Edward Lloyd Coffee House의 최초의 기록은 1688년 9월 5개의 시계를 절취당한 애드워드 브랜스비가 런던 가제트지에 낸 "타우너 스트리트의 에드워드 로이즈 커피하우스 또는 에드워드 브랜스비씨에게 알리는 경우 1기니의 보수를 지급한다"는 광고이다. 절도피해자가 로이즈 커피하우스를 이용한다는 사실은 1688년 로이즈가 성업하고 있음을 보여준다. 로이즈는 1691년에는 롬바르드 스트리트로 이사하였고, 1928년 현재의 라임 스트리트에 있는 East India Company의 부지에 건물을 신축하였으며, 1986년 5년 로저스경의 설계로 21세기 영업에 적합하도록 전자기술이 접목된 빌딩으로 이전하였다.; Julian Burling, Lloyd's: law and practice, (informa law from Routledge, 2014), p. 13.

마. 최초의 해상보험회사

재정위기에 처한 영국정부는 1711년 사우스 시 컴퍼니(South Sea Company)를 설립하여 무역독점권을 부여하고 국채를 보유한 자는 회사의 주식과 교환하게 하였지만, 실제로는 회사의 무역독점권이 거의 가치가 없었으므로 회사의 부실을 숨기기 위하여 많은 사기가 실행되었으며, South Sea Bubble 스캔들로 인하여 London Assurance Corporation과 Royal Exchange Assurance Corporation 두 회사만이 살아남았고, 1720년에는 버블법(Bubble Act)이 제정되어 특허 없이 주식발행을 할 수 없도록 하였다.[25] 동법은 두 회사에게 선박과 적하를 부보할 수 있는 독점권을 부여하였고, 세 가지의 결과를 낳았다. 첫째, 보험중개사를 통하여 개인보험사업자는 구속을 받지 않고 해상보험을 인수할 수 있었고, 둘째, 두 회사의 경쟁이 도입되었으며, 셋째, 개인보험사업자와 두 회사만이 독점적으로 해상보험사업을 영위할 수 있게 되었다는 것이 그것이다.[26] 1720년의 주식시장의 붕괴로 인하여 두 회사는 파산상태에 빠졌고, 1824년 해상보험법에 의하여 두 회사의 독점권이 폐지되었으며, 개인보험사업자가 해상시장의 90%를 차지하였다.[27]

바. 로이즈와 다른 형태의 해상보험회사의 발전

로이즈에 가입하는 개인보험사업자가 누리는 사실상의 독점권에 대하여 모든 선주가 환영한 것은 아니었는데, 특히 지방항구를 거점으로 하는 선주는 런던의 보험자가 우호적이 아니고, 로이즈의 보험료는 비경쟁적이며, 개인보험자의 파산을 예측할 수 없다고 판단하였다. 이에 선주는 상호선체보험을 제공하기 위하여 연합하여 조합을 결성하였는데, 이 조합은 상호부조적인 성격에 기초하여 가입하는 것으로 이는 오늘날의 상호보험조합에도 여전히 유지되어 있다. 물론 오늘날은 상호보험조합은 법인이기 때문에 보험을 제공하는 것은 구성원이 아닌 상호보험조합인 점에서 당시의 조합과는 다르다. 로이즈와의 경쟁으로

---

25) Howard Bennett, The Law of Marine Insurance, (2nd ed., Oxford University Press, 2006), §1.12~1.16 pp. 6~7.

26) Howard Bennett,, op. cit., §1.16 p. 8.

27) Howard Bennett,, op. cit., §1.16 p. 9.

인하여 법인이 아닌 상호보험조합은 쇠퇴하였지만, 1824년 이래 런던시장과 보험회사가 제공하지 못하는 선박충돌과 같은 다양한 유형의 손해배상책임을 담보하는 새로운 형태의 상호보험조합이 탄생되어 오늘날의 상호보험조합으로 발전하였다. 조합형태의 상호보험조합이 쇠퇴하고 새로운 형태의 최초의 조합은 1855년 창설된 오늘날의 브리타니아 피 엔 아이 클럽(Britannia P&I Club)의 전신인 Shipowner's Mutual Protection Society이다.[28]

오늘날 영국에는 런던시장보험과 상호보험이 존재한다고 할 수 있다. 후자가 P & I, 전쟁위험과 방어위험을 담보한다고 하면, 전자는 해상재산보험과 책임보험과 충돌책임보험을 담보한다. 양자는 런던시장보험에서는 보험담보는 영리기업인 보험회사에 확정된 보험료의 지급의 대가로 행하여지는 데 비하여, 상호보험은 일정한 기간동안 비용을 분담하여 손해를 전가하는 것을 허용하고, 보험료는 실제로 발생하는 손해의 정도에 의거하는 점에서 다른 특질을 가진다. 또한 상호보험은 보험금청구서비스, 선박의 운영과 관련하거나 이에 수반하는 광범위한 문제에 대하여 조언을 제공한다.[29]

사. 해상보험의 제도와 법률의 발전

1601년 엘리자베스법이 시행된 후 100년이 넘어서야 해상보험관련법률이 시행되었다. 1745년 해상보험법은 피보험자가 보험목적과 이해관계가 없는 해상보험계약을 체결하는 것을 금지하였는데, 이것은 선박이나 적하에 이해관계가 없는 자가 해상보험계약을 가장한 도박을 행하던 관행을 근절하기 위한 것이었다. 동법은 또한 당사 보험을 이용한 도박의 전형적인 방법으로 보통법상 이익이 없는 보험을 실행가능 하도록 하였던 이익의 증명을 요하지 아니하는 조건으로 (policy proof of interest) 보험에 드는 실무를 금지하였다. 이를 종합한 1845년 게임법은 도박을 위반 모든 보험계약이 무효라고 규정되었지만, 2005년 도박법 제334조 제1항에 의하여 이를 규정하던 제18조가 폐지되었다.[30] 1788년법

28) Kyriaki Noussia, op. cit., p. 5.
29) 양승규·한창희. 해상보험법, 삼지원, 2007, 733면.
30) 한창희, 현대보험법의 동향, 국민대학교출판부, 2009, 53면 각주 13.

은 보험증권상의 기재사항이 백지인 보험계약을 무효로 하였고, 해상보험계약에 이해관계를 가지는 모든 자의 성명이 보험증권에 기재될 것을 요구하였는데, 이는 1906년 해상보험법에 의하여 폐지되었지만 비해상보험에는 여전히 적용되고 있다.[31] 1803년법은 보험자에게 사기를 지시하거나 행하는 자에게 형벌을 부과하였고, 1868년 해상보험증권법은 보험계약의 양도를 가능하게 하였으며 이것이 1906년법 제51조~제53조로 삽입되었다.

해상보험입법은 실체적인 쟁점과 관련하여서는 단지 피보험이익에만 영향을 미쳤을 뿐이고, 해상보험법의 원칙의 발전은 시장과 법원에 일임되었다. 1906년 해상보험법도 약 200년 동안의 법원의 판례를 법전화한 것이라 할 수 있다. 비해상보험의 법전화는 이루어지지 않았지만, 1906년법은 다양한 점에 관하여 비해상보험에도 적용되고 있다.

영국해상보험법에 대하여 유념할 점은 대부분의 조항이 다른 약정이 없는 경우에 적용된다고 규정하고 있다는 것이고, 실무상 해상보험계약은 런던보험자협회[32]가 작성한 다양한 해상보험약관이 영국해상보험법의 규정을 배제하고 있다. 또한 1906년 해상보험법은 1906년 당시의 존재한 해상보험실무에 관한 법을 법전화한 것이고, 그 이래 다수의 실무상의 변화가 있었으며, 동법상 다수의 개념은 소멸된 거래의 유형에 관한 것이다. 또한 동법 제정 이후 동법의 어구의 의미를 정의하는 다수의 판결이 존재한다. 마지막으로는 많은 해상보험법의 중요한 원칙이 1906년법에 담겨있다고 하더라도, 영국은 판례법주의체계를 따르기 때문에 동법은 종국적인 효력이 있다고 할 수 없다.

1909년 해상보험(도박보험)법은 게임 또는 도박을 위하여 해상위험으로 인한 손해에 대하여 해상보험계약을 체결한 보험계약의 당사자에게 형사상의 책임을 지우고 있다.

1906년법은 1779년에 로이즈가 채용한 SG 보험증권을 공식적으로 승인하였

---

31) Robert Merkin, Marine Insurance Legislation (London : LLP, 2000), p. xxxvii.

32) 런던보험자협회(Institute of London Underwiters)는 1997년 국제보험자협회(International Underwriting Assoiation of London)로 개편되었고, 후자는 2003년 국제선박보험약관, 2009년 적하보험약관을 발행하였지만, 전자의 시대에 발행된 1982년 적하보험약관, 1983년 선박보험약관이 현재에도 세계의 보험실무에서 이용되고 있다; Jonathan Gilman·Robert Merkin, Arnould's Law of Marine Insurance and Average, (17th ed., Sweet & Maxwell, Land, 2008), §2-26 p. 30.

다. 이 증권과 보험증권의 해석규칙이 1906년법 부칙에 포함되어 있다. 1884년 6월 5일 시장에서의 보험회사의 협력을 위한 장으로서 런던보험자협회(Institute of London Underwriters)가 설립되었고, 협회는 의욕적인 사업으로 해상보험증권에 첨부하는 표준약관의 제정에 착수하여 동협회설립 6개월 후 개정 충돌약관(Running Down Clauses), 4년 후인 1888년에는 선박기간보험, 1893년에는 선박기간보험약관과 선박항해보험약관을 별개로 작성하고, 1912년에는 협회적하보험약관이 도입되었다.

약관의 통용성을 제고하기 위하여 1910년 로이즈보험자협회(Lloyd's Underwriters' Association)의 대표를 포함한 합동위원회가 약관의 작성을 감독하기 위하여 결성되었는데, 1910년에는 합동선박위원회(Joint Hull Committee), 1912년에는 적하합동위원회(Joint Cargo Committee)가 발족되었다. 1978년 유엔무역개발기구(UNCTAD)의 법률사무국(Legal Secretariat)에 의하여 작성된 보고서인 "해상보험계약의 법적 그리고 서류적 측면"을 위시한 영국의 해상보험증권과 해상보험약관에 대한 비판을 개발도상국가와 영국법과 법계가 다른 국가 등 중요한 해외시장에서 많은 비판에 직면하여 영국의 런던보험자협회는 1982년과 1983년 MAR Form과 새로운 선박보험약관과 적하보험약관을 선보였고, 이것이 현재에 이르기까지 전 세계 해상보험실무에서 표준적으로 사용되고 있다.[33] 1998년에는 국제보험협회(International Underwriting Association of London)이 발족하여 2003년 국제선박보험약관이 도입되었고, 2009년 1월 1일에는 새로운 협회적하보험약관이 사용되고 있다.

2. 일반보험의 발전

영국에서는 육상보험에 관하여서는 1774년 생명보험법(Life Assurance Act 1774), 1845년 게임법(Gaming Act 1845), 1930년 제3자(보험자에 대한 권리)법(Third Parties (Rights Against Insurer) Act 1930) 등의 특정한 사항에 관한 제정법을 제외한다면 보험계약에 관한 일반적인 제정법은 존재하지 않는다. 해상보험계약에 관하

33) 양승규·한창희, 전게서, 52~53면 참조.

여서는 판례법을 기초로 성문법화한 영국해상보험법이 있고, 동법은 런던시장이 해상보험분야에서는 국제적인 중심으로서의 지위를 유지하고 있는 것으로부터 현재까지 국제적으로 매우 중요한 의미를 가지고 있다. 또한 1906년 해상보험법이 정하는 원칙의 다수는 육상보험에도 같이 타당하다. 그러나 이와 같은 영국의 보험법의 현황은 해상보험에 관하여 조차도 보험자의 이익을 지나치게 보호하는 것으로 판례에 의하여 수정되고 있고, 더구나 육상보험에 대하여는 고지의무, 워런티 등 소비자보호의 관점에서 소비자에게 지나치게 불합리한 사항에 대하여서는 판례법을 수정한 법률을 제정하자는 제안이 1950년대로부터 계속 있어왔다. 이에 대하여 보험업계에서는 법의 제정에 갈음하여 자주규제에 의하여야 한다는 입장에서 고지의무 등에 관하여 판례법보다 보험계약자에게 유리한 자율규제지침을 정하여 시행하고 있다. 즉 영국의 보험업계는 1977년 보험실무규정(Statements of Insurance Practice)을 제정하고, 1986년에 이를 개정하여 영국보험협회의 소속보험사는 보험보상과 관련하여 엄격한 법률을 적용하지 않고 보험소비자에게 유리한 지침을 따르도록 하였다. 소비자보험에 관하여는 1981년 설립된 보험옴부즈만국(Insurance Ombudsman Bureau)이 확장되어 2000년의 금융서비스시장법(the Financial Services and Markets Act)에서 법정기관이 되었는데, 동법에 근거하여 FCA(Financial Conduct Authority)은 법인형태의 비정부기관인 금융옴부즈만(Financial Ombudsman Authority)을 설립하여 금융소비자보호를 위하여 노력하고 있다.

유럽연합회원국은 2002년의 Council Directive (EC) 2002/92 on insurance mediation, Council Directive (EC) 2002/65 on distance marketing of consumer financial services, 2004년 4월 30일 제정되어 2007년 11월 1일부터 시행되고 있는 유럽연합의 Market in Financial Instrument Directive(MiFID) 등을 국내법화 할 의무가 있고, 영국의 보험법제가 크게 변화하였다. 2005년에 도입된 보험영업행위준칙(Insurance Conduct of Business: ICOB)을 개정한 보험영업행위준칙(Insurance Conduct of Business Sourcebook: 이하 ICOBS라 함)이 2008년 1월부터 시행되고 있다. ICOBS의 핵심은 보험판매채널을 포함하는 보험회사와 보험소비자 사이의 소통에 관한 것으로 이들이 보험소비자와 소통에 있어서 정확·공평하여야 하고 오

도해서는 아니 되는 것을 내용으로 하는 높은 수준의 원칙을 부과하는 것이다. ICOBS는 영국 금융법이 규정중심의 규율체계에서 원칙중심의 규율체제로 변화함에 따라 ICOB에 비하여 간략하고 단순화되어 있다.[34] 이에 따라 영국에서는 투자성 생명보험상품에 대하여서는 영업행위준칙 (Conduct of Business Sourcebook)이 적용되고, 단기이고 환급보험료가 없는 생명보험과 손해보험에 적용된다.

나아가 런던보험시장이 계약당사자의 이익을 보호하는 새로운 법률원칙아래 운영하겠다는 결의를 세계에 알리기 위한 법률개혁이 절대적으로 필요하다고 판단되었다. 이에 2006년 1월 영국 법개정위원회는 광범위한 보험법의 검토를 선언하였고, 법률개혁은 기업보험만이 아니라 소비자보험까지 확대되어 있다. 2011년 현재 고지의무와 워런티(182호 자문보고서), 피보험이익(제4 쟁점보고서), 보험계약 성립 후의 보험계약자의 최대선의의무(제7 쟁점보고서)가 출간되었고, 고지의무, 보험계약성립 후 보험계약자의 선의의무에 관한 요약서가 출간되었다. 이와 같은 검토를 바탕으로 대륙법계 국가와 같은 보험계약법의 제정을 지향하고 있다. 2012년 소비자보험(고지)법은 소비자보험에 대하여 자발적인 중요사실의 고지의무를 폐지하고, 명확하고 특정한 질문을 하였음에 대한 증명책임을 보험자에 지웠다. 2015년 보험법은 기업보험과 소비자보험에 관하여 보험계약자에게 지나치게 가혹하다는 비판을 받아온 워런티에 대하여 인과관계를 요구하고, 그 위반의 경우 치유를 인정하여 그 엄격성을 완화하고, 기업보험상의 고지의무제도에 대하여 보험계약자가 중요한 사실을 고지하지 않았어도 보험자가 추가질문하기에 충분한 경고를 하는 택일적인 제도 등을 내용으로 하는 공정한 제공의무로 변경하였으며, 사기적 보험금청구의 효과에 관하여 기업보험과 소비자보험에 관하여 명확하게 규정하였고, 소비자보험과 기업보험에 보험자의 보험금지급지체시 약정이자와 법정이자에 추가하여 손해배상책임을 인정하였다.

34) John Birds, op. cit., p. 37.

II. 주요국가의 보험계약법의 동향

1. 대륙법계 국가

20세기 초에 제정된 보험법으로 독일의 1908년 보험계약법, 스위스의 1908년 보험계약법, 스웨덴의 1927년 보험계약법 등이 있다. 프랑스에서는 1930년 보험계약법이 제정되었지만, 보험감독법과 함께 1976년 보험법으로 통일되었다. 독일, 스위스, 스웨덴의 보험법은 많은 규정이 상대적 강행규정인데 비하여, 프랑스법은 절대적 강행규정인 것이 특색이다. EU에서는 1970년대부터 1980년대에 걸쳐 장래의 EC영역 내에서 서비스의 제공의 자유화(지점 등의 영업거점을 가지지 않고 본국 이외의 EC 전영역에서 영업활동을 할 자유)를 주목하고, 가맹국의 보험감독법과 함께 보험계약법의 조정을 위한 작업이 행하여져, 1980년대에 비로소 보험계약법 지침이 작성되었다.

1980년대 말로부터 1990년대에 걸쳐 EU가맹국에서 보험계약법의 제정이 잇따랐다. 스웨덴의 1989년 소비자보호법의 제정, 노르웨이의 1989년 보험계약법의 제정, 벨기에의 1992년의 보험계약법의 제정이 그것이다.

보험계약법 정비의 움직임은 독일에도 2008년부터 대폭 개정된 보험계약법이 시행되고 있고, 새로운 보험계약법은 국내의 입법의 개정의 필요성 뿐만 아니라, 앞으로 유럽의 보험법의 통일 가능성에 대비하여 독일이 지도적 지위를 확보하고자 하는 큰 시야에 따라 여러 전략적·야심적인 시도를 하고 있다. 예컨대, 고지의무 위반, 위험증가의 통지의무 위반, 보험계약자·피보험자의 중과실에 의한 보험사고 유발의 경우 전부 면책이 아닌 당해사안의 사정에 따라 유연하게 보험금을 감액하는 새로운 비율적 보상원칙이 채용되어 있다.[35)]

2. 영미법국가

보통법을 계수한 국가에서는 제정법을 정비하고 있는 점에서 영국과는 상황이 크게 다르다.

---

35) 山下友信, "保險法現代化の意義" 『ヅェリスト』, No. 1368, 2008. 12. 1, 61, 64面.

가. 캐나다

캐나다는 주(province)와 준주(territories)로 구성된 연방국가로서 1980년 온타리오주의 보험계약법을 비롯한 각주의 보험법이 제정되어 있고, 1993년 영국의 해상보험법을 계수하여 연방법으로서 해상보험법이 제정되어 시행되고 있다.

나. 호주[36)]

(1) 호주법의 전개

영국을 비롯한 각국의 보험계약법의 현대화에 있어서 호주의 1984년 보험계약법을 호주법개혁위원회의 검토결과이다.

1984년까지 호주보험법은 대부분 영국법을 모델로 하였다. 1909년 호주해상보험법은 1906년 영국해상보험법을 그대로 본받아 제정되었고, 1774년 생명보험법, 1774년 화재예방(대도시)법, 1788년 해상보험법 등 영국의 약간의 보험관련법률은 호주법의 일부를 이루었다. 비해상보험계약에 관하여 두법은 약간의 차이를 제외하면 거의 동일하였지만, 호주는 생명보험증권의 소지인을 보호하는 1945년 생명보험법이 제정되어 있었다. 영국의 옴부즈만을 본받아 1993년 12월 보험옴부즈만서비스사(Insurance Ombudsman Service Ltd)가 창설되어 2001년 금융서비스개혁법(Financial Services Reform Act)상의 기능을 수행하고 있다.

(2) 호주법개혁위원회

(가) 1984년 호주보험계약법 제정까지의 경과

호주법이 주목을 받고 있는 사항은 호주법개혁위원회의 활발한 법개정작업이다. 영국의 법개정위원회의 1979년의 고지의무와 담보특약에 관한 보고서가 입법에 이르지 못한 것과 달리, 입법에 이르거나 영국법의 개정을 위한 중요한 단초를 제공하고 있는 점을 들 수 있다. 1976년 9월 9일 국무부는 마이클 커비(Michael Kirby)를 위원장으로 하는 호주법개혁위원회에 보험법에 대한 철저한

---

36) Robert Merkin, Reforming Insurance Law: Is There a Case for Reverse Transportation?. A report for the English and Scottish Law Commissions on the Australian Experience of Insurance Law Reform(http://www.lawcom.gov.uk/docs/merkin_report.pdf, 2011.5.6방문), pp. 7~10.

검토를 위탁하였고, 동위원회는 1982년 선의와 담보특약에 한정한 영국과 달리 보험계약의 체결에서 보험금청구에 이르는 실질적으로 보험법의 모든 사안을 다른 보고서를 출간하였고, 영국과 달리 호주정부는 이에 적극적으로 대처하여 동위원회의 초안에 약간의 중요한 변경을 하여 1984년 보험계약법을 공포하였다. 동법은 해상보험분야에는 적용되지 않으므로 1909년 해상보험법이 적용되고, 재보험에도 적용되지 않으므로 이에는 보통법원칙이 적용되고, 근로자보상, 수출신용, 강제자동차책임에도 적용되지 않는다.

(나) 해상보험에 관한 보고서

국무부는 2001년 1909년 해상보험법의 운용을 조사하고, 어느 부분이 경쟁을 제한하는가, 해상보험업계가 국제적 실무에 부합하는 제도를 가지는 것이 바람직한가, 개정은 호주보험산업에 경쟁상 불이익을 초래하는가, 환경, 복지 그리고 형평, 직업상의 건강, 안전, 경제적 그리고 국지적인 발전, 소비자이익, 중소기업을 포함한 기업의 경쟁력, 효율적인 자원배분 등을 검토할 것을 요청하였다. 동위원회는 또한 법이 추구하여야 하는 사회적, 환경적, 경제적 성격과 범위를 확인하고, 동법의 목적을 명확히 하며, 입법이외의 선택적인 사항을 확인하고, 동법과 선택사항의 이익, 비용 그리고 종합적인 효과를 계량화할 것을 요구받았다.

동위원회는 2002년 2월 보고서(ALRC 91)를 발간하고 해상보험의 주요시장은 영국이므로 해상보험법을 완전히 개정하는 것은 혼란을 야기할 수 있고, 국제시장에서 호주의 위험을 부보하기 곤란할 가능성이 있다는 한계를 고찰하였다.

(다) 비해상보험에 관한 보고서

비해상보험에 관하여 2003년 9월 호주재무부는 1984년 보험계약법을 검토하였다. 그 목적은 동법이 어느 점에서 불명확한가, 동법상의 권리와 의무는 상품, 규제와 사법(司法)의 발전의 관점에서 여전히 적절한가 여부이었다. 재무부는 동법이 잘 작동하여 왔다고 보고 기껏해야 사소한 개정이 필요할지 모른다고 보았다. 앨런 캐머런(Alan Cameran)과 낸시 밀른(Nancy Milne)은 2003년 10월 책임보험계약상의 청구요건에 관한 동법 제54조에 관한 재무부 제1보고서를 발간하고, 2004년 6월에는 동법 제54조 이외의 조항에 관한 재무부 제2보고서를 발간하였다. 보고자들은 동법은 대부분 성공적이었다고 하고, 다수의 개정 권고사항은 비교적 사소한 것이었다. 제2보고서는 계약에 관한 사항이 아니라 실무지침과 같은 절차와 관련한 것이었다. 호주정부는 두 보고서를 수용하여 2007년 2월 2007년 보험계약법개정초안을 발간하였다. 이 개정안은 모든 이해관계자에 대한 장기간의 자문 후에 작성되었고, 호주제도의 강점과 약점을 구체적인 증거를 들어 제시하고 있는 점에서 가치가 있다.

다. 미국

미국에서는 오래전부터 주별감독·규제체계가 취해지고 있다. 1945년에 제정된 맥커런-퍼거슨(McCarran-Ferguson)법에 의하여 주별규제의 제도가 재확인되었고, 2010년에 제정된 도드-프랭크법(Dodd-Frank Wall Street Reform and Consumer Protection Act)의 시행으로 설립된 금융소비자청(Consumer Financial Protection Board:CFPB)의 규제대상에서 보험업은 제외되어 있다. 다만 동법상 재무부내에 연방보험국(Federal Insurance Office)이 설치되었다.[37] 연방보험국은 재무부장관의 지휘를 받아 보험산업에 대한 정보를 수집하고, 대통령과 연방의회에 연차보고서와 우선적 권한을 행사한 보고서 기타 동법상 요구되는 보고서를 제출할 의무를 진다. 또한 보험산업에 대한 주법규율원칙의 필연적 결과로서 국제보험감독관협회(IAIS)에서 미국을 대표하고, 외국과 보험업협정을 체결하는데 있어서 재무부장관을 보좌하는 등 보험과 관련한 국제업무에 관하여 연방정책을 조율하고 이월하는 등과 관련한 권한을 가진다.[38] 이에 불구하고 보험감독에 관하여 기본적으로 주의 권한이 연방보험국의 권한에 우선한다.[39]

이와 같이 미국에서는 연방법인 보험계약법은 존재하지 않고, 기본적으로는 각주의 판례법이 보험계약에 관한 원칙을 제공하고 있지만 미국 특유의 사정으로 각주의 보험제정법에 의하여 보험계약의 내용에 관한 규제가 대폭적으로 행

37) 도드프랭크법 제5편(Title V) Subtitle A의 연방보험국법(Federal Insurance Office Act of 2010)에 근거한다.

38) Section 313(c)(1)(A), (B), (C), (D), (E), (G); Section 502(a)(3).

39) Section 502; Section 313(f).

하여지고 있다. 각주의 보험제정법은 기본적으로는 보험감독법이지만, 이 속에서 사용되는 보험약관을 직접규정하거나 각종 보험약관에 관한 표준조항을 두고 이것에 의하여 보험계약자에게 불이익한 약관조항을 인가받을 수 없도록 하는 형태로 실질적으로 보험계약의 내용에 대한 규제가 행하여지고 있다.

또한 주통일법과 보험감독관회의(National Association of Insurance Commissioners)의 모델법을 통하여 각주의 보험법이 상당한 정도 통일되어 있다. 보험감독의 일환으로 보험계약이 규제되고 있는 점에서, 일단 제정되면 개정이 쉽지 않기 때문에 보험계약에 관한 법률규정이 매우 추상적이고, 보험계약에 관한 규정은 보험종목마다 매우 구체적인 대륙법계국가의 보험계약법과 대조된다.[40]

3. 유럽보험계약법준칙

유럽연합에서는 미국의 법률 리스테이트먼트(American Restatements of the Law)를 모델로 하여 유럽 계약법준칙을 작성하던 란도 위원회(Lando Commission)의 예를 따라 유럽보험계약법준칙(Principles of European Insurance Contract Law)의 제정을 목적으로 프로젝트 그룹이 작업을 시작한 것은 1999년이었고, 2009년 유럽보험계약법준칙이 주석서와 함께 발표되었다.[41]

4. 일본

일본은 보험계약의 유형을 손해보험, 생명보험, 상해질병정액보험의 3가지로 구분하고, 고령화사회에서 중요한 질병보험 등을 포함한 96개의 조문으로 이루어진 보험법이 제정되어 2010년 4월부터 시행되고 있다.

5. 중국

1995년 제정된 중국 보험법은 보험계약법과 보험감독법을 통합하여 규율하고 있

40) 山下友信,保險法, 有斐閣, 2005, 96面.

41) Jurgen Basedow & John Birds & Malcolm Clarke & Herman Cousy & Helmut Heiss &Leander Loaker, Principles of European Insurance Contract Law, (2 expended edition, ottoschmidt, 2016).

는데, 2001년 WTO 가입에 따른 보험사업에 대한 외국자본에의 개방 등과 관련하여 2003년 보험감독에 관한 보험법이 개정되었고, 2009년 제2차 개정이 이루어졌다.

가. 중화인민공화국 이전

수천년전 상인은 중국내륙과 해안사이에 식량과 화물을 거래하고, 양자강에서 화물은 운송하였는데. 선박침몰, 강도, 절도 등으로 인한 손해를 분산하기 위한 단체협약을 시행하였다. 근대보험은 청나라에 와서야 도입되었다. 외국의 근대 자본국가의 발전에 따라 약하고 부패한 청나라는 쇄국정책을 포기하고 무역를 개방하게 되었고, 18세기 초에 영국동인도회사상인에 의하여 근대보험제도가 시작되었다. 1805년 캔톤(Canton)보험회사가 광저우에 영국기업에 의하여 설립되었고, 최초의 중국보험회사인 Insurance Capital-Attracting Agency가 1875년 12월 28일 상하이에서 설립되었다. 1911년 청나라의 멸망후 중국보험업은 외국무역을 지원하는 것이 주였다. 2차세계대전, 내전, 중화인민공화국의 설립시까지 이 상황이 지속되었다.

나. 1949-1979

1949년 이후 대부분의 외국보험사는 중국에서 철수하였고, 약간은 홍콩으로 이주하였다. 1949년 금융위원회는 국가소유의 중국보험회사(PICC)를 설립하였고, PICC는 10년간 급속히 성장하였다. 그러나 1959년 외국의 해상·항공거래수요를 제외하고는 보험거래는 폐지되었고, PICC는 중앙은행에 편입되었다.

다. 1979-2000

등소평의 자본주의 도입에 따라 외국무역과 투자활동에 개시되었고, 보험업은 PICC의 재설립을 통해 보험업이 재개되었다. 1985년 금융위원회에 의한 보험업관리잠정시행령이 시행되고, 1987년 중국교통은행(BOCOM)가 보험업인가를 받았고, 많은 민간보험회사가 인가받았다. 1992년에서 2000년 사이에 16개 외국보험사가 재진출하였다.[42)]

---

42) Johanna Hjalmarsson & Dinging Hwang, Insurance in China, (informa law from Routledge, 2016),

라. 현재의 보험업

중국이 보험시장을 개방한 이래 최초의 20년 사이에 중국보험산업은 연간 30% 이상 성장하였고, 21세기에도 강한 성장세를 이어가고 있다. 2013년 보험료 수입액기준으로 세계 4위로 생명보험료 1521.21억 달러, 손해보험료 1258.44억 달러, 합계 2779.65억 달러 세계점유율 5.99%로 세계 8위인 우리나라를 추월하였다.[43]

마. 중국보험감독위원회

보험산업은 1952년에서 1959년에는 금융부(Ministry of Finance)에 의하여 규율된 것을 제외하고는 1959년에서 1998년 사이에는 중국인민은행(People's Bank of China; PBC)에 의하여 규제되었지만, 1998년 11월 중국보험감독위원회(China Insurance Regulatory Commission; CIRC)가 "은행, 증권, 보험의 개별적인 운영과 개별적인 감독"을 위하여 설립되었다. 중국보험감독위원회는 원래는 반관반민기구이다가 2003년 정부기관으로 승격되었고, 현재 사무국 등 15국으로 이루어져 있다. 동위원회는 각 성과 티벳자치구 등의 30개를 포함하여 전국에 35개의 지점을 설치하고 있다.[44]

바. 2009년 개정 보험법의 내용

2009년 개정보험법은 고지의무를 질문에 대한 답변의무로 하고(동법 제16조), 보험자의 명의무를 신설하며 명확하게 설명하지 않은 경우 당해 약관조항은 효력을 발생하지 않는다고 규정하는(동법 제17조) 등 세계적인 보험법현대화의 경향을 수용하고 있다.

피보험이익과 관련하여 한국과 일본은 금전으로 산정할 수 있는 이익에 한정하지만,[45] 중국 보험법 제12조는 명시적으로 보험청약자는 보험의 목적에 대하

p. 9.

43) Insurance Information Institute, The insurance fact book 2015, (I.I.I., 2015), p. 1.

44) Xu Guojian and Lü Guoming and Tee Pek Sian, Insurance Law in China, (CCH Kong Limited, Hong Kong, 2007), p. 10.

45) 일본보험법 제3조 (손해보험계약의 목적) 손해보험계약은 금전으로 산정할 수 있는 이익에 한

여 피보험이익을 가져야 하고, 이를 결여하면 당해 보험계약은 무효라고 하며, 피보험이익을 "피보험자가 보험의 목적에 대하여 법률적으로 인정된 이익을 가지는 것"을 의미한다고 하여 영국보험법상의 협의의 피보험이익의 개념을 따른다.[46]

인보험의 경우에 중국보험법 제53조는 보험청약자가 피보험이익을 가질 것을 요구하는 점에서 영미법과 같은 입장을 취하지만, 피보험자의 동의가 있으면 피보험이익이 있는 것으로 보는 점에서는 일본이나 우리법과 같다.

즉, 청약자는 ① 자신, ② 자신의 배우자, 자녀 또는 부모, ③ 청약자와 양육, 부양 또는 유지관계를 가지는 가족구성원 또는 가까운 친척에 대하여 피보험이익이 있다(보험법 제53조 전단). 또한 피보험자가 청약자가 보험계약을 체결하는데 동의하는 경우에는, 청약자는 피보험이익을 가지는 것으로 본다(동조 후단).

제5장 보험거래의 특색

보험은 우리의 사회생활에 필수불가결한 제도로서 보험거래는 다른 거래에서 볼 수 없는 특색을 가진다. 이와 같은 특색은 보험거래에 관한 계약법상의 규율에서 나타나고, 또한 보험감독의 필요성의 근거가 된다.

Ⅰ. 보험의 기술성

보험은 대수의 법칙을 응용하여 수지상등의 원칙과 급여반대급여균형의 원칙이라는 2가지 원칙에 기초하여 행하여진다. 고지의무와 위험의 증가에 관한 통지의무와 같은 보험자의 위험선택에 관한 각종 제도가 보험계약법에 규정되어 있는 것은 이와 같은 보험의 기술성으로 인한 것이다.

하여 그 목적으로 할 수 있다.

46) Johanna Hjalmarsson & Dinging Hwang, Insurance in China, op. cit., pp. 291~357,

Ⅱ. 도덕적 위험의 가능성

보험계약은 보험자의 급부의무의 발생·불발생(또는 그 대소)이 우연한 사고에 의하여 좌우된다는 사행계약의 특성을 가지기 때문에 보험가입자중 보험료를 납입하고 보험금을 지급받지 못하는 자도 있고, 반대로 근소한 보험료를 지급하고 거액의 보험금을 취득하는 자도 있다. 이 점을 이용하여 보험을 도박목적으로 이용하거나 고의의 보험사고를 초래하고, 보험사고를 가장하여 불법적으로 보험금을 사취하고자 하는 등, 보험제도에는 항상 악용될 위험이 존재한다. 보험계약법에는 이와 같은 보험제도의 악용을 방지하기 위한 다양한 제도가 두어져 있고, 손해보험에서의 이득금지의 원칙과 이를 구현하는 여러 규정이 대표적인 예이다. 그러나 근래 점점 악질화·교묘화하는 보험사기의 시도에 대하여서는 보험계약법에 두어져 있는 고전적인 제도로는 대응할 수 없게 되어 이와 같은 보험사기를 방지하기 위한 다양한 제도와 이론이 고안되고 있다.[47] 이와 같이 정상적인 거래가 항상 비정상적·불법적 행위와 인접하여 있고, 악용을 방지하기 위한 제도와 이론이 불가결한 점은, 다른 거래에서 볼 수 없는 보험거래의 특징이다. 이것이 보험거래에 대한 계약법적 규율에서 커다란 영향을 끼치고 있다.

Ⅲ. 보험의 저축성과 투자성

1. 보험과 저축의 유사성

보험은 위험에 대비하는 제도인 점에서 저축과 같고, 개별적인 가입자에게도 보험은 경제적으로 저축의 측면을 가지는 경우가 있다. 이것을 생명보험의 종류마다 구체적으로 설명한다.

생명보험의 일종인 정기보험은 보험기간 내에 가입자가 사망하는 경우에만 보험금이 지급되는 보험이다. 정기보험에서 보험료가 매년 지급되는 경우에, 가령 매년 사망률에 대응하는 보험료(이것을 자연보험료라고 한다)가 징수된다면,

---

47) 山下友信·竹濱修·洲崎博史·山本哲生, 전게서, 31面.

사망률은 당해 가입자의 연령과 함께 보험료도 매년 높아진다. 그러나 이것은 뒤의 년도의 보험료가 가입자의 부담능력을 초과할 수도 있고, 합리적인 방식이라고 할 수 없다. 실제로는 보험기간 중 매해의 보험료가 균등해지도록 재배분된 보험료(이것을 평균보험료라고 한다)가 징수된다. 결국 전반기에는 자연보험료를 상회하는 보험료를 지급하고, 이것이 후반기의 자연보험료의 부족분에 충당된다. 이 경우 전반기의 여분으로 지급된 보험료부분은 보험료적립금으로 보험자에게 축적된다. 이 저축부분은 보험기간 종료 시까지 점점 소멸하지만, 중도 해지되면 가입자에게 지급된다. 즉 가입자가 지급하는 보험료 중 보험료적립금이 되는 부분은 경제적으로 보험자에게 저축되어 축적되게 된다.

생명보험의 일종인 양로보험은 가입자가 보험기간 내에 사망하면 사망보험금이 지급되고, 보험기간 만료 시까지 생존하는 경우에는 사망보험금과 동액의 만기보험금이 지급되는 보험이다. 양로보험에서는 보험기간만료 시에는 모든 가입자에게 보험금이 지급되기 때문에 이것에 맞추어 평균보험료가 계산된다. 즉 만기까지 생존한 가입자에게 만기보험금이 지급되기 때문에 보험금적립금이 누적하여 증가되지만, 이때까지 매년 사망한 가입자에게 지급하기 때문에, 사망보험금을 지급하기 위하여 축적된 보험료적립금과 보험금의 차액이 위험보험금에 의하여 보충되게 된다. 중도 해지되면 보험료적립금이 반환되는 점은 정기보험과 같다. 가입자 중에 만기까지 생존하는 경우가 압도적이기 때문에, 지급되는 보험료도 압도적으로 저축보험료의 비율이 높고, 축적되는 보험료적립금도 고액이 된다. 따라서 양로보험은 더욱 저축적 성격이 강하고, 위험에 대하여 비축한다는 성격은 약하다.

보험기간의 종기가 없이 가입자의 생애에 대하여 사망보장이 행해지는 종신보험에서도, 최종적으로 가입자에게 보험금이 지급되는 점은 양로보험과 같다. 따라서 보험료 적립도 기본적으로는 양로보험과 같다. 또한 일정한 연령에 도달한 후에 연금의 형태로 보험금이 지급되는 연금보험의 경우에는 일반적으로 연급의 지급에 대비한 저축보험료 부분의 비율은 양로보험의 경우 이상으로 크다.

한편 손해보험은 보험기간이 1년이고, 이와 같은 보험에서는 생명보험에서 적립금과 같은 장래를 향한 자금이 축적되지 않기 때문에 저축성은 없다.

2. 보험의 투자성

저축성이 높은 보험의 경우 보험료적립금도 고액이고, 보험료적립금은 보험회사에서 주식·채권 등 다양한 자산의 형태로 운용되어 수익이 발생한다. 이 수익중 확실히 예견되는 이자부분(이것을 예정이율이라 한다)은, 미리 보험료의 계산에서 할인되기 때문에, 그 부분은 경제적으로 예금의 이자와 같은 기능을 한다. 또한 자산운용이 잘 되어 예정이율을 상회하는 수익이 발생하면, 계약자 배당금으로 가입자에게 분배된다. 즉 보험료적립금으로 축적된 보험료부분은 일종의 실적 배당의 권리인 투자자금의 성격을 가진다. 보험계약상 해약환급금청구권이 부여되어 있고, 만기가 도래하기까지 해약되면 그때까지 축적된 보험료 적립금이 지급되는 점도, 이와 같은 투자성을 뒷받침한다. 5년 만기, 10년 만기의 일시 납입의 양로보험과 같이 보험료가 일괄 지급되는 경우에는, 투자성은 매우 강하고, 고객도 이와 같은 보험상품은 금융상품의 하나로 인식하고 있는 경우가 많다.

이와 같은 투자적 성격이 매우 강한 보험상품으로 변액생명보험이 있다. 변액보험은 양로보험 또는 종신보험의 형태를 띠지만, 보험회사가 보증하는 것은 정액의 사망보험금(기본보험금액) 뿐이고, 만기보험금(종신보험의 경우는 사망보험금)과 해약환급금은 보험료적립금의 운용실적에 따라 변동하는 보험상품이다. 변액보험에서는 보험료적립금은 주로 상장유가증권(그것도 주식)으로 운용되기 때문에, 주식시세의 변동에 따라 만기보험금과 해약환급금도 크게 변동하고, 그 경제적 실질은 기본보험금액의 지급보증이 부가된 주식투자신탁이라고 할 수 있다. 이와 같은 상품의 성격상 주식 시세가 상승하면 가입자로서는 유력한 재테크상품이지만, 하락하는 경우에는 가입자는 손해를 입게 된다. 버블시대에 변액보험이 대량 판매되었지만, 2008년의 글로벌 금융위기와 함께 주식시세가 하락하여 손실을 입는 가입자가 많아져 변액보험의 가입자의 보호가 특히 쟁점으로 되고 있다.

Ⅳ. 보험계약의 부합계약성

보험거래는 보험약관에 의하여 행하여진다. 일반 보험계약자는 개개의 보험계약의 내용에 대하여 보험자와 교섭할 여지없이, 보험자가 일방적으로 작성한 보험약관을 일괄적으로 받아들이거나 그것이 마음에 들지 않으면 보험계약을 단념하거나 양자택일의 선택할 수밖에 없다. 이와 같이 보험약관에 의한 양자택일의 계약을 부합계약이라고 한다(다만 기업 상대의 보험계약에서는 개별적인 교섭이 가능하다). 보험약관에서는 보험계약의 내용이 상세히 정하여져 있고, 그 내용을 완벽하게 이해하고 보험계약을 체결하는 보험계약자는 거의 없다고 하여도 과언이 아니다. 통합보험상품이 일반화됨에 따라 일반보험계약자에게는 보험약관의 이해는 더욱 어려운 과제로 되어 있다. 보험약관은 보험자가 일방적으로 작성하기 때문에, 여러 가지로 보험자에게 유리하게 작성되고 있다. 이와 같이 보험계약이 보험약관에 근거하여 이것을 내용으로 체결되는 계약이라는 점은, 보험거래의 가장 중요한 특색이고, 보험자와 보험가입자 사이에 분쟁이 발생하기 쉬운 원인의 하나가 되고 있다.

Ⅴ. 보험자의 지급능력확보의 필요성(재무건전성)

보험제도는 예측하지 못한 사고로 인하여 생기는 경제적 불이익에 대비하여 자금을 비축하는 제도이기 때문에, 그 사고가 발생하는 경우에는 보험금이 확실하게 지급될 필요가 있다. 보험사업은 원가미확정성(일반 상품과 달리 판매할 상품의 비용을 미리 확정할 수 없음), 장래채무성(보험계약자는 보험료를 지급하지만 이에 대한 반대급부는 약정한 보험사고가 발생하는 경우 보험급여를 하기로 하는 약속뿐임)이라는 특성으로 인하여, 보험상품이 필요 이상으로 저가로 판매되고, 지급받은 보험료를 방만하게 관리·운영하여 경영파탄에 이르기 쉬운 우려가 구조적으로 내포되어 있다.

즉 보험사고가 발생할 가능성은 몇 %이하라고 하거나, 지급받은 보험료는 몇%의 이율로 운용하면 된다는 낙관적인 예측에 근거하여 보험자가 보험상품을 주먹구구식으로 판매한 결과, 보험자가 도산한다면 보험급부를 받지 못한 보험가입자는 손해를 입게 된다. 이와 같은 사태는 절대로 피하여야 하기 때문에 보험사업을 완전한 자유경쟁에 맡길 수는 없고, 국가에 의한 감독을 받도록 하여 보험자의 지급능력을 확보할 필요가 있다. 보험업이 은행업과 증권업과 비교하여 엄격한 감독을 받는 것, 해외의 선진국에서도 정도의 차이는 있지만 보험자의 지급능력을 확보하기 위한 감독은 반드시 행해지고 있는 것은 이와 같은 이유에서이다.[48]

VI. 모집행위의 필요성

보험거래는 일반적으로 모집이라는 과정을 수반한다. 보험사업은 백화점과 같이 점포를 개설하여 상품을 진열하면 고객이 내방하여 상품을 살펴보고 비교하여 구입한다고 할 수 없다.[49] 보험사업의 성질상 다수의 보험가입자가 필요하기 때문에, 먼저 고객을 발견·권유하는 데에서 시작되고, 다음으로 보험상품을 설명하여야 한다(통합보험상품이 증가하는 현실에서 일반 보험계약자로서는 스스로 약관을 읽고 보험상품을 이해하기는 곤란하다). 또한 보험의 목적의 상태(해상보험의 경우 선박의 종류·건조년도·톤수 등, 생명보험의 경우에는 피보험자의 연령·건강상태 등)를 고객으로부터 제공받아 보험료를 제시하고, 보장내용에 합의하면 계약을 체결하게 된다.

이와 같이 보험거래에는 보험모집이 필요불가결하고, 나아가 보험계약의 내용에 대하여 허위로 설명이 행하여지는 등 부적절한 보험모집이 행하여진다면, 보험가입자는 예측하지 못한 손해를 입게 된다. 이와 같은 보험모집의 중요성에 비추어 선진국에서는 보험사업 자체만이 아니라 보험모집에 대하여서도 감독을 하는 것이 일반적이다. 우리나라에서도 보험업법에 의하여 보험모집의 감독이 행해지고 있다.

---

48) 山下友信·竹濱修·洲崎博史·山本哲生, 상게서, 36面.
49) 山下友信·竹濱修·洲崎博史·山本哲生, 상게서, 37面.

Ⅶ. 보험의 단체성

보험의 단체성이라 함은 보험은 다수의 가입자가 공동비축을 통하여 위험을 종합 평균화하는 제도이기 때문에 보험단체라는 일종의 사회적 단체가 성립하고, 각 보험계약자는 단체의 구성원으로서 단체의 공동의 이익을 위하여 각종 제약을 받는다는 성격을 말한다.[50] 그 근거로는 금융위원회가 보험약관의 변경을 명하는 경우에 보험계약자 측의 이익을 보호하기 위하여 특히 필요하다고 인정하는 경우에 기존의 보험계약에 대하여서도 장래를 향하여 변경의 효력을 미치도록 하는 행정처분(소급처분)을 하는 것이 허용하는 것(보험업법 제131조 제2항), 특정한 보험계약자에게 특별한 이익제공을 금지하는 것(보험업법 제98조), 보험계약의 포괄적 이전을 허용하는 것(보험업법 제140조) 등의 들어지고 있다.[51]

오늘날에는 보험법의 일반적인 문제를 고찰함에 있어서 단체주의적 입장을 강조하는 것은 타당하지 않다는 것이 일반적이다.[52]

제6장 주요국가의 보험과 보험관계법

Ⅰ. 미국

1. 시장의 상황

가. 보험시장

국민총생산(GDP)은 2013년 시점에서 16조 7,200억 달러로 세계최대의 경제대국이다. 2013년 기준 생명보험료 수입액은 5,328억 달러, 손해보험료 수입액

50) 양승규, 保險法, 55면; 山下友信·竹濱修·洲崎博史·山本哲生, 상게서, 29面.
51) 양승규, 상게서, 55면.
52) 山下友信·竹濱修·洲崎博史·山本哲生, 전게서, 30面.

은 7,263억 달러, 합계 12,592억 달러이다. 2008년 기준 생명보험사업의 보험료 대비 GDP 비율은 4.1%로, 영국(12.8%), 일본(7.6%), 프랑스(6.2%)에 비하여 낮다.

생명보험판매채널로는 직판과 금융기관도 존재하지만, 판매중개자가 신규개인 생명보험의 90%를 점하고 있다.

나. 감독[53)]

맥커런·퍼거슨법(McCarran-Ferguson Act)에 따라 각주가 제정한 주보험법에 기초하여 포괄적으로 보험사업의 감독을 행하여 오고 있다. 미국보험감독관회의(NAIC:National Association of Insurance Commissioners)는 각주 보험법의 통일을 목적으로 많은 모델법·규칙을 제정하였지만 현재 통일화는 이루어져 있지 않다. 2007년의 글로벌금융위기와 관련한 미국의 도드-프랭크법에서는 미 연방준비제도이사회 내부에 소비자보호기구를 설치하고, 각 부처에 산재돼 있는 소비자금융 관련 권한을 모두 통합해 보유하며 위원장도 대통령이 직접 임명해 독립기구로서 막강한 권한을 행사하게 된다. 이와 함께 사상 처음으로 각종 파생상품들에 대해 연방당국이 거래 보고를 받아 감독 및 규제를 하게 된다.[54)]

뉴욕주에서는 생명보험, 연금, 상해건강보험, 화재보험 등 보험사업의 종류별로 면허가 부여되고 있다. 생명보험회사의 업무범위는 면허의 대상인 보험종류(생명보험, 연금, 상해건강보험, 법률서비스보험) 외에 재보험, 투자고문업무 등을 포함한 보험회사의 업무에 필연적으로 또는 당연히 부수하는 업무(분리계정으로 장부와 기록을 비치할 것을 조건으로 한다) 등으로 한정한다(뉴욕주보험법 제4205조).

보험상품 전반의 모집에 대하여서는 주보험법에 의하여 규제되고, 주보험감독국의 감독을 받지만, 증권거래위원회(SEC:Securities and Exchange Commission)와 금융거래업규제기구(FINRA: Financial Industry Regulatory Authority)에 의하여 감독된다. 뉴욕주에서는 생명보험의 모집인을 보험대리점과 보험중개사의 2

53) 제1편 제4장 보험법의 발달Ⅱ 주요국가의 보험계약법의 동향 2. 영미법계국가 다. 미국, 제8장 보험감독Ⅷ. 보험감독에 관한 국제동향 3. 지역별규제상황 나. 미국 참조.

54) 제8장Ⅷ. 보험감독에 관한 국제동향 참조.

형태로 분류하여 규제하고 있다.

다. ADR(재판외분쟁해결절차)제도

미국에서는 보험에 관하여 소비자의 민원에 대한 대응에는 각주의 보험당국이 중요한 지위를 차지하고, 보험회사에서 해결되지 않는 경우에는 감독당국에 신청할 수 있다. 보험회사, 보험중개사, 보험대리점의 법령위반이 판명되는 경우 감독당국은 과징금부과, 면허취소·정지 등의 처분을 행할 수 있지만, 소비자와 보험회사 사이의 분쟁 사안 그 자체에는 관여하지 않는다.

미국에서는 베터 비즈니스 뷰로(BBB: Better Business Bureau), 미국중재협회(AAA: American Arbitration Association), JAMS(Judicial Arbitration and Mediation Service) 등 다양한 민간 비영리·영리단체가 중재·조정서비스를 행하고 있지만, 유럽과 같이 보험의 업계단체가 민원·상담을 받거나 분쟁해결을 하는 옴부즈만과 같은 기관은 존재하지 않는다.

2. 보험관계법

가. 보험법의 체제

미국의 계약법은 영국의 보통법을 계수한 것으로 판례법이고, 보험계약에 관한 법도 계약법의 일부로서 영국의 보험법을 계수한 것이다. 계약에 관한 판례법은 주법으로 계수되었기 때문에, 보험계약에 관한 판례법도 주법마다 다른 판례법이 형성되어 있지만, 기본적인 내용은 공통적이라고 할 수 있다.

미국의 보험법은 영국의 판례법을 계수한 판례법이지만, 영국의 보험법과 크게 다른 점은, 미국에서는 각주의 제정법에 의하여 보험계약의 체결과정과 계약내용에 대하여 규제가 행하여지는 점이다. 미국에서는 대륙법과 같이 공법과 사법을 명확히 구별하지 아니하기 때문에, 보험에 관한 제정법도, 우리와 같이 사법으로서의 보험법과 공법으로서의 보험업법과 같은 체계는 아니고, 보험법이라는 제정법에서 보험업자의 면허제와 면허후의 계속적인 감독 등 행정적인 감독에 대하여 규정하고 동시에, 보험계약의 내용에 대하여도 다양한 절차를 통하여 규정하고 있다.

이와 같이 각주의 보험제정법은 기본적으로는 보험감독법이지만, 보험감독의 일환으로 보험계약이 규제되고 있는데, 이 법에는 사용되는 보험약관을 직접규정하거나 각종 보험약관에 관한 표준조항을 두고 이것에 의하여 보험계약자에게 불이익한 약관조항을 인가받을 수 없도록 하는 형태로 실질적으로 보험계약의 내용에 대한 규제가 행하여지고 있다.

나. 뉴욕주보험법상의 보험계약에 관한 규율

미국의 대표적인 보험법으로는 뉴욕주보험법과 캘리포니아주 보험법을 들 수 있다. 그 이유는 미국의 톱 클라스의 보험회사는 뉴욕주의 면허를 받은 경우가 많고, 내용면에서도 다른 주법보다 잘 정비되어 있기 때문이다.

보험법의 규정 중 보험계약에 관한 규정은 제31절 보험계약-총칙, 제32절 보험계약-생명보험, 상해건강보험, 연금, 제34절 보험계약-손해보험의 3개 절에서이다. 제32절에서는 생명보험, 상해건강보험, 연금의 보험증권양식에 대하여서는 보험감독관의 사전승인이 필요하다(제3201조)고 하고, 각종 보험의 보험증권양식에 대하여서는 표준조항이 법정되어 있으며, 보험증권양식과 관련하여서는 이 법정의 조항보다 보험계약자 측에 유리한 조항만 둘 수 있다. 이는 우리법의 편면적 강행규정에 대응하는 기능을 하고 있다.

그밖에 각종의 보험약관마다 약관조항으로 규정하여야 하는 내용, 규정하는 것이 금지되는 내용, 보험계약상의 권리에 대한 압류의 제한[55] 외에 보험계약당사자 이외의 제3자와의 법률관계 등이 상세하게 규정되어 있다. 우리의 보험법과 유럽 대륙법계의 보험계약법의 규정을 비교한다면, 체계적으로 충분히 정리되어 있지는 않지만, 실제로 사용되는 보험약관을 의식하여 매우 구체적이고 상세하게 규정되어 있는 점, 계약전부담보조항[56]과 같은 보험급부내용 자체에

---

55) 각 주법에서는 생명보험계약 등의 보험수익자의 권리를 보장하기 위하여 보험금청구권과 해약환급금청구권을 보험계약자의 채권자를 위한 책임재산으로부터 제외하는 것이 법정되어 있다(뉴욕주 보험법 제3212조).

56) 책임개시 이전에 질병의 징후가 없는 경우에는 동조항에 의한 부담보를 보험자가 원용할 수 없다는 것과 책임개시 후 2년 등의 기간이 경과한 후에는 동조항에 의한 부담보를 보험자는

관한 사항에 대하여서도 강행법적인 규정을 두고 있는 점이 큰 차이점이다.[57)]

다. NAIC 모델법 등에 의한 각주법의 통일

보험법은 각주의 제정법이기 때문에 보험회사의 행정적 감독의 측면이나 보험계약의 규율의 측면에서 각주마다 적용되는 법이 다르게 되어 주를 넘어서 보험사업을 영위하는 데 커다란 장애가 된다. 따라서 각주의 보험감독장관이 미국보험감독장관협회라는 단체를 설립하여 각주법의 공통과제에 대한 공동검토와 각주법의 조정적 업무를 수행하고 있다. 그 일환으로 각주의 보험법제정시에 모델이 되는 모델법과 모델 Regulation을 다수 작성하였고,[58)] 이것 중에는 많은 주가 거의 그대로 이에 의거하여 보험법을 제정한 경우도 있기 때문에, 실질적인 보험법의 통일이 이루어지고 있다. 보험계약에 관한 주요한 모델로는 생명건강보험증권용어간명화모델법(Life and Health Insurance Policy Language Simplification Model Act), 상해질병보험에 대하여서는 통일개인상해·질병보험증권조항법(Uniform Individual Accident and Sickness Policy Provision Law), 상해·질병보험미니멈표준모델법(Accident and Sickness Insurance Minimum Standards Model Act), 상해·질병보험미니멈표준모델법시행모델 레규레이션(Model Regulation to Implement the Accident and Sickness Insurance Minimum Standards Model Act) 등이 있다.

Ⅱ. 영국

1. 시장의 상황

가. 보험시장

국민총생산(GNP)은 2013년 시점에서 약 2조3,780억 달러이고, 1인당 국민총소득(GNI)은 3만5,760 달러이다. 2013년 기준으로 영국의 생명보험 수입보험료

원용할 수 없다는 것 등을 법정하고 있다.

57) 山下友信·米山高生, 保險法解說, 有斐閣, 2010, 70面.

58) NAIC의 웹사이트(http://www.naic.org)에서는 모델법과 모델 Regulation의 목록이 게재되어 있다.

는 2,228억 달러이고, 손해보험 수입보험료는 1,067억 달러이며, 총수입보험료는 3,296억 달러이다. 2008년 기준 생명보험사업의 보험료와 GDP 비율은 12.8%로 일본(7.6%), 프랑스(6.2%)등을 능가하여 선진국 중에서 가장 높다. 영국에서는 약 800여 개의 보험회사가 허가를 받아 영업을 하고 있고, 약 20만 명을 고용하며, 런던시장이 세계보험시장의 약10%, 세계 항공보험과 해상보험의 30%를 점하고 있다. 보험서비스의 수출은 GDP의 약 1.4%에 이르고 있다. 로이즈는 FTSE 100대기업 중 96%를 부보하고, 세계 180여 국가에서 영업을 하고 있으며, 세계재보험의 대부분을 인수하고 있다.[59)]

생명보험의 판매채널로는 IFA(Independent Financial Advisor, 독립금융어드바이저)로 불리는 보험회사에서 독립한 전문가 중심이고, 개인보험의 신계약의 60%를 점하고, 보험회사 전속의 모집인은 30%정도이고, 그밖에 직접 판매도 행하고 있다.

나. 감독

(1) 총설

영국에서 보험회사에 대한 감독은 2000년 6월에 성립하여 2012년 개정된 금융서비스·시장법(Financial Services and Market Act 2000)을 근거하고 있다. 동법은 보험, 은행, 증권 등의 업무형태를 초월하여 PRA(Prudential Regulation Authority)와 FCA(Financial Conduct Authority)의 쌍봉형 감독체제를 취하고 있다. 구체적인 룰은 재무성(HM Treasury)의 명령(Statutory Instruments)과 FCA·PRA의 규칙 등에 위임된다.

(2) FCA·PRA 규칙(Handbook)

금융서비스시장법에 따라 FCA가 제정하는 규칙을 FCA·PRA Handbook이라고 한다. 이는 (1) 주석, 고급기준, 자본건전성기준(Prudential Standards), (2) 영업행위기준(Business Standards), (3) 감독절차(Regulatory Processes), (4) 청산(Redress), (5) 전문가규칙(Specialist sourcebooks), (6) 공시, 사업설명서(Listing, Prospectus and

59) Robert Merkin(editor), Insurance Law-An Introduction,(informa, 2007), p. 5.

Disclosure, (7) 규칙기준(Handbook Guides), (8) 감독기준(Regulatory Guides)으로 나누어 상세히 규정하고 있다.

(3) ICOBS

보험영업행위준칙(Insurance Conduct of Business Sourcebook)은 2005년에 도입되었고, FCA 규칙의 일종이다. 보험기간이 단기이고 보험료적립금반환이 없는 순수보장성 생명보험과 비생명보험에 적용된다.

ICOBS 1은 총칙규정이고, ICOBS 2은 소비자의 분류, 권유 등 일반적인 사항을 규율하고 있으며, ICOBS 3은 전자상거래에 관한 사항을 규율하고, ICOBS 4는 보험보조자, 그 서비스와 수수료 등에 관하여 규율하고 있다. ICOBS 5는 소비자의 수요에 따른 권유에 관한 적합성원칙을 규율하고, ICOBS 6는 계약성립전 그리고 성립후 정보제공의무를 규율하며, ICOBS 7 청약철회에 관한 사항을 규율하고, ICOBS 8은 보험금청구에 관한 사항을 규율하고 있다.

(4) 모집규제

모집에 관한 규제는 금융서비스·시장법외에 금융프로모션명령(Financial Services and Market Act[Financial Promotion]Order 2005[SI2005/1529]), FCA핸드북(FCA Handbook)에서 규정되어 있다. 보험중개업무는 규제업무이고, 일정한 조건을 충족하는 지정대리인(appointed representative)은 적용면제업자로서 본인(보험회사를 포함한 인가업자)이 책임을 지는 업무범위에서 당해 업무를 행하는 것이 인정된다. 보험회사가 지정대리인을 정하는 경우, FCA에 대하여 그 뜻을 통지하여야 한다. 보험회사를 포함한 인가업자는 FCA 웹사이트에서 운영하는 등록부(FCA Register)에 등록, 공개되지만, 적용면제업자인 지정대리인에 관한 정보도 당해 등록부에 게재된다.

다. ADR(재판외분쟁해결절차)제도

보험상품을 포함한 금융상품전반에 관한 ADR은 금융옴부즈만서비스(FOS: Financial Ombudsman Service)로 일원화되어 있는 점이 영국의 큰 특징이다. 영국에서 ADR이 정착된 배경은 해상보험을 중심으로 집적된 판례법에 의한 경직적인 해결방법이 소비자와 기업 사이의 분쟁해결에 유효하게 기능하지 않았기 때문이다.

ADR을 시행하는 FOS는 감독기관인 FCA로부터 독립한 법인이다. FCA는 FOS의 이사의 임명권·해임권과 예산의 승인권한이 있고, FOS에는 FCA에 대한 보고의무가 있는 등 FOS와 FCA는 밀접한 관계가 있지만, 운영의 독립성이 명기되어, 운영경비는 금융기관으로부터의 부담금만으로 충당되고 있다.

FOS에 신청된 사안의 대부분은 옴부즈만의 결정에 이르기 전의 단계에서 해결되고 있고, 2008/09년도에 FOS에서 해결된 사안 113,949건 중 정식으로 옴부즈만에서 결정된 것은 10%에 미치지 않는다. 옴부즈만의 최종결정은 신청인에게는 이를 거부할 권리가 있지만, 신청인이 승인한 경우에는 사업자의 의사와는 무관하게 구속력이 생긴다.

2. 보험관계법

가. 보험법의 체계

영국의 대부분의 보험법은 판례법에서 유래하지만, 약간의 중요한 성문법이 존재하고 있다. 가장 중요한 법은 당시 존재하던 판례법을 성문화한 1906년 해상보험법(Marine Insurance Act 1906)이다. 이 법은 그 명칭에도 불구하고 다수의 쟁점에 관하여 해상보험 이외의 보험계약에도 적용되고 있다.

그러나 1906년 해상보험법은 100년 이상 전의 법률이고, 그 내용은 이제는 현대에 적합하지 아니하다는 지적이 있어왔다. 따라서 고지의무, 워런티 등의 문제에 관하여 법률위원회, 영국보험법협회 등에 의한 개정안이 제출되었고, 현재 법률위원회에 의하여 보험법의 전면적인 개정작업이 진행중에 있다.

1906년 해상보험법의 최대의 문제는 고지의무와 워런티(warranty)의 문제에서 전형적으로 고찰되는 것과 같이 보험계약자에게 지나치게 엄격한 내용이라는 점이다. 이에 2015년 보험법에 의하여 영국해상보험법 제33조가 개정되어 워런티위반과 손해사이에 인과관계가 요구되고, 워런티위반의 치유가 허용되었다.[60]

법률의 내용이 소비자의 합리적 기대에 적합하지 않은 경우도 있다. 또한 영국법은 같은 판례법국가인 미국보다 선례를 엄격히 고수하는 경향이 있다고 판단된다. 따라서 판례의 전개에 따라 전통적 법리보다도 소비자보호가 대폭 강화되는 경우가 생기고 있다.

법개정 이외의 방법으로 보험계약자에게 엄격한 법률의 적용을 완화하고자 하는 제도가 구축되고 있다. 먼저 1977년에 업계의 자율단체인 영국보험협회가 실무지침을 제정하여 보험계약자가 개인인 경우에 일정한 사항에 대하여 보험자가 엄격한 법률을 불합리하게 그대로 주장하지 않는다는 지침을 공표하였다. 또한 2012년의 금융서비스·시장법에 따라 보험자에 대한 행위규제로서 FCA 규칙이 제정되고, 일정한 사항에 대하여 보험자가 법률에 의거하여 보험금지급청구를 거부할 수 없도록 되어 있다. 이 FCA 규칙은 1986년의 실무지침이 기초로 된 경우가 많다. 이와 같이 실무지침을 기초로 보험자에 대한 행위규제라는 형태로 일정한 정도 주로 보험계약자의 보호가 이루어지고 있다.

또한 재판외분쟁처리기관(ADR)으로서 민원처리기관으로는 2012년 금융서비스·시장법에 따라 FCA산하에 설치된 금융옴부즈만서비스가 분쟁해결을 담당하고 있다.

금융옴부즈만서비스는 제1차적으로는 화해가 권고되지만, 화해가 불가능한 경우에는 결정이 행하여진다. 결정시에는 옴부즈만의 견해로서 당해 사안의 모든 사정을 고려하여 무엇이 합리적이고 공정한가라는 견지에서 판단된다(FSMA 제228조 제2항). 이 판단에 있어서 옴부즈만은 법률, 규칙, 실무지침, 그 시점에서 적절하다고 고찰되는 업무관행 등을 고려한다[FCA Handbook 중 Dispute Resolution Sourcebook(이하 DISP라고 한다) DISP 3.6.4].이와 같은 견지에서 옴부즈만은 법률에 기한 것과는 다른 결정을 하고 있다.

금융옴부즈만에 민원을 신청할 수 있는 자는 소비자 또는 소규모사업자이다(DISP 2.7.3). 옴부즈만이 결정할 수 있는 금액의 상한은 15만파운드이다(FSMA 제229조 제4항, DISP 3.7.4). 옴부즈만의 결정에 대하여 신청인은 거부할 권리

60) 한창희, 주석상법 보험법(Ⅱ), 한국사법행정학회, 2015, 183면

가 있지만, 신청인이 수락하면 사업자의 의향과 관계없이 법적 구속력이 생긴다. 다만 옴부즈만은 15만파운드를 초과하는 금액이 공정한 금액이라고 판단하는 경우에는 15만파운드를 초과하는 금액의 지급을 권고할 수 있다(FSMA 제229조 제5항, DISP 3.7.6). 이와 같은 권고가 행하여지면 대부분의 보험자는 권고대로 보험금을 지급하지만, 지급하지 않는 보험자도 있다. 또한 옴부즈만에 의한 결정시에 당사자 쌍방은 진술을 하지만, 제3자가 진술하고 이에 대하여 반대심문하는 절차는 없다(DISP 3.5.4). 이에 따라 옴부즈만은 법원에서 취급하는 것이 적절하다고 판단하는 경우에는 신청을 각하할 수 있다{DISP 3.3.4(10)}.

나. 보험계약에 관한 법규

보험계약의 내용에 대하여 전반적으로 규정하고 있는 법은 1906년 해상보험법이지만, 특정한 문제에 대하여 법률이 제정되어 있는 경우도 있다. 저명한 법률로는 생명보험계약에서 피보험이익에 관한 1774년 생명보험법(Life Assurance 1774), 책임보험의 피보험자가 지급불능인 경우 피해자의 보험자에 대한 권리에 관한 1930년 제3자(보험자에 대한 권리)법[Third Parties (Rights Against Insurers) Act] 등이 있다.

또한 보험계약의 내용규제에 관한 법률로서 1977년 불공정계약조항법(Unfair Contract Terms Act 1977)가 있다. 이 법률은 보험계약에는 적용되지 않는다고 규정하고 있지만(부칙 제1조), 옴부즈만은 민원처리에서는 이 법률의 정신을 고려하고 있었다. 그 후 1999년 소비자계약에서의 불공정조항규제(Unfair Terms in Consumer Contracts Regulations)은 보험계약에도 적용된다. 이에 따라 불공정계약조항은 구속력이 없다(제8조).

Ⅲ. 독일

1. 시장의 상황

가. 보험시장

2013년 시점에서 국민총생산은 약 3조 2,270억 달러이고, 1인당 국민총소득(GNI)은 약 4만4,540 달러이다. 2013년 기준으로 독일의 생명보험 수입보험료는 1,143억 달러로 영국, 프랑스보다 작다. 손해보험 수입보험료는 1,328억 달러이며, 총 수입보험료는 2,471억 달러이다.

판매채널로는 전속대리점, 독립보험중개인(보험중개사), 은행이 각 3할을 차지하고 있다. 이전에는 전속대리점이 주요한 채널이었지만, 근래에는 독립보험중개인, 은행의 존재감이 증가하고 있다.

나. 감독

보험감독에 관한 법원으로는 보험감독법이 가장 중요하다. 보험감독법은 실질적 감독주의를 취하고 있고, 보험회사의 영업행위에 대하여 각종 규제를 규정하고 있다. 감독체제로는 연방금융감독청에 의한 연방수준의 감독과 각주의 감독관청에 의한 주수준의 감독이라는 2원적 제도를 두고 있지만, 대부분 연방수준의 감독아래에 있다.

보험사업을 영위하는데 대하는 면허주의가 채용되어 있고, 보험회사의 업무범위는 보험사업과 이에 직접적으로 관련되는 사업으로 한정되고 있다. 반면 자회사의 업무범위에 대한 규제는 특별히 없고, 대규모보험회사그룹은 자회사를 통하여 생손보겸영을 행하고 있다.

보험중개사의 등록제도에 관한 법률상의 규정은 존재하지 않았지만, 2007년 5월 EU보험중개지침을 국내법화하기 위한 "보험중개사법의 신규칙에 관한 법률"의 시행에 따라, 영업법 등이 개정되어, 보험중개사의 등록의무에 관한 규정을 두었다. 보험중개사로 영업을 하는 경우에는 소속 상공회의소로부터 인정, 등록부에의 등록이 필요하다. 보험회사의 사용인은 보험중개사에 포함되지 않고, 인정·등록제도의 대상 밖이다.

다. ADR(재판외분쟁해결절차)제도

독일에서는 사법제도가 잘 기능하고, 역사적으로 거대하게 구축되어 있는 점에서, ADR은 그다지 확대되지 않았다. 1992년 은행옴부즈만이 도입된 이래, 2001년 10월 독일보험협회를 중심으로 보험옴부즈만이 설립되었다.

현재 보험에 관한 소비자로부터 진정을 취급하는 ADR로는 BaFin(연방금융감독청)이 제공하는 것과 보험옴부즈만이 있다. 보험옴부즈만은 보험업계의 합의에 근거한 것이고, 법률상 근거가 없지만, BaFin에 대하여서는 법률상 소비자로부터 진정을 취급한다고 규정되어 있다. 소비자와 보험회사 사이의 분쟁해결에 관하여, BaFin은 구속력이 없지만, 보험옴부즈만은 절차규약으로, 그 결정에 준수할 것을 회원회사에게 강제하고 있고, 일정한 금액까지 회원인 보험회사에 대하여 구속력이 있다.[61]

2. 보험관계법

가. 개설

독일 사보험계약은 보험계약법, 보험감독법, 민법, 상법, 관련법규, 보험약관, 보험회사의 업무계획, 보험관습법, 공법상의 규정을 법적 기초로 하고 있다. 1908년 5월 30일에 성립된 보험계약법은 2000년 6월 7일 연방법무부내에 개정을 위한 전문위원회가 설치된 이래 2006년 3월 13일에 제안의 이유가 첨부된 담당관초안이 작성되었다. 이 담당관초안은 각계의 의견, 전문잡지에서의 비판, 중요논점에 관한 정치적 노론을 거쳐 수정되어 2007년 11월 23일에 공포되어 2008년 1월 1일부터 시행되고 있다.

---

61) 보험옴부즈만은 대상금액이 5천유로 이하인 안건에 대하여서는 '결정'을 하고, 5천유로에서 5만유로까지의 안건에 '권고'가 행하여진다. '결정'은 절차규정에 따라 회원회사를 구속하지만, 진정신청인은 구속되지 않고, 소송을 제기할 수 있다. '권고'는 회원회사·진정신청인 누구도 구속되지 않고, '권고'에 동의하지 않는 경우에는 양자 모두 소송을 제기할 수 있다. 또한 5만유로를 초과하는 사안에 대하여서는 보험옴부즈만의 취급대상 밖이다.

(1) 사적 자치의 제한

보험계약법은 1908년 제정 시부터 강행규정과 편면적 강행규정으로 계약자유의 원칙에 일정한 제한을 하고 있다. 편면적 강행규정은 정보와 교섭력에 있어서 구조적 열위의 상황에 있는 보험계약자가 보험자의 이익을 일방적으로 실현하도록 계약내용을 합의하지 못하도록 보호하는 것을 목적으로 하고 있다. 이를 명확히 하기 위하여 "보험계약자에게 불이익하게 변경할 수 없다"라는 문언으로 개정되었다(보험계약법 제18조, 87조 등).

(2) 법원(法源)

(가) 유럽법

정보제공의무를 규정하는 EC제3지침과 금융서비스에 있어서 비대면거래에 관한 지침은 독일 보험계약법 제7조, 제8조, 제152조와 보험계약에서의 정보제공의무령에 의하여 국내법화 되었다. 독일에서는 보험의 종류와 판매형태를 한정하지 않고 모든 보험계약자에 대한 보험자의 정보제공의무를 규정하고(정보제공의무령 제1조), 생명보험과 질병보험의 신계약비의 공시에 관한 규제 등을 통하여 보험계약자보호를 강화하고 있다(동의무령 제2조, 제3조). 보험중개사지령은 보험중개사와 보험조언인에 관한 보험계약법 제59조에서 제68조까지 국내법화 되었다.

유럽보험계약준칙은 유럽공통의 보험계약법의 핵심이고, 2009년 8월 1일자까지 공표되어 있으며, 이에 관한 주석도 공간되었다.[62]

(나) 국내법

독일 기본법은 제2조 제1항과 제14조 제1항에 기하여 생명보험계약에 있어서 보험계약자의 결정자유와 잉여배당금에 관한 소유권보호를 위한 입법을 요구한 연방헌법재판소판결(BvR80/95, VersR2005, 1127) 등을 통하여 보험계약법에 영향을 미치고 있다. 구체적으로 독일 보험계약법 제7조 제1항, 제2항의 보험

62) Jurgen Basedow & John Birds & Malcolm Clarke & Herman Cousy & Helmut Heiss, Principles of European Insurance Contract Law, (European Law Publishers, 2009); Jurgen Basedow & John Birds & Malcolm Clarke & Herman Cousy & Helmut Heiss & Leander Loaker, op. cit., pp. 635~661에 우리말 번역문이 실려 있다.

자의 정보제공의무, 제153조의 잉여금배당의 규정은 이 판결을 반영하고 있다.

독일보험감독법은 보통보험계약의 내용에 관한 규정(제10조), 기존계약의 이전(제14조), 부적절한 업무에 대한 감독(제81조 제1항 4문) 등의 규정을 통하여 규제완화후에도 보험계약의 법적 기초로 되어 있다. 독일 보험계약법에서도 보험감독법과의 관련이 명확히 표시되고 있다(여컨대 생명보험의 모델계산에 관한 제154조 제1항에서는 보험감독법 제54b조 제1항, 제2항, 생명보험의 해약환급금에 관한 제169조 제4항에서는 보험감독법 제54b조, 질병보험의 조건변경 등을 규정하고 있는 203조와 제204조에서는 보험감독법 제12조, 제12a조, 제12b조, 제12c조, 제12e조).

독일 민법은 보험약관을 직접 규제하는 경우(독일 민법 제305조~제310조) 외에, 보험계약법의 규정에 따라 적용되는 경우(예컨대 제4조 제1항에서 독일민법 제808조, 제8조 제3항에서는 독일민법 제312조의 격지자간계약)와, 독일보험계약법에 규정이 없는 경우에 적용되는 경우가 있다. 후자의 예로서는 보험사고를 고의로 야기하여 보험금을 취득할 의도로 계약을 체결한 보험계약자 또는 이행보조자는 독일민법 제823조 제2항, 동법 제826조의 불법행위책임 또는 동법 제278조의 이행보조자의 계약체결상의 과실책임에 의한 손해배상책임을 질 가능성이 있다.

독일 상법 제92조의 보험대리상에 관한 규정, 제341조부터 제341p조의 회계에 관한 특별규정, 제363조 제2항의 운송보험증권의 양도에 관한 규정은 보험계약의 법원으로서의 성질을 가진다. 또한 독일상법 제246조 이하의 회계에 관한 규정은 독일 보험계약법 제153조의 생명보험의 잉여금배당계산방법의 기초로 되어 있다.

평등법(Allgemeines Gleichbehandlungsgesetz) 제20조 제2항은 보험수리에 기한 남녀별 보험료 등을 인정하고 있지만, 임신과 출산에 관한 비용을 보험료와 보험급부의 차이의 근거로 하는 것은 인정되지 않기 때문에 질병보험의 보험료계산에 영향을 미치고 있다.

나. 개정 독일보험계약법

(1) 개정목적

개정보험계약법은 소비자보호를 강화하는 것, 권리보호보험과 취업불능보험과 같은 새로운 보험에 관한 법률상 규정을 신설하는 것, 법정책상의 변화와 사실상의 변화에 법률의 내용을 일치하도록 하는 것을 목적으로 하고 있다.

보험계약자의 책무에 관한 규정, 보험계약자의 철회권·해약권에 관한 규정, 보험자의 정보제공의무에 관한 규정은 소비자보호강화를 목적으로 하고 있다.

판례에 따라 명확히 한 규정도 있다. 가령 제69조 제1항 1호·2호는 보험매가자의 고지수령권을 인정하였는데, 연방최고법원판결(BGHZ, 102, 194)을 고려하여 규정되었다. 보험자의 개인건강정보수집조건, 범위, 방법 등을 규정하는 제213조는 연방헌법재판소판결에 따라 개인정보를 수집당하는 개인의 자기결정권과 보험자의 정보수집의 필요성과의 적적한 이익조정을 꾀할 목적으로 규정되었다.

(2) 적용범위

보험계약법은 재보험과 해상보험에는 적용되지 않는다. 재보험계약에서 원보험자의 보험계약자와 재보험자는 직접적인 법적 관계가 없기 때문이다. 독일상법 제778조 이하의 해상보험에 관한 규정은 이미 현대의 실무를 규율하는데 적합하지 않고, 위원회 최종보고서에서는 보험계약법에 규정하지는 제안을 하였지만, 관련업계의 견해에 따르면, 해상보험계약은 변화하는 국제기준에 맞게 개정되는 국제보통보험약관에 따라 체결되기 때문에, 상법의 임의규정을 개정할 필요성은 없다고 고찰되어 보험계약법에 규정되지 않았다.

보험계약법시행법 제10조 제1항 2문의 의미에서 대규모위험에 관한 보험계약은 보험계약자보호를 위하여 규정된 편면적 강행규정과 절대적 강행규정(제105조·제108조)과는 다른 내용으로 합의할 수 있다. 또한 대규모위험에 관한 계약에는 보험자의 조언의무, 정보제공의무, 보험중개사의 여러 의무에 관한 규정은 적용되지 않는다(제6조 제6항·제7조 제5항·제65조).

(3) 중요한 개정내용

2008년부터 시행되는 개정보험계약법의 중요한 내용은 다음과 같다.

(가) 조언의무, 정보제공의무

지금까지 판례에 의하여 인정되어 온 보험자의 조언의무(제6조)는 EU험중개사지침을 국내법화한 보험중개사의 조언의무(제61조)를 고려하여, 보험계약법에 입법화되었다. 보험자는 계약체결 전 만이 아니라, 보험기간 중에도 보험자의 수요와 필요성에 따라 조언할 이유가 있는 경우에는, 조언비용과 보험료 사이에 적절한 균형관계를 고려하여, 보험계약자에게 근거를 제시하여 조언하고, 그 내용을 기록하며, 그 기록을 보험계약자에게 명료하고 이해하기 쉬운 문서로 보험계약자에게 제공할 의무를 진다(제6조 제1항, 제2항). 보험자가 조언의무를 위반하는 경우에는, 그 위반으로 인한 손해를 배상할 책임을 진다(동조 제5항). 보험계약자는, 엄격한 조건(동조 제3항, 제4항 2문)아래 보험자의 조언을 포기할 수 있다.

보험자는, 보험계약자의 계약체결의 의사표시 전 적절한 시기에, 보험약관을 포함한 계약조건과 특정한 정보에 관하여, 보험계약자에게 문서로 제공할 의무를 진다(제7조 제1항, 제2항, 동항 2호, 3호에서는 특히 새로운 계약의 비용을 공시하도록 한다). 보험기간 중에도 보험자는 정보제공의무령의 규정에 따라 질병보험의 보험료율변경과 생명보험의 잉여금배당 등에 관하여 보험계약자에게 명료하고 이해하기 쉬운 문서로 제공할 의무를 진다(제7조 제3항). 정보제공에 관하여서도 보험계약자는 서면에 의한 의사표시로 포기할 수 있다(제7조 제1항 3문). 보험자가 제7조의 정보제공의무에 위반하는 경우에는, 보험계약자의 계약철회기간(2주간, 생명보험은 30일간)은 개시하지 않는다(제8조 제2항 1호, 제152조 제1항). 또한 보험계약자는, 보험자의 계약상의 의무위반을 이유로, 보험자에게 손해배상을 청구할 수 있다(민법 제280조 제1항, 제241조 제1항, 제311조 제2항).

(나) all or nothing 원칙의 폐기

보험계약자의 계약상의 의무와 책무위반에 관한 규율은 모은 계약당사자의 이익을 적절히 고려하여 이해하기 쉬운 원칙으로 변경하는 것이 요청되었다. 보험계약법은 7가지 기본원칙 ① 보험료의 인상 또는 해약에 대응할 수 있는 경우를 고려할 것, ② 사기적인 행위의 경우를 제외하고, 보험사고 또는 급부범위와 인과관계 있는 경우에 급부면책을 검토할 것, ③ 단순과실의 경우에는 급부면책을 하지 않을 것, ④ 고의에 의한 경우에는 ②의 인과관계가 없는 경우를 제외하고, 급부면책할 것, ⑤ 중과실에 의한 경우에는, 보험자의 과실의 정도에 따라 금부를 감액할 것, ⑥ 급부면책이 보험계약자에게 뜻밖의 타격이 되지 않고, 또한 보험계약자가 올바른 행위를 하도록 보험자에게 교시(教示)의무를 부과하는 것, ⑦ 증명책임을 명확하고 통일적으로 하는 것, 즉 고의의 증명책임은 보험자가 지고, 중과실 없음과 인과관계의 부존재의 증명책임은 보험계약자가 지는 것에 기하여 단계화된 책무위반규율을 정하였다. 중과실의 경우 감액원칙은 독일민법 제254조(과실상계)와 같은 것으로 판례에 의한 사례의 집적이 요청되고 있다.

(다) 고지의무

고지의무에 관한 규정이 대폭 개정되었다. 종래에는 보험계약자는 자발적 고지의무를 부담하였지만, 제19조 제1항에 의하여 보험계약자는 보험자가 문서로 질문한 위험사실만을 고지할 의무를 지는 것이 명확히 되었다.

보험계약자의 사기를 이유로 하는 취소에 관한 규정(제22조), 고의에 의한 고지의무위반을 이유로 하는 해제(제19조 제2항)는 변경이 없지만, 기타 고지의무위반의 효과는 대폭 변경되었다.

고의 또는 중과실로 인하지 않은 고지의무위반의 경우에는 보험자는 해약할 수 있다(제19조 제3항, 보험사고발생후에는 보험자는 급부의무를 진다). 고의에 의한 고지의무위반의 경우 외에, 보험자는 고지되지 않은 위험사실을 알았더라도 다른 조건으로 보험계약을 체결하였을 경우에는, 보험자는 해제할 수 없다(제19조 제4항). 다만 보험료가 10%를 초과하여 인상되었을 경우와 고지되지 않은 위험사실에 대한 위험의 담보가 배제되었을 경우에는, 보험계약자는 해약할 수 있다(제16조 제6항). 또한 보험자의 해제권에 대하여 별개의 문서로 교시하지 않은 경우에는 보험자는 해제할 수 없다(제16조 제5항).

고지의무위반과 보험사고 또는 보험자의 급부범위 사이에 인과관계가 없는 경우에는, 보험자는 해제할 수 없는 점은 종래와 같지만, 보험계약자의 사기적 행위에 의한 위반의 경우에는 인과관계가 없더라도 해제할 수 있게 되었다(제21조 제2항).

고지의무위반의 경우 보험자의 권리행사의 제척기간은 계약체결일로부터 5년(다만, 질병보험은 3년, 제194조 제1항)이지만, 고의 또는 사기적 행위에 의한 경우에는 10년간으로 장기로 되었다(제21조 제3항).

(라) 생명보험

잉여금배당청구에 관한 규율이 처음으로 보험계약법에 규정되었다(제153조~제155조). 보험계약자는 원칙적으로 잉여금과 평가준비금의 배당을 청구할 수 있다(제153조 제1항). 약관에서 다른 합의를 한 경우에는 이 합의 내용은 투명성원칙(투명성원칙은 독일민법 제307조 제1항 2문에 규정된 약관의 부당조항규제근거의 하나이다. 여기서 투명성원칙은, 약관사용자에 대하여, 약관사용자의 고객이, 약관을 집중적으로 읽은 후에 비로소 그 조항이 이해될 수 있다고 하지 않도록, 또는 약관의 사용자의 고객이 보충정보에 기하여, 보다 잘 그 조항을 이해할 수 있다고 하지 않도록, 계약의 상대방의 권리와 의무를 가능한 한 명확하고 이해할 수 있도록 기술할 의무를 말한다. 투명성원칙은 독일민법 제307조 제3항 2문에 의하여, 다른 점에서는 내용통제를 받지 않는 조항에도 적용된다. 또한 투명성원칙은, 보험계약자에게 경제적 불이익을 지우는 경우에는, 보험계약자가 그것을 인식할 수 있도록 보험약관을 기술할 의무를 보험자에게 지우고 있다)을 충족하여야 하고, 이와 같은 합의가 없는 경우에는, 보험계약자는 제153조에 의한 잉여금배당을 청구할 수 있다. 제153조 제3항은, 동조 제3항의 발생원인에 따른 잉여금배당계산방법에 관한 규율의 특별규정이고, 연방헌법재판소판결에 따라 각각의 보험계약자의 보험료에 의하여 형성된 재산가치의 적절한 배당과 위험공동체로서의 피보험자의 이익을 적절히 고려한 평가준비금 계산에 관한 규율을 정하고 있다. 구체적으로 평가준비금은 연도별로 확정되고,

계약종료시에 그 때까지 확정된 평가준비금의 반액이 보험계약자에게 배당되고, 지급되어야 한다.

해약환급금계산에 관한 규율은, 승인된 보험수리의 산출방식에 의하여 그 보험의 시가로 산출된 금액이라는 불투명한 규정에서, 가능한 한 명료하게, 보험계약자가 계산할 수 있는 규정으로 변경하고, 조기 해약한 보험계약자의 이익을 적절히 배려한 특별규정을 두었다(제169조 제3항, 제5항). 새로운 규정에 의하여, 원칙적으로 해약환급금은, 계약종료 시에, 승인된 보험수리의 산출방식에 따라, 보험료산출의 계산기초에 기하여 계산된 책임준비금을 기초로 산출된 것이고, 최저 해약환급금으로서, 적어도 계약 초년부터 5년간 계약체결비와 판매비를 균등하게 분할하여 할당하여 산출된 책임준비금액이 지급되어야 한다고 규정되었다. 보험자는 해약시의 공제를 합의하고, 또한 그 공제액이 수자로 표시되어, 적절한 경우에 한하여, 해약공제를 할 수 있다. 다만 미상각의 신계약비를 공제하는 합의는 무효이다.

(4) 보험약관의 내용규제와 편면적 강행규정과의 관계

보험약관은 보험계약법의 내용과 합치하는 경우, 또는 보험계약법에 비하여 보험계약자에게 유리한 내용의 경우에는, 투명성 원칙에 반하지 않는 한 내용통제를 받지 않는다(독일민법 제307조 제3항). 보험계약에서 위험의 인수범위를 한정하는 보험약관(예컨대 책임개시 전에 발병한 질병으로 인한 보험사고를 담보하지 않는다는 내용의 약관)은, 그 기술이 없으면 본질적인 계약내용의 확정성을 결하기 때문에, 유효한 계약으로 인정될 수 없는 급부기술(記述)조항(급부기술조항은 주된 급부의 종류, 품질, 범위를 직접 규정하는 조항을 말한다)으로 인정되는 경우에는, 투명성원칙에 의한 내용통제를 받게 되지만, 그 이외의 경우에는, 투명성원칙에 의한 내용통제(동조 제1항 2문)에 추가하여, 특히 보험계약법의 기본사상과 다른 내용인가(동조 제2항 1호) 또는 계약목적을 위태롭게 하는 내용인가가 문제된다(동조 제2항 2호).

예컨대 고지의무자가 고지시에 알지 못한 책임개시전의 발병을 원인으로 하는 보험사고를 부담보하는 약관은, 계약체결 전에 고지의무자가 알고 있는 위험사실의 고지를 요구하는 것에 의하여 개별위험선택을 행하는 것을 규정하여, 보험계약법의 고지의무에 관한 편면적 강행규정의 규범목적에 반하며, 보험계약자에게 불리한 내용이기 때문에, 보험계약법 제32조(편면적 강행규정)와 독일민법 제307조 제2항 1호에 기하여 무효인가가 다투어지고 있다.

그러나 보험자가 보장하지 않는 위험을 약관으로 자동 배제하고 있는 경우에, 보험계약법의 고지의무의 규정을 이유로 개별적 위험선택을 보험자에게 유리하게 하는 것은 아니라고 할 것이다. 다만 이와 같은 조항에 의하여 고지의무자가 고지시에 알지 못한 위험사실에 관한 보험보호의 인수가 배제되는 경우에는, 개별적으로 위험선택이 행하여지는 경우에 비하여, 보험보호에 관하여 투명성이 저하된다고 할 수 있다. 따라서 이와 같은 조항은 고지의무에 관한 보험계약법의 규범목적에 반하는 것을 이유로 하는 것(독일민법 제307조 제2항 1호)이 아니라, 보험보호범위의 불투명성(동법 제307조 제2항)과 장기의 부담보기간 채택에 의한 보험목적의 공동화(동법 제307조 제2항 2호)의 관점에서 내용통제 된다고 고찰되고 있다.[63)]

Ⅳ. 프랑스

1. 시장의 상황

가. 보험시장

국민총생산(GDP)는, 2013년 시점에서 2조2,730억 달러이고, EU국가 중에서는 독일, 영국 다음이다. 1인당 국민총소득(GNI)은 3만7,580 달러로 이 또한 독일, 영국 다음이다. 프랑스 생명보험시장은 보험료수입기준으로 1,601억 달러(2013년)로 유로권 최대의 보험시장이다. 손해보험 수입보험료는 945억 달러이고, 총 수입보험료는 2,547억 달러이다. 세계적으로 본다면 미국, 일본, 영국, 중국에 이어 5번째 규모이다. 생명보험사업의 보험료 대 GDP 비율은 6.2%이고,

63) 山下友信·米山高生, 전게서, 97面.

경제규모와 대비하여도 비교적 높은 수준이다. 수입보험료의 내역은 생존보험이 약 8할, 상해질병보험이 약 1할, 사망보험은 약 6%정도이다.

판매채널로는 은행과 우체국이 점하는 비율이 높아 약 6할을 점하고 있다. 보험회사의 직원이 16%, 보험중개사가 13%, 대리점이 7%이다.

나. 감독

프랑스는 면허주의를 채용하고 있고, 면허를 취득한 후에도 보험기업의 업무 전반에 대하여 실질적 감독이 행하여진다. 보험회사에 대한 감독은 분야마다 다른 기관이 담당한다. 규칙의 제정은 경제·재정·고용부(Ministere de l'Économie, de l'Industrie et de l'Emploi), 행위규제와 재무감독은 보험·공제조합감독청(ACAM: Autorité de Contrôle des Assurances et des Mutuellles), 사업면허에 대하여서는 보험기업위원회(CEA: Comité des Entreprises d'Assurance)가 각각 담당하고 있다.

보험회사는 허가를 받은 보험부분의 거래밖에 할 수 없고(보험법 제321-1조), 생명보험사업과 손해보험사업의 겸영이 금지되고 있다.

모집제도는 EU보험모집지침(IMD: Insurance Mediation Directive) (2002/92/EC)을 수용한 2005년 개정법에 의하여 보험중개사(courtier d'assurance)와 보험총대리점(agent general d'assurances)등을 포함한 보험중개자·재보험중개자(intermédiaire d'assurance ou de réassurance)를 대상으로 한 등록제도가 두어졌다.

다. ADR(재판외분쟁해결절차)제도

프랑스 보험업계의 ADR제도에는 프랑스 보험협회(FFSA: Fédération Français des Sociétés d'Assurances)와 보험상호회사협회(GEMA: groupements des Entreprises Mutuelles d'Assurances)의 양 보험협회외에, 보험기업이 독자적으로 조정제도를 두어 민간의 분쟁해결지원제도로 보험계약자에게 이용되고 있다. 행정부처에서도 보험·공제조합감독청(ACAM)에 상담·민원해결의 전문부처인 보험가입자관계국을 설치하여, 보험기업의 법령준수를 감독하는 입장에서 상담·민원해결지원을 하고 있다.

2. 보험관계법

가. 프랑스보험계약법의 연혁

(1) 1930년법 제정전의 상황

프랑스에서는 1930년에 비로소 육상보험법이 제정되었지만, 이때까지의 상황은 다음과 같다.

19세기까지 해상보험계약에 대하여서는 1808년의 상법전 제10장 제332조 이하에 규정되었지만, 육상보험계약에 관하여서는 민법 제1964조에서 사행계약의 일종으로 보험계약이 열거되어 있을 뿐이었고, 그 내용에 대하여서는 구체적인 규율은 존재하지 않았다.

보험계약은 부합계약으로 그 내용은 약관작성자인 보험자에게 유리하게 되어 있기 때문에 해석·적용상 분쟁이 발생할 수 있고, 학설·판례는 약관은 보험계약자의 진정으로 승낙에 의한 합의가 없다고 하여 그 엄격한 적용을 인정하지 않는 형태로 공평한 해결을 꾀하였다. 이와 같은 해결방법은 한계가 존재하고, 관습과 판례에 의한 보험계약법리는 불명확하고 불확정적이었기 때문에 소송에서 많은 불합리성이 초래되어, 보험제도에 대한 불신이 생겨, 보험계약에 관한 법제정의 요구가 강해졌다. 따라서 1904년에 보험계약법초안이 송무장관에 의하여 제출되었지만, 동초안은 ① 화재보험·생명보험·상해보험에 대해서만 규정하고 책임보험에 대하여는 아무 고려가 없고, ② 관습과 판례에 의하여 인정된 법칙을 임의규정으로 하고 있으며, 강행법규는 예외적일뿐이라는 이라는 점이 학설로부터 비판받았다. 또한 1908년 독일보험계약법과 스위스보험계약법이 보험계약자보호를 위한 많은 규정을 편면적 강행규정으로 입법된 점 등과 관련하여 동초안은 입법에 이르지 않았다.

(2) 1930년법의 개요

독일의 보험계약법 등의 영향을 받아 1930년 7월 13일의 법률이 제정되었다. 1930년법은 육상보험관계만을 규율하고(해상보험계약관계에 대하여서는 상법에서 규율함), 그 대상은 영리보험인 상호보험을 포함하였다. 1930년법은 원칙적으로 강행규정으로 되어 있다(제2조). 그 이유는 보험계약관계는 공서양속과 관계있는 것이 많은 점, 보험자가 경제적 강자인 지위를 이용하여 부당하게 유리한 약정을 강제하는 폐해를 방지하는 것이다. 전자에 관한 규정은 절대적 강행규정이고, 후자에 관한 규정은 편면적 강행규정이라고 할 수 있다. 프랑스법상 양자의 구별은 각 조문의 취지를 판단하여 결정할 수밖에 없다.[64]

주요한 특색으로는 ① 보험계약자의 중과실에 의한 사고의 보험을 인정한 것, ② 보험계약자 등의 사용인 등의 고의에 의한 보험사고유발의 보험을 인정한 것, ③ 자살의 경우 불가쟁약관의 유효성을 인정한 것 등이다.

(3) 1930년법 제정후의 전개

1976년 7월 16일 보험계약에 관한 규율과 보험기업조직·보험감독에 관한 규율이 통합된 보험법이 제정되었다. 프랑스보험법은 공제와 사회보험에는 적용되지 않는다(전자는 공제법(Code de la Mutualité), 후자는 사회보장법(Code de la séculité sociale)에서 규율하고 있다).

보험법 제정이후에도 EU법의 영향을 받아 매우 자주 개정되었다. 1981년, 1989년, 2007년의 개정은 소비자보호를 강화하는 것을 주요한 내용으로 하고 있다.

1981년 개정에서는 생명보험에 관한 내용이 중요하다. 구체적으로는 ① 변액보험에 관한 규정의 신설, ② 연생보험의 일반적 승인, ③ 피후견성년자에 의한 단체보험의 가입, ④ 보험수익자 지정에 관한 규정의 정비, ⑤ 보험수익지정에 대한 선의의 보험자의 면책, ⑥ 자살면책규정(2년 이내의 자발적·의식적 자살을 무효로 함), ⑦ 보험수익자에 의한 피보험자살해의 효과(유죄의 보험수익자에 대해서만 보험계약이 실효함) 등이다.

1989년 유럽시장의 개방에 보험법이 적합하도록 현대화하는 것을 목적으로 하였다. 많은 개혁이 이루어졌지만, ① 보험계약 체결전의 보험자에 의한 정보제공의무, ② 고지의무·통지의무제도개혁(전자는 질문답변의무의 채용, 후자는 보험자에게 손해가 발생할 것을 실효의 요건으로 함)이 획기적이다.

2007년법은 타인을 위한 생명보험계약을 중심으로 대폭 개정되었다.

---

64) 山下友信·米山高生, 상게서, 104面.

보험계약도 소비자계약의 일종이기 때문에 소비자법에 의한 규제가 미친다. 소비자에 대한 격지자간의 거래에 대하여서는 소비자법이 준용되고 있다(보험법 제112-2-1조).

나. 인보험에 관한 규정의 특색

프랑스보험법은 상해보험에 관한 상세한 규정은 두고 있지 않다. 상해보험에 관하여 보험법 제131-1조 제1항은 생명보험과 같이 상해보험은 원칙적으로 정액보험이라고 규정하고 있다. 또한 보험법 제131-2조 제1항은 인보험에서의 보험자대위의 금지를 규정하고, 동조 제2항에서는 손해보험의 성질을 가지는 상해보험의 존재를 인정하며, 이 경우에는 대위할 수 있다고 규정하고 있다.

생명보험에 관한 주요한 특색은 다음과 같다.

(1) 정보제공의무

보험법 제112-1조는 생손보 공통의 규정으로 계약내용에 관한 정보제공의무를 규정하고 있다.

인보험에 고유한 정보제공의무로서 보험법 제132-5-2조는 해약권(cooling-off)의 권리와 계약의 중요조항에 관한 정보제공서의 교부의무에 대하여 규정하고 있다. 이에 위반하는 경우 해약기간의 연장이라는 제재가 부과된다.

이와 관련하여 다른 소비자계약과 같이 보험계약에 대하여서도 민법의 효과로서 정보제공의무·조언의무가 인정된다.

(2) 고지의무

(가) 질문답변의무

고지의무에 관한 규율은 생손보 공통이다. 보험계약자(피보험자)는 계약 체결 시에 보험자가 인수할 위험을 평가하는 사실에 대한 질문, 특히 위험고지서 중에서 행한 질문에 대하여 정확히 답변하여야 한다(보험법 제113-1조 제1항 2호). 따라서 위험선택상의 사실에 대하여 고의로 불고지 또는 부실고지한 것이 사실상 인정되어도, 그 사실을 보험자가 명확하고 한정적인 형식으로 질문하지 않으면 고지의무위반을 주장할 수 없다.

또한 보험자는 질문이 애매한 문언으로 표시된 경우에는, 가령 부정확한 답변밖에 얻을 수밖에 없어도 고지의무위반을 주장할 수 없다(보험법 제112-3조).

(나) 유전자정보의 이용

보험자는 질문표에서 고지사항에 유전자정보와 그 결과에 대한 사항을 기재하는 것이 금지되고, 보험가입희망자가 적극적으로 유전자정보를 제공하여도 보험자는 위험선택에 이용할 수 없다(보험법 제133-1조).[65]

(다) 고지의무위반과 비율적 보상원칙

① 고의의 고지의무위반

고의에 의한 고지의무위반의 경우 보험계약은 무효이지만(보험법 제113-8조 제1항), 악의의 증명이 없는 고지의무위반의 경우 계약은 무효가 아니다(보험법 제113-9조 제1항). 이는 강행규정이기 때문에 중과실에 의한 고지의무위반을 무효로 하는 약관규정은 둘 수 없다. 고의에 의한 고지의무위반의 증명책임은 보험자가 지기 때문에, 고지의무위반사실은 증명되었어도, 악의 증명이 없는 경우에는 계약은 유효로 되어, 보험자는 보험금 전액을 지급하여야 한다. 이와 같은 위험을 회비하기 위하여 보험자는 예비적 청구로 보험법 제118-8조를 원용하는 경우가 많다.[66]

② 선의의 고지의무위반

선의의 고지의무위반의 경우에는 다음과 같이 규율되고 있다. 불고지 또는 부실고지가 보험사고 발생 전에 증명되는 경우에는, 보험료할증에 의한 계약의 계속 또는 미경과 보험료의 반환을 전제로 계약을 해제할 수 있다(보험법 제113-9조 제2항). 반면 불고지 또는 부실고지가 보험사고 발생 후에 증명되는 경우에는, 비례감액된 보험금이 지급된다(보험법 제113-9조 제3항). 즉 완전하고 정확하게 고지되는 경우에 지급될 보험료와 실제 지급된 보험료의 비율로 보험금액이 감액된다.[67] 위험이 인수불능인 경우에는 비율적 보상에 의한 급부는

---

65) 한창희, 현대보험법의 동향, 국민대출판부, 110~112면.

66) Lambert-Faivre et Leveneur, Droit des assurances, (2^{e} ed., Dalloz, 2005), n° 335.

불가능하다. 해상보험분야에서는 이와 같은 경우 보험자는 면책이지만(보험법 제172-2조 제2항), 육상보험에서는 이와 같은 원칙은 법정되어 있지 않기 때문에, 약관에서 이를 명확히 규정하는 수밖에 없다.68)

비율적 보상원칙이 적용될 수 있어도 보험자가 보험금액을 전액 지급하는 것은 가능하다고 해석되고 있다. 보험계약자 측에 제시될 보험료선택의 정당성에 대하여서는 원칙적으로 보험자가 증명책임을 진다.69)

당해사안에 대하여 요율표가 존재하는 경우에는 비율적 보상급부는 이에 따른다. 제시된 요율표의 정당성을 증명하기 위하여 보험자가 신청한 증거에 대하여 보험계약자가 이의를 한 경우에는 법원이 쌍방이 제출한 증거를 고려하여 요율을 결정할 수 있다. 반대로 당해 사안에 요율표가 존재하지 아니하는 경우에는, 비율적 감액은 불가능하지만, 이와 같은 경우에는 법관이 정액에 의한 감액을 결정할 수 있다.

또한 피보험자의 연령에 대한 착오가 있는 경우에도, 그 진실한 연령이 인수범위 밖이 아닌 한, 계약은 무효가 아니다(보험법 제132-26조 제1항). 다만 착오의 결과 실제보험료가 수령할 보험료보다 적은 경우에는, 보험금은 실제보험료와 피보험자의 진실한 연령에 상당하는 보험료의 비율로 감액되고, 반대로, 과대한 보험료가 지급된 경우에는, 보험자는 수령한 보험료중 과대한 부분을 이자 없이 반환하여야 한다(보험법 제132-26조 제2항).

(3) 타인의 생명보험

피보험자의 서면에 의한 동의가 없으면 타인의 생명의 보험계약을 체결할 수 없다(보험법 제132-1조, 제132-2조). 다만 12세 미만의 미성년자, 성년피후견인, 정신요양시설에 수용되어 있는 자에 대하여서는 사망보험계약을 체결할 수 없다(보험법 제132-3조). 12세 이상의 미성년자에 대하여서는 친권을 부여받은 친, 후견인, 재산관리인의 승낙이 없으면 보험계약을 체결할 수 없다(보험법 제132-4조).

---

67) 다만 프랑스에서는 비율적 보상원칙은 주로 손해보험과 상해·질병보험에서 적용되고, 생명보험에서 적용되는 경우는 드물다(山下友信·米山高生, 전게서, 109面).

68) Lambert-Faivre et Leveneur, op. cit., n° 337.

69) 山下友信·米山高生, 전게서, 110面.

(4) 타인을 위한 생명보험

(가) 보험수익자에 대한 정보제공의무와 보험수익자 탐지의무

생명보험계약에서 미지급보험금대책으로서 ① 보험계약상 보험수익자 지정의 효과·방식에 관한 정보제공의무와 보험금수령에 관한 조항이 사서증서·공정증서의 대상으로 될 수 있다는 것을 보험계약상 명시할 의무를 지고(보험법 제132-9-1조), ② 자신이 보험수익자라고 고찰하고 있는 자에 대하여 전문기관의 질문권이 인정되며(보험법 제132-9-2조), ③ 피보험자의 사망통지를 받은 보험자에게, 보험수익자의 탐지의무를 지우고, 탐지에 성공한 경우에는, 보험수익자에 대한 수익자조항에 관한 정보를 제공받도록 할 의무가 지워지고 있다(보험법 제132-8조 제7항).

(나) 보험수익자의 지정방법

보험법에서는 계약변경서와 유언 등에 의하여 수익자지정방식이 규정되고 있다(보험법 제132-8조). 보험자에 대한 통지는 지정·변경의 효력발생요건은 아니지만, 보험자가 선의로 보험금을 지급한 경우에 보험자는 면책되기 때문에, 통지는 대항요건이다(보험법 제132-25조)

(다) 보험수익자의 지정승낙과 그 효과

보험수익자의 지정승낙은 보험회사, 보험계약자, 보험수익자가 서명한 변경증서에 의하여 하거나, 보험계약자와 보험수익자가 서명한 공정증서 또는 사서증서에 의한다(보험법 제132-9조). 전자의 경우에는 보험회사에 대한 대항요건이 바로 구비되지만, 후자의 경우에는, 보험회사에 의한 서면에 의한 통지가 대항요건이 된다. 보험수익자의 승낙의 의사표시가 있으면, 원칙적으로 보험계약자는 이것을 철회할 수 없다(보험법 제132-9조). 보험수익자의 지정이 무상인 경우에는, 가령 수익자가 승낙의 위사표시를 하였어도, 보험계약자가 계약의 성립을 안 날로부터 30일을 경과하지 않으면 효력이 생기지 않는다(보험법 제132-9조). 이것은 보험계약자에게 숙려기간을 준 것으로 해석된다.[70)]

70) 山下友信·米山高生, 상계서, 112面.

(라) 보험수익자의 지정철회권

보험수익자가 피보험자의 살해를 기도한 경우에는, 보험계약자는, 보험수익자가 자기를 위하여 행한 약정을 이미 승낙하였어도, 보험이익의 수여를 철회할 수 있다(보험법 제132-24조). 또한 피보험자 자신은 보험수익자의 살인 미수행위에 대하여 아무 권리를 가지지 아니하기 때문에, 타인의 생명보험에서 피보험자는 도덕적 위험상태에서 벗어날 수 없다. 이 점에서 오래 전부터 학설의 비판이 있어 왔지만, 아직 개정되지 않고 있다.

(마) 보험수익자의 권리의 고유권성

사망보험금은 피보험자의 상속재산의 일부가 아니다(보험법 제132-12조). 또한 사망보험금은 상속재산에의 반환에 관한 규정과 계약자의 상속인의 유류분 침해에 의한 상쇄에 관한 규정도 적용되지 않는다(보험법 제132-13조 제1항). 다만, 지급된 보험료가, 계약자의 자력에 비하여 명백히 과대한 경우에는 예외이다(보험법 제132-13조 제2항).

(5) 면책조항

(가) 고의 면책조항과 면책사유의 명확화

보험계약자에게 공통적인 규율로서, 피보험자의 고의에 의한 보험사고 유발은 보험자의 면책이지만, 피보험자의 과실에 의한 보험사고 유발에 대하여서는 그 과실이 어떠한 것이어도, 보험계약 중에 명확하고 제한적인 면책조항을 두지 않는 한, 보험자는 책임을 진다(제113-1조).

(나) 보험수익자에 의한 보험계약자·피보험자의 살해

보험수익자가 피보험자 또는 보험계약자를 살해하여 유죄판결을 받은 경우에는, 당해 보험수익자와의 관계에서 계약이 실효하여, 동인은 보험금을 지급받을 수 없다. 보험수익자가 복수인 경우에는, 살인을 행한 보험수익자의 몫은 무관계한 보험수익자에게 귀속한다.

(다) 피보험자의 자살

사망보험에 대하여서는 계약체결 후 2년 이내의 자살에는 면책으로 하고, 2년

후의 자살에 대하여는 보장을 의무로 하고 있다(보험법 제132-7조 제1항, 제2항). 이 규정은 강행규정이기 때문에, 이 면책기간의 연장도 단축도 인정되지 않는다.

이상의 원칙에 대하여서는 다음과 같은 예외가 인정된다. 첫째, 단체생명보험에 대하여서는 1년의 면책기간이 적용되지 않기 때문에, 1년 이내의 자살을 담보하는 규정을 둘 수 있다(보험법 제132-7조 제3항). 또한 금융기관이 체결하는 단체신용생명보험의 경우에는 명령에서 정한 금액을 상한으로 자살위험도 담보하여야 한다(보험법 제132-7조 제4항).

Ⅴ. 일본

2013년 기준으로 일본의 생명보험 수입보험료는 4,227억 달러이고, 손해보험 수입보험료는 1,087억 달러이며, 총 수입보험료는 5,315억 달러로 총수입 보험료기준으로 미국에 이은 제2위 시장이다.

제7장 보험법과 보험약관

Ⅰ. 보험법의 법원(法源)

1. 보험사법과 보험공법

보험법은 보험사법과 보험공법으로 구분할 수 있다. 전자는 보험계약의 사법적 측면을 규율하는 법률로서, 상법 보험편, 약관의 규제에 관한 법률, 자동차손해배상보장법, 유류오염손해배상법 등이 이에 속한다. 후자는 보험에 관한 공법적 관계를 규율하는 법으로 보험감독에 관한 일반법규인 보험업법은 보험계약에 관한 규제에 영향을 미치고 있고, 각종 공보험법(선원보험법, 군인보험법, 산업재해보상보험법, 국민건강보험법, 고용보험법, 수출보험법) 등이 이에 해당한다.

2. 보험계약법, 보험감독법과 보험경쟁법

보험법은 법률이 규율하는 관계에 따라 보험계약법, 보험감독법, 보험경쟁법으로 구분할 수 있다. 보험계약법은 보험회사와 보험계약자 사이의 사법적인 법률관계를 규율하는 법이다. 보험감독법은 보험감독관청이 보험회사를 규제하는 법으로 보험업법이 이에 해당한다. 보험경쟁법은 보험시장과 보험회사 사이의 경쟁관계를 규율하는 법으로 독점규제와 공정거래에 관한 법률, 금융지주회사법 등이 이에 속한다.

3. 보험에 관한 기타 법률

가. 공제에 관한 법률

공제는 일정한 지역 또는 직업에 속하는 자가 단체를 형성하여 단체구성원에게 재해나 불행(화재와 사망 등)이 발생하는 경우에 일정한 급부를 하는 제도이다. 공제는 단체구성원의 범위가 비교적 좁고 공제금도 위로금 정도에 불과한 것으로부터, 각종 협동조합이 행하는 공제와 같이 보험과 같이 대수의 법칙을 활용하여 대규모로 행해지는 것까지 다양하다.

공제회라는 이름으로 활동하고 있는 단체는 많지만 정부로부터 인가를 받은 공제회는 몇 개 되지 않는다. 교직원공제회, 학교안전공제회(이상 교육부), 과학기술공제회(과학기술부), 건설고용자공제회(고용노동부), 지방행정공제회, 지방재정공제회, 경찰공제회(이상 행정안전부), 군인공제회(국방부), 소방공제회(국민안전처), 사회복지공제회, 어린이집안전공제회(이상 보건복지부) 등이 관계법령에 따라 설립된 공제회이다.

공제에 보험과 같은 기술이 사용되는 경우 그 실질은 보험이다. 따라서 공제가입자를 보호하고 민영보험회사와의 공정경쟁을 보장하기 위하여 보험업에 대한 감독과 같은 수준의 감독이 요구된다. 그러나 공제의 설립의 근거가 되는 법에서 금융위원회의 협의요구권을 포함한 보험업법의 적용을 배제하는 경우가 있다.[71] 여객자동차운수사업법에 의한 공제(동법 제64조), 화물자동차운수사업법에 의한 공제(동법 제51조), 새마을금고법에 의한 공제(동법 제6조), 신용협동조합법에 의한 공제(동법 제6조). 수산업협동조합법에 의한 공제(동법 제12조), 영유아보육법에 의한 어린이집안전공제(동법 제31조의 2) 등이 그것이다.

또한 공제에 상법 보험편의 적용 여부에 대하여서는 공제가 비록 그 실질은 보험이라고 하더라도 단체구성원의 상호부조를 위하여 행해지는 것으로 영리목적으로 행해지는 것은 아니기 때문에 상법 보험편의 규정은 당연히 적용되는 것은 아니고, 준용을 한다는 규정도 없기 때문에, 유추적용의 문제로 처리할 수 밖에 없다.[72] 여하튼 상법 보험편의 규정은 성질에 반하지 않는 한 공제에도 적용되므로 원칙적으로 상법 보험편 보다 공제가입자에게 불리한 조항은 무효이다(상법 제663조).

나. 선주상호보험조합법

선박소유자·선박임차인·용선자 기타 선박운항업자의 선박운항으로 인하여 발생하는 책임 및 비용에 관하여서는 해상보험자에 의한 보험의 인수가 불가능한 것은 아니지만, 충분한 담보가 행해질 수 없기 때문에 선박소유자 등에 의한 상호보험이 세계 각국에서 영위되고 있다. 우리나라도 선주상호보험조합법에 제정되어 한국선주상호보험조합이 설립되어 있고, 동법은 선주상호보험조합의 기업조직적 측면에서만 규정하며, 보험의 내용에 관하여서는 선주상호보험조합의 보험약관으로 규율된다.

---

71) 성대규·안종민 보험업법, 두남, 2015, 55면.
72) 대법원 1998. 3. 13. 선고 97다52622 판결.

민영보험, 비영리보험, 공보험, 공제

구분	종류	근거법
민영보험사업	손해보험, 생명보험, 제3보험	보험업법
비영리보험사업	선주상호보험	한국선주상호보험조합법
공보험사업	국민연금	국민연금법
	산업재해보험	산업재해보상보험법
	건강보험	국민건강보험법
	고용보험	고용보험법
	수출보험	수출보험법
	우체국보험	우체국예금·보험에 관한 법
공제	어선공제, 선원공제	수산업협동조합법
	건설공제	건설산업기본법
	선주배상책임공제, 선원공제, 선박공제	한국해운조합법
	기계공제, 조선공제	산업발전법
	대한교원공제	대한교원공제회법
	여객자동차공제	여객자동차운수사업법
	화물자동차공제	화물자동차운수사업법
	학교안전공제	학교안전사고예방 및 보상에 관한 법률
	어린이집안전공제	영유아보건법
	의사공제	의료법

Ⅱ. 보험약관

1. 총설

가. 의의

보험약관이라 함은 보험자가 다수의 보험계약자와 보험계약을 체결하기 위하여 일정한 형식에 의하여 미리 마련한 보험계약의 내용이 되는 계약조항을 말한다(약관의 규제에 관한 법률 제2조 1호). 보험계약에서 보험자와 보험계약자 사이의 개별 교섭에 의하여 계약의 내용을 결정하는 것은 전혀 없다고 할 수 없어도, 보험자가 미리 정한 약관에 의하여 계약내용이 결정되는 것이 원칙이다.

나. 기능

(1) 보험기술적 요청에 따른 기능

보험거래는 대수의 법칙, 수지상등의 원칙, 급부반대급부균등의 원칙이라는 보험계리상의 여러 기술의 요청으로부터 계약내용은 보험약관에 의하여 획일적으로 획정될 것이 요구된다. 즉 보험사업에서는 모든 보험계약을 획일적으로 규율할 경영상의 요청이 매우 강하고, 이는 보험약관을 통하여 가능하게 된다.

(2) 보험소비자의 균등대우

정보나 협상력에서 비대칭적 지위에 있는 소비자보험의 보험계약자는 보험약관을 통하여 다른 보험계약자와 동등한 취급을 받는다는 점에서 보험계약자에게 유익한 점도 들어진다.

(3) 보험자의 이익추구가능성

보험약관은 계약체결을 위한 필수적인 수단이지만, 동시에 약관거래의 일반적인 문제로서 보험자가 일반적으로 자신의 이익을 도모하고 보험계약자의 이익이 침해할 우려가 있다는 점에서 이에 대한 규제가 필요하다.

다. 유형

(1) 일반약관과 특별약관(특약)

보험실무에서는 보험약관은 보통보험약관과 특별약관 또는 특약으로 구분되고 있다. 보통보험약관은 어떠한 종류의 보험계약의 기본적인 계약내용을 규정하고, 특별약관 또는 특약은 보통보험약관에 대한 특칙으로서 기본적인 계약내용에서 규정하지 않은 것을 정하는 것, 기본적인 계약내용에서 규정하는 것의 일부를 적용하지 않는 것 등을 규정하고, 양자의 관계는 일반법과 특별법의 관계와 유사하다.

특별약관 또는 특약으로 규정하는 사항은 보험급부에 관한 것이 많지만, 보험료분할납입약관과 같이 보험료지급에 관한 것 등 부수적인 계약조항에 관한 것도 있다.

(2) 원용약관 · 수정약관 · 신설약관

보험계약법과의 관계를 기준으로 원용약관, 수정약관, 신설약관으로 구분할 수 있다. 원용약관은 보험계약법의 규정을 그대로 인용한 약관조항이고, 수정약관은 보험계약법의 규정을 변경한 조항으로 상법 제663조와 약관규제법에 의한 내용통제를 받으며, 신설약관은 약관규제법에 의한 통제를 받는다.

2. 보험약관의 구속력

가. 구속력의 근거

(1) 의의

보험자가 일방적으로 작성하는 보험약관이 보험계약의 내용으로 되어 고객측을 구속하는가의 문제를 보험약관의 구속력이라고 한다. 이에 대하여 판례는 1985년 이래 규범설을 취하던 입장을 변경하여 의사설에 따르고 있다. 학설은 상관습법설, 의사설 등 다양하게 주장되고 있다.

(2) 판례

판례[73]는 "보통보험약관이 계약당사자에 대하여 구속력을 갖는 것은 그 자체가 법규범 또는 법규범적 성질을 가진 계약이기 때문이 아니라 보험계약당사자 사이에서 계약내용에 포함시키기로 합의하였기 때문이라고 볼 것인바, 일반적으로 당사자 사이에서 보통보험약관을 계약내용에 포함시킨 보험계약서가 작성된 경우에는 계약자가 그 보험약관의 내용을 알지 못하는 경우에도 그 약관의 구속력을 배제할 수 없는 것이 원칙이나 다만 당사자 사이에서 명시적으로 약관에 관하여 달리 약정한 경우에는 위 약관의 구속력은 배제된다."고 하여 의사설에 따르고 있다.

---

73) 대법원 1985. 11. 26. 선고 84다카2543 판결; 대법원 1989. 3. 28. 선고 88다4645 판결.

(3) 학설

(가) 상관습설

보험거래는 특별한 사정이 없는 한 '약관에 의한다'라는 사실인 관습 또는 상관습이 존재하므로 보험약관은 보험관계자를 규율하는 법규적 성격을 가지게 된다 할 것이며 "보험계약자는 그 약관의 내용을 의욕하는 여부에 관계없이 계약체결과 동시에 이것에 구속된다."[74]는 입장이다.

그 근거로는 첫째, 보험사업에서는 모든 보험계약을 보험약관에 의하여 획일적으로 규율할 경영상의 요청이 매우 강하다는 점,[75] 둘째, "보험자는 보험계약을 체할 때에 보험계약자에게 보험약관을 교부하고 그 약관의 중요한 내용을 알려주지 아니한 한 때에는 보험계약자는 보험계약이 성립한 날부터 3월내에 그 계약을 취소할 수 있다."고 규정하고 있는 상법 제638조의 3 제2항은 보험계약이 취소되지 않는 한 약관의 구속력을 인정한 것이라고 해석된다는 점[76] 등을 들 수 있다.

(나) 의사설

이는 보험자가 보험약관에 의한다는 점을 밝히고 보험계약자가 보험약관이 보험계약의 내용을 이룬다는 것에 보험자와 합의한 경우에 한하여 보험약관에 구속된다는 입장이다. 그 근거로는 첫째, 일반 법률행위의 구속근거는 당사자 사이의 의사의 합치인데 보험계약은 법률행위의 일종이라는 점, 둘째, "사업자가 약관의 명시·교부·설명의무를 위반하여 계약을 체결한 때에는 당해 약관을 계약의 내용으로 주장할 수 없다."고 규정하는 약관의 규제에 관한 법률 제3조 제4항에 따르면 보험자가 보험약관의 중요한 내용을 설명하지 않은 경우에는 보험계약의 내용으로 되지 않는다는 것은 의사설을 뒷받침하는 것으로 볼 수 있다는 점[77] 등을 들 수 있다.

---

74) 대법원 1985. 11. 26. 선고 84다카2543 판결의 원심판결.
75) 山下友信, 전게서, 112面.
76) 양승규, 보험법, 70면.
77) 양승규, 상게서, 69면.

(4) 비교법적 고찰과 사견

일본의 경우에는 판례는 보험약관에 의하지 않는다는 뜻을 표시하지 않고 계약을 한 경우에는, 약관에 의한다는 의사로 계약한 것으로 추정하여야 하는 의사추정설을 취하고 있고,[78] 일본 민법 채권편의 정형약관에 관한 규정(민법 제548조의 2~민법 제548조의 3)의 신설로 보험약관의 편입에 대하여서는 (1) 보험청약서 상 당사 소정의 약관에 의한다는 뜻의 기재가 있으면 '보험약관을 계약의 내용으로 하는 합의'가 있는 것이고, (2) 일반적인 생명보험실무와 같이 청약 시 생명보험약관이 교부되는 경우에는 보험약관이 사전 표시되는 것이며, (3) 보험계약자의 보험약관의 내용의 표시요청을 받고도 이를 표시하지 아니하는 경우에는 편입의 간주합의는 인정되지 않으며,[79] 이 때 보험계약자의 의사는 합리적 의사 또는 의제화된 의사를 포함한다고 하는 계약설을 취하고 있다.[80]

생각건대 보험약관의 구속력에 대하여서는 상관습법설에 의하여 약관의 구속력을 인정하는 것은 곤란하지만, 보험사업에서는 모든 보험계약을 보험약관에 의하여 획일적으로 규율할 필요성을 무시할 수 없는 점에 비추어 보험약관에 의하지 않는다는 것을 명시적으로 표시하지 아니한 이상 보험약관의 구속력을 인정하는 것이 타당하다. 다만 현재 보험관계법과 실무상 보험계약 체결 시에 설명의무를 위반한 경우에는 판례[81]에 따르면 당해 약관조항은 보험계약의 내용으로 되지 못하고, 보험업법 제102조에 의거하여 보험자는 손해배상책임을 지며, 보험업법 제95조의 3에 의거하여 보험자에게 과징금이 부과되고, 설명의무를 위반한 보험대리점·보험중개사 소속 보험설계사에게 과태료가 부과된다.

나. 보험약관의 개별합의에 의한 수정

어떠한 보험계약이 당사자간의 교섭에 의하여 또는 모집인의 과오로 보험계약에서 예정된 약관의 내용과 다른 내용으로 계약이 체결된 경우에 그 계약의

78) 大判 大正 4·12·24 民錄 21輯 2182頁.
79) 山下友信, 전게서, 169~178面.
80) 山下友信·永澤徹 編著, 保險法1, 第一法規, 2016. 19面 .
81) 대법원 1998. 11. 27. 선고 98다32564 판결.

효력 또는 내용은 어떠한가를 고찰한다. 이는 약관이 수정된 원인에 따라 살펴볼 필요가 있다.[82)]

(1) 보험자 자신이 수정할 의사를 가진 경우

실제로는 거의 없는 경우이지만, 보험자가 보험계약에 대하여 인가를 받거나 신고를 한 약관을 수정하여 보험계약자 측에게 유리하게 합의한 경우이다. 이는 무인가약관 또는 무신고약관으로 보험업법상 제재를 받는 것은 별론으로 하고 사법상의 효력에는 영향이 없다.

다만 약관의 내용이 특정한 보험계약자에게 유리한 내용인 경우에는 보험업법상 금지되는 특별이익의 제공에 해당할 수 있다(보험업법 제98조). 특별이익의 금지행위는 사법상의 효력에 영향을 미치는 것은 아니지만, 보험계약자에게 현저한 이익을 제공하는 경우에는 급여반대급여균형의 원칙에 의하여 운영되는 보험제도의 취지 반하여 사회질서에 반하는 것으로 평가되어 무효로 될 수 있다.[83)]

(2) 보험관계자가 권한 없이 약관을 수정한 경우

보험대리점은 보험계약체결의 대리권은 있지만 보험계약의 내용으로 되는 보험약관의 수정할 대리권이 없기 때문에 보험대리점이 권한 없이 보험약관을 수정한 경우에는, 약관의 수정은 무권대리로서 무효이고, 표현대리에 대하여도 보험계약자가 대리점이 수정할 정당한 권한이 있다고 신뢰할 수 있는 경우 이외에는 효력이 없다(민법 제126조).

또한 대리점이 약관을 수정하지는 않았어도 독단적으로 약관의 특정한 조항에 대하여 본래의 해석과 달리 해석하여 보험계약자에게 제시한 경우에도 위와 같이 고찰된다.[84)]

특정한 보험약관이 사용되는 것이 명확한 경우에는 약관은 객관적으로 해석되어야 하고 대리점이 해석권한을 가지지 않는 것은 보험계약자에게도 명확하기 때문에 이와 같이 약관을 수정하는데 대하여 표현대리가 성립할 정당한 이

82) 山下友信, 전게서, 145~149面.
83) 山下友信, 상게서, 146面.
84) 山下友信, 상게서, 147面.

유는 없다. 다만 약관의 설명의무위반으로 판례에 따라 보험계약의 내용이 되지 못하고(약관의 규제에 관한 법률 제3조 제4항), 보험자는 보험계약자에게 손해배상책임을 지거나(보험업법 제102조), 과징금 또는 과태료가 부과될 수 있다(보험업법 제95조의 2, 제97조 제 1호, 제196조 제2항).

판례는 자동차종합보험사건에서 "보험업자의 대리점직원이 보험계약자에게 개정된 약관내용을 단순히 알리지 않은 것에 그친 것이 아니라 나아가 적극적으로 그 개정이 명칭의 변경에 불과하고 그 약관내용에는 변경이 없음을 강조하기 때문에 보험계약자도 기왕에 가입한 구 약관과 같은 내용의 보험계약을 갱신하여 체결할 의사를 표시함으로써 계약이 성립된 것이라면, 이는 당사자 사이에 명시적으로 구 약관에 따르기로 약정한 경우와 같이 보는 것이 타당하므로 개정된 약관의 구속력은 발생할 여지가 없다."[85]거나 보험대리점 내지 보험설계사가 상해등급에 따른 정액보험금을 지급하는 자동차종합보험상의 자손사고보험약관의 내용을 일정한 금액의 한도에서 치료비전액을 지급한다고 다른 내용으로 보험계약을 설명한 경우에 설명된 내용이 보험계약의 내용이 된다[86]는 입장을 취하고 있다. 보험약관의 근거를 의사설에 두고 보험계약당사자간의 합의된 내용대로 보험약관의 내용을 수정하는 것을 허용하는 입장이지만, 급여반대급여균형의 원칙이라거나 특별이익제공금지에 해당하는가의 문제와 관련하여 검토의 소지가 많은 판결이다.

3. 보험약관의 변경

보험자가 보험약관을 변경하는 경우에 변경후의 약관은 보험계약자에게 유리한 경우에도 변경후의 신계약에 대하여서만 적용된다. 다만 기존 계약의 당사자간에 변경후의 약관을 적용하기로 하는 합의가 있으면 면책조항의 축소 등 보험계약자에게 유리한 경우에 보험자가 변경전의 약관에 의한 권리주장을 포기하면 변경후의 약관이 기존계약에도 적용된다.[87]

---

85) 대법원 1985. 11. 26. 선고 84다카2543 판결.
86) 대법원 1989. 3. 28. 선고 88다4645 판결.
87) 山下友信, 상게서, 149面.

한편 금융위원회는 보험회사의 업무 및 자산상황 그 밖의 사정의 변경으로 공익 또는 보험계약자의 보호와 보험회사의 건전한 경영을 크게 해칠 우려가 있거나 보험회사의 기초서류에 법령을 위반하거나 보험계약자에게 불리한 내용이 있다고 인정되는 경우에는 청문을 거쳐 기초서류의 변경 또는 그 사용의 정지를 명할 수 있다(보험업법 제131조 제2항). 금융위원회는 기초서류의 변경을 명하는 경우에 보험계약자·피보험자 또는 보험금을 취득할 자의 이익을 보호하기 위하여 특히 필요하다고 인정하면 이미 체결된 보험계약에 대하여도 장래에 향하여 그 변경의 효력이 미치게 할 수 있다(보험업법 제131조 제3항).

4. 보험약관의 내용통제

가. 보험약관에 대한 통제의 필요성

보험약관에는 복잡한 보험기술을 반영하고 있고, 도덕적 위험을 방지하기 위한 각종 규정이 있다. 특히 근래 통합보험상품이 일반화됨에 따라 보험약관은 일반인이 이해하기 어려워지고 있다. 보험약관은 보험자가 일방적으로 작성하기 때문에 보험자를 보호하기 위한 도모하는 각종 면책규정이 두어져 보험가입자의 이익을 부당하게 침해하기 쉽다. 이와 같이 대기업인 보험자와 보험계약자 사이에 이해력과 협상력에 있어서 격차가 있기 때문에 보험약관의 내용을 완전히 시장과 사적 자치에 맡길 수 없기 때문에 보험약관에 대한 통제가 필요하다. 이를 입법적 통제, 행정적 통제, 사법적 통제로 나누어 살펴본다.

나. 입법적 통제

(1) 우리나라의 입법적 통제[88]

상법 보험편은 보험가입자를 보호하기 위하여 소비자보험에 관하여 모든 규정을 편면적 강행규정으로 하고 있으므로 상법 보험편 보다 보험계약자에게 불

88) 2011년 10월 G20 재무장관회의에 제출할 CI(국제소비자기구)의 권고안 초안은 금융상품의 복잡성으로 소비자의 이익이 침해되는 상황을 지적하고, 금융감독당국이 단순화한 표준적인 상품의 이용보장을 제고할 것을 요구하고 있다. 우리나라 보험약관(특히 민영건강보험약관)은 선진국에 비하여 지나치게 복잡한 구조임이 지적되고 있고, 이에 대한 공정성통제의 강화가 요망된다.

리한 약관조항은 무효이다(상법 제663조). 그리고 보험업법상 일반보험계약자가 보험증권을 받은 15일(거래 당사자 사이에 15일보다 긴 기간으로 약정한 경우에는 그 기간) 이내에 청약철회의 의사를 표시하는 경우에는 특별한 사정이 없는 한 이를 거부할 수 없다(보험업법 제102조의4).

또한 약관의 규제에 관한 법률상의 일반약관의 공정성통제에 관한 규정이 적용된다(동법 제6조~제11조).

아래에서는 유럽보험계약법준칙상의 보험약관에 대한 공정성통제에 대하여 검토하고 우리법에 대한 시사점을 제시하고자 한다.

(2) 유럽보험계약법준칙상의 공정성통제

(가) 개관

보험계약은 수지상등의 원칙과 급여반대급여의 균등의 원칙에 바탕을 기술적인 성격을 띤다. 따라서 보험약관에 대한 공정성심사에 일반약관과 다른 기준을 적용할 수 있는가 여부에 대하여는 앞으로 더 논의가 필요한 사항이라고 판단된다. 유럽보험계약법준칙은 보험약관에 대한 공정성심사에 있어서 핵심조건을 제외하고, 우선적인 효력이 인정되는 개별약정의 범위를 명확히 하는 등 보험계약의 특성을 감안한 입법을 하고 있다. 아래에서는 우리법의 입법과 해석에 유용하다고 판단하여 이를 고찰한다.

유럽보험계약법준칙 제2-304조는 보험약관의 공정성통제와 관련하여 핵심조건을 심사대상에서 제외하고, 개별약정우선의 원칙의 적용범위, 불공정한 보험계약의 효과에 대하여 규정하고 있다.

(나) 입법목적과 적용범위 그리고 불공정한 조건의 의의

이 조항은 무형의 서비스인 보험을 규율하는 보험계약법의 특수성을 고려하여 보험계약에 불공정한 조건을 사용하는 것을 방지하기 위하여 적절하고 효율적인 수단을 확보할 것을 목적으로 한다.[89)]

이 조항은 소비자보험에만 적용되는 것은 아니라 기업보험에도 적용된다. 보

89) Jurgen Basedow & John Birds & Malcolm Clarke & Herman Cousy & Helmut Heiss & Leander Loaker, op. cit., p. 140.

험자는 미리 보험약관을 제정하기 때문에 보험계약자로서는 조건을 협상할 기회가 없기 때문이다.

불공정한 조건은 "보험계약의 성질, 계약의 모든 다른 조건, 그리고 계약이 체결될 때의 상황을 고려하여 계약으로부터 발생하는 권리와 의무에 있어서 보험계약자 측에게 중대하게 불리한 불균형을 야기하는 것(유럽보험계약법준칙 제2-304조 제1항)"이다.

(다) 핵심조건의 제외

유럽보험계약법준칙은 핵심조건을 "보장내용이나 보험료에 대한 필수적인 기술"을 나타내는 조건으로 규정하여 공정성통제의 심사대상에서 제외하고 있다. 구체적으로는 보험의 목적, 보험사고, 보험자의 책임, 보험급여, 보험금, 보험이익, 보험가액 등이 이에 해당한다. 그 근거는 경쟁적 보험시장에서 보험계약의 필수적 요소인 보장범위와 보험료는 시장의 힘과 당사자의 합의의 문제이기 때문이다.

유럽연합 불공정조항지침(Unfair Contract Terms Directive)[90] 제19조는 보험사고와 보험자의 책임을 정하거나 제한하는 조건은 심사대상에서 제외하고 있다. 그러나 이는 보험자의 책임을 정하거나 제한하는 모든 조건이 공정성심사의 대상에서 제외된다는 것은 아니다. 영국에서는 보험사고나 보험자의 책임을 정의하는 모든 조항이 보험료를 산정하는데 고려되기 때문에 공정성심사에서 제외된다고 보는데 반하여, 독일에서는 보험료를 산정하는데 실제 고려된 조건만이 제외된다고 규정하고 있다. 유럽보험계약법준칙은 보험계약자를 효과적으로 보호하기 위하여 면제되는 조건의 수를 제한하여 핵심조건만을 심사대상에서 제외한 것이다.[91]

(라) 개별약정우선의 원칙의 적용범위

공정성심사는 개별적으로 협상된 조건에는 적용되지 않는다(유럽보험계약법준칙 제2-304조 제4항). 보험계약의 당사자인 보험자와 보험계약자가 개별적으로

90) 93/13/EC

91) Jurgen Basedow & John Birds & Malcolm Clarke & Herman Cousy & Helmut Heiss, op. cit., pp. 140~141; Malcolm Clarke, The Law of Insurance Contracts, (Informa, 2006), 19-5~9-5A5.

협상된 조건에 합의하면 이를 존중한다.[92]

우리법과 달리 적용범위를 보험계약자가 조건의 정함과 내용에 대하여 실제로 영향을 미친 경우로 한정하고, 보험자가 미리 작성한 조건은 개별적으로 협상된 것으로 고찰되지 않는다고 규정하고 있다. 또한 조건의 일부 또는 하나의 조건이 개별적으로 협상되었다고 하여, 나머지 조건 또는 나머지 계약이 개별적으로 협상되었다고 고찰되지 않는다고 규정하고 있다. 표준조건이 개별적으로 협상되었다는 데에 대한 증명책임은 보험자가 진다.

(마) 위반의 효과

불공정한 조건은 보험계약자, 피보험자, 보험수익자를 구속하지 않는다(동조 제1항). 조건이 불공정한 경우에도 계약상의 나머지 조건은 적절한 경우에는 유효하다(동조 제2항 1문). 그러하지 아니한 경우에는 불공정한 조건 대신 합리적인 당사자가 선택하였을 조건으로 대체된다(동조 제2항 2문).

(바) 불공정성의 증명책임

불공정성의 판단은 사실판단의 문제이다. 당사자의 권리와 의무의 현저한 차이의 사례라는 것을 증명할 책임은 보험계약자, 피보험자, 보험수익자가 지지만, 회원국의 민사소송법에 의하여 완화될 수 있다.

(사) 우리법에의 시사점

무형의 서비스인 보험을 규율하는 보험계약법의 특수성에 비추어 보험약관의 공정성통제에 관한 원칙을 정립하는 것이 요망된다. 보험계약의 공정성통제에 관한 유럽보험계약법준칙의 법리는 우리나라의 입법과 해석에 유용하다고 판단된다. 그 시사점은 다음과 같다.

먼저 공정성통제의 대상으로 보험료산정과 관련한 핵심사항은 대상에서 제외하는 등 그 적용범위를 명확히 하는 것이 요망된다.

둘째, 개별약정우선원칙의 적용범위를 보험계약자가 실제로 약정에 영향을 미친 경우로 한정하고, 그 증명책임을 보험자에게 지우는 점이다.

92) 약관의 규제에 관한 법률 제4조는 개별약정우선의 원칙으로 규정하고 있다.

셋째, 불공정한 약관의 효력에 대하여 나머지 조항은 적절한 경우에는 효력을 유지하지만, 그러하지 아니하면 불공정한 조건은 합리적인 당사자가 선택하였을 조건으로 대체된다(유럽보험계약법준칙 제2-304조 제2항 2문)는 점이다.[93)]

다. 행정적 통제

보험약관은 원칙적으로 보험감독당국의 인가 등에 의한 사전통제를 받도록 되어 있는데, 이것은 행정적 규제에 의하여 보험약관의 내용적 공정성을 확보하기 위한 것이다(보험업법 제127조, 제128조, 제128조의 3, 제128조의 4).

또한 공정거래위원회는 인가를 받은 보험약관이 약관의 규제에 관한 법률 제6조 내지 제14조의 규정에 위반한 사실이 있다고 인정될 때에는 금융위원회에 그 사실을 통보하고 그 시정에 필요한 조치를 요청할 수 있다(약관의 규제에 관한 법률 제18조 제1항).

라. 사법적 통제

법원은 법률의 해석과 적용을 담당하는 기관으로서 보험약관의 해석·적용에 있어서 최종적으로는 사법적인 규제를 받게 된다.

보험약관에 대한 사법적 통제사례로는 자동차종합보험약관 대인배상II 중 "배상책임의무가 있는 피보험자의 피용자로서 산업재해보상보험법에 의한 재해보상을 받을 수 있는 사람(동법에 의한 보상범위를 넘어서는 손해가 발생한 경우에도 보상하지 아니합니다)."는 조항에 대하여 약관규제법 제6조·제7조를 근거로 면책조항의 '괄호 안 기재 부분'은 위 같은 법률의 각 조항에 의하여 효력이 없다."고 판시하여 산재보험 급여를 받는 부분에 대하여만 면책되도록 판시한 대법원 2005. 3. 17. 선고 2003다2802 전원합의체 판결, 자동차종합보험약관은 대인배상Ⅱ중 "피보험자동차의 운전자가 무면허운전을 하였을 때에 생긴 사

93) 우리 약관규제법 제16조는 "약관의 전부 또는 일부의 조항이 설명의무위반으로 계약의 내용이 되지 못하는 경우나 불공정성통제의 규정에 의하여 무효인 경우 계약은 나머지 부분만으로 유효하게 존속하지만 유효한 부분만으로는 계약의 목적달성이 불가능하거나 일방 당사자에게 부당하게 불리한 때에는 당해 계약을 무효로 한다."고 규정하고 있지만, 불공정한 조항이 합리적인 당사자가 선택하였을 조건으로 대체되는지 여부에 관한 사항은 규정하고 있지 않다.

고로 인한 손해"를 면책으로 하는 조항에 대하여 약관의 규제에 관한 법률 제6조를 근거로 "무면허운전이 보험계약자나 피보험자의 지배 또는 관리가 가능한 상황에서 이루어진 경우에 한하여 적용되는 조항으로 수정 해석하는 한도 내에서 유효하고, 무면허운전이 보험계약자나 피보험자의 지배 또는 관리가 가능한 상황에서 이루어진 경우라고 함은 구체적으로는 무면허운전이 보험계약자나 피보험자 등의 명시적 또는 묵시적 승인 하에 이루어진 경우를 말한다."고 판시하여 위 면책조항의 적용범위를 제한한 대법원 1991. 12. 24. 선고 90다카23899 전원합의체 판결 등을 들 수 있다.

5. 보험약관의 해석

가. 객관적 해석의 원칙

보통거래약관의 내용은 개개 계약체결자의 의사나 구체적인 사정을 고려함이 없이 평균적 고객의 이해가능성을 기준으로 하여 객관적·획일적으로 해석함이 원칙이라 할 것이다(약관의 규제에 관하 법률 제5조 제1항 후단; 대법원 1996. 6. 25. 선고 96다12009 판결, 대법원 1998. 10. 23. 선고 98다20752 판결, 대법원 2009. 5. 28. 선고 2009다9294, 9300 판결). 보험약관의 해석도 당해 보험계약의 배후에 있는 보험기술적인 구조 등을 참작하여 행하여져야 하고, 단지 보험약관의 문언만에 의하여 해석하여서는 안 된다.[94]

나. 작성자불이익의 원칙

보통거래약관의 내용은 약관 내용이 명백하지 못하거나 의심스러운 때 고객보호의 측면에서 고객에게 유리하게, 약관작성자에게 불리하게 제한 해석한다(약관의 규제에 관한 법률 제5조 제2항; 대법원 1996. 6. 25. 선고 96다12009 판결, 대법원 2009. 5. 28. 선고 2009다9294, 9300 판결, 대법원 2016. 5. 12. 선고 2015다243347 판결).

여러 가지 해석원칙을 적용하였음에도 불구하고 단어의 의미가 명확하지 않

94) 山下友信·米山高生, 전게서, 126面.

고 불명료한 경우에는, 단어는 작성자에게 불리하게[95] 즉, 통상은 계약을 작성한 당사자 또는 당사자의 계약의 기초로서 특정한 정형계약이 사용되도록 주장한 당사자에게 불리하게 해석된다.[96] 이는 협상력의 불균형이 인정되는 경우에 계약을 작성한 당사자에게 불리하게 상대방이 유리하게 해석하여야 한다는 것을 의미한다. 보험계약에 대하여 적용되면 이는 일반적으로 보험자에게 불리하게 해석하는 효과를 가진다.

그러나 로이즈시장에서는 조건은 보험계약자나 보험중개사가 제시하는 경우가 있고, 이때에는 이들에게 불리하게 해석되어야 한다는 가능성이 일반적으로 인정되고 있다.[97] 또한 뉴욕에서는 작성자불이익의 원칙은 보험자 사이에서는 적용되지 않는다. 왜냐하면 이와 같은 당사자는 거의 대등한 협상력을 갖추고 거래하는 시장에 정통한 박식한 기업체이기 때문이다.[98] 그리고 영국과 웨일즈에서는 양 당사자의 이익을 대표하는 단체에 의하여 정형화된 단어가 작성된 경우에는, 이 경우에 법원은 작성자에게 불이익한 해석원칙을 적용하여 계약의 조건이 제시하는 위험의 분담을 저해하는 것을 꺼려한다.[99]

일본에서는 작성자 불이익의 원칙이 판례에서 일반적으로 채용되고 있는 것은 아니지만, 일본 채권법 개정안상 복수의 해석이 가능한 경우에는 약관조항사용자에게 불이익하게 해석한다는 원칙을 명문화하자는 제안이 있다.[100]

---

95) Youwell v. Bland Welch & Co Ltd [1992] 2 Lloyd's Rep 127, 134사건(재보험사건)에서 스토튼(Staughton)판사의 판시.

96) 이와 관련하여 수기이거나 특별한 조항은 표준약관에 우선하여 적용되고 또한 보다 엄격하게 해석된다; J. Gilman and others, Arnould's, Law of Marine Insurance and Average, (18th ed., Sweet & Maxwell, 2013), ʃʃ 3-39, p. 87.

97) Malcolm Clarke, "Trends in the interpretation of marine insurance contracts", in Marine insurance: The law in transition edited by Rhidian Thomas, (informa, 2005), p. 4.

98) United States Fire Ins Co v. General Re Co, 949 F 2d 569, 574(2 Cir, 1991).

99) Dornoch v. Royal & Sun Alliance [2005] EWCA Civ, 238 [2005] 1 All ER(Comm) 590사건에서 롱모어(Longmore)판사는 작성자 불이익의 원칙을 적용하지 않고, 자신을 면책으로 하는 조항을 신뢰한 당사자는 그 조항의 단어가 그 조항의 공정한 해석에 기하여 명확한 경우에는 오직 그렇게 면책이다는 확립된 원칙을 적용하고 맨스(Mance)판사와 브르크(Brooke)판사도 이에 동의하였다.

100) 山下友信·米山高生, 전게서, 127面

제8장 보험감독

Ⅰ. 금융감독체제의 개편동향

각국 금융회사는 인·허가에서부터 영업행위 전반에 대하여 국가의 감독을 받는다. 보험업을 포함한 금융업에 대한 국가의 감독체제는 각국의 금융문화, 관행, 구조에 따라 다르지만 건전성규제/영업행위규제라는 감독목적에 따라 감독기관을 분리하는 목적중심의 규제모델(objectives-based regulation)이래 주목을 받고 있다. 즉 금융규제의 목적은 건전성규제(prudential regulation), 영업행위규제(business conduct regulation), 시장안정성규제(market stability measures) 등을 들 수 있는데, 목적중심의 규제원칙을 채택하는 경우 목적별로 규제기법이 다르고, 각 목적간에 이해상충가능성이 있으므로 감독기관도 분리되어 운영되어야 한다는 것이다. 이는 1997년 호주가 월리스(Wallis)위원회에서 채용한 이래 호주, 캐나다, 미국, 네덜란드, 2012년 이후 영국 등에서 채용되고 있다. 아래에서는 감독모델에 대하여 살펴본 후, 우리나라 금융감독체제의 개편논의의 내용을 검토한다.

EU의 금융감독제도

통합형감독시스템	쌍봉형	3층감독시스템
덴마크, 스웨덴, 오스트리아, 룩셈부르그, 핀란드, 폴란드, 리투아니아	네덜란드, 룩셈부르그, 영국(2012), 독일(논의중), 벨기에, 프랑스, 이탈리아, 그리이스, 포르투갈	스페인

1. 통합형감독모델(integrated model)과 쌍봉형감독모델(twin peaks model)

국제적으로 통용되는 금융감독체제에는 통합형방식과 쌍봉형 방식이 있다.

통합형방식은 단일규제기구가 금융업에 대한 건전성과 영업행위규제를 총괄하고, 쌍봉형 방식은 건전성감독과 영업행위규제기능이 별도의 규제기구에 의하여 수행된다.

가. 통합형감독모델

(1) 의의

통합감독모델은 단일 기구에서 은행, 증권, 보험 등 종합적으로 규율하고, 금융감독기관이 거대하다는 특징이 있다. 이러한 모델은 (1) 싱가포르모델처럼 중앙은행이 감독기관인 경우, (2) 스캔디나비안모델처럼 별도 금융감독기구가 존재하는 경우 등으로 나뉜다.

(2) 장점

통합형모델의 장점은 (1) 감독기구의 분리와 비교하여 위험에 대한 종합적인 평가가 가능한 점, (2) 각 업권별로 동일 기능에 대해 동일하게 감독하여 감독상 중립을 취할 수 있는 점, (3) 감독기관의 분리로 규제공백과 규제차익을 감소시킬 수 있는 점, (4) 분리되는 감독기관간의 권한다툼을 예방할 수 있는 점, (5) 감독자원의 규모의 경제효과, 인력의 전문화, 감독정보와 인프라를 공유를 통한 감독비용의 절감 (6) 감독목적의 달성, 감독비용, 감독정책의 수립 및 감독실패 등의 경우 책임의 귀속자 등을 용이하게 확정할 수 있어 책임행정이 도모될 수 있는 점 등을 들 수 있다.

(3) 단점

위와 같은 장점 이외에 단점도 존재한다. (1) 통합기구에서 서로 상이한 규제목적을 달성하기 어려운 점, (2) 규제목적이 상충하는 경우 우선순위를 결정하는 것이 어렵고 이로 인하여 이는 과소규제의 문제를 발생키는 점, (3) 목적에 따른 전문적인 규제가 아닌 시장 전체를 감독하는 일반적인 수준의 규제로 전락할 가능성이 있는 점, (4) 통상 거대기구로 규제감독권의 독점현상이 발생해 규모의 경제가 아닌 효율성저하의 우려, (5) 거대기구의 규제감독권의 독점으로 인한 내부조직의 탄력성 내지 유연한 기능 작동을 저해하고, 관료적인 조직의 탄생으로 귀결할 우려, (6) 통합감독기구내 부서간의 정치한 공조체제의 결여로 의사결정의 지연우려, (7) 규제목적과 순위가 불명확으로 인한 일관된 감독의 결여우려 등이 들어지고 있다.

나. 쌍봉형모델

(1) 의의

이 모델은 재무건전성규제와 영업행위규제는 근본적으로 다르다는 전제로 분리된 기구에 의한 감독방법을 취한다. 건전성감독과 영업행위감독은 전자는 금융회사의 수익성에 기초하는 반면에 후자는 금융소비자보호의 측면에서 파악하는 점에서 감독의 목적이 상충한다. 둘째, 건전성감독기관에서는 기본적으로 금융회사와 규제협력적인 규제전략을 사용하고, 금융기관을 지원하며, 금융기관이 설정된 규정이나 원칙의 준수여부에 대한 검사를 하는데 반하여, 영업행위감독기관은 금융회사와 대립적인 관계에서 금융소비자를 대표해 영업행위에 관한 규정이나 원칙을 제정하여 금융회사에 준수하도록 하고 그 위반시 제재하는 전략을 취한다.

(2) 장점

쌍봉형모델의 장점은 첫째, 규제의 효율성의 측면에서 동일한 규제목적에 따른 일관된 감독이 가능하다는 점이다. 둘째, 통합형에서는 영업행위감독을 통한 정보가 건전성감독에도 적용될 수 있어 금융회사들은 이를 우려하여 진실을 왜곡·은닉할 우려가 있고, 이로 인하여 시스템위험을 초래할 위험이 존재한다. 나아가 건전성감독에 사용되는 전략이 영업행위감독에 사용될 경우 금융소비자보호를 저해할 가능성이 있다. 쌍봉형은 이와 같은 단점을 제거할 수 있는 점에서 유리하다.

(3) 단점

쌍봉형모델의 단점으로는 (1) 통합적 감독의 이점을 누릴 수 없다는 점, (2) 금융기관으로서는 복수의 감독기관의 존재로 인하여 준수비용, 정보생산비용, 동일업무를 달리 해석할 여지 및 특정 사건의 경우 책임소재의 불분명 가능성 등에서 문제가 지적되고 있으며, (3) 감독의 효율성제고를 위하여 필수적인 양 기관의 이해관계의 차이를 해소하기 위한 정밀한 메커니즘을 설정하는 것이 어려우며, (3) 감독기관간의 불필요한 경쟁으로 인하여 규제공백이 발생할 수 있는 점 등이 있다.

2. 우리나라 금융감독체제의 개편논의

우리나라는 1997년 금융위기 직후에 설립된 금융감독위원회는 통합형방식을 취하였고, 2008년 금융위원회로 개편되었지만, 금융감독체계의 근본적인 변경은 없었다. 즉 (구)금융감독위원회의 감독정책기능과 (구)재정경제부의 금융정책기능(공적자금관리위원회, 금융정보분석원 포함)을 통합하고, 정책기능과 집행기능을 분리하여 금융위원회는 정책기능을, 금융감독원은 집행기능을 가졌다.

금융감독체계의 변경이 본격적으로 논의된 것은 2008년 미국발 금융위원회기 이후 2007년의 키코사태,[101] 2011년의 저축은행사태,[102] 2012년 변액연금[103]·CD

101) 은행이 수출기업에 대하여 통화옵션상품인 키코를 판매한 것은 원 · 달러환율이 900원 언저리였던 2007년 1월부터 2010년 9월까지 총 757건이었다. 환율이 약정구간 내에서 변동하면 기업은 적은 수수료로 수익을 얻을 수 있지만, 이를 벗어나면 헤지의 효과가 소멸하는 고위험 상품으로 우리나라의 환율변동은 약정구간을 넘어서는 수준이어서 고위험에 노출되는 금융상품이었다. 미국발 금융위기로 2009년 3월에 1,575원을 기록하는 등 환율이 폭등하여 수출기업의 부도가 속출하였다. 이에 키코조항이 약관이 고객에게 일방적으로 불리하거나 고객에 제반사정에 비추어 예상하기 어려운 조항으로 불정하여 무효인가(약관규제와 공정거래에 관한 법률 제6조 제2항 1호·2호), 명백히 투기상품인도 헤지상품이라고 허위 설명하여 약관의 설명의무 위반인가(동법 제3조 제3항 · 제4항)가 문제되었다.

102) 저축은행 파산과 관련하여 예금보험공사는 2011년부터 2013년 8월까지 27개의 저축은행 퇴출에 따른 예금자보험금으로 26조6000억원을 지급했는데 1997년 외환위기 당시 IMF로부터 195억달러, 세계은행으로부터 70억달러, 아시아개발은행(ADB)로부터 37억달러 총 302억달러를 지원받았던 경험과 비교하면 사태의 심각성을 가늠할 수 있을 것이다. 금융위원회는 저축은행의 부실이 어느 정도 해소되었다는 전제아래 2006년 4월 시행령을 개정하여 BIS 비율 8% 이상 및 고정 이하 여신비율 8%인 우량저축은행(이른바 88Club)에 한하여 법인대출시 동일인 여신한도 80억원을 면제하였고, 이는 PF대출을 확대시키는 결과를 낳았다. 또한 저축은행들은 예금자보호법의 대상이 아닌 후순위채를 발행하면서 이에 관한 설명의무를 이행하지 않아 저축은행의 영업정지로 인하여 다수의 피해자를 양산하였다. 이는 불완전판매의 방지의 필요성을 제고하는 동기가 되었다.

103) 공정거래위원회의 2012년 4월 4일자의 변액연금보험에 관한 K-컨슈머 리포트(제1202-2호 변액연금보험 비교정보)는 변액연금보험 60개 상품(보험설계사를 통한 (대면)판매 20개사 44개 상품, 은행을 통한(방카)판매 13개사 16개 상품)을 비교한 결과, 6개를 제외한 대부분의

금리[104], 2013년의 동양증권사건,[105] 카드사 고객정보유출사건[106]을 겪으면서

상품 실효수익률이 지난 10년(2002 ~2011년) 동안 평균 물가상승률(3.19%)에 미치지 못한 것으로 나타났다.

(1) 변액보험의 의의와 현황

변액연금보험(Valuable Annuity)은 노후자금을 마련하기 위한 연금보험상품이다. 납입보험료의 대부분을 펀드에 투자하여 펀드 투자 실적에 따라 적립금이 변동하고, 이 적립금을 노후연금으로 수령하는 생명보험사 주력의 대표적인 연금상품이다. 2010년 247만명 정도가 가입(전체 1,757만 가구의 14%)하고, 생명보험 전체 수입보험료 중 23%로 연간 10조원 정도를 변액연금 보험료로 납입하고 있다.

(2) 생명보험회사의 주장

생명보험회사의 주장은 다음과 같다.

① 보험료는 분할납입인데도 일시납으로 계상되어 실효수익률이 저평가 되었다(매월 불입하는 보험금을 일시납으로 계산해 실효수익률이 절반으로 줄었다는 설명이다. 예를 들어 10년간 20만 원씩 120회를 불입, 2400만 원을 납입했다면 1회 째 납입금에 대한 수익률 계산은 10년으로 해야 하지만 120회째에 대해서는 1개월로 해야 맞는다는 얘기다. 협회 주장대로라면 평균 운용기간은 5년이 돼서 실효수익률은 K-컨슈머리포트 수익률보다 1.5%이상 훨씬 높아진다.).

② 펀드와 같은 금융투자상품은 단기간에 높은 수익률을 얻는데 적합하지만, 연금보험은 선취하는 수수료를 차감하는 방식으로 10년 이후에 환급금이 급격히 증가하고, 10년 이상 장기유지시 비과세혜택이 있기 때문에 수익률이 더욱 높아진다.

③ 변액보험은 대부분이 원금보장형으로 보험료의 약 1%에 해당하는 금액이 원금보장을 위한 보증료로 지급되고, 보험료의 약 1%가 보험기간중 사망시 보험금을 지급하는 위험보장부분이므로 수익률비교에서 불리하다.

(3) 평가

① 보험료에서 사업비를 선취하고 공제한 금액을 펀드에 투자하는 현행제도에서 사업비의 후취방식으로의 제도개선이 이루어진 것은 금융소비자보호관점에서 고무적이다.

② 소비자리포트의 발간을 계기로 변액보험의 판매가 격감하고, 수수료 지급방법의 개편 등으로 보험설계사의 수입이 현저히 줄어든 것으로 보고되고 있는바, 금융소비자보호법제의 강화가 금융 산업의 개편에 커다란 변화를 초래하는 사례로 기록될 것이다.

③ 보험계약자에게 사업비, 수익률 등의 정보를 상세하고 정확하게 제공하고 공시제도를 강화하는 계기가 될 것으로 기대된다.

104) (1) 사건개요

공정거래위원회는 증권사들이 양도성예금증서(CD) 금리(CD금리는 금융투자협회가 매일 오전 11시 30분과 오후 3시 30분에 국내 증권사의 호가 금리를 받아 최고·최저값을 뺀 후 산술평균해 고시한다.)를 담합했다는 정황을 잡고 조사를 시작했다. 2012년 4월9일에서 7월 11일까지 3개월간 3.54%로 고정돼 있었지만, 이 기간동안 만기가 비슷한 은행채 3개월몰(AAA)금리는 6월에는 3.38~3.34%이었지만 7월 6일 3.31%로 하락하였다.

(2) 쟁점

CD(Certificate of Deposit)는 만기가 되기 전에 다른 사람에게 자유롭게 팔 수 있는 정기예금증서다. 만기는 30일 이상이고, 3개월·6개월 금리가 대표적이다. 흔히 은행 예금은 돈을 맡긴 후 만기가 되기 전까진 다른 사람에게 양도할 수 없다. 반면 CD는 은행의 승인이나 특별한 매매 절차 없이 팔 수 있다.

CD를 발행할 수 있는 곳은 시중은행, 지방은행, 수출입은행을 제외한 특수은행, 외국계 은행 지점 등이다. 은행은 주로 단기 자금을 조달하기 위해 CD를 발행하고 투자자는 투자를 목적으

로 CD를 은행에서 사들인다. 투자자에겐 단기간에 정기예금 수준의 이자를 받으면서도 필요할 때 매매해서 현금화할 수 있다는 장점이 있지만 예금자보호법이 적용되지 않는다.

국내 증권사와 은행권의 CD금리 담합이 문제가 되는 이유는 주택담보대출의 절반가량이 CD금리와 연동되기 때문이다. CD금리가 높은 수준에서 고정돼 있다는 것은 대출한 사람은 그만큼 높은 이자를 내야 한다는 것이다. 또 신용대출 역시 거의 CD와 연동돼 은행의 수익성과 직결된다. 다만 CD는 은행에서 발행하지만 금리는 증권사가 결정하는 것이기 때문에 어떤 방식으로 담합이 이루어졌는지가 다투어진다.

2012년 3월말 기준으로 국내은행의 총 원화대출 1080조원중 324조원(30%)가 CD금리연동 대출 이다. CD금리가 지표금리의 기능을 상실한 것은 2011년부터이다. 2009년 12월 금융위원회가 은행권예대율(예수금 대비대출금비율)에서 CD를 예금에서 제외한 결과 은행은 CD 대신 정기예금으로 자금조달방식을 바꾸었고, 2009년 CD 발행잔액이 100조원에서 2012년 6월에는 27조원으로 급감하여 지표금리로서의 기능을 상실하였다. 신규기업금리는 2011년 5월 5.98%이었지만 2012년 5월 5.74%로 0.24% 하락하였지만 같은 기간 신규가계대출금리는 5.46%에서 5.51%로 0.05% 상승하였다. 은행이 0.1% 금리를 올리기로 담합하였다면 은행은 3,240억원의 부당이득을 얻게 된다. 규제산업으로서 독과점의 이익을 누리는 금융업의 특성상 금융위원회의 관리와 감독이 필수적이고 이와 같은 감독의 해태는 금융감독체제의 총체적 개편의 필요성을 제고하는 계기가 되고 있다.

공정거래위원회는 2016년 7월 6일 사실관계의 확인이 어려워 법위반여부를 결정하기 어렵다는 이유로 심의절차종결결정을 내렸다.

105) 동양 사태에서 야기된 문제점은 계열 금융사를 통한 회사채나 CP 떠넘기기인데, 2013년 9월 26일까지 동양증권은 동양그룹 계열사가 발행한 회사채 5760억원 가운데 2880억원어치를 인수했다. 비중이 50%였다. 동양증권의 계열사 회사채 인수 비중은 2013년 절반 수준이었지만 2011년 66.4%, 2012년에는 94.9%에 달했다.

동양그룹은 5년부터 경영이 어려워지자 동양증권을 통해 회사채 및 CD판매를 하게하여 개인투자자의 돈으로 은행빚을 줄여 은행의 상시감독체제를 피했다. 동양그룹사태의 피해자는 5만명, 피해규모는 2조원에 이를 정도로 확대된 데에는 금융감독당국의 책임도 크다. 2008년 이후 동양증권을 3차례나 검사해 불완전판매사실을 적발했으나 기관경고 등에 그쳤다. 2008년 이전에는 신탁회사가 계열사를 지원하기 위해 계열사증권을 취득하는 것을 금지했지만 2009년 2월 자본시장법에서는 이 조항을 없앴다.

106) (1) 사건 개요(검찰발표)

검찰은 3개 카드사(KB, 농협, 롯데)의 개인정보 약 1억건이 외부 파견직원(신용정보조회회사 KCB 소속)을 통해 KB카드 약 5,300만건, NH카드 약 2,500만건, 롯데카드 약 2,600만건이 외부에 유출(2012. 12~2013. 12)되었음을 발표하였다(2014. 1. 8). 검찰은 불법수집자 및 최초유포자가 검거되었고 수사결과 고객정보의 추가유통은 확인되지 않은 것으로 발표하였다

(2) 유출 건수

금감원이 검찰로부터 원본자료를 넘겨받아 확인한 결과, 정보유출 건수는 3개사 합계 약 8,500만건 수준이다(사망자, 기업, 가맹점 등은 제외, 카드사간 중복 포함). 3개 카드사의 신용카드와 체크카드 고객 뿐 아니라 은행고객 정보, 탈퇴고객 정보 등도 다수 포함되었다.

(3) 유출 정보

성명·주민번호 등 개인정보와 결제계좌, 연소득 등 신용정보 포함되어 있으나, 비밀번호와 CVC(본인인증코드)는 유출되지 않았다.

유출정보 항목

- 식별정보(9): 성명, 주민번호, 여권번호, 이메일, 전화번호, 주소, 직장, 결혼여부, 자가용보유여부

이다. 건전성규제와 금융소비자보호라는 상충되는 규제목적 간에 갈등을 해소하고, 과도한 감독권한 집중을 분산하여 건전성감독기관과 영업행위감독기관의 견제와 균형을 통하여 금융감독의 효율성을 제고할 수 있다는 점에서 금융소비자보호원의 설립이 요망된다.

II. 보험감독의 필요성과 방법

보험업은 기본적으로는 보험자와 보험계약자 사이에 보험료를 받고 위험을 보장하는 영리사업이지만, 사람의 사회생활상 다양한 위험에 대한 보장을 제공하고, 현대사회에 있어서 국민경제와 국민생활의 기초를 이룬다는 의미에서 공공성을 지닌다. 보험회사는 수많은 보험계약자로부터 보험료를 지급받지만 이에 대한 반대급부는 약정한 보험사고가 발생하는 경우 보험급여를 하기로 하는 약속뿐이고, 일반 보험계약자는 보험계약의 내용과 보험회사의 경영상황을 정확히 파악하기 곤란하다. 일종의 신용공여인 보험거래를 완전히 자기책임 아래 행하도록 한다면, 보험업의 이용은 발전하기 아니하고, 사회의 복지를 충분히 달성하지 못할 우려가 있다. 따라서 보험회사에 대하여 보험계약자 보호 등의 관점에서 감독을 행하는 것이 요구된다.[107] 이에 각국은 오래전부터 보험자가 약속을 이행하도록 하기 위하여 재무건전성규제를 하여오고 있다. 2000년대에 들어서 영국, 독일 등 유럽과 일본에서는 보험계약자보호를 위한 영업행위규제를 획기적으로 강화하고 있다.

보험감독의 방법에는 공시주의(정기적으로 대차대조표와 영업보고서를 공고하는데 그침), 준거주의(보험업의 허가요건을 규정하고 요건을 충족하면 보험사업을 허가하는 감독방법), 실질적 감독주의의 3가지가 있다.[108] 오늘날에는 거의 모든 국가가 감독기관이 보험업의 허가에서부터 그 영업행위 전반을 계속적으

- 신용정보(9): 카드발급정보, 카드번호, 유효기간, 결제계좌, 신용한도금액, 이용실적, 연소득, 연체금액, 타사카드 보유현황

107) 安居孝啓, 最新保險業法の解說, 大成出版社, 2010, 17面.

108) 한창희, 주석상법 금융법(Ⅱ) 보험업법(Ⅰ), 한국사법행정학회, 2007, 43면.

로 감독하는 실질적 감독주의를 취하고 있고, 우리나라도 같다. 우리나라에서 보험감독의 중심적 역할을 하고 있는 법률이 보험업법이다.

Ⅲ. 보험감독의 목적

보험감독의 목적은 보험업을 경영하는 자의 건전한 경영을 도모하고 보험계약자 등을 보호함으로써 보험업의 건전한 육성과 국민경제의 균형 있는 발전에 기여하는 것이다(보험업법 제1조). 보험감독의 3가지 축은 첫째, 규제완화·자유화에 의한 경쟁의 촉진, 보험사업의 효율성 증대, 둘째, 보험사업의 재무건전성 유지, 셋째, 영업행위의 적정성확보를 들 수 있다.

Ⅳ. 보험감독법의 연혁

1. 보험업법의 제정

1962년에 보험업법이 제정되었고, 보험모집단속법, 외국보험사업자에 관한 법률, 대한재보험공사법 등과 함께 보험감독법을 이루었다.

2. 1977년 보험업법의 전면개정

1977년에 위의 4 법률이 보험업법으로 통합되어 현재의 보험업법의 원형을 이루었다. 1999년에는 '금융감독기구의 설치 등에 관한 법률'의 제정으로 현재의 보험감독의 틀이 형성되었고, 2000년에는 금융지주회사법이 제정되었다.

3. 2003년 보험업법 개정

보험업을 둘러싼 환경의 커다란 변화에 대응하여 보험감독을 현대화하고, 또한 규제를 완화하기 위한 목적으로 보험업법이 전면 개정되었다. 구체적으로는

① 금융빅뱅의 상황반영, ② 금융의 자율화·겸업화·세계화 추세 반영, ③ 소비자보호의 강화, ④ 보험업법체제를 허가, 보험회사, 모집, 자산운용, 계산, 감독, 해산청산의 순으로 전면 개편하였다.

4. 2010년의 보험업법의 개정

가. 개정목적

보험소비자에 대한 보호를 강화하고, 보험상품의 불완전 판매를 예방하기 위하여 보험상품의 구입을 권유할 때 보험계약에 관한 주요 사항에 대하여 설명의무·적합성원칙을 부과하고, 보험회사 또는 보험의 모집에 종사하는 자가 보험상품에 관하여 광고를 하는 경우에 준수하여야 하는 사항과 위반 시 처벌 기준을 규정하는 한편, 보험계약자 등을 대상으로 보험약관의 이해도를 평가하고 그 결과를 공시할 수 있도록 근거를 마련하며, 보험상품 개발절차를 간소화하여 보험회사의 내부통제 절차만 거치도록 하는 자율상품위주로 개편하였다.

나. 개정내용

(1) 보험사업에 대한 규제완화와 보험상품에 대한 제조·판매 분리경향에 부응하여 새로운 보험료율 체계를 도입하는 등 불완전판매의 가능성이 큰 신고상품은 보험개발원·금융감독원의 확인을 받도록 하고, 신고상품 이외 상품(75~85%)은 모두 내부통제 절차만 거치면 자율적으로 개발·판매할 수 있는 자율상품화 하는 네거티브방식으로 전환하였다(제127조, 제128조, 제127조의 2, 제128조의2 및 제128조의3).

(2) 보험상품의 구입을 권유할 때 보험계약에 관한 주요 사항에 대하여 설명의무를 부과하고, 소비자가 그 설명을 이해하였음을 서명 등을 통하여 확인하도록 하고(제95조의 2), 일반보험계약자에 대하여 면담 또는 질문을 통하여 보험계약자의 수요를 파악하고, 보험계약자의 재산·경험·목적에 적합하지 아니한 보험계약의 체결을 권유할 수 없도록 하였다(제95조의 3). 후자의 적합성원칙의 적용범위는 시행령에서 정해지는데, 변액보험을 대상으로 하고 있고, 장차

그 범위가 확대될 예정이다.

(3) 보험회사 또는 보험의 모집에 종사하는 자가 보험상품에 관하여 광고를 하는 경우에 준수하여야 하는 사항과 위반 시 처벌 기준을 규정하였다(제95조의 4).

(4) 보험회사 등에게 모집하고자 하는 보험계약과 동일한 위험을 보장하는 보험계약을 체결하고 있는지 여부를 확인하도록 의무를 부과하였다(제95조의 의 5).

(5) 보험계약자 등을 대상으로 보험약관의 이해도를 평가하고 그 결과를 공시할 수 있도록 근거를 마련하였다(제128조의 4).

V. 보험감독기관

1. 보험감독의 구조

우리나라의 보험감독은 주위적 보험감독관청인 금융위원회와 그 파생적 감독기관 또는 감독보조기관으로서 금융감독원에 의하여 행해진다.

2. 금융위원회

가. 구성

금융위원회는 국무총리소속하에 독립 행정위원회이고(금융위원회의 설치 등에 관한 법률 제3조 제1항), 위원은 위원장, 부위원장, 기획재정부 차관, 금융감독원 원장, 예금보험공사 사장, 한국은행 부총재, 금융위원회 위원장이 추천하는 금융전문가 2인, 대한상공회의소 회장이 추천하는 경제계대표 1인 등 9명으로 구성되어 있다(동법 제4조 제1항). 금융위원회 위원장은 국무총리의 제청으로 대통령이 임명하며, 금융위원회 부위원장은 위원장의 제청으로 대통령이 임명한다(동법 제4조 제2항). 금융위원회 위원장은 금융위원회를 대표하며, 금융위원회의 회의를 주재하고 사무를 통할한다(동법 제5조 제1항). 금융위원회의 회의는 그 의결방법에 관하여 이 법 또는 다른 법률에 특별한 규정이 있는 경우를 제외하고는 재적위원 과반수의 출석과 출석위원 과반수의 찬성으로 의결한다(동법 제11조 제2항).

나. 업무

금융위원회의 업무는 (1) 금융감독과 관련된 법령 및 규정의 제·개정 및 폐지, (2) 보험사업과 관련되는 각종 인허가와 검사·제재, (3) 금융감독원에 대한 지시감독 등이다.

3. 금융감독원

가. 법적 성격

금융위원회 또는 증권선물위원회의 지도·감독을 받아 금융기관에 대한 검사·감독업무 등을 수행하기 위하여 설립되었고, 파생적 감독기관 또는 금융위원회의 감독보조기관이며, 그 법적 성격은 무자본특수법인이다(금융위원회의 설치 등에 관한 법률 제24조). 재원은 정부의 출연금, 한국은행의 출연금, 검사대상기관의 출연금, 검사기관의 분담금, 기타 다른 법령이나 정관에서 정한 수입으로 충당하지만(동법 제46조), 그 대부분은 금융기관의 분담금이다.

나. 업무

금융감독원의 업무는 (1) 금융위원회의 지시·위임·위탁에 따른 금융기관에 대한 감독, (2) 금융기관의 업무·재산상황에 대한 검사 및 검사결과에 대한 조치, (3) 금융위원회 및 소속기관에 대한 업무지원 등이다(금융위원회의 설치 등에 관한 법률 제37조).

VI. 보험회사에 대한 감독

우리나라는 보험업의 허가에서부터 그 영업행위에 이르기까지 보험업을 계속적으로 감독하는 실질적 감독주의를 취하고 있다. 그 내용은 다음과 같다.

1. 보험시장의 진입규제

가. 보험업의 면허

우리나라에서 보험업을 행할 수 있는 자는 금융위원회의 허가를 받은 주식회사 또는 상호회사에 한한다(보험업법 제9조, 제4조). 보험사업에 대한 경쟁촉진 및 자율성확대의 방향으로 신규진입제도가 개선되었다. 보험업 허가를 받기 위하여서는 (1) 대통령령으로 정하는 보험종목별 자본금[109]을 보유하여야 하고, (2) 인력(임원은 결격사유에 해당하지 않고 허가받고자 하는 보험업에 관한 전문성과 건전성을 갖춘 전문인력과 업무수행을 위한 전산요원 등) 및 물적시설(영업을 위한 전산설비의 구축과 사무실 등 공간의 확보)을 갖추어야 하며, (3) 사업계획이 타당하고 건전하여야 하고(추정재무제표, 수익전망, 소요자금의 출처의 명확성 등의 관점), (4) 대주주는 충분한 출자능력과 건전한 재무상태를 갖추고 건전한 경제질서를 해친 사실이 없어야 한다(보험업법 제6조).

면허의 신청을 위하여서는 정관, 업무시작 후 3년간의 사업계획서(추정재무제표를 포함한다), 영위하고자 하는 보험종목별 사업방법서, 보험약관, 보험료 및 책임준비금의 산출방법서(기초서류라 함), 기타 대통령령이 정하는 서류를 첨부하여야 한다(보험업법 제5조).

나. 겸영의 금지

보험업의 면허는 생명보험면허와 손해보험면허의 2가지 종류가 있고, 동일한 자가 2가지 면허를 받을 수 없다(보험업법 제4조 제1항). 생명보험과 손해보험의 겸영은 금지된다. 생명보험업은 비교적 정밀한 통계에 바탕을 둔 생명표에 기초하는 반면 손해보험업은 추정이 부가된 손해율에 기초하고 있고,[110] 보장하는 위험의 성질도 다르고, 계약기간도 손해보험은 단기, 생명보험은 장기라는 등의 차이가 있기 때문에 두 사업이 한 보험회사에 의하여 행해지면 보험가입

---

109) 보증보험·재보험은 300억 원이고, 일부 종목 특화 보험사 및 통신판매보험회사의 자본금이 인하(50억 원에서 200억 원, 통신판매전문보험회사는 200억 원)되었다(보험업법 시행령 제12조).

110) 岡田豊基, 전게서, 36面.

자간에 불공평이 발생할 우려가 있음이 고려된 것이다.[111)]

다. 제3보험업

제3보험(상해보험, 질병보험, 간병보험)은 생명보험회사도 손해보험회사도 인수할 수 있도록 되어 있다(보험업법 제10조 단서). 이 보험은 정액급여형 이외에도 손해보상형도 존재하며, 생명보험회사에 의하여 행해지든 손해보험회사에 의하여 행해지건 폐해가 없다고 고찰되어 겸영이 가능하도록 되어 있다.

2. 보험회사의 업무

보험업법은 보험회사의 업무로 고유업무, 겸영업무, 부수업무, 자산운용업무를 규정하고 있다.

가. 고유업무

보험업법에서는 보험의 종류를 생명보험업·손해보험업·제3보험업으로 구분하고 있다.

보험업 종류별 보험종목

보험업	보험종목
생명보험업	생명보험, 연금보험(퇴직보험 포함)
손해보험업	화재보험, 해상보험(항공·운송보험 포함), 자동차보험, 보증보험, 재보험
제3보험업	상해보험, 질병보험, 간병보험

생명보험업과 손해보험업의 겸영은 금지되고 있다. 다만, ① 생명보험·제3보험의 재보험, ② 조세특례제한법상의 연금저축계약, 근로자퇴직급여보장법상의 퇴직보험계약, ③ 제3보험의 질병사망특약(요건: 만기80세 이하, 개인당 2억원 한도, 만기환급금이 납입보험료 합계액 범위내 일 것) 등은 겸영이 가능하다(보

111) 山下友信·竹濱修·洲崎博史·山本哲生, 전게서, 39面.

험업법 제10조, 동법 시행령 제15조).

나. 부수업무

보험회사는 고유업무(보험업)에 부수하는 업무를 영위할 수 있다. 보험업법의 개정으로 부수업무의 규제체제가 Positive방식에서 Negative방식으로 개편되었다. 보험회사는 보험업법에 부수하는 업무로서 법률상 제한사유(① 보험회사의 경영건전성, ② 보험계약자 보호 ③ 금융시장의 안전성을 해치지 않을 것)에 해당하지 않으면 영위할 수 있고, 이 경우 부수업무를 하려는 날의 7일 전까지 금융위원회에 신고하여야 한다(보험업법 제11조의 2).

다. 겸영업무

보험회사는 경영건전성을 해치거나 보험계약자 보호 및 건전한 거래질서를 해칠 우려가 없는 금융업무로서 ① 대통령령으로 정하는 금융 관련 법령에서 정하고 있는 금융업무로서 해당 법령에서 보험회사가 할 수 있도록 한 업무(유동화자산관리업무·전자자금이체업무), ② 대통령령으로 정하는 금융업으로서 해당 법령에 따라 인가·허가·등록 등이 필요한 금융업무(집합투자업·투자자문업·투자일임업·신탁업·집합투자증권에 대한 투자매매업·투자중개업·외국환업무·퇴직연금사업자의 업무), ③ 그 밖에 보험회사의 경영건전성을 해치거나 보험계약자 보호 및 건전한 거래질서를 해칠 우려가 없다고 인정되는 금융업무로서 대통령령으로 금융업무(다른 금융기관의 업무 중 금융위원회가 정하여 고시하는 바에 따라 그 업무의 수행방법 또는 업무수행을 위한 절차상 본질적 요소가 아니면서 중대한 의사결정을 필요로 하지 아니한다고 판단하여 다른 금융기관이 보험회사에 위탁한 업무)를 겸영할 수 있고, 이 경우 겸영업무를 하려는 날의 7일 전까지 금융위원회에 신고하여야 한다(보험업법 제11조).

3. 영업행위규제

보험회사가 보험사업의 허가를 받아 영업을 시작하여도 보험회사는 계속적으로 금융위원회의 감독을 받는다.

먼저 보험회사가 기초서류의 기재사항을 변경하려는 경우에는 금융위원회에 신고하도록 하고(보험업법 제127조), 신고할 때 필요한 경우에는 금융감독원의 확인을 받도록 하고 있다(보험업법 제128조 제1항). 금융위원회는 기초서류에 관한 내용이 기초서류의 작성·변경원칙(보험업법 제128조의 3)과 보험요율 산출의 원칙(보험업법 제129조)을 위반하는 경우에는 기초서류의 변경을 명할 수 있다(보험업법 제127조의 2). 이에 따라 새로운 보험상품을 개발하여 판매하고자 하는 경우에는 보험회사는 보험약관의 내용과 보험요율에 대하여 금융위원회에 신고하는 등의 감독을 받는다.

또한 보험회사는 금융위원회에 매월 업무내용을 기술한 보고서를 제출하고, 매년 재무제표 및 사업보고서를 제출하여야 하지만(보험업법 제118조), 금융위원회는 감독업무의 수행과 관련한 사업에 관한 보고 또는 자료제출을 명할 수 있고, 금융감독원은 업무와 자산상황에 관하여 검사할 수 있다(보험업법 제133조). 나아가 금융위원회는 필요한 경우에는 업무집행방법의 변경, 기초서류의 변경 등을 명할 수 있고(보험업법 제131조), 보험회사가 보험업법을 위반하여 건전한 보험업을 영위하지 못할 우려가 있다고 인정하는 경우에는 보험회사·당해임원에 대한 주의·경고·문책의 요구, 위반행위의 시정명령, 영업의 정지·허가의 취소 기타 감독에 필요한 조치를 취할 수 있다(보험업법 제134조).

4. 재무건전성규제

생명보험은 본질적으로 보험기간이 장기이고, 손해보험의 경우에도 장기보험이 차지하는 비율이 매우 높으므로 보험회사에 대한 건전성감독의 핵심중 하나는 보험회사가 장래 보험금지급능력을 보유하도록 하는데 있다. 이에 보험회사는 보험금지급능력과 경영건전성을 확보하기 위하여 (1) 자본의 적정성에 관한 사항, (2) 자산의 건전성에 관한 사항, (3) 그 밖에 경영건전성확보에 필요한 사항 등 재무건전성기준을 지켜야 한다(보험업법 제123조 제1항).

금융위원회는 필요하다고 판단하는 경우, 자본금의 증액명령, 주식 등 위험자산의 소유의 제한 등의 조치를 취할 수 있다(보험업법 제123조 제2항).

가. 자기자본규제

보험회사의 업무의 확대, 규제의 완화에 수반하는 보험회사의 지급능력을 확보, 특히 계산규정과 경영위기대응의 충실화가 필요하기 때문에, 보험회사의 건전성유지의 지표로서 우리나라를 포함하여 보험선진국에서는 지급여력기준이 채용되고 있다. 지급여력이라 함은 보험회사가 지급능력(solvency), 즉 보험계약자에 대한 의무의 이행능력에 필요한 자산 외에 추가로 보유하도록 한 순자산 개념으로, 예기치 않은 미래상황의 충격흡수장치(buffer)의 기능을 한다.[112] 지급여력산정방식은 EU방식과 RBC(Risk Based Capital)방식이 있고, 현재는 후자만이 사용되고 있다. RBC방식의 특징은 정확성을 기하기 위하여 자산운용 측면에서 발생하는 리스크를 금리·시장·신용리스크로 세분화하고, 보험리스크는 보험종목별로 위험계수를 차등화한 것이다.

실제적용에 있어 지급여력비율은 지급여력금액을 지급여력기준금액으로 나눈 비율이고, 관련법규정은 100% 이상일 것을 요구하고 있다. 지급여력비율이 50% 이상~100%미만의 경우에는 경영개선경고, 0%이상~50%미만의 경우에는 경영개선요구, 0%미만의 경우에는 경영개선명령의 적기시정조치[113]가 취하여진다.

---

112) 금융감독원, 금융감독개론, 2017, 166면.

113) 적기시정조치는 금융산업의 구조개선에 관한 법률 제10조 이하에 따라 보험회사의 경영상태 등을 기준으로 등급을 나누어 단계적으로 시정조치를 부과하는 제도이다. 이 제도는 부실징후가 있는 보험회사에 대하여 적기에 경영개선을 유도·강제하여 부실화를 예방하고 경영정상화를 도모하고, 정상화가능성이 없는 보험회사를 조기에 퇴출시켜 보험소비자의 피해를 최소화하고 사회적 비용을 경감하기 위한 보험감독수단이다(금융감독원, 상게서, 238면).

RBC방식의 지급여력제도

구분	내용	RBC요구자본
자산운용 리스크	금리·시장·신용리스크 3부문으로 세분화하고, 자산특성에 따라 위험계수를 차별화하여 보다 정밀하게 반영	금리리스크 : 자산, 부채, 듀레이션갭×금리변동성 시장리스크 : 대상자산×위험계수※ ※주식, 채권, 외환 등(2~16%) 신용리스크 : 대상자산×위험계수※ ※주식, 부동산, 채권(신용등급별)(0.8~12%)
보험리스크	보험리스크를 보험종목별 리스크 특성에 따라 위험계수를 차별하고, 지급준비금리스크를 추가하여 손보사의 영업특성을 반영	(생보) 위험보험료×종목별위험계수※ ※보장성사망, 보장성상해, 질병 기타 (손보)※ 보유보험료×종목별위험계수※ ※자동차(3종), 일반보험(4종), 장기보험(4종) (손보) 준비금리스크 : 지급준비금×종목별 위험계수
운영리스크	은행 및 증권의 자기자본규제 사례 및 외국 RBC제도를 감안하여 금융사고 등에 따른 운영리스크를 추가	수입보험료×1%(일반) 또는 2%(변액보험)
통합리스크 계산식	리스크종류별 분산효과인정	RBC요구자본 $=\sqrt{보험^2 + 시장^2 + (금리+신용)^2} + 운영$

나. 자산운용 · 보유규제

과도한 위험에 노출되지 않고 건전성을 유지하도록 자산운용의 방법 및 비율을 상세히 규정하여 제한하고 있다.

다. 경영건전성규제

보험회사는 자산건전성분류 및 대손충당금 적립 등의 경영건전성 규제를 받는다.

Ⅶ. 보험과 공정거래법

독점규제 및 공정거래에 관한 법률의 목적은 사업자의 시장지배적지위의 남용과 과도한 경제력의 집중을 방지하고, 부당한 공동행위 및 불공정거래행위를 규제하여 공정하고 자유로운 경쟁을 촉진함으로써 창의적인 기업활동을 조장하고 소비자를 보호함과 아울러 국민경제의 균형 있는 발전을 도모하는 것이다(동법 제1조).

이 목적을 달성하기 위하여 공정거래법은 부당한 공동행위의 금지(동법 제19조), 불공정거래행위의 금지(동법 제23조)를 정하고 있다. 아래에서는 부당한 공동행위의 금지와 상호협정에 대하여 검토한 후, 불공정거래행위의 금지에 대하여 살펴본다.

1. 부당한 공동행위의 금지

사업자는 계약·협정·결의 기타 어떠한 방법으로도 다른 사업자와 공동으로 부당하게 경쟁을 제한하는 행위를 할 것을 합의(부당한 공동행위)하거나 다른 사업자로 하여금 이를 행하도록 하여서는 아니된다(공정거래법 제19조 제1항). 보험에서 주로 문제가 될 수 있는 것은 다음과 같다.[114]

가. 보험료율 · 보험모집관계

(1) 보험료에 관한 정보의 교환

정보교환을 통하여 보험회사 사이에 그 사업활동을 제한하는 것에 대한 의사의 교환(암묵의 합의를 포함함)가 존재하는 경우, 카르텔에 해당하고, 공정거래법위반이다.

따라서 경쟁관계에 있는 보험회사 사이에 현재 또는 장래의 보험료율에 관한 정보를 교환하는 경우, 상호 예측가능한 보험료율이 일치할 가능성이 있기 때문에, 사업활동을 제한하는 것에 대한 의사의 연락(암묵의 합의를 포함함)이 존재하고, 보험회사 사이의 자유로운 경쟁을 제한하는 행위라고 평가되며, 공정거래법을 위반할 가능성이 있다.

(2) 공동보험

하나의 보험계약의 보험자는, 통상은 하나의 보험회사이지만, 다수의 보험회

114) 東京海上日動火災保険株式会社, 損害保険の法務と実務, 金融財政事情研究会, 2016, 495~498面.

사가 보험을 인수하고자 하는 의사를 표시하는 경우, 각 보험회사로부터 제시된 인수조건을 보험계약자가 검토하여, 그 중 복수의 보험회사에 대하여 각 인수비율을 제시하여 공동으로 인수할 것을 요청하는 경우가 있다. 이 공동보험을 인수할 때 미리 보험회사 사이에 담합하여 공동보험으로 할 것과 인수비율을 결정하고, 동일한 보험약관과 요율을 보험계약자에게 제시하여 인수하는 경우에는 카르텔에 해당하여 공정거래법위반이다.

(3) 재보험풀

재보험풀은 복수의 보험회사가 각각의 캐퍼시티(인수능력)를 같이 출자하여 분산과 평준화를 행하는 보험회사 특유의 공동기구이다. 재보험풀에 관한 공동행위에 대해서는 일정한 범위내에서 공정거래법의 적용제외가 인정되지만, 모든 공동행위가 적용제외되는 것은 아니다.

재보험풀의 구성원인 보험회사 사이에 풀대상계약의 원수보험료율을 약속할 수 없다.

재보험풀에 관하여 주무관청의 공동행위의 인가를 얻은 범위내에서 풀구성원인 보험회사 사이에 (i) 보험계약의 내용(보험료율에 관한 것은 제외함), (ii) 손해사정의 방법, (iii) 재보험의 거래에 관한 상대방 또는 수량(재보험풀에의 출재비율. 재보험풀로부터의 배분비율 등), (iv) 재보험료율 및 재보험에 관한 수수료(제공수수료, 배분수수료 등)에 대하여 약속을 하는 것은 문제없다.

(4) 고객, 판매지역, 판매상품의 할당

보험회사사이에 고객을 할당하면 고객획득경쟁을 제한하게 되어 공정거래법위반이 될 수 있다. 판매지역, 판매상품을 할당하는 경우, 시장이 분할되어 경쟁이 약해지기 때문에 공정거래법위반일 우려가 있다.

(5) 입찰시 정보교환

보험회사 사이에 관공서와 민간기업이 실시하는 입찰에 관한 구체적인 정보를 교환하고, 경쟁제한의 암묵의 인식 또는 공통의 의사교환이 형성되는 경우, 공정거래법위반이다. 또한 공적인 입찰에 대해서는 형상 담합죄의 문제도 생긴다.

일반적으로 입찰에 대한 수주의욕과 영업활동실적 등, 수주예정자선정에 대한 정보에 대하여, 보험자 사이에 정보를 교환하고, 보험자단체가 과거아ㅣ 입찰에 관한 각 사업자의 지명회수·수주실적 등에 관한 정보를 정리하여 보험자에게 제공하는 것은, 수주예정자의 결정을 위한 수단이 되는 것이고, 또한, 수주예정자에 관한 암묵의 이해 또는 공통의 의사의 형성에 대한 가능성이 높기 때문에, 입찰에 관하여, 보험회사 사이에 정보를 교환하는 경우, 공정거래법위반일 우려가 있다.

나. 대리점

(1) 대리점수수료

대리점수수료는 대리점위탁계약에 기하여 대리점에 지급하는 대가이고, 보험회사가 담합하여 대리점수수료를 정하면 카르텔로 공정거래법위반일 수 있다.

(2) 대리점위탁에 관한 약속

대리점은 보험회사의 주요한 상품판로이고, 어떠한 자에게 대리점을 위탁하는가는 원칙적으로 각 보험회사의 판단에 맡겨지는 것이고, 보험회사 사이에 GA위탁과 대리점위탁의 자숙에 대하여 약속하는 경우, 판로제한타르텔로 공정거래법위반일 우려가 있다.

다. 손해처리관계

(1) 보험약관의 해석

각 보험회사가 사용하는 약관이 동일하여도, 보험의 유책임의 판단 등에 관한 약관해석을 보험자가 보험회사사이에 합의하여 통일하는 경우, 공정거래법위반일 우려가 있다. 다만 단순한 객관적인 정보와 의견의 교환이면 문제는 없고, 보험회사로서 오류없는 약관해석과 댕을 위하여, 각 보험회사가 소지하고 있는 판단과 변호사·학자의 의견 등의 정보를 교환하는 것은 원칙적으로 문제없다.

(2) 손해사정금액과 직결한 사항에 대한 약속

공정거래위원회는 손해보험회사가 손해를 알마로 사정하여 보험금을 지급하는 하는가에 대하여 각 손해보험회사에 재량의 여지가 있는 것이고, 재량의 폭내에서는 피보험자에게 유리한 손해사정을 하는 것은 경쟁의 수단으로 될 수 있다고 판단되고 있다. 따라서 손해보험회사 사이에 수리비·의료비·인정일수 등 사정금액에 직결되는 사항에 대한 정보교환은 공정거래법위반의 우려가 있다.

2. 상호협정

가. 상호협정의 의의

상호협정이라 함은 다수의 보험자 사이의 업무에 관한 공동행위를 위한 협정이다. 상호협정은 과당경쟁의 방지, 보험시장의 질서확보라는 기능을 하지만,115) 반면 경쟁을 제한하는 담합으로서 폐해가 있으므로 금융위원회의 인가를 받지 아니하는 한 위법이다(공정거래법 제19조 제2항, 보험업법 제125조 제1항). 상호협정의 체결·변경·폐지를 위하여는 공정거래위원회와의 협의가 필요하다.116)

나. 상호협정에 대한 규제

(1) 금융위원회의 인가

상호협정은 원칙적으로 공정거래법 제19조를 위반한 것이지만, 보험업법에 따라 금융위원회의 인가를 받은 경우에는 위법성이 조각된다.

(2) 인가시 공정거래위원회와의 협의 필요

금융위원회는 상호협정을 인가하고자 하는 경우 미리 공정거래위원회와 협의하여야 한다(보험업법 제125조 제3항).

---

115) 대법원 2006. 11. 23. 선고 2004두8323 판결은 "보험업법 제17조가 보험사업자에게 그 사업에 관한 공동행위를 하기 위한 상호협정을 허용한 취지는 보험사업자가 자율적으로 건전한 보험거래질서를 확립할 수 있도록 하기 위함이므로 위 상호협정의 특별이익 제공금지에 관한 세부적용기준에 의거한 공동행위라 하더라도 이러한 보험업법의 취지에 부합하지 않는 공동행위는 허용되지 않는다."고 한다.

116) 현재 상호협정은 손해보험 10개, 생명보험 2개, 손·생보 1개 총 13개가 운영중이다. 손보사간 상호협정에는 공정거래질서유지에 관한 상호협정, 손해보험 공동인수특별협정, 자동차보험 불량물건 공동인수에 관한 상호협정, 해상보험 및 보세보험 공동인수협정, 원자력보험 공동인수협정, 보험사고 공동처리에 관한 협정, 공동인수 보험계약에 관한 합의서, 재보험 및 재재보험 대차산정협정, 보험상담소 설치 및 운영에 관한 협정과 해외보험 정보교환에 관한 협정서가 있다. 생명보험간 상호협정에는 공정거래 질서유지에 관한 상호협정과 보험상담소 설치 및 운영에 관한 협정이 있다. 손해보험사와 생명보험사간 상호협정에는 생·손보간 모집질서개선을 위한 협정이 있다.

(3) 인가대상

금융위원회의 허가를 받아야 하는 상호협정은 새로운 협정의 체결, 기존의 협정의 변경, 기존 협정의 폐지이다(보험업법 제125조 제1항). 다만 (1) 변경내용이 법령의 개정내용을 반영하는 사항, (2) 일부 협정 당사자변경, 조문체제의 변경 등 실질적 내용 변경이 없는 사항과 같이 경미한 경우에는 신고로써 갈음할 수 있다(보험업법 제125조 제1항 단서).

(4) 인가의 신청

보험회사는 상호협정의 인가를 받고자 하는 경우에는 협정당사자의 상호와 본점 등 일정한 사항을 기재한 신청서에 총리령이 정하는 서류를 첨부하여 금융위원회에 제출하여야 한다(보험업법 시행령 제69조 제1항).

상호협정의 인가신청을 받은 금융위원회는 (1) 상호협정의 내용이 보험회사간의 공정한 경쟁을 저해하는지 여부, (2) 상호협정의 내용이 보험계약자의 이익을 침해하는지 여부를 심사하여 그 인가여부를 결정하여야 한다(보험업법 시행령 제69조 제2항).

다. 금융위원회의 상호협정관련 명령권

금융위원회는 공익 또는 보험업의 건전한 발전을 위하여 특히 필요하다고 인정하는 경우에는 보험회사에 대하여 상호협정의 변경·폐지 또는 새로운 협정의 체결을 명하거나 그 협정의 전부 또는 일부에 따를 것을 명할 수 있다(보험업법 제125조 제2항). 이 경우 일종의 법정 카르텔로 작용하는 것이고, 협정 당사자가 아닌 보험회사에 대하여도 상호협정가담명령을 내릴 수 있는 점이 특색이다.

라. 상호협정 관련 판결

상호협정에 관한 판결로는 10개 손보사 긴급출동서비스 판결(대법원 2006. 11. 23. 선고 2004두8323 판결),[117] 11개 손보사 자동차보험료 담합판결(대법원

117) 이 사건에서 시행중인 무상 긴급출동서비스 등이 보험업법상 금지된 특별이익인지 검토하고 대책을 세우라는 보험감독원의 지시에 따라 손해보험협회와 손해보험사가 긴급출동 서비스의 하나인 무상 '기타 응급조치' 서비스를 폐지하기로 합의한 것은 부당한 공동행위에 해당한다고 하였다.

2005. 1. 28. 선고 2002두12052 판결),[118] 10개 손보사 보험요율 담합판결(대법원 2011. 5. 26. 선고 2008두20376 판결 등)[119] 등이 있다.[120]

2011년 5.26~6.10 손해보험사 보험요율 담합판결의 내용

사건개요	1. 10개 손해보험회사는 2002.4.1에서 2006.3.31 사이 일반화재보험, 공장화재보험, 근로자재해보상보험, 조립보험, 건설공사보험, 적하보험, 일반배상책임보험, 동산종합보험, 기계보험, 전자기기보험, 보통상해보험 등의 주요 보험종목별로 순보험요율, 부가보험요율, 할인할증률(SRP)의 범위와 폭을 합의함으로써 각 사의 영업보험료와 실제적용보험료가 일정한 범위 내에서 유지되도록 하였다.
	2. 공정거래위원회는 2007.6 이를 부당공동행위라고 하여 시정명령을 하고 총 407억원의 과징금을 부과하였다.
판결내용	1. 가격결정 기준을 공동으로 결정하는 행위도 담합에 해당 ○ 보험료를 산출하는 기준인 순율, 부가율 및 할인률에 관하여 합의한 행위도 공정거래법 제19조 제1항 제1호에 규정된 '가격 공동행위'에 해당함 ○ 최종 보험료를 공동으로 결정하지는 않았지만, 보험료 산출의 기준에 관하여 합의하여 각 사의 영업보험료와 실제 적용보험료를 일정 범위 내로 유지하였으므로 위법성이 인정됨 2. 보험산업 분야가 시장경쟁의 예외가 될 수 없음 ○ 손해보험사들이 보험료 수준을 일정한 범위 내로 유지하기 위하여 보험료 산출기준을 합의한 행위는 금융감독 당국의 행정지도에 따른 것으로 볼 수 없으며, 보험시장에서의 경쟁제한효과가 매우 큼 ○ 보험회사로서는 보험 산업의 특성에 따른 각종 규제가 존재하더라도 독자적인 판단에 따라 보험료율을 결정하여 시장경쟁의 원리에 따라 충분히 경쟁을 할 수 있었음 ○ 금융감독원의 '일반손해보험 가격자유화에 따른 감독정책' 및 '일반손해보험의 개별계약 할인·할증제도 개선방안 통고' 등은 보험계약자의 보호, 보험회사의 재무건전성 유지를 위하여 보험요율에 대한 바람직한 방향을 제시한 것에 불과하므로 이를 손해보험사 들에게 보험료를 공동으로 결정하도록 직접적이고 구체적으로 지시하였다고 볼 수 없으므로 공정거래법 제58조의 '법령에 따른 정당한 행위'에 해당 않음

---

118) 순보험료 인상률을 평균 5.4%에서 3.8%로 하향 조정하고, 사업비절감 등을 통하여 보험료 인상을 자제하라는 금융감독원의 행정지도에 따라 보험사가 3.8%로 결정하여 신고한 것이 공동행위가 아니므로 상호협정을 위반한 것이라고 한 사건이다.

119) 이 사건에서 손보사간에 10 개 주요 보험종목별 순보험요율, 부가요율, 할인·할증률의 범위와 폭을 합의하고 이를 실행한 행위는 부당한 공동행위에 해당한다고 하였다.

120) 2011년 7월 19일 공정거래위원회는 16개 생명보험사에 대하여 예정이율(보험료를 주식 등 자산운용을 통하여 얻을 것으로 예상한 이율)과 공시이율(보험개발원의 공시 기준 80~120%의 범위 내에서 보험회사가 자율적으로 정하는 이율)을 담합으로 낮게 정하여 보험료를 과대징수한 것을 적발하였고, 2011년 12월 1,578억원의 과징금을 부과하였다. 이는 담합 자진신고자 감면제도를 의미하는 리니언시(liniency)제도를 통하여 적발된 것으로 생명보험업계 순위 1~3위인 삼성생명, 대한생명, 교보생명이 처벌을 경감받아 담합으로 가장 큰 혜택을 누린 회사가 가장 가벼운 처벌을 받아 형평성에 논란이 있기도 하다.

3. 불공정거래방법

사업자는 공정한 거래를 저해할 우려가 있는 행위(불공정거래행위)를 하거나, 계열회사 또는 다른 사업자로 하여금 이를 행하도록 하여서는 아니된다(공정거래법 제23조 제1항).[121]

가. 우월적 지위의 남용

(1) 보험가입의 강제

보험회사에의 납품업자가 그 거래가 정지되면 사업경영에 커다란 지장을 받기 때문에, 다른 보험회사의 보험에 가입하고 싶어도, 당해 보험회사로부터의 보험가입요청을 수락할 수밖에 없는 경우에는, 구매력을 이용한 부당한 거래가 되어 '우월적 지위의 남용'에 해당하고, 자기의 거래상의 지위를 부당하게 이용하여 거래하는 행위(동법 제23조 제1항 3호)에 해당하여 공정거래법위반으로 될 우려가 있다.

(2) 모사업자에 의한 수급인에의 생산물책임보험의 강제

모사업자가 수급인의 개별사정을 고려하지 않고 일률적으로 모사업자가 지정하는 특정한 보험회사와 특정한 보험대리점이 생산물책임보험에 가입을 의무화하는 경우, 그 모사업자의 행위는 '우월적 지위의 남용'에 해당하여 공정거래법위반으로 될 우려가 있다.

(3) 모사업자에 의한 수급인에의 근로자재해보장책임보험의 가입강제

모사업자가 수급인에 대하여, 일반적으로 근로자재해보장책임보험에 가입을 의무화하는 것에 그치지 않고, 모사업자의 기관대리점을 통하여 근로자재해보장책임보험에 가입하게 하거나, 모사업자가 거래하고 있는 특정한 손해보험회사의 근로자재해보장책임보험에 한정하는 것과 같은 경우에는, '우월적 지위의 남용'에 해당하고, 공정거래법위반으로 될 우려가 있다.

---

121) 東京海上日動火災保険株式会社, 전게서, 498~500面.

나. 강매

거래의 상대방에 대하여 부당하게 상품 또는 서비스의 공급에 대하여 자기의 상품 또는 서비스를 자기 또는 자기가 지정하는 사업자로부터 구입하게 하거나, 자기 또는 자기가 지정하는 사업자와 거래하도록 강제하는 행위는 공정거래법위반이 된다.

그렁 부동산사업을 영위하는 대리점이 임대아파트의 입주희망자에 대하여 임대인이 보험료를 부담하는 책임부분까지, 입주희망자에게 그 부분에 관한 보험료를 부담하게 하는 경우와 이주희망자이 책임부분이어도, 입주희망자가 보험에 가입할 때, 보험회사를 선택할 자유를 저해하는 경우, 공정거래법위반이 된다.

다. 기타

고객의 객관적 사실에 관한 정보의 교환은, 그 교환에 그치는 한은 공정거래법상 문제는 없지만, 보험회사가 공동으로 이른바 '블랙 리스트(불량고객 등의 일람표)'를 작성하는 경우, 리스트에 올라간 고객과 거래를 거절하거나, 보험금의 지급을 제한하는 합의(암묵의 합의도 포함함)를 생기게 할 가능성이 높기 때문에, 공정거래법위반으로 될 우려가 있다.

Ⅷ. 보험감독에 관한 국제동향

1. 서언

아래에서는 2008년 미국에서 시작된 세계금융위기를 겪으면서 급속하게 변화하고 있는 보험감독·규제의 국제동향에 대하여 살펴보고자 한다.

2. 보험감독자국제기구(IAIS)

가. 연혁

보험사업의 국제화에 따라 보험감독의 국제기준을 채택하고 있는 국제기구가 보험감독자국제기구(IAIS: International Association of Insurance Supervisors)[122)]

이다. 1994년에 설립되어 현재 스위스 바젤에 본부를 두고 있고, 2011년 3월 현재 약 190개국·지역(미국의 50개주를 포함함)의 보험감독당국이 회원으로 등록하고 있고, 민간보험회사·업계단체, 국제기관 등 120 이상의 기관이 옵저버로 등록 되었다. 2011년 9월 29일~10월1일에 제18차 연례회의가 서울에서 개최될 예정이다. IAIS는 ① 보험감독자간의 협조의 촉진 ② 국제보험감독기준의 설정 ③ 감독기준에 근거한 가맹국(특히 신흥시장국가)의 감독체제구축의 지원 ④ 다른 금융분야의 감독기관과의 연대 등을 임무로 하고 있다.

나. 주요기준

IAIS가 채택한 중요한 원칙으로는 보험기본원칙(ICP: Insurance Core Principles and Methodology, 2003년 개정), 건전성원칙(Principles on capital adequacy & solvency, 2007년 개정), 그룹감독원칙(Principles on group-wide supervision, 2008년 개정)에 대하여 살펴본다.

(1) 보험기본원칙

IAIS가 채택한 가종 원칙 중에서 최상위원칙으로 일반적으로 ICP라고 약칭되고 있고, 세계은행과 국제통화기금이 공동 시행하고 있는 금융분야평가프로그램(FSAP: Financial Sector Assessment Program)에서 대상국가의 보험감독의 시행상황을 평가할 때의 판단기준으로 중요한 역할을 하고 있다. 그 내용은 원칙중심으로 정성적이고, 규제의 상세한 항목은 수치기준을 포함하여 각국 감독당국의 재량에 위임하고 있다. ICP는 현재 28 항목으로 구성되어 있다.

(가) 효과적인 보험감독조건(ICP 제1조)

보험분야에서 효율적인 시장과 성장·경쟁을 제고함에 있어서 건전한 감독기구가 필요하고, ICP는 보험분야의 감독과 규제를 위한 세계적으로 승인되는 틀을 제공함을 목적으로 한다.

122) 홈페이지는 http://www.iaisweb.org/이다. IAIS는 바젤은행감독위원회(BCBS:Basel Committee on Banking Supervision), 증권감독자국제기구(IOSCO: International Organization of Securities Commissions)과 함께 금융감독당국의 국제기구를 구성하고 있다. IAIS를 포함하는 3기관의 대표가 공동 포럼을 이루어 3업권에 공통되는 감독상의 쟁점에 대하여 협의하고 있다.

(나) 감독시스템(ICP 제2조~제5조)

보험감독의 목적은 명확히 정의되어야 한다. 감독당국은 권위와 충분한 데이터를 보유하여야 하고, 그 감독방법은 투명하여야 한다. 또한 국제적 보험회사 또는 금융conglomerate보험회사에 대한 감독은 각 감독자간의 협력과 정보를 공유하여야 한다.

(다) 보험회사거버넌스(ICP 제6조~제10조)

보험회사는 사전에 면허를 취득하여야 하고, 보험회사 내에는 대주주, 이사회의 이사, 계리사 등이 각자 역할을 수행한다. 보험회사는 지배구조와 내부통제를 정비할 필요가 있다.

(라) 일상적 감독(ICP 제11조~제17조)

감독당국은 시장에서 획득하는 모든 정보를 이용하여 보험회사를 감독한다. 감독방법은 예방적·시정적인 것으로 하고, 필요한 경우 명확한 기준에 의거하여 벌칙을 둔다. 또한 파산시의 시장퇴출과 이에 대비하는 그룹감독의 필요성을 규정한다.

(마) 재무건정성요건(ICP 제18조~제23조)

감독당국은 보험회사가 위험관리(부채, 투자, 파생금융상품을 포함함)를 철저히 하도록 하고, 충분한 재무건전성을 확보하도록 할 필요가 있다.

(바) 시장과 소비자 등(ICP 제24조~제28조)

감독당국은 보험회사가 시장에 대한 정보개시 등을 통하여 소비자를 보호하고 금전세탁 등 부정행위를 방지하는 것이 필요하다.

(2) 건전성원칙

(가) 개요

IAIS의 재무건전성원칙은 후술하는 유럽연합의 Solvency II와 유사하지만, ① 자본충분성, ② 자산·부채의 평가, ③ 투자, ④ 통합위험관리(ERM: Enterprise Risk Management), ⑤ 내부모델의 5가지로 분류하고 있다.

(나) 특징

재무건전성평가에는 "자산, 부채, 자본요건과 이용가능자본 사이의 상호의존관계를 파악하고, 또한 위험이 완전하고 적절하게 인식되도록" total balance sheet approach가 이용되고 있다.

보험회사는 특성, 고객, 복잡성에 따라 ERM체제를 마련하고, 상정할 수 있는 주요위험에 대하여서는 대책을 강구하며, 경영진에 의한 엄격한 관리자세가 요구된다. 건전성감독기준으로는 소요자본요건(PCR: Prescribed Capital Requirement)과 최저자본요건(MCR: Minimum Capital Requirement)의 2종류가 존재한다. 전자는 이용가능한 자본이 이를 하회하는 경우에 감독당국이 보험회사에 대하여 자본증액과 위험감소를 요구하는 것이고, 후자는 이를 하회하는 경우에는 면허취소 등이 행하여진다.

(3) 그룹감독원칙

(가) 개요

글로벌 금융위기를 거치면서 세계 2위의 글로벌 손해보험사인 AIG사에 대한 공적자금지원 문제를 경험하면서 그룹 전체의 건전성에 대한 감독의 중요성이 강하게 인식되었다. IAIS는 그룹에 대한 감독의 간소화, 효율화, 일관화를 확보할 수 있도록 국제적으로 승인되는 틀을 갖추기 위하여 이 원칙을 제정하였다.

(나) 내용

국경간(cross-border) 사업을 전개하는 보험회사가 증가하고 있는 오늘날 하나의 보험회사에 대한 감독만으로는 그룹 전체의 건전성을 파악하기 어려워졌다. 보험지주회사와 그 자회사를 포함하여 그룹 전체를 검토하는 재무건전성기준의 중요성이 인식되었다. 각 위험의 상관관계가 적은 경우에는 보험회사 전체의 위험의 양은 개별적인 위험의 양의 합계보다 적다고 고찰되고 있고, 이와 같은 위험의 분산효과에 대하여서 적절히 평가되는 것이 바람직하다. 그룹재무건전성기준의 도입으로 분산효과가 충분히 고려되면, 요구되는 소요자본은 완화되어 보다 효율적인 자본의 활용이 가능하게 되어 결과적으로 보험계약자의 편의성이 향상될 것으로 기대되고 있다.

3. 지역별규제상황

유럽과 미국의 상황을 살펴본다.

가. 유럽연합의 solvency Ⅱ

(1) 유럽연합에서는 1970년대에 비로소 재무건전성규제가 도입되었고, 1990년대에 보험약관과 보험료의 사전인가제가 회원국에서 폐지되어, 조기경계시스템으로서 재무건전성규제의 중요성이 제고되었다. 유럽위원회는 2002년에 solvency Ⅱ를 개정하였다.

(2) 목적

유럽연합은 보험회사에 대하여 위험에 대응하는 자본을 유지하도록 하여 ERM태도강화의 동기가 되었고 그 결과 보험회사의 건전성향상, 계약자보호, 역내 보험업계의 국제경쟁력강화를 도모하는 것을 목적으로 하고 있다.

solvency Ⅱ는 이를 위하여 3가지를 기초(pillar)로 하고 있다. 첫째는 정량적 자본요건으로 보유위험에 대하여 충분한 자본이 확보되었는가를 정량적으로 검증한다. 둘째, 정성적인 감독요건으로 보험회사 내부의 위험관리와 통제가 충분히 기능할 것을 요구하고 있다. 셋째, 사전규제로 정보개시를 통하여 투명성을 제고하는 것이 요청되고 있다.

나. 미국

미국에서는 오래전부터 주별 감독·규제체계가 취해지고 있다. 1945년에 제정된 맥커런-퍼거슨(McCarran-Ferguson)법에 의하여 주별 규제의 제도가 재확인되었다. 1999년에 제정된 금융근대화법(Gramm-Leach-Bliley Act)상 금융지주회사하의 은행·보험·증권의 영업이 가능하여 졌지만, 동법이 맥커런-퍼거슨법의 유효성을 긍정하였기 때문에, 보험에서의 주별 규제는 계속되고 있다.

주별 규제에 대한 비판도 일고 있다. 주별 규제는 각주의 지역에 적합한 상품인가와 요율설정을 가능하도록 하지만, 보험회사로서는 면허취득과 상품인가를 주마다 받을 필요가 있기 때문에 시간·비용의 양면에서 비효율성이 존재하는 점 등이 그것이다.

연방의회에서도 보험규제의 개정을 논의하였고, 특히 2007년에는 보험회사·대리점·보험중개사가 연방규제·주별규제를 선택하도록 하는 선택적 연방규제(OFC: Optional Federal Charter)를 도입하는 전국보험법(National Insurance Act of 2007)이 제출되어 연방수준의 보험감독기관인 전국보험감독청(ONI: Office of National Insurance)의 설립이 추진되는 등 주별 규제의 개정이 추진되었다.

연방규제를 반대하는 미국보험감독관회의(National Association of Insurance Commissioners: NAIC)의 논거는 "금융상품의 다양성을 고려한다면 은행·증권·보험 각각 독점적 규율·감독기관이 존재하는 것이 당연하고, 새로운 연방기관의 설치를 검토하기 전에 규제감독 당국간의 소통을 강화하여야 한다. 다양화된 미국보험시장에서는 주별 규제가 지역특성이 강한 소비자수요를 충족하고, 시장기능을 강화하는데 최적이다."[123]는 것이다.

2010년에 제정된 도드-프랭크법(Dodd-Frank Wall Street Reform and Consumer Protection Act)의 시행으로 설립된 금융소비자청(Consumer Financial Protection Board:CFPB)의 감독대상에서 보험업은 제외되어 있다. 금융소비자청은 연방준비제도이사회, 연방예금보험공사(Federal Deposit Insurance Corporation: FDIC) 등에 산재되어 있는 금융소비자보호기능을 이관받아 금융소비자의 적극적이고 효율적인 보호를 도모하고 있다. 금융소비자보호청의 감독대상에서 보험영업에 대한 사항은 제외되었지만, 연방보험국법(Federal Insurance Office Act of 2010)에 따라 연방보험국이 신설되어[124] 연방보험국장은 금융안정감시위원회(Financial Stability Oversight Council: FSOC)의 자문위원을 겸하고, 보험산업의 시스템리스크 감독기능, IAIS에서의 미국의 대표, 보험관련국제회의에서 재무부장관을 지원하는 등의 역할을 부여받고 있다.[125]

---

123) 東京海上日動火災保険株式会社, 損害保険の法務と実務, 金融財政事情研究会, 669面.

124) 이와 관련한 현행 미국보험감독체제의 미비점으로는 (1) AIG에 대한 공적자금투입사태의 원인이 비보험업무로부터 파생하였고 이에 대한 주정부의 감독에 한계가 있고, (2) 새로운 보험상품 판매를 위한 허가요건이 다르기 때문에 전국에서 판매하려는 경우 각 주별로 허가를 얻는데 시간과 비용이 많이 들며, (3) 국제회의 등에서 미국의 대표자를 정하는데 어렵다는 것 등이 들어졌다(U.S Department of the Treasury, Blueprint for a modernized financial regulatory structure, 2008, pp. 67~68) in http://www.treasury.gov/press-center/press-release/Documents/Blueprint.pdf).

Ⅸ. 보험판매채널과 보험모집규제

1. 보험판매채널

가. 보험판매채널의 제 형태

보험상품판매와 서비스가 보험회사로부터 소비자에게 제공되는 경로를 보험의 판매채널이라고 한다.[126] 보험판매채널로는 보험회사의 임직원, 보험설계사, 보험대리점, 보험중개사, 금융기관보험대리점(이하 방카슈랑스라고 한다) 등이 있다. 근래 도입되거나 변화된 것으로는 보험중개사(1997~1998년 도입), 방카슈랑스(2003년 도입), 보험설계사 교차모집제도(2008년 8월 도입) 등을 들 수 있다. 2000년대에 들어서면서 디지털금융, 온라인, 금융겸업화 등 금융환경의 변화와 함께 다양한 새로운 판매채널이 등장하였다. 전통적인 면대면방식이 아닌 비대면 판매방식인 전화(TM: Telephone Marketing), 인터넷(CM: Cyber Marketing), TV홈쇼핑 등의 IT를 활용하는 방식이 크게 늘고 있다.

2012년 현재 보험회사에 종사하는 임직원은 6만명, 보험회사 소속설계사는 32만명, 보험대리점은 4만개가 영업중에 있다.

FY 2012 채널규모

(단위: 개, 명)

구분	회사	임직원	설계사			대리점		
			전속	교차	소계	개인	법인	소계
생명	24	30,436	145,113	9,717	154,830	4,451	3,242	7,693
손보	31	32,337	93,077	73,747	166,824	24,392	13,189	37,581
합계	55	62,773	238,190	83,464	321,654	28,843	16,431	45,724

125) 구체적인 권한에는 (1) 보험산업 또는 금융시스템에 시스템리스크를 유발할 수 있는 보험사업자의 규제의 격차 또는 문제에 관한 보험산업의 전반적인 감독, (2) 소수자나 저소득계층 등의 모든 보험상품(건강보험제외)의 구입가능성과 그 정도의 감시, (3) 비은행금융기관으로서 연방준비제도이사회의 엄격한 건전성감독을 받을 회사의 FSOC에 대한 추천, (4) 테러리즘보험프로그램의 관리에 재무부장관의 보좌, (5) 국내의 보험관련사안에 대한 주감독 당국에 대한 자문, (6) 시스템리스크를 야기할 가능성이 있는 주법사이의 보험규제의 공백의 파악, (7) 주법에 우선하여 특정보험업규제협정을 적용할지 여부의 결정, (8) IAIS에 미국을 대표하고, 외국과 보험협정을 체결함에 있어 재무부장관의 보좌 등이 있다.

126) 下和田功, はじめて学ぶリスクと保険, 有斐閣, 2010, 227面.

표는 판매채널별 보험료 비중, 보험설계사 및 보험모집 현황을 나타낸다.

[표 1-1] 판매채널별 보험료 비중

(단위: 억원, %)

구분	2015		2016		2017	
	보험료	비중	보험료	비중	보험료	비중
보험대리점	352,648	44.1	375,274	47.1	383,853	49.4
보험설계사	254,197	31.8	245,523	30.8	252,503	32.5
방카슈랑스	185,439	23.2	168,364	21.1	131,513	16.9
보험중개사	6,686	0.9	8,159	1.0	9,921	1.2
합계	798.970	100.0	797,320	100.0	777,790	100.0

주 1) 생명보험은 초회보험료, 손해보험은 원수보험료 기준, 단 보험회사 임직원 및 기타(공동인수 등)은 제외한 실적임

2) 위표에서 대리점의 보험료는 보험회사 전속보험대리점은 포함하나 금융기관보험대리점은 제외한 실적임

3) 위표에서 보험설계사는 보험회사 전속설계사를 말하며 보험대리점 소속 보험설계사와는 구분됨

자료: 금융감독원(2018)

[표 1-2] 보험설계사 및 보험모집 현황

(단위: 만명, 조원, %)

구분	2015			2016			2017		
	보험 대리점	보험 회사	방카 및 보험 중개사	보험 대리점	보험 회사	방카 및 보험 중개사	보험 대리점	보험 회사	방카 및 보험 중개사
소속 보험 설계사수(비중)	20.4 (34.6)	20.3 (34.5)	18.2 (30.9)	21.4 (36.4)	19.7 (33.5)	17.7(37.8	22.3 (37.8)	18.9 (32.0)	17.8 (30.2)
보험모집(비중)	35.2 (44.1)	25.4 (31.8)	19.2 (24.1)	37.5 (47.1)	24.6 (30.8)	17.7 (22.1)	38.4 (49.4)	25.3 (32.5)	14.1 (18.1)

1. 생명보험은 초회보험료, 손해보험은 원수보험료 기준, 단, 보험회사 임직원 및 기타(공동인수 등)은 제외, 단, 보험대리점 실적에서 GA실적만 분리하여 미발표

자료: 금융감독원, '보험대리점 상시모니터링 시스템(GAMS) 구축 및 활용계획', 보도자료, 2018.5.31.

나. 채널별 실적추이

(1) 생명보험

보험설계사채널은 2001년까지만 해도 전체 실적의 80%를 차지하였지만 2003년 8월 방카슈랑스 도입이후 최대채널로 부상하였다. 2012년 시장점유율은 방카슈랑스가 68.1%, 설계사가 21.0%, 대리점이 6.3%, 임직원이 4.5의 순이다.

생명보험 채널별 시장점유율 추이

(단위: %)

구분	임직원	설계사	대리점	방카슈랑스	기타
FY2010	21.0	26.1	6.8	45.5	0.6
FY2011	21.3	24.7	7.1	46.6	0.3
FY2012	4.5	21.0	6.3	68.1	0.1

(2) 손해보험

손해보험은 대리점채널(2012년 41.5%)과 보험설계사채널(2012년 30.1%)을 중심으로 운영되고 있다. 임직원채널은 2012년 15%를 기록하였는데 자동차보험 등 직판(Direct)채널의 성장에 기인한다. 방카슈랑스는 생명보험에 비하면 적지만 지속적으로 증가하는 추세에 있다(2012년 12.6%).

손해보험 채널별 시장점유율 추이

(단위: %)

구분	임직원	설계사	대리점	방카슈랑스	기타
FY2010	15.6	32.2	44.5	6.6	1.1
FY2011	15.9	31.1	42.5	9.6	0.9
FY2012	15.0	30.1	41.5	12.6	0.9

2. 보험모집규제

가. 총설

(1) 개관

금융겸업화와 통합화가 진전되고 금융상품과 금융기관 사이의 영역이 모호해지면서 통합보험상품이 증가하고 선진기법의 판매방법이 확산되고 있다. 선진국은 이와 같은 보험환경변화에 따른 소비자를 보호하기 위하여 보험모집권유규제를 행하고 있다. 우리나라에서의 보험모집권유규제는 상법, 보험업법을 비롯하여, 자본시장법, 약관의 규제에 관한 법률, 소비자기본법, 표시·광고의 공정화에 관한 법률, 전자상거래 등에서의 소비자보호에 관한 법률, 신용정보의 이용 및 보호에 관한 법률 등에 의하여 행해지고 있다.

(2) 보험모집의 의의와 업계 실무

(가) 보험모집의 의의

보험모집이라 함은 보험계약의 체결을 중개하거나 대리하는 것을 말한다(보험업법 제2조 12호).

(나) 보험업계의 실무

손해보험실무에서는 손해보험대리점은 보험계약의 체결의 대리를 행하고, 소속보험회사와 체결하는 대리점위탁계약에서 '보험계약의 체결의 대리권' 등이 명기되는 것이 일반적이다.

반면 생명보험에서는 일반적으로 생명보험계약의 체결에 있어서 의학적 인수판단이 필요하고, 통상, 생명보험회사는 생명보험모집인에게 '중개'의 권한만을 부여하고, 대리권은 부여되지 않는다.

이에 자동차보험 등의 손해보험에서는 의학적 인수판단을 요하지 않고, '주말이 자동차가 납품되기 때문에, 조속히 보험가입하고 싶다'는 즉시 체결의 수요가 존재하기 때문에, 손해보험대리점에게 체결이 대리권이 부여되는 것이라고 고찰된다.[127]

(3) 대면모집과 비대면모집

(가) 대면모집과 비대면모집

대면모집은 보험설계사나 보험대리점이 고객을 방문하거나 대리점 등에서 고객과 대면하여 모집하는 것이고, 비대면모집은 전화, 우편, 인터넷을 통하여 모

---

127) 東京海上日動火災保険株式会社, 損害保険の法務と実務, 金融財政事情研究会, 2016, 407面.

집하는 것을 말한다. 또한 초기의 설명은 고객의 집에서 대면으로 행하지만, 고객이 계약내용을 등을 차분히 검토하여 사후에 청약서류를 대리점으로 우송하거나, 대리점이 청약서류를 고객에게 우편이나 인터넷으로 우송한 후 대면과 전화 등으로 설명하여 계약을 체결하는 등 모집실무에서는 양자가 융합하여 행하여지는 경우도 많다.

(나) 대면모집의 특징

대면모집의 경우로는 보험설계사나 보험대리점의 직원이 직접 고객을 방문하는 경우와 고객이 대리점이나 지점 사무소를 직접 방문하는 경우가 있다. 대면모집의 특징으로는 보험설계사나 대리점이 보험상품의 팜프렛과 상품요약서 등의 해당설명을 적시하여 설명할 수 있고, 청약서류 등도 직접 권고 하는 등의 장점이 있다.

(다) 비대면모집의 특징

매년 갱신하는 자동차보험이나 화재보험계약을 장기간 체결하고 있는 고객은 보험설계사나 대리점의 설명 없이도 이해할 수 있는 경우도 있다. 우편, 전화, 인터넷 등의 비대면모집은 이와 같은 갱신계약을 중심으로 간단한 절차의 수요에 의한 것일 수 있다. 구체적으로 갱신시기 1월전부터 전화나 인터넷, 우편으로 안내하고, 고객으로부터 서류의 송부를 요청받아 갱신절차용의 서류를 송부하고, 고객이 기입하여 반송하는 경우가 있다.

이와 같은 비대면모집의 특징은 고객의 필요에 따라 절차가 간단하다는 측면이 있지만, 충분한 설명을 하기에 상대적으로 어렵다는 점이다. 이에 따라 정보제공의무와 관련하여 보험회사와 대리점에게 고객을 충분히 보호하도록 하는 감독이 필요하다. 통신수단을 이용한 모집과 관련하여 금융감독원의 보험상품 통신판매 가이드라인(2006.5.24.), 보험통신판매 업무 모범규준(2010.7)에 따르도록 하고 있다.

채널별 불완전판매비율과 계약해지율

(단위: %)

구분		불완전판매율			계약해지율		
		생보	손보	전체	생보	손보	전체
설계사		3.8	2.1	2.9	0.5	0.1	0.3
대리점	개인	4.2	1.5	1.7	0.7	0.1	0.1
	금융기관	5.3	4.9	5.1	0.2	0.2	0.2
	TM	18.7	16.8	17.4	1.2	0.6	0.8
	홈쇼핑	15.4	11.9	13.5	1.2	0.4	0.8
	일반법인	4.9	2.5	3.4	1.7	0.4	0.8
직영조직	다이렉트	15.6	13.2	15.2	1.5	0.4	1.3
	복합	14.9	-	14.9	2.4	-	2.4
업계평균		7.4	4.7	6.0	0.8	0.3	0.52

주 1) 불완전판매율=(청약철회건수+품질보증해지건수+민원해지건수+무효건수)÷신계약건수
2) 계약해지율=(품질보증해지건수+민원해지건수)÷신계약건수
3) 다이렉트는 TM, CM, 홈쇼핑을 모드 포함하는 개념이고, 복합은 대면과 비대면이 결합된 하이브리드형 채널을 말함

자료: 금융감독원 보도자료(2013.8.14.), "FY12 보험사모집질서 준수수준 평가결과"

나. 보험업법상의 정보제공의무

그간 보험모집시의 설명의무에 대하여서는 상법상의 보험약관의 설명의무(상법 제638조의 3), 약관의 규제에 관한 법률상의 설명의무(약관의 규제에 관한 법률 제3조)와 보험업법상의 보험모집부당행위에 대한 보험회사의 손해배상책임과 관련하여 많은 판례가 축적되어 왔다. 2010년 개정보험업법에서는 설명의무와 적합성원칙을 인정하여 정보제공의무를 강화하였다.

(1) 설명의무

2010년 보험업법 개정 시에 보험자의 정보제공의무의 일환으로 보험계약의 체결권유시 일반 보험계약자에 한하여 보험계약의 중요사항의 설명의무가 신설되고, 설명내용에 대한 서명 등에 의한 확인을 받도록 하며(보험업법 제95조의 2), 위반 시 과징금(수입보험료의 25%까지) 또는 과태료(보험회사 5천만원 이하;

보험설계사·대리점, 2천만원 이하)을 부과할 수 있도록 하였다. 이에 관하여는 보험자의 정보제공의무에서 상세히 살펴본다.

(2) 적합성원칙

보험계약자를 전문보험계약자와 일반보험계약자로 구분하고, 보험자는 후자에 대하여 변액보험상품을 권유하기 위하여서는 면담 또는 질문을 통하여 보험계약자의 수요를 파악하여, 그에게 적합한 상품을 권유할 의무를 진다(보험업법 제95조의 3). 이를 위반하여 모집한 경우 손해배상 책임을 진다(보험업법 제102조).

다. 기타 보험업법상의 보험모집규제

(1) 보험안내자료의 규제

보험안내자료에 그 귀속자, 보험가입에 따른 권리·의무에 관한 주요사항, 보험회사의 자산과 부채 등을 기재하여야 하고, 이익배당이나 잉여금분배에 대한 예측을 기재할 수 없다(보험업법 제95조). 이는 표시·광고의 공정화에 관한 법률의 특칙의 성격을 띤다.

(2) 통신수단을 이용한 모집관련 준수사항

통신수단을 통한 모집 시에 프라이버시를 침해해서는 안되고, 통신수단을 이용하여 청약한 자는 그 변경·철회·해지에 통신수단을 이용할 수 있도록 한다(보험업법 제96조). 이와 관련하여 금융감독원의 보험상품 통신판매 가이드라인(2006.5.24.), 보험통신판매 업무 모범규준(2010.7)에 따르도록 하고 있다.

(3) 특별이익의 제공금지

모집과 관련하여 금품, 보험료의 할인 기타 특별이익을 제공하는 것이 금지된다(보험업법 제98조). 특별이익에는 초년도 납입보험료의 10%와 3만원중 적은 금액의 물품, 불법 보험금의 지급, 보험료대납, 보험자대위권의 포기 등이 있다.[128)]

---

128) 특별이익의 제공금지는 외국에서도 인정되는 것이고, 보험업에서는 상당한 보편성을 가지는 규제이지만, 할인과 리베이트 등을 일률적으로 금지하는 규제는 다른 사업분야에서는 일반적으로 인정되지 않기 때문에 왜 이와 같은 규제가 보험업에 존재하는가가 문제된다. 보험의 단체성과 이로부터 도출된 보험계약자의 평등의 원칙이 규제의 근거로 들어졌었다. 오늘날에

(4) 금융기관대리점의 불공정행위 금지

방카슈랑스와 관련하여 대출조건으로 보험계약체결을 요구하는 것, 점포당 2인을 넘어 판매하는 것, 금융거래를 통해 얻은 개인정보를 부당하게 이용하여 모집하는 것 등이 금지된다(보험업법 제100조).

방카슈랑스 시행내용

단계	제1단계(2003.8 이후)	제2단계(2005.4 이후)	제3단계(2006.10 이후)
내용	저축성 및 신용보험	제3보험중 순수보장성보험(소멸성) 상품(특약부제외)	제3보험중 순수보장성보험(환급성) 상품(특약부제외)

(5) 자기대리점의 금지

보험대리점과 보험중개사는 자기 또는 자기를 고용하고 있는 자를 보험계약자로 하는 보험을 모집하는 것을 주된 목적으로 하지 못한다(보험업법 제101조). 주된 목적으로 인정되는 기준은 자기계약의 보험료 누계액이 모집한 보험료의 50%를 초과하는 경우이다. 이는 보험료를 할인하는 것을 금지하고 건전한 전업 보험대리점 또는 보험중개사 육성을 위한 것이다.

(6) 청약철회

보험회사는 일반보험계약자로서 보험회사에 대하여 대통령령으로 정하는 보험계약을 청약한 자가 보험증권을 받은 날로부터 15일(거래 당사자 사이에 15일보다 긴 기간으로 약정한 경우에는 그 기간) 이내에 대통령령으로 정하는 바에 따라 청약철회의 의사를 표시하는 경우에는 특별한 사정이 없는 한 이를 거

는 보험의 단체성이라는 것 자체가 직접 고려되지 않고, 이것을 근거로 할 수 없지만, 보험계약자 사이의 형평성을 해치는 행위인 것이 근거로 들어진다. 그러나 이것만에 근거할 수 없고, 할인 등에 의해 보험회사의 재무건전성에 영향을 미치는 것, 특별이익의 제공이 고객의 탈취의 수단으로 보험회사 사이의 부정경쟁의 수단이 되기 쉬운 것, 특별이익의 제공약속을 권한없이 하는 경우에는 보험회사가 이행하지 않을 가능성이 높아 보험계약자를 기만하게 되는 것, 보험회사 자체가 행한 경우에도 특별이익의 제공이 보험의 선택을 왜곡하기 쉬운 것 등이 규제의 근거로 복합적으로 들어진다.; 山下友信·竹濱修·洲崎博史·山本哲生, 전게서, 140面.

부할 수 없다. 다만, 청약을 한 날로부터 30일을 초과한 경우에는 그러하지 아니하다(보험업법 제10조의 4 제1항). 이는 일반보험계약자에게 보험가입필요성을 다시 고찰하고, 최적상품을 탐색할 기회를 부여하기 위함이다.

X. 보험회사의 모집관련 손해배상책임

1. 서언

보험회사는 그 임직원·보험설계사 또는 보험대리점이 모집을 하면서 보험계약자에게 손해를 입힌 경우 배상할 책임을 진다(보험업법 제102조 제1항). 다만, 보험회사가 보험설계사 또는 보험대리점에 모집을 위탁하면서 상당한 주의를 하였고 이들이 모집을 하면서 보험계약자에게 손해를 입히는 것을 막기 위하여 노력한 경우에는 그러하지 아니하다(보험업법 제102조 제1항 단서).

실무상으로는 주로 보험자의 임직원 등이 특수한 법률관계 또는 보험약관의 중요한 사항에 대한 설명의무를 이행하지 않음으로써 보험계약이 무효로 되어 보험금을 지급받지 못하게 되는 경우에 문제되었다.[129)]

2. 서언-법적 성질

보험회사의 임직원이나 보험설계사가 모집과 관련하여 보험계약자에게 손해를 입힌 경우에 보험회사가 지는 손해배상책임은 보험회사의 사용자책임에 해당하고, 보험업법 제102조는 민법 제756에 대한 특칙으로서의 성격을 지닌다.[130)]
[131)]

보험업법 제10조는 사용자책임과 같이 소속 보험회사 등에 엄격한 책임을 지워 소속보험회사 등의 보험모집인에 대한 지도감독을 촉구하고, 손해를 입은 보험계약자에 대한 배상자력을 확보하는 것을 목적으로 한다.[132)]

---

129) 사법연수원, 전게서, 32면.
130) 대법원 1994. 11. 22. 선고 94다19617 판결. 대법원 1995. 7. 14. 선고 94다19600 판결. 대법원 1998. 6. 23. 선고 98다14191 판결
131) 山下友信, 전게서, 264面.

보험회사의 책임은 민법 제756조의 사용자책임보다 무거워져 보험회사의 임직원의 부당모집행위에 대하여서는 무과실책임을, 보험설계사의 부당모집관련행위에 대하여서는 과실책임으로서 무과실책임과 과실책임이 병존하고 있다.[133)]

3. 요건

첫째, 임직원 또는 모집보조자가 가한 손해이어야 한다.

둘째, 보험을 모집함에 있어서 보험계약자에게 가한 손해이어야 한다. 판례상으로는 보험업법 제102조 제1항에 의한 배상책임은 보험회사의 보험계약자에 대한 배상책임을 규정한 것으로 보험계약자와 보험수익자가 다른 타인을 위한 보험계약에서 보험수익자는 직접 책임을 물을 수 없다(대법원 2015. 10. 15. 선고 2014다204178 판결). 그러나 대하여 보험업법 제102조의 법문에도 불구하고 피보험자와 보험수익자가 보험모집에 관하여 손해를 입었다면 배상청구권자가 될 수 있다고 본다,[134)]

셋째, 임직원의 무과실로 인한 경우에도 책임을 진다. 즉 임직원의 손해배상책임에 대하여는 일반 불법행위책임의 원칙이 수정되어 무과실책임이다.

넷째, 모집보조자의 행위에 대하여서는 보험회사가 상당한 주의를 하고 보험계약자가 손해를 입는 것을 막기 위하여 노력한 경우에는 보험회사는 책임을 지지 않는다(보험업법 제102조 제1항 단서). 즉 과실책임이다.

---

132) 이는 사용자책임과 같이 소속 보험회사 등에 엄격한 책임을 지워 소속보험회사 등의 보험모집인에 대한 지도감독을 촉구하고, 손해를 입은 보험계약자에 대한 배상자력을 확보하는 것을 주안으로 한다.

133) 대법원 1998. 11. 27. 선고 98다23690 판결은 "보험업법 제158조(현행 보험업법 제102조) 제1항의 규정은 보험모집에 관하여 보험계약자에게 가한 손해에 대하여 보험사업자에게, 그 손해가 보험사업자의 임원·직원의 행위로 인한 경우에는 무과실책임을 지우고 보험모집인과 보험대리점의 행위로 인한 경우에는 무과실책임에 가까운 손해배상책임을 지움으로써 보험계약자의 이익을 보호함과 동시에 보험사업의 건전한 육성을 기하고자 하는 데 그 의의가 있다."고 하였다.

134) 山下友信, 전게서, 279面.

4. 책임의 내용

가. 보험회사의 손해배상책임

(1) 내용

보험회사의 임직원·보험설계사 또는 보험대리점의 모집행위와 상당한 인과관계가 있는 손해 전액을 보험회사가 배상할 책임을 진다. 보험계약 체결에 설명의무 위반이 있는 경우에 이후 보험약관에 따른 해약환급금이 지급되었다면, 보험계약자가 설명의무 위반으로 입은 손해는 납입한 보험료 합계액에서 지급받은 해약환급금을 공제한 금액 상당이다(대법원 2014. 10. 27. 선고 2012다22242 판결). 배상을 한 보험회사는 손해를 가한 해당 임직원·보험설계사 또는 보험대리점에 대하여 구상권을 행사할 수 있다(보험업법 제102조 제2항).

손해배상청구권의 소멸시효기간은 손해 및 가해자를 안 날로부터 3년간, 불법행위를 한 날로부터 10년이다(보험업법 제102조 제3항, 민법 제766조).

(2) 원상회복적 손해배상과 이행이익적 손해배상

손해배상책임의 유형으로서 원상회복적 손해배상과 이행이익적 손해배상이 구별되는 경우가 있다.[135)]

(가) 원상회복적 손해배상

원상회복적 손해배상이라 함은 보험모집인이 설명의무 등을 적절히 이행하였더라면, 보험계약자는 보험계약을 체결하지 않았을 것이고, 지급보험료 상당액의 손해배상액을 인정하는 경우를 말한다.

(나) 이행이익적 손해배상

이행이익적 손해배상이라 함은 보험모집인이 정보제공의무 등을 적절히 이행한 경우에 보험계약자가 얻었을 이익상당액의 손해배상이 인정되는 경우를 말한다. 구체적으로는 이행이익적 손해배상은 전형적으로는 설명의무가 적절히 이행되었더라면 실제로 체결된 보험계약보다도 유리한 보험급부가 얻어질 보험계약이 체결될 것으로 하고, 그 유리한 보험금을 지급받았을 것이 손해이고, 이

135) 山下友信, 전게서, 283-285面.

손해에 대하여 배상청구를 하는 경우이다.

(다) 양자의 구별

일반적으로 소비자거래와 투자거래에서 사업자의 정보제공의무위반에 의한 손해배상청구가 행해진 경우에는, 원상회복적 손해배상이 청구되는 것이 통례이다. 보험거래에서도 변액보험의 경우에 원상회복적 손해배상이 청구되는 것이 보통이고, 보장성 생명보험 또는 저축목적인 생명보험의 경우에 원상회복적 손해배상이 청구될 수 있다.

보험거래에서는 설명의무가 적절하게 이행되었더라면 성립하였을 보험계약을 상정하여, 그것에 기한 보험급부를 청구하는 경우도 적지 않고, 이것이 이행이익적 손해배상을 청구하는 것이다. 보험계약자에게 손해를 발생시킨 보험사고가 발생한 경우에는, 보험료 상당액의 배상을 받아도 의미가 없고, 보험급부상당액의 배상을 받는 것이 필요하기 때문이다. 이와 같은 구제를 받기 위하여서는, 의무위반과 손해 사이의 상당인과관계가 요구된다. 먼저 보험계약자가 주장하는 보험계약이 처음부터 체결될 가능성이 없는 경우에는, 이행이익적 손해배상 사이에 인과관계는 없다. 그러나 당해 보험자는 보험계약자의 주장과 같은 보험급부를 하는 보험을 판매하고 있지 않지만, 다른 보험자가 그와 같은 보험을 판매하거나 정보가 제공되었다고 한다면 보험계약자가 다른 보험자와 보험계약을 체결할 가능성이 있는 경우에는, 인과관계가 인정될 여지가 있다. 다음으로 보험계약자가 주장하는 보험계약의 체결가능성이 있었다고 하여도, 당해 보험계약자가 그 보험계약을 체결할 개연성이 인정되어야 비로소, 그 보험계약에서 받을 수 있을 보험급부를 받지 못한 것에 대하여 인과관계가 있는 손해로 될 것이다.

(3) 과실상계

보험자의 손해배상책임을 인정하더라도 그 범위를 산정함에 있어서는 피해자인 보험계약자에게 상당한 과실이 인정되면 보험자는 그 과실을 상계한다.[136] 과실상계비율은 일반적으로 30%가 인정되지만,[137] 40%를 상계한 사례도 발견

136) 대법원 1994. 11. 22. 선고 94다19617 판결. 대법원 1995. 7. 14. 선고 94다19600 판결. 대법원 2001. 11. 9. 선고 2001다55499, 55505 판결.

된다.[138] 보험계약자의 과실이 인정되는 경우 보험자가 부담하는 손해배상액은 보험계약자인 피보험자 또는 보험수익자가 받지 못하게 되는 보험금 상당액을 한도로 과실상계하고 남은 금액이다.

나. 판례의 경향

보험업법 제102조가 적용된 판례의 유형은 2가지이다.

첫째, 자동차종합보험약관상 주운전자제도가 인정되던 당시 판결로 보험계약자가 주운전자를 허위고지하여 고지의무를 위반하여 보험금을 지급받지 못한 손해와 보험회사 측의 주운전자제도에 관한 설명의무위반 사이에 상당인과관계가 인정된 사례이다.[139]

둘째, 타인의 사망을 보험사고로 하는 생명보험의 경우 피보험자의 동의가 없어 보험금을 지급받지 못한 경우(상법 제731조) 피보험자의 서면동의가 필요하다는 점에 대한 보험자 측의 설명의무위반으로 인한 손해배상이 인정된 사례이다.[140]

셋째, 변액보험에서 적합성원칙을 위반하여 손해배상책임이 인정되는 경우이다(대법원 2013. 6. 13. 선고 2010다34159 판결).

---

137) 대법원 2001. 11. 9. 선고 2001다55499, 55505 판결. 이 판결은 타인의 사망을 보험사고로 하는 보험계약에는 피보험자의 서면에 의한 동의를 얻어야 하는 사실을 보험계약자에게 설명하고 그 서면동의를 받아 보험계약을 체결하도록 조치를 취할 주의의무가 있음에도 불구하고, 보험계약 체결시 위 사실을 모르고 보험계약자에게 설명하여 주지 아니하고 피보험자 동의란에 보험계약자가 서명을 대신하게 하여 보험금을 받지 못하게 되는 손해를 입게 된 경우 보험계약자도 보험계약의 청약서상의 꼭 알아야 할 사항란도 제대로 읽어보지 아니하여 보험계약 체결시 피보험자의 서면에 의한 동의를 얻어야 한다는 사실을 알지 못한 채 보험계약을 체결한 잘못이 있다고 하여 30%의 과실비율을 상계하였다.

138) 대법원 2006. 6. 29. 선고 2005다11602, 11619 판결.

139) 대법원 1998. 6. 23. 선고 98다14191 판결.

140) 대법원 1998. 11. 27. 선고 98다23690 판결, 대법원 1999. 4. 27. 선고 98다54830, 54847 판결, 대법원 2001. 11. 9. 선고 2001다55499, 55505 판결, 대법원 2006. 4. 27. 선고 2003다60259 판결, 대법원 2006. 6. 29. 선고 2005다11602, 11619 판결, 대법원 2007. 9. 6. 선고 2007다30263 판결.

XI. 내부통제기준과 컴프라이언스

1. 서언

보험회사의 내부통제 체제를 규율하는 법률로는 다른 업종과 같이 회사법, 자본시장법과 보험회사만을 규율하는 보험업법이 있다. 아래에서는 보험업법에 대한 사항만을 기술한다.

2. 내부통제기준

보험회사는 법령을 준수하고 자산운용을 건전하게 하며 보험계약자를 보호하기 위하여 그 임직원이 직무를 수행할 때 따라야 할 기본적인 절차와 기준을 정하여야 하는데(보험업법 제17조 제1항), 이것이 내부통제기준이다.

보험회사의 내부통제로서 이사와 이사회, 감사와 감사위원회, 준법감시인 등 각 기관의 역할을 명확히 하는 것이 필수적이다.

또한 대기업은 많은 자회사, 관련회사를 보유하거나 금융지주회사형태를 취하는 것이 일반적이다. 이에 내부통제도 단일한 보험회사만이 아니라 기업집단 전체에 대하여 내부통제시스템을 구축할 필요성이 증대하고 있다.

보험업법에 근거하여(동법 제17조 제9항) 시행령에는 내부통제기준반영사항이 규정되어 있고, 금융위원회는 효과적인 내부통제기준을 정하여 이를 엄격하게 준수하고 있다고 인정되는 보험회사에 대하여는 검사의 생략, 검사기간의 단축 또는 제재를 감면할 수 있다(동법 제17조 제8항).

3. 컴프라이언스

가. 컴프라이언스의 의의

컴프라이언스(compliance)는 comply(따르다)의 명사로 “법령 등의 준수”로 사용되지만, 근래에는 이에 그치지 않고 사회의 요청에 따르는 것이라는 의미로도 사용되고 있다. 또한 컴프라이언스는 integrity(조직의 성실성)의 의미로도 사용되는데, integrity라 함은 조직의 가치관·가치기준에 성실한 것을 의미하기도 한다.

나. 준법감시인

보험회사는 내부통제기준의 준수 여부를 점검하고, 그 위반사항을 조사하여 감사 또는 감사위원회에 보고하는 역할을 담당하는 기관으로 준법감시인을 1명 이상 두어야 한다(보험업법 제17조 제2항).

다. 컴프라이언스와 고객의 소리

컴프라이언스는 협의로 법령준수와 광의로 사회의 요청에 따른다는 것을 말한다. 보험회사에게 요구되는 공공적 역할에 비추어 보험계약자와 피해자 등 다양한 이해관계자의 소리를 경영에 반영하여 컴프라이언스를 실천할 필요가 있다.

XII. 경영위기시 대응제도

보험업법, 예금자보호법 등은 보험회사의 경영위기시 다양한 대응제도를 마련하고 있다. 이와 같은 특별한 절차와 제도를 두고 있는 이유로는 보험회사의 채권자인 보험계약자는 다수이고, 경영곤란에 있는 회사에 적용되는 일반 법률로는 보험계약자의 이익과 보험계약자사이의 공평성을 확보하기 어려우며, 이를 방치한다면 보험업에 대한 신뢰를 훼손하고, 국민생활에 중요한 보험업의 건전한 발전을 저해할 우려가 있기 때문이다. 또한 보험계약의 성질상 보험계약의 계속을 위한 신속한 대응이 요망된다는 점 등이 지적된다.[141]

1. 보험계약에 대한 예금보험제도

예금자보호법상 보험회사의 보험금 등 채권의 지급정지(제1종 보험사고), 영업인가·허가의 취소, 해산결의 또는 파산선고(제2종 보험사고)의 경우(예금자보호법 제2조 7호), 1인당 5,000만원을 한도로 보험금 등을 지급한다. 예금보험금 청구권의 소멸시효기간은 예금보험금 지급의 개시일부터 5년간 행사하지 아니하면 시효로 인하여 소멸한다(동법 제31조 제7항).

---

141) 安居孝啓, 전게서, 597~598面.

예금보호대상 보험상품

구분	보호금융상품	비보호금융상품
보험 상품	1. 보험계약에 따라 수입한 수입보험료 2. 자본시장과 금융투자업에 관한 법률 제103조 제3항에 따라 원본이 보전되는 금전신탁 등을 통하여 조달한 금전 3. 변액보험 최저보장보험금	1. 보험계약자 및 보험료납부자가 법인인 보험계약에 의하여 수입한 수입보험료(확정기여형퇴직연금, 개인퇴직계좌 또는 법률 제7379호 근로자퇴직급여 보장법 부칙 제2조에 따른 퇴직보험계약에 의하여 수입한 수입보험료) 2. 보증보험계약에 의하여 수입한 수입보험료 3. 재보험계약에 의하여 수입한 수입보험료

2. 보험업법상 소비자보호제도

가. 보험계약의 조건변경

금융위원회는 보험회사의 업무 및 자산상황, 그 밖의 사정의 변경으로 공익 또는 보험계약자의 보호와 보험회사의 건전한 경영을 크게 해칠 우려가 있거나 보험회사의 기초서류에 법령을 위반하거나 보험계약자에게 불리한 내용이 있다고 인정되는 경우에는 청문을 거쳐 기초서류의 변경 또는 그 사용의 정지를 명할 수 있다. 다만, 대통령령으로 정하는 경미한 사항에 관하여 기초서류의 변경을 명하는 경우에는 청문을 하지 아니할 수 있다(보험업법 제131조 제2항).

보험계약은 사적계약이고, 보험계약조건의 변경은 보험회사와 각 보험계약자의 개별적 합의에 의하여야 하지만, 보험회사가 경영위기의 개연성이 높은 상황에서 보험계약자 사이에 공평을 도모하고, 다수의 보험계약자의 합의를 얻기가 쉽지 않다. 이와 같은 경우에 청문을 거쳐 계약조건의 변경제도를 활용하여 보험회사의 경영위기를 사전에 방지하는 것이 기대된다. 또한 보험업법은 보험계약자보호의 필요가 있는 경우, 법령위반의 경우 등에도 보험계약조건을 변경을 허용한다.

나. 보험계약자 등의 우선취득권

보험계약자나 보험금을 취득할 자는 피보험자를 위하여 적립한 금액을 다른 법률에 특별한 규정이 없으면 주식회사의 자산에서 우선하여 취득하고(보험업법 제32조 제1항), 특별계정이 설정된 경우에는 특별계정과 일반계정을 구분하여 적용한다(제32조 제2항).

보험계약자 등의 우선취득권은 금액제한은 없지만, 근로자의 퇴직금채권과 같이 별도의 법률에서 우선순위를 부여한 채권에는 후순위로 밀려난다.

다. 보험계약의 이전

보험회사는 금융위원회의 인가를 얻어 계약의 방법으로 책임준비금 산출의 기초가 같은 보험계약의 전부를 포괄하여 다른 보험회사에 이전할 수 있다(보험업법 제139조, 제140조). 이 경우 이전계약의 내용으로 계산의 기초의 변경, 보험금액의 삭감과 장래 보험료의 감액, 계약조항의 변경을 정할 수 있다(보험업법 제143조)

라. 보험회사 해산 후의 보험금 지급

보험회사가 주주총회의 결의, 보험업의 허가취소 또는 해산명령으로 인하여 해산하는 경우 보험금 지급 사유가 해산한 날부터 3개월 이내에 발생한 경우에만 보험금을 지급하고, 3월이 지난 후에는 피보험자를 위하여 적립한 금액이나 아직 지나지 아니한 기간에 대한 보험료를 되돌려주어야 한다(보험업법 제158조).

마. 손해보험계약의 제3자보호

손해보험계약의 제3자보호제도는 보험회사가 보험금 등 채무의 지급정지, 보험업 허가의 취소, 해산결의 또는 파산선고 등의 사유로 보험금을 지급하지 못하는 경우에 손해보험협회장이 금융위원회의 확인을 거쳐 손해보험계약의 제3자에게 보험금(지급불능금액-예금자보호금액)의 지급을 보장하는 제도이다(보험업법 제165~제174조). 동제도가 적용되는 보험계약은 가입이 강제되는 보험계약이고, 자동차보험은 강제보험이 아닌 경우에도 포함된다. 보상범위는 (1) 강제보험의 경우에는 해당법령에서 정한 보험금액의 한도액, (2) 강제보험이 아닌 자동차보험은 피해자 1인 당 1억원을 초과하지 아니하는 범위에서 지급불능금액의 100분의 80을 한도로 한다.

제9장 보험교육

보험상품의 다양화·복잡화와 보험상품판매시 설명의무·적합성원칙의 강화와 관계법령의 개정 등의 변화에 보험업종사자가 대응하는 것이 필요하게 되었다. 이에 보험설계사, 법인이 아닌 보험대리점 및 보험중개사는 대통령령으로 정하는 바에 따라 보험계약의 모집에 관한 교육을 받도록 하고 있다(보험업법 제85조의2).

또한 정보비대칭의 심화와 보험소비자의 제한적 합리성[142] 등의 보험거래의 특성으로 인한 보험에 대한 잘못된 이해는 보험민원, 보험에 대한 부정적 이미지, 불건전한 보험상품의 활용 등을 유발한다. 이에 학교교육 등 일반인 대상의 보험교육의 개선을 통하여 보험소비자가 보험이해력을 갖추도록 하는 것이 필요하다.

Ⅰ. 보험업종사자 교육

보험회사, 보험대리점 및 보험중개사는 소속 보험설계사에게 금융위원회에 등록한 날부터 2년이 지날 때마다 2년이 된 날부터 6개월 이내에 기준에 따라 교육을 하여야 하고, 법인이 아닌 보험대리점 및 보험중개사는 또한 위와 같은

142) 제한된 합리성(bounded rationality)이라 함은 근래 행동재무학에서 연구된 것으로 가계인 금융소비자는 정확한 정보를 제공받더라도 합리적으로 이를 판단하지 못하고 올바른 선택을 하지 않는 가능성이 높다는 것이다.

기간안에 교육을 받아야 한다(보험업법 시행령 제29조의2). 교육을 위탁받아 실시하고 있는 보험연수원은 IT기술의 발달에 부응하여 온라인교육시스템을 운영하고 있다.

이 교육은 보험회사에 공통적인 보험상품의 기본적인 틀에 관한 정보, 각 회사의 고유한 보험상품의 내용 등 고객에 대한 적절한 자문을 위한 사항, 컴프라이언스에 관한 지식, 관계법령, 위험관리, 금융상품, 사회보험에 관한 지식 등을 광범위하게 습득할 수 있는 기회로 활용되어야 할 것이다.

이와 같은 법정의무교육 이외에 보험상품의 불완전판매를 개선을 위하여서는 보험설계사채널에 의존하는 비중이 높은 우리 현실에서는 보험회사는 온라인교육시스템, CD-ROM 등을 활용하여 보험업종사자의 자질의 향상에 노력하여야 할 것이다.

Ⅱ. 학생·일반인 대상 보험교육

현대사회는 신용생활의 일상화, 청년실업과 조기퇴직, 장수위험, 장기저금리체계, 개인과 가정 및 사회적 위험의 증가, 자산배분구조의 변동 등 경제·금융적으로 새로운 상황을 경험하고 있다.[143] 가계의 안정이 국가경제의 발전의 초석인 점에서 국민들이 금융정보를 제대로 이해하여 위험관리와 부의 창출 및 장수위험에 대한 대비하도록 하는 것이 필요하다.

1. 우리나라의 보험교육

보험교육은 초·중·고등학교의 공식적이고 제도적인 교육과정을 통하여 행하여지는 것이 효과적이다. 가치관과 생활태도가 형성되는 유년기와 청소년기에 보험을 비롯한 금융에 대한 교육이 매우 중요하다.

우리나라의 학교에서의 보험교육은 초등학교는 사회, 사회와 탐구, 도덕, 생활의 길잡이, 실과 등의 교과목에서, 중학교는 사회, 도덕, 기술·가정, 보건, 환

143) 금융감독원, 초·중·고 금융교육표준안 연구보고서, 2010, 4면.

경 등의 교과목에서, 고등학교는 사회, 정치, 경제, 기술·가정, 보건 등의 교과목을 통하여 이루어지고 있다.

일반인을 위한 보험교육은 거의 이루어지고 있지 않은 실정이다. 일반인을 위한 보험교육에는 동영상이나 CD 등을 통하여 교육의 효율성을 제고하는 방안이 모색되어야 할 것이다.

2. 미국의 보험교육기관

미국연방재무부는 2002년 금융교육국(Office of Financial Education)을 설치하여 연방정부의 다른 부서와 금융협회, 공익단체 등과 협력하여 금융이해력을 높이기 위한 노력을 하고 있다. 아래에서는 중요한 보험교육기관에 대하여 기술한다.

가. The Life and Health Insurance Foundation for Education(LIFE)

전미보험재무설계사협회(The National Association of Insurance and Financial Advisors) 등 6개 기관이 창립회원으로 1994년에 설립된 미국의 생명보험을 일반인에게 홍보하는 비영리기관이다. 수도인 워싱턴에 소재하고 연예산은 400만 달러이며, 매년 3번의 생명보험 등의 인지캠페인을 실시하고, TV, 라디오에 생명보험의 광고 등을 수행하는 등 미국대표적인 생명보험교육기관이다.

나. Jump$tart

1995년 설립된 비영리민간금융교육기관으로 워싱턴에 소재하고, 국회의원과 금융인지도행사를 주관하며, 금융교육에 관한 표준안, 각주의 금융교육에 관한 사항을 조정하는 역할을 담당하는 비영리기관이다.

다. Insurance Information Institute

보험회사의 요청에 따라 연구하고, 웹사이트를 통하여 자동차보험, 주택보험, 생명보험 등에 관한 정보를 제공하고, 보험업계의 현안쟁점을 조명하는 정보를 제공하며, 매년 Insurance Fact Book 등을 발간한다. 뉴욕에 소재하고, 설립된지 40년 이상 된 기관으로 로비활동은 하지 않는다.

라. St John's University

뉴욕의 보험전문인을 위한 야간강의와 보험학 석사·박사과정을 개설하는 보험대학(College of Insurance)이 2001년 세인트 존스대학과 합병하였다. 세인트존스대학 보험도서관은 세계최대의 보험도서관이고, 전문교육센터(The Center for Professional Education)은 보험분야에 30년 이상 1만명 이상에게 교육을 제공하고 있다.

마. The Griffith Insurance Education Foundation

1947년 오하이오주립대학에 설립된 비영리 보험전문교육기관으로 2008년 인디아나주에 소재한 보험교육연구소(The Insurance Education Institute)와 합병하였다.

바. The Insurance Library

1887년 설립된 보험전문도서관으로 회원에게 보험관련자료를 제공하고 있다. 보험중개사·대리점자격시험프로그램, 손해사정관련교육, 리스트관리교육 등도 행하고, 보스턴에 소재한다.

제10장 보험시장의 특징과 한계

Ⅰ. 서언

이 장에서는 2001년의 노벨 경제학상을 수상한 3인의 학자[144]에 의하여 기초

144) 조지 아커로프(George A. Akerlof), 마이클 스펜스(A. Michael Spence), 조셉 스티그리츠(Joseph E. Stiglitz)

가 형성된 정보의 경제학의 관점에서 보험시장을 분석하여, 보험회사와 보험계약자가 만나는 장(場)인 보험시장이 어떠한 특징과 한계를 가지는가를 살펴본다.

Ⅱ. 정보의 비대칭성

1. 정보의 비대칭성의 의의

두 경제주체 사이에 일방이 타방보다 정보를 많이 가지고 있는 경우, 양자 사이에 정보의 비대칭성이 존재한다고 하고, 상대적으로 많은 정보를 가지고 있는 경우를 정보우위, 보다 적은 정보를 가지고 있는 경우를 정보열위라고 한다.[145]

2. 보험시장에서의 정보비대칭성의 심화

보험계약은 보험과 법률에 대한 전문가인 보험자가 보험소비자와 교섭없이 일방적으로 작성하는 보험약관에 의한 양자택일의 계약인 부합계약이며, 보험상품의 구매대상은 소비자가 그 성과를 계량적으로 정확히 평가하는 것이 불가능한 장기에 걸친 무형적인 안전감으로 이는 고도로 특수하고 전문적으로 보험약관에 조문화되기 때문에 보험회사와 보험계약자 사이에 정보의 비대칭성이 존재하게 된다.[146]

금융빅뱅의 진전에 따른 금융겸업화, 각종 규제완화, 금융공학의 발달 등에 수반하는 금융상품의 복합화, 통합보험상품, 특약부 보험상품이 일반화됨에 따라 보험계약의 내용을 이루는 보험약관은 더욱 복잡하여져서 보험자와 보험계약자의 정보비대칭성은 더욱 심화되고 있다.

3. 보험의 기능을 제약하는 2가지 문제

보험계약은 위험을 처리하는 시스템으로 기능하는 것이 기대된다. 그러나 보

---

145) 下和田功, 전게서, 87面.

146) Yvonne Lambert-Faivre et Laurent Leveneur, Droit des assurances, (12^{e} ed., Dalloz, 2005), n° 138.

험회사와 보험계약자 사이에 정보의 비대칭성이 존재하는 경우, 보험의 기능을 제약하는 2가지 문제가 생긴다. 역선택(adverse selection)과 도덕적 위험(moral hazard)이 그것이다. 전자는 위험률이 높은 자는 보험에 가입하고자 하고, 낮은 자는 가입하지 않는 것을 말한다. 후자는 보험계약이 체결됨에 의하여 사후적인 사고율이 상승하는 것을 의미한다.[147)]

4. 은폐된 정보와 은폐된 행동

정보의 비대칭성은 계약체결 시점 이전과 이후의 2개의 시점으로 구별된다.

하나는 계약체결전의 정보에 관한 비대칭성이고, 정보우위자에 의하여 조작이 불가능한 것이다. 가령 중고차의 품질과 보험청약자의 건강상태 등이 그 예이다. 다른 하나는 계약체결후의 정보에 관한 비대칭성이고, 정보우위자에 의하여 조작이 가능한 것이다. 취업후의 근로자의 근로상황과 자동차보험 가입 후 운전자의 안전운전정도 등이 그 예이다. 애로우(Kenneth J. Arrow)는 전자를 은폐된 정보(hidden information), 후자를 은폐된 행동(hidden action)이라고 하여 양자를 구별하고 있다.

역선택과 도덕적 위험

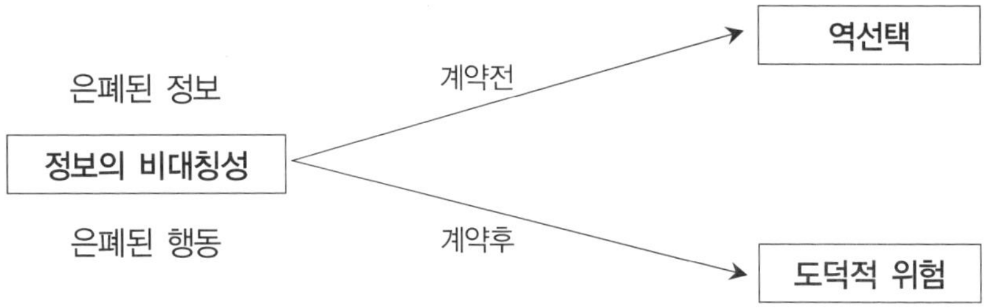

147) 下和田功, 전게서, 87面.

III. 역선택

1. 레몬의 원리

계약 체결전 정보의 비대칭을 원인으로 하는 문제가 역선택이다. 이 역선택의 문제를 처음 제기한 것은 애컬로프(George Arthur Akerlof)로 1970년대 자신의 논문[148]에서 애로우(Kenneth J. Arrow)가 지적한 "은폐된 정보"에 기인한 역선택의 문제를 중고차시장을 예로 분석하고 있다.

일반적으로 미국인들의 중고차 시장을 레몬마켓[149]으로 말하는데서 비롯된 것으로 저품질의 상품이 거래되는 시장을 말하며 반대의미로 고품질의 시장은 피치마켓이라고 한다. 미국의 중고차거래시장에서 중고차 판매상들은 자신의 중고자동차의 품질에 관하여 매수인 보다 많은 정보를 가지고 있지만, 매수인은 그 자동차가 어떻게 사용되어 왔는가를 알지 못한다. 이에 중고차의 품질에 대한 정보의 비대칭성이 존재한다.

중고차시장에서는 정보비대칭으로 인하여 품질과 무관하게 거래된다. 따라서 거래매도인의 차가 고품질의 자동차인 경우에는 원래의 가격보다 낮은 가격으로 판매되어 매도인은 손해를 입게 된다. 그 자동차가 저품질인 경우에는 원래의 가격보다 높은 가격으로 매도되어 이익을 얻게 된다.

이와 같은 거래가 계속된다면 중고차시장에서는 저품질의 자동차만이 거래되게 된다. 고품질의 자동차는 퇴출하고, 저품질의 자동차만 시장에 남게 되면, 시장에 남은 자동차의 평균적인 품질은 하락하고, 중고차의 평균가격도 또한 하락한다. 이와 같은 일이 반복된다면 최종적으로는 중고차시장에서는 최악의 품질의 자동차만이 공급되게 되고, 이와 같은 자동차는 아무 수요도 없을 것이기 때문에 시장은 붕괴되고 말 것이다. 이와 같이 계약체결 전의 정보의 비대

148) 그는 1970년 "레몬 시장"(The Markets for Lemons)이라는 논문에서 정보의 비대칭성 문제와 시장의 관계에 대한 분석을 하였다.

149) 레몬이 겉보기에는 탐스럽고 맛있어 보이나 너무나 신맛으로 과일로는 즐기지 못하는 것을 비유하여 레몬이라는 용어를 사용한 것이다. 이와는 반대되는 의미로 탐스럽고 맛이 좋은 복숭아를 예로 들어 레몬마켓과는 상반되는 고품질의 시장에 대해서 피치마켓이라는 용어를 사용한다.

칭성이 존재하는 세계에서 시장거래가 행하여지는 경우에는, 가격메카니즘을 통하여 저품질의 재화만이 선택되어 고품질의 것은 도태되고 만다는 의미에서 역선택이 존재한다. 이것을 레몬원리라고 한다.

가. 보험시장에서의 역선택

보험시장의 경우에는 중고차시장에서 매도인은 보험청약자, 매수인은 보험회사로 바꾸면 된다. 즉 보험거래에서는 보험청약자는 자신의 정보를 잘 알고 있고, 보험회사는 각 보험가입자의 위험을 식별할 수 없다. 이에 보험에서의 역선택이라 함은 자기에게 위험이 발생할 것을 고려한 자가 보험에 가입하고자 하고, 위험이 발생하지 않을 것이라고 고찰하는 자는 보험에 가입하지 않는 것을 말한다.

예컨대 입원과 수술의 경우 보험금이 지급되는 민영건강보험의 경우에, 보험청약자는 자신의 건강상태를 잘 알고 있지만, 보험회사는 이것을 완전히 알고 있지 못하다. 즉 건강상태에 관한 정보의 비대칭성이 존재하고, 보험청약자는 정보우위에, 보험회사는 정보열위에 있다. 이에 신체가 허약한 자가 건강보험에 가입하고자 하고, 건강한 자는 보험료가 무의미해질 것을 예상하여 건강보험에 가입하지 않는 것이 역선택이다. 역선택은 보험에 가입하는 단계에서 발생하게 된다.

또 다른 예로는 유전자정보기술의 발달과 함께 점차 저렴한 비용으로 질병을 유발하는 유전자정보에 대한 접근이 가능하여지고 있다. 만일 보험자가 인수절차의 일부로서 유전자정보에 접근이 거부되는 경우, 유전자검사를 통하여 보험사고가 발생할 가능성이 평균보다 높은 위험을 보유한 것을 알고 있는 자는 이를 보험회사에 알리지 않게 되고 높은 보험금액으로 보험에 가입할 것이다. 반면 낮은 위험을 보유한 자는 낮은 보험금액으로 보험에 가입할 것이다. 그 결과 높은 위험의 비율이 더욱 증가하고 이는 보험료인상요인이 되는 악순환이 초래된다. 결국 보험료가 너무 높아져서 높은 보험료로도 보험을 구입할 수 없게 되어 보험시장은 붕괴한다. 이것이 역선택이다. 유전자검사가 정교하고 신뢰도가 높아질수록, 유전자검사를 받는 자가 많아질수록 위험의 역선택의 문제는 심각해진다.

나. 역선택에의 대처

역선택을 방치한다면 이론적으로는 보험시장이 최종적으로 붕괴할 가능성이 있다. 역선택은 시장의 실패의 전형적인 예이다. 역선택이라는 사회적으로 바람직하지 못한 상태의 개선책으로 제기되는 전형적인 예는 강제보험, 신호, 그리고 스크리닝이다.[150)]

(1) 강제보험

정보의 비대칭성이 존재하는 경우에 상대적으로 위험이 낮은 집단에 속하는 보험청약자는 제시된 평균적 보험료가 높다고 판단하여 보험에 가입하지 않게 된다. 이에 대하여 평균적 보험료로 모든 가입자에 대하여 보험에 가입하도록 법률에 의하여 강제하는 강제보험의 경우 보험가입자의 자발적 행동을 제한하게 된다. 즉 상대적으로 위험이 낮은 집단에 속하는 보험가입자도 자신의 위험에 비추어 보험료가 높다고 불만을 가지더라도 보험거래에 응하게 되어 강제적으로나마 역선택을 방지하게 된다. 즉 공적보험에서 강제적용·강제가입을 하는 이유가 바로 역선택의 방지인 것이다.

(2) 신호(signaling)

신호라 함은 정보우위인자가 자신의 품질을 대표하는 어떠한 신호를 정보열위자에게 제공하는 행동을 말한다. 이것은 정보의 비대칭성의 문제에 대하여 사적 정보를 가지는 자측이 자발적으로 대처하는 것에 의하여 역선택을 완화하는 의미를 가진다.[151)]

예컨대 자동차보험에서 손해율이 낮은 우수운전자에게 낮은 보험료를 제시하는 경우와 같이 과거 기록을 반영하여 차등보험료를 부과하는 것을 들 수 있다. 이것은 자동차사고율이 낮은 보험가입자가 자신의 품질을 보증하기 위하여 낮은 사고율을 가진 운전자라는 신호를 이용하는 것이다.

(3) 선별(screening)

선별이라 함은 정보열위자가 정보우위자에 대하여 그 사적인 정보를 명확히

150) 下和田功, 전게서, 91面.
151) 下和田功, 상게서, 91面.

하도록 하는 행동을 말한다. 즉 정보열위자는 복수의 선택을 정보우위자에 대하여 미리 제시하여 정보우위자가 자발적으로 자신의 속성과 위험의 유형을 명확히 하도록 하는 것이다.[152]

예컨대 전손만의 위험을 담보하는 보험과 일부손해도 담보하는 보험의 2종류의 보험계약을 제시하는 경우를 보자. 자신의 위험이 높다고 인식하는 자는 보험료는 높지만 전액 보상되는 전부보험을 선택할 것이고, 낮은 위험을 보유하는 것으로 인식하는 자는 보험료는 낮지만, 손해의 일부만이 보상되는 일부보험을 선택할 것이다.

이와 같이 정보열위자인 보험회사가 보험료와 보험급부를 잘 설계한 계약을 복수 제시하여 보험청약자로 하여금 사적인 정보를 제공하도록 할 수 있다. 즉 낮은 위험보유자가 일부보험을 이용하도록 위험상품을 설계하여 보험회사와 보험청약자 사이에 존재하는 정보의 비대칭성을 완화하여 역선택이 완화되는 것이다.

Ⅳ. 도덕적 위험

1. 의의

도덕적 위험은 다음과 같은 2가지 의미를 가진다.[153] 먼저, 보험가입자는 보험사고가 발생하여도 손해를 보험급여로 보상받을 수 있기 때문에 사고를 방지하기 위한 주의가 감소되게 된다는 의미이다. 둘째, 보험가입자가 보험가입이라는 것을 이용하여 적극적으로 이득을 얻고자 하는 것을 말한다. 전자를 광의의 도덕적 위험이라고 하고, 후자를 협의의 도덕적 위험이라고 한다.

정보비대칭과 관련하여서는 주로 광의의 도덕적 위험이 문제된다. 즉 계약체결후의 정보의 비대칭성이 존재하는 경우, 계약체결에 의하여 일방의 경제 주체의 행동에 변화를 초래하여 원활한 거래를 저해하는 상황을 말한다.[154] 보험

152) 下和田功, 상게서, 92~96面.
153) 山下友信, 전게서, 74面.
154) 下和田功, 전게서, 96面.

의 경우에는 보험계약이 체결됨에 의하여 사후적인 사고율이 상승하는 것을 의미한다. 화재보험을 예로 들면 화재의 발생으로 재산이 상실하기 때문에 목적물소유자는 화재가 발생하지 않도록 철저히 주의할 것이다. 이와 같은 철저한 주의를 전제로 보험료가 채택되는 경우 평균적인 보험료는 그렇지 아니한 경우보다 낮을 것이다. 그런데 보험에 가입한 후에는 보험계약자는 사고가 발생하여도 상실한 재산에 상당하는 금액을 보상받기 때문에 보험에 가입하지 않은 경우보다 주의를 해태하여 화재발생 확률은 당초보다 높아질 것이다. 따라서 당초의 보험료는 낮은 것이 되어 보험회사는 손실을 입게 된다.

2. 도덕적 위험에의 대처

도덕적 위험을 방치한다면 이론적으로는 보험시장은 붕괴할 가능성이 있다. 이 문제에 대처하는 것은 보험의 이론과 실무에서도 매우 중요한 과제이다. 보험에서의 그 대처방안에 대하여 살펴본다.

가. 보험계약자의 행동에 대한 감시

보험계약 체결후 정보의 비대칭성을 완화하기 위하여 보험계약자의 행동을 감시하는 것이 고찰된다, 이와 관련된 규정으로는 위험증가의 통지의무(상법 제652조, 제653조), 고의로 인한 보험사고 유발의 경우 보험자의 면책(상법 제659조), 손해보험의 경우 보험사고 발생후의 손해경감의무(상법 제680조) 등이다.

나. 위험부담구조의 설계

보험계약자와 보험회사 사이의 위험부담(risk sharing)의 구조를 잘 설계하는 것이다. 이에는 비례형과 비비례형의 2 종류가 있다. 비례형의 위험부담의 방법으로는 일부보험 등이 있고, 비비례형의 방법으로는 일정한 금액의 손해까지는 보험계약자가 부담하는 정액공제(deductible)의 방법 등이 있다.[155)]

155) 下和田功, 상게서, 101面.

제11장 보험계약의 요소

제1절 보험계약관계자

Ⅰ. 보험계약의 당사자

보험계약의 당사자는 보험자와 보험계약자이다.

1. 보험자

보험자는 보험계약의 당사자로서 보험급여를 행할 의무를 지는 자이다.

2. 보험계약자

가. 의의

보험계약자는 보험계약의 당사자로서 보험료를 지급할 의무를 지는 자이다.

나. 전문보험계약자와 일반보험계약자

보험업법상 보험계약자는 전문보험계약자와 일반보험계약자로 구분된다.

전문보험계약자는 보험계약에 관한 전문성, 자산규모 등에 비추어 보험계약의 내용을 이해하고 이행할 능력이 있는 자로서 (1) 국가, (2) 한국은행, (3) 대통령령으로 정하는 금융기관, (4) 주권상장법인, (5) 그 밖에 대통령령으로 정하는 자에 해당하는 자이다(보험업법 제2조 19호).

"일반보험계약자"란 전문보험계약자가 아닌 보험계약자를 말한다.

전문보험계약자 중 대통령령으로 정하는 자가 일반보험계약자와 같은 대우를 받겠다는 의사를 보험회사에 서면으로 통지하는 경우 보험회사는 정당한 사유가 없으면 이에 동의하여야 하며, 보험회사가 동의한 경우에는 해당 보험계약자는 일반보험계약자로 본다(보험업법 제2조 19호 단서).

양자를 구별하는 실익으로는 보험업법상 보험자는 일반보험계약자에 한하여 설명의무(보험업법 제95조의 2)를 지고 적합성원칙(보험업법 제95조의 3)이 적용된다는 점이다.

II. 보험계약의 기타의 관계자

보험계약에는 보험계약의 당사자 이외에도 피보험자, 보험수익자가 필요하다. 이를 관계자라고 한다.

1. 피보험자

피보험자는 손해보험과 인보험에서 다르다.

가. 손해보험에서의 피보험자

손해보험에서의 피보험자는 피보험이익의 주체로서 보험사고발생시 보험금청구권자이다. 보험계약자와 피보험자가 일치하는 손해보험을 자기를 위한 손해보험계약이라고 하고, 보험계약자와 피보험자가 불일치하는 보험을 타인을 위한 손해보험계약이라고 한다.

나. 인보험에서의 피보험자

(1) 의의

인보험에서의 피보험자는 보험사고의 객체가 되는 자연인으로서 자신의 생명 또는 신체가 보험에 붙여진 사람을 의미한다. 보험계약자와 피보험자가 일치하는 보험을 자기의 생명보험이라고 하고, 보험계약자와 피보험자가 불일치하는 보험을 타인의 생명보험이라고 한다

(2) 사망보험의 피보험자

(가) 문제의 소재

15세미만자, 심신상실자 또는 심신박약자의 사망을 보험사고로 한 보험계약은 무효로 한다. 다만, 심신박약자가 보험계약을 체결하거나 제735조의3에 따른 단체보험의 피보험자가 될 때에 의사능력이 있는 경우에는 그러하지 아니하다(상법 제732조).156) 이는 자기를 방어할 능력이 없는 피보험자로 하는 사망보험을 허용하는 경우 보험살인 등 도덕적 위험을 방지하기 위함이다. 현행제도에 대하여서는 심신박약자의 범위가 명확하지 아니하여 보험사고발생 후 보험자가 무효임을 주장하게 되어 장애자가 지나치게 불이익을 받는다는 점, 15세 미만자의 사망보험계약을 일체 허용하지 않는 것과 관련하여 장례비용 등의 범위에서는 허용하여도 도덕적 위험을 증대시키지 않는다는 점, 15세라는 기준이 합리적인가 등과 관련하여 검토하여 합리적인 개선방안을 모색하는 것이 필요하다.

(나) 비교법적 검토

이에 대하여 영미법, 독일, 프랑스, 일본의 입장을 살펴본다.

① 영미법

미국 등 영미법계 국가에서는 피보험자와 보험계약자 등과의 피보험이익을 요구하여 도덕적 위험에 대처하고 있다. 다만 뉴욕보험법은 타인의 사망을 보험사고로 하는 생명보험에 원칙적으로 피보험자의 동의를 요구하고, 부부(夫婦) 사이나 일정한 금액을 한도로 14세 6개월 미만의 미성년자의 생명에 대하여 피보험이익을 가지는 자가 보험계약을 체결하는 경우에는 예외로 하고 있다.

즉, 뉴욕주 보험법 제3205조 C항은 "타인의 생명의 보험계약을 체결하는 경우에는 피보험자의 동의를 요구하고, 예외적으로 처 또는 부(夫)가 상대방의 인 보험계약을 체결하는 경우, 그리고 14세 6개월 미만의 미성년자의 생명에 대하여 피보험이익을 가지는 자가 일정금액 이하의 보험계약을 체결하는 경우에는

156) 생명보험표준약관상 보험자는 (1) 무효가 되는 경우도 이미 납입한 보험료를 반환하고, (2) 보험자의 고의 또는 과실로 인하여 계약이 무효로 된 경우와 회사가 승낙전에 무효임을 알았거나 알 수 있었음에도 불구하고 보험료를 반환하지 않은 경우에는 '기납입보험료'에 "보험료를 납입한 날의 다음날부터 반환일까지의 기간에 대하여 보험계약의 보험계약대출이율을 연단위 복리로 계산한 금액"을 더하여 반환한다(보험업감독업무시행세칙 제4조).

피보험자의 동의를 얻지 않아도 된다."고 규정하고 있다.

② 프랑스

프랑스에서는 12세 미만의 미성년자, 금치산자의 사망을 보험사고로 하는 보험계약을 무효로 하고, 이를 위반하는 경우 형사상의 제재를 가하고 있으며, 12세 이상의 미성년자에 대하여서는 친권자의 승낙 외에 미성년자 자신의 동의를 요구하고 있다.

즉, 프랑스보험법 제132-3조 제1항은 12세미만의 미성년자, 금치산자 등의 사망에 관한 보험계약을 금지하고, 제3항은 금지에 위반하여 체결된 계약을 무효로 하며, 제5항은 그와 같이 체결된 보험자와 보험계약자에게 벌금을 부과하고, 제132-4조 제2항은 12세 이상의 미성년자에 대하여서는 친권자의 승낙 외에 미성년자 자신의 동의를 요구하고 있다.

③ 독일

독일에서는 미성년자의 사망을 보험사고로 하는 보험계약에 대하여 양친은 장례비용에 한하여서는 미성년자의 동의 없이도 보험계약을 인수할 수 있도록 하고, 행위무능력자의 경우에도 피보험자의 동의만으로 보험계약을 인수할 수 있도록 하고 있다.

즉, 독일보험계약법 제150조 제2항은 "타인의 사망보험에 대한 보험계약에서 합의된 급부가 통상의 장례비용에 해당하는 금액을 초과하는 경우에는, 그 타인의 서면에 의한 동의가 있어야 유효하다. 타인이 행위무능력자이거나 제한행위능력자인 경우에는, 후견인은 그 타인이 동의를 한 경우에도 타인을 대리할 수 없다."고 하고 동조 제3항은 "양친의 일방이 만 14세 미만의 미성년자를 피보험자로 보험계약을 체결하는 경우에는 통상의 장례비용을 초과하지 아니하는 한 피보험자의 동의가 필요 없다."고 규정하고 있다.

④ 일본

일본 보험법은 미성년자를 피보험자로 하는 보험계약에 대하여 특별한 규정을 두지 않았지만, 법무성 법제심의회 보험법부회의 검토과정에서는 미성년자를 피보험자로 하는 사망보험에서는 보험금액을 장의비용 정도로 억제하는 등의 제한을 하여야 한다는 등의 의견이 있었다.[157] 금융청은 15세 미만의 자를 피보험자로 하는 사망보험을 보험회사가 인수하는 경우에는, 보험의 부정한 이용을 방지하기 위하여 업계의 자율규제로서 1,000만엥을 인수상한금액으로 하여 금융청이 그 준수를 감독하도록 하고 있다(일본보험업규칙 제53조의7 제2항, 감독지침Ⅱ-3-5-1-2(14)).[158)]

(다) 개정방향

피보험자의 사망을 보험사고로 하는 생명보험의 피보험자를 엄격히 제한하는 상법 제732조는 위에서 살펴본 바와 같이 많은 개정논의가 있어왔다. 도덕적 위험의 방지를 위한 피보험자의 자격에 대한 제한은 명확하여야 하고, 필요한 범위로 국한되어야 한다고 본다. 외국의 입법례를 참조하여 다음과 같은 사항이 검토될 필요가 있다.

현행법상은 15세 미만의 미성년자를 피보험자로 하는 사망보험이 절대적으로 금지된다. 이에 대하여서는 먼저, 양친이 장례비 등 일정한 한도로 미성년자의 동의 없이 허용하는 미국 뉴욕주 보험법, 독일 보험계약법의 입법례를 수용하는 것이 타당하다고 판단된다. 15세를 기준으로 하는 피보험자의 자격의 제한은 프랑스법을 참조하여 12세로 하향조정하고 그 이상의 경우에는 미성년자 자신과 친권자의 동의를 필요로 하는 방안을 검토할 필요가 있다.

2. 보험수익자

보험수익자라 함은 인보험에서 보험금청구권을 가지는 자이다. 손해보험과 달리 인보험에서는 보험계약자, 피보험자, 보험수익자의 지위가 분화되어 있다. 보험계약자와 보험수익자가 일치하는 생명보험을 자기를 위한 생명보험이라고 하고, 보험계약자와 보험수익자가 불일치하는 생명보험을 타인을 위한 생명보험이라고 한다.

157) 金澤理·大塚英明·兒玉康夫, 新保険法と保険契約法理たな新展開, ぎょうせい, 2009, 213~214面.

158) 山下友信·米山高生, 전게서, 210面.

Ⅲ. 보험자의 보조자

1. 보험판매채널의 변화

가. 보험자의 보조자의 필요성

보험사업의 성질상 다수의 보험가입자가 필요하기 때문에, 먼저 고객을 발견·권유하는 데에서 시작되고, 이에 따라 보험거래는 일반적으로 모집이라는 과정을 수반한다. 이와 같이 보험사업은 실제로 보험보조자의 중개를 통하여 수행되기 때문에 보험보조자에 관한 법규는 매우 중요하다. 보험자의 보조자는 모집뿐만 아니라 보험인수후에도 보험금지급절차, 지급내역 등을 보험계약자에게 제공하는 행위도 수행하기도 한다.

나. 보험모집보조자에 대한 규제

보험자의 보조자에는 보험설계사, 보험중개사, 보험대리점이 있다.[159] 다양한 보험보조자와 관련하여 진입규제의 문제, 보험상품의 불완전판매, 이익상충과 같은 중요한 문제를 있고, 각국은 보험모집보조자를 규제하기 위한 다양한 제도를 마련하고 있다.

근래의 우리나라 보험판매채널의 규제변화는 다음과 같다.

(1) 보험계약자의 구분

보험계약자를 전문성, 소유자산규모 등을 기준으로 일반보험계약자와 전문보험계약자로 구분하고, 설명의무, 적합성원칙과 관련하여 보호수준을 차등화하고 있다. 개인이면서 정보 및 금융지식이 부족한 일반보험계약자에 대하여 보호를 강화하고 있다.

---

159) 2009년 3월 기준으로 보험설계사는 228,594명, 보험대리점 58,554개(약15만 명), 보험중개사 97개로 약 38만 명에 이르고 있다.

(2) 설명의무와 적합성원칙

보험회사와 모집종사자는 일반보험계약자에게 보험계약 체결을 권유하는 경우 보험계약의 중요한 내용을 설명하고, 녹취 등의 방법으로 확인받아야한다(보험업법 제95조의 2). 보험상품의 특성상 나타나는 정보의 비대칭성을 최소화하여 사전적으로 보험계약자를 보호하는 기능을 수행한다.

또한 보험회사와 모집종사자는 일반보험계약자에게 변액보험 판매권유시 보험계약자의 연령, 재산상황 등에 대하여 정보확인 서면을 작성하고, 부적합한 상품을 권유하지 못한다(보험업법 제95조의 2). 변액보험, 연금보험의 판매가 늘어나면서 불완전판매를 방지하기 위하여 도입된 것이다.

(3) 허위·과장광고 규제

보험회사가 표시·광고에 있어서 유리한 정보는 허위·과장하고, 불리한 정보는 알리지 않거나 축소하는 등 부당한 표시·광고를 방지하고 소비자에게 바르고 유용한 정보의 제공을 촉진함으로써 공정한 거래질서를 확립하고 보험소비자의 피해가 발생하는 것을 방지하기 위하여 표시·광고의 공정화에 관한 법률이 제정되어 있다. 동법의 규정을 위반하여 표시·광고행위를 한 보험회사는 5억 원 이하의 과징금이나 피해자에 대하여 손해배상책임을 진다(표시·광고의 공정화에 관한 법률 제3조, 제9조, 제10조). 또한 보험상품 모집광고 시에 필수포함사항 및 금지사항을 법제화하고(보험업법 제95조의 4), 이를 위반한 경우 과태료 및 과징금을 부과할 수 있도록 되었다(동법 제196조 제1항 1호, 제209조 제3항 7·8조). 금융감독원의 보험상품 판매광고 가이드라인(2006.5.24), 생명보험협회의 2009년 12월 개정 '생명보험 광고·선전에 관한 규정'과 손해보험협회의 '손해보험 광고·선전에 관한 규정'에 따르도록 되어 있다. 보험광고에는 협회의 사전심의를 받도록 하고 있지만, 홈쇼핑의 보험광고(변액보험은 제외)는 사후심의를 받도록 되어 있다.

(4) 통신수단을 이용한 모집관련 준수사항

통신수단을 통한 모집시에 프라이버시를 침해해서는 안 되고, 통신수단을 이용하여 청약한 자는 그 변경·철회·해지에 통신수단을 이용할 수 있도록 하고

(보험업법 제96조). 이와 관련하여 금융감독원의 보험상품 통신판매 가이드라인(2006.5.24.), 보험통신판매 업무 모범규준(2010.7)에 따르도록 하고 있다. 후자는 보험통신판매 단계별로 안내자료 제공, 음성녹음확인 절차를 명확히 하고 불완전판매의 경우 3월 이내에 계약자에게 취소가 가능함을 알리도록 하고 있다.

(5) 보험대리점의 규제강화

근래 법인보험대리점의 판매점유율이 비약적으로 성장하고 있다. 법인보험대리점의 불완전판매 등과 관련하여 소비자보호를 강화하기 위한 규제가 강화되었다. 법인보험대리점의 임원자격요건이 부과되었고(보험업법 제87조의 2), 법인보험대리점의 업무의 종류, 모집조직 및 모집실적에 관한 사항, 보험계약의 불완전판매비율 등의 공시·금융위원회에의 통지의무를 지우고 있다(보험업법 제87조의 3 제1항). 또한 법인보험대리점의 업무를 보험계약자 등을 해칠 우려가 없는 업무 중심으로 제한하고, 다단계판매업과 대부업 및 대부중개업 등을 금지하고 있다(보험업법 제87조의 3 제2항). 또한 대형법인대리점의 소비자보호를 강화하기 위하여 내부통제기준을 마련하고, 상근 준법감시인을 임명하도록 하고 있다(보험업법 시행령 제33조의 2 제1항).

(6) 보험설계사의 교육의무신설

보험회사, 대리점, 중개사 소속 보험설계사에 대하여 등록일부터 2년 경과시 6월 이내에 (1) 보험모집과 관련한 윤리교육, (2) 보험 관련 법령 및 분쟁 사례, (3) 보험상품, (4) 회계원리 및 위험관리론(보험중개사 소속)의 교육을 받도록 되었다(보험업법 제85조의 2).

다. 판매채널의 개선방향

현재 주요한 보험상품판매채널은 보험대리점과 보험설계사인데, 그 수가 약 32만 명으로 금융권전체 고용자의 75%에 이르는 전근대적인 형태를 취하고 있다. 이에 보험소비자의 선택권의 확대와 거래비용의 절감의 필요성 등으로 인하여 보험시장의 성숙단계에 들어선 선진국에서 주도적인 보험상품판매채널인 비대면판매채널과 제판분리형채널로 점차적으로 이행될 것으로 예상되고 있다.

다만 고객만족과 관련하여 단순한 보험상품은 비대면판매채널, 복합·통합보험상품에 대하여서는 대면채널의 활용으로 분화될 것으로 예상되고 있다.

보험상품 판매채널 변화

시기구분·특징	2000년 이전 (공급자 중심)	2000년 이후(소비자 중심)	
	전속판매채널(대면)	신판매채널(비대면)	제판분리형채널(독립형)
채널	• 보험설계사(생보) • 보험대리점(손보) • 본사영업직원	• DM(Direct Mail) • TM(Telephone Marketing) • CM(Cyber Marketing) • TV Home Shopping	• 독립사업가형 지점장제도 • 독립대리점(GA) • 방카슈랑스 • 파트너쉽(제휴채널) • 판매회사

2. 보험자의 보조자의 유형

보험자의 보조자로서 보험상품 판매채널에는 보험설계사, 보험대리점, 보험중개사, 지정소개인[160] 등이 있다.

가. 보험설계사

(1) 의의

보험설계사란 보험회사·보험대리점 또는 보험중개사에 소속되어 보험계약의 체결을 중개하는 자로서 보험업법 제84조에 따라 금융위원회에 등록된 자를 말한다(보험업법 제2조 9호). 보험설계사는 보험상품을 소개하고, 보험가입을 권유하는 등의 사실행위를 주로 담당한다.[161]

표는 모집조직별 소속 보험설계사의 수를 나타낸다.

160) 자동차판매대리점 영업사원이 자동차구매고객에게 보험상품에 대한 구체적 설명 없이 소개만 하는 경우가 그 예이고, 지정소개인이 단순상품 소개를 넘어 구체적인 가입권유를 하는 경우 무등록업자로 처벌받음(금융소비자보호법초안 제2조 제2항 6호).

161) 사법연수원, 전게서, 30면.

[표 2] 모집조직별 소속 보험설계사의 수(2018.6월말)

	보험회사	보험대리점				보험중개사	
		법인보험대리점(GA)			개인보험대리점		
합계	184,672	500명 이상	100명 이상 ~500명 미만	100명 미만	5,322	953	410,594
		146,659	29,502	43,486			
		224,969					

注: 보험대리점(GA)은 보험회사 전속보험대리점(전속보험대리점은 2017말 기준으로 법인보험대리점 전체숫자(217,752명)의 0.5% 내외인 14,000명 수준임)을 포함하지만, 금융기관보험대리점은 제외한 수치임

자료: 손해보험협회(2018)

(2) 지위

(가) 근로자성

보험설계사의 지위와 관련하여 산재보험의 수급자로서의 지위[162)]와 노동조합 결성권이 인정되는지 여부가 문제된다. 판례는 보험설계사의 근로자성을 인정하지 않는다.[163)] 근래 법원의 근로자성의 판단기준의 변경[164)]과 관련하여 보험

162) 대법원 1990. 5. 22. 선고 88다카28112 판결. 대법원 2000. 1. 28. 선고 98두9219 판결.

163) 대법원 1990. 5. 22. 선고 88다카28112 판결. 대법원 2000. 1. 28. 선고 98두9219 판결. 98두9219 판결은 "보험모집인이 제공하는 노무는 보험회사의 사업의 중요한 부분에 속하고, 또 보험모집인의 업무수행이 개인의 자율과 능력에 달려 있는 것이어서 그 업무수행에 관한 보험회사의 지시·감독은 간접적인 형태로 이루어질 수밖에 없다는 특성을 감안하더라도, 보험모집인의 근로시간 및 근로내용이 참가인 회사에 의하여 지배, 관리된다고 볼 수는 없으므로 보험모집인이 보험회사와 종속적인 관계에서 노무를 제공하였다고 할 수 없다."고 판시하였다.

164) 대법원 2008. 5. 15. 선고 2008두1566 판결은 "근로기준법상의 근로자에 해당하는지 여부는 계약의 형식이 고용계약인지 도급계약인지보다 그 실질에 있어 근로자가 사업 또는 사업장에 임금을 목적으로 종속적인 관계에서 사용자에게 근로를 제공하였는지 여부에 따라 판단하여야 하고, 위에서 말하는 종속적인 관계가 있는지 여부는 업무 내용을 사용자가 정하고 취업규칙 또는 복무(인사)규정 등의 적용을 받으며 업무 수행 과정에서 사용자가 상당한 지휘·감독을 하는지, 사용자가 근무시간과 근무장소를 지정하고 근로자가 이에 구속을 받는지, 노무제공자가 스스로 비품·원자재나 작업도구 등을 소유하거나 제3자를 고용하여 업무를 대행하게 하는 등 독립하여 자신의 계산으로 사업을 영위할 수 있는지, 노무 제공을 통한 이윤의 창출과 손실의 초래 등 위험을 스스로 안고 있는지와, 보수의 성격이 근로 자체의 대상적(對償的) 성격인지, 기본급이나 고정급이 정하여졌는지 및 근로소득세의 원천징수 여부 등 보수에 관한 사항, 근로 제공 관계의 계속성과 사용자에 대한 전속성의 유무와 그 정도, 사회보장제도에 관한 법령에서 근로자로서 지위를 인정받는지 등의 경제적·사회적 여러 조건을 종합하여 판단하여야 한다. 다만, 기본급이나 고정급이 정하여졌는지, 근로소득세를 원천징수하였는지, 사회보장제도에 관하여 근로자로 인정받는지 등의 사정은 사용자가 경제적으로 우월

설계사의 근로자성을 인정할 것인가에 대한 검토가 필요하다.

(나) 위촉관계

판례는 보험설계사는 보험회사와의 종속적 근로관계는 인정하지 아니하고, 보험회사가 수탁한 업무만을 수행하는 위촉계약으로 본다.[165)]

(3) 권한

(가) 보험료수령권한

보험설계사는 실무상 보험자의 수권에 의하여 보험료를 수령하고 보험료가수증을 교부하고 있으므로 보험료수령권이 인정된다. 판례도 보험설계사는 제1회의 보험료수령권이 있다고 한다.[166)]

(나) 보험계약체결대리권

보험설계사는 소속보험회사의 사용인으로서 보험계약이 성립하도록 중개만을 할 뿐 보험계약의 체결대리권은 없다.[167)]

(다) 고지수령권

보험설계사에게는 고지수령권은 인정되지 않는다.[168)] 이에 보험계약자를 보호하기 위하여 입법론으로 보험설계사에게도 고지수령권을 인정하는 것을 검토할 필요가 있다. 생명보험표준약관은 보험매개자의 고지방해의 경우 해제권을 제한하는 일본보험법과 같이 고지방해의 경우 보험계약의 해지권을 제한하고 있다.[169)]

한 지위를 이용하여 임의로 정할 여지가 크다는 점에서, 그러한 점들이 인정되지 않는다는 것만으로 근로자성을 쉽게 부정하여서는 안 된다."고 하여 카드회사로부터 채권회수 업무를 위임받아 수행하던 중 뇌지주막하출혈로 사망한 채권추심원이 임금을 목적으로 종속적인 관계에서 카드회사에 근로를 제공한 근로자에 해당하여 산재보험법상의 수급권을 인정하였다.

165) 대법원 2007. 1. 25. 선고 2005두8436 판결. 대법원 1989. 11. 28. 선고 88다카33367 판결은 "보험모집인이 소속 보험회사와의 고용계약이나 도급적 요소가 가미된 위임계약에 바탕을 둔 소속보험회사의 사용인이다"고 한다.

166) 대법원 1989. 11. 28. 선고 88다카33367 판결.

167) 대법원 1989. 11. 28. 선고 88다카33367 판결.

168) 대법원 1989. 11. 28. 선고 88다카33367 소속보험회사의 사용인으로서

169) 생명보험표준약관 제14조 제1항 5호는 해지권제한 사유로 "보험설계사 등이 계약자 또는 피

나. 보험대리점

보험대리점이란 보험회사를 위하여 보험계약의 체결을 대리하거나 중개하는 자로서 보험업법 제87조에 따라 금융위원회에 등록된 자를 말한다(상법 제87조, 보험업법 제2조 10호).

보험대리점은 (1) 보험계약자로부터 보험료를 수령할 수 있는 권한, (2) 보험자가 작성한 보험증권을 계약자에게 교부할 수 있는 권한, (3) 보험계약자로부터 청약, 고지, 통지, 해지, 취소 등 보험계약에 관한 의사표시를 수령할 수 잇는 권한, (4) 보험계약자에게 보험계약의 체결, 변경, 해지 등 보험계약에 관한 의사표시를 할 수 있는 권한을 가지고, 보험자는 이 권한 중 일부를 제한할 수 있지만, 이러한 권한 제한을 이유로 선의의 보험계약자에게 대항하지 못한다(제646조의2 제1·2항).

표는 보험설계사의 수에 따른 법인보험대리점(GA)의 현황과 대형 법인보험대리점(GA) 상위10개사 현황을 나타낸다.

[표 3-1] 보험설계사의 수에 따른 법인보험대리점(GA)의 현황

(단위: 개)

구분	2014년말	2015년말	2016년말	2017년말	2018.6월말	2014년말 대비
1,000명 이상	24	29	34	35	35	+11
500~999명	13	21	19	20	22	+9
100~499명	155	142	134	125	134	△21
100명 미만	4,518	4,390	4,343	4,302	4,292	△226
합계	4,710	4,582	4,510	4,482	4,483	△227

자료: 금융위원회(2018)

보험자에게 고지할 기회를 부여하지 아니하였거나 계약자 또는 피보험자가 사실대로 고지하는 것을 방해한 경우, 계약자 또는 피보험자에 대해 사실대로 고지하지 않게 하였거나 부실한 고지를 권유했을 때. 다만, 보험설계사 등의 행위가 없었다 하더라도 계약자 또는 피보험자가 사실대로 고지하지 않거나 부실한 고지를 했다고 인정되는 경우에는 계약을 해지하거나 보장을 제한할 수 있습니다."라고 규정하고 있다.

[표 3-2] 대형 법인보험대리점(GA) 상위10개사 현황(2018.6월말 현재)

(단위: 명)

순번	대리점명	모집인수	순번	대리점명	모집인수
1	지에이코리아(주)	14,485	6	메가(주)	7,742
2	㈜글로벌금융판매	13,499	7	리더스금융판매(주)	7,657
3	프라임에셋(주)	11,037	8	㈜엠금융서비스	6,313
4	인카금융서비스(주)	8,910	9	한국보험금융(주)	4,766
5	케이지에이에셋(주)	8,034	10	㈜에이플러스에셋어드바이저	4,132

자료: 금융감독원(2018)

(1) 체약보험대리점

체약보험대리점은 보험자의 이름으로 보험계약을 체결할 수 있고, 보험료를 지급받을 수 있으며, 고지수령권도 있다. 보험계약체결에 관한 의사표시가 사기·강박, 어느 사정의 지·부지 등에 의하여 영향을 받는 경우 보험대리점을 기준으로 결정된다.[170] 보험기간이 단기인 손해보험에서 주로 이용되고 있다.

(2) 중개보험대리점

중개보험대리점은 계약체결을 위한 대리권은 없고, 다만 계약을 중개할 권한만이 있는 대리점을 말한다. 생명보험에서는 중개보험대리점이 이용되고 있다.[171]

다. 보험중개사

보험중개사란 독립적으로 보험계약의 체결을 중개하는 자로서 보험업법 제89조에 따라 금융위원회에 등록된 자를 말한다(상법 제93조, 보험업법 11호). 1997년에 도입되었다. 영국 등에서는 보험거래에서 보험중개사가 중요한 기능을 하고 있으나 우리나라에서는 아직 이용도가 그리 높지 못하다. 보험중개사는 보험계약자의 대리인인 것이 원칙이지만, 계약성립 시 보수는 보험자로부터

---

170) 대법원 2000. 7. 4. 선고 98다62909, 62916 판결. 이 판결은 보험계약자의 통지가 없었다고 하더라도 보험대리점이 피보험건물의 증·개축공사와 이로 인한 보험사고 발생의 위험이 현저하게 증가된 사실을 알았거나 중대한 과실로 알지 못하였다고 보아 화재보험보통약관상의 해지권소멸 규정에 의하여 보험자가 보험계약을 해지할 수 없다고 판시하였다.

171) 보험인수와 관련하여 계약체결권을 보험자에게 집중시킬 필요성이 그 이유로 들어진다(양승규, 보험법, 94면).

지급받는다(보험업법 시행령 제41조 제4항).

라. 보험의

보험의라 함은 생명보험의 경우 피보험자의 신체를 검사하는 보험자의 사용인을 말한다. 보험자는 보험의의 검사결과를 바탕으로 위험의 인수여부 등을 결정한다. 보험의는 일정한 범위의 대리권을 가지고 영업상의 업무에 종사하는 자가 아니므로 상업사용인이 아니다.[172] 따라서 계약체결권, 보험료수령권은 인정되지 않는다. 다만, 보험의의 업무성질상 고지수령권은 인정된다.

보험보조자의 권한

	보험대리점	보험중개사	보험설계사	보험의
보험료수령권	O	X	O	X
계약체결대리권	O	X	X	X
고지수령권	O	X	X	O

제2절 보험의 목적

보험의 목적은 보험사고 발생의 객체이다. 손해보험에서는 보험사고로 인하여 손해가 생기는 물건으로서 손해보험계약에서 정하는 것(일본 보험법 제6조 제1항 7호)이고, 인보험에서는 사람의 생명 또는 신체이다.

손해보험의 경우에 보험의 목적은 각 계약에서 약정되지만, 그 수는 묻지 않고, 집합된 물건의 경우에도 계약체결 시 확정되어 있는 특정보험(상법 제686조)과 일정한 기간 내에 운송되는 모든 운송물과 같이 교체되는 것이 예정되는 총괄보험(상법 제687조)이 있다.

172) 사법연수원, 보험법연구, 31면.

인보험의 경우에는 보험의 목적은 사람의 생명 또는 신체이므로 자연인에 한하고, 생명보험의 경우에는 피보험자가 1인인 개인보험, 부부와 같이 2인인 연생보험, 단체 구성원의 전부 또는 일부를 피보험자로 하는 단체보험이 있다. 사망보험에서는 15세미만자, 심신상실자 또는 심신박약자를 피보험자로 할 수 없다. 다만, 심신박약자가 보험계약을 체결하거나 제735조의3에 따른 단체보험의 피보험자가 될 때에 의사능력이 있는 경우에는 그러하지 아니하다(상법 732조).

제3절 보험사고

Ⅰ. 의의

보험계약에서 보험자의 보험금지급책임을 구체화시키는 우연한 사고를 말한다.[173] 보험사고는 위험이라고 하기도 하지만, 위험은 "보험사고발생의 가능성"을 말한다(상법 제652조, 제653조).[174]

Ⅱ. 보험사고의 요건

보험사고는 우연하고, 특정되어야 한다.

1. 우연한 사고

보험사고는 우연한 사고이어야 한다. '우연'이라 함은 보험계약의 성립 당시에 보험사고의 발생과 불발생이 가능하고, 발생하는가 아닌가가 불확정한 것

173) 양승규, 전게서, 100면; 일본 보험법에서는 손해보험에 관하여 보험사고를 "손해보험계약에 의하여 보상책임을 지는 우연한 사고로서 당해 손해보험계약에서 정한 것을 말한다(보험법 제5조 제1항)"라고 규정하고 있다.

174) 일본보험법에서는 위험을 보험사고의 발생가능성이라고 한다(일본 보험법 제4조, 제37조).

(uncertain)을 말한다. 사망보험에서는 사망시기만이 불확정한 것이다.

보험사고와 관련하여 불확정성을 요건으로 할 것인가에 대하여서는 투자성보험계약과 관련하여 다투어지고 있고,[175] 투자성보험계약을 보험계약으로 명시하는 입법례도 있다.[176]

2. 보험사고의 특정

보험사고는 특정되어야 한다. 즉 보험사고는 보험계약에서 정해진 보험의 목적에 생긴 것이어야 하고, 그 사고의 범위는 특정되어야 한다.[177]

제4절 보험기간 · 보험계약기간 · 보험료기간

Ⅰ. 보험기간

보험기간(liability period)은 보험자의 책임이 개시하여 종료할 때까지의 기간을 말한다. 보험자의 책임은 당사자 간에 다른 약정이 없으면 최초의 보험료의 지급을 받은 때로부터 개시한다(상법 제656조). 암보험약관과 같이 책임개시일을 "계약일로부터 그 날을 포함하여 90일이 지난날의 다음날"로 규정하는 경우가 있다.

Ⅱ. 보험계약기간

보험계약기간(insurance contract period)은 보험계약이 체결된 시점부터 종료할

175) Jurgen Basedow & John Birds & Malcolm Clarke & Herman Cousy & Helmut Heiss & Leander Loaker op. cit., pp. 140~142.

176) 룩셈부르크보험계약법 제1(A)조.

177) 양승규, 전게서, 101면.

때까지의 기간을 말한다. 보험계약이 종료한 후에 보험계약은 연장될 수 있기 때문에 하나의 보험계약은 수개의 보험계약기간으로 구성된다. 일반적으로 보험계약은 보험계약기간 안에는 변경될 수 없고, 새로운 보험계약기간 이후에만 변경될 수 있다.[178)]

Ⅲ. 보험료기간과 보험료불가분의 원칙

보험료기간은 순보험료를 산출하는 단위기간을 의미한다. 손해보험의 경우에는 보험기간이 1년이고, 보험료기간도 1년으로 하는 경우가 많다.

보험료기간 도중에 보험계약이 종료한 경우에도, 보험자가 일단 보험기간의 보장을 제공한 이상, 그 기간중에 보험사고가 발생하면 보험금지급의무를 지기 때문에, 보험자는 미경과기간에 대응하는 보험료를 취득할 수 있고, 이를 반환할 의무를 지지 아니한다는 것을 보험료불가분의 원칙이라고 한다.

보험료불가분의 원칙은 상법상 원칙적으로 채용되어 있지 않다. 따라서 보험계약자는 보험사고가 발생하기 전에 보험계약을 해지한 경우에는 당사자 간에 다른 약정이 없으면 미경과보험료의 반환을 청구할 수 있다(상법 649조 제3항).

다만 보험료불가분의 원칙이 상법상 전혀 채택될 수 없는 것은 아니다. 예컨대 손해보험중 공사보험, 흥행중지보험 등과 같이, 계약의 성질상 보험료의 분할이 곤란한 계약도 있고, 중도에 해지되는 경우에 보험료를 반환하지 않음을 약정할 수 있다.[179)]

178) 유럽보험계약법준칙 제2:603조.

179) 潘阿憲, 保險法概說, 中央經濟社, 2018, 24面.

제2편

공통법리

제2편 공통법리

제1장 보험계약의 정의

Ⅰ. 총설

보험 또는 보험계약에 대하여서는 상법 보험편과 보험업법에서 정의규정을 두고 있다. 근래 금융겸업화, 금융파생상품의 등장, 통합보험상품의 일반화, 날씨보험 등 신종보험의 출현 등으로 인한 보험환경의 변화로 인하여 선진국에서는 보험의 정의에 대한 다양한 검토하여 행해지고 있다.

보험의 정의는 감독법으로서 감독당국과 보험회사 사이의 관계를 규율하는 보험감독법의 측면과 보험회사와 보험계약자 사이의 사법적 법률관계를 규율하는 보험계약법적 측면에서 문제된다.

Ⅱ. 보험관계법상의 보험의 정의

우리나라에서는 보험업법, 유사수신행위의 규제에 관한 법률, 상법 보험편에서 보험 또는 보험계약에 관하여 정의규정을 두고 있다.

1. 보험업법

보험업은 금융위원회의 허가를 받은 보험회사만이 영위할 수 있고(보험업법 제4조 제1항), 허가를 받지 아니하고 보험업을 영위하는 자는 5년 이하의 징역 또는 3천만원 이하의 벌금에 처해진다(보험업법 제200조 1호). 보험업법상의 보험의 정의에 대하여 살펴본다.

가. 정의조항

2010년 개정 보험업법은 보험업을 ① 위험보장을 목적으로, ②우연한 사건 발생에 관하여, ③금전 및 기타의 급여를 지급할 것을 약정하고 대가를 수수하는 것(보험업법 제2조 1호)으로 명시하고 있다.

나. 명시적 포함

전통적 보험상품으로서 보험업법의 규제 적용이 필요한 상품(날씨보험[1])을 예시적으로 열거(시행령 위임)하고 있다.

다. 명시적 제외

위험보장적 기능을 수행하지만, 보험상품으로 규제할 필요성이 없는 자동차 Warrant 상품(자동차 보증기간 연장 서비스), CDS(Credit Default Swap) 등을 한정적으로 열거(시행령 위임)하고 있다.

라. 다른 금융회사가 판매가능한 보험상품

보험상품의 정의에 포함되더라도 배타적인 보험상품이 아닌 경우에 대하여서는 금융거래 관행, 소비자 편익 등을 고려하여 보험회사가 아닌 다른 금융회사가 예외적으로 취급할 수 있는 근거를 마련하고 있다.

---

1) 날씨보험이라 함은 날씨 변화로 인한 매출 감소나 비용증가에 대비하여 약정한 기상조건에 따라 손해를 보상받기로 하는 손해보험이다. 예컨대 전자회사가 행사기간에 에어컨을 구입한 고객 전원을 대상으로 여름 한 달 동안 30도 미만인 날이 24일을 넘으면 20만원을 반환하는 행사에서 40억 원을 지급하게 되면 전자회사가 전액을 보상받는 보험, 태양열발전소의 건설·운영사업을 하는 기업이 일정한 일사량 미만이면 감소된 매출액의 일부를 보상하는 보험을 들 수 있다. 이에 반하여 날씨파생상품은 기상변동으로 인한 손실을 피하기 위하여 기온이나 눈비 등 기상데이터를 지수화하여 사전에 정한 지수와 실제 기상사이에 차이가 있는 경우에 약정한 금액을 지급하는 것으로 우리나라에서는 허용되지 않고 있다.

2. 유사수신행위의 규제에 관한 법률

허가를 받지 아니하고 하는 유사수신행위에 "장래의 경제적 손실을 금전 또는 유가증권으로 보전해 줄 것을 약정하고 회비 등의 명목으로 금전을 수입하는 행위"가 포함되고(유사수신행위의 규제에 관한 법률 제2조 4호), 유사수신행위와 그 광고, 금융유사상호의 사용행위에 대하여서는 5년 이하의 징역 또는 5천만원 이하의 벌금에 처하는데(유사수신행위의 규제에 관한 법률 제6조), 판례[2]는 동법 4호의 유사수신행위는 보험업법상의 보험사업을 의미하는 것으로 해석하고 있다.

3. 상법 보험편

상법은 "보험계약은 당사자 일방이 약정한 보험료를 지급하고 상대방이 재산 또는 생명이나 신체에 관하여 불확정한 사고가 생길 경우에 일정한 보험금이나 기타의 급여를 지급할 것을 약정함으로써 효력이 생긴다(상법 제638조)."라고 보험계약을 정의하고 있다.

공제계약을 포함한 보험계약에 대하여서는 상법 제4편 보험편의 규정이 적용되는데, 가계보험의 경우 이 규정보다 보험계약자 측에 불리한 특약은 무효이다(상법 제663조). 따라서 사법(私法)관계의 측면에서 보험계약법상 보험으로 인정되는 경우에는 약관의 규제에 관한 법률 이외에도 상법 보험편이 적용되어 각 조항의 유효 여부가 다투어지게 된다.

Ⅲ. 보험계약의 정의

1. 보험의 정의에 관한 다양한 견해

학설은 보험은 "같은 위험에 놓여 있는 사람들이 하나의 위험단체를 구성하여 통계적 기초에 의하여 산출된 금액(보험료)을 내어 기금을 마련하고, 그 우

2) 대법원 2001. 11. 24. 선고 2001도205 판결.

연한 사고를 당한 사람에게 재산적 급여를 하는 제도"라고 하고 있다.

보험의 정의에 관하여 미국의 에이브러햄[3]은 보험의 요소로 위험의 이전, 분산, 배분(통계적 방법의 이용)을 들고 있다. 보험의 기능은 첫째, 위험의 이전(transfer) 즉 큰 손해를 입을 위험을 위험선호적 또는 위험중립적인 당사자(보험자)에게 이전하는 기능, 둘째, 위험의 분산(distribution) 내지 결합(pool) 즉 동질적이고 독립한 위험을 집적하여 대수의 법칙에 의하여 전체의 위험을 작게 하는 기능, 셋째, 위험의 배분(allocation), 즉 위험에 따라 보험료를 지급받음에 의하여 위험을 가입자에게 배분하는 기능이다.

일본에서는 보험의 요소로 일반적으로 다음 5가지가 들어지고 있다. ① 일방당사자의 보험료의 지급, ② 타방 당사자의 일정사유의 발생에 따라 경제적인 손해를 전보하는 보험급여[4]에 따른 위험의 이전, ③ ①과 ②의 대립관계, ④수지상등의 원칙,[5] ⑤ 급여반대급여균등의 원칙[6] 등이 그것이다.[7]

②의 보험자의 급여는 우연한 사실의 발생에 따르는 것이므로 사전에 정확히 예측할 수는 없지만, ①의 당사자가 다수이면 통계방법인 대수의 법칙[8]을 이용하여 확률로 우연한 사실의 발생가능성을 예측할 수 있다. 이와 같이 ④ 요소는 ①의 보험료를 지급하는 당사자가 다수일 것을 전제로 한다. ⑤는 보험계약자가 지급하는 보험료는 개개의 당사자의 우연한 사실이 발생할 확률에 따라 정하여지는 것을 의미한다.

우리나라의 학설과 판례는 위와 대체적으로 동일하여 위험의 이전, 분산, 배

---

3) Abraham, K., Insurance Law and Regulation, (4th ed., Foundation, 2005), pp. 3-5.

4) 손해보험계약의 급여에는 금전의 지급 이외에 현물급여를 포함한다.

5) 이는 보험료의 총액은 보험급여의 총액이 대등하도록 보험료와 보험급여가 설정되는 것을 말한다.

6) 수지상등의 원칙과 급여반대급여균등의 원칙의 차이점은 전자가 보험료의 총액과 보험급여의 총액이 일치하도록 하는 것이라면, 후자는 보험계약자가 지급하는 보험료는 우연한 사실이 발생할 확률에 따라 정하는 것을 의미한다.

7) 山下友信, 保險法, 有斐閣, 2005. 6~9面; 村田敏一, 保險の意義と保險契約類型, 他法との關係(落合誠一 外編, 新しい保険法の理論と實務, 經濟法令研究所, 2008), 29面.

8) 대수의 법칙이라 함은 개개의 경제주체에 대하여서만 본다면 극히 우연하고 예측할 수 없는 사실도, 다수의 경제주체에 대하여 본다면 일정한 기간 안에 소수의 경제주체만이 이에 조우하지만, 그 빈도는 평균적으로는 거의 일정한 것이 경험적·통계적으로 알려져 있다는 것을 말한다(岡田豊基, 전게서, 3面).

분(통계적 방법의 이용)을 기준으로 보험을 정의하고 있지만, 대수의 법칙과 관련하여 다수성의 요건을 명시적으로 보험의 요소로 하는 판례는 없다.

2. 우리나라 판례상의 보험의 정의

대법원 1990. 6. 26. 선고 89도2537 판결은 "보험사업이라 함은 같은 위험에 놓여 있는 다수의 보험가입자로부터 위험을 인수하여 그 대가로서 위험률에 따른 보험료를 받아 이를 관리·운영하고, 그 가입자에게 불확정한 사고가 생길 때에는 일정한 보험금액 기타의 급여를 지급하는 것을 내용으로 하는 사업"이라고 하고, 그 특질은 "(1) 우연한 사고의 발생에 의한 경제적인 불안에 대비하는 제도일 것, (2) 경제적인 불안을 제거 경감하기 위하여 다수의 경제주체가 공동으로 미리 비축금을 마련하는 제도일 것, (3) 그 방법으로서 이른바 대수의 법칙을 응용한 확률계산에 의하여 급여와 반대급여 사이의 균형을 유지하는 제도일 것 등"이며, "보험사업의 범위는 그 사업의 명칭이나 법률적 구성형식에 구애됨이 없이 그의 실체 내지 경제적 성질을 실질적으로 고찰하여 판단하여야 한다."고 한다.

이 판결의 취지는 그 후의 대부분의 판결[9]에서 유지되어 있다. 근래 판례(대법원 2014. 5. 29. 선고 2013도10457 판결)는 보험상품의 개념요소로서의 '위험보장의 목적'은 단지 경제적 가치 있는 급부의 제공으로 손해가 보전되는 측면이 있다는 이유만으로 쉽게 인정하여서는 아니되고, 그러한 경제적 위험보장의 목적이 보험업 영위가 문제되는 대상영업의 주된 목적인지에 따라 판단하여야 한다고 하여 주요목적기준을 제시하였다.

---

9) 대법원 1987. 9. 8. 선고 87도565 판결, 대법원 1989. 5. 9. 선고 88도1288 판결, 대법원 1989. 9. 26. 선고 88도211 판결, 대법원 1989. 10. 10. 선고 89감도117 판결, 대법원 1993. 3. 9. 선고 92도3417 판결, 대법원 1993. 12 .24. 선고 93도2540 판결, 대법원 2001. 2. 24. 선고 2002도205 판결, 헌법재판소 2003. 3. 27 선고 2002헌바4 전원재판부 결정.

보험의 정의에 관한 판례의 동향

사건번호	급여내용	판결요지
대법원 1987. 9. 8. 선고 87도565 판결	관혼상제업을 목적으로 하는 회사를 설립하여 매월 3,000원씩 60개월 적립하면 결혼·장의행사제공	무허가보험사업부정[회사는 가입자의 청구에 따라 결혼 또는 장의행사와 같은 역무를 제공할 의무를 부담하게 되며, 가입자가 월부금을 완납한 후에는 언제든지 결혼 또는 장의 행사 제공을 받을 수 있고, 가입자의 필요에 따라 월부금 불입완료전에도 결혼 또는 장의행사의 제공을 요구할 수 있는데 이 경우에는 월부금 잔액을 현금으로 전액 불입하여야 하고, 또한 가입자는 언제든지 1건당 300원의 수수료만 내면 가입자 명의를 변경할 수도 있고, 가입자뿐만 아니라 미리 가입신청서에 기재한 가족도 결혼 또는 장의행사를 제공받을 수 있으며(이를 가족의 이용권이라 한다)월부금을 완납한 후에는 가입자 및 이용권자가 결혼 또는 장의행사 제공을 받을 때까지 그 이용권이 계속 보존]
대법원 1989. 1. 31. 선고 87도2172 판결	보건사회부장관으로부터 공소외 사단법인의 설립허가를 받아 만 55세 이상의 일반인들을 상대로 하는 상조회를 조직한 다음 회원 700명을 1개조로 하여 입회비로 금 2만원 혹은 금 4만원을 받고 상조회원이 회원으로 가입한 날부터 100일이 경과된 후 사망하는 경우 다른 회원들이 상조회비로 금 2천원 혹은 금 4천원을 납부하게 하고 사망회원이 회원자격을 보유한 기간에 따라 최저 금 70만원 혹은 금 140만원에서부터 최고 금 140만원 혹은 금 280만원까지의 상조부의금을 지급하며 만일 상	무허가보험사업 : 가입한 후 7년이 경과하거나 상조회비를 699회를 납입하였을 때 회원의 사망여부에 불구하고 상조부의금 상당의 금원을 지급하기로 한 것인 만큼 이는 일종의 생사혼합보험적 성질을 지닌 것이라고 보아야 하겠고 보험료에 상응하는 상조회비를 보험사고에 대비하여 현실적으로 미리 출연하는 것이 아니라 약관상 타회원이 사망할 때마다 상조회원이 일정액의 상조회비를 납부하도록 되어 있다고 하더라도 그 점만으로 반드시 보험의 본질에 반한다고는 볼 수 없고 나아가 상조회원이 입회비 명목의 금원을 먼저 납부하도록 되어 있어 이는 실질적으로 상조회원에게 사망이라는

사건번호	급여내용	판결요지
	조회비를 699회 납입하거나 가입 후 7년이 경과된 회원이 있으면 그에게는 금 140만원 혹은 금 280만원을 지급하기로 하는 내용의 약관을 정하고 전국에 설치한 27개 지부 및 외무사원을 통하여 상조회원 가입자를 모집하고 이들 하고 이들 가입자로부터 입회비 및 상조회비를 납부받았음	사고가 발생하였을 때 보험금에 해당하는 상조부의금을 지급받기 위하여 출연하는 반대급부의 성질을 가지고 있는 보험료적 금원이라 할 수 있으므로 사고발생 전에 보험료의 출연이 전혀 없다고 하기도 어려움 상조회에 가입한 후 100일 이내에 사망한 회원에게 상조부의금을 지급하지 아니하도록 되어 있다고 하더라도 이는 보험자의 보험금지급책임에 관한 효력발생의 시기를 정한 것이며 이러한 특약이 있다고 해서 보험의 본질에 반한다고 해석할 수도 없다. 다음 상조회원의 자격에 관하여 사망율이 낮은 연령층을 제외한 것이라든지, 건강상태를 고려함이 없이 회원으로 가입케 하면서도 100일이 경과하기 전에 사망한 경우에는 상조부의금을 지급하지 않도록 하고 있는 점이라든지 상조회원으로 가입한 기간이 길어짐에 따라 상조회비 출연의 기회가 많은 만큼 사망시에 지급되는 상조부의 금액도 연차적으로 증가하도록 되어 있는 점 등을 보면, 급부와 반대급부의 균형을 유지하기 위하여 대수의 법칙을 응용한 확률계산의 방법을 고려한 것임
대법원 1993. 12. 24. 선고 93도2540 판결	자동차운송사업조합을 구성하여 자손사고와 자기차량보상사업 수행(조합원 7741명, 2년 9개월간 31억원 징수하여 24억원 지급)	무허가보험사업인정(비영리적이거나 구성원이 한정되어 있다는 것은 무시함)
대법원 2001. 2. 24. 선고 2002도205 판결	라이센스보장(연회비를 납부시 교통 범칙금 통보시 상당액 대신납부)-775명, 1억8천4백만원 납부받음	유사수신행위규제에 관한 법률적용하여 무허가보험사업인정

사건번호	급여내용	판결요지
대법원 2014. 5. 29. 선고 2013도10457 판결	해외긴급의료지원서비스사업의 무허가보험사업성	직원의 해외연수·유학에 대하여 가입비를 받고 해외긴급의료지원서비스 등을 사후정산형(65.2%)과 비정산형(34.8%)으로 제공하는 사업에서 보험상품의 개념요소로서의 '위험보장의 목적'은 단지 경제적 가치 있는 급부의 제공으로 손해가 보전되는 측면이 있다는 이유만으로 쉽게 인정하여서는 아니 되고, 그러한 경제적 위험보장의 목적이 보험업 영위가 문제되는 대상영업의 주된 목적인지에 따라 판단하여야 한다.

Ⅳ. 비교법적 고찰

1. 미국법상의 보험의 정의

가. 주법상의 보험의 정의

미국에서는 1944년의 McCarran-Ferguson Act에 의하여 보험사업에 관하여는 주법이 연방법에 우선하고 각주의 보험법에 보험사업의 정의에 관한 규정을 두고 있다.

캘리포니아주 보험법 제222조는 "보험은, 일방 당사자가, 타방 당사자의 우연 또는 미지의 멸실, 손괴 또는 채무를 보상하는 것을 인수하는 계약이다"라고 정의하고, 웨스트 버지니아주 보험법 제33-1-1조는 "보험은, 일방 당사자가, 타방 당사자가 인수가 가능한 우연한 사고를 보상하는 것, 또는 일정한 금액을 지급하는 것을 인수하는 계약이다"라고 정의한다.

나. 판례상의 보험의 정의

미국 판례는 Jordan v. Group Health Association사건[10]이래 주요대상과 목적기

10) 107 F.2d 239 (D.C.Cir. 1939).

준(principal object and purpose test)을 적용하고 있다. 계약관계의 성질상 주요대상과 목적이 위험의 이전, 분산, 배분인 경우에 보험이라고 한다.[11]

2. 영국법상의 보험의 정의

가. 금융서비스시장법(the Financial Services and Markets Act 2000)의 입장

금융서비스시장법은 "보험계약은 장기보험계약 또는 손해보험계약인 보험계약을 의미한다"[12]고 규정하여 보험을 정의하지 않고 보험의 유형을 열거하는 방식을 취한다.

나. 판례의 입장

최근의 영국판례(Digital Satellite Warranrt Cover Ltd v. Financial Services Authority사건[13])는 상품매매에 수반하는 보증과 보험을 구별하기 위한 미국판례의 주요대상기준을 채용할지 여부에 관하여 명확한 판단은 유보한채, 위험의 이전, 위험의 분산, 위험의 배분이라는 보험의 요소를 충족하면 보험계약으로 인정하여 감독청의 인가를 받아야 한다고 보지만, FSA기준을 엄격하게 해석하면 보험의 요소가 본질적이지 아니한 경우에도 보험계약으로 처리해야 하는 결과가 되므로 제한적으로 해석한다.[14]

3. 일본보험법상의 보험의 정의

가. 일본 보험법상의 보험의 정의

일본 보험법은 보험계약은 "보험계약, 공제계약, 기타 어떠한 명칭인가를 묻지 않고, 당사자의 일방이 일정한 사유가 생기는 것을 조건으로 재산상의 급부

11) 한창희, 주석 금융법(Ⅱ) 보험업법1, 한국사법행정학회, 2007, 57~62면.

12) Financial Services and Markets Act 2000(Regulated Activities) Order 2001, s. 3(1).

13) [2011] EWHC 122; 항소심판결인 [2011]EWCA Civ. 1413,[2012]Lloyd's Rep IR 112.

14) Malcolm A. Clarke, The law of liability insurance, (Informa Law from Routledge, 2014), p. 3.

(생명보험과 상해질병정액보험계약에서는 금전의 지급에 한함)를 하는 것을 약정하고, 상대방은 이에 대하여 당해 일정한 사유의 발생가능성에 따라 보험료를 지급할 것을 약정하는 계약이다(동법 제2조 제1호).”라고 정의하고 있다. 손해보험계약은 “보험계약중 보험자가 일정한 우연한 사고로 인하여 생기는 어떠한 손해를 보상할 것을 약속하는 것(보험법 제2조 6호)”이고, 생명보험계약은 “보험계약중 보험자가 사람의 생존 또는 사망에 관하여 일정한 보험급부를 행할 것을 약속하는 것(보험법 제1조 8호)”이라고 정의한다. 또한 상해질병손해보험은 “손해보험계약중 사람의 상해질병으로 인하여 생기는 일정한 손해(당해 상해질병이 생긴 자가 입은 것에 한한다)를 보상할 것을 약속하는 것(보험법 제2조 7호)”이라고 하고, 상해질병정액보험은 “보험계약중 보험자가 사람의 상해질병에 기하여 일정한 보험급부를 행할 것을 약속하는 것(보험법 제2조 9호)”이라고 정의한다. 또한 해상보험계약(상법 제815조 제1항)에 대하여서는 이 정의규정은 적용되지 않고, 보험법의 손해보험에 관한 규정(상해질병손해보험의 특칙 제외)만이 적용된다(개정상법 제815조 제2항).

“보험계약, 공제계약, 기타 어떠한 명칭인가를 묻지 않고”라는 문언에 따라 영리보험계약, 상호보험계약, 공제계약이 “당사자의 일방이” 이하의 요건에 해당하는 계약에는 보험법이 적용되는 것이 명확히 되었다. 유사한 선행의 법률규정인 금융상품판매 등에 관한 법률 제2조 제1항 4호에 따라 “보험계약 또는 보험 또는 공제에 관한 계약으로 보험계약에 유사한 것으로 법령에서 정한 것”이 존재하는바, 실질적으로 보험계약임에도 불구하고 그 명칭을 변경하여 보험법의 적용을 회피하고자하는 것을 억지하는 기능을 가진 것이다.[15] 이에 보험법은 영리보험, 상호보험, 공제에 대하여 그 보험자의 조직법적 성격을 묻지 않고, 보험계약에 대하여서는 일률적으로 동법이 적용되는 것으로 하고 있다.

손해보험, 생명보험계약에 관하여 영업적 상행위인 보험에 관한 상법 보험편의 규정이 그 성질이 허용하지 않는 경우를 제외하고는 상호보험에 준용된다는 일본상법 제683조[16]가 개정상법에서는 삭제되었기 때문에 그 성질상 예외없이

15) 村田敏一, 前揭論文, 28面.

16) 이에 관하여 우리상법 제664조는 “이 편의 규정은 그 성질이 상반되지 아니하는 한도에서 상

보험법의 규정이 영리보험, 상호보험, 공제에 적용된다.

다만 해상보험계약에 관하여서는 "본장의 규정은 상호보험에 이를 준용한다. 다만 그 성질이 허용하는 경우에 한한다."라는 상법 제841조의 2가 신설됨에 따라 상호보험개념이 잔존하고 있다. 이는 보험법의 단행법화에 있어서 해상편에 규정되어 있는 해상보험계약에 대하여서는 형식적으로 보험법의 적용 밖으로 정리된 것이 기인하는 조치이다.

나. 보험법상의 정의규정의 분석

일본 보험법상의 정의규정을 분석하면 다음과 같다.

먼저 보험자가 행하는 재산상의 급부에 대하여서는 일정한 사유가 생기는 것을 조건으로 하는 조건부 급부임을 요건으로 하지만, 당해 일정한 사유에 대하여 반드시 "우연한 사실"을 요건으로 하지 않는다. 손해보험에서는 "우연한 사고로 인하여 생기는 어떠한 손해"라고 규정하여 우연성의 개념이 요건화 되어 있지만, 다른 유형의 보험계약(생명보험계약, 상해질병정액보험계약)에 대하여서는 급부의 조건으로 "우연성"을 절대적 요건으로 하지 않는 것에 의한다.[17)]

둘째, 보험자가 행하는 재산상의 급여에 대하여 생명보험계약과 상해질병정액보험계약에 대하여는 금전의 지급에 한한다고 규정하므로, 이를 반대로 해석하면 손해보험계약에 대하여서는 현물급부와 서비스의 급부가 가능하지만, 생명보험계약 등의 정액보험에 대하여서는 이것이 가능하지 않고, 정액보험에서 금전의 지급 이외의 급부를 약정할 수 있지만, 이것은 보험법이 적용되지 않는 무명계약이 된다.

셋째, 보험법은 보험계약자가 지급의무를 지는 보험료를 "일정한 사유의 발생 가능성에 따르는 것으로(보험법 제2조 1호)" 한정하여 규정하고 있다. 이를 반대해석하면 예컨대 생명보험계약의 경우 연령, 성별, 병력 등의 일체를 제거하고 일정한 요율을 적용하는 계약이 가령 존재한다면 보험법이 적용되지 않게 된다. 이에 대하여서 아무리 근소하여도 사유발생의 가능성에 따라 보험료액

호보험에 준용한다."라고 규정하고 있다.

17) 前揭論文, 30面.

설정의 취급이 행하여지면 폭넓게 보험법이 적용된다고 해석하고 있다.[18]

넷째, 보험법제정시에 모든 요건을 과부족 없이 하여 보험을 실질적으로 정의하는 것은 곤란하다는 인식아래 입법하였다. 보험법의 정의규정의 불완전성은 적어도 손해보험의 경우 손해의 전보를 초과하는 보험급부도 일정한 정도 용인되고 있는 점에서 손해보험의 정의는 미흡하고, 이에 따라 보험의 포괄적 정의도 과부족 없이 충족되었다고 할 수 없다는 견해가 있다.[19]

다섯째, 중간시안에서는 "다수의 자가 그 위험에 따라 보험료를 거출할" 것을 요건으로 하는 다수성의 요건과 "위험의 대비를 실현하는 것을 내용으로 한다"는 요건이 법문화되지 않은 점을 검토할 필요가 있다. 보험법의 입장을 지지하는 논거로는 다음을 들고 있다.

(1) 다수성의 요건을 규정하였다면 손해보험인 위성보험이 전형보험계약에서 제외되고, 파생금융상품과의 구별을 의도로 한 "위험의 대비"라는 요건도 경제학적인 정의로서는 몰라도 주관성이 지나쳐 채용하기 어렵다.

(2) 보험과 파생금융상품과의 관계에 대하여 양자는 위험이전을 목적으로 하는 점에서는 공통이지만, 전자는 우연한 사고의 발생에 의한 손해를 보상하는 것인데 반하여 후자는 손해발생의 유무를 묻지 않고 약정된 금전의 지급을 행하는 것으로 구별된다.[20]

여섯째, 보험법의 정의규정(제2조 1호)에서는 다른 요건을 충족되어도 보험료가 "가능성에 따라" 설정되지 않는 경우에는 보험법의 적용범위 밖으로 하고 있다. 이는 가령 기업 내에서 구성원이 사망하는 때에 위로금정도가 일률적으로 급부되는 경우에 보험법의 적용대상으로 할 필요가 없다는 의도이고, 적용제외규정의 범위를 넓게 파악하면 보험계약의 범위가 좁게 되어 보험계약자보호의 문제가 생길 수밖에 없다는 입법담당자의 말을 참작하여, 계약체결시에 고지를 구하거나 생명보험계약에서 연령제한을 두는 경우에는 보험료 등 다른 가입조건이 균일하더라도 보험법의 적용대상으로 하여야 할 것이다.[21]

---

18) 上揭論文, 30面.
19) 上揭論文, 34面.
20) 上揭論文, 35面.

다. 정액현물급부의 문제

보험법입안담당자는 정액현물급부[22]를 생명보험계약과 상해질병정액보험계약의 적용대상으로 할 것을 요청하여 깊게 검토하였지만 보험법은 생명보험계약과 상해질병정액보험계약에서의 보험급부는 금전의 지급에 한정되는 것이 명기되어(보험법 제2조 1호) 채용되지 아니하였다.

정액현물급부 개념을 보험법에 도입하는 것을 반대한 금융청의 근거는 인플레이션 리스크의 대처 등 보험계약자보호와 보험경위의 규제가 매우 어렵고, 현물급부서비스의 감독을 보험감독으로 하기 곤란한 점 이었다.

보험법부회는 이것을 정액현물급부를 단정적으로 부정하는 견해는 없었지만, 실제로 정액현물급부의 보험계약을 허용한다면, 그것이 보험업법상의 적절한 감독조치 없이 행해져서는 안 되는데, 정액현물급부를 명문화하는 것은 결국 보험업법상의 감독을 받지 않는 현물급부계약이 적법하다는 것을 보험법이 선언하는 의미가 있는 것이고, 그것이 악질의 거래를 유발하는 효과를 수반한다는 우려가 남아있다고 하여 정액현물급부 개념의 명문화를 않기로 집약되었다고 한다.[23]

라. 보험업법상의 보험의 정의

일본 보험업법은 보험업이라 함은 "사람의 생사에 관하여 일정액의 보험금을 지급할 것을 약속하고 보험료를 수수하는 보험(생명보험업), 그리고 일정한 우연한 사고로 인하여 생기는 일정한 손해를 보상할 것을 약속하는 보험(손해보험업), 기타 보험으로 제3조 4항 각호 또는 5항 각호에 규정한 인수를 행하는 사업이다(제2조 제1항)"라고 규정하고 있다.

2007년 개정 보험업법은 소액단기보험업(제2조 17호)제도[24]가 신설됨에 따라

---

21) 上揭論文, 35面.

22) 예컨대 만 80세에 이르면 일정한 규격의 간병이 가능한 시설에 입소가 가능한 권리를 부여하거나 일정한 간병이 필요한 상태가 되는 경우에 재택서비스를 제공함에 있어서 일일 간병사를 일정한 기간 동안 파견한다고 하고, 간병서비스를 상세히 정하여 놓는 경우를 들 수 있다[山下友信, 保險の意義と保險契約の類型(竹濱修 外編, 保險法改正の論点, 法律文化社, 2009), 9面].

23) 山下友信, 上揭論文, 6面.

24) 보험업중 보험기간이 2년 이내의 법령이 정한 기간이내이고, 보험금액이 1천만엥을 초과하지 않는 범위 내에서 법령이 정하는 금액이하의 보험만의 인수를 행하는 사업을 하는 자이다.

특정한 자를 상대방으로 하여 보험의 인수를 행하는 사업에 대하여서도 보험업에 포함시켜 원칙적으로 보험업법의 규정이 적용되도록 하고 있다.

동법 제2조는 다른 법률에 특별한 규정이 있는 경우(제1항 1호) 기타 열거된 자(제1항 2호), 법령에서 정하는 인원수 이하의 자를 상대방으로 하는 것(제1항 3호)을 제외하고 있다.

4. 우리나라의 현행법상의 보험의 정의에 대한 검토

자본시장법의 시행으로 다양한 파생금융상품의 등장과 기후보험 등 신종보험의 증가, 통합보험상품의 일반화에 따라 전통적인 보험의 개념정의 또한 변화하는 보험환경에 따라 재설정이 불가피하다고 판단된다. 우리나라 금융산업내 보험산업의 영역의 획정을 의미하는 보험의 개념정의를 위하여서는 외국의 입법례를 철저한 연구검토가 긴요하다. 일본 보험법·보험업법, 우리의 개정 보험업법의 보험의 정의와 관련하여 주요한 쟁점은 다음과 같다.

첫째, 일본의 보험법은 "보험계약, 공제계약, 기타 어떠한 명칭인가를 묻지 않고"라고 하여 영리보험, 상호보험, 공제 등에 대하여 보험법이 적용되는 것을 명확히 하고 있는 점은 우리법에도 명확히 규정하는 것이 타당하다고 판단된다. 또한 보험의 정의에 생명보험계약의 특성을 감안하여 "일정한 사유가 생기는 것을 조건으로"라고 규정하여 우연성을 정의개념에서 제외하고 있는 점은 신종보험, 통합보험 등의 출현에 유연하게 대응하기 위한 목적인 것으로 판단되어 실무동향을 주시할 필요가 있다고 판단된다.

둘째, 일본 보험법은 보험의 요소중 "수지상등의 원칙"은 보험계약자가 다수일 것을 전제로 하는데, 사법관계를 규율하는 보험법에서는 이를 요건화하지 않고, "급여반대급여균등의 원칙"의 내용으로 보험료책정에 있어서 통계적 방법의 이용은 이를 요건화 하고 있다. 일본 보험업법에서는 법령에서 정하는 인원수 이하를 상대방으로 하는 사업을 보험업에서 제외하고 있다. 이에 관한 구체적인 논의를 바탕으로 보험계약법과 보험업법상 이에 관한 규정을 두는 것이 합당하지 여부에 대한 검토가 필요하다.

셋째, 통계적 방법을 이용하였는가 여부의 판단기준이 문제된다. 일본 보험법 제정 시에 가령 기업 내에서 구성원이 사망하는 때에 위로금정도가 일률적으로 급부되는 경우에 보험법의 적용대상으로 할 필요가 없다고 한 입법담당자의 언급과 "계약체결 시에 고지를 구하거나 생명보험계약에서 연령제한을 두는 경우에는 보험료 등 다른 가입조건이 균일하더라도 보험법의 적용대상으로 하여야 할 것이다."는 표현에서 보다시피 구체적인 판단은 용이한 것은 아니다.

넷째, 우리의 개정 보험업법은 일본 보험업법과 달리 ① 보험상품과 보험업을 따로 정의하고 있는 바, 그 합리성을 검토하는 것이 필요하고, ② 복권 등과 같이 기대이익을 목적으로 하는 상품을 제외하기 위하여 "위험보장을 목적"으로 한다는 문언을 포함하고 있다. 특히 2번째 쟁점과 관련하여서는 일본 보험법제정을 위한 중간시안에서는 파생금융상품과의 구별을 위하여 "위험의 대비"라는 개념이 들어가 있었지만, 주관적인 개념이고 도덕적 위험이 없는 경우에는 위험의 대비와 관련 없는 보험을 인정할 수 있다는 이유로 최종적으로 생략되어 있음을 감안하여 우리법에서도 삭제하는 방안을 검토하여야 할 것이다.

다섯째, 일본 보험법 제정 시에 생명보험업계의 요청에 따라 검토를 하였지만 채택하지는 아니한 생명보험에서의 정액현물급부의 타당성을 검토할 필요가 있다.

제2장 보험법의 체제와 강행법성

Ⅰ. 총설

보험법의 체제와 관련하여서는 (1) 현재와 같이 상법 보험편에서 규정하는 방식 대신 대다수 국가와 같이 보험법을 단행법화 하는 것이 입법상 효율적인가, (2) 우리 상법 보험편의 모든 조항을 소비자보험의 경우 상대적 강행규정으로 하고 있는 현행 입법방식(상법 제693조)을 개선할 필요성은 없는 것인가에 관하여 살피고자 한다.

Ⅱ. 보험법의 단행법화

세계 대부분의 국가는 보험법을 민법에서 규정하는 이탈리아, 네덜란드 등을 제외하고는 독립한 단행법으로 규율하고 있다.[25] 우리의 경우 단행법화가 시급하다고 보는 근거로는 다음을 들 수 있다.

첫째, 보험은 기본적 상행위의 일종(상법 제46조 15호)이지만, 기술성·상대적 강행법성 등 보험제도의 특수성 때문에 보험계약관계를 상법상의 일반원리에 의하여 처리할 수 없다.

둘째, 근래 보험사업에 대한 규제완화가 진전되어 종래에는 보험상품을 판매하기 위하여서는 사전인가를 받도록 하였으나 소비자보호를 저해하지 아니하는 한도에서 자율성을 최대한 보장하는 자율상품제도로 전환(사전규제로부터 사후감시·구제체제로 전환[26])함에 따라 보험계약의 유형과 약관이 회사별로 다양화되고 있다.[27] 이와 같은 변화를 반영하기 위하여서는 상법 보험편의 개정보다는 새로운 체계를 갖춘 보험법의 제정이 필요하다.

셋째, 보험관계법으로는 보험감독법과 보험계약법으로 구분할 수 있다. 전자에는 자본시장법, 보험업법, 약관규제에 관한 법률, 독점규제 및 공정거래에 관한 법률, 정부가 제정을 준비 중인 금융소비자 보호에 관한 법률[28] 등이 있고, 후자에는 상법 보험편이 존재한다. 보험소비자로서는 보험계약법이 단행법의 형식을 취하는 경우 보험감독법과 종합하여 법률내용을 파악하는데 용이하다.

넷째, 현재 보험으로서의 실질을 가지는 공제에 대하여 상법 보험편을 적용하거나[29] 유추적용[30] 함에 따라 공제를 이용하는 소비자는 충분한 법적 보호를

25) 독일(1908), 스위스(1908), 스위스(1908), 프랑스(1930), 스웨덴(1927), 그리스, 오스트리아, 호주, 미국의 각주, 덴마크, 벨기에, 포르투갈, 스페인, 일본, 중국, 대만, 룩셈부르크 등이 그 예이다.

26) 高山崇彦 編著, Q&A 新保険法の解說, 金融財政事情硏究會, 2008, 3面.

27) 최근 개정된 보험업법 제127조, 제128조의2, 제128조의 3, 제196조는 보험상품심사절차를 신고상품 이외의 상품은 모두 자율상품화 하는 Negative방식을 취하여 자율상품제도로 전환하고 상품자율화에 대응하여 사후감독 및 제재조치를 강화하여 소비자피해 발생우려를 최소화하고자 하고 있다.

28) 한국개발연구원·자본시장연구원·서울대학교 금융법센터, 금융소비자 보호에 관한 법률(가칭)-금융소비자 보호를 위한 기본방향토론회 자료집, 2010. 6. 30.

29) 대법원 1996. 12. 20. 선고 96다23818 판결.

30) 대법원 1998. 3. 13. 선고 97다52622 판결.

받지 못하고 있는 실정이다. 따라서 보험법에 공제를 포함한 보험 일반에 대하여 보험법이 적용되는 것을 명확히 규정하여 보험자가 누구인가에 따라 그 적용법률이 달라지는 불합리를 시정할 필요가 있다.[31)]

다섯째, 유럽보험계약법준칙, 독일 보험계약법, 일본 보험법 등은 정보비대칭의 지위에 있는 경제적인 약자인 보험계약자보호를 위하여 설명의무, 적합성원칙 등 보험자의 정보제공의무를 강화하고, 고지의무를 보험자의 질문에 답변하는 의무로 전환하며, 고지의무, 보험기간중의 위험증가의 경우 비율적 보상제도를 채용하는 등 획기적인 제도를 도입하고 있다. 이에 우리의 보험계약법을 현대화하는 데는 보험법의 단행법화가 능률적이라는 점 등을 들 수 있다.

III. 보험계약법의 상대적 강행법성

1. 문제의 소재

보험계약의 단체성·기술성, 보험계약의 부합계약성, 보험계약자와 보험자의 정보량·교섭력·이해력·경제적 지위에 있어 비대칭적 관계 등에 비추어, 소비자보험분야에서는 보험계약자 등을 보호할 필요성이 크다.[32)] 이에 상법은 "이 편의 규정은 당사자 간의 특약으로 보험계약자 또는 피보험자나 보험수익자의 불이익으로 변경하지 못한다(상법 제663조 본문)."라고 규정하고 있다. 이와 같이 상법 보험편의 규정은 이에 위반하고, 보험계약자 측에 불리한 특약은 무효로 되는 상대적 강행규정 또는 편면적 강행규정으로 되어 있다.

다만 상법은 "재보험 및 해상보험 기타 이와 유사한 보험의 경우에는 그러하지 아니하다(상법 제663조 단서)."라고 규정하여 기업보험의 경우 상대적 강행규정성의 적용이 제외되어 있다. 그 이유로는 대등한 경제적 지위에서 계약조건을

---

31) 일본에서는 보험사고발생에 대하여 지급되는 공제금이 가입자의 재산상의 수요를 충족시키는 정도가 아니라 위로금에 불과한 점에서 보험제도와 실질이 다른 경우가 있지만, 실질적으로 보험과 동등한 내용을 가지는 보험계약에는 사법적 관계를 규율하는 제정 보험법의 규정(보험법 제2조 1호)이 적용된다[江頭憲治郎, 商取引法 弘文堂, 2010, 406面].

32) 萩本修, "保險法現代化の概要"(落合誠一 外編, 新しい保險法の理論と實務, 經濟法令硏究所, 2008), 16面.

정하는 보험인 기업보험에서는 "보험계약자의 이익보호를 위한 법의 후견적 배려는 필요하지 않고 오히려 어느 정도 당사자 사이의 사적 자치에 맡겨 특약에 의하여 개별적인 이익조정을 꾀할 수 있도록 할 필요가 있기 때문이다.[33)]"

이와 같은 우리법의 입법형식에 대하여서는 지나치게 과감하지 않았는가 하는 자성이 입법 바로 직후부터 있었고,[34)] 판례도 중복보험에 관한 상법 제672조 제1항[35)]과 보험목적의 양도에 관한 상법 제679조[36)]를 임의규정으로 보아 상법의 제679조의 입장을 수정하기도 하였다.

각 국가의 규율방식으로는 (1) 예외규정을 둔 경우를 제외하고는 보험계약법의 모든 조항을 강행규정으로 하는 방식,[37)] (2) 우리법과 같이 소비자보험에 한하여 상대적 강행규정으로 규율하는 방식,[38)] (3) 각 조항별로 임의규정인지 상대적 강행규정인지를 명시하는 방식, 즉 특별히 상대적 강행규정임이 명시되지 않으면 임의규정인 방식[39)] 등이 있다.

아래에서는 유럽보험계약법준칙의 체계를 따로 검토하고, 위에서 제시한 세 가지 유형의 입법방식의 장단점과 함께 우리법의 시사점을 제시하고자 한다.

2. 현행 보험계약법의 편면적 강행법성

가. 보험계약자의 보호의 필요성과 보험계약의 상대적 강행법성

상법은 "이 편의 규정은 당사자 간의 특약으로 보험계약자 또는 피보험자나

33) 대법원 1996. 12. 20. 선고 96다23818 판결.

34) 정호열, 보험계약법의 상대적 강행법성에 관한 고찰, 보험법연구 제17권 제3호(1999), 370면.

35) 대법원 2002. 5. 17. 선고 2000다30127 판결.

36) 대법원 1991. 8. 9. 선고 91다1158 판결과 대법원 1993. 4. 13. 선고 93다8552 판결; 이 판결은 보험법통칙에 대하여서만 상대적 강행법성을 인정하던 상법 보험편 개정이전의 판결이지만, 현재에도 상법 제679조를 임의규정으로 해석하는지 여부에 관한 법원의 판단이 기대된다.

37) 벨기에 보험계약법 제149조; 폴란드 민법 제807조 제1항; 룩셈부르크 보험계약법 제3조; 프랑스 보험법 제111-2조; 2008년 개정 이전의 독일보험계약법 제55조와 네덜란드 민법 제7-963조 제1항은 일부조항은 임의규정 또는 상대적 강행규정으로 하고, 다른 조항은 절대적 강행규정으로 하고 있다.

38) 핀란드 보험계약법 제3조; 그리스 보험계약법 제33조 제1항; 스웨덴 보험계약법 제6조 제1항; 스페인 보험계약법 제2조; 네덜란드 보험계약법 제7-943조 제1항 등.

39) 일본 보험법 제36조 등; 이탈리아 민법 제1932조에 열거된 조항; 스위스 보험법계약법 제98조와 개정 보험계약법 초안 제2조 2항에 열거된 조항; 호주 보험계약법 제18조; 독일보험계약법 제18조 등.

보험수익자의 불이익으로 변경하지 못한다(상법 제663조 본문)."라고 규정하고 있다. 이와 같이 보험계약법의 규정에 위반하고, 보험계약자 측에 불리한 특약을 상대적 강행규정이라고 한다.

다만 상법은 "재보험 및 해상보험 기타 이와 유사한 보험의 경우에는 그러하지 아니하다(상법 제663조 단서)."라고 규정하여 기업보험의 경우 상대적 강행규정성의 적용이 제외되어 있다.

나. 판례

대법원 1996. 12. 20. 선고 96다23818 판결[40]은 보험계약자가 어선소유지, 보험자는, 수산업협동조합이고 해상보험에 관한 사건인 대법원 1996. 12. 20. 선고 96다23818 판결은 "제663조 단서가 해상보험에 같은 법조 본문 소정의 보험계약자 등의 불이익변경금지원칙이 적용되지 아니하도록 규정하고 있는 취지는 해상보험이 보험계약자와 보험자가 서로 대등한 경제적 지위에서 계약조건을 정하는 이른바 기업보험의 일종으로 보험계약의 체결에 있어서 보험계약자의 이익보호를 위한 법의 후견적 배려는 필요하지 않고 오히려 어느 정도 당사자 사이의 사적 자치에 맡겨 특약에 의하여 개별적인 이익조정을 꾀할 수 있도록 할 필요가 있기 때문이다"라고 하여 기업보험은 보험계약자와 보험자가 "대등한 경제적 지위에서 계약조건을 정하는 보험"이고, 상대적 강행규정의 적용을 배제하는 이유로는 "보험계약자의 이익보호를 위한 법의 후견적 배려는 필요하지 않고 오히려 어느 정도 당사자 사이의 사적 자치에 맡겨 특약에 의하여 개별적인 이익조정을 꾀할 수 있도록 할 필요가 있기 때문이다"고 한 이래, 대기업인 보험계약자와 수출보험공사 사이의 수출보험사건인 대법원 2000. 11. 14. 선고 99다52336 판결, 금융기관종합보험에 관한 사건으로 보험계약자가

40) 이 사건의 사실관계는 다음과 같다. 총톤수 89톤의 어선의 소유자가 보험기간은 1년, 공제료는 3회분납, 공제대상은 침몰 등 해상고유의 위험으로 인한 선박손해 등을 내용으로 하는 어선공제계약을 수산업협동조합과 체결하였다. 제2회 분납공제료에 대하여서는 당시 효력이 인정되고 있던 실효약관(분납공제료의 미납시 14일간의 유예기간을 두고 이때까지 공제료를 납입하지 않는 경우 공제계약은 효력을 상실함)이 삽입되어 있었다. 제2회 분납공제료를 납입유예기간이 경과한 후까지 납입하지 않고 조업을 하다가 선박이 폭풍으로 인한 기상악화로 침몰하였다. 법원은 분납 공제료 체납시 상법 제650조 제2항 소정의 최고 및 해지절차 없이 곧바로 공제계약의 실효를 규정한 어선보통공제약관 조항은 무효라고 하고 보험금지급을 명하였다.

은행인 대법원 2005. 8. 25. 선고 2004다18903 판결, 보험계약자가 증권회사인 신원보증보험사건인 대법원 2006. 6. 30. 선고 2005다21531 판결에서 "상법 제663조 소정의 보험계약자 등의 불이익변경 금지원칙은 보험계약자와 보험자가 서로 대등한 경제적 지위에서 계약조건을 정하는 이른바 기업보험에 있어서의 보험계약의 체결에 있어서는 그 적용이 배제된다."고 판시하여 같은 취지의 판시를 하고 있다.[41]

상법 제663조 단서의 적용여부에 관한 판례의 동향

사건번호	쟁점	판결내용
대법원 1996. 12. 20. 선고 96다23818 판결	수산업협동조합이 영세어민의 소형어선의 해상위험을 담보하는 어선공제계약이 대한 상법 663조 단서 적용여부	소형 어선을 소유하며 연안어업 또는 근해어업에 종사하는 다수의 영세어민들을 주된 가입대상자로 하고 있어 공제가입자들의 경제력이 미약하여 공제계약 체결에 있어서 공제가입자들의 이익보호를 위한 법적 배려가 여전히 요구되므로 불이익변경금지원칙의 적용을 배제하지 아니한다고 하고, 이른바 실효약관의 효력을 부인함
대법원 2000. 11. 14. 선고 99다52336 판결	삼성물산주식회사와 수출보험공사 간에 체결된 단기수출보험포괄보험특약 및 단기수출보험(선적후)약관을 내용으로 하는 보험계약에 상법 663조 단서 적용여부 영업배상특약보험에 가입한 낚시	보험계약자와 보험자가 서로 대등한 경제적 지위에서 계약조건을 정하는 기업보험에 상법 제663조 소정의 보험계약자 등의 불이익변경 금지원칙의 적용이 배제됨

41) 소비자보험과 기업보험은 다음 2가지가 다르다. 첫째는 소비자보험은 사회정책의 영향을 크게 받는 데 비하여, 기업보험은 그러하지 아니하다. 기업보험의 경우에도 산재보험과 같은 사회정책이 존재하는 경우도 있지만, 기업보험은 사회정책이 거의 기능하지 않는 광범위한 영역을 보장한다. 자동차보험과 같은 소비자보험은 장래에는 노인장기요양보험과 같이 강제보험으로 되어 사회복지로 전환될지도 모른다. 둘째, 소비자보험은 대규모시장을 대상으로 하고, 위험풀도 거대하며, 예상손해도 안정적이고 예측가능하다. 이에 소비자보험은 포트폴리오보험으로도 불린다. 반면 기업보험은 위험은 규모와 조건 2가지가 매우 다르고, 매우 다양한 잠재위험에 이른다. 기업손해는 거대할 수 있고, 보험자의 경험은 각각 다를 수 있다. 보험자가 모든 기업과정상의 위험을 알 수 없고, 이에 보험계약자의 정보가 매우 중요하다.; David Herzel, The Consumer Insurance(Disclosure and Misrepresentation) Act 2012, in edited by Perer Tyldesley, (Bloomsbury Professional, 2013), p. 182.

사건번호	쟁점	판결내용
대법원 2002. 6. 28. 선고 2002다22106 판결	터업자로부터 시설의 유지·보수공사를 위탁받은 자가 작업 중 굴삭기가 물속으로 전복되어 사망하여 손해배상책임문제가 다투어져 긴급조치비용(응급후송 및 치료비: 99만원)과 불법행위책임, 사용자책임, 공작물소유자·관리자책임관련 변호사선임비용(2200만원)의 보상을 청구함: 보험자의 동의없이 지급한 소송비용은 보상하지 않는다는 조항이 상법 663조, 제720조 제1항에 반하여 무효인지 여부	(1) 긴급조치비용은 사고발생시 피보험자의 법률상 책임 여부가 판명되지 아니한 상태에서 피보험자가 손해확대방지를 위한 긴급한 행위임 (2) "피보험자가 지급한 소송비용, 변호사비용, 중재, 화해 또는 조정에 관한 비용 중에서 피보험자가 미리 보험자의 동의를 받아 지급한 경우에만 보험금을 지급한다."는 약관조항은 상법 663조, 제720조 제1항에 반하여 무효이고, 후일 확정판결에 따르면 피해자의 과실로 인한 것으로 보험사고로 인한 손해가 아니었지만 사고 발생시 피보험자와 보험자의 법률상 책임 여부가 판명되지 아니한 상태에서 피보험자가 피해자가 제기한 소송에 응소한 비용은 방어비용에 해당함
대법원 2005. 8. 25. 선고 2004다18903 판결	중소기업은행이 보험계약자인 금융기관종합보험에 상법 663조 단서 적용여부	보험계약의 당사자가 모두 금융기관으로서 서로 대등한 경제적 지위에서 계약조건을 정할 수 있어 보험계약자의 이익보호를 위한 법의 후견적 배려가 필요하다고 보이지 아니하는 점 등에 비추어 원래 경제적으로 약한 처지에 있는 일반 대중을 보호하기 위하여 인정된 상법 제663조 본문 소정의 불이익변경 금지원칙은 그 적용이 배제됨
대법원 2006. 6. 30. 선고 2005다21531 판결	현대증권주식회사가 보험계약자인 신원보증보험계약에 손해방지의무에 관하여 보험자의 동의 없이 지출한 비용을 지급을 구할 수 없다고 한 약관조항에 상법 663조 단서 적용여부	이 사건 각 신원보증보험계약은 금융기관인 원고와 피고가 서로 대등한 경제적 지위에서 계약조건을 정한 이른바 기업보험계약에 해당하여 상법 제663조에 규정된 '보험계약자 등의 불이익변경 금지원칙'이 적용되지 아니함

3. 유럽보험계약법준칙과 일본의 입법형식

여러 입법례중 최근 개정되어 혁신적인 내용을 담고 있는 영국, 유럽보험계약법준칙과 일본의 경우를 살펴본다.

가. 개정 영국법

2012년 소비자(고지의무)법의 적용대상은 소비자보험이고, 동법상 소비자보험은 "개인의 거래, 영업 또는 직업과 전적으로 또는 주로 무관한 목적아래 계약을 체결하는 소비자와 보험회사 사이에 체결되는 계약이다"(동법 제1조)이다.

나. 일본

일본 보험법은 보험계약자 기타 보험계약자 측의 관여자의 보호를 위하여 특히 필요한 규정에 대하여서는 그 규정보다 보험계약자 등에게 불리한 것은 무효로 하는 상대적 강행규정성이 조문 각각에 명문화되어 있다.

생명보험계약과 상해질병정액보험계약(상해질병손해보험계약도 같음)에는 상대적 강행규정성의 적용제외가 규정되어 있지 않다. 그 근거로는 단체생명보험계약은 사업자가 체결한 것이지만, 보험계약의 이익은 직접 또는 간접적으로 단체구성원인 소비자에 귀속하는 것이 일반적이라는 것과, 재보험과 국제적인 보험시장과의 관련과 사정이 일반적으로 존재하지 않는다는 것 등이 있다.[42)]

손해보험계약에 대하여는 ① 해상보험계약, ② 항공보험계약, ③ 원자력보험계약, ④ 법인 기타 단체 또는 사업을 행하는 개인의 사업활동에 수반하여 생기는 손해를 보상하는 손해보험계약에 대하여서도 상대적 강행규정성의 적용이 제외되어 있다(보험법 제36조).

①~③은 명확하지만, ④에 대하여서는 일본 보험법에서는 실질기준을 채용하여 사업활동에 수반하는 위험을 대상으로 하는 보험을 의미하는 실질기준을 채용한 것으로 이해되고 있다.[43)]

---

42) 山下友信, "新しい保險法-總論的事項および若干の共通事項,"『ヅェリスト』, No. 1364, 2008. 10. 1, 15面.

43) 山下友信, 상계논문, 13面에서 山下友信교수는 예컨대 점포의 화재보험은 사업을 행하는 점포

다. 유럽보험계약법준칙

유럽보험계약법준칙은 강행규정, 상대적 강행규정, 임의규정으로 나누어 규정하고 있다.[44)]

첫째, 강행규정으로 들고 있는 것은 정액보험은 인보험이외의 경우에 둘 수 없다고 한 조항과 사기적 사항에 관한 사항에 대하여서는 이를 절대적으로 변경할 수 없다는 조항, 사기적 행위를 규정하는 모든 조항이다(유럽보험계약법준칙 제1-103조 제1항).

둘째, 임의규정에는 (1) 자동차·항공기·선박·기차에 대한 손해(유럽보험계약법준칙 제1-103조 제2항 a호), (2) 신용과 보증[45)] (3) 보험계약자가 수치로 정한 기준을 초과하는 기업인 경우로서 화재, 원자력, 책임 등의 위험[46)]을 담보하는 규정(준칙 제1-103조 제2항 c호)이 속한다.

셋째, 절대적 강행규정, 임의규정 이외는 상대적 강행규정이다.

4. 시사점

가. 각국의 입법방식의 장단점의 검토

앞에서 든 3가지 입법방식의 장단점은 다음과 같다.

의 리스크에 대한 보험으로 주택에 대한 화재보험과는 달리 상품이 구성되는 인수판단이 행해지는 한 가끔은 영세한 점포의 사업에 대한 보험도 4호에 해당한다. 이에 대하여 업무용자동차에 대한 자동차보험이어도 자가용자동차(보험료율의 차이가 있어도)와 동일한 보험상품으로 구성되어 인수되는 경우에는 4호에 해당한다고 한다.

44) 유럽보험계약법준칙은 보험의 발상지인 유럽의 각국의 보험계약법과 실무를 종합적으로 검토하여 모든 회원국에게 적용되는 통일적인 보험계약법을 제정하고자 하는 점에서 개별적인 국가의 보험계약법과는 입법동기가 다르다는 점을 유념하면서 검토하는 것이 필요하다고 판단된다.

45) 보험계약자가 기업활동이나 상업활동에 전문적으로 종사하거나 자유직업에 종사하고 그 위험이 그 활동과 관련이 있는 경우에 한함(유럽보험계약법준칙 제1-103조 제2항 b호)

46) ① 육상자동차, 자동차 이외의 육상차량의 멸실, 훼손(부록 3호) ② 화재, 폭발, 폭풍, 폭풍 이외의 자연력, 핵연료, 육상침하로 인한 재산의 멸실 또는 훼손(부록 8호) ③ 우박, 서리 그리고 8호에서 언급한 이외의 강도와 같은 사고로 인한 멸실 또는 훼손(부록 9호) ④ 육상에서 운행하는 자동차의 사용으로 인한 책임(운송인의 책임포함)(부록 10호) ⑤ 자동차·항공기·선박의 사용으로 인한 책임 이외의 책임을 담보하는 보험. 다만 보험계약자가 (1) 대차대조표상의 총액이 620만유로 (2) 총매상고가 1,280만유로 (3) 회계연도의 평균종업원수가 250명의 3가지 수치중 2가지의 기준을 초과하는 경우에 한함.

먼저, 임의규정을 제한적으로 열거하고 나머지는 절대적 강행규정으로 하는 첫 번째 입법방식은 소비자보험의 경우에도 임의규정으로 열거된 조항이 해당하지 아니하는 경우에는 보험법의 규정에 반하여 보험자에게 부담을 지우는 조항을 둘 수 없다는 점에서 지나치게 계약자유의 원칙을 좁게 인정하여 보험상품개발의 자유를 넓게 인정하는 근래의 입법방향에 반한다는 것이다. 이에 속하는 대표적인 국가는 프랑스로 보험법 제111-2조에서 임의규정에 해당하는 조항을 제한적으로 열거하고 있다. 이에 따라 프랑스대법원[47]은 보험계약자에게 유리하게 소멸시효를 연장한 계약은 제112-조의 위반으로 무효라고 하였다. 그러나 제111-2조는 보험계약자에게 불리하게 계약에서 규정하는 것을 금지한 것이라고 해석하는 학자도 있다.[48]

둘째 방식은 우리 보험계약법이 택하고 있는 입법방식으로서 소비자보험에 대하여 모든 조항을 일률적으로 상대적 강행규정으로 하여 상법 보험편이 보험계약자를 위한 최소보장규범으로 되어 보험계약자보호를 철저하게 구현할 수 있는 장점을 가진다. 그러나 예외 없이 모든 조항을 편면적 강행법으로 하는 점에서 입법시에 임의규정의 성격을 가지는 조항을 두는 것은 허용되지 않는 점에서 입법을 제한하고, 보험자의 영업의 자유를 지나치게 제약하는 단점이 있다. 또한 소비자보험과 기업보험의 구별의 한계가 명확하지 않다는 단점도 지적되고 있다.

세 번째 방식은 각 조항별로 임의규정인지 상대적 강행규정인지를 명시하는 것이다. 이는 소비자보험의 경우 보험계약자보호가 필요한 사항은 편면적 강행규정으로 규율하고, 나머지는 일종의 표준조항의 성격을 가지는 조항을 둘 수 있게 되어 입법정책이나 보험계약자보호의 측면에서 우수한 방식이라고 판단된다. 다만 각 조항의 성격을 일일이 검토하여 그 내용을 명시하여야 하는 점에서 통일성과 체계성을 결하게 되는 단점이 있다.

---

47) Cass. civ. 1re, 2.6.1964, RGAT 1965, 46f.

48) Jurgen Basedow & John Birds & Malcolm Clarke & Herman Cousy & Helmut Heiss & Leander Loaker, op. cit., p. 80; 프랑스법상 강행규정이 절대적 강행규정인지 편면적 강행규정인지는 각 조항의 취지를 판단하여 결정하여야 한다고 해석하기도 한다(山下友信·米山高生, 保險法解說, 有斐閣, 2010, 70面).

나. 시사점

보험계약법은 개인·단체가 경제생활에서 조우하는 위험을 이전·분산하기 위한 민사적인 법률이다. 사적 거래는 거래당사자간의 교섭에 의하여 실현된다. 보험거래에는 시장이 존재하고 기능하고 있으므로 기본적으로 보험계약법은 임의규정으로 구성하는 것이 옳다고 판단된다. 다만 책임보험의 피해자와 같이 보험거래의 당사자 이외의 제3자에게 부당한 불이익이 생기거나 보험자와 보험계약자 사이의 정보나 교섭력의 비대칭으로 인하여 시장의 실패가 우려되는 경우에는 편면적 강행규정으로 하는 것이 타당하다.[49] 다만 이 경우에도 과잉규제가 되지 않도록 신중을 기할 필요가 있다고 판단된다.

이와 같이 우리 보계약법은 장차 근래 각국이 일반적으로 채용하고 있는 것과 같이 각 조항별로 임의규정인지 상대적 강행규정인지를 명시하는 방식을 취하는 것이 합리적이라고 판단된다. 또한 계약법적인 보험거래관계에 원칙적으로 국가의 개입은 줄이고 시장의 기능에 기본적으로 맡기는 것이 적절하다는 측면과 정보비대칭의 지위에 있는 보험소비자보호의 강화라는 두 가지 상반된 측면이 조화롭게 반영되는 입법방식이 타당하다고 판단된다.

또한 소비자보험과 기업보험의 구별기준을 명확히 하는 것이 필요하다고 판단된다. 최근의 입법예로 기업보험의 범위를 명확히 하고 있는 일본 보험법,[50] 매상액, 종업원수 등 수치에 의하여 명확히 기업보험의 적용대상을 정하는 유럽보험계약법준칙의 입장을 반영하는 것이 타당하다고 판단된다.

---

49) 落合誠一, "新しい保険法の理論と展望"[落合誠一 外編, 新しい保険法の理論と實務, 經濟法令研究所, 2008, 10面].

50) 일본보험법상 생명보험계약과 상해질병정액보험계약(상해질병손해보험계약도 같음)에는 상대적 강행규정성의 적용제외가 규정되어 있지 않고 오직 손해보험에 대하여서만 국한되고 있다. 손해보험계약에 대하여는 ① 해상보험계약, ② 항공보험계약, ③ 원자력보험계약에 대하여서는 상대적 강행규정성의 적용이 제외되어 있다(보험법 제36조 1호~3호). ①~③외에 ④법인 기타 단체 또는 사업을 행하는 개인의 사업활동에 수반하여 생기는 어떠한 손해를 보상하는 손해보험계약에 대하여서도 상대적 강행규정성의 적용이 제외되어 있다(보험법 제36조 4호).; 한창희, 현대보험법의 동향, 국민대학교 출판부, 2009, 23~24면.

제3장 성립전 보험자의 정보제공의무

Ⅰ. 총설

1. 보험자의 정보제공강화의 필요성

정보제공의무는 보험에만 특유한 것이 아니고, 지식은 단편적이며 전문가적 능력은 전문가만의 특성인 과학사회와 기술사회의 부산물이라 할 수 있다. 오늘날은 가장 교양 있는 사람도 낯선 분야에서는 비전문가임이 지적되고 있다. 의사, 건축가, 공증인, 은행원, 변호사, 여행대리인 등 전문직업의 영위, 지적활동과 서비스에서 경험이 없는 소비자에 대하여 전문가들은 일반적으로 조언을 행하고, 소비자들은 제공된 조언의 질을 확인하고자 한다.[51] 오늘날 보험법의 주요과제는 보험계약자에 대하여 체계적인 보험교육과 보험자의 정보제공의무 강화를 통하여 정보비대칭하의 보험계약자를 보호하는 것이다. 여기서는 보험상품의 판매·권유시에 보험상품에 관한 중요한 정보의 제공의무의 강화에 대하여 기술한다. 정보제공의무의 강화의 근거로는 보험상품의 특성, 정보비대칭성, 보험계약자의 제한적 합리성 등을 들 수 있다.

가. 보험상품의 본질적 특성

(1) 부합계약성

보험계약은 보험과 법률에 대한 전문가인 보험자가 보험소비자와 교섭 없이 일방적으로 작성하는 보험약관에 의한 양자택일의 계약인 부합계약인 점을 들 수 있다.

(2) 보험상품의 본질적 특성

보험상품은 무형의 급여의 약속만이 있을 뿐이고, 지급사유가 발생하여 보험

---

51) Yvonne Lambert-Faivre et Laurent Leveneur, Droit des assurances, (14 éd, Dalloz, 2018), n° 146.

금청구절차를 취할 때 비로소 그 품질·성능을 알 수 있고, 보험상품의 구매대상은 소비자가 그 성과를 계량적으로 정확히 평가하는 것이 불가능한 장기에 걸친 무형적인 안전감으로 이는 고도로 특수하고 전문적으로 보험약관에 조문화 되는데 반하여, 보험계약자는 이에 대한 충분한 정보를 가지지 못한다.

나. 정보비대칭

(1) 보험상품의 복잡화 · 통합화

금융빅뱅의 진전에 따른 금융겸업화, 각종 규제완화, 금융공학의 발달 등에 수반하여 통합보험상품, 특약부 보험상품이 일반화됨에 따라 보험계약의 내용을 이루는 보험약관은 더욱 복잡하여져서 보험자와 보험계약자의 정보비대칭성은 더욱 심화되고 있다.

(2) 판매채널의 변화

2000년대에 들어서면서 디지털금융, 온라인, 방카슈랑스와 같은 금융겸업화 등 금융환경의 변화와 함께 전통적인 면대면방식이 아닌 비대면 판매방식인 전화(TM: Telephone Marketing), 인터넷(CM: Cyber Marketing), TV홈쇼핑 등 정보기술을 활용하는 다양한 새로운 판매채널이 등장하여 정보열위자인 보험계약자의 보호와 관련하여 새로운 문제를 야기하고 있다.

다. 보험계약자의 제한적 합리성(bounded rationality)

가계인 금융소비자는 정보를 인식하고 활용하는데 제한된 합리성을 가지므로, 정확한 정보를 제공받더라도 합리적으로 이를 판단하지 못하고 올바른 선택을 하지 않는 가능성이 높다는 것이 행태재무학에 의하여 연구되고 있다. 제한된 합리성은 가난하거나 학력이 낮은 사람, 나이가 어리거나 노년인 사람들에게 특히 취약함을 지적하고 있다. 이는 근래 보험자는 설명의무에 추가하여 보험계약자의 재산상황등에 관한 정보를 수집하여 적합한 상품을 판매할 의무인 적합성원칙의 근거가 된다.

2. 외국 보험법상의 정보제공의무규제의 동향

근대보험의 발생지인 영국에서는 2005년 이래 종래의 소극적인 보험자의 정보제공의무체제를 혁명적으로 개혁하여 2002년의 유럽연합 보험모집지침[52]과 원격상거래지침[53]을 국내법화 함에 있어서 2005년에 도입된 영업행위준칙(Insurance Conduct of Business: ICOB)[54]을 개정한 보험영업행위준칙(Insurance Conduct of Business Sourcebook: 이하 ICOBS라 함)이 2008년 1월부터 시행되고 있다. ICOBS의 핵심은 보험판매채널을 포함하는 보험회사와 보험소비자 사이의 소통에 관한 것으로 이들이 보험소비자와 소통에 있어서 정확·공평하여야 하고 오도해서는 아니되는 것을 내용으로 하는 높은 수준의 원칙을 부과하는 것이다.[55] ICOBS는 영국 금융법이 규정중심의 규율체계에서 원칙중심의 규율체제로 변화함에 따라 ICOB에 비하여 간략하고 단순화되어 있다.[56] 이에 따라 영국에서는 투자성 생명보험상품에 대하여서는 영업행위준칙(Conduct of Business Sourcebook: 이하 COBS라 함)이 적용되고, ICOBS는 단기이고 환급보험료가 없는 생명보험과 손해보험에 적용된다.

영국 이외에도 유럽 각국은 유럽연합 보험모집지침, 원격상거래지침의 시행과 관련하여 보험계약법상 보험약관 등의 제공의무와 보험계약자의 연령, 재산상황, 보험가입목적 등 수요를 확인하고 수요에 따른 보험상품을 권유할 의무를 의미하는 적합성원칙을 포함하는 보험자의 정보제공의무에 관한 제도를 도입하거나 강화하고 있고, 2009년에 제정된 유럽보험계약법준칙은 이에 관한 주목할 만한 규정을 두고 있다.

---

52) Council Directive (EC) 2002/92 on insurance mediation.

53) Council Directive (EC) 2002/65 on distance marketing of consumer financial services [2002] OJ L271/16.

54) 유럽연합 보험모집지침이 보험모집보조자를 거치지 않고 보험자가 직접 판매하는 경우에는 적용되지 않음에 비하여, ICOBS는 이에도 적용된다.; Michael Blair QC and George Walker and Robert Purves, Financial Services Law (2nd ed., Oxford, 2009) p. 836.

55) 영국 금융청이 제정한 영업원칙[Principles for Business(PRIN)]상 제7원칙은 "금융회사는 고객의 정보수요를 적절하게 고려하여야 하고, 고객과 소통함에 있어서 명확하고 공평하며 오도하지 않아야 한다"고 규정하고 있다.

56) John Birds, op. cit., p. 37.

일본에서는 소비자계약법은 사업자에 의한 중요사항에 대한 부실의 고지, 단정적 판단의 제공, 불이익한 사실의 고의의 불고지 등의 경우에는 소비자는 계약을 취소할 수 있음을 규정하고 있다(제4조 제1항 1 · 2호, 제2항). 일반약관에 대해서는 2017년에 개정되어 2020년에 시행될 예정인 민법 채권편에서 정형약관의 합의, 그 내용표시, 그 변경(민법 제548조의 2~민법 제548조의 3)까지 규정하고 있다. 2001년에 제정된 금융상품판매법[57]에서는 설명의무(제3조), 단정적 판단의 제공금지(제4조), 설명의무위반·단정적 판단제공금지의무 위반 시 손해배상책임(제5조)·손해액의 추정(제6조) 등에 관하여 규정하고 있고, 제5조의 손해배상책임은 채무불이행 또는 불법행위로 인한 손해배상책임으로 보험회사의 모집에 대한 손해배상책임(일본 보험업법 제293조)의 일반법의 성격을 띤다.

일본보험법에 설명의무에 대한 규정은 없고, 보험업법에서 정보제공의무를 상세히 규정하고 있다. 2013년 6월 7일의 '보험상품·서비스의 제공 등의 바람직한 모습에 관한 보험워킹그룹'의 '새로운 보험상품·서비스와 모집룰에 관한 바람직한 모습에 대한' 제언 등에 기초하여 감독지침 등에 규율하여 오던 비교설명, 권유판매에 관한 사항, 계약개요(고객이 보험상품의 내용을 이해하기 위하여 필요한 정보)·주의환기정보(고객에 대하여 주의를 환기하는 정보)에 관한 사항이 법령상 의무로 규정되었다.[58]

프랑스에서는 인보험에 대해서는 1981년 보험법의 개정에 의하여 정보제공의무가 창설되고, 손해보험에 대해서는 1989년 보험법의 개정에 의하여 정보제공의무가 규정된 이래 계속된 개정으로 그 내용이 보충되었다. 프랑스 보험법상의 조언의무와 정보제공의무는 전문직업인의 고객에 대한 조언의무의 일환으로 발전되었고, 수차례의 법령의 개정을 통하여 강화되었다. 프랑스에서는 보험기간이 장기이고, 보장의 목적이 복잡한 것이 일반적인 생명보험에서 정보제공서의 교부를 요구하고, 프랑스 보험법 L. 132-5-1조는 생명보험의 경우 제공의무가 부과된 서류와 정보제공서(note d'information)가 교부되지 아니하면, 그 교부

---

57) 한창희, 금융소비자보호법, 고시아카데미, 2019, 70~73面.

58) 한창희, 프랑스, 일본 보험법상 보험자의 정보제공의무의 시사점, 법학논총 제32권 제1호(2019), 국민대학교 법학연구소, 383面.

일로부터 30일, 그리고 보험계약이 체결된 것을 안 날로부터 8년으로 연장되는 것으로 엄격히 규제하지만, 철회권의 행사기간제한의 범위를 피보험자가 선의인 경우로 제한하는 등 합리적인 규제에도 노력하고 있다.[59)]

Ⅱ. 보험자의 설명의무

1. 총설

보험자의 설명의무에 대하여서는 약관설명의무의 사법적 관계에 관하여서는 상법 제638조의 3과 약관규제법 제3조, 그리고 감독적인 관계에 대하여서는 보험업법 제97조의 2에서 중첩적으로 규율하고 있다.

2. 상법상의 설명의무

가. 의의

보험자가 보험계약을 체결할 때 약관의 중요한 내용을 설명할 의무를 말한다(상법 제638조의 3 제1항). 판례[60)]에 따르면 설명의무의 근거는 "보험계약자가 알지 못하는 가운데 약관의 중요한 사항이 계약 내용으로 되어 보험계약자가 예측하지 못한 불이익을 받게 되는 것을 피하고자 하는 것 등이다."

설명하여야 할 중요한 사항은 보험회사와 보험모집관여자가 당해사항을 설명하였더라면 당해보험계약을 체결하지 않았다거나 당해보험계약의 내용대로는 체결하지 않았을 사항이다.[61)]

설명의 대상인 중요한 사항은 "보험료 금액과 그 지급방법, 보험금액, 보험기간, 보험사고의 내용, 보험계약의 해지사유, 보험자의 면책사유 등 고객의 이해관계에 중대한 영향을 미치는 사항으로서 사회통념상 그 사항의 지·부지가 계

---

59) 한창희, 상게논문, 379面.

60) 대법원 2005. 10. 7. 선고 2005다28808 판결.

61) 대법원 2018. 4. 12. 선고 2017다229536 판결; 한기정, 보험법, 박영사, 2017, 140면; 장덕조, 보험법, 법문사, 175면.

약체결 여부에 영향을 줄 수 있는 사항"[62]을 말하고, 무엇이 중요한 내용인지는 일률적으로 결정할 수 없고, 구체적인 사건에서 개별적인 사정을 고려하여야 한다.[63].

다만, 보험약관에 정하여진 중요한 사항이라고 하더라도 (1) 보험계약자나 그 대리인이 약관의 내용을 충분히 잘 알고 있는 경우, (2) 거래상 일반적이고 공통된 것이어서 당사자가 알고 있다고 예상할 수 있는 사항, (3) 법령에 규정된 사항을 구체적으로 부연하는 정도에 불과한 사항은 설명할 필요가 없다.

나. 설명의무와 조언의무

근래 일본, 프랑스 독일 등에서는 설명의무와 조언의무를 구별한다. 설명의무는, 보험자가 소비자에 대하여 계약에 관한 중요사항에 대하여 알게 할 의무이고, 제공된 정보를 바탕으로 보험계약자가 계약을 체결할지 여부는 보험계약자가 자기책임에 의하여 자유롭게 결정하는 것을 전제로 하는 개념이고, 이에 대하여 조언의무라 함은 보험자 또는 모집보조자가 모집에 있어서, 개개의 보험계약자의 수요에 적합한 보험상품을 권유할 의무이다. 조언의무와 설명의무의 다른 점은 설명의무에서는 판단은 보험계약자에게 위임되는 것에 대하여, 조언의무는 보험자와 모집보조자가 판단하는 점에 있다.[64] 우리 판례도 이와 같은 취지의 판시를 하고 있다.[65]

---

62) 사법연수원, 보험법연구, 2012, 35면.

63) 장덕조, 전게서, 175면; 한기정, 전게서, 140면; 박세민, 보험법, 박영사, 2019, 1618.

64) 한창희, 프랑스, 일본 보험법상 보험자의 정보제공의무의 시사점, 407면.

65) 대법원 2018. 4. 12. 선고 2017다229536 판결은 "보험회사 또는 보험모집종사자가 고객과 보험계약을 체결하거나 모집하는 경우, 개별 보험상품의 특성과 위험성을 알 수 있는 보험계약의 중요사항을 고객에게 설명하여야 할 의무를 부담하고, 이때 설명의무의 정도를 판단하는 방법과 기준 으로 보험약관만으로 보험계약의 중요사항을 설명하기 어려운 경우, 상품설명서 등 추가자료를 활용하는 등의 방법으로 이를 설명하여야 한다"고 하고, 이 판결은 구체적으로는 "보험회사 또는 보험모집종사자는 고객과 보험계약을 체결하거나 모집할 때 보험료의 납입, 보험금·해약환급금의 지급사유와 그 금액의 산출 기준, 변액보험계약인 경우 그 투자형태 및 구조 등 개별 보험상품의 특성과 위험성을 알 수 있는 보험계약의 중요사항을 명확히 설명함으로써 고객이 그 정보를 바탕으로 보험계약 체결 여부를 합리적으로 판단할 수 있도록 고객을 보호하여야 할 의무가 있다. 여기서 보험회사 또는 보험모집종사자가 고객에게 보험계약의 중요사항에 관하여 어느 정도의 설명을 하여야 하는지는 보험상품의 특성 및 위험도 수준, 고객의 보험가입경험 및 이해능력 등을 종합하여 판단하여야 한다. 다만 보험업법등에서

다. 구체적 사례

(1) 판례상 설명의무의 대상이 된다고 한 사례

먼저 자동차보험에 관한 판례로는 (ⅰ) 업무용자동차보험에서 주운전자에 관한 사항,[66] (ⅱ) 26세 이상 한정운전특별약관,[67] (ⅲ) 피보험자가 자동차정비업, 주차장업, 세차업, 자동차판매업, 자동차탁송업, 대리운전업 등 자동차취급업무상 수탁 받은 자동차를 운전 중 생긴 사고로 인한 손해'의 면책조항,[68] (ⅳ) 자동차보험약관의 '다른 자동차 운전담보 특별약관 중' 기명피보험자가 사용자의 업무에 종사하고 있을 때 그 사용자가 소유하는 자동차를 운전 중 생긴 사고로 인한 손해에 대한 면책약관,[69] (ⅴ) 자기신체사고에 대하여, 약관에 정한 보험금에서 상대방 차량이 가입한 자동차보험 등의 대인배상으로 보상받을 수 있는 금액을 공제한 액수만을 지급하기로 한 약관조항,[70] (ⅵ) 보험계약의 승계절차조항,[71] (ⅶ) 업무용자동차보험약관에서의 유상운송면책약관[72] 등이 있다.

둘째, 상해보험과 관련하여서는 (ⅰ) 상해보험계약에서 '전문등반, 행글라이더 등 이와 비슷한 위험한 운동'시의 면책조항,[73] (ⅱ) 무면허운전면책조항,[74] (ⅲ) 후유장해 보험금의 지급대상을 신체의 일부 상실 또는 영구적 장애만으로 제한하는 조항,[75] (ⅳ) 슈퍼운전자보험계약에서 2개 이상의 후유장애가 발생한 경우 그 후유장애율 산정과 그에 따른 보험금산정기준에서의 예외조항,[76] (ⅴ) 상해

규정하는 보험회사와 보험모집종사자의 의무 내용이 유력한 판단 기준이 된다. 그리고 보험계약의 중요사항은 반드시 보험약관에 규정된 것에 한정된다고 할 수 없으므로, 보험약관만으로 보험계약의 중요사항을 설명하기 어려운 경우에는 보험회사 또는 보험모집종사자는 상품설명서 등 적절한 추가자료를 활용하는 등의 방법을 통하여 개별 보험상품의 특성과 위험성에 관한 보험계약의 중요사항을 고객이 이해할 수 있도록 설명하여야 한다."고 하였다. 대법원 2013. 6. 13. 선고 2010다34159 판결도 같다.

66) 대법원 1996. 3. 8. 선고 95다53546 판결 등. 주운전자제도는 1998.8.1 약관개정으로 폐지되었다.
67) 대법원 2003. 8. 22. 선고 2003다27054 판결.
68) 대법원 2001. 9. 18. 선고 2001다14917, 14924 판결.
69) 대법원 1998. 8. 23. 선고 98다14832 판결. 대법원 2001. 2. 9. 선고 2000다52028 판결.
70) 대법원 2004. 11. 25. 선고 2004다28245 판결.
71) 대법원 1994. 10. 14. 선고 94다17790 판결.
72) 대법원 1999. 5. 11. 선고 98다59842 판결.
73) 대법원 1999. 3. 9. 선고 98다43342, 43359 판결.
74) 대법원 1998. 6. 26. 선고 98다13976 판결.
75) 대법원 1998. 6. 26. 선고 98다13976 판결.

보험의 특별약관에 '특별약관의 보장개시 전의 원인에 의하거나 그 이전에 발생한 후유장해로서 후유장해보험금의 지급사유가 되지 않았던 후유장해가 있었던 피보험자의 동일 신체 부위에 또다시 후유장해가 발생하였을 경우에는 기존 후유장해에 대한 후유장해보험금이 지급된 것으로 보고 최종 후유장해상태에 해당되는 후유장해보험금에서 이미 지급받은 것으로 간주한 후유장해보험금을 차감한 나머지 금액을 지급한다'고 정한 기왕장해 감액규정,[77] 등이 있다.

셋째, 해상보험과 관련하여 국내해상보험 실무상 적하보험의 경우[78]에는 우리법상의 설명의무가 적용되고,[79] 선박기간보험[80]의 경우에는 우리법상의 설명의무는 적용되지 않는 것을 원칙으로 하였다.[81] 최근 대법원(대법원 2015. 3. 20. 선고 2012다118846, 2012다118853 판결)은 협회선박기간보험약관이 보험계약에 편입되기 위해서 보험자가 청해진해운에 약관규제에 관한 법률에 따라 설명의무를 진다고 한 취지의 판결[82]수정하는 취지의 판시를 하였다. 이에 따르면 영국법준거 조항 외에 외국적 요소가 없는 순수국내계약사안인 경우에는 감항능력의 묵시적 워런티에 관한 영국해상보험법 제39조 제5항이나 협회기간선박보험약관 제6조 제2항 제1호의 내용과 효력, 위반의 효과 등을 약관규제법 제3조에 따른 설명의무를 이행하여야 선박보험계약에 편입되지만, 영국법준거 조항 외에 외국적 요소가 있는 선박보험에는 약관규제법이 적용되지 않게 된다.

넷째, 그밖에도 (i) 보험기간 중 재해를 직접 원인으로 사망한 경우 주계약 보험금의 10배를 지급하는 내용의 태양1종보험계약(재해보험)상 오토바이 운전자는 보험가입이 배재된다는 조항,[83] (ii) 암보험에서 보험계약의 부활시 보험자 책임개시시기에 관하여 상법의 일반조항과 다른 내용으로 정한 조항,[84] (iii)

---

76) 대법원 2002. 4. 12. 선고 2001다81407 판결.

77) 대법원 2015. 3. 26. 선고 2014다229917, 229924 판결.

78) 영국법준거조항이 "이 보험은 일체의 전보청구 및 결제에 관해서 영국의 법률과 관습에만 의한다."고 규정되어 있는 경우이다.

79) 대법원 2001. 7. 27. 선고 99다55533 판결.

80) 영국법준거조항은 "이 보험은 영국의 법과 관습에 따른다."고 되어 있다.

81) 사법연수원, 전게서, 115면.

82) 대법원 2010. 9. 2. 선고 2000다105383 판결.

83) 대법원 1995. 8. 11. 선고 94다52492 판결. 한편 대법원 2005. 10. 28. 선고 2005다38713, 38720 판결은 36세 이상의 오토바이 운전자는 위험등급, 보험가입금액, 보험사고시 보험금 지급 여부 등에 차이가 있는 내용에 대한 설명의무를 긍정하였다.

일반생활배상책임보험에서 피보험자의 폭행, 구타에 기인하는 배상책임에 관한 면책조항[85] 등이 있다.

(2) 판례상 설명의무의 대상이 되지 않는다고 한 사례

자동차보험에서 사실혼배우자가 피해자일 경우 면책으로 하는 조항은 객관적으로 보아 보험계약자가 약관면책조항의 배우자에 사실혼관계의 배우자가 포함됨을 알았더라도 보험회사와 보험계약을 체결하지 아니하였으리라고 인정하기 어렵다고 하여 설명의무의 대상이 아니라고 하고,[86] 보험약관에 용어풀이 되어 있는 조항[87]도 설명의무를 인정하지 아니한다.

라. 중요한 사항이지만 설명의무의 대상이 되지 않는다고 한 사례

판례는 설명을 하지 않아도 계약의 내용이 되는 사항으로 크게 세 가지의 예외를 인정하고 있다.

(1) 보험계약자나 그 대리인이 약관의 내용을 충분히 잘 알고 있는 경우

주운전자가 고지대상인 사항이 이에 해당한다.[88]

(2) 거래상 일반적이고 공통된 것이어서 당사자가 알고 있다고 예상할 수 있는 사항

자동차보험에 관한 산재보험수혜자면책조항,[89] 비사업용자동차에 있어서 유상운송행위면책조항,[90] 무보험자동차에 의한 상해보상특약,[91] 피보험자동차의 양도에 관한 통지의무를 규정한 보험약관,[92] 사기적 보험금청구의 경우 보험금

---

84) 대법원 2005. 12. 9. 선고 2004다26164 판결.

85) 대법원 2006. 1. 26. 선고 2005다60017, 60024 판결.

86) 대법원 1994. 10. 25. 선고 93다39942 판결.

87) 대법원 2002. 2. 8. 선고 2001다72746 판결. 작업기계로 사용되는 중기를 교통승용구로 보지 않는다는 조항에 관한 판시이다.

88) 대법원 1998. 4. 14. 선고 97다39308 판결.

89) 대법원 1990. 4. 27. 선고 89다카24070 판결.

90) 대법원 1992. 5. 22. 선고 91다36642 판결. 그러나 비업무용자동차보험에서의 유상운송면책조항은 반드시 설명이 필요한 중요한 내용이라는 판결(대법원 1999. 5. 11. 선고 98다59482판결)이 있다.

91) 대법원 2004. 4. 27. 선고 2003다7302 판결.

청구권상실조항[93] 등이 이에 근거하여 설명의무가 면제되고 있다.

(3) 법령에 규정된 사항

법령에 규정된 사항을 구체적으로 부연하는 정도에 불과한 경우에는 설명의무가 면제된다. 자동차보험약관에서 구조변경사실의 통지의무조항,[94] 수출계약의 의미,[95] 화재보험계약상의 증개축시 통지의무이행[96] 등이 이에 해당한다.

마. 설명의 시기

보험약관의 설명은 장차 체결한 계약내용에 관한 것이므로 보험계약의 청약시까지 행하여져야 한다.[97] 또한 보험계약을 체결하기 전에 보험계약의 내용을 충분히 이해하기에 충분한 시간을 부여하여 설명하여야 한다.

바. 약관에 대한 설명의 정도

(1) 설명의무의 정도

보험계약의 내용에 대한 설명은 구체적이고 상세하여야 하고[98], 약관에 기재된 의무를 이행하지 아니한 경우에 보험계약자가 입게 되는 구체적인 불이익의 내용까지 설명하여야 한다.[99]

면대면판매가 아닌 통신판매의 경우 설명의무의 인정여부 및 구제척인 범위가 문제된다.

(2) 통신판매의 경우

통신판매 등의 방식에 의한 보험계약의 체결에서도 약관의 설명의무가 면제

---

92) 대법원 2007. 4. 27. 선고 2006다87453 판결. 이 판결은 상법 제726조의 4의 규정을 주요 근거의, 하나로 들고 있다. 이 조항이 시행되기 이전의 판결인 대법원 1994. 10. 14. 선고 97다17970 판결은 보험약관의 승계절차에 관한 보험약관조항의 설명의무를 긍정한 바 있다.

93) 대법원 2003. 5. 30. 선고 2003다15556 판결.

94) 대법원 1998. 11. 27. 선고 98다32564 판결.

95) 대법원 1999. 9. 7. 선고 98다19240 판결.

96) 대법원 2000. 7. 4. 선고 98다62909, 62916 판결.

97) 사법연수원, 전게서, 38면.

98) 대법원 1999. 5. 11. 선고 98다59842 판결.

99) 대법원 1997. 9. 26. 선고 97다4494 판결.

되지 않지만, 설명의무의 구체적인 범위에 대하여서는 연구가 필요하다.[100] 보험자의 정보제공의무는 보험자와 청약자 사이에 면대면 협상이 아닌 경우에는 좁게 인정된다.[101]

사. 증명책임

보험약관의 설명의무의 이행에 대한 증명책임은 보험자가 진다. 보험계약자나 그 대리인이 보험약관의 중요한 내용을 충분히 잘 알고 있다는 점에 대하여도 이를 주장하는 보험자가 증명책임을 진다.[102] 다만 타자로 기재 삽입되고 보험계약자가 자필서명한 경우와 같이 일정한 경우에는 특약을 알고 있는 것으로 추정된다.[103]

아. 의무위반의 효과

(1) 보험계약자의 취소권

보험자가 약관의 교부·명시의무를 위반한 때에는 보험계약자는 보험계약이 성립한 날부터 3월내에 그 계약을 취소할 수 있다(상법 제638조의 3 제2항). 이와 같이 취소권을 인정한 이유는 보험계약의 취소가 없는 한 그 보험계약을 그대로 유지하도록 하는 것이 보험계약의 단체성에 비추어 바람직하기 때문이라고 한다.[104] 이 때 보험자는 보험료반환의무를 진다.

---

100) 우리나라에서는 통신판매 등의 방식에 의한 보험계약의 체결에서도 약관의 설명의무가 면제되지 않지만, 설명의무의 구체적인 범위에 대하여서는 연구가 필요하다는 견해가 유력하다(사법연수원, 전게서, 39면).

101) Jurgen Basedow & John Birds & Malcolm Clarke & Herman Cousy & Helmut Heiss & Leander Loaker, op. cit., p. 123.

102) 대법원 2001. 7. 27. 선고 99다55533 판결, 대법원 2003. 4. 25. 선고 2003다12373 판결, 대법원 2003. 8. 22. 선고 2003다27504 판결.

103) 대법원 2003. 4. 25. 선고 2003다12373 판결은 "자동차종합보험계약을 체결함에 있어 만 26세 이상만 운전 가능하다는 운전자의 한정 연령이 타자로 기재 삽입된 보험청약서에 보험계약자가 자필서명하여 상대방에게 교부한 이상 그 청약서의 내용 특히 타자로 기재하여 삽입한 내용은 특별한 사정이 없는 한 실질적 증명력이 있는 점 등 제반 사정을 고려하여 보험자가 연령한정운전특약에 관한 약관의 명시·설명의무를 다하였거나 보험계약자가 그 특약의 내용을 알고 있었다고 본다"고 하였다.

104) 사법연수원, 전게서, 40면.

(2) 상법규정과 약관규제법의 관계

보험자가 보험약관의 명시·설명의무를 위반하는 경우 상법 638조의 3 제2항은 "보험자가 설명의무를 위반한 때 보험계약자는 보험계약이 성립한 날로부터 3월내에 취소할 수 있다."고 규정하는 반면, 약관의 규제에 관한 법률 제3조 제4항은 "당해 약관을 계약내용으로 주장할 수 없다"고 규정하고 있다.

이에 보험자가 보험약관의 교부·설명의무를 위반하는 경우 보험계약자가 보험계약의 성립 후 3월 이내에 취소하지 아니하는 때 교부되지 않은 보험약관 또는 설명되지 않는 약관조항이 보험계약의 내용에 편입되는가 여부에 대하여서는 견해가 나뉜다.

(가) 상법적용설

보험자가 보험약관의 설명의무를 위반한 경우에도 보험계약자는 보험계약의 성립 후 3월안에 보험계약을 취소할 수 있을 뿐이고, 취소되지 않으면 보험약관 구속력을 인정하는 입장이다. 구체적으로 "'특정한 거래분야'의 약관에 대하여 다른 법률에 특별한 규정이 있는 경우에는, 그 특성을 인정하여 일반법인 약관법에 우선하여 '다른 법률'을 적용한다(약관의 규제에 관한 법률 제30조 제3항). 따라서 보험거래에 있어서 약관설명의무에 관하여는 상법에 별도의 규정(상법 제638조의 3)을 두고 있으므로, 상법의 규정이 적용되고, 약관법은 배제된다."[105]고 하거나, "보통보험약관은 개별적인 보험계약의 내용을 정하고 있으나, 그것은 구체적으로 보험에 든 위험의 개별적인 차이를 고려함이 없이 동질적인 위험에 관한 다수의 보험계약을 기초로 하여 작성된 계약조항으로서 보험계약의 단체적 구조에서 보험계약자가 약관에 따를 것에 동의하지 아니하였다 하더라도 일단 보험계약이 체결된 이상 그 보험약관의 구속력을 인정하는 것이 마땅하다."[106]는 것을 근거로 한다.

(나) 예외적 상법 등 적용설

"설명이 안 된 약관내용은 약관규제법 제3조에 의하여 계약의 내용으로 주장

---

105) 김성태, 보험법강론, 법문사, 2000, 190면.
106) 양승규, 전게서, 114면.

할 수 없다. 설명을 해주지 않아 편입되지 않은 문제의 약관내용 대신에 임의법규의 내용이 있는 경우에는 그 내용, 그 밖에는 일반적으로 통용되는 관습내지 일반인의 거래관념에 따른 내용이 채워져야 한다."[107]고 하여 상법상의 임의규정 등에 한하여 적용을 긍정한다.

(다) 상법·약관규제법중첩적용설

상법적용설에 의하면 보험계약자의 이익을 위하여 마련된 보험약관의 설명의무에 관한 규정이 실효를 거둘 수 없으므로 상법과 약관규제법 제3조 제4항이 모두 적용되어 보험계약자가 3월안에 계약을 취소하지 않더라도 다시 약관규제법을 근거로 설명을 듣지 아니한 약관의 효력을 다툴 수 있다는 견해이다.[108]

판례(대법원 1998. 11. 27. 선고 98다32564 판결)는 보험자의 보험약관의 교부·설명의무에 대하여 중첩적용설을 인정한다. 이와 따라 판례[109]는 상법 제638조의3 제2항의 "보험자가 설명의무를 위반한 때 보험계약자는 보험계약이 성립한 날로부터 1월내에 취소할 수 있다."는 의미를 "상법 제638조의3 제2항에 의하여 보험자가 약관의 교부 및 설명의무를 위반한 때에 보험계약자가 보험계약 성립일로부터 1월내에 행사할 수 있는 취소권은 보험계약자에게 주어진 권리일 뿐 의무가 아님이 그 법문상 명백하므로, 보험계약자가 보험계약을 취소하지 않았다고 하더라도 보험자의 설명의무 위반의 법률효과가 소멸되어 이로써 보험계약자가 보험자의 설명의무 위반의 법률효과를 주장할 수 없다거나 보험자의 설명의무 위반의 하자가 치유되는 것은 아니다."라고 하고, "약관규제법 제30조 제3항의 해석에서 특정 거래분야에 대하여 개별법이 규율한다고 하여 그 분야에 항상 개별법만이 적용되고 약관규제법은 완전히 배제된다고 볼 수 없으며, 개별법 규정의 내용이 불충분하거나 규율하지 않는 부분에 대하여는 약관규제법이 여전히 보충 적용된다고 할 것인데, 상법에서 보험약관에 관하여

107) 이기수·최병규·김인현, 보험·해상법, 박영사, 2008, 79면.

108) 사법연수원, 전게서, 41면; 박세민, 전게서, 195면; 2009년 개정 중국 보험법 제17조는 "보험자가 면책조항에 대한 명확한 설명을 하지 않으면 이 조항은 효력이 없다."고 규정하여 우리나라의 약관규제법 제3조 4항과 같은 내용으로 규율하고 있다.

109) 대법원 1999. 3. 9. 선고 98다43342, 43359 판결.

규율하고 있는 상법 제638조의3 규정의 내용이 불충분하므로 보험자가 설명의무를 위반한 경우 보험자는 약관규제법 제3조 제4항에 의하여 설명되지 아니한 약관조항을 계약내용으로 주장할 수 없다"[110]고 판시하고 있다.

(라) 사견

상법 제638조의 3 제2항과 약관규제법 제3조 4항의 충돌과 관련하여 중첩적용을 허용하는 판례의 입장이 타당하다고 판단된다. 이와 같은 해석의 혼란을 제거하기 위한 입법상 보완이 필요하다고 판단된다.

3. 보험업법상의 설명의무

보험업법에서는 보험모집종사자의 금지행위로 "보험계약자나 피보험자에게 보험상품의 내용을 사실과 다르게 알리거나 그 내용의 중요한 사항을 알리지 아니하는 행위"(동법 제97조 1호)를 들고, 보험회사는 그 임직원·보험설계사 또는 보험대리점이 모집을 하면서 보험계약자에게 손해를 입힌 경우 배상할 책임을 진다(동법 제102조)고 규정하여 다수의 판례가 축적되어 있다.[112]

2010년 개정 보험업법은 보험회사 또는 보험의 모집에 종사하는 자가 일반보험계약자에게 보험계약 체결을 권유하는 경우에는 보험계약의 중요 사항을 설명하고, 이를 녹취, 보험계약자의 서명 등의 방법으로 확인을 받도록 하며(동법 제95조의 2 제1·2항), 일반보험계약자가 보험금 지급을 요청한 경우에는 보험금의 지급절차 및 지급내역 등을 설명하여야 하고, 보험금을 감액하여 지급하거나 지급하지 아니하는 경우에는 그 사유를 설명하도록 하고 있다(동조 제3·4항). 또한 설명의무의 위반시 과징금(수입보험료의 25%까지) 또는 과태료(보험회사 5천만원 이하; 보험설계사·대리점, 2천만원 이하)을 부과할 수 있도록 하였다(보험업법 제196조 제2항, 제209조 제2항). 그 특징은 다음과 같다.

110) 대법원 1998. 11. 27. 선고 98다32564 판결.
112) 제1편 제8장 X. 보험업법상 보험회사의 모집관련 손해배상책임 참조.

가. 일반보험계약자에게 한정

적합성원칙과 같이 일반보험계약자에 한하여 설명의무를 지우고 있다.

나. 보험계약의 중요한 내용과 보험금의 지급내역 등

설명의 대상은 보험계약의 중요한 내용이고, 보험업법은 보험계약체결시 만이 아니라 보험기간 중에 보험금지급이나 감액의 내역에 대한 설명의무를 추가하고 있다.

다. 판매권유에 한정

보험업법상의 설명의무는 판매권유에 한정되지만, 입법론적으로는 비자문판매의 경우에도 확장하는 것이 옳다고 본다.

라. 과징금과 과태료의 부과

보험업법상의 설명의무에 대한 특징은 위반의 경우 과태료만이 아니라 과징금을 부과하여 실효성을 제고한 점이다.

III. 적합성원칙

1. 보험업법상의 적합성원칙

가. 의의

적합성원칙(suitability rules)은 보험상품판매업자가 소비자의 연령·재산상황·가입목적에 적합하도록 권유·판매를 하여야 한다는 원칙을 말한다.

개정 보험업법은 보험회사 또는 보험의 모집에 종사하는 자는 보험계약의 체결시 일반보험계약자에 대하여 면담 또는 질문을 통하여 보험계약자의 소득, 재산상황, 보험가입목적, 다른 보험의 가입여부 등을 파악하고(보험업법 제95조의 3 제1항), 일반보험계약자의 수요에 적합하지 아니한 보험계약의 체결을 권유할 수 없도록 하였다(동조 제2항). 제1항은 보험자가 보험계약자에 관한 중요한 사항을 조사할 의무인 고객정보수집의무(Know Your Customer Rule)을 규정한 것이고, 제2항은 고객의 수요에 적합하지 않은 거래를 권유해서는 아니 된다는 적합성원칙을 규정한 것이다.

보험업법 제95조의3에서 고객의 수요에 적합하지 않은 거래를 권유해서는 아니 된다는 것을 협의의 적합성원칙이라고 한다. 보험계약자에게 적합한 상품을 구매권유할 의무를 광의의 적합성원칙이라고 하고, 보험자가 보험계약자의 지식, 재산력, 투자목적에 적합한 형태로 판매·권유를 하여야 한다는 원칙(명령규범)이고, 설명의무·조언의무가 문제된다.[113)]

나. 적용범위

적합성원칙의 인적적용범위는 일반보험계약자에 한정되고, 적용보험상품의 범위는 대통령령으로 정하게 되어 있으나(보험업법 제95조의 3 제3항) 시행령은 투자성보험상품인 변액보험에 한정하여 정보확인서의 작성을 요구하고 있다.[114)]

다. 적합성원칙위반의 효과

보험업법에서는 설명의무위반의 효과와 달리 적합성원칙 위반의 효과에 대하여 규정하고 있지 않다. 자본시장법에서도 설명의무위반의 경우와 달리 적합성원칙 의무위반의 효과에 대하여 규정하고 있지 않다.

---

113) 한창희, 프랑스, 일본 보험법상 보험자의 정보제공의무의 시사점, 398면.

114) 투자금융상품의 경우에는 표준투자권유준칙에 따라 1단계 [Know your customer(투자자정보확인·점수화, 투자자성향의 분류)], 2단계[적합성원칙(투자자성향별 투자권유가능한 상품을 매칭)], 제3단계(상품설명)의 기본구조로 되어 있다.

제4장 보험계약의 성립 이전의 단계

제1절 고지의무

Ⅰ. 고지의무의 현황

1. 고지의무의 의의와 근거

보험계약자 또는 피보험자가 보험계약을 체결할 때 보험자에게 중요한 사항을 알려야 하고 또는 중요한 사항에 대한 부실한 것을 알려서는 안된다(상법 제651조). 이것을 보험계약자 또는 피보험자의 고지의무라고 한다. 고지의무를 지는 자가 이 의무를 위반하는 경우 보험계약의 해지와 보험자의 면책이라고 하는 보험계약자에 대한 불이익한 효과가 생긴다. 이에 고지의무의 법적 성질은 자기의무 또는 간접의무이다.

고지의무의 근거로는 기술설이 통설이다. 즉 보험사업은 급부반대급부균형의 원칙에 따라 개별적인 보험계약의 위험의 정도에 따라 보험료를 부담하게 하고, 또한 일정한 정도의 위험을 초과하는 경우에는 보험을 인수하지 않는다는 기본원리에 따라 영위되고 있다. 그러므로 위험의 정도에 관한 정보를 수집하여 위험의 정도를 판정할 필요가 있고(이것을 위험선택이라고 한다), 이 정보는 보험계약자측에게 편재되어 있으며, 보험자는 정보입수를 위하여 보험계약자측으로부터 고지를 받는 것이 불가결하다. 이와 같은 이유로 고지의무는 보험자에 의한 위험측정의 필요에 따라 법률이 부과하는 의무라고 하는 견해가 기술설이다.[115]

또한 신의설 또는 최대선의설도 주장된다. 이 견해는 보험계약은 정보의 비대칭성을 특성으로 하고 정보우위자인 보험계약자측이 위험에 관한 중요한 정

115) 山下友信·米山高生, 전게서, 163面.

보를 신의에 좇아 성실히 알릴의무가 있다는 것을 근거로 한다.

생각건대 보험은 급여반대급여균형의 원칙에 근거하여 위험률에 따라 보험료를 부과하는 것을 개념적 기초로 하므로 고지의무는 위험에 대한 정보우위자인 보험계약자측은 위험측정에 필요한 중요한 사항을 신의에 좇아 성실히 알릴 의무가 있다는 데 고지의무의 근거가 있다고 보아 기술설을 원칙으로 신의성실의 원칙을 근거로 한다고 본다.

2. 고지의무자

고지의무자는 보험계약자와 피보험자이다. 보험계약자와 피보험자가 다른 경우 위험에 관한 정보는 피보험자가 많이 가지는 경우가 많기 때문에 피보험자도 고지의무자가 된다. 인보험계약에서는 피보험자의 건강상태가 위험선택에 있어서 중요한 의미를 가지기 때문에 피보험자를 고지의무자로 하는 것이 특히 중요하다.

고지는 법적으로는 준법률행위이지만, 법률행위의 규정이 준용되어 대리인이 의무를 이행하여도 된다. 상법상 대리인에 의하여 보험계약을 체결한 경우에 대리인이 안 사유는 그 본인이 안 것과 동일한 것으로 한다(상법 제646조). 따라서 대리인에 의한 고지의 경우 대리인이 안 사유는 본인이 안 것과 동일하므로 대리인이 자신의 데이터 베이스 등 다른 권한에 의하여 알게 된 사항도 고지사항에 해당한다. 이에 따라 영국에서는 "대리인은 알고 있는 중요한 사항을 보험자에게 고지하여야 한다(영국해상보험법 제19조 a호)."는 조항에 대하여 개정의 필요성이 제기되고 있다.[116] 또한 독일 개정보험계약법상 "보험계약자의 대리인에 의하여 보험계약이 체결되는 경우 대리인이 안 사항도 고려하여야 한다. 대리인과 보험계약자에게 고의 또는 중과실이 없으면 보험계약자는 고의 또는 중과실에 의하여 위반한 것이 아니라는 것을 주장할 수 있다(독일 보험계약법 제20조)."고 한다. 이에 비추어 상법 제646조는 개정되어야 한다고 판단된다.

116) 한창희, 고지의무의 입법적 연혁과 최근동향, 상사법연구 제28권 4호(2010), 155, 157면.

3. 고지의무의 질문에 대한 답변의무화

프랑스를 비롯하여 영국, 일본, 독일, 중국 등에서는 고지의무가 자발적 고지의무에서 질문에 대한 답변의무로 변경되었다. 개정이유로는 고지제도는 위험을 측정하여 보험계약을 체결할지 여부와 보험료의 설정 등을 위한 것이기 때문에 무엇이 위험의 측정을 위하여 필요한 중요한 사실에 해당하는가는 많은 보험계약을 체결하여 다양한 정보를 보유하고 있는 보험자측이 판단하도록 하는 것이 합리적이고,[117] 전화나 인터넷에 의한 보험판매가 일반화되고 있는 상황에서 보험계약자는 질문에 답변하는 형태로 인수절차가 진행되며, 추가적인 사실을 고지할 의사가 있더라도 이를 행하기가 어렵기 때문에 법적 의무로 하는 것은 형평에 맞지 않다는 것이다.[118]

우리 상법도 보험회사가 정형화된 질문표를 통하여 질문하는 것이 실무상 통례임을 감안하여 "보험자가 서면으로 질문한 사항은 중요한 사항으로 추정한다(상법 제651조의 2)"고 한다. 따라서 질문표에 기재되지 아니한 사항도 중요사항이 될 수 있다. 그러나 판례(대법원 1996. 12. 23. 선고 96다27971 판결)는 "보험자가 보험청약서 양식을 사용하여 질문하고 있는 경우에 보험청약서에 기재되지 않은 사항에 관하여는 원칙적으로 고지의무 위반이 문제될 여지가 없다."고 하여 고지의무의 수동화경향을 언급하고 있다.

4. 고지가 필요한 경우

보험계약의 부활, 복구, 전환, 보험금액의 증액 등 보험자의 의무를 발생시키거나 확장하는 경우에는 위험선택을 위하여 고지의무가 부과된다.[119] 상법 제651조는 "보험계약 당시"라고 하여 보험계약을 체결할 때 고지를 요구하고 있지만, 계약의 체결 이외의 경우에도 고지의무가 부과되는 경우에는 상법 제651조가 해석상 준용된다. 예컨대 위반의 효과에 대하여서도 상법 제651조가 준용

117) 坂本三郎 外, 新しい保険法, 金融財政事情研究所, 2008, 35面.

118) Law Commission, Insurance Contract Law: Misrepresentation, Non-Disclosure and Breach of Warranty by the Insured, (TSO, London, 2007), para 4.16, p 76.

119) 山下友信·米山高生, 전게서, 164面.

되지만, 보험금액의 증액의 경우에는 증액부분에 대해서만 효력이 생긴다.

5. 고지의 시기와 방법

상법상 “보험계약 당시”에 고지의무를 지기 때문에 보험계약자는 보험자의 승낙시까지 고지의무를 이행하여야 한다(대법원 2012. 8. 23. 선고 2010다78135 판결). 청약후 승낙전에 발생한 사항은 고지대상이다. 승낙후 발생한 사항은 통지의무의 대상(상법 제652조, 제653조)이다.

고지의 방법은 한정되어 있지 않기 때문에 서면으로 고지할 필요는 없고 구두로 고지되면 고지의 효력이 생긴다.

6. 고지의 상대방

가. 총설

고지는 보험자에 대하여 행해져야 효력이 생긴다. 고지는 법률행위는 아니고, 준법률행위이지만 법률행위에 준하여 효력을 판정한다. 보험자를 대표하는 자 또는 고지수령권을 가지는 자에 대하여 고지하여야 고지로서의 효력이 생긴다. 보험자의 모집보조자에 대하여 대리권이 부여되어 있는지는 보험자의 의사에 따른다.

보험계약의 체결권은 본사 등에 유보되어 있는 것이 통례이지만, 실제로 보험모집보조자에게 고지수령권이 있는가 여부가 문제된다.

보험대리점과 보험의에게는 고지수령권이 인정되지만, 보험중개사와 보험설계사에게는 고지수령권이 부정되고 있다.

나. 보험의

보험의에게는 고지수령권이 인정된다. 그 근거로는 보험의의 직무의 성질상 대리권으로서의 고지수령권이 부여된 것으로 추정된다는 것을 근거로 한다.[120)] 이 경우 추정은 사실상의 추정이고, 고지수령권의 부여는 어디까지나 보험자의

120) 상게서, 167면.

의사에 따른다.

다. 보험설계사

보험설계사에게는 보험계약의 체결권과 고지수령권이 부여되어 있지 않다. 위험선택의 능력이 없는 보험설계사에게 고지수령권을 인정한다면 청약자가 구두로 고지한 사실도 고지된 것으로 되고, 또한 보험자의 해지권제한사유로서 보험자의 악의·중과실은 보험설계사의 악의·중과실로 바로 인정될 수 있음을 우려한 것이다.[121]

보험계약자의 보호와 보험모집의 적정화라는 정책적 이유로 고지수령권을 해석론상 인정하기는 곤란하다. 고지수령권은 대리권에 준하여 이를 부여할 것인가 여부는 보험자의 의사에 좌우되는 것이고, 부여할 의사가 없는데도 부여한 것으로 하는 것은 법률의 규정이 없는 한 무리이다.

이에 보험설계사에게 고지했음에도 불구하고 보험설계사가 보험회사에 전달하지 않았거나 보험설계사가 실제로 작성한 고지서에 보험계약자가 고지한 사항을 기재하지 않은 경우 등의 경우에도 보험설계사에게 고지수령권이 없다는 이유로 고지의무위반으로 하는 것은 합리적이지 않다. 일본 보험법에서는 이와 같은 문제를 입법적으로 해결하기 위하여 보험자의 해제권제한사유로 고지수령권을 가지지 않은 보험모집보조자가 고지방해를 행한 경우를 추가하였다.[122] 영국에서는 보험모집보조자의 과실로 부정확하게 고지서에 잘못 기재된 경우 등에는 고지수령권을 인정하자는 개정안이 제시되어 있다.[123]

2018년 개정된 생명보험표준약관은 보험설계사 등의 고지방해 등의 경우에도 해지권제한사유로 하여 보험설계사 등에게 고지수령권이 없음으로 인하여 보험소비자가 부당하게 피해를 입는 것을 방지하고 있다.[124]

---

121) 상게서, 167면.

122) 한창희, 전게논문, 160면.

123) 상게논문, 156~158면.

124) 생명보험표준약관 제22조 5호는 "보험설계사 등이 계약자 또는 피보험자(보험대상자)에게 고지할 기회를 부여하지 아니하였거나 계약자 또는 피보험자(보험대상자)가 사실대로 고지하는 것을 방해한 경우, 계약자 또는 피보험자(보험대상자)에 대해 사실대로 고지하지 않게 하였거나 부실한 고지를 권유했을 때 다만, 보험설계사 등의 행위가 없었다 하더라도 계약자 또는

일본, 영국 등의 입법례를 검토하여 고지수령권이 없는 보험설계사 등의 고지방해에 대하여 보험소비자를 근본적으로 보호하는 입법적 보완이 절실하다.

7. 고지의무의 내용

가. 총설

고지의무위반의 태양에는 2가지가 있다. 부실고지는 진실이 아닌 사실을 적극적으로 진술하는 것이고, 불고지(non-disclosure)는 고지할 사항을 소극적으로 알리지 아니하는 것이다. 그러나 절반만이 진실인 부실고지의 경우와 같이 양자의 구별의 한계는 매우 불명확하다.[125] 우리법은 양자를 구별하지 않는다.[126]

우리법상 고지의무는 객관적 요건과 주관적 요건으로 나누어 볼 수 있다. 객관적인 요건은 보험사고의 발생가능성 즉 위험에 관한 중요한 사항의 불고지 또는 부실고지이고, 주관적 요건은 고지의무자의 고의 또는 중과실이다.

나. 객관적 요건

(1) 총설

고지의무는 보험계약자 또는 피보험자에게 보험계약의 체결에 즈음하여 보험사고의 발생의 가능성을 측정하는데 보험자에게 도움이 되는 중요한 사항을 진실하게 알릴 것을 요구하는 보험계약상의 특수한 의무이다. 보험자는 보험료율을 산출함에 있어 과거의 경험에 입각한 확률 원리에 의존하고, 이러한 과정을 통하여 적정한 보험료를 산출할 수 있을 뿐만 아니라 동질적인 우연한 사고의 범위에 속하지 아니하는 불량한 위험에 대하여는 이를 배제할 수 있게 된다.

피보험자(보험대상자)가 사실대로 고지하지 않거나 부실한 고지를 했다고 인정되는 경우에는 그러하지 아니합니다."라고 규정하고 있다.

125) Malcolm Clarke, The Law of Insurance Contracts, (Informa, 2009), p. 699.

126) 미국에서는 부실고지의 경우에는 고의를 요구하지지 않고, 불고지에만 고의를 요구한다. 질문에 대답하면 부실고지이므로 고의일 것이 요구되지 않지만, 질문이 없는 사항은 불고지가 되어 고의가 요구된다. 80년 전 연방대법원의 Stipcich v. Metropolitan Life Insurance Co[277 U.S. 311(1928)]판결 이래 최근의 다수의 판례는 보험자가 특별히 정보에 대하여 질문하지 않는 한, 청약자는 자발적으로 고지할 의무가 없다고 한다[Robert H. Jerry, II and Douglas R. Richmond, Understanding Insurance Law, (LexisNexis, 2007) p. 792]; 한창희, 전게논문, 163~166면.

고지의무위반의 객관적 요건은 중요한(material) 사항에 관한 불고지 또는 부실고지의 행위가 있다는 것이고, 중요한 사항은 신중한 보험자가 보험료산정에 있어서 또는 그 위험을 인수할 것인가 아니냐를 결정하는데 영향을 미치는 모든 사실을 의미하는데, 어떠한 사항이 중요한 사항인가는 사실문제에 속하고, 각종 보험에 따라 다르다. 판례(대법원 1996. 12. 23. 선고 96다27971 판결)은 "보험계약자나 피보험자가 보험계약 당시에 보험자에게 고지할 의무를 지는 상법 제651조에서 정한 중요한 사항이란, 보험자가 보험사고의 발생과 그로 인한 책임부담의 개연율을 측정하여 보험계약의 체결 여부 또는 보험료나 특별한 면책조항의 부가와 같은 보험계약의 내용을 결정하기 위한 표준이 되는 사항으로서, 객관적으로 보험자가 그 사실을 안다면 그 계약을 체결하지 않든가 또는 적어도 동일한 조건으로는 계약을 체결하지 않으리라고 생각되는 사항을 말하고, 어떠한 사실이 이에 해당하는가는 보험의 종류에 따라 달라질 수밖에 없는 사실인정의 문제로서 보험의 기술에 비추어 객관적으로 관찰하여 판단되어야 하고, 최종적으로는 보험의 기술에 정통한 전문가의 감정에 의하여 결정될 수밖에 없다 할 것이다"고 한다.

고지의 대상인 중요한 사항

쟁점	학설과 판례의 입장
중요한 사항	1. 보험자가 어떠한 사실을 알았더라면 보험자가 보험을 인수하지 않았거나 높은 보험료 등 보험계약자측에게 불리한 조건으로만 인수하였을 경우 2. 신중한 보험자가 중요하게 여기는 모든 사항 3. 보험자의 인수여부 또는 인수조건에 영향을 미치는 모든 사항
판단	개별 보험계약을 대상으로 사건별로 판단하는 사실문제임
판단시점	계약성립시점을 기준으로 판단함
증명책임	어떠한 사실의 중요성의 증명책임은 보험자가 짐

(2) 판단기준

중요한 사실의 판단기준을 보험거래의 관념에 따라 객관적 기준에 의할 것인가(객관설), 개개의 보험자가 준거한 기준에 의할 것인가(주관설)에 대하여서는 해석에 맡겨져 있다. 보험상품에 대한 사전규제가 자유화되고, 각 회사의 상품의 인수기준이 다양화되고 있는 오늘날에서 보험거래의 통념에 의거하는 객관설을 관철하는 것은 곤란하며, 보험자의 위험선택에 관한 정보격차를 시정하는 목적에 비추어 주관설을 출발점으로 하여야 한다고 본다.[127)]

(3) 보험위험사항과 도덕적 위험사항

고지사항은 보험위험사항과 도덕적 위험사항으로 구별된다.[128)] 보험위험사항은 보험자가 보험급여의무를 지게 되는 보험사고의 발생율의 측정에 관한 사실이고, 생명보험의 경우 피보험자의 나이, 직업, 기왕증, 중풍이나 고혈압의 여부, 당뇨, 간질환, 정신질환, 암, 결핵 등이 전형적인 예이다. 도덕적 위험사항은 보험계약자측이 고의의 사고유발에 의하여 부정한 보험급여를 받고자 하는 의도를 가진 사실을 말한다. 도덕적 위험사항의 예는 보험계약자가 수입에 비하여 현저하게 높은 보험에 가입하고 있는 사실과 다수의 고액의 보험에 중복하여 가입하고 있는 사실이다.

보험계약의 체결시 다른 보험계약의 존재가 위험에 관한 중요한 사항인가에 대하여서는 중요한 사항은 객관적 위험만이 아니라 주관적 의사도 포함하므로 이와 같은 주관적 위험을 유인하는 고액인 중복계약을 구성하는 다른 보험계약의 존재는 중요한 사실이라고 해석된다. 판례는 생명보험과 손해보험을 구별하여 생명보험에는 이를 긍정하지만,[129)] 손해보험의 경우에는 이를 부정한다.[130)] 판례상 다른 보험가입사실이 손해보험사건에서는 청약서에 기재되어 있지 않은 반면에 생명보험사건에서는 청약서에 기재되어 있는 차이가 발견되지만, 양자를 차별 취급하는 근거가 명확하지 않고, 도덕적 위험의 관점에서도 보험계약 체결시 다른 보험계약에 가입하고 있다는 사실을 보험자에게 알려 보험자로 하여금 보험금 취득을 노린 기망적 보험인지 등에 대한 조사기회를 부여하여 인수

---

127) 木下孝治, 告知義務(竹濱修 外編, 保險法改正の論点, 法律文化社, 2009, 40面.

128) 山下友信·米山高生, 전게서, 173面.

129) 대법원 2001. 11. 27. 선고 99다33311 판결.

130) 대법원 2003. 11. 13. 선고 2001다49623 판결, 대법원 2004. 6. 11. 선고 2003다18494 판결.

여부를 결정하도록 하는 것이 타당하므로 이를 긍정하는 것이 바람직하다.

(4) 판례상의 중요한 사항

중요사항에는 직접 피보험자의 신체 또는 보험의 목적에 존재하는 절대적 위험사항(유전병, 건강상태, 건물의 용도), 피보험자 또는 보험의 목적의 환경에 존재하는 관계적 위험사항(직업, 신분, 건물 부근 상황)이 있고, 이러한 사항의 존재를 추정하게 하는 사항(다른 보험자에게 청약하여 승낙이 거절된 사실, 질병으로 입원, 수술한 사실) 등이 있다.[131)]

다음은 판례상 중요한 사항의 사례이다.[132)]

① 생명보험계약에서 피보험자의 직업이나 직종에 관한 사항[133)]

② 생명보험에서 피보험자의 연령·성별·기왕증[134)]

③ 생명보험계약에서 다른 보험자와 동종의 보험계약을 체결하고 있는 사실[135)]

④ 자동차보험에서 차량의 용도[136)]

⑤ 보증보험에서 주계약상의 거래조건, 금액(공사대금, 실제착공일[137)] 등), 기간, 보험계약상의 신용이나 자력 등에 관한 사항.[138)] 다만 보증보험에서 보증인이 누구인가는 보험사고의 발생가능성 등과는 관계없이 보험사고가 이미 발생한 후에 보험자가 구상권을 행사하기 위하여 대비를 해 두기 위한 것이므로 고

---

131) 사법연수원, 전게서, 45면.

132) 상게서, 45~46면.

133) 대법원 2000. 11. 24. 선고 99다42643 판결.

134) 대법원 1969. 2. 18. 선고 68다2082 판결; 이 판결은 생명보험에 있어서는 피보험자의 부모가 보험계약 당시에 생존하고 있는가의 여부와 건강한가의 여부, 지병인 경우에 병명, 사망하였다면 그 사인과 사망 연월일 등은 현대 의학상으로 보아 피보험자의 생명에 관한 위험을 측정하는데 필요하고도 중요한 사항에 해당된다고 하였다.

135) 대법원 2001. 11. 27. 선고 99다33311 판결.

136) 대법원 1993. 4. 13. 선고 92다52085, 52092 판결. 반면 대법원 1997. 9. 5. 선고 95다25268 판결은 렌터카회사가 피보험차량을 지입차주로 하여금 회사의 감독을 받지 아니하고 독자적으로 렌터카영업을 하게 하는 것은 그 운행형태는 대여자동차의 본래의 운행 형태와 거의 같은 것이어서 사고위험율이 현저히 높다고 볼 수 없는 점 등에 비추어 고지의무의 대상이 되는 중요한 사항에 해당하지 않는다고 판시하였다. 대법원 2005. 7. 14. 선고 2004다36215 판결, 대법원 2011. 11. 10. 선고 2009다80309 판결은 피보험차량이 기명피보험자의 소유인지 여부는 중요한 사항이 아니라고 판시하였다.

137) 대법원 2002. 7. 26. 선고 2001다36450 판결.

138) 대법원 1987. 6. 9. 선고 86다카216 판결, 대법원 1998. 6. 12. 선고 97다533380 판결.

지사항이 아님.

중요한 사항에 대한 판례의 동향

사건번호	쟁점	판결내용
대법원 1991. 12. 27. 선고 91다1165 판결	토지의 잔대금에 대한 보증보험계약체결시 변경된 잔대금의 지급방법을 알리지 않은 것이 고지대상인지 여부	보험계약체결시 그 중요한 사항에 관한 보험계약자의 고지의무위반이 사기에 해당하는 경우 민법의 일반원칙에 따라 그 보험계약을 취소할 수 있음
대법원 1992. 5. 22. 선고 91다36642 판결: 같은 취지의 판결- 대법원 1999. 5. 11. 선고 98다59842 판결	승합버스의 유상운송행위가 비사업용자동차에 대한 자동차종합보험계약의 고지대상인지 여부	관광회사의 알선에 의하여 여객을 운송하고 그 대가를 받아 온 사실을 알리지 않고 비사업용자동차에 대한 자동차종합보험계약에 가입한 것은 고지의무위반임
대법원 1996. 12. 23. 선고 96다27971 판결, 대법원 1997. 9. 5. 선고 95다25268 판결	지입차주의 여객유상운송에의 제공행위가 자동차종합보험계약의 고지대상인지 여부	지입차주가 여객유상운송에 제공한 경우, 그 운행형태는 대여자동차 본래의 운행형태에 비하여 사고위험률이 현저히 높다고 볼 수 없어 고지의무의 대상이 되는 중요한 사항에 해당하지 않고, 그렇지 않다 하더라도 보험자가 보험청약서 양식을 사용하여 질문하고 있는 경우에 보험청약서에 기재되지 않은 사항에 관하여는 원칙적으로 고지의무 위반이 문제될 여지가 없음
대법원 1992. 3. 10. 선고 91다31883 판결, 대법원 1996. 3. 8. 선고 95다53546 판결, 대법원 1996. 4. 12. 선고 96다4893 판결, 대법원 1997. 9. 9. 선고 95다45873 판결, 대법원 1997. 9. 26. 선고 97다4494 판결, 대법원 1998. 4. 10. 선고 97다47255 판결,	자동차종합보험계약에서 주운전자에 관한 보험계약자의 고지의무위반과 보험자의 명시설명의무위반의 경합	보험자가 주운전자에 관한 보험약관의 명시·설명의무를 이행하였음을 인정할 수 없는 이상, 보험계약자의 주운전자에 관한 고지의무 위반을 이유로 한 보험계약 해지는 부적법함
대법원 1995. 8. 11. 선고 94다52492 판결	생명보험상품에 가입이 금지된 오토바이운전자의 고지의무위반과 보험자의 명시설명의무위반의 경합	보험자가 보험약관에 대한 명시설명의무에 위반하여 보험계약을 체결한 경우, 보험계약자의 보험약관상 고지의무 위반을 이유로 한 보험계약 해지불가

사건번호	쟁점	판결내용
대법원 1997. 10. 28. 선고 97다33089 판결	농협공제가입시 한쪽 눈의 실명사실이 고지대상인지 여부	고지의무위반임
대법원 1999. 4. 23. 선고 99다8599 판결	수개의 물건에 대하여 하나의 화재보험계약을 체결하였는데, 보험계약자가 일부 물건에 대한 고지의무를 위반한 경우, 보험자는 계약 전체를 해지할 수 있는지 여부	경제적으로 독립한 여러 물건에 대하여 화재보험계약을 체결함에 있어 집합된 물건 전체에 대하여 단일의 보험금액으로써 계약을 체결하거나 물건을 집단별로 나누어 따로 보험금액을 정하거나 간에, 보험의 목적이 된 수개의 물건 가운데 일부에 대하여만 고지의무 위반이 있는 경우에 보험자는 나머지 부분에 대하여도 동일한 조건으로 그 부분 만에 대하여 보험계약을 체결하지 아니하였으리라는 사정이 없는 한 그 고지의무 위반이 있는 물건에 대하여만 보험계약을 해지할 수 있음
대법원 2001. 11. 27. 선고 99다33311 판결	생명보험계약 체결에 있어 다른 보험자와 동종의 보험계약을 체결하고 있는 사실을 청약서에 기재하여 질문한 경우	고지사항임
대법원 2003. 11. 13. 선고 2001다49623 판결, 대법원 2004. 6. 11. 선고 2003다18494 판결	손해보험계약에서 다른 보험가입사실을 청약서에 기재하여 질문하지 않은 경우 이 사실이 고지대상인지 여부	손해보험에 있어서 다수의 보험계약의 체결사실에 관하여 고지 및 통지하도록 규정하는 취지는, 부당한 이득을 얻기 위한 사기에 의한 보험계약의 체결을 사전에 방지하고 보험자로 하여금 보험사고 발생시 손해의 조사 또는 책임의 범위의 결정을 다른 보험자와 공동으로 할 수 있도록 하기 위한 것일 뿐, 보험사고발생의 위험을 측정하여 계약을 체결할 것인지 또는 어떤 조건으로 체결할 것인지 판단할 수 있는 자료를 제공하기 위한 것이라고 볼 수는 없으므로 중복보험을 체결한 사실은 고지의무의 대상이 아님
대법원 2000. 11. 24. 선고 99다42643 판결	생명보험계약에서 피보험자의 직업이나 직종에 관한 사항에 대하여 고지의무 위반	고지사항에 해당함

사건번호	쟁점	판결내용
대법원 2012. 8. 23. 선고 2010다78135 판결	질병보험계약상 직장건강검진에서 고혈압, 신장질환 및 당뇨질환의심의 소견과 2차검진요망이라는 통보를 받고 다른 병원에서 고혈압, 고혈압성부전증의 진단을 받았음에도 질문표에 기재하지 않은 채 가입한 경우	고지사항에 해당함

다. 주관적 요건

불고지 또는 부실고지에 관하여 고지의무자에게 고의나 중과실이 있을 것이 요구된다.

고의라 함은 어느 사실의 존재와 그 사실의 중요함, 나아가서는 그 사실을 알려야 하는 것임을 알고서 고의로 묵비하거나 거짓진술을 하는 것이다. 그러나 사기 등의 적극적인 기망의사를 요구하는 것은 아니다.

중과실은 조금만 주의하였더라면 어느 사실의 존재, 당해 사실의 중요성 그리고 고지의 필요성을 인식하였을 것인데, 부주의로 불고지 또는 부실고지한 경우를 말한다.[139)]

대법원 2013. 6. 13. 선고 2011다54631, 54648판결은 피보험자와 보험계약자가 다른 타인의 질병보험사간에서 피보험자 본인이 아니면 정확하게 알 수 없는 개인적 신상이나 신체상태 등에 관한 사항에 대하여 보험계약자가 피보험자에게 적극적으로 확인하여 고지하는 등의 조치를 취하지 않은 것만으로 중대한 과실을 인정할 수 없다고 하였다.[140)]

고지의무자에게 탐지의무가 있는지 여부가 문제된다. 중대한 과실로 일정한 사실을 알지 못하여 불고지 또는 부실고지에 이른 경우, 즉 조금만 주의하였더

139) 대법원 1996. 12. 23. 선고 96다27971 판결은 '중대한 과실'이란 "고지하여야 할 사실은 알고 있었지만 현저한 부주의로 인하여 그 사실의 중요성의 판단을 잘못하거나 그 사실이 고지하여야 할 중요한 사실이라는 것을 알지 못하는 것을 말한다."고 한다.

140) 대법원 2015. 5. 14. 선고 2014다73336판결은 전립선암의 발견에 이용되는 PSA수치검사와 전립선 조직검사를 추가적으로 받은 사실을 알리지 않은 경우 주관적 요건인 고의 또는 중대한 과실에 해당한다고 하였다.

라면 일정한 사실을 알아내고 그 사실의 중요함을 알 수 있었을 데 이를 게을리 하여 고지하지 않은 경우에 고지의무위반인지 여부가 문제된다. 고지의무에 이와 같은 탐지의무는 포함하지 않는다는 것이 일반적이다.[141)]

라. 증명책임

고지의무위반의 요건을 구성하는 사항(당해 사항의 불고지 또는 부실고지가 있었다는 사실, 당해 사항이 중요한 사항이라는 것, 보험계약자 등에게 고의 또는 중과실이 있었음)에 대한 증명책임은 보험자가 진다는 것이 학설[142)]과 판례[143)]의 입장이다.

8. 고지의무위반의 효과

가. 보험자의 보험계약 해지권

(1) 해지의 효과

보험사고의 전후를 묻지 않고 보험자는 보험계약을 해지할 수 있고, 보험자는 보험금을 지급할 책임이 없으며, 이미 지급한 보험금의 반환을 청구할 수 있다(상법 제655조 본문).

고지할 사항이 여럿인데도 불구하고 일부만 고지한 경우에는 위반이 있는 물건에 대해서만 해지할 수 있고, 나머지 부분은 보험계약의 효력에 영향이 없다.[144)]

(2) 보험료와 보험료적립금

보험계약이 해지되기 전까지의 기간에 대한 보험료에 대하여 보험자는 보험

---

141) 양승규, 보험법, 122면.

142) 양승규, 상게서, 123면.

143) 대법원 2013. 6. 13. 선고 2011다54361, 54648 판결.

144) 대법원 1999. 4. 23. 선고 99다8599 판결은 "경제적으로 독립한 여러 물건에 대하여 화재보험계약을 체결함에 있어 집합된 물건 전체에 대하여 단일의 보험금액으로써 계약을 체결하거나 물건을 집단별로 나누어 따로 보험금액을 정하거나 간에, 보험의 목적이 된 수개의 물건 가운데 일부에 대하여만 고지의무 위반이 있는 경우에 보험자는 나머지 부분에 대하여도 동일한 조건으로 그 부분 만에 대하여 보험계약을 체결하지 아니하였으리라는 사정이 없는 한 그 고지의무 위반이 있는 물건에 대하여만 보험계약을 해지할 수 있다."고 판시하였다.

료청구권을 가지므로 반환할 필요가 없다. 그러나 생명보험의 경우에는 보험수익자를 위하여 적립한 금액을 보험계약자에게 지급하여야 한다(상법 제651조, 제736조 제1항). 생명보험은 저축성과 보장성의 기능을 겸하고 있기 때문에 고지의무위반이 있는 경우에도 보험료에서 저축성이 있는 부분은 보험계약자에게 반환하도록 한 것이다.145)

(3) 해지의 상대방

해지의 상대방은 보험계약자와 그 대리인이다. 보험계약자가 사망한 경우에는 보험계약자의 상속인에 대하여 해지권을 행사하면 된다. 보험수익자에 대한 해지는 효력이 없다.146)

나. 해지권 제한사유

(1) 해지기간의 도과

보험자는 고지의무 위반사실을 안 날로부터 1월내에, 계약을 체결한 날로부터 3년 내에 한하여 계약을 해지할 수 있다(상법 제651조). 어느 기간이라도 먼저 도과하면 해지권이 소멸한다. 고지의무위반사실을 안 후 1월이 도과하면 해지권을 포기한 것이고, 계약을 체결한 날로부터 3년이 도과하면 해지권이 소멸하는 것은 불가쟁조항(incontestable clause)의 성격을 띤다. 장기간이 도과하면 증인의 사망, 증거의 소실, 기억력의 약화 등으로 인하여 증명이 어려워지는 것을 고려한 것이다. 생명보험표준약관은 이 기간을 단축하여 고지의무위반의 엄격성을 완화하고 있다.147)

(2) 보험자의 악의나 중과실

보험자가 계약당시에 고지의무 위반사실을 알았거나 중대한 과실로 인하여

---

145) 양승규, 보험법, 124면.

146) 대법원 1989. 2. 14. 선고 87다2973 판결, 대법원 2002. 11. 8. 선고 2000다19281 판결.

147) 생명보험표준약관 제14조 12항 2호는 "보험회사가 고지의무
사실을 안 날부터 1개월 이상 지났거나 또는 제1회 보험료를 받은 때부터 보험금 지급사유가 발생하지 아니하고 2년(건강진단을 받은 피보험자의 경우에는 1년)이 지났을 때", 3호는 "계약체결일부터 3년이 지났을 때"에는 해지권을 제한하고 있다.

알지 못한 때에는 계약을 해지할 수 없다(상법 제651조 단서). 보험자는 물론 보험대리점, 보험의 등 고지수령권이 있는 자의 고의 또는 중과실을 포함한다.

2018년 개정 생명보험표준약관은 보험자의 과실이 있으면 해지권을 행사할 수 없도록 개정하여 고지의무위반의 엄격성을 완화하고 있다(생명보험표준약관 제14조 제1항 1호).

(3) 인과관계의 부존재

(가) 고지의무위반과 보험사고 사이의 인과관계의 부존재의 경우 보험금청구권의 인정

고지의무에 위반한 사실이 보험사고의 발생에 영향을 미치지 아니하였음이 증명된 때에는 보험금액을 청구하고 이미 지급한 보험금액의 반환을 거부할 수 있다(상법 제655조, 제651조).

고지의무 위반사실과 보험사고 발생 사이의 인과관계의 부존재의 증명책임은 보험계약자에게 있고, 판례(대법원 1992. 10. 23. 선고 92다28259 판결)는 그 인과관계를 조금이라도 규지할 수 있는 여지가 있으면 해지권을 인정한다.

생명보험표준약관 제22조 제5항은 보험자가 고지의무위반사실과 보험사고 사이에 증명책임을 지도록 전환하고 있다. 판례(대법원 1997. 10. 28. 선고 97다33089 판결)는 고지의무 위반이 보험사고의 발생에 영향을 미쳤다는 사실에 대한 증명책임이 보험자에게 있다고 규정한 경우에는 그에 따라야 한다고 한다.

고지의무위반과 보험사고 사이의 인과관계에 관한 판례의 동향

사건번호	사실관계	판결내용
대법원 1992. 10. 23. 선고 92다28259 판결	상해보험계약체결시 유흥업소에서 접대부로 종사하던 자가 직업을 가사(주부)로 허위고지한 사실과 일본 동경 노상에서 승용차에 치어 사망한 사실과의 인과관계 인정여부와 그 증명책임의 소재	고지의무 위반사실과 보험사고 발생과의 인과관계가 부존재하다는 점에 관한 증명책임은 보험계약자측에 있고, 만일 그 인과관계의 존재를 조금이라도 규지할 수 있는 여지가 있으면 위 단서는 적용되어서는 안 될 것이라 하여 보험금지급 청구를 기각함

사건번호	사실관계	판결내용
대법원 1994. 2. 25. 선고 93다52082 판결	자동차종합보험계약 체결시 주운전자의 허위고지사실과 승용차 운전중 중앙분리대를 넘어서 트럭과 정면충돌하여 사망한 사고 사이의 인과관계	인과관계 인정
대법원 1997. 9. 5. 선고 95다25268 판결	자동차종합보험계약 지입차주의 여객유상운송에의 제공행위가 고지대상인지 여부와 고지의무위반사실과 보험사고 발생사실 사이에 인과관계의 증명책임	고지의 대상이 아니고 인과관계의 증명책임은 보험계약자가 짐
대법원 1997. 10. 28. 선고 97다33089 판결	자동차종합보험계약 체결시 한쪽 눈의 실명사실의 불고지와 그의 일반과실로 인한 추돌사고의 인과관계 인정여부	인과관계인정

(나) 고지의무위반과 보험사고 사이의 인과관계의 부존재의 경우 보험자의 해지권의 인정

고지의무위반과 보험사고 사이에 인과관계가 존재하지 아니하는 경우에는 보험자는 보험금지급책임을 지지만 고지의무위반을 이유로 보험계약을 해지할 수 있는가가 문제된다.

판례(대법원 2010. 7. 22 선고 2010다25353 판결)은 "최근 5년 이내에 고혈압으로 진단 및 투약을 받은 사실이 있음에도 불구하고 보험청약서에 그와 같은 사실이 없다"고 기재한 고지의무위반과 백혈병 발병이라는 보험사고 사이에 인과관계가 인정되지 않지만, 보험자는 고지의무위반을 이유로 보험계약을 해지할 수 있다고 판시하였다. 판결은 그 근거로 첫째, 해지권을 인정하지 않으면 보험사고가 발생한 후에는 사후적으로 인과관계가 없음을 이유로 보험금을 지급한 후에도 보험계약을 해지할 수 없으므로 인과관계가 인정되지 않는 한 계속하여 보험금을 지급하여야 하는 불합리가한 결과가 발생하는 점, 둘째, 이 경우 해지권을 인정하는 것이 보험계약의 선의성 및 단체성에 부합하는 점을 들고 있다.

(4) 증명책임

각각의 해지권의 제한사유의 존재와 내용에 대하여서는 보험계약자 측이 증명책임을 진다는 것이 통설·판례의 입장이다.

다. 고지의무위반과 사기·착오와의 관계

일정한 사항의 불고지 또는 부실고지가 고지의무위반을 구성함과 동시에 민법상의 착오, 사기·강박에 해당되는 경우에 보험자는 보험계약을 해지할 수 있는 외에 민법상의 일반원칙에 따라 보험계약을 취소할 수 있는가 하는 문제이다.

(1) 민상법중복적용설

상법상의 고지의무제도와 민법상의 착오, 사기·강박에 관한 규정은 그 근거, 요건 그리고 효과에 있어서 다른 별개의 제도이므로 상법상의 고지의무에 관한 규정은 민법규정의 적용을 배제하지 않는다고 한다.

(2) 상법적용설

고지의무제도는 민법에 대한 특칙의 성격을 띠므로 착오, 사기·강박에 관한 민법의 규정은 그 적용이 배제되고, 상법의 규정에 따르는 것이 타당하다고 한다.[148)]

(3) 절충설

보험계약자에게 착오가 있는 경우에는 민법의 규정은 적용되지 않고, 보험계약자에게 사기가 있는 경우에는 민법규정에 의한 취소권을 행사할 수 있다는 것이다. 이 설은 고지의무자에게 착오가 있는 경우에는 해의가 없으므로 보험자와 더불어 보험계약자의 이익도 고려하여야 하므로 민법의 적용을 배제하지만, 사기의 경우에는 고지의무자를 보호할 필요가 없다는 점에서 민법에 따른 취소가 가능하다고 한다. 통설[149)]의 입장이다.

---

148) 정완용·서돈각, 상법강의(하), 법문사, 1998, 532면; 정희철, 상법학(하), 박영사, 1990, 389면.
149) 양승규, 보험법, 128면; 김성태, 보험법강론, 237~238면.

(4) 판례

판례는 "공사도급계약과 관련하여 체결되는 이행(계약)보증보험계약이나 지급계약보증보험에 있어 보험사고에 해당하는 수급인의 채무불이행이 있는지 여부는 보험계약의 대상으로 약정된 도급공사의 공사금액, 공사내용 및 공사기간과 지급된 선급금 등을 기준으로 판정하여야 하므로, 이러한 보증보험계약에 있어 공사기간이나 선급금액도 공사대금 등과 함께 계약상 중요한 사항으로서 이를 허위로 고지하는 것은 기망행위에 해당할 수가 있고, 따라서 이러한 경우에는 민법의 일반원칙에 따라 보험자가 그 보험계약을 취소할 수 있다."고 하여 절충설을 취한다.[150]

(5) 사견

절충설의 입장이 타당하다고 본다. 보험계약자측의 단순한 착오로 고지의무를 위반한 경우에는 민법의 적용을 허용하는 것은 보험계약자측에게 가혹하지만, 사기적인 고지의무위반의 경우에는 민법의 요건을 충족하면 보험계약을 취소할 수 있도록 하여 도덕적 위험을 방지하는 것이 타당하기 때문이다.

라. 보험약관설명의무위반과 고지의무위반의 관계

판례(대법원 1998. 11. 27. 선고 98다32564 판결)에 따르면 보험자가 약관의 설명의무에 위반하여 보험계약을 체결한 때에는 그 약관의 내용을 보험계약의 내용으로 주장할 수 없으므로 보험계약자나 그 대리인이 약관에 규정된 고지의무를 위반하였다고 하더라도 이를 이유로 보험계약을 해지할 수 없다.

마. 기타 쟁점

첫째, 고지의무위반의 효과가 보험계약자에게 가혹하므로 이를 완화하기 위하여 실무상 비율적 감액보상의 원칙을 채용하는 경우도 있고, 최근의 외국의 입법례는 가계보험의 경우 고지의무위반의 비율적 감액보상의 원칙의 채용이 늘고 있다.[151] 감액보상의 원칙은 고지의무위반의 경우에도 보험계약을 전부 해지하

150) 사법연수원, 전게서, 51면.

는 것이 아니라 감액보상을 하므로 보험계약자에게 유리한 반면, 약관조항의 내용이 "상법 제651조에서 규정하고 있는 해지기간, 고지의무 위반사실에 대한 보험자의 고의나 중과실 여부, 상법 제655조에서 규정하고 있는 고지의무 위반사실과 보험사고 발생 사이의 인과관계 등에 관한 규정"의 적용을 배제하는 취지로 되어 있으면 보험계약자에게 불이익하므로 후자의 내용이 상법 663조에 반하여 무효인가 여부에 관하여 따져보아야 한다고 하여 판결(대법원 2000. 11. 24. 선고 99다 42463판결)은 적극설을 취한다.

둘째, 고지의무위반을 이유로 하는 보험자의 해지권의 제한사유로서 보험자의 악의 또는 중과실의 의미가 문제된다.[152] 영국의 보험법개정작업을 진행하고 있는 영국 법률개정위원회는 보험자가 획득할 것이라고 보험계약자가 판단하는 정보에 대하여서는 보험자가 고지를 포기한 것이라고 한다.[153] 클라크교수[154]에 따르면 "캐나다와 미국에서는 보험자가 자신의 데이터 파일을 점검하지 않는 경우에, 보험자는 파일에 포함되어 있는 정보에 대하여 고지를 포기한 것으로 본다. 영국도 그와 같이 해석되어야 한다"고 하고, 예컨대 보험금청구에 관한 기록을 보관하고 있는 데이터 베이스를 확인하면 보험계약자가 기억에 의하여 제공하는 것보다 과거의 보험금청구기록을 보험자는 제공받을 수 있다는 데 근거한다.

판례(대법원 2001. 1. 5. 선고 2000다40353 판결)는 영국에서의 논의와 달리 생명보험회사가 산하에 종합건강진단센터를 설립하여 고액 보험료를 납입하는 보험계약자에게 고객관리차원에서 무료로 받은 건강진단의 결과 고혈압의 진단이 나와 센터의 전산시스템에 등록된 사실을 고지의무위반에 대한 보험자의 악의 또는 중과실로 인정할지 여부에 대하여는 "보험자의 악의 또는 중과실"의

---

151) 프랑스 보험법 제113-8조와 113-9조, 노르웨이 1989년 보험계약법 제4조 제2항, 스웨덴 2005년 보험계약법 제4장 제2조 제2항, 덴마크 1930년 보험계약법 제16조 제2항, 핀란드 1994년 보험법 제24조와 제25조. 유럽보험계약법 준칙 초안 제2-102조 제5항.

152) 일본의 보험법은 "보험자가 악의 또는 과실로 고지의무위반사실을 알지 못한 때"를 해제권제한사유로 규정하여 우리법보다 보험자의 해제권행사의 범위를 축소하고 있다(동법 제28조 제2항 1호, 제55조 제2항 1호, 제84조 제2항 1호).

153) Law Commission, op. cit., para 4.134 p. 101.

154) Malcolm Clarke, The Law of Insurance Contract, (informa, 2006.12.6), 23-9B2.

해석과 함께 피진단자의 동의 없이는 외부로 유출할 수 없도록 되어 있는 의료법상의 금지규정도 함께 논의하여 판결은 보험자의 악의 또는 중과실로 볼 수 없다고 한다. 의료법상의 건강진료정보의 유출금지와 결부되어 내려진 판결로 판단되지만 일반 정보에 대하여서는 영국과 같이 보험자의 파일에 담겨있는 일반 정보에 대하여서는 고지를 포기한 것으로 본다는 해석이 타당하다고 판단된다.

한편 판례(대법원 2011. 12. 8. 선고 2009다20451 판결)는 갑이 오토바이를 소유·운전하면서도 '비소유 및 비탑승'으로 고지하여 을 보험회사와 상해사망 시 보험금이 지급되는 보험계약을 체결한 후 자신의 오토바이를 운전하다가 상해사고로 사망하자, 을 회사가 고지의무 위반을 이유로 보험계약을 해지한 사안에서, "보험자가 보험계약 체결 당시 망인이 오토바이 소유 및 탑승 여부에 관하여 전산망의 조회를 통하여 불고지 사실을 알았거나, 만일 조회를 하지 아니하여 몰랐다면 이는 중대한 과실에 해당한다"고 하였다.[155)]

II. 고지의무에 관한 현대화의 동향

1. 고지의무의 현대화의 개요와 근거

보험금의 지급과 관련한 분쟁사건 중 고지의무위반의 문제가 높은 비중을 차지하고 있고, 최근 유럽과 일본의 보험법의 현대화에 따라 고지의무의 규정내용에서 우리법과 커다란 차이가 있는 부분이 존재하고 있다.

자발적 고지의무가 폐지되고 보험자의 청약에 대한 답변의무로 전환되었고, 고의 이외의 고지의무위반의 경우 전부지급 또는 완전면책을 의미하는 all or nothing 원칙 대신 비율적 보상제도가 채용되었으며, 보험모집보조자에 의한 고지방해의 경우 해제권의 제한 등이 그것이다.

이와 같은 고지의무의 개정이유로는 다음과 같은 점이 지적될 수 있다.

첫째, 고지제도는 위험을 측정하여 보험계약을 체결할지 여부와 보험료의 설

---

155) 이 판결에 대한 판례평석인 유영일, 고지의무위반과 보험자의 악의·중과실-대법원판례의 분석, 상사판례연구 제27집 제1권(2014), 한국상사판례학회, 77~112면 참조.

정 등을 위한 것이기 때문에 무엇이 위험의 측정을 위하여 필요한 중요한 사실에 해당하는가는 많은 보험계약을 체결하여 다양한 정보를 보유하고 있는 보험자측이 판단하도록 하는 것이 합리적이고, 전화나 인터넷에 의한 보험판매가 일반화되고 있는 상황에서 보험계약자는 질문에 답변하는 형태로 인수절차가 진행되고, 추가적인 사실을 고지할 의사가 있더라도 이를 행하기가 어렵기 때문에 법적 의무로 하는 것은 형평에 맞지 않다는 것이다.156)

둘째, 1930년 프랑스에서 도입된 비율보상의 원칙에 대하여서는 정확히 고지하였더라면 실제로 지급될 보험료를 산정하는데 있어서 예컨대 이전의 자동차 유죄기록을 불고지한 경우와 같은 질적인 사실이 불고지된 경우 보험료율표는 도움이 되지 않고, 전문가사이에 산정에 있어서 충돌이 발생하여 소송이 증가할 것이라는 비판 등으로 채용이 거부되었지만, 영국의 금융옴부즈맨, 프랑스 등에서 실무상 시행된 결과 보험업계와 소비자의 지지를 받고 있고, 그 난점은 과장되어 있음이 지적된다.

셋째, 연혁적으로 1766년 Carter v. Boehm사건에서 맨스필드(Mansfield)판사가 상정한 고지의무는 상거래에 일반적인 신의성실원칙이었을 뿐이었는데, 영국에서는 불고지와 부실고지에 관한 엄격한 원칙으로 설정되었지만, 미국에서는 이와 달리 부실고지를 중심으로 발전하였다는 점이다.

2. 일본 보험법상의 고지의무

일본 제정 보험법은 고지의무를 자발적 신고의무에서 질문응답의무로 하고, 비율적 보상은 채용하지 않고 있으며, 보험매개자의 고지방해의 경우 해제권을 제한하고, 제척기간에 대한 제한을 제외하고는 상대적 강행규정으로 하고 있다(제28조, 제37조, 제63조, 제66조). 다만 보험계약자의 중과실로 인한 고지의무 위반의 경우 비율적 보상원칙은 채용하지 않았다.

156) Law Commission, op. cit., para 4.16, p 76.

가. 고지사항

(1) 질문답변의무

일본 보험법은 고지의 대상을 고지의무의 대상을 "중요한 사항" 중 보험자인 자가 고지를 구하는 것으로 하고 있기 때문에, 보험자가 중요한 고지사항을 지정하여 보험계약자에게 질문하고, 이에 대하여 보험계약자 등이 답변하는 형식으로 고지를 행한다(질문답변의무). 고지의무제도는 위험을 측정하여 보험계약을 체결할 것인가의 판단과 보험료의 설정 등을 하기 위한 것이기 때문에, 무엇이 위험의 측정을 위하여 필요한 "중요한 사항"에 해당하는가는 다수의 보험계약을 체결하여 다양한 정보를 가지고 있는 보험자측이 판단하도록 하는 것이 합리적이기 때문이다. 또한 보험에 관한 지식을 결여하는 보험계약자 등이 위험측정에 관한 사실을 충분히 인식하지 않는 것에 기인한 것이다.

중요한 사항이 아닌 사항을 고지서 등에 의하여 질문하여 고지의무를 확장하는 것에 대하여서는 계약교섭 당사자간의 정보격차의 차이를 시정하기 위하여 필요한 한도까지 고지의무를 인정하는 제도취지에 반한다고 해석하는 것이 일반적이다.

고지의무에 관한 규정은 편면적 강행규정이기 때문에(보험법 제7조, 제41조, 제70조), 약관에서 자발적 고지의무를 규정하는 것은 허용되지 않다.

(2) 고지사항

보험자가 질문한 사항 모두가 중요한 사항으로 추정되는 것은 아니다. 고지사항인가 아닌가는 고지의무자의 이해를 기준으로 약간의 주의를 기울이면 용이하게 판단될 필요성이 있는 것, 보험계약자 등은 보험자의 인수기준을 알지 못하기 때문이다.

무엇이 중요한 사항인가를 보험계약자가 이해하기 쉽도록 전달하고, 후일 다투어지지 않도록 구체적으로 질문하고 답변하기 쉽도록 전달할 것이 요구되고 있다. 계속계약 중 자동 갱신되는 경우에는 보험계약자의 인식이 약화되는 것에 대비하여 보다 확실하고 정확하게 고지받기 위한 실무상의 대응이 필요하다고 한다.

유전자정보 등이 고지의무의 대상이 되는가에 대하여는 문제가 많다는 이유로 개정단계에서 검토되지 않았지만. 후일 사회의 변화에 따라 문제가 현실화되는 경우에는 입법조치를 검토하여야 할 것이라 한다.

중요한 사실의 판단기준을 보험거래의 관념에 따라 객관적 기준에 의할 것인가(객관설), 개개의 보험자가 준거한 기준에 의할 것인가(주관설)에 대하여서는 해석에 맡겨져 있다. 보험상품에 대한 사전규제가 자유화되고, 각 회사의 상품의 인수기준이 다양화되고 있는 오늘날에서 보험거래의 통념에 의거하는 객관설을 관철하는 것은 곤란하며, 보험자의 위험선택에 관한 정보격차를 시정하는 목적에 비추어 주관설을 출발점으로 하여야 한다고 본다.

나. 보험매개자의 고지방해

(1) 입법이유와 보험매개자의 범위

종래 보험계약을 체결할 대리권이 없거나, 고지수령권이 없는 보험모집보조자가 고지를 방해한 경우 보험회사는 보험계약을 해제할 수 있었다. 이에 보험법 제28조 제2항 2호, 3호에서는 고지수령권이 없는 보험매개자가 보험에 가입하고자 하는 자에 대하여 고지방해·불고지 교사를 한 경우에 보험자의 해제권의 조각사유로 규정하고 있다.

보험매개자는 보험업법상의 보험모집인과 구별되어 보험업법상의 등록 유무를 묻지 않고, 사실상 위임에 의하여 보험계약의 체결의 매개권한을 가지는 자를 포함한다.

보험매개자에서 보험계약의 체결대리권이 있는 자는 제외되었는데, 우리 민법 제116조 제1항에 해당하는 일본민법 제101조의 유추적용에 의하여 보험법 제28조 제2항 2호에 의하여 처리되기 때문이다.

(2) 고지방해와 불고지교사

"고지방해"는 고지의무자의 의사가 개재되지 않고, 고지의무자의 의사가 제압된 경우이다. 예컨대 보험매개자가 고지서를 고친 경우가 그것이다. 또한 보험매개자가 보험청약서를 모두 청약자 대신 기입한 경우와 그 기재내용을 청약자에게 충분히 확인시키지 않고 마지막에 청약자가 서명 또는 날인만을 한 경우,

고지의무자가 보험매개자에게 구두로 고지한 사항을 자기가 기재하겠다고 하고 공란으로 그대로 제출한 경우 등이 이에 해당한다.

"불고지교사"는 불고지교사가 있고, 고지의무위반 자체에 대하여서는 고지의무자의 의사가 개재되어 있는 경우를 의미한다. 예컨대 고지의무위반의 해지는 기간제한이 있으므로 이를 도과하면 보험금은 지급된다고 권유하여, 고지서에는 모두 "없음"으로 기입하도록 권유한 경우이다.

(3) 고지방해와 고지와의 인과관계

보험매개자의 고지방해가 없었더라도 보험계약자 등이 고지사항에 관한 사항을 고지하지 않았을 것이거나, 또한 부실의 고지를 하였다고 인정되는 경우에는 적용되지 아니한다(보험법 제28조 제3항).

제2절 보험증권

Ⅰ. 보험증권의 의의와 교부의무

보험증권이라 함은 보험계약의 성립과 내용을 증명하기 위하여 보험자가 계약의 내용을 기재하고, 서명·기명날인하여 보험계약자에게 교부하는 증권이다.

보험계약은 낙성계약이고, 증권의 작성은 본래 필요한 것은 아니지만, 상법은 보험자는 보험계약이 성립한 때에는 지체 없이 보험증권을 작성하여 보험계약자에게 교부하여야 하도록 하지만 보험계약자가 보험료의 전부 또는 최초의 보험료를 지급하지 아니한 때에는 예외로 하고 있다(상법 제640조 제1항). 또한 기존의 보험계약을 연장하거나 변경한 경우에는 보험자는 그 보험증권에 그 사실을 기재함으로써 보험증권의 교부에 갈음할 수 있도록 하였다(상법 제640조 제2항). 보험계약의 당사자는 보험증권의 교부가 있은 날로부터 1월을 내리지 아니하는 기간 내에 한하여 그 증권내용의 정부에 관한 이의를 할 수 있음을 약정할 수 있도록 되어 있다(상법 제641조). 보험증권을 멸실 또는 현저하게 훼손한 때에는 보험계약자는 보험자에 대하여 증권의 재교부를 청구할 수 있고, 그 증권작성의 비용은 보험계약자의 부담으로 한다(상법 제642조).

보험증권의 법정기재사항에 대하여서는 손해보험증권(상법 제666조)과 인보험증권(상법 제666조, 제728조)에 기재할 일반적인 사항을 규정하고, 화재보험, 운송보험증권, 해상보험증권, 책임보험증권, 자동차보험증권, 상해보험증권에 기재할 사항을 추가로 규정하고 있다(상법 제685조, 제690조, 제726조의 3, 제738조).

II. 보험증권의 성질

1. 증거증권성

보험증권은 증거증권으로서 보험계약의 성립과 그 내용에 관하여 사실상의 추정력을 가진다. 그러므로 보험증권의 기재내용과 보험계약의 내용이 다른 때에는 그 사실을 증명하여 진실한 계약의 내용에 따라 당사자는 권리를 주장할 수 있다고 해석된다. 판례[157]는 "보험계약은 당사자 사이의 의사합치에 의하여 성립되는 낙성계약이고, 보험계약을 체결할 때 작성 교부되는 보험증권은 하나의 증거증권에 불과한 것이어서 보험계약의 내용은 반드시 위의 증거증권 만에 의하여 결정되는 것이 아니라 보험계약 체결에 있어서의 당사자의 의사와 계약체결의 전후 경위 등을 종합하여 그 내용을 인정할 수도 있다."라고 하였다.

2. 요식증권성

보험증권은 엄격한 요식증권은 아니기 때문에 법정기재사항의 일부가 흠결되어도 보험증권의 효력에는 영향이 없다고 해석된다. 또한 해상적하보험과 운송보험에 작성된 보험증권을 제외하고는 보험금청구권자인 피보험자(또는 보험수익자)의 성명 또는 명칭이 기재된 기명식 보험증권이 보통이고, 유가증권은 아

157) 대법원 1992. 10. 27. 선고 92다32852 판결.

니라는데 이론이 없다.

3. 지시식보험증권의 유가증권성

지시식보험증권이 유가증권인가에 대하여서는 논의가 있어왔다. 통설은 해상적하보험과 운송보험의 경우 운송물과 함께 보험증권이 양도되는 점에서 유가증권성을 인정하지만, 지시식보험증권이라고 하여도 보험의 목적물과 독립하여 배서에 의하여 양도되는 것은 아니기 때문에 이것을 유가증권으로 하는 실익은 적고, 단지 면책증권이라고 함이 오늘날의 통설이다.

제5장 보험계약의 체결

제1절 보험계약의 성립

Ⅰ. 보험계약의 성립

보험계약은 채권계약의 일종으로 불요식 낙성계약이다. 보험계약은 일방 당사자의 청약과 타당 당사자의 승낙에 의한 의사의 합치에 의하여 성립한다. 보험계약자가 청약하는 것이 일반적이지만 보험계약자가 승낙하는 경우도 존재할 수 있다.[158)]

1. 청약

보험계약의 청약이라 함은 보험계약의 일방당사자가 타방 당사자에 대하여

158) 일본 보험법 제5조 제1항은 보험계약자가 승낙하는 경우를 규정하고 있다.

보험계약을 맺을 것을 목적으로 하는 일방적 의사표시이다. 구두에 의하든 서면에 의하든 상관없고, 거래계에서는 보험계약청약서를 이용하는 것이 일반적이다. 청약은 구속력이 인정되어 이를 철회하지 못한다(민법 제527조). 격지자간의 승낙의 기간을 정한 보험계약의 청약은 청약자가 그 기간 내에 승낙의 통지를 받지 못한 때에는 그 효력을 잃고(민법 제528조 제1항), 승낙의 기간을 정하지 아니한 보험계약의 청약은 청약자가 상당한 기간 내에 승낙의 통지를 받지 못한 때에는 그 효력을 잃는다(민법 제529조). 격지자간의 보험계약은 승낙의 통지를 발송한 때에 성립한다(민법 제531조).

2. 승낙

가. 승낙의 의의와 방법

보험계약의 승낙이라 함은 보험계약의 일방 당사자의 청약에 대하여 보험계약의 성립을 목적으로 하는 승낙의 의사표시를 말한다. 승낙의 방법에는 제한이 없고, 명시적 또는 묵시적으로 가능하다. 승낙은 보험계약자가 고지한 사항에 대하여 검토하고 신체검사가 필요한 생명보험에서는 그 결과를 검토하여 인수할 의사를 통지하게 된다. 일반적으로 보험자는 보험증권을 교부하는 방법으로 승낙의 의사표시를 하게 된다.

나. 승낙의제

보험자가 보험계약자로부터 보험계약의 청약과 함께 보험료 상당액의 전부 또는 일부의 지급을 받은 때에는 다른 약정이 없으면 30일내에 그 상대방에 대하여 낙부의 통지를 발송하여야 한다(상법 제638조의 2 제1항 본문). 인보험계약의 피보험자가 신체검사를 받아야 하는 경우에는 그 기간은 신체검사를 받은 날부터 기산한다 (상법 제638조의 2 제1항 단서).

보험자가 이 기간 내에 낙부의 통지를 해태한 때에는 승낙한 것으로 본다(상법 제638조의 2 제2항 단서).

Ⅱ. 상법상의 보험자의 승낙전의 담보책임

1. 취지

보험자가 보험계약자로부터 보험계약의 청약과 함께 보험료 상당액의 전부 또는 일부를 받은 경우에 그 청약을 승낙하기 전에 보험계약에서 정한 보험사고가 생긴 때에는 그 청약을 거절할 사유가 없는 한 보험자는 보험계약상의 책임을 진다(상법 제638조의 2 제3항 본문). 인보험계약의 피보험자가 신체검사를 받아야 하는 경우에 그 검사를 받지 아니한 때에는 그러하지 아니하다(상법 제638조의 2 제3항 단서).

보험계약이 성립하지 아니하였음에도 불구하고 보장을 하는 이유는 보험계약자는 일반적으로 보험료를 지급한 경우에는 보장을 받는다는 신뢰를 보호하기 위함이다. 외관과 진실이 일치하지 아니하는 경우에 외관을 보호하는 표현지배인(상법 제14조), 명의대여자의 책임(상법 제24조), 표현대표이사(상법 제395조)와 같은 취지라고 판단된다.

2. 요건

승낙전 담보제도는 보험자가 보험계약의 청약에 대하여 승낙하지 아니하였음에도 불구하고 위험을 보장받는 것이므로 엄격한 요건을 요구하고 있다.

가. 보험계약자의 청약이 있을 것

보험자가 보험계약자로부터 보험계약의 청약을 받아야 한다. 보험계약체결의 대리권을 가지는 보험대리점에 대하여 청약을 한 경우는 의문이 없다. 보험계약체결의 대리권이 없는 보험설계사나 보험중개사에 대하여 청약한 경우에도 보험계약자가 보험계약체결을 위한 대리권이 있다고 신뢰하는 것이 상당한 경우에도 포함된다고 해석된다.

나. 보험료 상당액의 전부 또는 일부가 지급되었을 것

보험계약이 성립하기 이전이므로 "보험료 상당액의 전부 또는 일부"를 지급하여야 한다. 법문에는 없지만 보험계약의 내용에 대한 완전한 합의는 요구되지는 않지만 보험계약의 내용의 중요한 사항은 보험계약자와 보험모집보조자와의 거래를 통하여 확정되는 것이 필요하다.

보험료수령권이 있는 보험대리점과 보험설계사는 의문이 없다. 보험료수령권이 없는 보험중개사에 대하여 보험료를 지급한 경우에도 보험계약자가 보험료 수령권한이 있다고 신뢰하는 것이 상당한 경우에도 포함된다고 해석된다.

다. 보험자가 청약을 거절할 사유가 없을 것

보험자가 청약을 거절할 사유가 없어야 한다. 판례(대법원 2008. 11. 27. 선고 2008다40847 판결)는 "청약을 거절할 사유"란 보험계약의 청약이 이루어진 바로 그 종류의 보험에 관하여 해당 보험회사가 마련하고 있는 객관적인 보험인수기준에 의하면 인수할 수 없는 위험상태 또는 사정이 있는 것으로서 통상 피보험자가 보험약관에서 정한 적격 피보험체가 아닌 경우라고 한다.

'청약을 거절할 사유'의 증명책임의 증명책임에 대하여 학설로는 "승낙전 보험보호제도는 선의의 보험가입자측을 보호하려는 취지에서 예외적으로 계약의 성립 전에도 보험자의 책임을 인정하는 것이므로, 보호를 주장하는 보험가입자측이 적극적으로 부보적격체였음을 증명하도록 함이 형평에 맞다"고 하면서 보험가입자 측에 증명책임이 있다고 하는 견해[159]와, 이에 반하여 증명책임은 보험자가 진다는 견해[160]가 있다. 판례(대법원 2008. 11. 27. 선고 2008다40847 판결)는 청약을 거절할 사유의 존재에 대한 증명책임은 보험자에게 있다고 한다.

라. 생명보험계약의 피보험자가 신체검사를 받아야 하는 경우에 그 검사를 받을 것

신체검사를 받아야 하는 생명보험에만 특별히 요구된다.

3. 승낙전 담보와 소급보험

소급보험은 보험계약 성립 전의 어느 시기부터 보험기간이 시작되는 것으로 정한 보험을 이른다(상법 제643조). 최초보험료를 납입한 이후 보험자의 승낙

159) 김성태, 보험법강론, 법문사, 2001, 184면.
160) 최기원, 보험법, 1998, 박영사, 105면.

이전의 지위와 관련하여 (1) 소급보험에 관한 법리가 적용되는 입장 (2) 승낙전 사고담보제도가 적용된다는 입장으로 나뉜다.[161]

판례(대법원 2008. 11. 27. 선고 2008다40847 판결)는 "승낙 전 보험사고에 대하여 보험계약의 청약을 거절할 사유가 없어서 보험자의 보험계약상의 책임이 인정되면, 그 사고발생사실을 보험자에게 고지하지 아니하였다는 사정은 청약을 거절할 사유가 될 수 없고, 보험계약 당시 보험사고가 이미 발생하였다는 이유로 상법 제644조에 의하여 보험계약이 무효로 된다고 볼 수도 없다."고 하여 후자의 입장을 취하고 있다.

제2절 소급보험

우리 상법은 소급보험의 효력을 인정하고, 보험사고의 객관적 확정의 효과에 관한 규율하고 있다(상법 제643조, 제644조). 새로 보험법을 제정한 일본에서는 소급보험에 관하여 우리와 동일하게 규율하였지만, 종래의 비판을 수용하여 상세한 규율을 하고 있다.

Ⅰ. 우리법상의 소급보험

1. 의의와 취지

소급보험이라 함은 보험기간의 시기(始期)를 보험계약의 체결전 시기(時期)로 소급하는 보험을 말한다(상법 제643조). 우리법상 승낙전 담보제도와 관련하여 급보험이라 함은 최초보험료를 납입하는 시점 이전을 보험기간의 개시시점으로 정하는 보험이다.[162]

161) 장덕조·한창희, 보험판례연구집, 법영사, 2010, 68면.
162) 장덕조·한창희, 전게서, 68면.

소급보험이라는 뜻을 정한 약관규정을 소급조항이라고 하고, 소급조항에 대하여서는 보험계약의 당사자 등이 보험사고의 발생 또는 불발생을 알고 있지 않으면, 유효라고 해석된다.

보험사고는 우연한 사고이어야 하지만, 보험계약 체결 전에 이미 발생하거나 발생할 수 없음이 확정되어 있는 사실을 보험사고로 할 수 있는 것은 원래는 아니다. 그러나 객관적으로 확정되어 있는 사실을 보험사고로 하는 보험계약에서도 당해 보험계약자와 피보험자가 이 사실을 모르고 보험계약을 체결하는 경우에는 보험계약을 악용할 우려가 없기 때문에 소급보험의 유효성을 인정할 수 있다. 즉 보험사고의 우연성과 관련하여 보험계약 성립시에 보험사고의 발생 또는 불발생은 주관적으로 확정되어 있지 않기 때문에, 이 경우의 보험계약자와 피보험자에 대하여서는 주관적인 의미에서 보험사고의 우연성은 인정되고, 보험계약을 유효하다고 하여도 보험계약자 등에게 부당한 이익이 생기지 않고, 폐해가 생길 우려가 없기 때문이다.[163]

2. 소급보험의 유형

소급보험에는 2가지 경우가 있다. 즉 보험사고가 이미 발생한 경우와 발생할 수 없는 경우가 그것이다(상법 제644조).

3. 소급보험의 효과

가. 원칙적 유효

보험계약의 체결전의 시기(時期)를 보험기간의 시기(始期)로 한 경우 계약 당시 당사자 쌍방과 피보험자가 보험사고가 이미 발생하였거나 발생할 수 없는 것임을 모두 알지 못하고 있는 경우에는 유효하다(상법 제644조 단서).

나. 예외적 무효

소급보험의 경우 보험계약의 체결 당시에 계약당사자 쌍방과 피보험자가 보

163) 岡田豊基, 전게서, 136面; 潘阿憲, 전게서, 28面.

험사고가 이미 발생하였거나 또는 발생할 수 없는 것임을 안 때에는 그 계약은 무효이다(상법 제644조 본문). 이 때 보험계약자측은 보험금을 지급받을 수 없고, 보험자는 보험료를 반환할 책임도 없다(상법 제648조).

Ⅱ. 일본보험법상의 소급보험

1. 개관

일본 상법 제642조는 우리 상법 제644조와 유사하게 "보험계약의 당시 당사자의 일방 또는 피보험자가 사고가 발생할 수 없거나 이미 발생한 것을 알고 있는 경우에 그 보험계약은 무효이다."라고 규정하고 있었다. 이에 대하여서는 보험자가 이미 보험사고의 발생한 사실을 알고 있는 경우에는 보험계약자가 보험계약을 악용하여 부당한 이익을 얻을 위험성이 없음에도 불구하고 소급보험으로 무효이기 때문에 이를 유효로 하여도 무방하다는 비판이 있었다.[164] 이에 보험법은 소급보험이 원칙적으로 유효임을 전제로 예외적으로 피보험자가 부당하게 보험급여를 받아 이득을 얻는 경우와 보험자가 보험료를 취득하여 부당하게 보험료의 이득을 얻는 경우에 한하여 그 효력을 부인하고 있다.

2. 소급보험이 무효로 되는 경우

가. 보험사고가 이미 발생한 것에 대하여 보험계약자 등이 악의인 경우

보험계약 체결 전에 발생한 보험사고에 대하여 보험급여를 하기로 규정하고 있는 경우, 보험계약자가 청약 또는 승낙할 때, 보험계약자 등이 보험사고 발생사실을 알고 있는 때에는, 보험자의 지·부지를 묻지 않고, 무효가 된다(보험법 제5조 제1항, 제39조 제1항, 제68조 제1항). 이것은 보험제도를 악용하여 소액의 보험료를 부담하고 다액의 보험급여를 받는 것, 즉 도덕적 위험을 방지하기 위한 취지이다.[165]

---

164) 潘阿憲, 상게서, 28面.

나. 보험사고의 불발생에 대하여 보험계약자 등이 악의인 경우

보험사고의 불발생에 대하여 보험계약자가 알고 있는 경우 즉 악의인 경우 보험계약의 청약시점에 보험사고의 발생가능성이 소멸하였으므로 보험자가 이를 알고 보험계약을 체결하여도 무효로 한다(보험법 제5조 제2항, 제39조 제2항, 제68조 제2항).

3. 요건

가. 인식의 시점

보험자 또는 보험계약자 등 관계자가 인식하는 시점은 보험계약자가 계약을 청약하거나 승낙한 시점(보험법 제5조 제1항, 제39조 제1항, 제68조 제1항) 또는 보험계약자가 청약한 시점이다(보험법 제5조 제2항, 제39조 제2항, 제68조 제2항). 일본법은 보험자가 청약하는 것을 상정한 입법인 점에 유념할 필요가 있다. 이 시점에서 보험사고의 발생·발생할 수 없음에 관한 지·부지를 판단한다.

나. 인식의 주체와 내용

보험계약이 무효로 되는 것은 보험계약자 등이 보험사고의 발생을 알고 있는 것(보험법 제5조 제1항, 제39조 제1항, 제68조 제1항), 보험자가 사고의 발생할 수 없음을 알고 있는 것(보험법 제5조 제2항, 제39조 제2항, 제68조 제2항)이다.

4. 효과

가. 계약의 무효

소정의 요건을 충족하면 보험계약을 체결하기 전에 발생한 보험사고에 대한 급여를 한다는 약정은 무효이다(보험법 제5조 제1항, 제39조 제1항, 제68조 제1항). 보험사고가 발생하였음에 대하여 보험자의 지·부지를 묻지 않고 보험계약자 등이 이를 알고 보험기간을 그 이전의 시점까지 소급하여 보험계약을 체결

165) 岡田豊基, 전게서, 136面.

하였어도 보험계약은 무효가 되어 피보험자 또는 보험수익자는 보험금을 취득하지 못한다. 보험계약이 무효이면 보험자는 보험료를 반환할 책임이 없다(보험법 제32조 2호 본문, 제64조 2호 본문, 제93조 2호 본문). 다만 보험자가 보험사고의 발생을 알고 보험계약의 청약 또는 승낙을 한 때에는 보험자는 보험료의 반환의무를 진다(보험법 제32조 2호 단서, 제64조 2호 단서, 제93조 2호 단서).

보험계약의 청약전에 발생할 수 없는 보험사고에 대하여 급여하기로 하는 소급조항은 무효이다(보험법 제5조 제2항, 제39조 제2항, 제68조 제2항). 즉 보험사고 발생의 가능성이 소멸한 경우에, 보험사고의 발생할 수 없음에 대하여 보험계약자 등의 지·부지를 묻지 않고, 보험자가 이를 알고 보험계약을 체결한 때에는, 보험계약은 무효이고, 보험자는 보험료를 취득하지 못한다(보험법 제5조 제2항, 제39조 제2항, 제68조 제2항).

나. 무효로 되는 보험계약의 범위

소급보험은 계약체결전에 발생한 보험사고에 대하여 급여하는 것이고, 체결시에 보험사고가 발생하였거나 발생하지 아니하는 것으로 객관적으로 우연성을 결하기 때문에 보험계약의 무효대상은 소정의 소급조항의 부분에 한정된다.[166)]

5. 규정의 성질

보험법 제5조 제1항의 규정(제39조 제1항, 제68조 제1항도 같음)은 사회질서에 관한 규정이기 때문에 절대적 강행규정이고, 보험법 제5조 제2항(제39조 제2항, 제68조 제2항도 같음), 보험료 반환에 관한 제32조 2호 단서(제64조 2호 단서, 제93조 2호 단서도 같음)의 규정은 편면적 강행규정이다. 따라서 보험계약자가 청약의 시점에 보험자가 사고의 발생할 수 없음을 알고 있어도 보험계약이 유효하다는 약정은 무효이다. 보험계약이 유효하다면 보험료를 반환받지 못하게 되어 보험계약자는 불이익을 받기 때문이다.[167)]

166) 岡田豊基, 상게서, 138面.
167) 岡田豊基, 상게서, 138面.

Ⅲ. 우리법의 개정방향

우리법은 소급보험의 의의에 대하여 규정한 후(상법 제643조), 보험사고의 객관적 확정의 효과에 대하여 보험사고가 이미 발생한 경우와 발생할 수 없는 경우로 나누어 원칙적으로 유효하고, 당사자 쌍방과 피보험자가 이를 안 때에는 보험계약을 무효로 하고 있다(상법 제644조). 보험계약이 무효인 경우 보험계약자와 피보험자(또는 보험수익자)가 선의이며 중대한 과실이 없는 경우에 한하여 보험계약자에게 보험료반환청구권을 인정하고 있다(상법 제648조).

이에 비하여 소급보험에 관한 일본 보험법은 보험사고가 이미 발생한 경우와 발생할 수 없는 경우로 나누고 있다. 그 효과로 보험계약자가 보험사고가 이미 발생하였음과 발생할 수 없음을 알고 있는 경우에는 보험자의 지·부지를 묻지 않고 무효로 하고 보험자의 악의의 경우 보험료반환책임을 인정한다. 규정의 성질과 관련하여 전자의 경우에는 도덕적 위험을 우려하여 절대적 강행규정으로 하고 있지만, 후자의 경우에는 편면적 강행규정으로 하고 있다.

우리법의 개정과 관련한 시사점으로는 먼저 제644조는 보험사고의 객관적 확정의 효과라는 표제에서 살펴볼 수 있는 바와 같이 소급보험이 아닌 보험사고의 확정성에 관한 내용으로 되어 있지만 소급보험에 관한 사항이므로 소급보험의 의의를 정한 상법 제643조와 통합하는 입법을 검토하는 것이 요망된다.

다음으로 일본 보험법의 경우는 소급보험이 무효인 경우 보험자는 원칙적으로 보험료를 반환할 책임이 없지만, 악의인 경우에 한하여 반환책임을 인정한다. 우리법과 다른 점은 무효인 소급보험의 경우 보험료의 반환과 관련하여 보험계약자 측의 중과실은 고려하지 않는 점이다(상법 제648조). 일본보험법과 같이 소급보험의 경우 보험료반환에 관한 사항을 따로 정하는 방안이 타당하다고 본다.

제6장 위험의 변동과 보험보장

보험목적은 보험계약자 측이 지배·관리하고 있기 때문에 보험기간 중에도 보험사고발생의 가능성이 증가하지 않도록 할 의무가 있다. 따라서 상법상 보험기간중 객관적으로 위험이 현저하게 변경·증가하거나(상법 제652조) 또는 보험계약자측이 스스로 위험을 증가하도록 한 경우(상법 제653조)에는, 보험자는 전자의 경우에는 그 통지를 하지 아니한 때, 후자의 경우에는 그 사실을 안 날로부터 1월 안에 보험계약을 해지할 수 있다.

근래에는 위험의 변동과 관련하여 첫째, 위험의 증가와 감소로 나누어 규정하고[유럽보험계약법 준칙 제4장 2절(위험의 증가), 3절(위험의 감소]), 둘째, 객관적 위험의 증가와 주관적 위험의 증가를 통합하여 규정(유럽보험계약법 준칙 제4장 제2절, 일본 보험법 제29조, 제56조, 제85조, 독일보험계약법 제23조-제27조)하는 것이 일반적이다.

이 장에서는 위험의 변동의 경우 보험보장과 관련하여 위험이 증가한 경우와 감소한 경우로 나누어 서술한다.

제1절 위험증가의 통지의무

Ⅰ. 위험증가의 의의와 그 통지의무

상법상 보험기간중 객관적으로 위험이 현저하게 변경·증가하거나(상법 제652조) 또는 보험계약자측이 스스로 위험을 증가하도록 한 경우(상법 제653조)에는, 보험자는 전자의 경우에는 그 통지를 하지 아니한 때, 후자의 경우에는 그 사실을 안 날로부터 1월 안에 보험계약을 해지할 수 있다.

위험의 현저한 증가라고 할 때 위험은 보험사고발생의 가능성을 의미하고, 위험의 현저한 증가라 함은 그 정도의 위험이 계약체결 당시에 존재하였다고 하면 보험자가 계약을 체결하지 않았든가 적어도 동일한 조건으로는 그 계약을 체결하지 아니하였으리라고 생각되는 정도의 위험의 증가를 의미한다.

Ⅱ. 객관적 위험의 증가의 통지의무와 위험유지의무

1. 객관적 위험의 증가의 통지의무

가. 위험변경증가의 통지의무의 의의

보험기간 중에 보험계약자 또는 피보험자가 사고발생의 위험이 현저하게 변경 또는 증가된 사실을 안 때에는 지체 없이 보험자에게 통지하여야 한다(상법 652조 1항 전단). 이것이 보험계약자의 위험의 변경·증가의 통지의무이다. 이 통지의무는 보험의 목적을 지배·관리하고 있는 보험계약자 또는 피보험자가 주위환경의 변화 등 상황을 잘 알 수 있기 때문에 지는 의무이다. 법적성격은 자기의무 또는 간접의무이다.

나. 발생요건

(1) 위험의 변경 또는 증가는 보험기간 중에 생긴 것이어야 한다. 즉, 위험의 증가는 보험계약이 성립한 이후에 그 위험상태가 실제로 변경된 것을 전제로 한다. 보험계약의 성립 이전에 있는 위험의 상태는 상법 651조에 의하여 고지할 중요한 사항에 속하는 것이고, 위험이 변경되거나 증가된 사실은 아니다.

(2) 위험의 변경 또는 증가가 현저하여야 한다. 여기서 위험이란 사고발생의 가능성을 말하고, 위험의 현저한 변경 또는 증가라 함은 그 변경 또는 증가된 위험이 보험계약의 체결 당시에 존재하고 있었다면 보험자가 보험계약을 체결하지 않았거나 적어도 그 보험료로는 보험을 인수하지 않았을 것으로 인정되는 사실을 말한다. 적자의 누적으로 폐업신고를 하고, 대표이사를 비롯한 간부 및 관리직 근로자들이 출근을 하지 아니하자 생산직근로자중 약 90여명이 그 무렵부터 폐업철회를 요구하면서 회사 공장 내에서 농성을 하면서 외부인의 출입을 통제하는 한편, 공장 내의 회사의 자산의 방출을 방지한다는 명목으로 공

장을 점거하고, 약 30명의 근로자들은 야간에도 위 공장에서 퇴거하지 아니한 채 공장 내 작업장 등에서 숙식을 하여오던 중 보험기간 중에 밤 8시경 전열기의 과열로 보험목적물인 작업장 건물 및 그 내부에 있던 재봉틀 등 물건이 소훼되는 사고가 발생한 경우 보험자가 보험지급책임을 지지 않는 것이 그 예이다(대법원 1992. 7. 10. 선고 92다13301, 92다13318 판결).

(3) 보험계약자 또는 피보험자의 행위로 인한 것이 아니어야 한다. 즉, 객관적인 위험변경 또는 증가만을 의미하는바, 이는 보험계약자 또는 피보험자가 임의로 일으키거나 허락한 것이 아닌 것으로서 그것이 자연적인 사고로 생긴 것이거나 보험계약자 또는 피보험자가 개입할 수 없는 제3자의 행위로 인한 것을 말한다.

(4) 보험계약자 또는 피보험자가 그 위험의 현저한 변경이나 증가의 사실을 알았어야 한다. 그러나 위험이 현저히 변경 또는 증가된 사실을 보험자가 이미 알고 있는 때에는 보험계약자 또는 피보험자는 이를 통지할 의무가 없다. 판례(대법원 2000. 7. 4. 선고 98다62909 판결)는 "보험계약자 또는 피보험자의 통지가 없었다고 하더라도 보험대리인이 피보험 건물의 증·개축공사와 이로 인한 보험사고 발생의 위험이 현저하게 증가된 사실을 알았거나 중대한 과실로 알지 못하였다고 보아 화재보험보통약관상의 해지권소멸 규정에 의하여 보험자가 보험계약을 해지할 수 없다"고 한다.

다. 위험의 변경·증가의 통지의무위반의 효과

(1) 보험자의 계약해지권의 발생

보험계약자 또는 피보험자가 사고발생의 위험이 현저하게 변경 또는 증가된 사실을 알면서 지체 없이 보험자에게 통지하지 아니한 때에는, 보험자는 그 사실을 안 날로부터 1월 안에 계약을 해지할 수 있다(상법 제652조 제1항 후단). 여기서 1월의 기간은 제척기간이고, 해지권의 행사는 보험사고의 발생 전후를 묻지 아니한다. 보험자가 위험의 변경·증가의 통지의무를 게을리 하였다는 이유로 보험계약을 해지하고자 할 때에는 그 위험의 변경·증가가 현저한 것임을 증명하여야 한다.

(2) 보험계약 해지의 효과

보험자가 위험변경·증가의 통지의무 위반을 이유로 보험계약을 해지한 때에는 보험계약은 효력을 잃고, 보험계약관계는 종료한다. 그러나 보험자는 그 위험의 현저한 변경 또는 증가의 사실을 알고 보험계약을 해지할 때까지의 기간에 대하여는 보험료를 청구할 수 있고, 또 보험사고가 발생한 후에 보험계약을 해지한 때에도 보험자는 그 사고가 위험변경·증가의 사실과 인과관계가 없다는 증명이 없는 한 보험금지급책임을 지지 않는다(상법 제655조 제652조). 여기서 인과관계가 없다는 사실에 대한 증명책임은 보험계약자가 진다.

2. 위험유지의무

가. 위험유지의무의 뜻

보험계약은 우연한 사고가 생긴 때에 보험자가 책임을 지기로 하는 하나의 사행계약이므로 보험기간 중에 보험계약자 또는 피보험자나 보험수익자는 스스로 보험자가 인수한 위험을 보험자의 동의 없이 증가시키거나 제3자에 의하여 증가시키도록 해서는 안 될 의무를 진다. 이것이 보험계약자의 위험유지의무이다. 상법 653조는 보험계약자 등의 고의 또는 중대한 과실로 사고발생의 위험이 현저하게 변경 또는 증가한 경우에 보험자의 계약해지권을 인정하고 있는데, 이것은 보험계약자의 위험유지의무를 전제로 한 것이다.

나. 법적 성질

위험유지의무는 계약성립 후 보험기간 중에 지는 의무로서 이 의무를 게을리하는 경우에는 보험자의 계약해지에 의하여 보험보호를 받을 수 없게 되는 점에서 고지의무와 같이 자기의무 또는 간접의무이다.

다. 발생요건

(1) 위험의 변경 또는 증가는 보험기간 중에 생긴 것이어야 한다.

(2) 위험의 변경 또는 증가가 현저하여야 한다.

(3) 위험의 변경 또는 증가가 보험계약자, 피보험자 또는 보험수익자의 고의 또는 중대한 과실로 인한 것이어야 한다. 가령 주거용 건물에 대한 화재보험의 피보험자가 주택을 상점이나 공장으로 변경하는 것처럼 보험자의 동의 없이 보험의 목적에 대한 위험을 증가시킨 경우에 보험자로 하여금 그 위험률에 따른 보험료의 증액청구 또는 그 보험계약을 해지할 수 있도록 하는 경우가 그것이다. 이는 손해보험뿐만 아니라 인보험의 경우에도 인정된다. 가령 인보험의 피보험자가 보험계약에서 특별한 취급을 하는 위험직종으로 직업을 바꾸는 경우가 이에 해당한다고 할 것인데, 판례(대법원 2003. 6. 10. 선고 2002다63312 판결)는 방앗간을 운영하면서 자가용 승용차를 보유하던 중 생명보험계약을 체결하였다가 중형화물자동차를 취득하여 직접 영업용으로 운전하여 개별화물운송업을 시작하였음에도 불구하고 이를 알리지 않고 영업을 하다가 운전 중 사망한 경우 상법 653조에 따라 그 사실을 안 날로부터 1월내에 한하여 보험계약을 해지할 수 있다고 한다.

라. 위험유지의무 위반의 효과

(1) 보험자의 보험료의 증액청구 또는 보험계약해지권의 발생

보험기간 중에 보험계약자, 피보험자 또는 보험수익자의 고의 또는 중대한 과실로 인하여 사고발생의 위험이 현저하게 변경 또는 증가된 때에는 보험자는 그 사실을 안 날부터 1월내에 보험료의 증액을 청구하거나 계약을 해지할 수 있다(상법 제653조). 이것은 보험계약자 등이 위험유지의무를 위반한 경우에 보험자에게 보험료의 증액청구 또는 보험계약해지권을 인정한 것이다.

위험유지의무위반을 이유로 하는 보험자의 보험계약해지권은 보험사고의 발생 전후를 묻지 아니하고 행사할 수 있으나, 그 보험계약해지권은 객관적인 위험의 증가(상법 제652조)의 경우와 같이 보험자가 그 사실을 안 날로부터 1월이라는 제척기간 안에 하여야 한다. 다만 보험자가 보험계약을 해지하기 전에 그 위험이 증가한 상태가 이전의 상태로 회복되었거나, 보험사고가 발생한 이후에는 보험계약자 또는 피보험자나 보험수익자의 고의 또는 중대한 과실로 인한 위험의 증가된 사실이 보험사고에 영향을 미치지 아니하였음을 보험계약자가 증명한 때에는 보험자는 그 계약을 해지할 수 없다(상법 제655조 단서 제653조).

(2) 해지권행사의 효과

보험자가 상법 제653조의 규정에 의하여 그 위험의 증가의 사실을 증명하고 보험계약을 해지한 경우의 효과는 객관적인 위험의 증가의 경우와 같다(상법 제652조). 즉, 보험자가 보험계약을 해지하면 보험사고가 발생한 때에도 보험금 지급책임을 지지 않는다. 다만 보험계약자가 그 보험사고의 발생이 위험유지의 무의 위반과 인과관계가 없음을 증명한 때에는 그 보험계약을 해지하지 못하고, 보험금지급책임을 지게 된다(상법 655조, 제653조). 여기서 인과관계가 없다는 사실에 대한 증명책임은 보험계약자가 진다.

Ⅲ. 고려요소와 개정동향 그리고 개정방향

1. 고려요소

보험기간중 위험이 증가한 경우 보험계약관계를 어떻게 처리할 것인가에 대하여는 먼저 다음과 같은 여러 요소를 고려하여야 한다. 첫째, 보험계약자가 담보위험에 대하여 경제적 보장을 받고 있다고 믿고 있는데 대한 그의 신뢰를 고려하여야 한다. 둘째, 효율적인 보상과 손해의 경감을 꾀하는 사회전체의 이익이다. 즉 사회가 인간의 잠재적으로 유용한 활동을 조장하려하는 점에서는 첫째 요소와 중복되지만 사회는 또한 자의적이거나 낭비적인 인간의 행동을 억제하고자 하는 것이다. 셋째, 보험자의 이익으로 사회전체와 함께 보험자는 위험의 관리와 손해의 방지에 이해관계를 가진다. 이는 자의적이거나 낭비적인 행위를 억제하려는 점에서 둘째 요소와 중복된다. 이는 보험계약의 체결 이전뿐만이 아니라 보험계약 체결 이후에도 보험계약자의 행위를 보험자가 어느 정도 통제하는 것을 허용하거나 촉구하는 것이라고 할 수 있다. 넷째, 일반보험계약자는 보험에 대하여 잘 알지 못하는 것이 보통이므로 이와 같은 법률지식이 없는 보험계약자를 보호하는데 어느 정도 노력하여야 한다는 점이다. 즉 법이 필요 이상으로 소비자에게 부담을 지우는 것은 소비자나 보험을 판매하는 보험자에게 이익이 아니라는 점이다.

2. 개정동향

가. 개관

위험의 현저한 증가의 통지의무[168]를 위반한 경우 보험계약의 해지를 인정하는 현행 제도에 대하여서는 그 엄격성을 완화하고자 하는 노력이 각국에서 행하여지고 있다.

주요한 개정방향은 첫째, 일본의 보험법은 위험증가의 통지의무의 범위를 보험계약 체결시에 고지한 사항 중에 증가의 경우 통지하도록 약정한 사항으로 구체적으로 한정하거나(동법 제29조, 제56조, 제85조는), 당사자 사이에 약정한 사항으로 한정하는 것(유럽보험계약법 준칙 제4-201조), 둘째, 보험계약자측의 중과실로 위험이 증가한 경우에 보험계약자의 과실의 정도에 따른 비율적 보상을 규정하는 것[169](독일 2009년 개정보험계약법 제26조 제1항, 유럽 보험계약법 준칙 제4-203조 제3항)이다.

나. 비교법적 고찰

(1) 유럽보험계약법준칙상의 위험의 증가

유럽보험계약법준칙은 위험의 증가의 통지의무와 보험자의 해지권한에 대하여 규정하고 있다(동준칙 제4-202조~제4-203조).

(가) 위험의 증가의 통지의무

위험의 증가의 경우 보험계약자 등이 통지의무를 지기 위한 요건은 다음과

---

168) Malcolm Clarke, Aggravation of risk during the insurance period, 109-110 Lloyd's Maritime and Commercial Law Quarterly, 2003.

169) 대법원 2003. 6. 10. 선고 2002다63312 판결은 비율보상원칙을 규정하는 약관조항상의 "피보험자가 직업 또는 직무의 변경 사실을 피고에게 알리지 않은 경우 변경 후 요율이 변경 전 요율보다 높을 때에는 변경 전 요율의 변경 후 요율에 대한 비율에 따라 보험금을 삭감하여 지급한다."에 대하여 "실질적으로 약정된 보험금 중에서 삭감하여 지급하는 부분에 관하여 보험계약을 해지하는 것이라 할 것이므로 그 해지에 관하여는 상법 제653조에서 규정하고 있는 해지기간 등에 관한 규정이 여전히 적용된다."고 판시하였다.

같다(동준칙 제4-202조).

① 통지조항의 존재

위험의 증가의 경우 보험계약자, 피보험자, 보험수익자에게 위험의 증가에 대한 통지의무가 있다는 약정이 존재하여야 한다(동조 제1항).

② 상당한 기간 내의 통지

보험계약자의 통지기간은 상당하여야 한다(동조 제2항).

③ 위험의 증가와 손해사이의 인과관계

통지의무위반의 경우 손해가 위험의 증가로 생기지 아니하는 한 보험자는 보험사고로 인한 손해를 보상할 책임을 면하지 못한다(동조 제3항).

(나) 보험자의 해지와 종료

통지의무위반의 경우 보험자는 종료를 통지할 수 있고, 보험계약은 종료 후 1월후에 해지되고, 증가된 위험으로 인상되었을 보험료와 실제 지급한 보험료간의 비율적 보상이 인정된다(동준칙 제4-203조).

① 종료

위험의 증가의 경우 보험계약을 종료할 수 있다는 조항이 삽입되어 있는 경우에, 보험자가 위험의 능가를 알게 되거나 명백한 경우에 1월안에 서면으로 보험계약을 종료할 수 있다(동조 제1항).

② 종료 후 1월후 해지

보험계약의 종료 후 1월이 경과하면 보험계약은 해지되지만, 보험계약자가 고의로 위험증가의 통지의무를 위반하는 경우에는 종료 즉시 해지된다(동조 제2항).

③ 비율적 보상

위험증가를 보험계약자가 알고 있거나 알았어야 하는 경우에는 보험자가 이를 알았으면 전혀 인수를 하지 아니하였을 경우에는 보험자는 보험금지급책임을 면한다. 그러나 위험증가의 경우 추가적인 보험료로 위험을 인수하였으리라고 판단되는 경우에는 실제보험료와 인상된 보험료와의 비율에 따라 보험자가 보험금을 지급할 책임을 진다(동조 제3항). 위험을 보장한다고 믿었음에도 불구하고 위험의 증가로 인하여 보험금을 지급받지 못하게 되는 위험증가제도의 엄격성을 완화하고자 하는 취지이다.

(2) 일본

일본의 보험법은 위험증가의 통지의무의 범위를 보험계약 체결 시에 고지한 사항 중에 증가의 경우 통지하도록 약정한 사항으로 구체적으로 한정하고, 객관적 위험변경·증가의 통지의무와 위험유지의무로 구별하지 않고 있다. 다만 위험증가와 보험사고 사이의 인과관계를 요한다(동법 제31조 제2항 제2호, 제59조 제2항 제2호, 제88조 제2항 제2호).

(3) 프랑스 보험법

프랑스 보험법상 보험계약 체결 이후 위험의 증가에 대한 규정의 특색은 ① 보험계약자는 보험자에 대한 응답이 상황의 변화로 인하여 위험을 증대시키는 새로운 사실을 보험계약 체결 이후 통지하도록 하고 있는 점(보험법 제113-2조 제3항), ② 통지의무 위반의 효과를 악의의 경우와 선의의 경우로 나누어 전자의 경우에는 보험계약이 무효가 되지만, 후자의 경우에는 보험사고 발생 전인 경우에는 보험자에게는 우리 상법과 같이 추가보험료청구권과 보험계약의 해지권을 부여하고, 보험사고 발생 후의 경우에는 중요한 사실이 통지되었더라면 지급하였을 보험료와 실제보험료의 비율에 따른 보상을 하되, 통지의무 위반사실과 손해와의 인과관계는 묻지 아니한다는 점, ③ 생명보험 또는 질병보험에는 통지의무가 적용되지 않는다(보험법 제113-4조 제6항)는 점을 들 수 있다. 그 이유는 노화, 질병 등 위험이 악화되는 사태에 대비하는 것이야말로 생명보험의 존재이유이기 때문이다. 따라서 생명보험자는 등산·자동차경주·탐험 등 그 정도가 현저히 높은 위험을 계약체결시 배제할 수 있지만 체결 시에 담보하기로 약정한 이상 그 이후의 위험의 모든 위험증가에 관하여 가입자측의 통지 여부와 관계없이 당연히 책임을 져야 한다.

(4) 독일 보험계약법

2009년 개정 보험계약법은 객관적 위험증가와 주관적 위험증가를 통합하여 규율하고 있고, 위험증가의 통지의무 위반의 경우 전부 면책이라는 고정적인 효과를 법정하지 않고 당해 사안의 구체적인 사정에 따라 유연하게 보험금액을 감액하는 새로운 비율보상원칙을 도입하였다. 또한 생명보험의 경우에는 서면

형식의 명시적인 합의에 의하여 위험증가로 보는 위험사항의 변경만을 위험증가로 하고(동법 제158조 제1항), 보험자는 위험의 증가후 5년이 경과하였을 때에는 위험의 증가를 주장할 수 없지만, 사기적인 통지의무 위반의 경우에는 10년으로 연장된다(동법 제158조 제2항).

3. 개정방향

비교법적 검토를 바탕으로 우리법의 개선방향으로 다음을 들 수 있다. 먼저 체계상 객관적 위험변경증가의 통지의무와 위험유지의무를 통합하여 규정하고, 위험의 증가와 위험의 감소를 분리한다.

다음으로 위험증가의 통지의무의 범위를 보험계약 체결시 고지한 사항 중에서 약관에 구체적으로 약정한 사항으로 한정하고(일본 제정 보험법, 개정이전 프랑스 보험법의 내용), 통지의무 위반과 사고 사이의 인과관계를 요구하는 현행제도를 유지하는 것이 바람직하다. 나아가 2009년 개정 독일 보험계약법이 채용하는 중과실로 인한 통지의무 위반의 경우 비율적 보상원칙의 도입을 신중히 검토할 것이 요망된다.

Ⅳ. 판례의 입장

1. 기본판례

첫째, 보험기간 중 현저한 증가에 해당하는가 여부에 관련한 리딩 케이스는 대법원 1992. 7. 10. 선고 92다13301, 92다13318 판결로서 보험기간중 화재보험의 목적인 공장건물에 대한 근로자들의 점거, 농성이 장기간 계속되어 보험사고 발생의 가능성이 현저하게 증가한 경우 그 사실의 통지의무위반을 이유로 상법 제652조에 의하여 보험자는 보험계약을 해지할 수 있다고 판시하였다. 그 후 자동차보험사건인 대법원 1998. 11. 27. 선고 98다32564 판결[170]에서는 트

170) 이 판결은 보험계약자가 트럭의 구조를 변경한 점에 비추어 상법 652조가 아니라 상법 제653조를 적용하였어야 하는 점에서 오류가 발견된다.

력의 구조변경사실을 통지하지 않은 경우 상법 제652조에 의하여 보험계약을 해지할 수 있다고 하고, 상해보험계약사건인 대법원 2003. 6. 10. 선고 2002다63312 판결에서는 피보험자의 직업 또는 직종의 변경의 통지를 해태한 경우 상법 제653조에 의하여 보험계약을 해지할 수 있다고 판결하였다.

둘째, 상법에 규정되어 있지 아니하지만, 해석론으로 보험자가 위험의 현저한 증가사실을 알고 있거나 중대한 과실로 인하여 알지 못한 때 그 위반을 이유로 보험계약을 해지할 수 없는가 여부가 문제된다. 화재보험사건인 대법원 2000. 7. 4. 선고 98다62909, 62916 판결[171]에서는 "보험계약자 또는 피보험자의 통지가 없었다고 하더라도 보험대리점이 피보험 건물의 증·개축공사와 이로 인한 보험사고 발생의 위험이 현저하게 증가된 사실을 알았거나 중대한 과실로 알지 못하였다고 보아 화재보험보통약관상의 해지권소멸 규정에 의하여 보험자가 보험계약을 해지할 수 없다."고 하였다.

2. 판례의 동향

가. 위험의 현저한 증가에 해당하는 경우

(1) 화재보험계약 체결 후에 건물의 구조와 용도에 변경을 초래하는 증개축공사를 시행한 경우[172]

(2) 화재보험의 목적인 공장건물에 대한 근로자들의 점거, 농성이 장기간 계속되고 있는 경우[173]

(3) 자동차보험계약 체결 후 피보험자동차의 구조가 현저히 변경된 경우[174]

나. 위험의 현저한 증가에 해당하지 않는 경우

(1) 공장이 양도되었으나 영위직종, 공장건물구조 및 작업이 동일한 경우[175]

171) 판결 또한 보험계약자가 보험목적인 건물을 스스로 증개축 하던 중 사고가 발생하였으므로 상법 제653조가 아닌 동법 제652조를 적용한 것은 오류이다.

172) 대법원 2000. 7. 4. 선고 98다62909, 62916 판결.

173) 대법원 1992. 7. 10. 선고 92다13301, 92다13318 판결.

174) 대법원 1998. 11. 27. 선고 98다32564 판결.

175) 대법원 1996. 7. 26. 선고 95다52505 판결.

(2) 서적도매상에서 일당을 받고 다른 차량과 함께 가끔 자기소유의 피보험자동차를 이용하여 서적을 배달하는 행위[176)]
(3) 생명보험계약체결 후 다른 생명보험에 다수 가입하였다는 사실[177)]
(4) 손해보험계약에 있어서 보험계약자가 중복보험계약을 체결한 사정[178)]

위험의 현저한 증가에 관한 판례의 동향

사건번호	쟁점	판결내용
대법원 1992. 7. 10. 선고 92다13301, 92다13318	공장을 보험의 목적으로 하는 화재보험에 가입한 회사가 적자의 누적으로 폐업신고를 하고, 대표이사를 비롯한 간부 및 관리직 근로자들이 출근을 하지 아니하자 생산직근로자중 약 90여명이 그 무렵부터 폐업철회를 요구하면서 회사 공장 내에서 농성을 하면서 외부인의 출입을 통제하는 한편, 공장 내의 회사의 자산의 방출을 방지한다는 명목으로 공장을 점거하고, 약 30명의 근로자들은 야간에도 위 공장에서 퇴거하지 아니한 채 공장 내 작업장 등에서 숙식을 하여오던 중 보험기간 중에 밤 8시경 전열기의 과열로 보험목적물인 작업장 건물 및 그 내부에 있던 재봉틀 등 물건이 소훼되는 사고가 발생하여 위험증가의 경우 서면고지를 규정한 약관조항에 근거하여 보험계약을 해지함	공장을 상당기간 점거하여 외부인의 출입을 차단하고 농성하는 행위는 보험목적물 또는 이를 수용하는 건물에 대한 점유의 성질을 변경 또는 그에 영향을 주어 보험료 등을 조정할 필요성이 있게 하는 사정에 해당하므로 보험자에게 위와 같은 사실을 서면으로 고지하여 보험증권상의 배서방법에 의한 승인을 받지 아니하였으므로 보험계약은 그 효력을 상실함
대법원 1998. 11. 27. 선고 98다32564 판결	경지정리사업용 수로관 제작·납품업체로서 화물트럭을 구입하여 자동차종합보험에 가입한 회사가 보험기간 중 트럭에 크레인을 장	자동차보험에 있어서는 피보험자동차의 용도와 차종뿐만 아니라 그 구조에 따라서도 보험의 인수 여부와 보험료율이 달리 정

176) 대법원 1999. 1. 26. 선고 98다48682 판결. 이 판결은 이러한 경우 차량의 운송 경위나 목적, 빈도 등에 비추어 볼 때, 업무용자동차종합보험계약의 약관에서 보험자의 면책사유로 규정된 '계속적·반복적인 유상운송제공행위'나 통지의무의 대상인 '위험이 현저하게 변경 또는 증가된 경우'에 해당한다고 보기 어렵다고 하였다.

177) 대법원 2001. 1. 27. 선고 99다33311 판결.

178) 대법원 2003. 11. 13. 선고 2001다49623 판결, 상해보험계약체결 후 다른 상해보험에 다수 가입한 사안으로는 대법원 2004. 6. 11. 선고 2003다18494 판결.

사건번호	쟁점	판결내용
	착하여 이 사실을 통지하지 아니한 채 트럭에 장착된 크레인으로 수로관을 하역하는 작업을 하던 도중 부근에 설치된 2만5천V 고압선에 크레인 붐대가 닿게 함으로써 마침 하역된 수로관 위로 올라가려고 하던 직원이 수로관에 누전된 전기에 감전되어 전기쇼크로 사망하여 보험금을 청구하였으나 보험자가 상법 652조에 따라 보험계약을 해지함	하여지는 것이므로 보험계약 체결 후에 피보험자동차의 구조가 현저히 변경된 경우에는 그러한 사항이 계약 체결 당시에 존재하고 있었다면 보험자가 보험계약을 체결하지 않았거나 적어도 그 보험료로는 보험을 인수하지 않았을 것으로 인정되는 사실에 해당하여 상법 제652조 소정의 통지의무의 대상이 됨
대법원 2000. 7. 4. 선고 98다62909, 62916 판결	(1) 올림픽문화센터 건물에 대하여 화재보험에 가입한 회사가 도급업체로 하여금 증개축공사를 하도록 하던 중 화재사고가 발생하였는데, 보험계약의 체결을 대리한 보험대리점이 건물에 근접하여 공사중에도 보험대리점에게 공사사실을 구두로 알렸고 보험대리점직원이 공사중 방문하여 증개축사실을 목격함 (2) 피보험자의 보험금청구에 대하여 보험자의 상법 652조에 따른 보험계약의 해지에 대하여 위험의 증가의 통지의무위반시에도 “보험자가 그 사실을 안 날로부터 1월이 경과하거나 보험자의 중대한 과실로 알지 못한 때에는 계약을 해지할 수 없다”는 조항에 해당함을 들어 보험금지급을 청구함	화재보험에 있어서는 피보험 건물의 구조와 용도뿐만 아니라 그 변경을 가져오는 증·개축에 따라 보험의 인수 여부와 보험료율이 달리 정하여지는 것이므로 화재보험계약의 체결 후에 건물의 구조와 용도에 상당한 변경을 가져오는 증·개축공사가 시행된 경우에는 그러한 사항이 계약 체결 당시에 존재하고 있었다면 보험자가 보험계약을 체결하지 않았거나 적어도 그 보험료로는 보험을 인수하지 않았을 것으로 인정되는 사실에 해당하여 상법 제652조 제1항 및 화재보험보통약관에서 규정한 통지의무의 대상이 되고, 보험계약자측의 통지가 없었다고 하더라도 보험대리점이 피보험 건물의 증·개축공사와 이로 인한 보험사고 발생의 위험이 현저하게 증가된 사실을 알았거나 중대한 과실로 알지 못하였다고 보아 화재보험보통약관상의 해지권소멸 규정에 의하여 보험자가 보험계약을 해지할 수 없음
대법원 2003. 6. 10. 선고 2002다63312 판결	방앗간을 운영하면서 자가용 승용차를 운전하던 피보험자가 무배당장기상해보험과 무배당장기상해운전자보험에 가입한 후 중	상법 제653조에 따라 보험계약을 해지할 수 있음

사건번호	쟁점	판결내용
	형화물자동차를 취득하여 직접 영업용으로 운전하며 개별화물 운송영업을 보험자에게 알리지 않고 하다가 운전 중 사망하여 보험금지급을 청구하였으나 보험자는 상법 제653조에 따라 보험계약을 해지함	

제2절 위험의 감소

Ⅰ. 현재의 위험의 감소에 대한 규율

1. 위험의 감소의 의의

위험의 감소라 함은 보험계약 체결후 위험이 현저하게 감소하는 경우를 말한다. 위험이라 함은 사고발생의 가능성을 말한다.

2. 현행 상법상의 규율

가. 특별한 위험의 소멸

보험계약의 당사자가 특별한 위험을 예기하여 보험료의 액을 정한 경우에 보험기간중 그 예기한 위험이 소멸한 때에는 보험계약자는 그 후의 보험료의 감액을 청구할 수 있다(상법 제647조). 예컨대 걸프지역을 항해하는 선박에 대한 보험계약체결시 걸프지역국가의 전쟁 중이었으므로 전쟁위험을 평가하여 보험료를 산정하였지만, 보험기간중 전쟁이 종료한 경우에 보험계약자는 전쟁위험에 상응하는 부분의 보험료의 감액을 청구할 수 있도록 하는 것이 그것이다.

나. 보험기간중 위험의 현저한 감소

보험기간중 위험이 현저하게 감소하는 경우에 보험계약자는 보험자에 대하여 보험료의 감액을 청구할 수 있다(상법 제652조, 제653조의 유추적용). 예컨대 생명보험계약 체결 시에 사고위험이 높은 직종에 종사하던 피보험자가 낮은 위험의 직종으로 직업을 변경한 경우에 이에 상응하는 부분의 보험료의 감액을 청구할 수 있도록 하는 것이다.

Ⅱ. 비교법적 고찰

1. 각국입법의 규율방식

보험기간중 위험의 감소의 경우 근래 제정되거나 개정된 유럽보험계약법준칙을 비롯한 일본 보험법, 독일 보험계약법 등에서는 위험의 감소부분을 따로 규정하고 있는 체제를 취하고 있다. 위험감소에 대하여 각국의 보험계약법이 규율하는 방식으로는 여러 가지가 있다. 이를 보험료의 감액, 해지 그리고 인보험의 특별규율의 측면으로 나누어 검토한다.

가. 보험료의 감액

위험의 감소의 경우 보험계약자가 보험료의 감액을 청구할 수 있는 경우를 규율하는 방식으로 3가지 입법례가 존재한다.

(1) 위험의 현저한 감소 등으로 한정하는 방식

유럽보험계약법준칙 제4-301조는 위험의 현저한 감소에 한하여 보험계약자의 보험료감액청구권을 인정하는데, 각국은 이와 유사한 요건을 정하고 있다. 합리적이고 지속적인 경우에 한정하는 입법(벨기에와 룩셈부르크), 명확하고 지속가능한 경우(포르투갈), 현저하게 감소한 경우(그리스), 지속적이고 필수적인 위험의 감소(스위스 보험계약법초안 제45(a)조) 등이 같은 유형에 속한다.

(2) 제한적인 요건을 규정하지 않는 방식

"보험기간중 위험이 감소한 경우"라고 규정하는 프랑스보험법 제113-4조 제4항이 그것이다.

(3) 특별한 위험의 소멸의 경우로 한정하는 방식

우리 상법 제647와 같이 특별한 위험을 예기하여 보험료를 정한 경우에 그 특별한 위험이 소멸하는 경우 보험료의 감액을 청구할 수 있도록 하는 방식이다. 오스트리아 보험계약법 제41(a)조, 독일보험계약법 제41조, 스위스보험계약법 제23조[179] 등이 그 예이다.

나. 해지

많은 입법례가 보험계약자의 보험료감액의 청구 후 1월안에 비율적 감액에 합의하지 아니하는 경우에는 보험계약의 해지를 규정하는 유럽보험계약법준칙과 유사한 규율을 하고 있다. 벨기에보험계약법 제25조, 그리스 보험계약법 제5조, 룩셈부르크 보험계약법 제33조, 스위스보험계약법 초안 제47조 제2항 등이 그것이다. 프랑스보험법상으로는 보험계약자의 보험료감액청구시 보험자가 이를 거부하는 경우에는 30일후에 해지의 효과가 생긴다(동법 제113-4조 제4항).

다. 인보험의 특별규율

사람의 건강은 나이가 들수록 약해진다는 점을 들어 인보험의 경우 위험의 증가에 관하여 예외를 적용하는 입법례가 존재한다.[180] 건강보험과 생명보험에 대하여 적용을 배제하는 프랑스 보험법 제113-4조 제6항, 벨기에 보험계약법 제25조, 그리스 보험계약법 제5조 제1항 2문, 오스트리아 보험계약법 제164(a)조, 룩셈부르크 보험계약법 제33조 등이 그것이다.

---

179) 스위스 보험계약법 초안은 이 방식을 포기하고, 넓게 규정하고 있다.

180) 한창희, 보험기간중 위험의 증가, 평성임홍근교수정년기념논문집, 법문사, 2003, 334면.

2. 유럽보험계약법 준칙

유럽보험계약법 준칙은 위험의 감소에 대하여 다음과 같이 규정하고 있다.
제4-301조(위험의 감소의 결과)

1. 위험이 현저하게 감소한 경우에, 보험계약자는 잔존 보험계약 기간에 대한 보험료의 감액을 청구할 수 있다.
2. 당사자가 청구 후 1월안에 비율적 감액에 합의하지 아니하는 경우에는, 보험계약자는 서면에 의한 청구 후 2월안에 서면의 통지를 하여 해지할 권리가 있다.

3. 일본

일본 보험법은 "보험계약체결 후 위험이 현저하게 감소하는 경우에, 보험계약자는, 보험자에 대하여 장래를 향하여, 보험료에 대하여 감소후의 당해 위험에 대응하는 보험료에 이를 때까지의 감액을 청구할 수 있다(동법 제11조, 제48조, 제77조)."고 규정하고 있다.

일본 보험법상의 위험의 감소에 대한 규율은 (1) 위험이 현저하게 감소하는 경우에 한정하고, (2) 장래를 향하여서만 보험료의 감액을 인정하며, (3) 인보험에도 동일하게 규율하는 것을 내용으로 하고 있다.

위험의 감소에 관한 보험법의 규정은 편면적 강행규정이다(동법 제12조, 제49조, 제78조). 따라서 위험이 현저하게 감소하여도 보험료의 감액청구를 인정하는 아니하는 특약은 무효이다.

Ⅲ. 입법론적 시사점

우리 상법은 위험의 감소를 위험의 증가와 함께 규율하고, 특별한 위험을 예기한 경우에 한하여 위험의 감소시 보험료의 감액청구에 대하여 규정하고 있다(동법 제652조, 제653조, 제647조).

입법론적 시사점으로는 다음을 들 수 있다.

첫째, 위험의 증가와 감소는 그 요건과 효과에서 현저한 차이가 있으므로 유럽보험계약법준칙, 일본 보험법, 독일의 2009년 개정보험계약법과 같이 위험의 감소를 별도 규정하는 입법이 바람직할 것이다.

둘째, 생명보험과 질병보험의 경우 위험의 감소에 대하여 예외적으로 적용을 배제할 것인가에 대하여서는 적극적인 프랑스, 독일의 입법례와 소극적인 유럽보험계약법준칙의 입법례가 존재하지만, 후자의 방식이 보험계약자보호강화의 경향에 합치한다고 판단된다.

셋째, 보험료감액에 대한 합의가 이루어지지 않은 경우의 효과에 대하여 규정을 두는 것이 바람직하다.

제7장 보험료

Ⅰ. 총설

1. 보험료의 의의

보험계약은 유상계약성과 쌍무계약성을 띠고, 보험계약자는 보험자의 위험보장에 대응하여 보험료를 지급할 의무가 있다. 보험은 수지상등의 원칙에 따라 보험료의 총액과 보험금의 총액이 일치하여야 하고, 보험계약자가 지급하는 보험료는 우연한 사실이 발생할 확률에 따라 정하여진다. 보험료지급의무는 보험자의 보험금지급의무에 대응하는 제1차적인 의무이다.

2. 보험료의 종류

가. 일시납보험료와 분납(계속적)보험료

일시납보험료는 전체 보험기간에 대하여 보험료를 1회에 전부 지급하는 경우를 말하고, 분납보험료는 보험기간을 일정하게 수개의 보험료기간으로 분할하여 그 기간에 따라 지급하는 보험료를 말한다. 분납보험료는 보험료기간에 따라 연보험료·6개월 보험료·월보험료 등으로 나뉜다.

나. 최초보험료와 계속보험료

이는 분납보험료의 지급시기에 따른 분류이다. 최초보험료는 그 지급이 없으면 보험자의 책임이 개시되지 아니하는 보험료를 말하고(상법 제650조 제1항), 계속보험료는 그 지급이 없으면 책임이 이미 개시된 보험자가 더 이상 책임을 지지 않게 되는 보험료이다(상법 제650조 제1항).

다. 순보험료와 부가보험료

순보험료는 보험계약자에 대한 보험의 원가로서 위험보험료(예정위험률을 기초로 산출되어 보험금을 지급하는데 필요한 재원임)와 저축보험료(만기보험금과 해약환급금을 지급하기 위하여 예정이율을 기초로 산출된 재원임)로 구분된다.

부가보험료는 보험산업의 영위에 필요한 일체의 사업경비로서 모집수당, 보험회사 임직원의 인건비, 계속보험료의 수금 수당 등이 이에 속한다.

라. 자연보험료와 평균보험료

자연보험료는 보험료의 수입과 보험금의 지급이 매년 일치하도록 정해지는 보험료이고, 평균보험료는 자연보험료를 전 납입기간에 걸쳐 평균화한 보험료이다.

3. 소멸시효

보험계약자의 보험료지급의무는 2년의 시효로 소멸한다(상법 제662조). 보험계약자의 보험료반환청구권과 보험료적립금반환청구권의 소멸시효기간은 3년이다(상법 제662조).

II. 보험료지급의무자, 지급시기, 지급방법, 지급장소

1. 보험료지급의무자

보험료지급의무자는 보험계약의 당사자인 보험계약자이다. 타인을 위한 보험계약에서 보험계약자가 파산선고를 받거나 보험료의 지급을 지체한 때에는 피보험자나 보험수익자가 그 권리를 포기하지 아니하는 한 피보험자나 보험수익자도 보험료를 지급할 의무가 있다(상법 제639조 제3항).

2. 지급시기

보험계약자는 외상 납입 등 특별한 약정이 없으면 계약체결 후 지체 없이 보험료의 전부 또는 제1회 보험료를 지급하여야 하며(상법 제650조 제1항), 계속보험료는 약정한 시기에 지급하여야 한다(상법 제650조 제2항).

3. 지급방법

보험료는 일시금지급방법과 분할지급방법이 있고, 후자에는 월납, 3월납, 6월납, 연납 등 여러 방법이 있다.

4. 지급장소

보험료지급채무는 민법상의 일반원칙에 따라 지참채무이므로 특별한 정함이 없으면 보험료의 지급장소는 보험자의 영업소이다. 그러나 보험료를 분할지급하는 때나 장기보험의 경우에 보험자의 수금원이 추심하기로 하는 때는 당사자간에 추심채무로 한다는 합의가 있다고 본다.

Ⅲ. 보험료지급수단

1. 지급수단

보험료는 현금으로 지급하는 것이 원칙이나 어음이나 수표로 지급하는 것도 가능하다. 어음의 경우 일람출급이 아니고 부도의 위험이 높으며 최초보험료의 지급시기 확정의 문제 등으로 인하여 이를 꺼리는 것이 보험거래의 실정이다.

어음이나 수표로 보험료를 지급하는 경우 보험료의 지급시점을 어느 시점으로 할 것인가, 특히 어음이나 수표로 최초보험료를 지급한 경우 보험자의 책임개시시점이 어음이나 수표의 교부시인가 아니면 어음수표금의 지급 또는 추심이 있는 때인가가 문제된다.

2. 어음 · 수표에 의한 보험료지급

어음, 수표의 교부는 지급을 위하여, 지급을 담보하기 위하여, 지급에 갈음하여 등 3가지 유형이 있다. 이중 일반적으로는 당사자의 특약이 없는 한 지급을 위하여 어음이나 수표가 수수된 것으로 추정되고, 이 경우 기존채무와 어음채무는 병존하고, 어느 한 채무의 이행으로 양자 모두 소멸하는 것으로 해석된다.

이에 따르면 어음, 수표의 교부는 보험료의 지급을 위한 것으로 추정되어 어음, 수표의 교부시에 보험료지급이 있다고 할 수 없고, 어음, 수표금의 추심이 있는 때에 비로소 보험료가 지급된 것으로 해석하게 된다. 이와 관련하여 특히 수표의 경우에는 보험자가 언제 지급제시하는가에 따라 보험료지급일자가 달라지는 등의 문제가 발생한다. 이에 관하여서는 다음과 같은 학설이 주장되고 있다.

가. 학설

(1) 해제조건부대물변제설

이 설은 어음, 수표의 교부시에 보험료를 지급받은 것으로 보고 어음, 수표가 부도가 난 경우에는 보험료의 지급이 소급하여 무효로 된다고 해석한다. 어음법, 수표법의 일반이론에 의거한 견해이다.

(2) 유예설

이는 어음이나 수표를 교부한 경우 어음금이나 수표금의 부지급을 해제조건으로 보험료지급을 유예한 것으로 보는 견해이다. 보험료지급 유예기간 중에는 보험보호를 받게 된다. 어음, 수표가 유효하게 지급결제된 경우에는 어음이나 수표를 교부한 때에 개시된 보험자의 책임이 계속된다.

(3) 어음 · 수표 구분설

어음의 경우에는 어음금의 지급시에 보험료지급이 있다고 보고, 수표의 경우에는 해제조건부대물변제로 본다.

나. 판례

판례(대법원 1989. 11. 28. 선고 88다카33367 판결)는 보험료를 선일자수표로 지급한 경우에 "선일자 수표는 그 발행자와 수취인 사이에 특별한 합의가 없었더라도 일반적으로 수취인이 그 수표상의 발행일 이전에는 자기나 양수인이 지급을 위한 제시를 하지 않을 것이라는 약속이 이루어져 발행된 것이라고 의사해석함이 합리적이며 따라서 대부분의 경우 당해 발행일자 이후의 제시기간내의 제시에 따라 결제되는 것이라고 보아야 한다. 물론 선일자수표도 본질적으로 일람불(출급)성을 잃은 것은 아니므로 위에서 본 발행일자 이전에 지급을 위한 제시가 있을 때에는 그날에 지급하여야 되게 되어 있음은 수표법 제28조제2항에 의하여 분명하고 이것은 동시에 발행자에게 위험(부도, 과료 등)부담을 강요하는 것과 같은 측면이 없지 아니하나 그렇다고 해서 선일자 수표가 발행 교부된 날에 액면금의 지급효과가 발생된다고 볼 수 없다."고 하여 선일자수표를 발행교부한 날을 보험료지급일자로 볼 수 없다고 한다.

다. 사견

자기앞수표는 현금대용으로 사용되고 있고, 수표의 부도시에는 부정수표단속법에 의하여 형사처벌을 받고 있는 점 등에 비추어 수표의 경우에는 수표금의 부지급을 해제조건으로 하는 보험료지급이 있다고 보는 것이 타당하다. 그러나 어음의 경우에는 유예설이나 해제조건부 대물변제설을 취할 수 없고, 실제 어음금이 지급되었을 때 보험료가 지급된 것으로 보는 것이 합리적이다.

Ⅳ. 지급해태의 효과

1. 최초보험료·단일보험료 지급해태의 효과

가. 우리법의 입장

보험계약자는 계약체결후 지체 없이 보험료의 전부 또는 제1회 보험료를 지급하여야 하며, 보험계약자가 이를 지급하지 아니하는 경우에는 다른 약정이 없는 한 계약성립 후 2월이 경과하면 그 계약은 해제된 것으로 본다(상법 제650조 제1항).

최초보험료·단일보험료라 함은 보험계약이 성립한 후 지체 없이 지급되어야 하는 보험료이다. 일반적으로 보험기간은 1년이므로 보험계약이 성립한 후 1년을 담보하기 위한 보험료가 단일보험료이고, 최초보험료는 후술하는 계속보험료 중 제1회 보험료를 말한다.

최초보험료를 지급하지 않는 경우 다음과 같은 효과가 있다.

첫째, 최초보험료·단일보험료를 지급하지 않는 경우에도 소송상 그 지급을 청구할 수 없고, 위험보장이 개시되지 않는 것으로 한다(상법 제656조).[181]

둘째, 보험계약자가 보험료의 전부 또는 제1회 보험료를 지급하지 아니하는 경우에는 다른 약정이 없는 한 계약성립 후 2월이 경과하면 그 계약은 해제된 것으로 본다.

나. 비교법적 고찰

(1) 최초보험료·단일보험료납입의 효과

우리 상법 제656조와 같이 보험법의 규정으로 최초보험료 또는 단일보험료의 납입을 보험자책임의 조건으로 하는 입법례[182]와 보험법에 규정을 두지 않지만

---

181) 중국보험법상 생명보험료는 소구할 수 없다(동법 제38조).

182) 오스트리아 보험계약법 제38조 제2항, 덴마크 보험계약법 제14조, 독일 보험계약법 제37조 제

동일한 효과를 규정하는 조항을 약관에 두는 것을 법률로 허용하는 입법례[183]로 나뉜다.

(2) 보험청약자의 보호

최초보험료·단일보험료의 납입 시부터 보험자의 책임이 개시되는 원칙과 관련하여 유럽보험계약법 준칙상 보험청약자를 보호하기 위하여 (1) 청약자가 보험료를 지급할 때까지 담보 받지 아니한다는 것을 명확한 언어를 사용하여 경고하는 내용으로 그 조건이 서면으로 청약자에게 통지될 것, (2) (1)에서 정한 청구서의 수령후 2주의 유예기간을 부여할 것의 2가지 요건을 충족하지 않으면 보험자가 최초보험료 또는 단일보험료의 지급을 보험계약의 체결 또는 담보의 시작의 조건은 효력이 없다(동준칙 제5-101조). 이 청구서에는 최초보험료·단일보험료의 액과 보험자에게 요구되는 경고의무가 포함되어 있어야 한다.[184]

2. 계속보험료 지급해태의 효과

계속보험료라 함은 분납보험료의 지급방식으로서 최초보험료가 납입되어 책임이 이미 개시된 보험자가 보험료 납입이 없으면 더 이상 책임을 지지 않게 되는 보험료이다

가. 우리법상의 계속보험료 지급해태의 효과

(1) 보험자의 계약해지권

보험계약자가 계속보험료를 지급하지 아니한 때에는 일정한 절차를 거쳐 보험계약을 해지할 수 있다(상법 제650조 제2항). 계속보험료를 지급하지 아니한 때에는 위험보장을 행한 부분에 대하여서는 소송상 청구가 가능하지만, 계속보험료 지급 지체 자체를 이유로 보험담보가 중단되는 것이 아니라, 일정한 절차

2항, 이탈리아 채무법 제1901조 제1항, 폴란드 계약법 제814조 제1항, 포르투갈 보험계약법 제59조(생명보험과 기타 특정유형의 보험계약에는 적용 않됨).

183) 영국, 프랑스, 룩셈부르크 보험계약법 제37조 제2항, 스위스보험계약법 개정안 제27조 제1항.

184) Jurgen Basedow & John Birds & Malcolm Clarke & Herman Cousy & Helmut Heiss & Leander Loaker, op. cit., p. 209.

를 거쳐 해지되는 경우에 한하여 보험보호가 중단되는 것이다.

(2) 보험계약해지의 요건

계속보험료가 약정한 시기에 지급되지 아니한 때에는 보험자는 상당한 기간을 정하여 보험계약자에게 최고하고 그 기간 내에 지급되지 아니한 때에는 그 계약을 해지할 수 있다(상법 제650조 제2항).

(가) 일정한 시기의 미지급

계속보험료가 일정한 시기에 지급되지 않아야 한다.

(나) 보험료지급의 최고

보험자는 상당한 기간을 정하여 보험료지급의무자에게 보험료의 지급을 최고하여야 한다. 판례[185]는 "분할보험료가 약정한 시기에 지급되지 아니한 경우 보험자는 상당한 기간을 정하여 보험계약자에게 최고하고 그 기간 안에 보험료가 지급되지 아니한 때에는 그 보험계약을 해지할 수 있으나, 보험계약자와 피보험자가 다른 때에는 상법 제650조 제3항에 따라 피보험자에게도 상당한 기간을 정하여 보험료의 지급을 최고한 뒤가 아니면 그 계약을 해지하지 못한다."고 하였다.

(다) 최고한 기간 내의 보험료미지급

보험료지급의무자가 보험자가 지급을 최고한 기간 안에 보험료를 납입하지 않았어야 한다. 보험자가 보험료지급에 대한 최고 시에 지정된 지급기일 안에 납입되지 않으면 추가로 해지의 의사표시 없이 보험계약은 당연히 해지된 것으로 하는 해지예고부최고는 유효하다고 한다.[186]

(라) 해지의 의사표시

보험자가 계약해지의 의사표시를 하여야 한다.

(3) 해지의 효과

보험자가 계속보험료 부지급을 이유로 보험계약을 해지한 때에는 보험계약은

185) 대법원 2003. 2. 11. 선고 2002다64872 판결.
186) 양승규, 보험법, 157면.

장래를 향하여 효력을 잃는다. 따라서 해지 이전에 발생한 보험사고에 대하여 보험자는 보험금지급책임을 진다(대법원 2001. 4. 10. 선고 99다67413 판결).

나. 비교법적 고찰

유럽보험계약법준칙은 계속보험료 지급지체의 경우 (1) 담보의 중단, (2) 해제에 대하여 요건을 달리 하여 규정한다.

(1) 담보의 중단

(1) 보험계약자가 정확한 보험료의 액과 지급일자를 기재하는 청구서를 수령하고, (2) 보험료지급기일후, 지급할 정확한 보험료의 액을 보험계약자에게 상기시키고, 적어도 2주의 추가지급기간을 부여하며, 만일 지급되지 아니하면 즉시 보험담보가 중단됨을 보험계약자에게 경고하며, (3) (2)의 추가기간이 도과하는 것을 할 것을 조건으로, 보험자는 초과기간이 도과하면 보험자는 보험금지급책임을 면하지만, 보험료를 지급하는 경우에는 보험담보가 장래를 향하여 재개된다(동준칙 제5-102조).

(2) 해지

유럽보험계약법준칙 제5-101조 b호에 따라 최초보험료·단일보험료의 지급청구서를 수령한 후 후 2주가 도과되어도 보험료가 지급되지 아니하는 경우, 또는 제102조 제1항 b호에 따라 계속보험료지급기일 도과 후 2주의 추가지급기간을 부여하고 지급하지 아니하는 경우 해지할 수 있음을 명시할 것을 조건으로 보험료가 지급되지 아니하는 경우 보험자는 보험계약을 해지할 수 있다(동준칙 제5-103조).

유럽보험계약법준칙과 우리법과의 차이점은 첫째, 우리법과 달리 계속보험료 납입기일 도과 후 일정한 기간을 부여하고 부지급의 경우 보험담보를 중단되고, 보험료지급의 경우 담보가 재개되는 것이 허용되고, 둘째, 보험담보중단이나 해지를 위하여서는 보험료지급청구서에 이를 명시할 것이 조건으로 되어있으며, 셋째, 우리 실무상 허용되고 있는 해지예고부최고가 명문으로 인정되고 있는 점이다(동준칙 제5-103조).

3. 실효약관의 효력

가. 실효약관의 뜻

대법원에 의하여 무효로 된 실효약관은 보험계약자가 보험료의 지급기일로부터 일정한 유예기간(2주일, 한 달, 납입기일이 속하는 달의 다음 달 말일까지)이 도과하여도 계속보험료를 납입하지 아니하는 때에는 보험자의 별도의 해지의 의사표시 없이 보험계약이 당연히 효력을 상실하도록 정한 약관상의 조항을 말한다.

나. 실효약관의 유효성논란

실효약관에 대하여서는 판례는 유효설을 취하였으나 1993년부터 시행되는 상법 제663조와 제650조 제2항에 따라 계속보험료를 납입하지 아니하는 경우에 보험자가 보험계약을 해지하기 위하여서는 (1) 계속보험료가 일정한 시기에 지급되지 않아야 하고, (2) 보험자는 상당한 기간을 정하여 보험료지급의무자에게 보험료의 지급을 최고하여야 하며, (3) 보험료지급의무자가 보험자가 지급을 최고한 기간 안에 보험료를 납입하지 않은 경우에 보험자가 별도의 계약해지의 의사표시를 하여야 하도록 되었다. 이 3가지 절차를 하나라도 거치지 아니하면 상법 제663조에 반하여 무효라고 해석할 여지가 있었기 때문에 실효약관의 효력에 대하여 견해가 나뉘게 되었다. 법원은 전원합의체판결(대법원 1995. 11. 16. 선고 94다56852 판결)로 종래의 견해를 변경하여 “분납 보험료가 소정의 시기에 납입되지 아니하였음을 이유로 상법 제650조 제2항 소정의 절차를 거치지 아니하고 막바로 보험계약이 해지되거나 실효됨을 규정하고 보험자의 보험금지급 책임을 면하도록 규정한 보험약관은 위 상법의 규정에 위배되어 무효이다.”라고 판시하였다.

다. 실효약관의 효력에 관한 판례의 지위

판례는 최고서는 내용증명우편이나 등기우편이 아닌 보통우편으로 발송만으로는 송달이 추정된다고 볼 수 없다[187]고 하고, 피보험자의 주소변경이나 전화

187) 대법원 2002. 7. 26. 선고 2000다25002 판결.

번호 변경을 보험회사에 통지하지 아니하였다는 사유만으로는 보험계약의 해지에 관한 상법규정상의 최고절차가 면제되는 것으로 볼 수 없다[188]고 하였다.

실효약관에 관한 주요판례

사건번호	쟁점	판결내용
대법원 2002. 7. 26. 선고 2000다25002 판결, 대법원 2009. 12. 10. 선고 2007두20140 판결	보통우편의 방법으로 우편물을 발송한 경우 그 송달을 추정할 수 있는지 여부 및 그 송달에 관한 증명책임자	내용증명우편이나 등기우편과는 달리, 보통우편의 방법으로 발송되었다는 사실만으로는 그 우편물이 상당한 기간 내에 도달하였다고 추정할 수 없고, 송달의 효력을 주장하는 측에서 증거에 의하여 이를 증명하여야 한다.
대법원 2003. 2. 11. 선고 2002다64872 판결	개인용자동차보험 특별약관의 보험료 분할납입특별약관 제3조 제3항은 "보험계약자 또는 피보험자가 주소변경을 통보하지 아니하는 한 보험증권에 기재된 보험계약자 또는 피보험자의 주소를 보험회사의 의사표시를 수령할 지정장소로 본다."는 개인용자동차보험 특별약관의 보험료 분할납입특별약관의 효력	이 규정은 보험회사가 과실 없이 보험계약자 또는 피보험자의 주소 등 소재를 알지 못한 경우에 한하여 적용된다.

라. 약관의 변경

판례의 취지에 따라 다음의 경우(생명보험표준약관 제26조 제1항) 등과 같이 계속보험료의 납입연체시 납입최고와 계약의 해지에 관한 조항이 개정되었다.

"계약자가 제2회 이후의 보험료를 납입기일까지 납입하지 아니하여 보험료 납입이 연체 중인 경우에 회사는 14일(보험기간이 1년 미만인 경우에는 7일) 이상의 기간을 납입최고(독촉)기간(납입최고기간의 말일이 토요일 또는 공휴일

188) 대법원 1997. 7. 25. 선고 97다18679 판결. 대법원 2003. 2. 11. 선고 2002다64872 판결은 보험계약자 또는 피보험자가 주소변경을 통보하지 아니하는 한 보험증권에 기재된 보험계약자 또는 피보험자의 주소를 보험회사의 의사표시를 수령할 지정장소로 본다는 개인용 자동차종합보험약관의 규정은 보험회사가 과실 없이 보험계약자 또는 피보험자의 주소 등 소재를 알지 못한 경우에 한하여 적용된다고 판시하고 있다.

에 해당한 때에는 기간은 그 익일로 만료합니다)으로 정하여 계약자(타인을 위한 보험계약의 경우 특정된 보험수익자를 포함합니다)에게 납입최고(독촉)기간 내에 연체보험료를 납입하여야 한다는 내용과 납입최고(독촉)기간이 끝나는 날까지 보험료를 납입하지 아니할 경우 납입최고(독촉)기간이 끝나는 날의 다음날에 계약이 해지된다는 내용(이 경우 계약이 해지되는 때에는 즉시 해지환급금에서 보험계약대출원리금이 차감된다는 내용을 포함합니다)을 서면(등기우편 등), 전화(음성녹음) 또는 전자문서 등으로 알려드립니다. 다만, 해지 전에 발생한 보험금 지급사유에 대하여 회사는 보상하여 드립니다."

V. 보험계약의 부활

1. 총설

가. 의의

계속보험료의 부지급으로 보험계약이 해지된 경우에도 해지환급금이 지급되지 아니한 경우에 보험계약자가 일정한 기간 안에 연체보험료에 약정이자를 붙여 보험자에게 지급하고 그 계약의 부활을 청구할 수 있는 제도이다(상법 제650조의 2).

나. 효용

생명보험계약에서 계속보험료의 부지급으로 계약이 해지된 경우 해지환급금을 받고 다시 보험에 가입하고자 하는 경우에는 나이 등으로 인하여 보험료가 인상되고 이제는 보험에 가입할 수 없게 되는 경우가 많다. 이에 새로운 보험계약체결절차로 인한 번거로움을 회피하고, 종전의 보험계약을 유지하는 이익을 복원시킬 필요가 존재한다.

다. 법적 성질

보험계약의 부활의 법적 성질에 대하여서는 다툼이 있다. 신계약설은 부활된

계약은 실효전의 계약과 동일한 내용을 가진 새로운 보험계약이라는 견해이고, 특수계약설은 계약 당사자간의 합의에 의하여 해지전의 상태로 복귀시키는 새로운 계약이라는 견해이다. 후자가 통설이다.[189)]

2. 보험계약부활의 요건

가. 계속보험료의 부지급으로 인하여 보험계약이 해지되어야 한다.

보험계약자가 보험료를 분할하기로 하는 보험계약에서 보험자에게 최초의 보험료를 지급하여 보험자의 책임이 개시되었지만(656조), 제2회 이후의 계속보험료를 약정한 기일에 지급하지 아니함으로써 보험자가 상당한 기간을 정하여 최고하고 그 기간내에 보험료가 지급되지 아니하여 보험계약이 해지되었어야 한다(650조 2항).

나. 해지환급금이 지급되지 않아야 한다.

보험계약이 해지된 경우에 보험계약자가 지급한 보험료중에 미경과보험료가 있거나 또는 약관에 정한 해지환급금이 있으면 보험자는 이를 보험계약자에게 반환하여야 하는데, 보험계약자가 이를 반환받지 않아야 한다. 보험계약자가 보험계약의 해지에 의하여 해지환급금을 지급받은 때에는 보험계약관계는 종료하였다고 보아야 하기 때문이다.[190)]

다. 보험계약자의 청구이 있어야 한다.

보험계약자의 청구는 해지된 이전의 계약을 회복시키는 것을 목적으로 하지만, 새로운 보험계약의 체결과 같은 절차를 같은 절차를 밟아야 한다. 보험계약자는 그 보험계약이 해지된 후 일정한 기간내에 연체보혐료에 약정한 이자를 붙여 보험자에게 지급하고(본조 1문), 그 계약의 부활을 청구하여야 한다. 여기서 일정한 기간은 보험약관에서 정한 기간을 의미하고, 일반적으로 3년이다. 보험계약자는 보험계약의 부활과 관련하여 중요한 사항을 보험자에게 고지하여야 한다(제651조).

189) 양승규, 보험법, 170면.
190) 양승규, 전게서, 171면

라. 보험자의 승낙이 있어야 한다.

보험계약자의 부활청약에 대하여 보험자가 승낙하여야 한다. 보험자는 부활청구를 받은 날로부터 다른 약정이 없는 한 30일내에 낙부의 통지를 발송하여야 하고, 이를 게을리한 때에는 승낙한 것으로 보아 보험계약은 부활한 것으로 인정된다(본조 2문, 638조의 2 1항 본문·2항). 다만 인보험계약에서 피보험자가 신체검사를 받아야 하는 경우에는 그 기간은 신체검사를 받은 날로부터 기산한다(638조의 2 1항 단서).

3. 보험계약부활의 효과

종전 보험계약이 실효되지 아니한 것과 같은 상태로 복귀하고, 종전의 계약의 하자는 부활 후에도 여전히 존재하여 무효, 해지가 될 수 있다.

최초 계약 시 고지의무위반이 있었지만 부활청구시 제대로 고지한 경우에는 고지의무위반을 주장할 수 없다. 다만 부활청구시 고지의무위반이 있는 경우 고지의무위반으로 인한 해지권행사기간(3년)의 기산점은 부활시가 기준이 된다.

보험계약이 보험료부지급으로 해지되어 부활할 때까지 생긴 보험사고에 대하여서는 보험자는 보험금지급책임을 지지 않는다. 다만 보험계약자가 부활청약시 연체보험료와 이자를 보험자에게 지급한 때에는 보험자가 승낙 전에 생긴 보험사고에 대해여서는 보험자가 그 청약을 거절할 사유가 없는 한 보험계약상의 책임을 진다. 피보험자가 신체검사를 받아야 하는 인보험계약의 경우에는 그 검사를 받지 아니한 때에는 보험자의 보험금지급책임은 인정되지 않는다(상법 제650조의 2 후단, 제638조의 2 제3항).

VI. 보험료반환의무

1. 우리법상의 보험료반환의무

보험료는 보험자의 위험보장에 대한 반대급여의 성질을 가지므로, 보험계약이 무효·취소되거나 중도 해지되는 경우에 보험자는 보험료반환의무를 진다.

다만 보험계약자의 사기 등의 경우에 반환청구권이 제한된다.

가. 보험자의 설명의무위반

보험자가 약관의 교부·명시의무를 위반한 때에는 보험계약자는 보험계약이 성립한 날부터 3월내에 그 계약을 취소할 수 있다(상법 제638조의 3 제2항). 이 때 보험자는 보험료반환의무를 진다.

나. 고지의무위반과 보험료반환의무

보험계약자 측의 고지의무위반을 이유로 보험계약이 해지되는 경우, 보험계약이 해지되기 전까지의 기간에 대한 보험료에 대하여 보험자는 보험료청구권을 가지므로 반환할 필요가 없다. 그러나 생명보험의 경우에는 보험수익자를 위하여 적립한 금액을 보험계약자에게 지급하여야 한다(상법 제651조, 제736조 제1항).

다. 중도 해지시 미경과보험료의 반환

보험사고가 발생하기 전에는 보험계약자는 언제든지 계약의 전부 또는 일부를 해지할 수 있고, 보험계약자는 당사자간에 다른 약정이 없으면 미경과보험료의 반환을 청구할 수 있다(상법 제649조 제1·3항).

라. 보험계약의 무효와 보험료반환의무

보험계약의 전부 또는 일부가 무효인 경우에 보험계약자와 피보험자가 선의이며 중대한 과실이 없는 때에는 보험자에 대하여 보험료의 전부 또는 일부의 반환을 청구할 수 있다. 보험계약자와 보험수익자가 선의이며 중대한 과실이 없는 때에도 같다(상법 제648조).

마. 소멸시효

상법은 보험료반환청구권에 대하여 3년간 행사하지 아니하면 소멸시효가 완성한다는 취지를 규정할 뿐(제662조) 소멸시효의 기산점에 관하여는 아무것도 규정하지 아니하므로, 소멸시효는 민법 일반 법리에 따라 객관적으로 권리가 발생하고 그 권리를 행사할 수 있는 때로부터 진행한다.

판례(대법원 2011. 3. 24. 선고 2010다92612 판결)는 타인의 사망을 보험사고로 하는 생명보험계약에서 피보험자의 동의를 얻지 않아 무효인 보험계약상 보험료의 반환청구권의 소멸시효는 특별한 사정이 없는 한 각 보험료를 납부한 때부터 진행한다고 하였다.

바. 생명보험표준약관상의 보험료반환

생명보험표준약관은 다양한 보험료반환사유를 규정하고 있다. 여기서는 상법상의 규정 외의 사유로는 중대사유로 인한 해지가 있다. 즉, 보험계약자 등이 고의로 보험금 지급사유를 발생시킨 사유 또는 보험금 청구에 관한 서류에 고의로 사실과 다른 것을 기재하였거나 그 서류 또는 증거를 위조 또는 변조한 경우(이미 보험금 지급사유가 발생한 경우 제외)에는 보험계약을 해지할 수 있고, 해지환급금을 지급한다(동약관 제30조).

2. 비교법적 고찰-일본의 경우

보험료반환의무와 관련하여 일본에서는 보험법 제정이전에는 우리 상법 제648조와 동일한 규율이 행해지고 있었다(일본 상법 제643조, 제683조 제1항). 보험법에서는 보험계약자 등의 사기 또는 강박을 이유로 보험계약을 취소하는 경우의 보험료반환의 제한과 보험자가 보험사고의 발생을 알고 소급보험계약을 체결하고 보험자가 이를 알고 있는 경우의 보험료반환의 제한에 대하여 규정하고 있다(제32조, 제64조, 제93조).

가. 입법이유

보험법상의 보험료반환에 관한 규정을 신설한 이유로는 보험계약자가 미성년자인 경우의 취소(일본 민법 제5조 제2항), 보험계약자에 의한 소비자계약법 제

4·5조[191]에 의한 취소 등과 같이 악의 또는 중과실이 있는 경우만을 규율하는 것으로는 충분하지 않은 경우에도 보험계약자 또는 피보험자에 대한 제재를 할 필요가 있다는 것이었다.[192]

나. 보험료반환

보험법상의 보험료반환사유는 (1) 보험계약자 등의 사기 또는 강박, (2) 소급보험의 규정에 따른 보험계약의 무효이다.

(1) 보험계약자 등의 사기 또는 강박

사기 또는 강박의 주체는 손해보험계약의 경우에는 보험계약자와 피보험자의 사기·강박이고, 생명보험계약과 상해질병정액보험계약의 경우에는 보험계약자, 피보험자 또는 보험수익자이다. 보험자의 사기 또는 강박의 경우에는 적용되지 않는다.

(2) 소급보험의 규정에 따른 보험계약의 무효

보험계약 체결 시에 이미 보험사고와 급여사유가 발생한 경우 보험계약자 등이 이를 알고도 보험계약을 체결하여 보험금의 수령을 인정하는 것은 부당한 이득을 얻는 것으로 이와 같은 소급보험은 무효이다(보험법 제5조 1항, 제39조 제1항, 제68조 제1항). 이와 같은 부당한 이득을 방지하기 소급보험의 취지에 따라 보험계약자 등이 보험사고와 급여사유의 발생을 안 경우에는 그 제재로 보험료의 반환을 인정하지 않는 것은 옳다. 보험자가 악의인 경우에는 보험자의 보험료취득을 인정할 근거가 없기 때문에 예외적으로 이와 같은 규율대상에서 제외하는 것이다.

(3) 편면적 강행규정

본조는 편면적 강행규정이다(보험법 제33조 2호, 제65조 3호, 제74조 3호).

---

191) 사업자와 매개의 위탁을 받은 제3자 및 대리인이 중요한 사실과 다른 것을 고지 한 경우 등에 소비자의 취소권을 인정하고 있다(소비자계약법 제4·5조).

192) 山下友信·米山高生, 전게서, 662面.

따라서 본조의 규정에 반하는 특약으로 보험계약자에게 불리한 것, 즉 1호, 2호 이외의 무효·취소 사유에 대하여 보험료반환의무가 없다는 특약은 무효이다.

3. 우리법의 개선방향

우리법상 보험계약의 무효의 경우 보험료의 반환에 대한 상법 제648조는 보험계약자 등이 사기로 보험계약을 체결하는 경우를 규율함에는 미흡하다고 생각된다. 또한 상법은 소급보험의 의의를 규정하고, 보험사고의 객관적 확정의 효과를 규정할 뿐인데(상법 제643조, 제644조) 소급보험의 효력과 보험료반환에 관한 일본 보험법과 유럽보험계약법 준칙 등의 내용을 비교 검토하여 명확한 규율방안을 마련하여야 할 것이다.

제8장 보험사고

제1절 보험금지급의무

Ⅰ. 의의

보험자는 보험사고가 발생하는 경우에 보험계약의 효과로서 보험금을 지급할 의무가 있다. 보험자의 보험금지급의무는 보험계약자의 보험료지급의무에 대응하는 보험자의 가장 주된 의무이다.

Ⅱ. 보험금지급의무의 발생요건

1. 보험계약이 유효하게 존재할 것

보험계약이 성립하고, 무효, 취소, 해지, 해제 등으로 그 효력이 부인되지 아니할 것이 요구된다.

2. 보험계약자의 보험료지급

보험자의 책임은 당사자간에 다른 약정이 없으면 최초의 보험료의 지급을 받은 때로부터 개시한다(상법 제656조). 따라서 보험료의 지급이 없는 이상 보험자는 보험사고가 발생하여도 보험금지급의무가 없다.

다른 약정이 함은 외상보험과 같이 보험료를 지급받지 않고 보험자가 보험금지급책임을 지기로 한 경우를 말한다. 판례(대법원 1991. 12. 10. 선고 90다10315 판결)는 보험대리점의 보험료 대납약정이 있는 경우 보험료를 이미 지급한 것으로 본다.[193)]

3. 보험기간내 보험사고의 발생

보험자의 보험금지급책임은 보험사고의 발생을 조건으로 하고, 그 보험사고는 보험기간 안에 생긴 경우에 한한다. 다만 보험기간 밖에서 생긴 것이어도 보험기간 안에 생긴 보험사고와 인과관계가 인정되는 경우에는(예컨대 자동차교통사고의 후유장애) 보험자는 보험금 지급책임을 지게 된다.

---

193) 보험회사 대리점이 평소 거래가 있는 자로부터 그 구입한 차량에 관한 자동차보험계약의 청약을 받으면서 그를 위하여 그 보험료를 대납하기로 전화상으로 약정하였고, 그 다음날 실제 보험료를 지급받으면서는 그 전날 이미 보험료를 납입 받은 것으로 하여 보험약관에 따라 보험기간이 그 전날 24:00 이미 시작된 것으로 기재된 보험료영수증을 교부한 경우 위 약정일에 보험계약이 체결되어 보험회사가 보험료를 영수한 것으로 본다고 하였다.

4. 보험자에게 면책사유가 존재하지 않을 것

보험계약법이나 보험약관상 보험기간 안에 보험사고가 생긴 경우에도 보험자가 보험금 지급책임을 지지 않는 면책사유에 해당하는 경우에는 보험자는 보험금을 지급할 책임을 지지 않는다.

Ⅲ. 보험금청구권자

보험금청구권자는 손해보험에서는 피보험자, 생명보험에서는 보험수익자이다. 손해보험계약의 경우에 보험계약자가 그 타인에게 보험사고의 발생으로 생긴 손해의 배상을 한 때에는 보험계약자는 그 타인의 권리를 해하지 아니하는 범위 안에서 보험자에게 보험금액의 지급을 청구할 수 있으므로(상법 제639조 제2항) 손해보험의 경우에 이 한도 안에서 보험계약자도 보험금청구권자일 수 있다. 책임보험에서 직접청구권을 가지는 피해자도 보험금청구권자일 수 있다(상법 제724조 제2항).

Ⅳ. 보험금지급시기

1. 현행법의 입장

보험자는 보험금액의 지급에 관하여 약정기간이 있는 경우에는 그 기간 내에 약정기간이 없는 경우에는 제657조 제1항의 통지를 받은 후 지체 없이 지급할 보험금액을 정하고 그 정하여진 날부터 10일내에 피보험자 또는 보험수익자에게 보험금액을 지급하여야 한다(상법 제658조). 실무상 무인가약관을 제외하고는 약정기간을 정하고 있는바, 상법 제557조 제1항에 따라 실무에서는 약관상 지급시기를 "지체없이 지급할 보험금을 결정하고 그날로부터 O일 이내에 지급한다"라고 하는 것과 같이 지나치게 추상적으로 규정하는 것과 즉시연금사건과 같이 장기간 동안 보험금지급책임이 없음을 다투어 소멸시효가 완성되고 보험금의 지급이 지체되는 문제점이 있다.

2. 비교법적 검토

가. 일본

일본 보험법은 기한을 정한 경우와 정하지 않은 경우로 나누어 규정하고 있다. 보험급여의 기한이 약정되어 있는 경우에도 보험급여의 확인을 위하여 필요한 상당한 기간을 보험급여의 기한으로 하여 보험금지급이 부당하게 지체되는 것을 금지하고 있는 점에서 보험계약자를 두텁게 보호하고 있다.

(1) 기한을 정한 경우

보험급여를 할 기한이 약정되어 있는 경우에도 당해 기한이, 보험사고, 보상손해액, 보험자의 면책사유 기타 보험급여를 행하기 위하여 확인하는 것이 보험계약상 필요한 사항의 확인을 위하여 상당한 기간을 경과한 날 후인 경우에는, 당해 기간을 경과한 날을 보험급여를 행할 날로 한다(보험법 제21조 제1항, 제52조 제1항, 제82조 제1항).

(2) 기한을 정하지 않은 경우

보험급여를 할 기한을 정하지 않은 경우에는, 보험자는, 보험급여의 청구가 있은 후, 당해 청구에 관한 보험사고와 보상손해액의 확인(생명보험의 경우에는 보험사고의 확인)을 위하여 필요한 기간을 경과할 때까지는 지체책임을 지지 않는다(보험법 제21조 제2항, 제52조 제2항, 제82조 제2항).

나. 영국 2015년 보험법

영국의 2016년 기업법이 제정되고, 동법에 의하여, 영국의 2015년 보험법에 보험금지급의 지체에 관한 제13A조가 추가되어 보험금지급 지체시 법정이자와 약정이자 외에 손해배상청구권이 피보험자에게 인정되었다.

이에 따르면 보험자가 상당한 기간내 보험금을 지급하는 것을 모든 보험계약상 묵시적 조건으로 하고(제13A조 제1항~제3항), 보험금지급지체시 보험자는 손해배상책임을 진다(동조 제5항), 다만 보험자가 선의이고 합리적인 근거아래 보험금 청구에 대하여 다툰다는 것을 증명하는 경우에는, 보험금 청구를 처리하는 보험자의 행위가 합리적이라는 조건아래 책임이 없다(동조 제4항).[194]

3. 시사점

상법 제658조 중 '약정기간이 있는 경우에는 그 기간 내에'라는 규정을 "약정기한이, 보험사고, 보상손해액, 보험자의 면책사유 기타 보험급여를 행하기 위하여 확인하는 것이 보험계약상 필요한 사항의 확인을 위하여 상당한 기간을 경과한 날 후인 경우에는, 당해 기간을 경과한 날"라고 하고, 보험자가 보험금 지급책임이 없음을 제한없이 다툴 수 있는 것이 아니라 보험자가 보험금청구를 다툴 수 있는 상당한 근거가 있음을 증명할 수 없는 경우에는 보험금의 지급지체로 개정하는 것을 검토할 필요가 있다.

V. 보험금지급장소

보험금의 지급장소는 채권자인 피보험자 또는 보험수익자의 주소이다(민법 제467조 제2항). 실제 거래계에서는 보험자의 영업소에서 보험금을 지급하고 있다.

---

194) 한창희, 보험금 지급시기에 관한 영국의 2015년 보험법과 일본 보험법의 시사점, 보험학회지 제118집(2019), 한국보험학회, 69면.

VI. 소멸시효

1. 소멸시효기간

가. 현행법의 입장

보험금액의 청구권은 3년간 행사하지 아니하면 소멸시효가 완성한다(상법 제662조). 보험계약자측의 보호를 위하여 3년으로 연장하였다.

나. 비교법적 고찰[195)]

(1) 2년을 취하는 입법례

프랑스(보험법 제114-1조), 덴마크(보험사고를 안 때로부터 2년, 여하한 경우에도 5년을 초과할 수 없음) 등이 시효기간을 2년으로 하고 있다.

(2) 3년을 취한 입법례

일본 보험법(제95조 제1항),오스트리아(보험계약법 제12조 제1조 제1·3항), 핀란드(보험계약법 74조), 벨기에(보험계약법 제88조 제1항: 피보험자가 알지 못한 경우 5년), 룩셈부르크(보험계약법 제44조 제1항: 일반적인 경우 5년, 보험사고 발생사실을 알지 못하였음을 증명하지 못하면 3년), 독일(민법 제99조: 보험사고를 안 날로부터 3년, 10년을 초과할 수 없음), 스웨덴(보험계약법 제7장 제4조: 청구를 할 수 있음을 안 날로부터 3년, 10년을 초과할 수 없음) 등이 시효기간을 3년으로 하고 있다.

(3) 생명보험의 시효기간을 연장하는 입법례

2009년 유럽보험계약법준칙(제7-102조에서 보험자의 청구승낙시부터 3년, 보험사고 발생후 `10년, 생명보험의 경우 30년이다), 중국(보험법 제26조)은 생명보험은 5년 그 밖의 보험은 2년을 시효기간으로 하고 있다. 그리스(보험계약법 제10조)와 네덜란드(민법 제7:785조)은 생명보험의 시효기간을 5년, 프랑스법의

---

195) Jurgen Basedow & John Birds & Malcolm Clarke & Herman Cousy & Helmut Heiss & Leander Loaker, op. cit., pp. 235~236.

경우는 10년(보험법 제114-1조 제4항), 벨기에는 30년(보험계약법 제88조 제1항)으로 연장하고 있다.

(4) 6년을 취한 입법례

영국은 소송원인이 발생한 때로부터 6년이다(1980년 제한법 제5조).

2. 소멸시효의 기산점

시효기간의 기산점은 보험사고의 발생통지를 한 때에는 보험금액을 정한 후 보험금지급유예기간인 10일이 경과한 다음날이다(상법 제658조).[196]

판례[197]에 따르면 보험금청구권은 보험사고로 인하여 구체적으로 확정되어 그 때부터 그 권리를 행사할 수 있게 되는 것이므로 그 소멸시효는 특별한 사정이 없는 한 보험사고가 발생한 때부터 진행한다.[198] 다만 보험사고의 발생을 확인할 수 없는 경우에는 보험금청구권자가 보험사고가 발생하였음을 알았거나 알 수 있었을 때로부터 보험금청구권의 소멸시효가 진행한다.[199]

약관 등에 의하여 보험금청구권의 행사에 특별한 절차를 요구하는 때에는 그 절차를 마친 때, 또는 채권자가 그 책임 있는 사유로 그 절차를 마치지 못한 경우에는 그러한 절차를 마치는데 소요되는 상당한 기간이 경과한 때로부터 소멸시효가 진행한다.[200]

---

196) 양승규, 보험법, 147면.

197) 대법원 1999. 2. 23. 선고 98다60613 판결은 "보험사고가 발생한 것인지의 여부가 객관적으로 분명하지 아니하여 보험금청구권자가 과실 없이 보험사고의 발생을 알 수 없었던 특별한 사정이 있는 경우에는 그가 보험사고의 발생을 알았거나 알 수 있었을 때로부터 보험금청구권의 소멸시효가 진행하지만, 그러한 사정이 없는 한 보험금청구권의 소멸시효는 원칙적으로 보험사고가 발생한 때로부터 진행한다."고 하였다.

198) 대법원 2005. 12. 23. 선고 2005다59383, 59390 판결은 "보험약관 또는 상법 제658조에서 보험금 지급유예기간을 정하고 있더라도 보험금청구권의 소멸시효는 보험사고가 발생한 때로부터 진행하고, 위 지급유예기간이 경과한 다음날부터 진행한다고 볼 수는 없다"고 판시하였다.

199) 대법원 2001. 4. 27. 선고 2000다31168 판결.

200) 대법원 2006. 1. 26. 선고 2004다19104 판결. 이 판결은 "복합운송주선업 인·허가보증보험계약상의 보험사고가 발생한 경우에 보험금액청구권을 행사하기 위하여는 화물유통촉진법 등의 관계 규정에 따라 마련된 '복합운송주선업 영업보증금 및 보증보험가입금 운영규정'에서 정한 보험금의 확정절차를 마쳐야 하므로, 그 보험금액청구권의 소멸시효는 위 절차를 마쳤거나,

책임보험에서의 보험금청구권의 소멸시효는 약관에서 책임보험의 보험금청구권의 발생시기나 발생요건에 관하여 달리 정한 경우 등 특별한 다른 사정이 없는 한 원칙적으로 책임보험의 보험금청구권의 소멸시효는 피보험자의 제3자에 대한 법률상의 손해배상책임이 상법 제723조 제1항이 정하고 있는 변제, 승인, 화해 또는 재판의 방법 등에 의하여 확정됨으로써 그 보험금청구권을 행사할 수 있는 때로부터 진행된다.201)

채권자가 그 책임 있는 사유로 이를 마치지 못하였다면 위 절차를 거치는 데 필요하다고 볼 수 있는 시간이 경과한 때로부터 진행한다."고 하였다.

201) 대법원 2006. 4. 13. 선고 2005다77305, 77312 판결은 자동차종합보험계약상의 피보험자가 피해자측에 합의금으로 손해배상금을 지급하였으면 그 시점부터 피보험자의 보험자에 대한 보험금청구권의 소멸시효가 진행한다고 판시하였다.; 대법원 2002. 9. 6. 선고 2002다30206 판결은 "책임보험의 성질에 비추어 피보험자가 보험자에게 보험금청구권을 행사하려면 적어도 피보험자가 제3자에게 손해배상금을 지급하였거나 상법 또는 보험약관이 정하는 방법으로 피보험자의 제3자에 대한 채무가 확정되어야 할 것이고, 상법 제662조가 보험금의 청구권은 2년간 행사하지 아니하면 소멸시효가 완성한다는 취지를 규정하고 있을 뿐, 책임보험의 보험금청구권의 소멸시효의 기산점에 관하여는 상법상 아무런 규정이 없으므로, "소멸시효는 권리를 행사할 수 있는 때로부터 진행한다."고 소멸시효의 기산점에 관하여 규정한 민법 제166조 제1항에 따를 수밖에 없는바, 약관에서 책임보험의 보험금청구권의 발생시기나 발생요건에 관하여 달리 정한 경우 등 특별한 다른 사정이 없는 한 원칙적으로 책임보험의 보험금청구권의 소멸시효는 피보험자의 제3자에 대한 법률상의 손해배상책임이 상법 제723조 제1항이 정하고 있는 변제, 승인, 화해 또는 재판의 방법 등에 의하여 확정됨으로써 그 보험금청구권을 행사할 수 있는 때로부터 진행된다고 봄이 상당하다."고 판시하였다."

제2절 보험금청구시 보험계약자측의 협조의무

Ⅰ. 손해보험에서의 보험금청구시의 협조의무

1. 손해보험에서의 통지의무

보험사고에 의하여 손해가 발생하는 것에 의하여 보험자는 손해보상의무를 지지만, 보험자는 손해보상의무를 지는가, 보상액을 산출하는 전제가 되는 손해는 얼마인가를 확정하기 위하여서는, 보험사고에 의하여 손해가 발생한 것을 가급적 신속히 아는 것이 불가결하다. 이와 같이 보험자는 보험계약상의 보상책임 유무의 판정, 보상액의 확정 등을 위하여 보험사고의 원인, 상황, 손해의 정도 등을 알 필요가 있으나 이에 관한 자료들은 계약자 또는 피보험자의 지배·관리 영역 안에 있는 것이 대부분이므로 피보험자로 하여금 이에 관한 정확한 정보를 제공하도록 할 필요성이 크다.[202] 이에 상법은 "보험계약자 또는 피보험자나 보험수익자는 보험사고의 발생을 안 때에는 지체 없이 보험자에게 그 통지를 발송하여야 한다(상법 제657조 제1항)."고 규정하고 있다. 이 의무는 법적의무이다. 손해보험의 실무에서도 예외 없이 보험계약자 또는 피보험자에게 손해발생의 통지의무를 지우고 있다. 통지의무위반의 효과에 대하여 상법은 "보험계약자 또는 피보험자나 보험수익자가 보험사고 발생의 통지의무를 해태함으로 인하여 손해가 증가된 때에는 보험자는 그 증가된 손해를 보상할 책임이 없다(상법 제657조 제2항)."고 규정하고 있다. 피보험자의 보호의 관점에서 통지지체로 인한 손해로 감액할 금액에 대한 증명책임은 보험자에게 있다.[203]

2. 손해보험에서의 피보험자의 설명의무

보험자가 손해보상의무를 지는 경우에 손해의 유무 및 손해액의 확정이 필요

---

202) 대법원 2006. 11. 23. 선고 2004다20227(본소), 2004다20234(반소) 판결.

203) John Dunt, International marine cargo insurance, (informa, 2012), p. 160.

하고, 이를 위하여 피보험자 또는 보험계약자에게 손해의 내용에 대하여 신고하도록 하는 것이 일반적이다. 자동차보험의 경우 사고발생시 서면으로 사고가 발생한 때, 곳, 상황 및 손해의 정도를 통지하고, 보험회사가 필요하다고 인정하는 서류와 증거를 요구한 경우에는 지체 없이 이를 제출하여야 하며, 보험회사가 손해를 조사하는 데 협력하여야 한다는 약관조항이 그것이다(개인용 자동차종합보험 표준약관 제6조).[204] 이는 사고발생의 통지의무 외에 실질적으로 손해에 대한 설명의무를 지우고 있는 것이다.

또한 화재보험약관 등[205]에는 "(1) 보험계약자 또는 피보험자가 손해 통지 또는 보험금 청구에 관한 서류에 고의로 사실과 다른 것을 기재하였거나 그 서류 또는 증거를 위조 또는 변조한 경우, (2) 보험계약자, 피보험자 또는 이들의 대리인이 상당한 이유없이 손해의 조사를 방해 또는 회피한 때에는 그 해당 손해에 대한 보험금 청구권을 잃게 됩니다."는 조항을 두고 있는 경우가 있다. 이 조항의 효력에 대하여서는 후술한다.

II. 인보험에서의 보험금청구시의 협조의무

1. 보험사고발생의 통지의무

상법은 "보험계약자 또는 피보험자나 보험수익자는 보험사고의 발생을 안 때에는 지체 없이 보험자에게 그 통지를 발송하여야 한다(상법 제657조 제1항)."고 규정하고 있다. 생명보험계약은 정액보험계약이기 때문에 손해보험계약과 같이 손해액을 산출할 필요는 없지만, 면책사유에 해당하지 않는가 등 보험급여의무를 지는가를 판단할 필요가 있으므로 피보험자의 사망이라는 보험사고발생의 통지의무를 지운 것이다. 생명보험 실무에서도 통지의무를 보험계약자 또는 보험수익자에게 지우지만, 손해보험에서와 같이 위반의 경우 보험자의 면책 등의 효과는 규정하지 않고, 훈시규정적 의미에 불과한 것으로 해석되고 있다.[206]

204) 손해보험협회, 자동차보험표준약집, 2015.
205) 주택화재보험보통약관 제21조; 종합가정보험 보통약관 제26조.

2. 사망 등에 있어서 조사협력의무

생명보험표준약관[207]에는 “계약자, 피보험자 또는 보험수익자는 보험금지급사유조사와 관련하여 의료기관, 국민건강보험공단, 경찰서 등 관공서에 의한 회사의 서면에 의한 조사요청에 동의하여야 합니다. 다만, 정당한 사유 없이 이에 동의하지 않을 경우에는 사실확인이 끝날 때까지 회사는 보험금 지급지연에 따른 이자를 지급하지 않습니다.”는 규정을 두고 있다. 이와 같이 보험자에 의한 조사에 협력할 의무를 위반하여도 면책의 효과는 규정되어 있지 않고, 보험금 지급의무에 대한 보험자의 이행지체책임이 개시되지 않는 것으로 규정되어 있다.

상해보험, 질병보험에서는 정액급여방식이든 손해보상방식이든 상해와 질병으로 인한 결과에 의하여 보험급여의 내용이 변경되기 때문에 손해보험에서와 같이 신속한 조사가 필요하다. 손해보험회사의 상해보험에서는 손해보험의 경우와 같이 상해사고발생의 통지의무를 지우고, “계약자, 피보험자 또는 수익자가 손해의 통지 또는 보험금 청구에 관한 서류에 고의로 사실과 다른 것을 기재하였거나 그 서류 또는 증거를 위조하거나 변조한 경우에는 피보험자 또는 수익자는 손해에 대한 보험금청구권을 상실한다.”고 하여 부실한 통지의 경우 보험자의 면책을 규정하고 있다. 생명보험회사의 장기손보표준약관은 또한 위와 같은 조항을 두고 있다.

Ⅲ. 사기적 보험금지급청구시의 보험금청구권상실조항

1. 개관

사기적 보험금청구는 대표적인 도덕적 해이이고 이는 선의의 보험소비자의 보험료인상으로 귀결된다. 따라서 각국은 사기적 보험금청구의 경우 보험계약의 해지, 보험금청구권의 상실 등의 효과를 부여하고 있다.

---

206) 유관우·이현열, 인협약관관해석, G&P, 2006, 440면.
207) 2018년 7월 10일 개정 생명보험표준약관 제8조 제5항.

2. 우리법상의 사기적 보험금청구에 관한 판례의 동향

사기적 보험금청구조항이 최초로 언급된 판례는 대법원 2003. 5. 30. 선고 2003다15556이다.[208] 이 판결은 사기적 보험금청구조항이 거래상 일반인들이 보험자의 설명 없이도 당연히 예상할 수 있었던 사항에 해당하여 설명의무의 대상이 아니라고 하였다.

사기적 보험금청구조항의 유효성을 정면으로 인정한 대법원 2006. 11. 23. 선고 2004다20227, 2004다20234 판결로서, "사기적 보험금청구 조항을 둔 취지는 보험자가 보험계약상의 보상책임 유무의 판정, 보상액의 확정 등을 위하여 보험사고의 원인, 상황, 손해의 정도 등을 알 필요가 있으나 이에 관한 자료들은 계약자 또는 피보험자의 지배·관리영역 안에 있는 것이 대부분이므로 피보험자로 하여금 이에 관한 정확한 정보를 제공하도록 할 필요성이 크고, 이와 같은 요청에 따라 피보험자가 이에 반하여 서류를 위조하거나 증거를 조작하는 등으로 신의성실의 원칙에 반하는 사기적인 방법으로 과다한 보험금을 청구하는 경우에는 그에 대한 제재로서 보험금청구권을 상실하도록 하려는 데 있는 것으로 보아야 할 것"이라고 하면서 그 유효성을 인정하였다.

이후 독립한 여러 물건을 보험목적물로 하여 체결된 화재보험계약에서 피보험자가 그 중 일부의 보험목적물에 관하여 실제 손해보다 과다하게 허위의 청구를 한 경우 보험금청구권상실조항의 적용을 제한하는 대법원 2007. 2. 22. 선고 2006다72093 판결은 "조항을 피보험자가 허위의 청구를 하지 않은 다른 보험목적물에 관한 보험금청구권까지 한꺼번에 상실하게 된다는 취지로 해석한다면, 이는 허위 청구에 대한 제재로서의 상당한 정도를 초과하는 것으로 고객에게 부당하게 불리한 결과를 초래하여 신의성실의 원칙에 반하는 해석이 되므로,

208) 이 판결에서 "보험금청구권의 상실사유는 보험계약에 있어서 신의성실의 원칙에 반하는 사기적 보험금청구행위를 허용할 수 없다는 취지에서 규정된 것으로서 보험계약당사자의 윤리성이나 선의성을 요구하는 보험계약의 특징 및 보험의 투기화, 도박화를 막고 피보험자에게 실제의 피해 이상의 부당한 이득을 취하지 못하도록 하기 위하여 고의로 인한 보험사고의 경우에는 보험자의 면책을 인정하고, 사기초과보험의 경우 그 계약 자체를 무효로 규정하고 있는 점 등에 비추어 볼 때 이는 거래상 일반인들이 보험자의 설명 없이도 당연히 예상할 수 있었던 사항에 해당하여 설명의무의 대상이 아니다"라고 하였다.

위 약관에 의해 피보험자가 상실하게 되는 보험금청구권은 피보험자가 허위의 청구를 한 당해 보험목적물의 손해에 대한 보험금청구권에 한한다고 해석함이 상당하다."고 판시하였고, 유사한 사안이 쟁점인 대법원 2009. 12. 10. 선고 2009다56603, 56610 판결은 보험금청구권상실 여부의 판단기준으로 "이와 같은 약관조항을 문자 그대로 엄격하게 해석하여 조금이라도 약관에 위배하기만 하면 보험자가 면책되는 것으로 보는 것은 본래 피해자 다중을 보호하고자 하는 보험의 사회적 효용과 경제적 기능에 배치될 뿐만 아니라 고객에 대하여 부당하게 불리한 조항이 된다는 점에서 이를 합리적으로 제한하여 해석할 필요가 있으므로, 위 약관조항에 의한 보험금청구권의 상실 여부는 그 취지를 감안하여 보험금청구권자의 청구와 관련한 부당행위의 정도 등과 보험의 사회적 효용 내지 경제적 기능을 종합적으로 비교·교량하여 결정하여야 한다."고 판시하였다.

이에 현재의 판례의 입장은 피보험자가 보험금을 청구하면서 구체적인 내용이 일부 사실과 다른 서류를 제출하거나 보험목적물의 가치를 다소 높게 신고한 경우에는 보험금청구권상실조항에 의하여 보험금청구권을 상실하지 않고,[209] 독립한 여러 물건을 보험목적물로 하여 체결된 화재보험계약에서 피보험자가 그 중 일부의 보험목적물에 관하여 실제 손해보다 과다하게 허위의 청구를 한 경우 이 약관에 의해 피보험자가 상실하게 되는 보험금청구권은 피보험자가 '허위의 청구를 한 당해 보험목적물'의 손해에 대한 보험금청구권만을 의미한다는 것이다.[210]

209) 대법원 2006. 11. 23. 선고 2004다20227, 2004다20234 판결, 대법원 2007. 12. 27. 선고 2006다29105 판결.

210) 대법원 2007. 2. 22. 선고 2006다72093 판결, 대법원 2009. 12. 10. 선고 2009다56603, 56610 판결.

청구권상실조항에 관한 판례의 동향

사건번호	사실관계	판결내용
대법원 2003. 5. 30. 선고 2003다15556이다.	3억6,800만원을 보험가액으로 화재보험에 가입된 레스토랑건물과 내부집기 및 시설이 전소되어 보험가액 전액을 보험금으로 청구하였으나, 실제 손해액은 1억6,180만원인데 허위내역이 담긴 거래내역을 첨부하여 제출한 것임	사기적 청구시 보험금청구권의 상실사유는 보험계약에 있어서 신의성실의 원칙에 반하는 사기적 보험금청구행위를 허용할 수 없다는 취지에서 규정된 것으로서 거래상 일반적이고 공통된 것이어서 보험계약자가 별도의 설명 없이도 충분히 예상할 수 있다는 취지에서 규정된 것으로서 거래상 일반적이고 공통된 것이어서 보험계약자가 별도의 설명 없이도 충분히 예상할 수 있었던 사항이거나 이미 법령에 의하여 정하여진 것을 되풀이하거나 부연하는 정도에 불과한 사항으로 보험자에게 명시·설명의무가 인정되지 않는다.
대법원 2006. 11. 23. 선고 2004다20227, 2004다20234 판결	보험금청구권 상실 약관조항에 의거 보험금지급을 거부함	약관 조항을 둔 취지는 보험자가 보험계약상의 보상책임 유무의 판정, 보상액의 확정 등을 위하여 보험사고의 원인, 상황, 손해의 정도 등을 알 필요가 있으나 이에 관한 자료들은 계약자 또는 피보험자의 지배·관리영역 안에 있는 것이 대부분이므로 피보험자로 하여금 이에 관한 정확한 정보를 제공하도록 할 필요성이 크고, 이와 같은 요청에 따라 피보험자가 이에 반하여 서류를 위조하거나 증거를 조작하는 등으로 신의성실의 원칙에 반하는 사기적인 방법으로 과다한 보험금을 청구하는 경우에는 그에 대한 제재로서 보험금 청구권을 상실하도록 하려는 데 있다.
대법원 2006. 11. 23. 선고 2006다29853 판결	피보험자가 보험목적물별로 다른 경우, 어느 한 피보험자가 자신의 보험목적물에 관하여 허위 청구함으로 인한 보험금청구권상실의 효력은 허위 청구하지 않은	경제적으로 독립한 여러 물건을 보험목적으로 하여 체결된 화재보험계약에 있어서 보험목적에 따라 보험금 청구권자를 달리하고, 일부 보험금 청구권자의 보험금 청구에

사건번호	사실관계	판결내용
	다른 피보험자의 보험금청구권에는 미치는가 여부가 쟁점임	대해서만 허위의 청구 등으로 인한 보험금 청구권 상실의 사유가 있는 경우에, 그러한 사유가 없는 보험금 청구권자의 보험금 청구를 허용하는 것이 신의성실의 원칙에 반한다는 등의 특별한 사정이 없는 한, 허위의 청구 등으로 인한 보험금 청구권 상실의 효력은 허위의 청구 등 신의성실의 원칙에 반하는 행위를 한 당해 보험금 청구권자의 보험금 청구에 한하여 미치고, 그러한 사유가 없는 보험금 청구권자의 보험금청구에는 미치지 않는다.
대법원 2007. 2. 22. 선고 2006다72093 판결	건물, 시설, 동산 등에 4 보험자와 보험계약이 체결되고, 화재사고로 동산의 손해가 534,077,160원인데도 판매금액을 과다 기재하여 받은 허위의 거래명세표 등을 보험금청구의 증거서류로 제출하면서 899,268,560원으로 청구한 것이 건물, 시설에 대하여도 청구권의 상실의 효력이 확장되는가가 쟁점임	(1) 화재보험계약을 체결하면서 항목별로 그 가액을 계산하여 보험계약을 체결하였다고 하여도 보험계약마다 청약과 승낙의 의사표시가 각기 하나의 의사표시로 이루어졌고, 피보험자도 동일하므로, 하나의 계약이고, 각 항목별로 별개의 보험계약을 체결한 것으로 볼 수는 없다. (2) 다수의 목적물에 대하여 수개의 보험계약이 체결된 경우, 사기적 보험금청구시 계약단위가 아니라 보험목적물별로 보험금청구권이 상실한다. (3) 약관 조항의 취지는 피보험자 등이 서류를 위조하거나 증거를 조작하는 등 신의성실의 원칙에 반하는 사기적인 방법으로 과다한 보험금을 청구하는 경우에는 그에 대한 제재로서 보험금청구권을 상실하도록 하려는 데 있고, 독립한 여러 물건을 보험목적물로 하여 체결된 화재보험계약에서 피보험자가 그 중 일부의 보험목적물에 관하여 실제 손해보다 과다하게 허위의 청구를 한 경우에 허위의 청구를 한 당해 보

사건번호	사실관계	판결내용
		험목적물에 관하여 위 약관 조항에 따라 보험금청구권을 상실하게 되는 것은 당연하다. 그러나 만일 위 약관 조항을 피보험자가 허위의 청구를 하지 않은 다른 보험목적물에 관한 보험금청구권까지 한꺼번에 상실하게 된다는 취지로 해석한다면, 이는 허위 청구에 대한 제재로서의 상당한 정도를 초과하는 것으로 고객에게 부당하게 불리한 결과를 초래하여 신의성실의 원칙에 반하는 해석이 되므로, 위 약관에 의해 피보험자가 상실하게 되는 보험금청구권은 피보험자가 허위의 청구를 한 당해 보험목적물의 손해에 대한 보험금청구권에 한한다.
대법원 2007. 6. 14. 선고 2007다10290 판결	피보험자가 보험금을 청구하면서 실손해액에 관한 증빙서류 구비의 어려움 때문에 구체적인 내용이 일부 사실과 다른 서류를 제출하는 등의 경우 보험금청구권이 상실 여부	이 사건 약관조항을 문자 그대로 엄격하게 해석하여 조금이라도 약관에 위배하기만 하면 보험자가 면책되는 것으로 보는 것은 본래 피해자 다중을 보호하고자 하는 보험의 사회적 효용과 경제적 기능에 배치될 뿐만 아니라 고객에 대하여 부당하게 불리한 조항이 된다는 점에서 이를 합리적으로 제한하여 해석할 필요가 있으므로, 이 사건 약관조항에 의한 보험금청구권의 상실 여부는 이 사건 약관조항을 둔 취지를 감안하여 보험금청구권자의 청구와 관련한 부당행위의 정도 등과 보험의 사회적 효용 내지 경제적 기능을 종합적으로 비교·교량하여 결정하여야 할 것이다. 따라서 피보험자가 보험금을 청구하면서 실손해액에 관한 증빙서류 구비의 어려움 때문에 구체적인 내용이 일부 사실과 다른 서류를 제출하거나 보험목적물의 가치에 대한 견해 차이 등으로 보험목적물의 가치를 다소

사건번호	사실관계	판결내용
		높게 신고한 경우 등까지 이 사건 약관조항에 의하여 보험금청구권이 상실되는 것은 아니라고 해석함이 상당하다.
대법원 2007. 12. 27. 선고 2006다29105 판결	화재보험의 목적물인 기계들의 판매확인서 등에 기재된 대금은 1억6천5백만 원인데 실제감정가는 1억5천3백만 원인 경우 보험금청구권 상실여부	원고가 제출한 판매사실확인서 등에 기재된 기계들의 대금과 실제 감정가의 차이가 크지는 않은 점, 피고의 약관에 의하면 피고 및 피고의 손해사정인은 원고가 제출한 서류에 기재된 금액에 구애받지 아니하고 감정 내지 시장조사 등을 통하여 실제 손해액을 확정할 수 있는 점, 화재로 인하여 소훼된 목적물 자체를 허위로 기재한 서류를 제출하지는 않은 점을 더하여 보면, 원고가 피고의 손해사정인에게 판시 기계들의 가액과 관하여 그 판시와 같이 일부 과장된 자료를 제출하였다는 사정만으로 이 사건 약관조항에 따라 보험금청구권을 상실하는 것으로 보기는 어렵다.
대법원 2009. 12. 10. 선고 2009다56603,56610 판결	화재보험에 가입된 무도장용도의 건물과 그 안에 있는 시설 및 집기비품 등이 보험사고로 소훼되어 무대조명기구의 가액을 299.288,000원의 견적서, 2억8천만원의 확인서 등을 보험회사측의 손해사정사에게 제출하였고, 이는 손해사정법인의 공사추정비 1억3천만원에 비하여 2배 이상의 차이가 있는 경우 보험금청구권상실조항의 요건을 충족하지 않는다고 하여 건물 부분(23,942,092원) 및 내부시설(112,839,097원)의 보험금지급을 명한 원심판결의 당부	손해의 통지나 보험금 청구에 관한 서류에 고의로 사실과 다른 것을 기재함으로써 신의성실의 원칙에 반하는 사기적인 방법으로 과다한 보험금을 청구한 것으로 볼 여지가 충분하지만, 독립한 여러 물건을 보험목적물로 하여 체결된 화재보험계약에서 위 약관에 의해 피보험자가 상실하게 되는 보험금청구권은 피보험자가 '허위의 청구를 한 당해 보험목적물'의 손해에 대한 보험금청구권만을 의미한다고 해석함이 상당하므로 원심판결의 위법은 조명시설 손해금이 포함되어 단일한 보험금으로 정해진 내부시설관련 보험금 부분인 112,839,097원에 한정된다.

3. 비교법적 고찰

가. 미국

미국보험법상은 사기적 보험금청구는 약관과 판례에 의하여 규율이 행하여지고 있고, 텍사스주 보험법 등에서는 허위진술로 보험자의 유인이 필요한 사기적 보험금청구와 선의의 부실표시를 구별하는 규정을 두고 있다.

나. 영국

사기적 보험금청구와 선의의 과장청구를 구별하는 등의 문제와 관련하여 사기적 보험금청구와 사기적 책략과의 구별 등 판례원칙이 형성되어 가고 있으며, 실무에서는 보험옴부즈만을 중심으로 엄격한 법원의 사기적 보험금청구에 관한 원칙을 완화하는 입장이 채용되고 있는 점 등을 지적할 수 있다.[211]

영국 2015년 보험법 제12조는 피보험자의 사기적 보험금청구시 보험자는 (1) 보험금지급책임을 지지 아니하고, (2) 사기적 행위시에 소급하여 보험계약을 해지할 수 있는데 사기적 행위시 이후의 보험계약상의 모든 책임을 거부하고, 보험료반환책임을 지지 않으며, 보험계약을 해지하더라도 사기행위이전의 당사자의 책임에 영향을 미치지 않음을 규정하고 있다.

다. 호주

호주 1984년 보험계약법 제56조는 사기적 보험금청구의 경우 보험금의 지급을 거부할 수 있다는 점에서는 영국과 같이 엄격한 원칙을 취하지만 중요하지 않은 사기적 보험금청구의 경우 비율적 보상 등 법원의 재량권을 인정하는 점에서 완화된 입법이다. 한편 최대선의의무에 관한 보험계약법 제12조에서 제15조까지 규정은 사기적 보험금청구를 하지 않을 의무를 포함하는 최대선의의무에 대하여 보험계약의 묵시적 조건으로 최우선적인 효력을 인정하고 있으므로 사기적 보험금청구의 경우에도 비율적 보상을 허용할 수 있도록 하는 1984년 보험계약법 제56조와 충돌하고 있는 등의 문제가 있다.

211) 한창희, 사기적 보험금청구, 법조 623호(2008), 49~76면

라. 일본

일본 보험법은 사기적 보험금청구에 대하여 상세한 규정을 두고 있다.

(1) 손해보험의 경우

손해보험계약의 경우에 "피보험자가 당해 손해보험계약에 기한 보험급여의 청구에 대하여 사기를 행하거나 행하려고 한 때" 보험자는 보험계약을 해제할 수 있지만, 해제는 장래를 향하여서만 효력이 있고, 사기가 행하여진 때로부터 해제한 때까지 발생한 보험사고로 인한 손해에 대하여는 보상책임이 없다(보험법 제30조 2호, 제31조 제2항 2호).

(2) 생명보험의 경우

생명보험계약의 경우에는 "보험수익자가 당해 생명보험계약에 기한 보험급여의 청구에 대하여 사기를 행하거나 행하려고 한 때" 보험자는 보험계약을 해제할 수 있고, 생명보험계약의 해제는 장래를 향하여만 효력을 발생하며, 사기가 행하여진 때로부터 해제한 때까지 발생한 보험사고로 인한 손해에 대하여는 보상책임이 없다(보험법 제57조 2호, 제59조 제2항 3호). 또한 사망보험계약의 피보험자가 당해 사망보험계약의 당사자 이외의 자인 경우에 보험수익자에 의한 사기적 보험금청구가 발생한 때 당해 피보험자는 보험계약자에 대하여 당해 사망보험계약의 해제를 청구할 수 있다(보험법 제58조 1호).

(3) 일본 보험법의 시사점

사기적 보험금청구에 관한 일본 제정법은 그 요건과 효과에 있어서 우리의 입법에서 참고할 가치가 있는 다음 사항을 규정하고 있다.

첫째, 보험계약을 해제할 수 있는 사기적 보험금청구의 주체를 손해보험의 경우에는 피보험자, 생명보험의 경우에는 보험수익자로 제한하고 있는데, 책임보험에서 피해자의 사기적 보험금청구시에 보험자가 보험계약을 해제할 수 있다고 하면 피해자의 피보험자에 대한 손해배상청구권을 존재하되 피보험자의 보험금청구권은 상실하는 문제에 대비하고 있다고 판단되는 점이다.

둘째, 타인의 사망보험계약의 경우 보험수익자에 의한 사기적 보험금청구가 발생한 때 당해 피보험자는 보험계약자에 대하여 당해 사망보험계약의 해제를 청구할 수 있도록 하여 구체적인 타당성을 기하고 있다.

셋째, 사기적 보험금청구시 보험계약의 해제는 장래를 향하여만 효력을 발생하며, 사기가 행하여진 때로부터 해제한 때까지 발생한 보험사고로 인한 손해에 대하여는 보상책임이 없다고 규정한다. 이는 사기적 보험금청구에도 불구하고 이미 발생한 손해나 보험사고에 대하여서는 보상하는 것으로 하여 그 효과의 엄격성을 대폭 완화한 점이다.

넷째, 사기적 보험금청구를 행하고자 하는 경우를 포함하는 점에서 예방적 조치로서 보험계약의 해제를 허용하고 있는 점이다.

제3절 보험자의 면책사유

Ⅰ. 의의

면책사유라 함은 보험계약이 유효하게 존재하고, 보험기간 내에 보험사고가 발생하였음에도 불구하고 보험자가 보험금지급책임을 면하는 일정한 사유를 말한다. 면책사유에는 법정면책사유와 약정면책사유가 있다. 전자는 대수의 법칙을 적용하기 곤란한 비정상적인 위험에 대하여 보험자의 보험금지급책임을 면제하거나 도덕적 위험을 방지하기 위한 목적 등에서 인정된다. 후자는 보험자가 보험상품의 제조시에 보험상품의 설계, 특성, 보험료액 등에 따라 면책사유를 규정하게 된다.

면책사유는 보험사고가 발생한 때에 피보험자나 보험수익자에게 보험금지급을 거부하는 사유가 된다는 점에서 당사자 사이에 분쟁의 소지가 많고, 특히 면책조항은 애매모호한 경우가 많아 소송실무상 그 해석문제가 쟁점인 경우가 많다.[212]

212) 사법연수원, 전게서, 71면.

Ⅱ. 면책사유의 유형

1. 법정면책사유

법정 면책사유에는 인위적인 보험사고, 전쟁위험과 같은 일반적인 면책사유와 보험목적의 성질, 하자, 자연소모(상법 제678조) 등과 같이 보험종목별로 인정되는 특수한 면책사유가 있다.

가. 인위적인 보험사고

보험사고가 보험계약자 또는 피보험자나 보험수익자의 고의 또는 중대한 과실로 인하여 생긴 때에는 보험자는 보험금액을 지급할 책임이 없다(상법 제659조).

보험계약자 등의 고의로 인한 보험사고를 면책으로 하는 이유는 보험계약자 등의 고의로 보험사고를 야기하는 것은 보험의 본질인 우연성을 결하고, 보다 본질적으로는 보험자에 대한 사기이며, 선량한 풍속 기타 사회질서에 반하기 때문이다(민법 제103조). 또한 이는 신의성실의무를 위반한 것이라 할 수 있다.[213]

(1) 고의의 경우

(가) 고의의 의의

고의는 민법상의 개념과 같이 일정한 결과가 발생하리라는 것을 알면서도 감히 이를 행하는 심리상태를 말한다.[214] 판례(대법원 2001. 4. 24. 선고 2001다10199 판결)에 따르면 자동차보험약관상의 면책사유인 피보험자의 고의에 해당하기 위하여서는 피보험자가 책임능력에 장애가 없는 상태에서 고의행위를 하여 손해가 발생한 경우이어야 한다. 원인행위에 고의가 존재하면 되고, 그 결과발생에 대하여서까지 인식하여야 하는 것은 아니며, 반드시 보험금을 노린 의

---

213) John Dunt, Marine Cargo Insurance, (informa law from Routledge, 2016), p. 178.

214) 대법원 2007. 10. 26. 선고 2006다39898 판결은 자동차 운행으로 인한 사고의 경위와 전후 사정 등에 비추어 보험계약자 등이 피해자가 상해를 입으리라는 점에 대해서는 이를 인식·용인하고 있었다고 볼 수 있지만 피해자가 이를 넘어서서 사망 등의 중대한 결과에 이르리라는 점까지는 인식·용인하였다고 볼 수 없는 경우에는 그 사망 등으로 인한 손해는 보험계약자 등의 고의로 인한 손해에 해당하지 아니한다고 판시하였다.

도가 있어야 하는 것은 아니다.[215)]

보험계약자나 피보험자, 보험수익자의 고의에 의하여 사고가 발생한 경우에도 보험금을 지급하기로 하는 특약은 민법 제103조에 위반하여 무효이다.

(나) 생명보험약관의 자살면책조항

① 현행실무

생명보험약관에서는 비록 피보험자가 고의로 자신을 해친 경우라도 "심신상실 등으로 자유로운 의사결정을 할 수 없는 상태[216)]"인 경우[217)]와 보장개시일부터 2년이 경과된 후에 자살한 경우[218)]에는 보험자의 면책사유에서 제외하여 보험금을 지급하는 것으로 되어 있다. 일정한 기간이 경과한 후에 보험금을 지급한다고 하는 취지는 당해 기간경과 후에 자살을 계획하는 자는 적고, 따라서 당해 기간경과 후 자살은 당초 계약체결 시의 동기와의 관계가 희박한 것이 보통이며, 설사 체결 시에 자살할 의사를 가졌다고 하더라도 일정한 기간이 경과한 후에는 자살을 실행하는 것은 극히 적고, 그 경우 다수는 정신적 이상이라고 할 수 있으며, 자살의 진정한 동기·원인이 무엇인가를 사후에 규명하는 것은 극히 곤란한 점 등이 들어진다.[219)]

근래 주계약이 생명보험인데 추가보험료를 납입하고 가입한 재해사망보험특약에 "책임개시일로부터 2년이 경과한 후에 자살하거나 자신을 해침으로써 제1급의 장해가가 되었을 때"를 보장하는 것으로 한 사건에서 대법원은 "고의에

215) 사법연수원, 전게서, 71~72면.

216) 대법원 2006. 3. 10. 선고 2005다49713 판결은 부부싸움 중 극도의 흥분되고 불안한 정신적 공황상태에서 베란다 밖으로 몸을 던져 사망한 경우, 위 사고는 보험약관상 보험자의 면책사유인 '고의로 자신을 해친 경우'에 해당하지 않는다고 판시하였다.

217) 이와 관련하여 생명보험표준약관 제5조 1호는 보상하지 아니하는 사항중
"피보험자의 고의. 다만, 피보험자가 심신상실 등으로 자유로운 의사결정을 할 수 없는 상태에서 자신을 해친 경우 특히 그 결과 사망에 이르게 된 경우에는 재해사망보험금(약관에서 정한 재해사망보험금이 없는 경우에는 재해 이외의 원인으로 인한 사망보험금)을 지급합니다." 라고 규정하고 있다.

218) 이와 관련하여 생명보험표준약관 제5조 1호는 보상하지 아니하는 사항중
"계약의 보장개시일 (부활(효력회복)계약의 경우는 부활(효력회복)청약일)부터 2년이 지난 후에 자살한 경우에는 재해 이외의 원인에 해당하는 사망보험금을 지급(약관에서 정한 재해 이외의 원인에 해당하는 사망보험금을 지급합니다"라고 규정하고 있다.

219) 山下友信·竹濱修·洲崎博史·山本哲生, 保險法, 有斐閣, 2010, 431面.

의한 자살 또는 자해는 원칙적으로 우발성이 결여되어 특약상의 보험사고인 재해에 해당하지 않지만. 예외적으로 책임개시일로부터 2년이 경과한 후에 자살하거나 자신을 해침으로써 제1급의 장해가가 되었을 경우에 해당하면 이를 보험사고에 포함된다"고 하였다(대법원 2016. 5. 12. 선고 2015다243347 판결).

이 약관은 불가쟁조항의 일종이고, 보험자의 면책범위를 축소하고 있는 점에서 보험가입자에게 유리하기 때문에 유효라고 해석되고 있다.

② 입법례

㉠ 일본 보험법의 입장

보험법 제51조 제1호에 따르면 피보험자가 자살한 경우에는 보험자는 면책이다. 그러나 실제로 생명보험의 약관에서는 보험자의 책임개시시부터 일정한 기간(1년 내지 3년)내의 자살만을 면책으로 하는 것이 보통이다. 제51조 제1호는 장기 생명보험계약의 모든 기간에 자살면책이 미치는 것을 당연시하는 것은 아니고, 그 기간이 한정되는 것이 보통이라는 것을 전제로 그 기간이 생명보험계약의 종류와 사회상황에 따라 변한다는 것을 전제로 오히려 자살면책기간의 원칙규정을 두지 않은 것에 불과하다.220)

이 규정은 임의규정이고, 개별적인 생명보험약관에 따라 보통 자살면책기간이 두어질 것이 상정되어 있다.

㉡ 유럽보험계약법 준칙

준칙은 보험계약체결 후 1년의 자살면책기간을 설정하고(이 경우에는 보험자는 적립금을 반환하여야 함), (1) 자유롭게 의사를 결정할 능력을 배제하는 정신상태인 경우 (2) 피보험자가 보험계약체결시 자살한 의사가 없음을 합리적 의심을 초과하여 증명되는 경우에는 부책으로 한다(동준칙 제17:502조).221)

㉢ 기타 입법례

법정면책기간 1년: 벨기에, 불가리아, 프랑스, 포르투갈, 스페인, 3년: 독일, 이탈리아, 2년: 폴란드. 영국과 오스트리아는 법정면책기간을 두지 않고 약관으

220) 法制審議會保險法部會 第22回議事錄, 36~39面(竹濱 修, 生命保險契約および傷害疾病保險契約特有の事項,『ジュリスト』, No. 1364, 2008. 10. 1, 47面).

221) Jurgen Basedow & John Birds & Malcolm Clarke & Herman Cousy & Helmut Heiss &Leander Loaker, op. cit., p. 346.

로 규율한다. 호주와 독일, 스페인은 자유의사를 결여하는 정신무능력상태인 경우 면책기간없이 보장한다.

(다) 보증보험의 예외

보증보험의 경우에는 주계약상의 채무자인 보험계약자의 채무불이행을 보험사고로 하는 특성상 보험계약자의 고의·중과실로 인한 사고에 대하여 보험자는 보험금지급책임을 진다.

(2) 중과실의 경우

(가) 의의

중대한 과실은 일반거래관계에서 필요로 하는 주의를 현저히 위반하는 경우이다. 실제 부주의한 행동이 있는 경우에 그것이 경과실인지 중대한 과실인지는 구별하는 것은 어려운 일이고, 이에 관한 일반적인 기준은 존재하지 않는다.[222)]

(나) 예외

사망이나 상해를 보험사고로 한 보험계약에는 사고가 보험계약자 또는 피보험자나 보험수익자의 중대한 과실로 인하여 생긴 경우에도 보험자는 보험금액을 지급할 책임을 면하지 못한다(상법 제732조의 2, 제739조). 이는 보험수익자 또는 피보험자를 보호하기 위함이다.

(3) 증명책임

보험사고가 면책사유로 인하여 발생하였다는 것을 증명할 책임은 보험자가 진다. 보험사고가 '피보험자의 고의'로 발생한 것임을 증명하기 위하여서는 자살의 의사를 밝힌 유서 등 객관적인 물증의 존재나, 일반인의 상식에서 자살이 아닐 가

222) 사법연수원, 전게서, 72면; 대법원 1994. 8. 26. 선고 94다4073 판결은 자동차운전자가 자동차대여업자로부터 자동차를 대여 받음에 있어 도로교통법 제77조에 의하여 운전하는 때에 반드시 지녀야 할 운전면허증이나 이에 갈음하는 증명서가 아닌 운전면허증 사본을 제시한다는 것은 극히 이례적인 일이라고 할 것이므로 자동차대여업자로서는 조금만 주의를 기울여 그 원본이나 주민등록증의 제시를 요구하는 등의 방법으로 확인하였더라면 쉽게 그 진위를 가려볼 수 있었을 것인데도 운전면허 없는 운전자가 위조된 운전면허증의 복사본을 제시하였기 때문에 그를 운전면허를 받은 사람으로 오인한 것은 중대한 과실에 속한다고 보아 상법 제659조 제1항에 의한 보험회사의 면책항변을 받아들였다.

능성에 대하여 합리적인 의심이 들지 않을 만큼 명백한 주위정황을 증명하여야 한다.[223] 보험사고의 발생에 복수의 원인이 존재하는 경우 피보험자 등의 고의행위가 보험사고의 발생의 유일하거나 결정적 원인이었음을 증명하여야 한다.[224]

나. 전쟁위험

보험사고가 전쟁 기타의 변란으로 인하여 생긴 때에는 당사자간에 다른 약정이 없으면 보험자는 보험금액을 지급할 책임이 없다(상법 제660조). 이 조항은 임의규정이므로 약관상의 특약으로 이 위험을 담보할 수 있다. 이에 대하여서는 약관상의 면책사유에서 살펴본다.

다. 보험목적의 성질, 하자

보험의 목적의 성질, 하자 또는 자연소모로 인한 손해는 보험자가 이를 보상할 책임이 없다(상법 제678조). 이와 같은 사유로 인한 손해는 필연적인 현상으로 보험사고의 본질인 우연성을 결하기 때문이다.[225]

(1) 보험목적의 성질, 하자

(가) 의의

보험목적의 성질과 하자는 해상적하보험에서는 보험목적의 하자라고 통칭되고, 보험목적의 하자는 "우연적이고 외부적인 사고의 개입 없이 의도된 통상의 항해과정에서 자연적 행위의 결과 적하가 입은 저하"이다.[226] 그 예는 외부적인

---

223) 대법원 2002. 3. 29. 선고 2001다49234 판결, 이 판결은 피보험자가 달리는 기차에 부딪쳐서 사망하였으나 그가 자살하였다고 추단할 만한 물증이나, 자살할 만한 동기가 있었다는 점에 관한 자료가 없으므로, 일반인의 상식에서 자살이 아닐 가능성에 대한 합리적인 의심이 들지 않을 만큼 명백한 주위 정황사실이 입증되었다거나, 피보험자가 달리는 기차에 쉽게 치어 죽을 수도 있다는 가능성을 인식하고서도 그 결과를 스스로 용인함으로써 사고가 발생하였다고 단정하여 '피보험자가 고의로 자신을 해친 경우'에 해당한다고 할 수 없다고 본 사례이다.

224) 대법원 2004. 8. 20. 선고 2003다26075 판결. 이 판결은 자신이 유발한 교통사고로 중상해를 입은 동승자를 병원으로 후송하였으나 동승자에 대한 수혈을 거부함으로써 사망에 이르게 한 경우, 수혈거부가 사망의 유일하거나 결정적인 원인이었다고 단정할 수 없다면 수혈거부행위가 사망의 중요한 원인 중 하나이었다는 점만으로는 보험회사가 보험금의 지급책임을 면할 수 없다고 한 사례이다.

225) 양승규, 보험법, 221면.

훼손으로 인한 것이 아닌 내부적인 부패로 인하여 과일이 썩거나 밀가루가 가열되거나 포도주가 시어지는 것이다.[227]

(나) 습기

습기에 의한 손해가 보험목적의 하자로 인한 손해인지가 문제된다. 컨테이너에 적입된 적하가 수증기로 손해를 입는 경우와 선창의 수증기로 손해를 입는 경우가 문제된다. 전자의 경우에는 컨테이너는 적하가 운송되는 시스템의 일부가 아닌 적하의 일부로 취급되어 보상되지 않는다.[228] 반면 적하가 선박의 선창부분에서 응축된 적하 자체에 기인하는 물로 인하여 훼손되는 수증기손해(sweat damage)는 외부적 원인으로 인한 손해[229]이다.[230]

(다) 불완전한 포장

불완전한 포장이 보험목적의 하자에 해당하는지가 문제된다. 1955년의 Gee & Ganham v. Whittal 사건[231]은 잘못된 포장은 보험목적의 하자라고 하였다. 해상적하보험약관은 불완전한 포장으로 인한 보험목적의 멸실, 훼손 또는 비용을 면책으로 하고 있다.[232] 이는 영국해상보험법 제55조 "보험약관에서 달리 규정한 경우"에 해당하므로 보험목적의 하자가 아니라 해상적하보험약관 제4조 3항이 적용된다.[233]

---

226) Soya GmbH v. White [1983] 1 Lloyd's Rep. 122 at p. 149사건에서 상원의 디플록(Diplock) 판사의 판시; Global Process Systems Inc and Another v. Syarikat Takaful Malaysia Berhad(The Cendor Mopu) [2011] 1 Lloyd's Rep 560(SC).

227) 1857년에 출간된 아놀드(Arnould)의 Marine Insurance의 저서로 위 각주의 판결에서 인용됨.

228) TM Noten BV v. Harding [1990] 2 Lloyd's Rep. 283 (CA). 이 사건에서 우기동안에 캘커타에서 컨테이너에 적입된 장갑의 적하가 로테르담에서 곰팡이가 피어 심하게 훼손되었다. 법원은 손해의 근인은 적하 자체내의 물로 인한 것이라고 하여 보험자는 면책이라고 하였다.

229) CT Bowring & Co Ltd & Another v. Amsterdam London Assurance Co Ltd [1930] 36 Ll. L. Rep. 309.

230) John Dunt, op. cit., p. 166.

231) [1955] 2 Ll. L. Rep. 562.

232) 2009년 개정 해상적하보험약관 제4.3조는 "포장이나 준비의 불완전이 피보험자나 그 사용인에 의하여 또는 보험의 개시 이전에 행하여지는 경우에, 부보된 운송을 통상적인 사고를 감내하기 위한 보험목적의 포장 또는 준비의 불완전 또는 부적합으로 인하여 발생한 멸실 또는 훼손 또는 비용(이 조항에서 포장은 콘테이너에의 적부를 포함하는 것으로 보고, 사용인은 독립적인 도급인을 포함하지 않는다)."고 규정하고 있다."

(2) 자연소모

보험은 우연한 사고에 대비하는 것이므로 보험자는 목적물의 용도에 따른 사용으로 닳아서 자연히 생기는 손해인 자연소모로 인한 손해는 보상하지 않는다.[234] 해상적하보험과 관련하여 도금이 녹으로 인하여 없어지는 것과 같이 시간의 경과로 발생하는 약화가 그 예이다. 설계상의 하자로 인한 균열은 해당하지 않는다.

2. 약관상의 면책사유

가. 자동차종합보험약관 등의 대재난위험면책조항

자동차종합보험약관, 화재보험약관 등[235]은 "전쟁, 혁명, 내란, 사변, 폭동, 소요 기타 이들과 유사한 사태"를 면책으로 하고 있다. 대법원 1991. 11. 26. 선고 91다18682 판결은 자동차종합보험약관상의 "전쟁, 혁명, 내란, 사변, 폭동, 소요 기타 이들과 유사한 사태"를 보험자의 면책사유로 규정한 취지와 그 면책사유 중 "소요"의 의미"에 대하여 판시하였다. 동판결은 "위와 같은 사태 하에서는 보험사고 발생의 빈도나 그 손해정도를 통계적으로 예측하는 것이 거의 불가능하여 타당한 보험료를 산정하기 어려울 뿐 아니라 사고발생시에는 사고의 대형화와 손해액의 누적적인 증대로 보험자의 인수능력을 초과할 우려가 있다는 데에 있는바, 본래 보험제도 자체가 쉽게 예측하기 어려운 장래의 우연적, 돌발적 사고로 인한 손해를 담보하기 위한 것이므로 위와 같은 사고발생의 예측곤란과 피해극대화를 이유로 한 면책사유의 요건은 이를 엄격하게 해석하여야 할 것이고, 따라서 위 조항에 열거된 면책사유 중 "소요"는 폭동에는 이르지 아니하나 한 지방에서의 공공의 평화 내지 평온을 해할 정도로 다수의 군중이 집합하여 폭행, 협박 또는 손괴 등 폭력을 행사하는 상태를 말한다."고 하였다.

프로야구 경기에서 홈팀이 패한 것에 불만을 품은 1,000여명의 관중 들이 상

---

233) John Dunt, op. cit., p. 168.

234) 양승규·한창희, 해상보험법, 2007, 삼지원, 511면.

235) 예컨대 무배당 새천년남성건강종합보험II 질병사망담보 특별약관 제2조 제1항은 보상하지 아니하는 손해로 "10. 지진, 분화, 해일 또는 이와 비슷한 천재지변 11. 전쟁, 외국의 무력행사, 혁명, 내란, 사변, 폭동, 소요, 기타 이들과 유사한 사태"를 들고 있다.

대팀 선수를 태운 버스 앞을 가로막고 돌과 빈병 등을 던지는 소동중 위 버스에 의해 야기된 교통사고가 자동차종합보험약관상 "전쟁, 혁명, 내란, 사변, 폭동, 소요 기타 이들과 유사한 사태"의 면책조항 중 소요에 해당하지 않는다고 판시한 대법원 1991. 11. 26. 선고 91다18682 판결은 "위와 같은 사고발생의 예측곤란과 피해극대화를 이유로 한 면책사유의 요건은 이를 엄격하게 해석하여야 할 것이고, 따라서 위 조항에 열거된 면책사유 중 "소요"는 폭동에는 이르지 아니하나 한 지방에서의 공공의 평화 내지 평온을 해할 정도로 다수의 군중이 집합하여 폭행, 협박 또는 손괴 등 폭력을 행사하는 상태를 말한다."고 하였다.

대법원 1994. 11. 22. 선고 93다55975 판결은 화재보험사건으로 원천봉쇄한 소위 범민족대회에 참석하고자 하던 대학생들의 화염병 시위로 인화된 지프가 건물에 돌진하여 지프에서 인화된 화재로 인하여 건물의 일부 및 건물내부의 시설 및 물건들이 전소한 사실이 "지진, 분화, 해일, 전쟁, 외국의 무력행사, 혁명, 내란, 사변, 폭동, 소요, 기타 이들과 유사한 사태"의 면책조항에서 "소요, 기타 이들과 유사한 사태"에 해당하지 않는다고 판시하였다.

나. 자동차종합보험약관(대인배상Ⅱ)상의 산재사고면책조항

(1) 약관의 내용과 취지

사용자와 근로자의 노사관계에서 발생한 업무상 재해로 인한 손해에 대하여는 노사관계를 규율하는 근로기준법에서 사용자의 각종 보상책임을 규정하는 한편 이러한 보상책임을 담보하기 위하여 산재보험법으로 산재보험제도를 설정하고 있으므로, 산재보험 대상인 업무상 자동차 사고에 의한 피해 근로자의 손해에 대하여도 산재보험에 의하여 전보 받도록 하고 있다. 한편 피용자가 업무와 관련하여 피보험자동차를 타고 가던 중이거나 작업 중 피보험자동차에 의하여 인적 손해를 입는 경우가 있다. 이에 대하여 자동차종합보험약관 대인배상Ⅱ는 "배상책임 있는 피보험자의 피용자로서 산업재해보상보험법에 의한 재해보상을 받을 수 있는 사람이 죽거나 다친 경우"를 면책으로 하고 있다.

이는 사용자와 근로자의 노사관계에서 발생한 업무상 재해로 인한 손해에 대하여는 노사관계를 규율하는 근로기준법에서 사용자의 각종 보상책임을 규정하는 한편 이러한 보상책임을 담보하기 위하여 산업재해보상보험법으로 산업재해보상보험제도를 설정하고 있으므로, 위 면책조항은 노사관계에서 발생하는 재해보상에 대하여는 궁극적으로 산업재해보상보험에 의하여 전보 받도록 하고 3자에 대한 배상책임을 전보하는 것을 목적으로 한 자동차보험의 대인배상 범위에서는 이를 제외한 취지이다.[236)]

(2) 면책조항의 적용요건

산업재해보상보험법 제6조, 고용보험 및 산업재해보상보험의 보험료징수 등에 관한 법률(이하 보험료징수법이라 한다) 제5조 제3항에 의하면, 산업재해보상보험법은 사업의 위험률, 규모 및 장소 등을 고려하여 대통령령으로 정하는 사업을 제외하고는(산업재해보상보험법 제6조 단서) 근로자를 사용하는 모든 사업 또는 사업장을 그 적용범위로 하고, 같은 법의 적용을 받는 사업의 사업주는 당연히 산업재해보상보험의 보험가입자가 되도록 하고 있다. 따라서 당연가입되는 사업주가 사업을 개시한 후에 그 사업에 소속한 근로자가 업무상 재해를 입은 때에는 그는 당연히 위 법 소정의 보험급여의 지급을 청구할 수 있고, 사업주가 보험료징수법 제11조 제1항 소정의 보험관계 성립의 신고를 하거나 보험료를 납부하는 등의 절차를 밟은 후에 발생한 업무상 재해에 한하여 보험급여의 지급을 청구할 수 있는 것은 아니므로 재해를 입은 근로자가 보험급여를 실제로 받은 경우에 한하여 위 면책조항이 적용되는 것은 아니다.[237)]

한편, 사업장이 위 단서 규정에 해당하여 당연 가입대상자가 아닌 사업주인 경우에도 근로복지공단의 승인을 얻어 산업재해보상보험에 가입하고 있으면 위 면책조항이 적용된다.[238)] 피해자가 근무하는 사업장이 산업재해보상보험법상의

---

236) 대법원 2000. 9. 29. 선고 2000다19021 판결. 이 판결은 위와 같은 면책조항이 상법 제659조에서 정한 보험자의 면책사유보다 보험계약자 또는 피보험자에게 불이익하게 면책사유를 변경함으로써 같은 법 제663조에 위반된다고 볼 수 없으며, 약관의 규제에 관한 법률 제7조 제2호에서 정한 '상당한 이유 없이 사업자(즉 보험회사)의 손해배상 범위를 제한하거나 사업자가 부담하여야 할 위험을 고객에게 이전시키는 조항'에도 해당되지 아니하므로 이를 무효라고 할 수 없다고 판시하고 있다.

237) 대법원 1995. 11. 24. 선고 95다39540 판결. 대법원 2002. 9. 4. 선고 2002다4429 판결.

238) 대법원 1995. 2. 10. 선고 94다4424 판결.

당연 가입대상 또는 임의가입사업체인지 여부는 당해 사업장에 대한 사실조회, 고용노동부에 대한 사실조회로 확인 가능하다.

한편, 위 면책약관 조항은 보험자간의 구상관계에도 적용된다.[239)]

다만, 피해자가 근로기준법에 의한 재해보상을 받을 수 있는 자가 아니거나 근로기준법에 의한 재해보상을 받을 수 있다고 하더라도 산업재해보상보험법상 보상을 받을 수 없는 경우에는 면책사유의 적용대상에서 제외된다.[240)]

(3) 면책의 범위

자동차종합보험의 대인배상은 책임액의 제한이 없으나, 산업재해보상보험은 급여의 범위가 한정되어 있기 때문에 피해자가 산업재해보상보험에 의하여 보상을 받는 범위를 초과하는 손해를 입은 경우 그 초과부분의 보상여부가 문제된다.

대법원 1991. 5. 14. 선고 91다6634 판결에서 근로기준법에 의한 재해보상을 받을 수 있는 사람 가운데 산재보험에 의하여 보상을 받을 수 있는 사람으로 그 범주를 한정한 이후 같은 입장을 견지하자 약관이 개정되었고,[241)] 종전의 판례는 이 부분까지 유효하다는 입장이었다.[242)]

대법원 2005. 3. 17. 선고 2003다2802 전원합의체 판결은 “업무상 자동차종합보험약관 중 대인배상Ⅱ에서 “배상책임 있는 피보험자의 피용자로서 산업재해보상보험법(이하 ‘산재보험법’이라 한다)에 의한 재해보상을 받을 수 있는 사람에 대하여는 보상하지 아니한다.”는 면책조항을 규정한 취지는, 사용자와 근로자의 노사관계에서 발생한 업무상 재해로 인한 손해에 대하여는 노사관계를

239) 대법원 2000. 9. 29. 선고 2000다19021 판결. 이 판결은 갑과 산업재해보상보험에 가입된 을의 피용자의 쌍방과실이 경합하여 발생한 산재사고에 대하여 근로복지공단이 보험급여를 지급하고 갑에게 구상권을 행사하자 갑의 보험자가 구상금을 지급한 다음 을의 보험자에 대하여 을의 피용자의 과실비율에 상당하는 구상금을 청구한 경우, 자동차보험약관 소정의 재해보상면책약관의 적용이 배제되지 않는다고 본 사례이다.

240) 대법원 1994. 1. 11. 선고 93다5376 판결. 판결은 공무원연금법에 의한 급여대상자에 대한 면책조항의 적용을 부인한 사례이다.

241) 제11조(보상하지 아니하는 손해) ② 다음 각 호 중 어느 하나에 해당하는 사람이 죽거나 다친 경우에는 보상하지 아니합니다.
배상책임의무가 있는 피보험자의 피용자로서 산업재해보상보험법에 의한 재해보상을 받을 수 있는 사람(동법에 의한 보상범위를 넘어서는 손해가 발생한 경우에도 보상하지 아니합니다).

242) 대법원 1993. 11. 9. 선고 93다23107 판결. 대법원 1997. 4. 25. 선고 97다4746 판결 등.

규율하는 근로기준법에서 사용자의 각종 보상책임을 규정하는 한편, 이러한 보상책임을 담보하기 위하여 산재보험법으로 산재보험제도를 설정하고 있으므로, 산재보험 대상인 업무상 자동차사고에 의한 피해 근로자의 손해에 대하여도 산재보험에 의하여 전보 받도록 하고, 이처럼 산재보험에 의한 전보가 가능한 범위에서는 제3자에 대한 배상책임을 전보하는 것을 목적으로 하는 자동차보험의 대인배상 범위에서 이를 제외하려는 데 있는 것으로 해석함이 상당하며, 그렇지 아니하고 업무상 자동차사고에 의한 피해 근로자의 손해가 산재보험법에 의한 보상범위를 넘어서는 경우에도 면책조항에 의하여 보험자가 면책된다고 한다면 자동차보험의 피보험자인 사업주의 피해 근로자에 대한 자동차손해배상보장법 또는 민법 등에 의한 손해배상책임이 남아 있음에도 불구하고 보험자의 면책을 인정하여 피보험자에게 실질적으로 손해배상책임을 부담하게 하는 것이 되는바, 이는 피보험자동차의 사고로 인하여 피보험자가 타인에 대하여 부담하는 손해배상책임을 담보하기 위한 자동차보험의 취지에 어긋나는 것으로서, 약관의 규제에 관한 법률 제6조 제1항, 제2항 제1호 및 제7조 제2호 소정의, 고객인 보험계약자 및 피보험자에게 부당하게 불리할 뿐만 아니라, 사업자인 보험자가 부담하여야 할 위험을 고객에게 이전시키는 것이 되므로, "산재보험법에 의한 보상범위를 넘어서는 손해가 발생한 경우에도 보상하지 아니한다."는 면책조항의 '괄호 안 기재 부분'은 위 같은 법률의 각 조항에 의하여 효력이 없다." 고 선언하여 산재보험 급여를 받는 부분에 대하여만 면책되도록 하여 현재의 약관조항[243]으로 규정되게 되었다. 대법원 2005. 3. 17. 선고 2003다2802 전원합의체 판결에 대하여서는 찬성하는 입장,[244]과 반대하는 입장[245]이 있다.

---

243) [면책사항][대인배상Ⅱ] 마. 배상책임이 있는 피보험자의 피용자로서 산업재해보상법에 의한 재해보상을 받을 수 있는 사람. 다만 그 사람이 입은 손해가 동법에 의한 보상범위를 넘어서는 경우에는 그 초과손해는 보상합니다. 바. 피보험자가 피보험자동차를 사용자의 업무에 사용하는 경우 그 사용자의 업무에 종사중인 다른 피용자로서 산업재해보상법에 의한 재해보상을 받을 수 있는 사람. 다만 그 사람이 입은 손해가 동법에 의한 보상범위를 넘어서는 경우에는 그 초과손해는 보상합니다.

244) 임시규, "자동차종합보험약관의 업무상 재해 면책조항 - 대법원 2005. 3. 17. 선고 2003다2802 전원합의체 판결", 민사재판의 제 문제 제14권 제1호(2005), 사법행정학회, 157면.

245) 양승규, "자동차보험약관중 산재사고면책조항의 효력-대법원 2005. 3. 17. 선고 2003다2802 전원합의체 판결", 손해보험 제437호(2005), 대한손해보험협회, 36면.

다. 피보험자 개별적용론

대인배상책임보험에 관한 판례[246]와 대물배상책임보험에 관한 판례[247]는 "자동차보험에 있어서 동일 자동차사고로 인하여 피해자에 대하여 배상책임을 지는 피보험자가 복수로 존재하는 경우에는 그 피보험이익도 피보험자마다 개별로 독립하여 존재하는 것이니만큼 각각의 피보험자마다 손해배상책임의 발생요건이나 면책조항의 적용 여부 등을 개별적으로 가려서 보상책임의 유무를 결정하는 것이 원칙이므로, 자동차보험약관에 정한 보험자 면책조항의 적용 여부를 판단함에 있어서는 특별한 사정이 없는 한 그 약관에 피보험자 개별적용조항을 별도로 규정하고 있지 않더라도 각 피보험자별로 보험자 면책조항의 적용 여부를 가려 그 면책 여부를 결정하여야 하고, 그 약관의 규정 형식만으로 복수의 피보험자 중 어느 한 사람이 면책조항에 해당한다고 하여 보험자가 모든 피보험자에 대한 보상책임을 면하는 것으로 해석할 것은 아니다박세민."라고 하였다.

라. 대표자책임론

(1) 대표자책임이론

보험사고가 보험계약자 또는 피보험자나 보험수익자의 고의 또는 중대한 과실로 인하여 생긴 때에는 보험자는 보험금액을 지급할 책임이 없다(상법 제659

---

246) 대법원 1988. 6. 14. 선고 87다카2276 판결, 대법원 1999. 5. 14. 선고 98다58283 판결.

247) 대법원 1998. 4. 23. 선고 97다19403 전원합의체 판결; 이 판결에서 갑은 기명피보험자로서 중기대여업자인 을로부터 덤프트럭을 그 소속 운전기사 병과 함께 임차하여 갑의 지휘·감독 하에 병으로 하여금 이를 운전하게 하였는데, 병이 덤프트럭을 운전하다가 부주의하게 후진한 과실로 갑이 사용·관리하던 제3자 소유의 재물이 파손된 경우, 을은 기명피보험자, 갑은 을이 가입한 영업용자동차보험약관 제22조 제3항 소정의 승낙피보험자, 병은 위 약관 제22조 제5항 소정의 운전피보험자이어서 피해자에게 배상책임을 지는 피보험자가 복수로 존재하는 경우라고 할 것이므로, 위에서 본 법리에 따르면 위 약관의 각 면책조항에서 정한 '피보험자'란 면책사유와 관련이 있는 '당해 피보험자'를 의미하는 것으로 해석하여야 할 것인바, 갑에 대한 관계에 있어서는 위 약관의 면책조항인 제21조 제2항 제1호 소정의 '피보험자가 사용 또는 관리하는 재물'에 해당하고, 병에 대한 관계에 있어서는 위 약관의 면책조항인 제21조 제2항 제2호 소정의 '피보험자가 사용자의 업무에 종사하고 있을 때 피보험자의 사용자가 사용 또는 관리하는 재물에 생긴 손해'에 해당하므로, 보험자에게 면책사유가 존재한다고 할 것이나, 을에 대한 관계에 있어서는 을은 위 피해 재물을 소유, 사용 또는 관리하는 자가 아니고, 갑이 을의 사용자로 되거나 을이 갑의 업무를 수행한 일도 없으므로 위 약관 제21조 제2항 제1호, 제2호 소정의 각 면책사유에 해당되지 아니하므로, 보험자의 보험금지급책임이 면책되는 것은 아니다라고 판시하였다.

조). 그런데 이 경우 보험사고가 보험계약자 등의 가족이나 사용인의 고의 또는 중대한 과실로 생긴 경우에 보험자의 면책을 인정할 것이냐는 문제가 제기된다. 독일에서는 이른바 대표자 책임이론에 의하여 보험계약자 또는 피보험자가 그 사용인의 행위로 말미암아 제3자에게 손해배상책임을 지는 경우에 그 피용자의 고의 또는 중대한 과실로 생긴 보험사고에 대하여 보험자의 보상책임을 인정하지 않고 있다.[248)]

우리 법상으로는 대표자책임이론을 수용하는 견해도 있다.[249)] 그러나 원칙적으로 이를 부정하고, 다만 보험계약자 등과 밀접한 생활관계에 있는 가족이나 고용인 등에 의한 보험사고의 발생에 보험계약자 등의 공모, 교사 또는 방조와 같은 책임 있는 사유가 있는 경우에는 보험자는 그 책임을 면한다는 견해가 일반적이다.[250)]

이 사건 대법원판결은 보험자의 면책사유인 "보험계약자 등의 고의 또는 중대한 과실로 생긴 보험사고"는 보험계약자 등에게 그 사유가 있어야 하는 것이지, 단순히 보험계약자의 피용자의 중대한 과실이 있는 경우에는 그 면책약관을 적용할 수 없다고 판단하고 있고, 이는 우리 법상으로는 대표자책임이론을 수용하지 않음을 명시적으로 밝힌 것이다. 다만 보험계약자 등과 밀접한 생활관계에 있는 가족이나 고용인 등에 의한 보험사고의 발생에 보험계약자 등의 공모, 교사 또는 방조와 같은 책임 있는 사유가 있는 경우에는 보험자는 그 책임을 면한다.[251)]

(2) 판례

대법원 1984. 1. 17. 선고 83다카1940 판결[252)]은 "보험약관 중 "피보험자에게

248) 양승규, 보험법, 145면.

249) 최기원, 보험법, 박영사, 1998, 197면.

250) 양승규, 보험법, 144면; 김성태, 보험법강론, 법문사, 2001, 279면.

251) 양승규, 보험법, 144면.

252) 이 사건은 일본음식점 내의 시설 및 집기일체를 보험목적물로 하는 장기화재 보험계약상 보험계약자의 요리사였던 자가 부채누적중인 보험계약자로부터 경영을 맡아달라는 부탁을 받고 다른 음식점과의 고용관계를 유지한 채 3일간 아침에 출근하여 남대문시장에서 자기명의로 음식재료를 외상 구입하여 주고, 보험계약자의 채권자에게 후일 채무를 변제하겠다는 약속을 한 후, 부채를 정리할 목적으로 건물에 방화한 사건이다. 보험계약자는 방화의 공범으로 기소되

보험금을 받도록 하기 위하여 피보험자와 세대를 같이 하는 친족 또는 고용인이 고의로 사고를 일으킨 손해에 대해서는 보험자가 보상하지 아니한다"는 내용의 면책조항은 그것이 제3자가 일으킨 보험사고에 피보험자의 고의 또는 중대한 과실이 개재되지 않은 경우에도 면책하고자 한 취지라면 상법 제659조, 제663조에 저촉되어 무효라고 볼 수밖에 없으나, 동 조항은 피보험자와 밀접한 생활관계를 가진 친족이나 고용인이 피보험자를 위하여 보험사고를 일으킨 때에는 피보험자가 이를 교사 또는 공모하거나 감독상 과실이 큰 경우가 허다하므로 일단 그 보험사고 발생에 피보험자의 고의 또는 중대한 과실이 개재된 것으로 추정하여 보험자를 면책하고자 한 취지에 불과하다고 해석함이 타당하며, 이러한 추정규정으로 보는 이상 피보험자가 보험사고의 발생에 자신의 고의 또는 중대한 과실이 개재되지 아니하였음을 증명하여 위 추정을 번복할 때에는 위 면책조항의 적용은 당연히 배제될 것이므로 위 면책조항은 상법 제663조의 강행규정에 저촉된다고 볼 수 없다. 위 면책조항을 추정규정이라고 본 이상, 그에 열거된 친족 또는 고용인이라 함은 그들의 행위가 피보험자의 고의 또는 중대한 과실에 기인한 것이라고 추정케 할 만큼 피보험자와 밀접한 생활관계를 가진 자에 국한된다고 보아야 하므로 고용인도 세대를 같이 하는 자임을 요한다고 해석함이 타당하다."고 판시하여 대표자책임이론을 수용하지 아니하였다.

또한 대법원 1998. 4. 28. 선고 97다11898 판결[253]은 "동산종합보험보통약관 소정의 '보험계약자, 피보험자(법인인 경우에는 그 이사 또는 법인의 업무를 집행하는 그 밖의 기관) 또는 이들의 법정대리인의 고의 또는 중대한 과실로 생긴 손해'라는 면책조항이 적용되기 위하여는 '보험계약자, 피보험자(법인인 경우에는 그 이사 또는 법인의 업무를 집행하는 그 밖의 기관) 또는 이들의 법정대

얻지만 무죄판결을 받았고, 법원은 위와 같은 판시와 같이 보험금의 지급을 명하였다.

253) 이 사건은 32 내지 34톤에 달하는 천공기를 리스회사로부터 리스하고 보험계약자가 천공기의 운행 중 파손되는 등의 손해를 리스회사(피보험자)에 보상하는 내용의 동산종합보험계약상 1종대형운전면허를 소지한 자에 한하여 운전할 수 있는데도 제2종보통면허를 가진 자로 하여금 운전하게 하던 중 강원도 평창을 향하여 운행하던 중 승용차와의 추돌을 피하기 위하다가 운전미숙으로 40미터 낭떠러지에 추락하여 천공기가 대파되는 손해가 발생하였다. 이 사고가 보험계약자의 중과실로 인한 손해로 면책인지 여부가 문제되어 법원은 보험계약자에게 단순히 고용된 자의 중과실은 이 면책조항에 해당하지 아니한다고 하여 보험금지급을 명하였다.

리인'의 고의 또는 중대한 과실로 생긴 손해에 한하여 면책되는 것이지, 위 '보험계약자나 피보험자 또는 이들의 법정대리인에게 단순히 고용된 자'의 고의 또는 중대한 과실로 생긴 손해는 여기에 해당되지 않는 것으로 보아야 한다"고 판시하여 같은 취지의 판시를 하고 있다.

제9장 타인을 위한 보험계약

Ⅰ. 총설

1. 의의

보험계약자가 타인의 이익을 위하여 자기의 명의로 체결한 보험계약을 말한다(상법 제639조 제1항 본문). 즉 보험계약자와 피보험자 또는 보험수익자가 다른 보험계약이다. 보험계약자가 동시에 피보험자 또는 보험수익자가 되는 자기를 위한 보험계약과 구별되는 개념이다.

타인을 위한 손해보험계약에서 타인은 보험계약자가 제3자를 주체로 하는 피보험이익에 관하여 보험계약을 체결하는 경우 그 제3자 즉, 피보험이익의 주체인 제3자를 말하고, 단지 보험계약자에게 귀속되는 피보험이익에 관하여 체결된 손해보험계약에서 보험금을 수취할 권리가 있는 자로 지정되었을 뿐인 자는 여기서 말하는 타인이 아니다.[254)]

254) 대법원 1999. 6. 11. 선고 99다489 판결. 이 판결은 보험계약자가 체결한 단기수출보험의 보험약관이 보험계약자의 수출대금회수불능에 따른 손실만을 보상하는 손실로 규정하고 보험금수취인의 손실에 대해서는 아무런 언급이 없다면, 보험약관에 의한 보험계약으로 보험에 붙여진 피보험이익은 보험계약자의 이익 즉, 보험계약자가 수출계약 상대방의 채무불이행 등의 보험사고로 자신에게 귀속되는 수출물품의 대금채권이 멸손되어 장차 손해를 받을 지위에 있으나 아직 손해를 받지 아니하는 데 대하여 가지는 이익이 될 뿐, 보험금수취인의 이익은 그 피보험이익이 아니므로, 그 보험계약은 보험금수취인을 위한 타인을 위한 보험계약으로 볼 수 없다고 판시하였다.

타인을 위한 보험계약은 "자기의 이익을 위하여 타인의 물건을 부보하는 계약"과 구별된다. 예컨대 운송주선인·창고업자·운송인 등이 물건의 멸실·훼손 등으로 인하여 손해가 발생한 경우에 물건의 소유권자가 행사할 청구권에 대비하기 위하여 타인의 물건에 부보하는 계약과 같은 것은 타인의 이익을 위한 보험이 아니라 자기의 이익을 위한 보험계약에 해당한다.

2. 효용

타인을 위한 보험계약은 해상보험의 발달과 더불어 생겨난 것인데, 오늘날에서는 인보험 등 각종 보험에서 널리 이용되고 있다. 예컨대 운송업자·창고업자·격지거래의 매도인이 송하인·임치인·매수인을 위하여 이들을 피보험자로 하여 보험계약을 체결할 때에 이용된다. 인보험에서도 가장이 자신의 불의의 사고에 대비하여 자녀·부인을 보험수익자로 하여 사망보험에 들거나 사용자가 피용자를 위하여 생명·상해보험계약을 체결하는 경우 등에 널리 이용되고 있다.

최근에 널리 활용되고 있는 보증보험계약은 보험계약자인 채무자가 계약에서 정한 채무를 이행하지 아니함으로 인하여 피보험자인 채권자가 입을 손해를 보험자가 보상하기로 하는 보험계약으로 타인을 위한 보험계약에 속한다.

3. 법적 성질

타인을 위한 보험계약의 법적 성질에 관하여 민법상의 제3자를 위한 계약이라는 견해[255]와 타인을 위한 보험계약은 민법[256]과 달리 제3자는 수익의 의사표시 없이 당연히 보험계약상의 이익을 갖게 되는 점(상법 제639조 제2항)에서 보험계약법상의 특수한 계약이라고 보는 견해[257]가 있으나 후자를 취한다.

---

255) 최준선, 보험법·해상법, 삼지원, 2005, 150면.

256) 민법상은 제3자의 권리는 그 제3자가 채무자에 대하여 계약의 이익을 받을 의사를 表示한 때에 생긴다(민법 제539조 제2항).

257) 양승규, 보험법, 183면.

Ⅱ. 요건

1. 타인을 위하여 한다는 합의

타인을 위한 보험계약의 유효한 성립을 위하여서는 당사자 사이에 '타인을 위하여' 계약을 체결한다는 명시 또는 묵시에 의한 합의가 있어야 한다. 그러므로 그 뜻이 명확하지 않은 때에는 자기를 위한 보험계약으로 추정된다. 타인을 위하여 부보한다는 의사는 명시적으로 표시될 필요는 없고 구체적인 사정에 따라 그와 같이 판단될 수 있으면 충분하다.

타인은 보험계약에서 특정되는 것이 원칙이지만 불특정의 타인을 위한 보험계약도 유효하다(상법 제639조 제1항 본문). 이는 화물의 수송 및 보관을 위한 보험계약에서 효용성이 발견되는데, 보험의 목적, 보험사고 등 객관적 요소가 확정된 이상 그 주체가 되는 피보험자가 반드시 확정적으로 특정될 필요는 없고, 사고발생당시의 피보험이익의 귀속주체를 피보험자로 하는 합의가 있는 경우에는 계약은 유효하다.[258] 따라서 계약체결시에 피보험자가 확정되지 않아도 되고, 실제로 타인을 지정하지 않고 공란으로 둘 수 있다.

2. 위임요건의 배제

타인의 위임을 받지 아니한 타인을 위한 보험계약도 유효하다(상법 제639조 제1항 본문). 그러나 손해보험계약의 경우에 타인의 위임이 없는 때에는 보험계약자는 이를 보험자에게 고지하여야 하고, 그 고지가 없는 때에는 타인이 그 보험계약이 체결된 사실을 알지 못하였다는 사유로 보험자에게 대항하지 못한다(상법 제639조 제1항 단서).

---

258) 사법연수원, 전게서, 85면.

III. 효과

1. 피보험자와 보험수익자의 권리와 의무

가. 권리

타인을 위한 보험계약이 체결되면 피보험자 또는 보험수익자는 보험자에 대한 수익의 의사표시 없이도 당연히 보험사고가 발생한 경우 보험금지급청구권을 가진다. 따라서 피보험자는 특별한 사정이 없는 한 보험계약자의 동의가 없어도 임의로 보험금청구권을 행사하고 처분할 수 있다.[259] 그러나 특약이 없는 한 다른 권리는 여전히 보험계약자가 행사한다.

보험금청구권은 타인을 위한 보험계약의 효과로서 타인이 당연히 취득하는 것이므로 보험계약자의 권리를 승계 취득하는 것이 아니다. 그러나 보험자는 보험계약자와의 보험계약상의 모든 사유, 예컨대 보험료 부지급, 고지의무위반으로 인한 계약해지[260] 또는 면책사유 등으로 피보험자 또는 보험수익자에게 대항할 수 있다. 특히 인보험에서 보험계약자는 보험수익자의 지정·변경권을 가지므로 보험수익자의 권리는 그 한도에서 제한을 받는다.

보증보험의 특성상 보험자가 피보험자인 타인에 대하여 항변권을 취득한다고 하여도 보험계약자의 기망행위를 이유로 취소함에 있어서는 일정한 제한이 있다. 즉, 보증보험계약의 경우 보험계약자가 기망행위를 한 경우 보험자는 일반 보험계약과 같이 사기를 이유로 보험계약을 취소하고, 보험사고 발생 시에도 피보험자에 대한 보험금지급을 면할 수 있으나, 보험자가 이미 보험증권을 교부하여 피보험자가 그 보험증권을 수령한 후 이에 터잡아 새로운 계약을 체결

---

259) 대법원 1992. 11 27. 선고 92다20408 판결. 대법원 2006. 1. 26. 선고 2002다74954 판결. 2002다74954 판결은 보증보험계약에 있어서 보험자와 피보험자가 보험금 지급기한을 유예하기로 합의한 경우, 보험계약자 또는 그 구상금채무의 연대보증인의 동의가 없더라도 채무연기에 의한 보험금청구권의 시효중단의 효력이 인정된다고 판시하였다.

260) 대법원 1989. 2. 14. 선고 87다카2973 판결은 생명보험계약에 있어서 고지의무위반을 이유로 한 해지의 경우에는 계약의 상대방 당사자인 보험계약자나 그의 상속인(또는 그들의 대리인)에 대하여 해지의 의사표시를 하여야 하고, 타인을 위한 보험에 있어서도 보험금 수익자에게 해지의 의사표시를 하는 것은 특별한 사정(보험약관상의 별도기재 등)이 없는 한 효력이 없다고 판시하고 있다.

하거나 이미 체결한 계약에 따른 의무를 이행하는 등 보증보험계약의 채권담보적 기능을 신뢰하여 새로운 이해관계를 가지게 되었다면 특단의 사정이 없는 한 그와 같은 피보험자의 신뢰를 보호할 필요가 있으므로 보험자는 보험계약을 취소할 수 없다.[261)]

나. 의무

보험계약자는 보험자에 대하여 보험료를 지급할 의무가 있다. 다만, 보험계약자가 파산선고를 받거나 보험료의 지급을 지체한 때에는 피보험자·보험수익자가 그 권리를 포기하지 아니하는 한 피보험자·보험수익자도 보험료를 지급할 의무가 있다(상법 제639조 제3항 단서). 이는 보험자의 이익을 보호하기 위한 규정이므로 피보험자 또는 보험수익자가 그 권리를 포기하는 때에는 보험료지급의무를 면한다.

피보험자 또는 보험수익자는 보험계약자와 함께 고지의무, 위험증가의 통지의무, 사고발생의 통지의무를 지고, 손해보험의 경우 피보험자도 손해방지의무를 진다. 이 의무는 피보험자 또는 보험수익자의 지위에 수반하는 법정의무이고, 보험계약에 따른 의무는 아니다.[262)]

타인을 위한 손해보험에서 보험계약자가 청구권대위에 있어서 제3자인가에 대하여서는 판례[263)]는 긍정하지만 학설[264)]은 부정한다.

2. 보험계약자의 권리와 의무

가. 권리

보험계약자는 원칙적으로 보험금청구권은 없지만, 보험계약해지권·보험증권교부청구권·보험료감액청구권·보험료반환청구권, 인보험의 경우 보험수익자의

---

261) 대법원 1999. 7. 13. 선고 98다63162 판결. 대법원 2001. 2. 13. 선고 99다13737 판결(공2001). 대법원 2002. 11. 8. 선고 2000다19281 판결.

262) 사법연수원, 전게서, 87면.

263) 대법원 1989. 4. 25. 선고 87다카1669 판결. 대법원 1990. 2. 9. 선고 89다카21965 판결(공1990, 726). 대법원 2000. 11. 10. 선고 2000다29769 판결.

264) 양승규, 보험법, 247면.

지정변경권 등을 가진다. 다만 보험계약자의 계약해지권은 피보험자 또는 보험수익자의 동의를 얻거나 보험증권을 소지한 경우에만 인정된다(상법 제639조 제1항 단서). 또한 보험계약자는 직접 자기를 위한 보험금청구권은 없지만 보험자에 대하여 피보험자 또는 보험수익자에게 보험금을 지급하도록 청구할 권리는 있다.[265)]

손해보험계약의 경우에 보험계약자가 피보험자에게 보험사고의 발생으로 생긴 손해의 배상을 한 때에는 보험계약자는 피보험자의 권리를 해하지 아니하는 범위 안에서 보험자에게 보험금액의 지급을 청구할 수 있다(상법 제639조 제2항).

나. 의무

보험계약자는 보험계약의 당사자로서 보험료지급의무, 고지의무, 위험증가의 통지의무, 사고발생의 통지의무를 진다. 타인을 위한 손해보험의 경우 타인의 위임이 없는 때에는 보험계약자는 이를 보험자에게 고지하여야 한다(상법 제639조 제1항 단서).

제10장 보험기간 중의 정보제공의무

Ⅰ. 서언

보험계약은 보험계약자와 보험자의 정보량·교섭력·이해력·경제적 지위에 있어 비대칭적 관계를 특색으로 하므로 보험계약이 성립한 후에는 보험자는 보험계약에서 인수한 위험이 안심하고 보장되도록 고객이 필요한 정보에 관심을 기울여야 하고 명확하고 공정하며 오도되지 않도록 보험소비자에게 정보를 제공하여야 한다. 이와 관련하여 영국 금융청의 제7 영업원칙은 "금융회사는 고객

265) 사법연수원, 전게서, 87면.

의 정보수요에 유념하고, 명확하고 공정하며 오도되지 않도록 고객에게 정보를 제공하여야 한다."고 규정하고 있다.

보험업법은 보험금 지급을 요청한 경우 보험금의 지급절차 및 지급내역 등을 설명하여야 하며, 보험금을 감액지급 또는 불지급 할 경우에는 그 사유를 설명할 의무를 규정하고 있다(보험업법 제95조의 2 제3항, 제4항). 보험업법은 피보험자 또는 보험수익자가 보험금지급을 청구한 경우에 한하여 지급절차 및 지급내역 그리고 불지급·감액지급의 경우 그 사유를 설명할 의무에 한정하고 있지만, 보험계약자가 구입한 보험상품의 약관이 변경된 경우 이에 관한 정보를 보험계약자에게 제공하여 보험계약자가 충분한 정보를 바탕으로 추가구입·해지 등을 통하여 적절한 보험설계를 가능하도록 하는 것이 필요하다.

보험자가 체결한 보험계약의 내용을 이루는 보험약관이 변경되는 경우 그 내용을 알릴 의무를 보험자에게 지우지 않는 경우, 보험계약자는 상품의 변경내용이 자신에게 유리한지 여부를 평가하여 이미 가입하고 있는 보험상품과 시장에서 판매되고 있는 다른 상품과를 비교하지 못하게 되기 때문이다.[266]

II. 유럽보험계약법준칙상의 보험계약성립후 정보제공의무

1. 유럽보험계약법준칙의 규정사항

보험기간 중 보험계약자가 계약상의 권리를 행사할 수 있도록 보험자는 정보를 제공하는 것이 요구된다. 유럽보험계약법준칙은 보험기간중의 정보제공의무에 관하여 법률에 의하여 부과되는 의무와 보험계약자의 신청에 의하여 지워지는 의무를 규정하고 있다. 전자는 보험자가 통지를 하고자 할 때 요구되는 보험자의 주소 등의 기본정보를 내용으로 하고(유럽보험계약법준칙 제2-701조), 후자는 보험상품에 대한 정보를 내용으로 한다(유럽보험계약법준칙 제2-702조).

266) Jurgen Basedow & John Birds & Malcolm Clarke & Herman Cousy & Helmut Heiss & Leander Loaker, op. cit., p.p 235~236.

2. 보험자나 대리점의 주소 등의 변경통지의무

유럽보험계약법준칙은 보험계약자가 보험자와 접촉을 원하는 경우 이에 필요한 사항의 변경에 대하여 통지의무를 지우고 있다. 유럽보험계약법준칙 제2-701조는 생명보험통합지침[267] 제36조 제2항과 동일하다. 다만 후자는 생명보험에만 적용되지만, 전자는 모든 종류의 보험계약에 적용된다.

3. 보험계약자의 청구에 따른 제공의무

가. 정보제공의무의 개요와 규정취지

보험기간 중 보험계약자는 보험사고 발생 후 보험금청구를 위한 조치 등을 알고자 하는 경우 보험자에게 그것과 관련하여 정보제공의무를 인정하는 것이 필요하다.

유럽보험계약법준칙 제2-702조는 이를 규정하고, 나아가 보험계약자가 체결한 보험상품과 동일한 보험약관의 변경내용을 알릴 의무를 인정하고 있다.[268]

이와 같은 정보제공의무를 인정한 이유는 보험계약자는 법률적 지위에 정통하지 못한 경우가 대부분이므로 보험금청구절차 등에 관하여 보험자로부터 정보를 제공받도록 하고, 나아가 보험자가 체결한 보험계약의 내용을 이루는 보험약관이 변경되는 경우 그 내용을 알릴 의무를 보험자에게 지우지 않는 경우, 보험계약자는 상품의 변경내용이 자신에게 유리한지 여부를 평가하여 이미 가입하고 있는 보험상품과 시장에서 판매되고 있는 다른 상품과를 비교하지 못하게 되기 때문이다.[269]

나. 보험계약자가 청구하는 경우로 한정

유럽보험계약법준칙은 보험계약자의 청구가 있더라도 보험자에게 지나친 부

267) Life Assurance Consolidation Directive(2002/83/EC).

268) 스웨덴 보험계약법 제5조 제2항은 "보험자는 보험계약자의 청구가 있는 경우에 보험료와 보험계약의 다른 조건에 관한 정보를 제공하여야 한다."고 한다. 독일보험계약법 제7조 제4항은 "보험자의 청구가 있으면 보험자는 계약의 사본과 표준약관을 교부하여야 한다."고 규정하고 있다.

269) Jurgen Basedow & John Birds & Malcolm Clarke & Herman Cousy & Helmut Heiss & Leander Loaker, op. cit., p. 180.

담을 주는 것을 방지하기 위하여 제공하여야 하는 정보를 "보험자에게 합리적으로 기대될 수 있는, 계약의 이행에 관한 모든 사항(제1항 a.호)"과 "보험계약자와 체결한 것과 같은 유형의 보험계약에 대하여 보험자가 제공한 새로운 표준보험약관(제1항 b.호)"로 제한하고 있다.

먼저 보험계약자는 보험계약의 일반적 조건이나 보험사고발생 후 취하여야 하는 조치 등과 같이 보험계약자에게 명확히 중요한 사항으로 보험계약의 본질적 요소에 관한 정보만을 요구할 수 있다.

보험계약자의 청구시에만 보험자의 정보제공의무를 인정하는 이유는 정보를 제공하는데 상당한 비용이 들기 때문이다.[270] 보험자는 정보제공에 대한 대가로 수수료를 요구할 수 없다.

다. 통지방법

보험자는 '지체 없이' 응답하여 서면으로 정보를 제공하여야 한다(유럽보험계약법준칙 제2-702조 제1항).

라. 위반의 경우의 효과

유럽보험계약법준칙은 보험자가 보험계약자의 청구에도 불구하고 정보를 제공하지 아니하는 경우의 효과에 대하여 규정하고 있지 않다. 보험계약자는 위반으로 인한 손해배상을 청구하거나 감독청 또는 보험옴부즈만에 이의를 제기할 수 있다.[271]

Ⅲ. 입법론

보험계약성립후의 보험자의 정보제공의무의 강화방안은 다음과 같다.

첫째, 보험자나 보험대리점·보험설계사 등의 주소 등이 변경되는 경우 그 사

270) Supra, p. 161.
271) Supra, p. 161.

항을 지체 없이 보험계약자에게 제공하여 정보가 필요한 경우 소통을 용이하게 하여야 할 것이다.

둘째, 근래 통합보험상품, 각종 신종보험상품이 경쟁적으로 출시되고 있는바, 특히 생명보험 등 장기보험의 경우에는 보험 가입시 예측하지 못한 위험을 보다 효율적으로 보장하는 보험상품에 대한 정보를 제공받아 시장에서 판매되고 있는 상품과 비교교량을 통하여 추가구입 등의 기회를 가지도록 하는 것이 요망된다.

제3편

손해보험

제3편 손해보험

제1장 손해보험계약의 의의 · 요소

Ⅰ. 손해보험계약의 의의와 특징

1. 의의

손해보험계약은 보험계약자가 약정한 보험료를 지급하고 보험자가 우연한 사고로 인하여 생길 피보험자의 재산상의 손해를 보상하는 보험계약이다(상법 제638조, 제665조).

2. 특징

손해보험계약의 기능은 손해를 전보하는 것이다. 따라서 손해보험계약은 첫째, 손해보험계약의 체결 시와 손해발생 시에 피보험자가 보험의 목적물에 대하여 경제적 이해관계(피보험이익)를 가질 것이 요구되고, 둘째, 보험급여로 이득을 보아서는 아니되는 제약이 있다.[1)]

가. 피보험이익의 존재

손해보험계약에서는 보험사고로 피보험자가 손해를 입는 전제로서, 피보험자가 보험의 목적물에 대하여 이해관계를 가져야 한다. 목적물에 대하여 피보험이익이 없으면 보험사고가 발생하였더라도 손해가 없기 때문에 보험계약은 무효이다.

1) 岡田豊基, 전게서, 70面.

나. 이득금지원칙

손해보험계약에서 보험계약에 의하여 보험계약자측이 이득을 얻는 것은 허용되지 않는다. 이 원칙은 법률에 명시되어 있지 않지만, 해석상 이와 같이 고찰되고, 강행법으로 취급되고 있다.[2)]

손해보험계약에서 이득금지의 원칙이 인정되는 이유는 다음과 같다.[3)] (1) 피보험자가 이득을 얻는다면 피보험자가 입은 경제적 손실을 전보한다는 손해보험의 목적에 반하고, (2) 피보험자에게 이득을 인정한다면 보험계약자는 사고가 발생하는 것이 경제적으로 유리하기 때문에 도덕적 위험이 높아지며, (3) 보험사고 유발은 법질서의 관점에서 용인될 수 없고, 보험사고가 유발될 우려가 있고, (4) 보험사고발생 전보다 좋은 가옥, 차량을 취득하는 것은 사회적으로 용인할 수 없다는 것 등이다.

II. 손해보험계약의 요소

1. 손해보험계약의 요소

손해보험계약은 보험자가 우연한 사고로 인하여 생길 피보험자의 재산상의 손해를 보상하는 보험계약이다. 따라서 보험사고(우연한 사고 또는 사람의 상해·질병), 보험의 목적, 손해를 입는 주체(피보험자), 보상하는 위험, 보험기간, 보험금액, 보험료 등을 확정할 필요가 있다. 보험가액은 손해보험에 고유한 요소이다.

2. 보험사고

가. 손해보험에서의 보험사고의 의의

손해보험에서의 보험사고는 손해를 발생시키는 우연한 사고로서 보험계약에

2) 岡田豊基, 상게서, 71面.
3) 岡田豊基, 상게서, 71~72面.

서 정하는 것을 말한다. 화재보험에서의 화재, 자동차보험에서의 자동차사고 등이 그것이다.

나. 보험사고의 요건

(1) 우연한 사고의 증명책임

보험사고는 우연한 사고이어야 한다. 판례[4]는 화재보험에서 우연성의 증명책임에 대하여 보험자부담설을 취한다. 반면 상해보험사건에서는 화재보험사건과 달리 판례[5]는 보험금청구자 부담설을 취한다.

(2) 보험사고의 특정

보험사고는 특정되어야 한다. 손해보험약관에서 보험사고를 규정하는 방법으로는 3가지 유형이 존재한다.[6] (i) 화재, 폭발 등 구체적인 사고를 열거하는 것(주택화재보험약관 제3조) (ii) 구체적인 사고를 열거하고, "기타 우연한 사고"라는 포괄적인 사고유형을 보험사고로 하는 것 (iii) 보험사고를 "모든 우연한 사고"라고 포괄적으로 규정하는 것(동산종합보험약관 제3조, 영국 협회적하보험약관(A) 등)으로 나뉜다. (ii)와 (iii)을 all risk 위험이라고 한다.

---

4) 대법원 2009. 12. 10. 선고 2009다56603, 56610 판결. 이 판결은 "상법 및 화재보험약관 규정의 형식 및 취지, 화재가 발생한 경우에 보험자에게 면책사유가 존재하지 않는 한 소정의 보험금을 지급하도록 함으로써 피보험자로 하여금 신속하게 화재로 인한 피해를 복구할 수 있게 하려는 화재보험제도의 존재의의에 비추어 보면, 화재보험에서 화재가 발생한 경우에는 일단 우연성의 요건을 갖춘 것으로 추정되고, 다만 화재가 보험계약자나 피보험자의 고의 또는 중과실에 의하여 발생하였다는 사실을 보험자가 증명하는 경우에는 위와 같은 추정이 번복된다."고 하고, 나아가 "화재보험계약의 약관에서 "보험계약자나 피보험자의 고의 또는 중대한 과실로 발생한 손해에 대하여는 보상하지 아니한다"고 규정하고 있는 경우에 보험자가 보험금 지급책임을 면하기 위해서는 위 면책사유에 해당하는 사실을 증명할 책임이 있고, 여기에서의 증명은 법관의 심증이 확신의 정도에 달하게 하는 것을 가리키고, 그 확신이란 자연과학이나 수학의 증명과 같이 반대의 가능성이 없는 절대적 정확성을 말하는 것은 아니지만, 통상인의 일상생활에 있어 진실하다고 믿고 의심치 않는 정도의 고도의 개연성을 말하는 것이고, 막연한 의심이나 추측을 하는 정도에 이르는 것만으로는 부족하다."고 하였다.

5) 대법원 2001. 8. 21. 선고 2001다27579 판결. 대법원 2001. 11. 9. 선고 2001다55499, 55505 판결. 제6편 제2절 II. 1. 상해보험에서의 보험사고 참조.

6) 岡田豊基, 전게서, 72面.

제2장 피보험이익

Ⅰ. 우리법상의 피보험이익

1. 의의

손해보험계약은 보험사고의 발생의 의하여 피보험자에게 생기는 손해를 보상하는 계약이다. 손해라 함은 이익의 상실 또는 침해를 의미하기 때문에 손해보험계약이 유효하게 성립하기 위하여서는 피보험자에 대하여 손해의 발생을 가능하게 하는 이해관계 내지 이익이 필요하다. 이것을 피보험이익이라고 한다.

피보험이익은 피보험자가 재산상의 사고가 발생할 수 있는 보험의 목적에 대하여 가지는 경제상의 이익(이익설) 또는 보험의 목적에 대하여 피보험자가 가지는 적법한 경제적 이해관계(관계설)로 나뉜다.

두 입장을 절충하여 피보험이익이라 함은 보험목적이 멸실 또는 훼손되는 경제적 손실을 입게 되는 피보험자와 보험의 목적사이에 존재하는 경제적 이해관계를 의미한다고 파악하고자 한다(이익 및 관계설).

우리나라에서는 피보험이익은 손해보험계약에서의 특유한 요소로 인보험에서는 문제되지 않는다는 것이 통설이다.

상법은 피보험이익을 '보험계약의 목적'이라고 표현하고 있다(상법 제668조). 이는 보험계약의 대상인 재화를 의미하는 '보험의 목적'과는 구별된다. 예컨대 동일한 화물을 보험의 목적으로 송하인이 운송보험계약을, 운송인이 책임보험계약을 각각 체결하였다면, 운송보험계약의 피보험이익은 송하인이 갖는 소유권자로서의 이익이고, 책임보험계약의 피보험이익은 운송인으로서 배상책임을 담보하는 소극적 이익이 되는 것이다.

2. 요건

가. 적법한 이익

피보험이익은 적법하여야 한다. 마약, 권총 등과 같은 금지물품, 수입금지물품에 대하여 체결된 운송보험계약·도난보험계약은 사회질서에 반하여 무효이다(민법 제103조). 당사자의 선의·악의를 묻지 않는다.

나. 금전으로 산정할 수 있는 이익

피보험이익은 금전으로 산정할 수 있는 이익으로 경제적 이해관계가 있어야 한다(상법 제668조). 정신적·감정적 이익은 피보험이익이 될 수 없다. 상법이 객관적으로 평가할 수 있는 이익의 존재를 요구하고 있는 것은 보험계약에서는, 보험자가 지급하는 보험금은 보험계약자가 지급하는 보험료보다 보통 현저하게 많기 때문에 도박, 사기 등으로 보험계약이 악용될 수 있기 때문이다. 경제적 이해관계이면 법률적 이해관계가 아니더라도 피보험이익을 인정할 수 있다. 화재로 인한 영업불능에 의한 손해와 같이 사실상의 이해관계에도 피보험이익을 인정할 수 있다.

다. 확정할 수 있는 이익

피보험이익은 현존이익에 한정되지 않고, 장래 발생할 이익도 되지만, 적어도 보험사고 발생 시까지는 확정될 수 있는 것이어야 한다. 국제매매계약에서는 모적물의 운송 중에 소유자(피보험자)가 교체될 가능성이 있기 때문에 매도인이 보험계약자로서 적하보험계약을 체결하는 경우, 그 시점에서 소유자 또는 그 자가 지정하는 자를 피보험자로 약정하는 경우가 있다(불특정의 제3자를 위한 손해보험계약). 이 보험에서는 보험사고의 발생에 의하여 손해가 생기는 시점에서의 보험증권의 소지인이 피보험자가 된다.

3. 필요성과 기능

가. 필요성

손해보험계약에서 피보험이익은 도덕적 위험을 방지하기 위하여 필요하다. 보험사고가 발생하여도 손해가 발생할 가능성이 없는 자에게 보험급여를 할 수 없다. 따라서 피보험이익은 이득금지의 원칙과 밀접하다. 그러나 이득금지의 원칙은 보험사고가 발생하여 피보험자에게 손해가 생긴 단계에서 보험자에 의한 보험급여의 한계를 획정하는 것임에 반하여, 피보험이익은 손해보험계약을 체결하는 단계에서 피보험자가 이득을 얻는 것을 방지하는 기능을 한다.[7)]

나. 기능

① 피보험이익이 흠결된 손해보험계약은 당연히 무효가 되게 함으로써 보험계약의 효력 판정의 기준이 되고, ② 일부보험·초과보험·중복보험의 해당여부를 결정한다.

4. 적극이익·소극이익

피보험이익에는 피보험자가 소유 또는 점유하는 적극재산을 상실할 이익인 적극이익과 사고발생에 의하여 피보험자가 가해자로서 부담하는 제3자에 대한 손해배상책임이라는 채무와 부채가 증가함에 의하여 재산상태가 악화되는 것에 대한 이익인 소극이익이 존재한다. 적극이익을 대상으로 하는 보험을 적극보험이라고 하고, 화재보험이 전형적이다. 소극이익을 대상으로 하는 보험을 소극보험이라고 하고, 책임보험이 이에 해당한다. 소극보험의 피보험이익은 피보험자의 전 재산 또는 피보험자의 현재의 재산상태를 유지하는 이익이다.[8)]

5. 강행규정

피보험이익에 대하여 규정하고 있는 상법 제668조는 명문으로 피보험이익의 성질에 대하여 규정하고 있지 않지만, 강행규정이라고 해석된다. 따라서 피보험이익이 흠결된 보험계약은 당연히 무효가 된다. 이 경우 보험자는 보험료를 반환할 필요는 없으나, 보험계약자·피보험자가 선의이며 중대한 과실이 없으면 반환을 청구할 수 있다(상법 제648조).

7) 岡田豊基, 상게서, 81面.
8) 岡田豊基, 상게서, 83面.

6. 증명책임

피보험이익의 흠결에 관한 증명책임은 보험계약의 무효를 주장하는 보험자가 진다.[9]

II. 비교법적 고찰

1. 영국과 호주법상의 피보험이익의 폐지논의

가. 총설

"이익이 없으면 보험없다"는 말처럼 피보험이익은 손해보험계약의 중심요소로 인정되고 있다.[10] 피보험이익은 보험계약의 기본요건으로 보험계약당사자는 보험목적과 특별한 관계가 있어야 하고, 이것이 없으면 보험계약은 무효이거나 실행할 수 없으며, 또는 보험금을 청구할 수 없게 된다.[11] 피보험이익의 존재이유로는 도덕적 위험의 방지, 손해보상의 범위제한, 도박의 방지 등이 들어지고 있다.[12]

우리나라에서는 피보험이익이라 함은 보험의 목적에 대한 피보험자와 보험사고와의 경제적인 이해관계로서 그 목적에 대한 당사자의 법률상의 관계를 필요로 하는 것은 아니지만, 희망이익과 같은 사실상의 이익은 포함하지만, 이러한 이익은 피보험자가가 가지는 직접적인 이익에 한정되고 주주가 회사의 재산에 대하여 가지는 간접적인 이익은 보험에 붙일 수 없다고 해석되고 있다.[13]

영국법상 피보험이익은 영국해상보험법 제5조 제2항에 따라 피보험자와 보험의 목적 사이의 법률적 관계를 요하는 엄격한 입장을 유지하고 있으므로 인하여 보험실무의 편익에 지장이 된다는 비판이 있어 왔고, 2008년 1월 14일 영국

9) 사법연수원, 전게서, 93면.
10) 양승규, 전게서, 193면.
11) John Birds, op. cit., p. 41.
12) Malcolm Clarke, The Law of Insurance Contracts (informa, 2009) 4-2.
13) 양승규, 전게서, 197~198면.

법개정위원회는 영국보험법 개혁의 하나로 피보험이익에 관한 보고서를 출간하였다.[14] 이에 따르면 피보험이익은 보험을 정의하고 도박을 금지하기 위한 기능을 하였지만 현재는 이를 위하여서는 피보험이익의 개념은 더 이상 효용은 없고 손해보상원칙으로 충분하다는 것이다. 이는 다양한 금융파생상품의 등장으로 보험과 금융파생상품과의 구별이 희박하여 지고 있고, 영국에서는 도박은 오늘날 광범위하게 용인되어 1994년 11월 이래 국민복권이 시행되고 있으며, 2005년 도박법(Gambling Act)은 1845년 게임법(Gaming Act)을 폐지하여(동법 제334조, 제335조) 도박계약이 법원에 의하여 집행되는 것을 허용하고 있는 점에 비추어 국가정책은 도박을 더 이상 금지하는 것이 아니라 이를 규제하는 것이며, 피보험이익이 방지하고자 하는 것은 게임 자체가 아니라 보험을 위장한 도박이었는데, 현재에는 2005년 도박법에 근거하여 설치된 도박위원회가 도박을 규제하는 상황에 의거한다.

또한 1984년 호주 보험계약법 제16조와 제17조는 피보험이익의 개념을 수정하였다.

나. 영국법상의 피보험이익

(1) 손해보험

(가) 개관

영국해상보험법 제5조 제1항은 해상사업에 이해관계를 가지고 있는 자에게 피보험이익을 인정하고, 제2항은 특별히 보험목적에 대하여 법률상 관계(legal relation)가 있는 경우에 피보험이익을 인정한다.

영국판례는 피보험이익이 인정되기 위해서는 보험목적에 대하여 법률적 관계가 있어야 한다는 Macaura v. Nothern Assurance Co.사건[15]의 판시를 따르고 있지만, 상업적 편의를 중시하는 완화된 판례도 나타나고 있다.

14) Law Commission, Insurance Contract Law Issues Paper 4 Insurable Interest, 14 January 2008.
15) [1925] A.C. 619.

(나) 영국에서의 피보험이익의 개혁

① 요약

영국에서는 해상보험이외의 손해보험의 경우에는 피보험이익이 없더라도 계약을 집행할 수 있게 되었다. 즉, 2007년 9월 1일부터 시행되는 2005년 도박법(Gambling Act) 시행으로 "게임이나 도박에 의한 계약은 무효이고, 도박에 기초한 결과의 대가로 타인에게 제공하거나 또는 도박에 이겨서 획득하였다고 주장되는 금전 또는 유가물을 청구하는 소송은 제기하거나 유지될 수 없다"고 규정하던 1845년 게임법(Gaming Act) 제18조가 폐지되어 계약이 도박에 관련한 것이라는 사실이 있더라도 계약을 집행할 수 있게 되었다. 이는 다양한 파생금융상품의 출현과 관련이 있다. 그러나 1906년 영국 해상보험법 제4조 제2항과 그리고 동법 4조 1항에 의하여 "피보험이익이 없거나 이를 취득할 가망이 없는 경우에는 게임 또는 도박계약으로 간주되고," 무효이다. 또한 1909년 해상보험(도박보험)법상 피보험이익이 없는 보험계약을 체결하는 것은 범죄행위이다.

2008년 1월 14일 영국 법개정위원회는 영국보험법 개혁의 하나로 피보험이익에 관한 보고서를 출간하였다. 이에 따르면 피보험이익은 보험을 정의하고 도박을 금지하기 위한 기능을 하였지만 현재는 이를 위하여서는 피보험이익의 개념은 더 이상 효용이 없고 손해보상원칙으로 충분하다는 것이다.

② 2 가지 예

피보험이익 폐지와 관련하여 2가지 예를 들 수 있다. 첫째의 예는 "오염물질을 배출하는 자에게 지역사회에 50만 달러를 기부하도록 하는 것이 강하게 요청되는 지역에서 영업을 하는 정유회사가 이 기부를 하는 것은 법률상의 의무가 아니라 자연채무이다. 정유회사가 이 위험을 부보할 수 있는가?"이다. 이에 대하여 (1) 2005년 도박법 이전에는 회사가 이러한 계약을 체결하는 것이 어려웠으며 정유회사가 자발적인 기부에 대하여 피보험이익을 인정하기 어렵지만, (2) 더 이상 피보험이익을 요건으로 하지 않는 오늘날 이 문제는 제기되지 않는데, 손해보상의 원칙상 정유회사는 손해를 입기만 하면 되고, 계약에서 특별히 언급되어 있지 않는 한 자연채무의 결과 입은 손해는 손해보험상 보상하는 손해는 아니지만 정유회사와 보험자가 공동체에 기부하는 50만 달러를 담보하는 보험이 허용되는가에 대하여 법개정위원회는 긍정한다.

둘째의 사례는 "어머니가 자신의 이름으로 가정용물건을 보험에 들었다. 그러나 방 하나에는 대학에 간 아들이 소유하는 물건으로 채워져 있었다. 이 물건의 가액은 보험계약의 보험금액에 포함되어 있다. 가옥과 물건이 모두 소훼된 경우 어머니는 아들의 재산에 대하여 보상을 받을 수 있는가?"이다. 이에 대하여 (1) 이전에는 현행법상 보험계약을 체결할 때 어머니가 아들의 대리인으로 행위를 하거나 수치인으로서 물건의 보전을 위한 피보험이익을 가지는 것으로 볼 수 있고, 두 경우 어머니에게 아들의 물건에 대한 피보험이익이 인정될 수 있었지만, (2) 2005년 도박법상 손해보상의 원칙만이 적용되므로 법개정위원회는 아들의 물건에 대하여 훼손을 담보하는 보험계약을 직접 체결하는 것이 가능하다고 한다.

③ 보험의 정의와 피보험이익

피보험이익은 감독이나 기타 목적으로 보험을 정의하는데 필요하지 않고, 금융감독청은 보험을 도박, 그리고 금융파생상품과 같은 금융계약과 구별하는데 불필요하다고 본다.

④ 손해보험상 피보험이익의 폐지

영국법상 보통법상의 손해보상의 원칙 이외에 피보험이익 개념은 불필요하다는 논거로는 첫째, 사고발생 시에 요구되는 피보험이익을 법률상 요구할 필요성을 찾기 어렵고, 손해보상의 원칙에 따르면 법률상의 권리임을 요구하는 영국법상의 피보험이익보다도 위험과 보험범위를 보다 정교하게 정의할 수 있다고 한다. 즉 보험계약자가 입은 손해가 보험계약상의 손해에 해당하기만 하면 보험계약은 유효한 것으로 하고, 그 금액을 지급하도록 하는 것이 양 당사자에게 확실하다고 한다.[16]

(2) 생명보험

생명보험에서 인정되는 피보험이익에는 크게 2가지 유형이 있다.

---

16) Law Commission, Insurance Contract Law Issues Paper 4 Insurable Interest, §7.44 p. 56.

(가) 자연적 애정

자연적 애정은 엄격히 제한적인 개념이다. 사람은 자신의 생명, 배우자의 생명에 대하여서만 부보할 권리를 인정한다. 피보험이익은 다른 관계에 확장되지 않는다, 예컨대 부모와 자녀 사이나 약혼, 동거관계에는 피보험이익이 인정되지 않는다. 자연적 애정에 기초한 피보험이익은 금전상의 산정이 불가능하다. 따라서 보험금액에 대한 제한은 없다.

(나) 금전상의 이익

사람은 자신이나 배우자의 생명 이외에는, 다른 사람의 생명에 대하여 부보된 피보험자가 사망하는 경우에 보험계약자가 지는 책임이나 법률에 의하여 발생하는 것으로 피보험자가 생존하는 동안에 금전상의 이익이 존재함을 증명하는 경우에 한하여 부보할 수 있다. "금전상"이라는 수식어의 의미는 1774년 생명보험법 제3조에 따라 법원의 산정이 가능하여야 한다.

금전상의 이익이 법률상 인정된 권리 또는 책임으로 인한 것이어야 한다는 요건은 이익이 도덕상의 의무 또는 기대인 경우를 배제한다.

다. 호주법상의 피보험이익

1984년 호주 보험계약법 제16조와 제17조는 피보험이익의 개념을 수정하였다.[17] 동법은 피보험자가 보험계약상 보험금청구를 위한 충분한 이익이 있는가 여부를 위한 경제적 손해기준을 채용하고 있다. 피보험이익을 정의할 필요성은 사리지고 피보험자가 보험사고의 발생에 의하여 손해를 입었는지 여부가 문제로 되었다.[18] 동법에서 규율되는 계약에서 피보험이익이 폐지되었지만, 당사자

17) 호주보험계약법 제16조는 "피보험이익은 요구되지 않음"이라는 제목아래 "보험계약을 체결할 때 피보험자가 보험목적에 대하여 이익을 가지지 않았다는 이유만으로는 일반 보험계약은 무효가 아니다"라고 규정한다. 제17조는 "손해발생 시에 법률상의 이익은 요구되지 않음"이라는 제목아래 "보험목적물이 멸실 또는 훼손되어 보험계약상의 피보험자가 금전적 또는 경제적 손해를 입은 경우에, 보험자는 손해발생 시에 피보험자가 보험목적상 법률상의 이익이 없다는 이유만으로 면책되지 않는다."라고 규정한다.

18) Robert Merkin, Reforming Insurance Law: Is there a case for reverse transportation?- A Report for the English and Scottish Law Commissions on the Australian Experience of Insurance Law Reform,(http://www.lawcom.gov.uk/docs/merkin_report.pdf; 2011년 7월 6일 방문), § 8.8 p. 79.

가 사고발생 시에 보험목적에 대한 피보험이익을 가지지 않은 경우에는 그 계약은 게임이나 도박으로 무효이다.[19] 비록 보험계약을 체결할 때 이익을 가질 것을 요건으로 하지는 않지만, 피보험자는 적어도 이익을 취득할 가능성을 가져야 한다.

2. 중국법상의 피보험이익

피보험이익과 관련하여 한국과 일본은 금전으로 산정할 수 있는 이익에 한정하지만,[20] 중국 보험법 제12조는 명시적으로 보험청약자는 보험의 목적에 대하여 피보험이익을 가져야 하고, 이를 결여하면 당해 보험계약은 무효라고 하며, 피보험이익을 "피보험자가 보험의 목적에 대하여 법률적으로 인정된 이익을 가지는 것"을 의미한다고 하여 영국보험법상의 협의의 피보험이익의 개념을 따른다.[21]

인보험의 경우에 중국보험법 제53조는 보험청약자가 피보험이익을 가질 것을 요구하는 점에서 영미법과 같은 입장을 취하지만, 피보험자의 동의가 있으면 피보험이익이 있는 것으로 보는 점에서는 일본이나 우리법과 같다.

즉, 청약자는 ① 자신, ② 자신의 배우자, 자녀 또는 부모, ③ 청약자와 양육, 부양 또는 유지관계를 가지는 가족구성원 또는 가까운 친척에 대하여 피보험이익이 있다(보험법 제53조 전단). 또한 피보험자가 청약자가 보험계약을 체결하는데 동의하는 경우에는, 청약자는 피보험이익을 가지는 것으로 본다(동조 후단).

---

19) Kyriaki Noussia, Insurable Interest in Marine Insurance Contracts: Modern Commercial Needs versus Tradition, 39 Journal of Maritime Law and Commerce 91, 2008.

20) 일본보험법 제3조 (손해보험계약의 목적) 손해보험계약은 금전으로 산정할 수 있는 이익에 한하여 그 목적으로 할 수 있다.

21) 영국해상보험법 제5조; 영국보험법상 손해보험에서의 피보험이익의 현황과 개혁논의에 대하여는 한창희, 현대보험법의 동향, 국민대학교출판부, 2009, 50~69면 참조.

제3장 보험가액과 보험금액

Ⅰ. 보험가액

1. 상법상의 보험가액

보험가액이라 함은 피보험이익의 금전적 평가액을 말한다. 보험가액은 원칙적으로 보험의 목적인 물건의 가액으로 언제나 일정한 것은 아니고 경기의 변동에 따라 수시로 변동한다.

상법은 보험가액에 관하여 기평가보험과 미평가보험으로 나누어 규정하고 있다. 기평가보험이란 보험계약을 체결할 당시에 당사자 사이에 미리 피보험이익의 가액에 대하여 합의가 이루어진 보험을 말하고(상법 제670조), 미평가보험이란 보험계약 체결 당시에 당사자 사이에 피보험이익의 가액에 대하여 아무런 평가를 하지 아니한 보험을 말한다(상법 제671조).

기평가보험제도는 보험목적물의 멸실·훼손으로 인하여 사고발생 후 보험가액을 산정하기 고란한데다가 이로 인하여 분쟁의 소지가 많기 때문에 보험가액의 증명을 용이하게 하기 위하여 이용된다. 이 때 기평가보험으로 인정되기 위한 당사자 간의 합의는 명시적이어야 하지만, 반드시 협정보험가액 혹은 약정보험가액이라는 용어 등을 사용하여야만 하는 것은 아니고, 당사자 사이에 보험계약을 체결하게 된 제반 사정과 보험증권의 기재내용 등을 통하여 당사자의 의사가 보험가액을 미리 합의하고 있는 것이라고 인정할 수 있으면 충분하다.[22)]공장화재보험계약에 관한 보험증권이나 보험청약서에 보험가입금액의 기재만 있고, 보험가액의 기재나 보험가액에 해당하는 다른 유사한 기재가 없을 뿐만 아니라 협정보험가액 특별약관도 첨부되지 않은 경우라면 기평가보험으로 보기

22) 대법원 2002. 3. 26. 선고 2001다6312 판결. 이 판결은 자기차량손해보험계약에서 차량가액을 정하고 이에 따라 자기차량손해금의 보험금액을 정한 경우 당사자 사이에 보험의 목적물인 차량에 관하여 그 보험가액을 미리 약정하고 있는 것으로 그 자기차량손해보험계약은 기평가보험으로 본 것이다.

어렵다.[23)]

다만 기평가보험의 경우에도 그 보험가액이 사고발생시의 가액을 현저하게 초과하는 경우에는 사고발생시의 가액을 보험가액으로 한다(상법 제670조 단서). 여기서 현저한 차이가 있는지 여부는 거래의 통념이나 사회의 통념에 따라야 판단하여야 하고, 보험가액이 사고발생시의 가액을 현저하게 초과한다는 점에 대한 증명책임은 이를 주장하는 보험자가 진다.[24)]

해상보험은 실무상 거의 기평가보험으로 행해지고 있는데, 당사자 사이에 보험가액에 대한 정함이 없는 때에는 상법상 일정 시점에서의 보험가액을 전 보험기간에 걸쳐 고정된 보험가액으로 하고 있다. 즉 보험가액불변경주의를 취하고 있다(상법 제689조, 제696조 내지 698조).

2. 협정보험가액의 확정성에 관한 입법례

우리나라 상법상 협정보험가액을 약정한 경우에도 그 보험가액이 사고발생시의 가액을 현저하게 초과하는 경우에는 사고발생시의 가액을 보험가액으로 하므로(상법 제670조 단서), 초과보험에 해당된다. 일부보험과 관련하여 전부보험에 가입하였더라도 보험목적의 가액이 인플레이션으로 인하여 상승하면 일부보험이 되어 일부보험에 따른 비율보상의 원칙이 적용된다(상법 제674조 본문). 이에 관한 유럽보험계약법준칙, 영국, 일본의 입법례를 살펴본다.

가. 유럽보험계약법준칙

유럽보험계약법준칙상 협정보험가액이 보험목적의 실제가액을 초과하는 경우에도 협정보험가액의 약정시 보험계약자 또는 피보험자의 사기 또는 부실고지가 아닌 한 확정적 효력을 인정한다(유럽보험계약법준칙 제8-101조 제2항). 우리 상법 제670조 단서와 다르다.[25)]

---

23) 대법원 2003. 4. 25. 선고 2002다64520 판결.

24) 대법원 2002. 3. 26. 선고 2001다6312 판결.

25) 우리나라에서도 사기가 아닌 한 협정보험가액의 확정적 효력을 인정하자는 견해가 유력하다. 그 근거로는 협정보험가액은 민법상의 손해배상액의 예정의 경우 같이 보험사고가 발생한 때에 보

보험가액이 보험기간중 상승한 경우와 관련하여 동준칙은 보험자는 실제로 피보험자가 입은 손해액을 보상한도로 한다고 규정하여(유럽보험계약법준칙 제8-101조 제1항) 우리법과 같다.

나. 영국법

영국해상보험법상 협정보험가액은 사기로 인한 경우와 추정전손인가 여부를 결정하는 경우(영국해상보험법 제37조 제4항) 외에는 확정적 효력을 인정하는 점에서 우리법과 다르다.

다. 일본 보험법

일본 보험법상 보험계약을 체결할 때 협정보험가액이 보험목적물의 가액을 초과하더라도 선의이고 중대한 과실이 없는 경우에 한하여 보험계약을 취소할 수 있다(보험법 제9조 단서). 이 점은 우리상법과 다른 입장이다(상법 제669조 제1항 본문).

보험계약의 체결후 보험가액이 현저하게 감소한 때에는 장래를 향하여 보험금액과 보험료의 감액을 청구할 수 있다(보험법 제10조). 이 점은 우리 상법과 동일하다(상법 제669조 제1항 본문).

II. 보험금액

보험금액이라 함은 보험자가 발생한 손해의 보상을 위하여 지급하기로 한 금액의 최고한도액을 말한다. 이는 보험계약을 체결할 때 당사자 사이의 약정에 의하여 정한다. 보험금액은 보험료산정의 기준이 된다. 보험사고로 인한 손해발생 시에 그 보상으로서 보험자가 지급하여야 할 금액은 보험가액의 범위 내에서 보험금액을 한도로 하여 피보험이익에 대하여 생긴 구체적인 손해액에 따라 결정된다.

험가액의 평가기준을 마련하기 위한 것이고, 오늘날 보험거래에서 새로운 물품의 가액을 보상하는 신가보험이 신종보험으로 이용되고 있기 때문이라고 한다(양승규, 전게서, 202면).

제4장 초과보험

Ⅰ. 초과보험

1. 초과보험의 의의

보험금액이 보험가액을 초과하는 경우를 초과보험이라고 한다. 예컨대 보험가액 5,000만원의 건물에 대하여 보험금액을 1억 원으로 한 경우를 말한다. 이러한 초과보험의 경우에는 피보험이익이 존재하지 않는 부분에 대하여 당사자의 일방이 부당하게 이득을 볼 가능성이 있기 때문에 손해보험의 본질에 반할 뿐만 아니라 고의로 보험사고를 유발하거나 도박으로 보험을 이용할 우려가 있다.

2. 초과보험의 효과

가. 보험계약자의 사기로 인한 경우

초과보험계약이 보험계약자의 사기로 체결된 때에는 보험계약 전부를 무효로 한다(상법 제669조 제4항 본문). 이러한 규정은 선의의 보험계약자를 보호하기 위한 것이다. 이 규정에서 말하는 사기는 민법 제110조의 사기의 개념과 같이 해석되어야 하고, 적극적 기망의도를 요한다.

이 경우에 초과보험이라는 점과 보험계약자의 사기로 인한 것이라는 점에 대한 증명책임은 보험자가 부담한다.[26] 사기로 인하여 계약이 무효인 경우에도 보험자는 그 사실을 안 때까지의 보험료를 청구할 수 있다(상법 제669조 제4항 단서).

나. 당사자가 선의인 경우

당사자가 선의인 경우에는 초과보험의 해소를 위하여 보험금액을 현저하게

---

26) 대법원 1988. 2. 9. 선고 86다카2933, 2934, 2935 판결. 대법원 1999. 4. 23. 선고 99다8599 판결.

초과한 경우에 한하여 보험자 또는 보험계약자는 보험료와 보험금액의 감액을 청구할 수 있다(상법 제669조 제1항 본문). 초과보험의 판단을 위한 보험가액의 평가시기는 계약당시를 기준으로 하고(상법 제669조 제2항), 보험가액이 보험기간 중에 감소한 경우에는 그 감소의 시점을 기준으로 한다(상법 제669조 제3항). 이러한 감액청구권은 형성권이고, 보험료의 감액은 장래를 향하여 그 효력이 있다(상법 제669조 제1항 단서).

II. 비교법적 고찰

1. 유럽보험계약법준칙

유럽보험계약법준칙은 사기 또는 부실고지가 없는 한 협정보험가액에 확정적 효력을 인정한다. 초과보험이 인정되는 경우 양 당사자에게 보험금액과 잔존보험기간 동안의 보험료의 감액청구권을 인정하고(제8-103조 제1항), 청구 후 1월안에 합의가 없는 경우에는 계약해지권을 인정한다(제8-103조 제2항).

2. 일본 보험법

가. 서언

보험법은 초과보험에 대하여 보험계약을 체결할 때 보험금액이 보험목적물의 가액을 초과하는 경우(제9조)와 보험계약체결 후에 보험가액이 현저하게 감소한 경우(제10조)를 나누어 규율하고 있다.

나. 보험계약 체결시 초과보험

(1) 보험법의 규율

보험법 제9조는 초과보험부분도 유효하다는 전제아래, 손해보험계약의 체결시점에 초과보험이 된 것에 대하여는 보험계약자와 피보험자가 선의이며 중대한 과실이 없는 경우에는 보험계약자에게 그 초과부분에 대하여 그 보험계약의 취소권을 인정한다.

초과부분에 대하여 일률적으로 무효로 하지 않고, 이와 같은 취소권을 창설한 취지에 대하여는, 초과보험의 처리를 보험계약자의 의사에 맡기고, 계약을 그대로 유지할 수 있는 가능성을 남김으로써 유연하게 대응하게 한 것이다.[27] 이에 따라 초과부분의 손해보험계약도 유효하게 되고, 보험계약자는, 보험가액이 당초의 가액보다 상승한 시점에서 보험사고가 발생한 경우에도, 당초의 가액을 초과하는 손해의 보상을 받을 수 있게 된다.[28]

(2) 보험계약자의 취소권

(가) 요건

① 손해보험계약의 체결시 초과보험일 것

보험계약자에게 취소권이 인정되기 위하여서는 초과보험의 상태가 계약체결시부터 생길 것이 필요하다. 계약체결 시에 초과보험이 아니고 그 후 보험가액이 현저하게 감소한 경우에는 보험계약자는 보험자에 대하여 장래를 향하여 그 보험금액 또는 보험료의 감액을 청구할 수 있다(보험법 제10조).

② 보험계약자와 피보험자의 선의·무중과실

"선의이고 중대한 과실"의 판단기준은 보험계약체결시이다. "중대한 과실"의 유무는 사안에 따라 판단되고, 통상의 계약자가 취소권을 행사하면 안 될 정도로 초과보험에 관한 사정을 이해하였는가 여부를 기준으로 하며, 가령 보험계약자가 계약체결 시에 보험금액이 보험가액보다 약간 높게 설정되었다는 설명을 받는 것만으로 "중대한 과실"이 있다고 할 수 없다.[29]

③ 약정보험가액의 예외

손해보험계약에서 약정보험가액(당사자가 약정한 일정한 보험가액)이 있는 경우에는, 취소권을 행사할 수 없다(제9조 단서). 약정보험가액이 정하여지는 예로서는 화물해상보험과 선박보험을 들 수 있고, 보험의 목적물이 멸실·훼손한 경우에 평가액과 관련한 분쟁을 사전에 회피하기 위함이다. 제9조 단서는 이와

27) 法制審議會保險法部會 第21回議事錄, 28面 참조(高山崇彦 編著, Q&A新保險法の要點解說, 金融財政事情研究所, 108面).

28) 高山崇彦 編著, 상게서, 108面.

29) 法制審議會保險法部會 第21回議事錄, 28面 참조(高山崇彦 編著, 상게서, 113面)

같은 약정을 존중하는 취지이다.

(나) 효과

제9조에 따라 취소권을 행사하면 초과부분의 부분은 처음부터 무효가 된다. 따라서 취소권을 행사한 보험계약자는 보험자에 대하여 이미 지급한 보험료중 초과부분의 반환을 청구할 수 있고, 나아가 취소후의 보험금액에 기하여 산출된 보험료를 지급하면 된다.

(3) 규정의 성질

제9조 본문은 상대적 강행규정으로 되어 있다(제12조). 따라서 가령 보험계약자와 피보험자가 초과보험인 사실을 알지 못한 데에 경과실이 있는 경우에, 보험계약자의 취소권을 인정하지 않는 취지의 약관의 규정은 무효이다.

다. 보험가액 감소로 인한 초과보험

(1) 보험법의 규율

보험법 제10조는 "손해보험계약의 체결후 보험가액이 현저하게 감소한 경우에는, 보험계약자는, 보험자에 대하여 장래를 향하여, 보험금액 또는 약정보험가액에 대하여는 계약후의 보험가액에 이를 때까지의 감액을, 보험료에 대하여는 그 감액후의 보험금액에 대응하는 보험료에 이를 때까지의 감액을 각각 청구할 수 있다"고 규정한다.

(2) 장래를 향하여의 의의

감액청구권의 행사에 의하여 보험금액 또는 약정보험가액 또는 보험료가 감액되는 것은 "장래를 향하여", 즉 감액청구를 한 시점부터이다. 다음과 같은 이유가 들어진다. 첫째, 보험료는 보험자가 위험을 부담하는 대가인바, 보험계약자가 과거의 일정한 시점까지의 보험료의 반환을 청구하는 것은, 고액의 보험료를 지급하고 고액의 보험금을 지급받을 지위를 얻으면서도, 보험사고가 발생하지 않은 우연한 사정에 의하여 결과적으로 처음부터 낮은 보험료만을 지급한 보험계약자와 동일한 보험료를 지급하는 불균형이 발생한다. 둘째, 과거의 각

시점의 보험금액과 보험료를 명확히 하는 것이 기술적으로 곤란하다.[30)]

(3) 규정의 성질

보험가액의 감소에 관한 규정(제10조)의 성질은 상대적 강행규정이다(제12조). 따라서 예컨대, 피보험자 등의 보험료의 감액청구권을 일체 인정하지 않는다는 내용의 약관의 규정, 보험료 등의 감액청구의 효과의 발생에 보험자의 동의를 필요로 하는 내용의 약관의 규정, 피보험자가 보험료 등의 감액청구를 하는 경우를 보험기간 개시 후에 보험가액이 감소한 경우에 한정하는 내용의 약관규정은 무효이다.[31)]

제5장 일부보험

Ⅰ. 일부보험

1. 일부보험의 의의

보험금액이 보험가액에 미달되는 경우를 일부보험이라고 한다. 예컨대 보험가액 1억 원의 건물에 대하여 보험금액을 5,000만 원으로 한 경우를 말한다. 초과보험의 경우와는 달리 일부보험에서는 도덕적 위험의 폐해는 적다.

보험가액의 전부를 보험에 붙인 전부보험의 경우 보험기간중 물가의 상승으로 인하여 자연적으로 일부보험이 될 수 있다.

2. 일부보험의 효과

일부보험의 경우에 보험자는 보험금액의 보험가액에 대한 비율에 따라 보상

30) 法制審議會保險法部會 第21回議事錄, 308面 이하 참조(高山崇彦 編著, 상게서, 113面)
31) 法制審議會 保險法部會資料, 9面, 24面(高山崇彦 編著, 상게서, 113面)

할 책임을 진다(상법 제674조 본문).

예컨대 보험가액 1억원의 건물에 대하여 보험금액을 5,000만원으로 한 경우에 전손인 경우에, 보험자는 5,000만원을 지급하고, 6천 만원의 손해가 발생한 분손의 경우에는 보험가액에 대한 비율에 따라 6,000만원×(5,000/10,000) = 3,000만원을 지급하게 된다. 이를 비례부담의 원칙이라고 한다.

그러나 당사자간에 다른 약정이 있는 때에는 보험자는 보험금액의 한도 안에서 그 손해를 보상할 책임을 진다(상법 제674조 단서). 이것을 제1차위험보험이라고 한다. 실무상으로는 당사자간의 특약으로 분손의 경우에도 보험금액의 범위 내에서 전부보험의 경우와 마찬가지로 손해액의 전부를 보상받기로 약정하는 제1차위험보험의 경우가 대부분이다.[32)]

Ⅱ. 비교법적 고찰

1. 유럽보험계약법준칙

유럽보험계약법준칙은 일부보험의 경우 비율보상에 대하여 규정을 하고 있지 않고, 보험자가 보험금액의 한도 내에서 사고발생시의 재산의 가액으로 한정된다는 조건으로 할 수 있음을 규정한다(유럽보험계약법준칙 제8-102조 제2항). 손해를 보상하는 제1차위험보험은 예외로 되어 있는 우리법과 동일하다고 해석된다.

2. 영국법

영국법상 일부보험의 경우 실제손해에 대하여 보험금액에 대한 보험가액의 비율로 보상책임을 지는 점[33)]에서 우리법과 같다. 피보험자는 부보되지 않는 금액에 대하여 자가보험가가 된다(영국해상보험법 제81조).

---

32) 사법연수원, 전게서, 96면.

33) Malcolm Clarke, The Law of Insurance Contracts, (informa, 2009), 28-8A.

3. 일본 보험법

일본 보험법은 일부보험에 관하여 우리법과 같은 입장을 취하고 있다.

일본 보험법상 일부보험에 대하여서는 우리법과 같이 비례부담의 원칙을 채용하던 상법의 입장을 답습하고 있다(보험법 제19조). 비례부담의 원칙을 취한 근거는 보험료부담에 관련한 보험계약당사자 간의 공평성으로서, 이와 다른 방식을 취하여 합리적인 보험료를 설정하여 보험계약을 체결하는 것을 금지할 필요는 없다고 판단하여 임의규정으로 하고 있다.[34)]

일본 보험법의 입법과정에서 전부보험에 가입한 보험계약자의 의사에 반하여 보험기간 중 보험가액의 상승을 원인으로 하여 일부보험이 되어, 손해액과 같은 금액의 급부를 받지 못하는 불이익이 발생하는 것과 "가입한 보험금액까지는 실제 손해액이 급부된다."고 오해하는 보험계약자가 많다는 이유로 일부보험에도 손해액의 전부를 급부하는 것으로 규정하는 것에 대하여 검토를 하였다. 결국 보험료가 높은 실손보상방식으로 변경하는 것은 소비자보호에 문제가 있고, 보험계약자의 이해는 보험계약체결시 설명의 문제로 귀속된다고 보아 비례보상의 방식을 취하고 임의규정으로 하였다.[35)]

---

34) 武田俊裕, 超過保險·一部保險(甘利公人·山本哲生編, 保險法の論点と展望, 商事法務, 2009), 108面.
35) 萩本修 外, 新しい保險法, 金融財政事情研究所, 2008, 82面

제6장 중복보험

Ⅰ. 중복보험

1. 중복보험의 의의

수인의 보험자가 각기 동일한 피보험자를 주체로 하는 피보험이익에 대하여 보험사고와 보험기간을 공동으로 하는 수개의 보험계약을 체결하고, 그 보험금액의 합계액이 보험가액을 초과하는 경우를 중복보험이라고 한다(상법 제672조 제1항). 각 계약에 의한 보험금액의 합계가 보험가액에 미달되는 때에는 수인의 보험자가 보험계약을 체결하고 있으므로 중복보험이라고 할 수 있으나, 이 경우에는 일부보험의 병존에 불과하므로 일부보험에 관한 규정이 준용된다.[36]

동일한 보험목적에 관하여 수개의 계약이 존재하더라도 피보험이익 또는 보험사고의 성질이 다르면 중복보험이 아니다. 따라서 임가공업자가 공급받은 자재의 멸실 등으로 인한 손해배상책임을 담보할 목적으로 자재에 대하여 동산종합보험에 가입하였는데, 자재의 소유자가 동일한 목적물에 대하여 동산종합보험계약을 체결한 경우,[37] 산업재해보상보험과 자동차종합보험에 함께 가입한 경우,[38] 보험목적의 양수인이 종전 보험계약을 승계할 이익이 거의 없어 피보험이익이 동일한 보험계약을 다시 체결한 경우[39]에 중복보험에 가입한 것이 아니다.

반면 수개의 보험계약의 보험계약자가 동일하지 않아도 중복보험일 수 있지만, 피보험자는 동일인이어야 한다. 각 보험계약의 보험기간은 전부 공통일 필요는 없고 중복되는 기간에 중복보험이 된다.[40]

36) 사법연수원, 전게서, 96면.
37) 대법원 1997. 9. 5. 선고 95다47398 판결.
38) 대법원 1989. 11. 14. 선고 88다29177 판결.
39) 대법원 1996. 5. 28. 선고 96다6998 판결.
40) 대법원 2005. 4. 29. 선고 2004다57687 판결.

2. 중복보험의 발생원인

중복보험은 보험의 목적이 고가물인 경우나 동일한 상품에 대하여 매도인과 매수인이 연락이 안 되어 중복으로 운송보험계약을 체결하는 경우, 손해보험계약이 타인을 위한 경우와 자기를 위한 것이 중복되는 경우에 생긴다.[41] 또한 중복보험은 적극보험만이 아니라 책임보험에도 가능하다. 자동차보험에 있어서 '무보험자동차에 의한 상해담보특약'의 성격은 손해보험형 상해보험이므로, 하나의 사고에 관하여 여러 개의 무보험자동차특약보험계약이 체결되고 그 보험금액의 총액이 피보험자가 입은 손해액을 초과하는 때에는 중복보험에 관한 상법 제672조 제1항의 규정이 준용된다.[42]

3. 중복보험의 효과

가. 보험자의 책임

중복보험의 경우에 피보험자가 보상액으로서 보험금의 전부를 지급받게 되면 보험가액 이상의 이득을 취하게 되므로, 이와 같은 초과이득의 취득을 금지하기 위하여 초과보험과 같은 법리로 규율하고 있다.

(1) 보험계약자의 사기로 인한 경우

중복보험이 사기로 인하여 체결된 경우에는 수개의 보험계약은 전부 무효가 된다(상법 제672조 제3항, 상법 제669조 제4항).

(2) 당사자가 선의인 경우

보험금액의 총액이 보험가액을 초과한 때에는 보험자는 각자의 보험금액의 한도에서 연대책임을 지고, 각 보험자의 보상책임은 각자의 보험금액의 비율에 따른다(상법 제672조 제1항).

예컨대 보험가액이 1억 원인 가옥에 대하여 보험금액을 각각 1억 원, 6,000

41) 사법연수원, 전게서, 97면.
42) 대법원 2006. 11. 10. 선고 2005다35516 판결 등.

만원, 4,000만원으로 갑, 을, 병의 각 보험자와 화재보험계약을 체결한 경우에, 전손이 생긴 때에는 갑은 5,000만원, 을은 3,000만원, 병은 2,000만원을 지급하여야 하지만, 피보험자의 보호를 위하여 각 보험자는 보험금액인 1억원, 6,000만원, 4,000만원의 한도 내에서 연대책임을 진다.

다만, 비례분담주의 및 연대책임을 규정한 상법 제672조 제1항은 강행규정은 아니므로, 각 보험계약의 당사자는 개별 보험계약이나 약관을 통하여 중복보험에 있어서 피보험자의 보험자에 대한 보험자의 보상책임의 방식이나 보험자들 사이의 책임분담방식에 대하여 상법의 규정과 다른 내용을 정할 수 있다.[43].

나. 보험계약자의 의무

중복보험은 보험계약자의 사기로 인한 경우가 아니면 무효가 되지 않지만, 무효가 되더라도 보험계약자는 그 사실을 안 때까지의 보험료를 지급하여야 한다(상법 제672조 제3항, 상법 제669조 제4항).

중복보험의 경우 보험계약자는 각 보험자에 대하여 각 보험계약의 내용을 통지하여야 한다(상법 제672조 제2항). 이러한 통지의무를 위반한 경우 그 불이익에 관하여 상법은 아무 규정을 두지 않지만 약관상으로는 해지권을 인정하는 경우도 있다. 판례는 단지 통지의무를 위반하였다는 사유만으로는 사기로 인한 중복보험계약이 체결되었다고 추정할 수 없다고 판시한다.[44]

다. 보험자 중 1인에 대한 권리의 포기

제672조의 규정에 의한 수개의 보험계약을 체결한 경우에 보험자 1인에 대한 권리의 포기는 다른 보험자의 권리의무에 영향을 미치지 아니한다(상법 제673조). 즉 다른 보험자는 그 특정보험자가 지급의무를 부담하는 것을 전제로 하여

43) 대법원 2002. 5. 17. 선고 2000다30127 판결.

44) 대법원 2000. 1. 28. 선고 99다50712 판결. 이 판결은 통지의무의 해태로 인한 사기의 중복보험을 인정하기 위하여는 보험자가 통지의무가 있는 보험계약자 등이 통지의무를 이행하였다면 보험자가 그 청약을 거절하였거나 다른 조건으로 승낙할 것이라는 것을 알면서도 정당한 사유 없이 위법하게 재산상의 이익을 얻을 의사로 통지의무를 이행하지 않았음을 입증하여야 할 것이고, 단지 통지의무를 게을리 하였다는 사유만으로 사기로 인한 중복보험계약이 체결되었다고 추정할 수는 없다고 한다.

산출된 자기의 부담부분만을 지급할 의무가 있다. 이는 특정한 보험자에 대한 권리의 포기로 다른 보험자의 이익을 해할 염려가 있기 때문에 다른 보험자를 보호하기 위한 것이다.

4. 다른 보험조항

가. 의의와 유형

(1) 의의

보험약관상의 동일한 피보험이익에 대하여 다른 보험에 가입하는 경우에 손해보상을 하지 않거나 제한하는 내용의 조항을 다른 보험조항(other insurance clause)이라고 한다.

(2) 유형

다른 보험조항의 유형으로는 다음 3가지로 분류할 수 있다.

(가) 피보험자가 다른 보험계약으로 보상받을 수 있는 금액을 공제하고 보상하는 것으로 규정하는 조항이 존재한다.[45)]

(나) 다른 보험계약이 체결되는 경우 총보험금액의 합계액에서 당해 보험금액이 차지하는 비율에 따라서 보상하는 것으로 규정하는 조항도 또한 존재한다.

(다) 추가보험에 가입하는 경우 통지하여 승인받지 아니하는 한 보험계약을 취소할 수 있다고 규정하는 조항이 있다.

나. 효력

(1) 쟁점

다른 보험조항이 존재하지 아니하는 경우 피보험이익이 동일한 추가보험에 가입하는 때에는 중복보험의 효과에 따라 각자의 보험금액의 비율에 따라 보상

45) 대법원 2002. 5. 17. 선고 2000다30127 판결대상인 약관은 "이 보험계약은 다른 보험계약이 담보하는 손해 또는 이 보험계약이 없었을 경우에 다른 보험계약이 담보하였을 손해에 관하여는 이를 담보하지 아니하고, 다만 이 보험계약이 없었을 경우에 다른 보험계약이 보상하였을 보험금액을 초과하는 손해에 대하여 이 보험계약의 보상한도액을 상한으로 이를 담보한다"라는 내용으로 되어 있었고, 이를 초과전보조항이라고 판시하였다.

책임을 진다(상법 제672조 제1항). 그러나 이와 다른 효과를 규정하는 조항의 효력을 인정할지 여부와 관련하여 대법원 2002. 5. 17. 선고 2000다30127 판결은 "이러한 상법의 규정은 강행규정이라고 해석되지 아니하므로, 각 보험계약의 당사자는 각개의 보험계약이나 약관을 통하여 중복보험에 있어서의 피보험자에 대한 보험자의 보상책임 방식이나 보험자들 사이의 책임 분담방식에 대하여 상법의 규정과 다른 내용으로 규정할 수 있다."고 하여 그 유효성을 긍정한다.

그러나 두 보험계약상의 약관조항에서 모두 세 가지 유형의 다른 보험조항을 두고 있는 경우 대법원판결에 따라 그 효력을 인정하는 경우 피보험자는 보상을 받지 못하는 경우가 있을 수 있다. 이에 따라 다른 보험조항의 유효성의 인정범위를 살펴보는 것이 필요하다.

(2) 하나의 보험계약에서만 다른 보험조항을 두고 있는 경우

이 경우에는 약관조항의 유효성을 인정한다. 대법원 2002. 5. 17. 선고 2000다30127 판결이 그 예이다.

(3) 두 계약 모두 다른 보험조항을 삽입하고 있는 경우

예컨대 (다)와 같은 유형의 조항이 두 보험계약에 삽입되어 있는 경우 그 효력을 인정하면 피보험자는 보상을 못하는 결과가 되기 때문에 모두 무효로 하고 보험금액의 합계액이 보험가액을 초과하면 중복보험의 원리를 적용하게 된다.[46]

II. 비교법적 고찰-일본

1. 보험법에 의한 규율

보험법은 초과보험의 경우와 같이 초과부분이 유효하다는 것을 전제로, 중복보험의 경우에도 동시중복보험·이시중복보험을 구별하지 않고, 각 보험자는 보상액의 전부(일부보험의 경우에는 보험금액의 보험가액에 대한 비율로 보상액

46) 양승규·한창희, 해상보험법, 2007, 634~636면.

을 곱한 액의 전액)에 대하여 보험급부를 행할 의무를 지는 것으로 하고 있다(제20조 제1항).

이 보험법상의 규율에 의한다면 예컨대 보험가액 1억 원의 건물에 대하여 보험자 A가 보험금액 1억 원, 보험자 B가 보험금액 8,000만원, 보험자 C가 보험금액 2,000만원의 손해보험계약을 각각 체결한 경우, 8,000만원의 손해가 생긴 경우에, 일부보험에 관한 보험법의 규율(제19조)을 전제로, A는 8,000만원, B는 6,400만원, C는 1,600만원의 손해보상책임을 지게 된다. 다만 손해보험계약인 이상 이득금지의 원칙으로부터 피보험자는 손해액의 전액을 초과하여 보상을 받을 수 없기 때문에 위 사례에서도 A, B, C로부터 받은 보험급부의 액이 8,000만원이 된 경우에는, 피보험자는 이를 초과하여 보험급부를 받을 수 없게 된다.

2. 보험자간의 구상관계

보험자의 1인이 자기의 부담부분(다른 손해보험계약이 없다고 가정한 경우에 각 보험자가 행할 보험급부의 액의 그 합계액에 대한 비율을 보상손해액에 곱한 금액)을 초과하여 급부하고, 이것에 의하여 공동의 면책을 얻은 경우에는, 다른 보험자에 대하여, 각자의 부담부분에 대하여 구상권을 가진다(제20조 제2항).

3. 규정의 성질

중복보험에 관한 각 보험자와 피보험자간의 관계에 관한 규정(제20조 제1항)과 구상권에 관한 규정(제20조 제2항)의 성질은 임의규정이다.

제7장 보험자의 손해보상의무

Ⅰ. 손해보상의무의 뜻

손해보험계약은 일종의 손해보상계약으로 보험자는 보험사고로 인하여 생긴 피보험자의 재산상의 손해를 보상할 책임이 있다(상법 제665조). 보험자의 손해보상의무는 보험자의 가장 주된 의무이고, 이를 보험금지급의무라고 한다.

Ⅱ. 손해의 보상

1. 손해액의 산정

손해보험계약은 손해보상계약으로 보험자의 보상을 위하여 먼저 그 손해액에 대한 정확한 산정이 요구된다. 보험자가 보상할 손해액은 그 손해가 발생한 때와 곳의 가액에 의하여 산정한다(상법 제676조 제1항). 이와 같이 상법은 손해액의 산정기준을 그 손해가 생긴 때와 곳의 보험가액에 따르도록 하고 있지만, 보험가액에 대한 합의가 있는 기평가보험의 경우에는 원칙적으로 협정보험가액이 손해액산정의 기준이 되고(상법 제670조), 보험가액불변경주의가 인정되는 운송보험(상법 제689조), 해상보험(상법 제696조~제698조)의 경우에는 그 가액에 따라 손해액을 산정하여야 한다. 그리고 보험의 목적이 보험사고의 발생시에 중고품이라고 하더라도 그것을 신품으로 보상하기로 한 때에는 손해를 입은 물건의 신품가액에 의하여 손해액을 산정하게 된다(상법 제676조 제1항 단서).

보험의 목적에 대하여 손해가 생긴 때 보험자는 손해가 생긴 보험의 목적 등에 대한 조사를 하고, 그 보상할 손해액을 산정한다. 손해사정을 담당하는 보험전문인이 손해사정사이다.

손해액의 산정에 관한 비용은 보험자의 부담으로 한다(상법 제676조 제2항).

2. 손해사정사

가. 손해사정사의 업무범위

손해사정사는 보험사고가 발생한 경우 손해액의 평가, 사정을 둘러싸고 일어날 수 있는 가입자와 보험회사 간의 분쟁을 예방하고 손해사정의 공정성과 전문성을 도모하기 위하여 1978년 도입되었다. 손해사정사의 업무는 (1) 손해 발생 사실의 확인, (2) 보험약관 및 관계 법규 적용의 적정성 판단, (3) 손해액 및 보험금의 사정, (4) (1)부터 (3)까지의 업무와 관련된 서류의 작성 · 제출의 대행, (5) (1)부터 (3)까지의 업무 수행과 관련된 보험회사에 대한 의견의 진술이다(보험업법 제188조).

나. 손해사정사의 현황

손해사정사는 업무내용에 따라 재물손해사정사, 차량손해사정사, 신체손해사정사로 표와 같이 분류된다.

[표 1-1] 손해사정사의 업무범위

구분	업무범위
재물손해사정사	화재보험, 해상보험, 책임보험, 기술보험 등의 손해액 사정
차량손해사정사	자동차 사고로 인한 차량 및 그 밖의 재산상의 손해액 사정
신체손해사정사	책임보험, 상해보험, 질병보험, 간병보험(사람의 신체와 관련된 손해액만 해당한다), 자동차 사고 및 그 밖의 보험사고로 인한 사람의 신체와 관련된 손해액 사정
종합손해사정사	위에서 규정한 손해액의 사정

또한 소속에 따라 실무상 고용손해사정사, 위탁손해사정사, 자회사손해사정사, 독립손해사정사로 표와 같이 분류된다.

[표 1-2] 실무상 손해사정사의 분류

구분	업무범위
고용손해사정사	보험회사에 고용된 경우
위탁손해사정사	보험회사의 자본으로 설립되진 않았지만 하나 또는 수 개의 보험회사를 위하여 손해사정을 하는 경우
자회사손해사정사	특정 보험회사의 자본으로 보험업법 시행령 제59조에 따라 설립된 자회사로서, 하나의 보험회사를 위하여 손해사정을 하는 경우
독립손해사정사	보험계약자등이 자신의 권리를 보전받기 위하여 자기비용으로 선임하여 손해사정을 하는 경우 당해 손해사정을 하는 경우

손해사정사의 현황은 표와 같다.

[표 1-3] 손해사정사의 현황(2017년 12월 현재)

구분	인원	
	손해사정사	보조인[47]
고용손해사정사	3,191명	2,881명
위탁손해사정사	443명	2,799명
자회사손해사정사	843명	3,968명
독립손해사정사	940명	727명
합계	5,417명	10,375명

3. 손해보상의 방법

보험자의 손해보상의 방법은 금전보상이 원칙이다. 표준화재보험약관 제25조는 현물보상이라는 표제아래 “회사는 손해의 일부 또는 전부에 대하여 재건축, 수리 또는 현물의 보상으로서 보험금의 지급에 대신할 수 있습니다”라고 규정하는데, 대부분의 손해보험약관상 손해의 전부 또는 일부를 현물로 보상할 수 있다.

47) 손해사정사는 손해사정업무를 수행하기 위하여 필요한 경우에 금융감독원장이 정하는 기준에 해당하는 자를 보조인으로 활용할 수 있고, 금융감독원장은 손해사정업의 질서유지 등을 위하여 필요하다고 인정하는 경우에는 보조인의 수, 업무범위 등 보조인의 관리에 관한 사항을 정할 수 있으며, 보조인의 업무상 행위는 그를 활용한 손해사정사의 행위로 본다(보험업감독규정 제9-15조).

제8장 보험목적의 양도

Ⅰ. 보험목적의 양도

1. 총설

가. 의의

보험목적의 양도는 피보험자가 보험계약의 대상으로 되어 있는 목적물을 그 의사표시에 의하여 타인에게 양도하는 것을 말한다. 보험의 목적은 그 자체가 하나의 재화로 거래의 대상이 되므로 피보험자는 이를 매매 또는 증여에 의하여 타인에게 양도할 수 있는데, 이것이 보험목적의 양도이다. 피보험자가 사망하여 목적물을 상속하거나 회사의 합병에 의하여 목적물을 포괄적으로 승계하는 경우에는 이에 포함되지 않는다.

보험목적의 양도는 단순한 보험금청구권의 양도와는 구별된다. 후자는 보험사고의 발생을 조건으로 피보험자가 가지는 보험금청구권의 양도로 단순한 채권양도로 지명채권의 양도에 관한 민법상의 규정에 의하여 양도되는데 반하여, 전자는 보험계약관계에 변동을 가져와 양수인이 보험계약상의 권리와 의무를 가진다.

나. 상법상의 규정

상법상 피보험자가 보험의 목적을 양도한 때에는 양수인은 보험계약상의 권리와 의무를 승계한 것으로 추정한다(상법 제679조 제1항). 다만 선박보험의 경우에는 선박을 양도한 경우에는 보험자의 동의가 없으면 보험계약은 종료하고(상법 제703조의 2), 자동차보험에서 자동차의 양도는 보험자의 승낙을 얻은 경우에 한하여 양수인이 보험계약상의 권리와 의무를 승계한다(상법 제626조의 4).

상법 제679조의 성격에 관하여 1993년부터 시행되는 상법 보험편 개정 이전의 대법원 1991. 8. 9. 선고 91다1158 판결은 “상법 제679조의 취지는 보험의 목적이 양도된 경우 양수인의 양도인에 대한 관계에서 보험계약상의 권리도 함께 양도된 것으로 당사자의 통상의 의사를 추정하고, 이것을 사회 경제적 관점에서 긍정한 것이고 동조에 위반한 법률행위를 공서양속에 반한 법률행위로서 무효로 보아야 할 것으로는 해석되지 아니하므로 위 규정은 임의규정이라고 할 것이고, 따라서 당사자간의 계약에 의해 위 규정의 적용을 배제할 수 있다"고 판결하였고, 대법원 1993. 4. 13. 선고 92다8552 판결은 같은 취지로 판시하였다. 현행 상법 제663조는 상법 보험편 모든 규정에 대하여 가계보험의 경우 상대적 강행규정성을 인정하므로 이 판례의 입장은 더 이상 유지될 수 없다고 판단된다.

다. 보험목적의 양도시 보험계약상의 권리승계를 인정하는 이유

보험목적이 양도되면 양도인은 그 목적에 대하여 피보험이익을 소멸하고 양수인은 보험자와 아무 관계가 없으므로 원칙적으로 보험관계가 종료한다. 그럼에도 불구하고 상법상 보험목적의 양도시 양수인은 보험계약상의 권리와 의무를 승계한 것으로 추정하는 것은 양도로 바로 보험계약관계가 종료하는 것으로 하면 새로운 보험계약이 체결될 때까지 일시적으로 무보험상태에 빠지게 되고, 양도인이 지급한 보험료는 의미를 상실하게 되기 때문이다.[48]

2. 보험목적의 양도의 요건

상법 제679조 제1항에 의하여 피보험자가 보험의 목적을 양도한 때에는 양수인은 보험계약상의 권리와 의무를 승계한 것으로 추정되기 위하여서는 다음과 같은 요건을 갖추어야 한다.

가. 양도당시 보험계약관계에 있을 것

보험의 목적물이 양도되면 보험계약상의 권리와 의무는 양수인에게 승계되지만, 그 보험계약이 무효 또는 해지사유가 있는 때에는 보험자는 양수인에게 그 사유로 대항할 수 있다.

---

48) 양승규, 전게서, 262면.

나. 보험목적의 양도가 있을 것

보험목적의 양도는 유상·무상이든 상관없고, 보험목적의 양도는 물권적 양도이므로 소유권이 양수인에게 이전하여야 한다.[49]

보험의 목적의 양도는 영업양도는 포함하지만, 상속이나 합병은 제외된다. 보험목적을 경매에 의하여 경낙 받은 경우에는 보험목적의 양도에 준한다고 해석한다.[50]

3. 보험목적의 양도의 효과

가. 보험계약상의 권리의무의 이전

피보험자가 보험의 목적을 양도한 때에는 양수인은 보험계약상의 권리와 의무를 승계한 것으로 추정되므로 원칙적으로 양수인이 피보험자의 지위를 가지게 된다.

보험계약이 타인을 위한 보험계약인 경우에는 보험목적의 양도로 그 성질은 변경이 없다. 그러나 자기를 위한 보험계약인 경우에는 보험목적의 양도로 양수인이 보험계약자의 지위를 승계하여 보험계약자의 지위까지 승계하게 된다.[51]

보험의 목적을 양도할 때까지의 보험료는 양수인과 양도인이 연대하여 변제할 책임을 진다.

나. 보험목적의 양도사실의 통지의무

보험의 목적의 양도인 또는 양수인은 보험자에 대하여 지체 없이 보험목적의 양도 사실을 통지하여야 한다(상법 제679조 제2항).

상법상 보험목적의 양도사실의 통지의무를 게을리 한 경우의 효과에 대하여 규정하고 있지 않다. 보험약관에 다른 정함이 없는 경우에는 보험목적의 양도로 위험이 현저하게 증가한 경우에만 보험료의 증액을 청구하거나 보험계약을

---

49) 양승규, 상게서, 264면.
50) 양승규, 상게서, 264면.
51) 양승규, 상게서, 266면.

해지할 수 있다고 해석하는 것이 일반적이다.[52]

다. 보험계약상의 권리의무의 승계의 추정

상법상 피보험자가 보험의 목적을 양도한 때에는 양수인은 보험계약상의 권리와 의무를 승계한 것으로 추정될 뿐이고(상법 제679조 제1항), 반대의 증명에 의하여 추정이 번복되는 경우에는 보험계약상의 권리와 의무는 승계되지 않는다. 가령 화재보험계약의 목적인 건물이 양도된 경우에 보험계약상의 권리는 승계하지 않는다고 양도인과 양수인 사이에 명시적으로 합의한 경우에는, 보험목적의 양도이후에 보험사고가 발생한 경우에도 보험자는 보상책임을 지지 않는다. 양도인은 보험목적의 양도로 보험목적에 대한 이익을 상실하였으므로 보험계약은 당연히 효력을 상실한다.[53]

라. 보험자 기타 제3자에 대한 관계

보험목적의 양도로 인한 보험계약상의 권리와 의무의 승계의 효과는 보험자, 질권자 등에 대항하기 위하여서는 민법 제450조 등과 같은 대항요건을 갖추어야 하는가에 대하여서는 견해가 나뉜다.

(1) 대항요건필요설

보험목적의 양도의 효과가 당사자 이외의 제3자에 효력을 미치기 위하여서는 보험자에 대하여 통지를 하여야 한다고 본다. 현재 이설을 취하는 학자는 없다.

(2) 대항요건불요설

보험목적의 양도와 보험계약상의 권리와 의무의 이전에 대한 합의만으로 보험자 기타 제3자에 대한 대항요건을 갖출 필요 없이 보험계약상의 권리와 의무의 이전의 효과가 발생한다고 해석한다.[54]

---

52) 양승규, 상게서, 266면.
53) 양승규, 상게서, 267면.
54) 최준선, 보험법 해상법, 삼영사, 2005, 218면; 양승규, 상게서, 267~268면.

(3) 사견

상법상 "피보험자가 보험의 목적을 양도한 때에는 양수인은 보험계약상의 권리와 의무를 승계한 것으로 추정한다(상법 제679조 제1항)"는 규정은 보험자에 대한 보험계약상의 권리와 의무의 이전을 내용으로 하므로 보험자 등에 대한 대항요건을 갖추지 않고도 보험계약상의 권리의 이전의 효과가 생긴다고 본다.

마. 보험목적의 양도와 위험의 현저한 증가

목적물이 양도된 경우 양도인 또는 양수인이 양도의 통지를 하지 않는 경우의 효과에 대하여서는 상법상 규정되어 있지 않다. 이에 보험목적의 양도로 사고발생의 위험이 현저하게 증가한 경우에는 보험자는 1월안에 보험료의 증액을 청구하거나 보험계약을 해지할 수 있다(상법 제653조)고 해석함이 타당하다. 여기서 위험의 증가란 보험목적의 양도로 인하여 보험계약상의 권리와 의무가 양수인에게 승계되었더라면 보험자가 보험계약을 체결하지 않았거나 더 높은 보험료로만 위험을 인수하였으리라고 판단되는 경우를 의미한다.

판례(대법원 1996. 7. 26. 선고 95다52505 판결)는 약관상 "피보험자는 계약체결 후 보험의 목적을 양도할 때, 위험이 뚜렷이 증가한 경우 등에는 지체 없이 서면으로 보험자에게 알리고 보험증권에 그 확인을 받아야 하며, 보험자는 위험이 증가된 경우에는 통지를 받은 날로부터 1개월 이내에 계약을 해지할 수 있으며, 또한 보험계약자나 피보험자가 현저한 위험의 변경 또는 증가와 관련된 위 통지의무를 이행하지 아니하였을 때에는 보험자는 위 통지의무의 불이행 사실을 보험자의 중대한 과실로 알지 못하는 경우를 제외하고는 위 불이행 사실을 안 때로부터 1개월 이내에 보험계약을 해지할 수 있다"고 규정되어 있었고, 보험자는 화재 발생 다음날에야 비로소 보험계약의 목적물인 건물이 양도된 사실을 안 사안에서 "화재보험의 목적물이 양도되었으나 그 소유자만 변경되었을 뿐 보험요율의 결정요소인 영위직종과 영위작업, 건물구조 및 작업공정이 양도 전후에 동일한 경우, 보험목적물의 양도로 인하여 위험의 현저한 증가 또는 변경이 있었다고 볼 수 없으므로 그 통지의무 위반을 이유로 보험계약을 해지할 수는 없다"고 하였다.[55)]

II. 비교법적 고찰

1. 유럽보험계약법준칙

유럽보험계약법준칙상 보험목적의 양도의 경우 양수인은 보험목적이 이전된 때부터 보험계약상 피보험자의 지위를 승계한 것으로 간주된다(유럽보험계약법준칙 제12-102조 제2항). 우리 상법상 피보험자가 보험의 목적을 양도한 때에 양수인이 보험계약상의 권리와 의무를 승계하는 것으로 추정되는 것과 달리 간주주의를 취한다.

보험목적의 양도 시 보험계약자와 양수인이 보험계약을 종료하기로 합의한 경우에는 종료 시기를 더 일찍 약정하지 아니하는 한 보험목적의 양도시로부터 1월후에 종료한다(유럽보험계약법준칙 제12-102조 제1항). 따라서 보험목적의 양수인은 양수 후 최대 1월안에 별도의 보험계약을 체결하지 아니하면 그 후에는 보험보장을 받지 못한다. 30일 이전에 보험계약을 체결한 경우에는 30일까지 중복보험이 되는 것이 아니라 그 시점에 보험계약은 종료한다.

보험목적의 양도에 관한 조항은 임의규정이다(유럽보험계약법준칙 제12-102조 제3항 a.호).

상속에 의한 소유권의 이전에는 적용되지 않는다(유럽보험계약법준칙 제12-102조 제3항 b.호).

2. 일본

일본 보험법은 보험목적의 양도에 관한 규정은 두지 않고 있다. 그 이유로는 현행 손해보험약관에서는 보험목적의 양도 시에 손해보험계약상의 권리 또는 지위를 이전하는 경우에는 보험자의 승낙을 필요로 하고, 당연히는 손해보험계

55) 동 판결은 "화재보험의 목적물의 양도로 인하여 이러한 정도의 위험의 변경 또는 증가가 있었는지 여부는 보험목적물의 사용·수익방법의 변경 등 양도 전후의 구체적인 여러 사정을 종합하여 인정·판단하여야 할 것이지(이에 관한 입증책임은 그 존재사실을 들어 보험계약의 해지를 주장하는 자가 부담한다.), 화재보험의 목적물의 양도로 인하여 소유자가 바뀌었다고 하여 당연히 위험의 현저한 변경 또는 증가가 있었다고 볼 수는 없다."고 하였다.

약상의 권리는 이전하지 않는 것이 통례이라는 것이 거론되고 있다. 이에 따라 보험목적의 양도는 위험의 증가(보험법 제29조)의 문제로 규율된다.[56)]

제9장 손해방지의무

제1절 총 설

Ⅰ. 의의

손해방지의무라 함은 보험계약자와 피보험자는 보험사고가 발생한 경우 그 사고로 인한 손해를 방지하고 줄이기 위하여 노력할 의무를 말한다(상법 제680조).

Ⅱ. 근거

손해방지의무의 이론적 근거에 대하여는 견해가 나뉜다.

1. 공익보호설

피보험자가 손해의 발생 또는 확대를 방지할 수 있음에도 불구하고 보험에 들어있다는 이유만으로 이를 방관하는 것은 사회경제상 손해이고, 피보험자 자신이 그 손해의 발생 또는 확대를 초래한 것과 다르지 않다. 따라서 이와 같은 사태를 방지할 목적의 공익보호규정이 상법 제680조에서 규정하는 피보험자의

56) 高山崇彦 編著, 전게서, 306-307面.

손해방지의무라는 견해이다. 이 공익보호설에 대하여는 상법상의 피보험자의 손해방지의무는 보험사고에 의한 손해의 방지를 의무지우기 위한 것으로 오직 보험자보호를 위하여 세상의 재화를 멸실·훼손하여서는 안 된다는 공익보호는 단지 파생적인 것에 불과하다는 이유로 이를 손해방지의무의 근거로 하는 것을 비판하는 견해도 있다.

2. 형평성에 근거하는 설

보험법에 있어서 손해방지의무는 민법상의 과실상계의 규정과 같이 자기의 과실에 의하여 손해를 입은 자는 손해를 입었다고 인정되어서는 안 된다는 형평성의 원칙을 기초로 하고 있다고 고찰한다.

3. 피보험자의 보험자에 대한 신의성실의 원칙에 있다는 설

신의칙의 요청이라는 것은 보험자가 부담하는 보험급부의무는 손해가 확대되면 증가하지만, 손해의 확대를 방지할 수 있는 손해가 피보험자가 이를 하지 않아 확대시킨 경우 보험자의 관계에서 신의칙위반이라는 것이다.

4. 보험사고의 우연성을 손해의 발생에까지 미친다고 하는 견해

일본의 통설의 입장이다. 상법에서 손해방지의무를 지우는 것은 손해의 발생이 피보험자의 고의 또는 중과실에 의하여서는 안 된다는 정신을 손해의 범위에까지 미치게 한 것이라고 해석한다. 피보험자 스스로 초래한 보험사고에 대하여서는 보험자는 보상의무를 지지 않는다고 규정한 상법 659조의 취지를 손해의 범위까지 확장하여 해석한 것이다. 보다 구체적으로는 보험의 목적에 대하여는 피보험자는 손해를 방지할 지위에 있기 때문에, 부작위에 의하여 손해가 확대되는 경우에는 그 부작위가 개재하는 한도로 우연한 손해라고 할 수 없고, 결국 피보험자는 손해의 방지를 위하여 노력한 결과 발생한 손해만을 보상받을 수 있는 손해라고 해석한다. 이 견해에 대하여는 고의로 인한 보험사고야기와 손해방지의무와의 관련성이 존재함은 부정할 수 없지만, 보험사고야기 그 자체의 근거를 우연성을 결여한 것으로 이해하는 것은 옳지 않고, 손해방지의무의 근거를 우연성에서 구하는 것은 찬성할 수 없다는 비판도 있다.

5. 사견

신의성실의 원칙과 공익보호가 주된 근거라고 본다.[57)]

Ⅲ. 성질

1. 법적 성질

손해방지의무의 법적 성질에 대하여는 우리 나라의 경우에는 진정한 법적 의무라고 하지만,[58)] 일본에서는 진정한 의무라는 견해와 보험금청구권을 확보하기 위한 전제조건으로 보는 견해로 나뉘고, 위반의 효과에 대하여도 전자의 경우에는 채무불이행의 일반원칙에 따라 손해배상청구권을 취득하고 보험금채권과의 상계의 문제가 될 수 있다고 하지만, 후자의 입장에서는 면책의 효과가 발생한다고 하며, 학설의 일반적인 입장은 전자의 입장이다.[59)]

2. 채권자의 손해경감의무 · 피해자의 과실상계와 유사함

손해방지의무의 성질과 위반의 효과에 참조할 수 있는 유사한 법률관계는 채무불이행으로 인한 손해배상에 있어서 채권자의 손해경감의무, 불법행위로 인한 손해배상에 있어서 피해자의 과실과 과실상계 등을 들 수 있다.

---

57) 양승규, 전게서, 230~231면; 정찬형, 상법강의(하), 616면; 山下友信은 신의성실의 원칙과 공익보호를 그 근거로 보지만, 후자는 그다지 강한 의미가 있는 것은 아니라고 한다(山下友信, 保險法, 有斐閣, 2005, 412面).

58) 양승규, 전게서, 231면; 정찬형, 상법강의(하), 박영사, 2015, 642면.

59) 木下孝治, 保険契約における情報隔差の是正と不正請求對策, 商事法務 No. 1808 (2007.8.25), 34面.

손해방지의무는 보험자가 보험계약자에게 그 이행을 강제할 수 없고, 손해방지의무자는 손해에 대하여 보상을 받을 권리를 가지는 주체가 손해의 발생·확대에 기여하는 경우에 그 기여분에 대하여 스스로 부담하여야 한다는 것을 도출하는 기초로서의 의무인 점에서 채권자의 손해경감의무·피해자의 과실상계와 유사하다.[60]

3. 손해방지의 정도

손해방지의무는 자기의 재산과 같은 주의, 자기의 이익을 위하여 하는 정도의 주의로 충분하고, 선량한 관리자의 주의의무와 같은 높은 노력을 할 의무가 인정되는 것은 아니다.[61]

제2절 손해방지의무자

손해방지의무를 지는 자는 보험계약자와 피보험자이다. 보험계약자와 피보험자의 대리인, 사용인, 지배인, 선장 등도 포함된다.

제3절 손해방지의무의 내용

I. 손해의 확대방지와 경감의무

손해방지의무의 내용은 보험계약자와 피보험자는 보험사고가 발생한 경우 그 사고로 인한 손해를 방지하고 줄이기 위하여 노력하는 것이다. 그러므로 보험

60) 木下孝治, 상게논문, 34面.
61) 山下友信, 保險法, 有斐閣, 2005, 413面.

사고 발생 자체의 발생을 방지할 의무는 없다.

방지행위는 소화나 구호 등 직접적인 행위만이 아니라, 제3자에 대한 청구권 확보나 대위권확보를 위한 행위와 같은 간접적인 행위를 포함한다.

손해방지의무는 보험사고의 발생을 전제로 하는 것이나, 보험사고가 발생한 것과 같이 볼 수 있는 상태가 생겼을 때에도 그 때부터 피보험자의 손해방지의무가 생긴다.

Ⅱ. 손해방지의 시기와 종기

손해방지의무의 시기는 보험사고가 발생한 때이고, 그 종기는 더 이상 손해방지와 경감의 가능성이 존재하지 아니한 때이다.

Ⅲ. 노력의 정도

노력의 정도는 자기의 재산과 같은 주의, 자기의 이익을 위하여 하는 정도의 주의로 충분하다. 이러한 노력을 이행한 이상 그 의무를 다한 것이고 손해방지나 경감의 효과가 반드시 생겨야 되는 것은 아니다.

Ⅳ. 보험자의 지시에 따를 의무

사정이 허용하는 한 보험자의 지시에 따를 의무가 있다.

제4절 손해방지의무위반의 효과

Ⅰ. 우리나라의 학설의 입장

현행상법은 손해방지의무의 인정범위에 대하여 아무 규정을 두고 있지 않지만 약관은 보험계약자의 중과실로 제한을 가하지 않은 약관[62], 고의 또는 중과실로 제한하는 약관[63]으로 나뉜다. 학설은 손해방지의무의 범위를 고의 또는 중과실로 한정하는 견해가 일반적이다. 즉, 보험자는 보험계약자 또는 피보험자가 고의 또는 중대한 과실로 손해방지의무를 이행하지 아니한 때에는 그 의무위반과 상당인과관계가 있는 손해에 대하여는 당연히 그 배상을 청구할 수 있고, 이를 위하여서는 보험계약자 등이 그 의무를 게을리 하였다는 객관적인 사실을 증명하면 되고, 이 경우 보험계약자 등이 손해배상책임을 지지 않기 위하여는 그 의무위반이 자신의 고의 또는 중대한 과실로 기인한 것이 아님을 증명하여야 한다."[64]라고 하거나, "보험계약자와 피보험자가 고의 또는 중과실로 인하여 손해방지·경감의무를 해태한 경우에는 보험자는 이와 상당인과관계가 있는 손해의 배상청구를 할 수 있다."[65]라고 한다.

---

62) 영업배상책임보험약관 제16조 제1항과 도로운송업자배상책임보험약관 제16조 제1항은 손해방지의무라는 제목아래 "보험사고가 생긴 때에는 계약자 또는 피보험자는 아래의 사항을 이행하여야 한다. 1. 손해의 방지 또는 경감을 위한 일체의 방법을 강구하는 일 2. 제3자로부터 손해의 배상을 받을 수 있는 경우에는 그 권리의 보전 또는 행사를 위한 필요한 절차를 취할 일 3. 손해배상책임의 전부 또는 일부를 승인하고자 할 때에는 미리 회사의 동의를 받을 일. 그러나 피해자에 대한 응급처치, 긴급호송 또는 그 밖의 긴급조치는 그러하지 아니합니다. 4. 손해배상책임에 관하여 피보험자가 소송을 제지하고자 할 때에는 미리 회사의 동의를 받을 일"이라고 규정하고, 2011년 개인용자동차보험 보통약관 I. 개인용자동차보험 일반사항 6. 보험계약자 등의 의무사항 (3) 사고발생시의 의무 조항은 "보험계약자 또는 피보험자는 사고가 생긴 것을 안 때에는 지체없이 손해의 방지와 경감에 힘쓰고, 남으로부터 손해배상을 받을 수 있는 권리가 있는 경우에는 그 권리의 보전과 행사에 필요한 절차를 밟아야 한다."라고 규정하고 있다.

63) 주택화재보험약관 제16조 제1항, 유리보험 보통약관 제15조 제1항, 도난보험 보통약관 제16조 제1항, 근로자재해보장책임보험약관 제14조 제2항은 손해방지의무라는 제목으로 "보험사고가 생긴 때에는 보험계약자 또는 피보험자는 손해의 방지와 경감에 힘써야 합니다. 만약 보험계약자 또는 피보험자가 고의 또는 중대한 과실로 이를 게을리 한 때에는 방지 또는 경감할 수 있었을 것으로 밝혀진 값을 손해액에서 뺍니다"라고 규정하고 있다.

64) 양승규, 전게서, 234면

Ⅱ. 비교법적 검토

손해방지의무의 범위에 대한 외국의 입법례로서는 (1) 일반적으로 규정하는 국가(일본 보험법 제13조, 프랑스 보험법 제172-23조, 이탈리아 민법 제1914조 제1항, 스위스 보험계약법 제61조), (2) 고의 또는 중과실로 한정하는 국가(독일 보험계약법 제82조, 핀란드,[66] 노르웨이[67])로 나뉜다.[68]

Ⅲ. 개선방안

고의 또는 중대한 과실로 인한 손해방지의무의 해태로 인한 손해만을 보험자의 면책 또는 감액으로 하는 것이 타당하다. 그 근거로는 (1) 손해방지의무의 정도는 자기재산과 같은 정도의 주의의무라는 점, (2) 영국 해상보험법은 우리 상법과 같이 규정하고 있지만, 판례와 학설은 손해방지의무위반이 보험사고로 인한 손해와의 인과관계를 깨뜨리거나 손해방지의무위반이 중과실인 경우나 무모인 경우에 한하여 보험금액감액청구권이 인정되는 점,[69] (3) 최근의 독일보험계약법 제82조의 예 등을 들 수 있다.

---

65) 김성태, 보험법강론, 법문사, 2001, 437면; 최준선, 전게서, 190-191면.

66) 핀란드 선박보험약관은 "과실에 해당하는 경감의무의 해태가 있더라도 보험자에 대한 보상청구권을 상실하지 않는다."라고 규정하고 있다.

67) 노르웨이 해상보험계획 3-31조는 "피보험자가 고의 또는 중과실로 인하여 이행하지 않은 경우에, 보험자는 의무가 이행되었더라면 지지 않았을 것 이상 책임이 없다."라고 규정하고 있다.

68) 한창희, 보험계약상 손해방지의무의 개정방향에 관한 재검토, 손해사정연구 제1호(2008), 한국손해사정학회, 38면.

69) Malcolm Clarke, Wisdom after the event: the duty to mitigate insured loss, [2003] LMCLQ 531; 한창희, 손해방지의무와 손해방지비용의 보상, 보험학회지 제78집(2007), 한국보험학회, 115면.

제5절 손해방지비용의 부담

Ⅰ. 손해방지비용

1. 보험자의 비용상환의무

손해방지비용이란 보험계약자 또는 피보험자가 보험사고로 인한 손해의 방지 또는 경감을 위하여 필요하고도 유익한 비용을 말하고, 상법은 손해방지를 위하여 필요 또는 유익하였던 비용과 보상액이 보험금액을 초과한 경우라도 보험자가 부담하도록 하고 있다(상법 제680조 제1항 단서). 이것은 한편으로는 보험계약자와 피보험자에게 손해방지의무를 지우고 있는 것에 대응하여 그것을 장려하는 공익적 이유와 다른 한편으로는 이 비용은 보험사고의 발생으로 인한 손해이면서 보험자의 이익을 위해서도 필요하다는 이유에 근거를 두는 것이다. 상법 680조도 또한 상대적 강행규정이므로 해상보험 등 기업보험을 제외하고는 무한보상책임을 부담하기를 원하지 아니하는 경우에도 이를 허용하지 아니하여 보험자의 위험관리기능을 저해한다. "회사는 지급보험금에 손해방지비용을 합한 금액이 보험가입금액을 초과하더라도 이를 지급합니다."[70]라고 규정하는 것이 그 예이다. 이에 보험자의 지시에 의한 것이 아닌 한 손해방지비용은 보험금액을 한도로 하여 보험자가 부담하도록 하는 것이 바람직하다는 입법론이 유력하다.[71]

2. 보험사고 발생 후 손해방지·경감비용의 부담

손해방지·경감비용은 보험자가 담보하는 위험으로 인한 손해를 방지하거나 경감시키기 위하여 소요되는 비용이므로, 보험자가 보상책임을 지지 아니하는 사고로 인한 비용은 포함하지 않는다.

---

70) 유리보험 보통약관 제15조 제3항, 도난보험 보통약관 제16조 제3항, 주택화재보험약관 제16조 제3항.

71) 양승규, 전게서, 235면

그러나 보험사고 발생 후 피보험자의 법률상 책임 여부가 판명되지 아니한 상태에서 피보험자가 손해확대방지를 위한 긴급한 행위를 함으로써 발생한 필요·유익한 비용, 비록 피보험자의 손해배상책임이 인정되지 않아 피보험자가 면책된다고 하여도 이러한 비용은 손해방지·경감비용으로 보아 보험자가 부담한다.[72]

보험사고가 발생한 것과 같게 볼 수 있는 경우에 피보험자의 법률상 책임 여부가 판명되지 아니한 상태에서 피보험자가 손해확대방지를 위한 긴급한 행위를 함으로써 발생한 필요·유익한 비용도 손해방지비용에 해당한다.[73]

손해방지비용에 관한 판례

사건번호	쟁점	판결내용
대법원 1993. 1. 12. 선고 91다42777 판결	개인용자동차종합보험에 가입한 승용차를 자동차전용도로에서 운행 중 자전거를 타고 무단 횡단하던 자를 치어 병원에 이송하였는데 피해자가 의식을 회복하지 못하고 가족에게 연락할 수 없는 상황에서 병원측의 치료비 채무의 연대보증이 없으면 치료해줄 수 없다고 하여, 치료가 늦어질 경우 생명마저 위험해질 것을 염려되어 연대보증 하였으나, 보험자가 사고 후 114일이 지나 피보험자에게 사고발생에 대한 과실이 없으므로 보험금을 지급하지 않겠다는 취지의 면책통지를 함	사고발생시 피보험자의 법률상 책임 여부가 판명되지 아니한 상태에서 피보험자가 손해확대방지를 위한 긴급한 행위를 하였다면 이로 인하여 발생한 필요·유익한 비용도 보험자가 부담하여야 하므로 지출한 치료비 중 보험자의 면책통보시까지 발생한 부분의 보상을 명함
대법원 1994. 9. 9. 선고 94다16663 판결	자동차종합보험에 가입한 트럭을 승낙피보험자가 운전하다가 반대방향에서 중앙선을 침범하여 오던 피해자운전의 오토바이와 추돌하여 두개골함몰골절상 등을 입게 하여 소식을 듣고 보험계약	대법원 1993. 1. 12. 선고 91다42777 판결과 같은 취지의 판시함

72) 대법원 1993. 1. 12. 선고 91다42777 판결.

73) 대법원 2003. 6. 27. 선고 2003다6958 판결.

사건번호	쟁점	판결내용
대법원 2003. 6. 27. 선고 2003다6958 판결	결함 있는 생산물의 회수·수리·대체비용을 면책으로 하는 영업배상책임보험에 가입한 레미콘업자가 증축공사현장의 지하 1층 내벽 면에 불량레미콘을 공급하여 붕괴위험이 있어 공사 지연을 우려하여 초속경 시멘트로 대체 시공하는데 7,300만원을 지급하게 되었는데, 그 비용의 보상을 청구함	대법원 1993. 1. 12. 선고 91다42777 판결에 따라 콘크리트 하자 부분을 그대로 방치할 경우 대형 건물의 붕괴 등 건물 안전상 치명적인 손해가 발생할 위험도 배제할 수 없어 그 보수공사를 의뢰한 것은, 보험사고가 발생한 것과 같게 볼 수 있는 때로서 그 법률상 책임 여부가 판명되지 아니한 상태에서 원고가 피보험자로서의 손해방지의무의 일환으로서 행한 것이고, 시공사에게 손해가 발생하는 것을 방지하기 위하여는 통상적인 시멘트가 아닌 초속경 시멘트를 사용하고 야간작업도 병행하여 최대한 빨리 보수공사를 완료할 필요성도 있었다고 보여지므로 원고가 지출한 하자보수 공사비 중 4천여만 원(보통의 방법으로 콘크리트를 대체·시공하는 비용을 제외한 금액)은 손해방지를 위하여 지출한 필요하고도 유익한 비용이라고 함

Ⅱ. 방어비용

1. 방어비용의 의의

방어비용은 피해자가 보험사고로 인적, 물적 손해를 입고 피보험자를 상대로 손해배상 청구를 한 경우에 그 방어를 위하여 지출한 재판상 또는 재판 외의 필요비용을 말하며 보험자가 부담한다(상법 제720조 제1항).

상법 제680조에 따른 손해방지비용은 보험금액의 제한 없이 보험자가 보상책임을 진다(상법 제680조 단서). 한편 상법 제720조 제1항은 "피보험자가 제3자의 청구를 방어하기 위하여 지출한 재판상 또는 재판외의 필요비용은 보험의 목적에 포함된 것으로 한다. 피보험자는 보험자에 대하여 그 비용의 선급을 청구할 수 있다."라고 규정하여 책임비용의 방어비용은 보험의 목적에 포함된 것으로 한다. 따라서 후자의 경우에는 방어비용을 포함한 보상액은 보험금액으로 제한된다.

2. 방어비용의 성격

방어비용의 성격은 손해비용과 구별과 관련하여 논의된다.

가. 학설

(1) 손해방지비용이라는 설

방어비용을 손해방지비용이라고 보는 견해가 있다. 이 견해는 상법 제720조의 방어비용 규정을 책임보험의 일반조항인 상법 제680조의 특별규정으로 본다. 즉 방어비용도 보험자가 부담할 보상금을 줄이기 위해 지출하는 비용이므로 결과적으로 손해방지 또는 감소를 위한 비용의 보상이라는 점에서 양자가 유사하다는 것이다.[74]

(2) 보험급여설

이 견해는 책임보험에서 피보험자에 대한 권리보호기능이 중시됨에 따라서 보험자는 방어의무에 의하여 권리보호급여의 하나로서 그 비용을 부담할 뿐만 아니라, 피보험자를 보호하기 위하여 적극적 행위의무까지 부담하여야 한다. 따라서 방어비용을 책임보험계약의 본질적인 내용인 보험급여로 본다.[75]

(3) 부수적 채무설

부수적 채무설은 상법 제720조는 상법 제680조와는 별개의 독립된 규정으로 이해한다. 즉 손해방지비용은 필요 또는 유익한 비용임에 비하여 방어비용은 필요한 비용으로 한정하는 등 비용부담의 인정근거가 상이하고 그 취지도 다르다고 본다. 따라서 방어비용은 책임보험제도의 합리적이고 원활한 운용을 위하여 법이 정책적으로 인정하는 부수적 채무로서 책임보험의 본질로부터 비롯된 것이 아니라고 한다.[76]

---

74) 양승규, 보험판례연구, 삼지원, 2000, 329면.
75) 김성태, 책임보험자의 방어의무, 서울대 석사학위논문, 1980, 122면.

나. 판례

판례(대법원 2002. 6. 28. 선고 2002다22106 판결)는 피해자의 후송치료비용 등 긴급조치비용을 손해확대방지비용으로, 피해자가 제기한 소송에 응소하면서 피보험자가 지출한 변호사비용을 방어비용으로 나누어 판단하고 있으면서 보험급여설을 취하고 있다.[77]

다. 사견

방어비용은 재판상, 재판 외에서 피보험자가 피해자측과 책임의 존부와 범위를 놓고 각종 쟁송상의 방어를 하는 과정에서(또는 협상을 하는 과정에서) 지출하는 비용임을 그 본질로 하고 있으므로 보험급여의 하나로 한 것이다.[78] 따라서 상법 제680조 제1항에 규정된 손해방지비용과 상법 제720조 제1항에 규정된 방어비용은 서로 구별되는 것이다.[79]

3. 미리 보험자의 동의를 얻은 방어비용만 보상하기로 하는 조항의 효력

보험약관에 "피보험자가 지급한 소송비용, 변호사비용, 중재, 화해 또는 조정에 관한 비용 중에서 피보험자가 미리 보험자의 동의를 받아 지급한 경우에만 보험금을 지급한다."고 규정하고 있는 경우, 이러한 제한 규정을 보험자의 "사전 동의"가 없으면 어떤 경우에나 피보험자의 방어비용을 전면적으로 부정하는 것으로 해석하는 한에서는 이러한 약관조항으로 인하여 피보험자의 방어비용을 보험의 목적에 포함된 것으로 일반적으로 인정하고 있는 상법 제720조 제1항의 규정을 피보험자에게 불이익하게 변경하는 것으로 상법 제663조에 반하여 무효이다.[80]

---

76) 부구욱, "방어비용과 손해방지비용의 인정범위", 상사판례연구(II), 상사판례연구회, 1995, 212-213면.
77) 사법연수원, 전게서, 69면.
78) 김상준, 책임보험에 있어서의 손해방지비용 및 방어비용, 대법원판례해설 제40호(2002), 706면; 최종식, 손해보험의 손해방지비용과 방어비용에 대한 검토 (대법원 2006. 6. 30. 선고 2005다21531판결을 중심으로), 법학논총 21집(2009), 숭실대학교 법학연구소, 311면.
79) 대법원 2006. 6. 30. 선고 2005다21531 판결. 이 판결은 보험약관에 손해방지비용과 관련한 별도의 규정을 두고 있더라도, 그 규정이 당연히 방어비용에 대하여 적용될 수 없다고 하였다.
80) 대법원 2002. 6. 28. 선고 2002다22106 판결.

방어비용에 관한 판결

사건번호	쟁점	판결요지
대법원 1995. 12. 8. 선고 94다27076 판결	호텔업을 하는 원고회사가 자동차종합보험에 가입한 중형버스를 운행하던 중 정차중인 봉고차와 충돌하여 탑승하던 2명의 미국인이 상해를 입어 원고회사와 기술원조계약이 체결되어 있던 미국 소재 소외회사(원고회사가 소외회사의 손해배상책임을 부담하도록 되어 있었음)에게 미국법원에 제소되어 소송상 화해과정에서 지출한 변호사 비용 12만 6천 달러의 보상을 자동차보험자에게 청구함	피보험자가 보험사고로 인한 손해배상 의무를 확정하는 데 아무런 의미가 없는 소송에 원고가 자의로 개입하여 지출한 비용은 보험자가 보상하는 방어비용이 아님.
대법원 2002. 6. 28. 선고 2002다22106 판결	영업배상특약보험에 가입한 낚시터업자로부터 시설의 유지·보수공사를 위탁받은 자가 작업 중 굴삭기가 물속으로 전복되어 사망하여 손해배상책임문제가 다투어져 긴급조치비용(응급후송 및 치료비: 99만원)과 불법행위책임, 사용자책임, 공작물소유자·관리자책임관련 변호사선임비용(2200만원)의 보상을 청구함	(1) 긴급조치비용은 사고발생시 피보험자의 법률상 책임 여부가 판명되지 아니한 상태에서 피보험자가 손해확대방지를 위한 긴급한 행위임 (2) "피보험자가 지급한 소송비용, 변호사비용, 중재, 화해 또는 조정에 관한 비용 중에서 피보험자가 미리 보험자의 동의를 받아지급한 경우에만 보험금을 지급한다."는 약관조항은 상법 663조, 제720조 제1항에 반하여 무효이고, 후일 확정판결에 따르면 피해자의 과실로 인한 것으로 보험사고로 인한 손해가 아니었지만 사고발생 시 피보험자와 보험자의 법률상 책임 여부가 판명되지 아니한 상태에서 피보험자가 피해자가 제기한 소송에 응소한 비용은 방어비용에 해당함

사건번호	쟁점	판결요지
대법원 2006. 6. 30. 선고 2005다21531 판결	기업보험인 현대증권과 서울보증보험간의 신원보증보험계약상 "피보험자가 손해의 방지 또는 경감을 위하여 회사의 동의를 얻어 지출한 필요 또는 유익한 비용은 보험가입금액을 초과한 경우라도 회사가 보상하여 드립니다."는 조항이 상법 720조 1항의 방어비용에 해당하는지 여부	상법 제680조 제1항에 규정된 '손해방지비용'은 보험자가 담보하고 있는 보험사고가 발생한 경우에 보험사고로 인한 손해의 발생을 방지하거나 손해의 확대를 방지함은 물론 손해를 경감할 목적으로 행하는 행위에 필요하거나 유익하였던 비용을 말하는 것이고, 같은 법 제720조 제1항에 규정된 '방어비용'은 피해자가 보험사고로 인적·물적 손해를 입고 피보험자를 상대로 손해배상청구를 한 경우에 그 방어를 위하여 지출한 재판상 또는 재판 외의 필요비용을 말하는 것으로서, 위 두 비용은 서로 구별되는 것이므로, 보험계약에 적용되는 보통약관에 손해방지비용과 관련한 별도의 규정을 두고 있다고 하더라도, 그 규정이 당연히 방어비용에 대하여도 적용된다고 할 수는 없다. 보험자의 동의없이 지급한 비용 등은 보상하지 않는다는 조항은 상법 제680조와 관련하여 유효하지만, 방어비용에는 적용이 없으므로 약관에 정함이 없는 경우에는 한국법령에 의한다는 약관조항에 따라 변호사비용을 상법 제720조 1항에 따라 보상하여야 함

제10장 보험자대위

제1절 총 설

Ⅰ. 보험자대위의 의의

보험자대위라 함은 보험자가 피보험자에 대하여 보험금을 지급한 경우에 보험자가 피보험자의 지위에 서서 피보험자가 손해가 생긴 피보험이익에 관하여 가지고 있던 권리 및 구제방법을 법률상 당연히 취득하는 것을 말한다.

보험자대위는 민법상의 손해배상자의 대위(민법 제399조)와 그 성질이 같다.[81]

보험자대위는 보험의 목적이나 제3자에 대한 권리의 이전은 당사자의 의사표시를 요하지 않고 법률상 당연히 발생한다. 그러므로 등기나 인도 등의 물권변동의 절차 없이 그 권리를 주장할 수 있고(목적물대위의 경우), 지명채권의 양도의 대항요건 없이 제3자에게 대항할 수 있다(청구권대위의 경우).

Ⅱ. 근거

보험자대위를 인정하는 근거는 피보험자가 보험자로부터 보험금액을 지급받은 후에도 제3자에 대한 청구권을 보유, 행사하게 하는 것은 피보험자에게 손해의 전보를 넘어서 오히려 이득을 주는 결과가 되어 손해보험제도의 원칙에 반하고 배상의무자인 제3자가 피보험자의 보험금 수령으로 인하여 그 책임을 면하는 것도 불합리하므로 이를 제거하여 보험자에게 그 이익을 귀속시키려는 데 있다.[82]

81) 다만 민법상의 손해배상자의 대위는 채권의 목적인 물건 또는 권리의 가액 전부를 손해배상으로 받을 것을 요건으로 하지만, 청구권대위의 경우는 보험자가 보험금의 일부를 지급한 경우도 인정되는 점에서 차이가 있다.

Ⅲ. 인보험에서의 대위금지

보험자대위는 손해보험에서만 인정되고 인보험에서는 금지되는 것이 원칙이지만, 인보험에 관하여도 상해보험에 관하여서는 당사자 사이에 약정이 있으면 가능하다(상법 제729조).[83]

제2절 목적물대위

Ⅰ. 목적물대위의 의의

목적물대위라 함은 보험의 목적의 전부가 멸실한 경우에 보험금액의 전부를 지급한 보험자가 그 목적에 대한 피보험자의 권리를 취득하는 것을 말한다(상법 제681조 본문).

목적물대위는 해상보험상의 보험위부(상법 제710조)와 유사하나, 전자는 보험목적의 전손의 경우에 피보험자에게 손해를 보상한 보험자에게 법률상 당연히 보험목적에 대한 권리를 이전시키는 제도임에 반하여, 후자는 보험목적이 전부 멸실된 것과 동일시되는 추정전손의 경우에 피보험자의 특별한 의사표시에 의하여 보험의 목적에 대한 권리를 보험자에게 이전하고 보험금을 청구하는 제도인 점에서 성질을 달리한다.

82) 대법원 1989. 4. 25. 선고 87다카1669 판결.

83) 대법원 2008. 6. 12. 선고 2008다8430 판결은 "자기신체사고 자동차보험은 인보험의 일종인 상해보험으로서 상법 제729조 단서에 의하여 보험자는 당사자 사이에 다른 약정이 있는 때에는 피보험자의 권리를 해하지 아니하는 범위 안에서 그 권리를 대위하여 행사할 수 있는바, 상법 제729조의 취지가 피보험자의 권리를 보호하기 위하여 인보험에서의 보험자대위를 일반적으로 금지하면서 상해보험에 있어서 별도의 약정이 있는 경우에만 예외적으로 이를 허용하는 것인 이상, 이러한 약정의 존재 및 그 적용 범위는 보험약관이 정한 바에 따라 이를 엄격히 해석하여야 하는 것이 원칙이므로, 보험자는 특별한 사정이 없는 한 보험약관이 예정하지 아니하는 피보험자의 손해배상청구권을 대위할 수 없다."고 판시하였다.

II. 목적물대위의 요건

1. 보험목적의 전부멸실

보험목적의 전부 멸실이라 함은 목적물이 물리적으로 완전히 멸실한 것을 의미하는 것이 아니라 목적물이 동일성을 상실하여 보험자가 보험금액을 기준으로 전손으로 처리한 경우를 말한다.

2. 보험금 및 비용의 지급

보험금액의 전부 지급이라 함은 보험의 목적에 대하여 발생한 손해뿐만 아니라 보험자가 부담하는 손해방지비용까지 지급한 것을 말한다.

III. 목적물대위의 효과

피보험자가 보험의 목적 대하여 가지는 모든 권리를 보험자가 취득한다. 권리이전의 시기는 보험사고 발생 시가 아니라 보험자가 보험금액과 비용을 전부 지급한 때다. 따라서 피보험자가 보험금의 지급을 받기 전에 보험목적에 대한 권리를 처분한 경우 그 처분은 유효하고, 다만 보험자는 피보험자의 권리처분이 없었더라면 취득할 수 있었던 보험목적물의 가액을 한도로 보상의무를 면한다.

보험가액의 일부를 보험에 붙인 일부보험의 경우에, 보험자가 취득할 권리는 보험금액의 보험가액에 대한 비율에 따른다(상법 제681조 단서). 이 경우에 보험자와 피보험자는 보험목적물에 대하여 공유한다.

IV. 대위권포기특약

보험목적에 대한 보험자의 권리취득은 보험자에게 이득이 되지만 때로는 불이익이 더 크기 때문에 보험자로서는 보험목적에 대한 권리를 취득하지 않는 것이 유리한 경우도 있다. 예컨대 선박의 침몰로 전손이 발생하여 보험자가 보험금을 전부 지급하고 난판선의 소유권을 취득하는 경우 그 난파선이 선박의 항행이나 어선에 의한 어로행위를 방해하는 경우 보험자는 그 난파선의 소유자로서 이를 제거하여야 하며, 또 난파선으로 인하여 손해를 입은 자에 대하여 공작물책임을 지거나 유류오염손해배상책임을 질 염려도 있어, 이를 위한 비용이나 배상액이 난파선의 가액을 초과는 경우가 문제된다.

보험자는 이와 같은 위험을 회피하기 위하여 보험계약의 체결 시 또는 보험금 지급 시에 보험자대위로 인한 권리취득 자체를 포기하거나 잔존물의 소유권은 취득하되 이에 따른 의무 내지 책임은 부담하지 아니한다는 특약을 하게 된다. 통설은 이와 같은 특약의 효력을 인정하지만, 후자의 경우는 의문이다.[84)]

대위권포기는 보험금 지급 전후를 묻지 않고 할 수 있는가에 대하여 견해가 대립한다. 피보험자의 이익과 법률관계의 안정을 위하여 보험금 지급 후에는 포기하지 못한다는 견해가 유력하다.[85)]

제3절 청구권대위

Ⅰ. 청구권대위의 의의

청구권대위란 손해가 제3자의 행위로 인하여 생긴 경우에 보험금액을 지급한 보험자는 그 지급한 금액의 한도에서 그 제3자에 대한 보험계약자 또는 피보험자의 권리를 취득하는 것을 말한다(상법 제682조 본문).

84) 사법연수원, 전게서, 101면.
85) 김성태, 전게서, 445면.

Ⅱ. 청구권대위의 요건

제3자의 행위로 인하여 생긴 경우에 보험자가 보험금액을 지급하여야 한다.

1. 제3자의 행위로 인한 보험사고의 발생

제3자의 행위라 함은 건물의 화재에 대한 실화행위와 같은 불법행위뿐 아니라 채무불이행이나 선장의 공동해손과 같은 적법행위도 포함된다.[86)]

제3자라 함은 일반적으로 보험계약자 또는 피보험자 이외의 자를 말한다. 따라서 보험사고를 일으킨 자가 피보험자에 해당하는 경우에는 그 피보험자는 제3자에 해당하지 않는다.

가. 자동차보험상 승낙피보험자·운전피보험자와 제3자성

손해는 제3자의 행위로 인하여 생긴 경우라야 하고 이 경우 제3자라고 함은 피보험자 이외의 자가 되어야 할 것인바, 자동차종합보험보통약관에 피보험자는 기명피보험자 외에 기명피보험자의 승낙을 얻어 자동차를 사용 또는 관리중인 자 및 위 각 피보험자를 위하여 피보험자동차를 운전 중인 자(운행보조자를 포함함) 등도 포함되어 있다면, 이러한 승낙피보험자나 운전피보험자 등의 행위로 인하여 보험사고가 발생한 경우 보험자는 보험자대위의 법리에 의하여 그 권리를 취득할 수 없다.[87)]

승낙피보험자·운전피보험자는 엄밀한 의미에서는 피보험자는 아니지만 이 자들에 대하여 보험자의 청구권대위의 행사를 허용하면 자동종합보험약관상 이들을 피보험자로 인정한 취지를 살릴 수 없기 때문이다.

---

86) 대법원 1995. 11. 14. 선고 95다33092 판결. 이 판결은 보험사고에 의하여 손해가 발생하고 피보험자가 그 손해에 관하여 제3자에게 손해배상 청구권을 갖게 되면 보험금을 지급한 보험자는 제3자에게 귀책사유가 있음을 입증할 필요가 없이 법률의 규정에 의하여 당연히 그 손해배상 청구권을 취득하게 된다고 할 것이므로, 상법 제682조 소정의 '제3자의 행위'란 '피보험이익에 대하여 손해를 일으키는 행위'를 뜻하는 것으로서 고의 또는 과실에 의한 행위만이 이에 해당하는 것은 아니라고 판시하였다.

87) 대법원 2006. 2. 24. 선고 2005다31637 판결.

자동차보험상 청구권대위가 허용되지 않는 승낙피보험자인 제3자

사건번호	사실관계	판결내용
대법원 2001. 11. 27. 선고 2001다44659 판결	주차관리를 소유자로부터 위탁받아 관리중인 승용차를 다른 곳에 주차하기 위하여 시동을 걸고 이동시키던 주차장의 피용자의 과실로 동승하던 소유자의 아들이 다쳐 보험금을 지급한 강제책임보험자가 피용자에 대하여 청구권대위를 주장함	보험자 대위의 법리에 의하여 보험자가 제3자에 대한 보험계약자 또는 피보험자의 권리를 행사하기 위해서는 손해가 제3자의 행위로 인하여 생긴 경우라야 하고, 이 경우 제3자라고 함은 피보험자 이외의 자가 되어야 할 것이므로, 자동차책임보험약관이 기명피보험자 외에 기명피보험자의 승낙을 얻어 자동차를 사용 또는 관리 중인 자, 이러한 각 피보험자를 위하여 피보험자동차를 운전 중인 자(운전보조자 포함) 등도 피보험자로 정하고 있다면, 이러한 승낙피보험자 등의 행위로 인하여 보험사고가 발생한 경우 보험자가 보험자 대위의 법리에 의하여 그 권리를 취득할 수 없다. 기명피보험자로부터 주차관리를 위탁받아 관리중인자의 피용자가 사고 승용차를 운전하다가 생긴 사고에 강제책임보험자가 손해배상금을 지급한 것으로, 피고들은 보험약관에서 정하는 승낙피보험자 또는 그를 위하여 운전 중인 자일 뿐, 상법 제682조에서 말하는 제3자가 아님
대법원 2005. 9. 15. 선고 2005다10531 판결	기명피보험자가 근로자 파견계약에 의하여 근로자 파견회사로부터 파견 받아 피보험자동차의 운전업무에 종사하도록 한 자도 당해 피보험자동차의 운행에 관하여 기명피보험자의 구체적이고 개별적인 승낙을 얻었는지를 불문하고 자동차종합보험계약상 운전피보험자로서 청구권대위의 대상이 아닌지 여부	기명피보험자와 파견사업주 사이에 체결된 근로자 파견계약의 내용 등에 비추어 볼 때, 기명피보험자는 파견근로자가 유발한 피보험자동차에 의한 보험사고에 관하여 파견사업주에게 사용자책임에 기한 손해배상청구권 또는 근로자 파견계약상의 채무불이행에 기한 손해배상청구권을 행사하지 않겠다는 취지가 포함되어 있다고 봄이 상당하므로, 보험자가 보험자 대위에 의하여 취득할 기명피보험자의 파견사업주에 대한 권리는 존재하지 않는다.

사건번호	사실관계	판결내용
대법원 2006. 2. 24. 선고 2005다31637 판결	회사에 입사한 이래 소외 회사 소유의 피보험차량을 운전하여 배달 업무에 종사하는 한편 이를 이용하여 출·퇴근을 하였으며, 차량을 운행하지 않을 때에는 차량 열쇠를 회사의 매장 내 계산대 열쇠걸이에 걸어두는 방법으로 보관하던 중 음주무면허 상태에서 이를 운전하여 귀가하던 도중 교통사고를 야기하여 보험금을 지급한 보험자가 청구권대위를 주장함	기명피보험자인 회사를 위하여 피보험차량을 운전하는 피용자는 운전피보험자로서 '제3자'에 해당하지 않음

나. 타인을 위한 손해보험계약의 경우 보험계약자와 제3자성

타인을 위한 손해보험계약에서 보험계약자가 보험자대위의 대상인 제3자에 해당하는지 여부가 문제된다.

(1) 판례

판례는 대한통운(보험계약자)이 한국전력(피보험자)을 위하여 운송중인 변압기의 파손 등의 손해를 담보한 운송보험계약에서 변압기의 파손손해에 대하여 보험금을 지급한 보험자는 대한통운에 대하여 한국전력이 가진 손해배상청구권을 대위할 수 있다고 하고,[88] 영화촬영장비의 임차인(보험계약자)이 파손으로 인하여 임대인(피보험자)이 입을 손해의 전보를 위하여 손해보험계약을 체결하고 영화촬영장비의 일부인 렌즈가 파손되는 보험사고가 발생하여 임대인에게 보험금을 지급한 보험자는 임대인의 임차인에 대한 손해배상청구권을 대위할 수 있다고 한다.[89]

그 근거로는 타인을 위한 손해보험계약은 그 타인(피보험자)의 이익이 보험의 목적이므로 보험계약의 당사자인 보험계약자의 지위와 성격상 제3자에서 제외할 수 없다고 한다.

---

88) 대법원 1989. 4. 25. 선고 87다카1669 판결. 대법원 1990. 2. 9. 선고 89다카21965 판결.
89) 대법원 2000. 11. 10. 선고 2000다29769 판결.

타인을 위한 보험계약상 보험계약자를 제3자로 인정한 판례

사건번호	사실관계	판결내용
대법원 1989. 4. 25. 선고 87다카1669 판결, 대법원 1990. 2. 9. 선고 89다카21965 판결	대한통운(주)(보험계약자)는 한국전력(주)(피보험자) 사이에 경남 창원시소재 효성창원공장에서 광명시소재 한전의 영서변전소까지 변압기 3대에 대하여 운송보험계약을 체결하고, 변압기 1대를 운송하던 중 트랙터에 연결된 커플러가 풀어져 변압기가 지상에 떨어져 7,595만원의 손해를 입어 한전에 보험금을 지급한 후, 대한통운에 대하여 청구권대위를 주장하였다.	보험자대위에 관한 상법 제682조의 규정을 둔 이유는 피보험자가 보험자로부터 보험금액을 지급받은 후에도 제3자에 대한 청구권을 보유·행사하게 하는 것은 피보험자에게 손해의 전보를 넘어서 오히려 이득을 주는 결과가 되어 손해보험제도의 원칙에 반하고 배상의무자인 제3자가 피보험자의 보험금 수령으로 인하여 그 책임을 면하는 것도 불합리하므로 이를 제거하여 보험자에게 그 이익을 귀속시키려는 데 있고 이와 같은 보험자대위의 규정은 타인을 위한 손해보험계약에도 그 적용이 있다.
대법원 2000. 11. 10. 선고 2000다29769 판결	영화촬영장비의 임차인(보험계약자)이 파손으로 인하여 임대인(피보험자)이 입을 손해의 전보를 위하여 손해보험계약을 체결하고 영화촬영장비의 일부인 렌즈가 파손되는 보험사고가 발생하여 임대인에게 1,800만원의 보험금을 지급한 보험자는 임대인의 임차인에 대한 손해배상청구권의 대위를 주장함	임차인인 보험계약자는 청구권대위의 대상인 제3자임

(2) 학설

학설로는 판례의 입장을 비판하는 부정설의 입장이 일반적이지만, 긍정설[90]도 주장된다. 부정설의 논거는 다음과 같다.[91]

첫째, 타인을 위한 보험계약자는 보험계약의 당사자로서 보험료지급의무 등을 지고, 보험계약자의 고의 또는 중과실로 인한 손해는 면책이기 때문에 보험계약자를 제3자로 볼 수 없다.

---

90) 최기원, 보험법, 박영사, 1998, 276면.

91) 양승규, 전게서, 247~248면.

둘째, "손해보험계약의 경우에 보험계약자가 그 타인에게 보험사고의 발생으로 생긴 손해의 배상을 한 때에는 보험계약자는 그 타인의 권리를 해하지 아니하는 범위 안에서 보험자에게 보험금액의 지급을 청구할 수 있다."고 규정하는 상법 제639조 제2항은 간접적으로 보험계약자에 대한 보험자대위권을 배제한 것이다.

(3) 사견

생각건대 타인을 위한 보험계약에서 보험계약자에 대한 보험자대위를 허용하는 판례의 입장은 자신의 피보험자에 대한 손해배상책임을 보장받고자 보험계약을 체결하였음에도 불구하고 보험자대위의 대상이 되어 보험제도의 효용이 현저히 해하여 진다는 점에서 타당하지 않다고 판단된다.

다. 피보험자와 밀접한 관련이 있는 자와 제3자성

피보험자와 밀접한 관련이 있는 자는 청구권대위의 제3자에서 제외되어 보호하는 것이 일반적이다. 보호대상의 범위는 국가에 따라 다르다. 일반적으로 피보험자의 배우자, 자녀, 부모와 같은 피보험자의 가족 그리고 피보험자의 동거하는 자는 보호된다.[92] 피보험자의 가족에 피용자를 포함하는 입법례도 있다.[93] 네덜란드는 보험계약자나 피보험자의 사용자 또는 피용자, 그리고 동일한 사용자에게 고용된 피용자를 포함한다.[94]

(1) 우리법상 동거가족과 제3자

피보험자와 공동생활을 하는 가족의 경우 고의에 의한 보험사고가 아닌 한 제3자에 포함되지 않는다. 판례[95]는 운전자 연령 한정운전 특별약관부 자동차

---

92) 독일 보험계약법 제86조 제3항; 오스트리아 보험계약법 제67조 제2항; 그리스 보험계약법 제14조 제2항; 폴란드 민법 제828조 제2항; 스페인 보험계약법 제43조 제3항; 포르투갈 보험계약법 제136조 제4(b)항; 스위스 보험계약법 초안 제78조 제2항.

93) 벨기에 보험계약법 제41조; 프랑스 보험법 제121-12조 제2항; 이탈리아 민법 제1916조 제2항; 룩셈부르크 보험계약법 제52조.

94) 네덜란드 민법 제7:962조 제3항.

95) 대법원 2000. 6. 23. 선고 2000다9116 판결(운전자 연령 한정운전 특별약관부 자동차종합보험계약에서 연령 미달의 임의운전자가 보험계약자 또는 피보험자의 동거가족인 경우, 상법 제682

종합보험계약에서 연령 미달의 임의운전자가 보험계약자 또는 피보험자의 동거가족인 경우, 상법 제682조 소정의 보험자대위권 행사의 대상인 제3자에 포함되지 않는다고 한다. 이는 피보험자의 동거친족에 대하여 피보험자가 배상청구권을 취득한 경우, 통상은 피보험자는 그 청구권을 포기하거나 용서의 의사로 권리를 행사하지 않는 상태로 방치할 것으로 예상되는바, 이러한 경우 피보험자에 의하여 행사되지 않는 권리를 보험자가 대위취득하여 행사하는 것을 허용한다면 사실상 피보험자는 보험금을 지급받지 못하는 것과 동일한 결과가 초래되어 보험제도의 효용이 현저히 해하여 진다는 점을 이유로 한다.[96)]

(2) 비교법적 고찰

(가) 유럽보험계약법준칙

① 규정내용

유럽보험계약법준칙 제10:101조는 "보험자는 보험계약자 또는 피보험자 또는 피보험자의 가족의 구성원, 보험계약자 또는 피보험자에 대하여 동등한 사회적 관계에 있는 자 또는 피보험계약자 또는 피보험자의 피용인에 대하여 대위권을 행사할 권리가 없다. 다만 보험자가 그 손해가 그와 같은 자의 고의로 생기거나 무모하게 그리고 손해가 발생할지도 모른다는 개연성이 있다는 것을 알고 있는 자에 의하여 생긴 것임을 증명한 경우는 제외한다."라고 규정하여 피보험자 등과 밀접한 관계를 가지는 자에 대한 청구권대위를 허용하지 아니한다.

② 보호되는 밀접한 관계를 가지는 자의 범위

유럽보험계약법준칙은 보호되는 피보험자 등과 밀접한 관련을 가지는 자를 3

조 소정의 보험자대위권 행사의 대상인 제3자에 포함되지 않는다고 한 사례). 대법원 2002. 9. 6. 선고 2002다32547 판결(무면허운전 면책약관부 자동차종합보험계약에서 무면허 운전자가 보험계약자 또는 피보험자의 동거가족인 경우, 상법 제682조 소정의 보험자대위권 행사의 대상인 제3자에 포함되지 않는다고 한 사례). 대법원 2009. 8. 20. 선고 2009다27452 판결(甲이 자동차종합보험(책임보험 포함)에 가입하지 않은 채 사실상 보유·사용하던 차량을 그 처인 乙이 운전하던 중 과실에 의한 사고로 동승자인 딸 丙이 부상을 입은 데 대하여, 구 자동차손해배상 보장법상의 보장사업자가 치료비와 보상금을 지급한 후 피해자 丙의 甲과 乙에 대한 손해배상청구권을 대위행사한 사안에서, 손해배상채무자가 피해자의 동거친족임을 이유로 그 대위행사가 허용되지 않는다고 한 사례).

96) 사법연수원, 전게서, 103면.

유형으로 나누어 규정하고 있다. 첫째 유형의 '가족의 구성원'은 보험계약자 또는 피보험자와 동일한 가정에 거주하는 자를 의미하고, 우리판례 대법원 2000. 6. 23. 선고 2000다9116 판결 등과 같은 취지이다. 둘째 유형상의 '동등한 사회적 관계에 있는 자'는 보험계약자 또는 피보험자와 동거하지 아니하는 가족과 대상으로 소송의 제기로 관계가 파괴되는 밀접한 친구, 이웃을 의미한다. 셋째 유형의 '보험계약자 또는 피보험자의 피용인'은 명확하기 때문에 설명을 요하지 않는다.97)

③ 예외

동거가족이 청구권대위로부터 보호받기 위하여서는 고의로 인한 사고가 아닐 것이 요구된다.98)

(나) 독일보험계약법

독일보험계약법 제86조 제86조 제4항은 "손해 발생 당시 가족공동체 안에서 생활하는 자에 대하여 보험계약자가 손해배상청구를 하는 경우, 그 자가 손해를 고의로 일으킨 것이 아닌 한 보험금청구권의 대위를 주장할 수 없다."고 규정하고 있다.

(다) 프랑스 보험법

프랑스 보험계약법 제121-12조 제2항은 "보험계약자의 자녀, 직계존속 및 비속, 직계인척, 사용자, 피용자, 노동자, 가사노동자 그리고 일반적으로 보험계약자의 가족과 일상생활을 같이 하는 자에 대하여서는 청구권대위가 허용되지 않는다. 다만 이 자의 해의로 행해진 경우에는 제외된다."라고 규정하고 있다.

(3) 우리법상의 시사점

청구권대위의 범위에 대하여서는 입법례에 따라 차이가 있고, 이를 약관에 의하여 규율하는 일본 보험법의 방식도 있다. 우리법의 규율방식으로는 약관에

---

97) Jurgen Basedow & John Birds & Malcolm Clarke & Herman Cousy & Helmut Heiss & Leander Loaker, op. cit.,p. 264.

98) 네덜란드 민법 제7:962조 제3항; 그리스 보험계약법 제14조 제2항; 폴란드 민법 제828조 제3항. 스위스 보험계약법 제72조 제3항은 중과실이 있는 경우에는 적용하지 않는다.

일임하는 방식이 적절하다고 판단되고, 명확히 약관에 규정되어 있지 않는 경우에는 대법원 2000. 6. 23. 선고 2000다9116 판결에 따라 동거가족에 한정하는 것이 타당하다고 판단된다. 상법 보험편의 입법과 관련하여서는 동거가족만이 아니라 동거가족에 유사한 자에 대하여서도 외국의 입법례를 참조하여 확장하는 것이 바람직하다고 판단된다.

2. 제3자에 대한 권리의 존재

보험자는 보험금을 지급할 당시 피보험자가 가지는 권리를 전제로 그 대위권을 취득하게 된다. 따라서 피보험자가 제3자에 대하여 손해배상청구를 할 수 없는 경우나,[99] 피보험자가 보험금을 지급받기 전에 제3자에 대한 권리를 행사 또는 처분한 경우에는 피보험자는 그 한도에서 보험자에 대한 청구권을 잃기 때문에 보험자대위권도 존재하지 않는다.[100] 또한 피보험자 등의 제3자에 대한 손해배상청구권이 시효로 소멸한 경우에도 보험자는 이를 대위할 여지가 없다.[101]

3. 보험금의 지급

피보험자의 손해가 제3자의 행위에 의하여 발생하였더라도 보험자는 보험계약에 따라 피보험자에게 보험금을 지급하여 청구권대위를 행사할 수 있다. 다만 목적물대위와 달리 보험자가 보상할 보험금액의 일부를 지급한 때에는 피보

---

99) 대법원 2005. 9. 15. 선고 2005다10531 판결. 이 판결은 기명피보험자와 파견사업주 사이에 체결된 근로자 파견계약의 내용 등에 비추어 볼 때, 기명피보험자는 파견근로자가 유발한 피보험자동차에 의한 보험사고에 관하여 파견사업주에게 사용자책임에 기한 손해배상청구권 또는 근로자 파견계약상의 채무불이행에 기한 손해배상청구권을 행사하지 않겠다는 취지가 포함되어 있다고 봄이 상당하므로, 보험자가 보험자 대위에 의하여 취득할 기명피보험자의 파견사업주에 대한 권리는 존재하지 않는다고 판단한 것이다.

100) 대법원 1981. 7. 7. 선고 80다1643 판결.

101) 대법원 1993. 6. 29. 선고 93다1770 판결. 이 판결은 상법 제682조 규정은 피보험자 등의 제3자에 대한 손해배상청구권이 있음을 전제로 하여 지급한 보험금액의 한도에서 그 청구권을 취득한다는 취지에 불과한 것이므로 피보험자 등의 제3자에 대한 손해배상청구권이 시효로 인하여 소멸하였다면 보험자가 이를 대위할 여지가 없다고 할 것이고, 이때에 보험자가 취득할 손해배상청구권의 소멸시효의 기산점과 기간은 그 청구권 자체를 기준으로 판단하여야 한다고 판시하였다.

험자의 권리를 해하지 아니하는 범위 내에서 그 권리를 행사할 수 있다(상법 제682조 단서).

청구권대위가 가능하려면 당해 보험계약이 유효하여야 하고, 보험자가 피보험자에게 지급한 보험금은 보험계약에 따라 정당히 지급한 손해에 대한 것이어야 한다. 따라서 보험자가 보험계약상 면책되거나 담보하지 아니하는 손해에 대하여 보험금을 지급한 경우에는 피보험자의 권리를 대위할 수 없다.[102] 만일 보험약관상 사고가 면책대상에 해당되는데도 보험자가 이를 모르고서 피해자에게 보험금을 지급하였다고 가정하더라도, 그와 같은 경우 보험자로서는 피해자에게 그 반환을 구할 수 있고, 따라서 피해자가 보험자에게 부당이득반환 의무가 있는 이상 피해자의 피보험자에 대한 손해배상 채권도 그대로 존속한다고 할 것이어서, 피보험자가 그로 인해 이득을 본 것이라고 할 수도 없는 것이어서, 보험자는 피보험자를 상대로 부당이득반환청구도 할 수 없다.[103]

한편, 보험자가 피보험자에게 보험금을 지급하기 전에 이미 피보험자의 제3자에 대한 손해배상 채권은 그 제3자의 변제 등으로 인하여 일부 소멸한 후 보험자가 피보험자의 나머지 손해액을 초과하는 금액을 보험금으로 지급하였다면, 피보험자의 손해는 모두 전보되었다고 할 것이므로 보험자는 피보험자의 제3자에 대한 나머지 금액에 관한 손해배상 청구권을 대위행사 할 수 있다.[104]

102) 대법원 1994. 4. 12. 선고 94다200 판결. 대법원 2009. 10. 15. 선고 2009다48602 판결. 94다200판결은 보험약관상 보험자가 면책되는 무면허운전 시에 생긴 사고에 대한 보험회사의 보험금지급은 보험약관을 위배하여 이루어진 것으로 적법하지 아니하므로, 보험자대위의 법리상 보험회사는 구상권을 대위행사 할 수 없다고 판시한 사례이다. 대법원 2009. 10. 15. 선고 2009다48602 판결.

103) 대법원 1995. 11. 7. 선고 94다53327 판결.

104) 대법원 1995. 9. 29. 선고 95다23521 판결.

III. 청구권대위의 효과

1. 보험자의 권리취득 및 피보험자의 권리소멸

보험자가 보험금을 지급함으로써 피보험자가 제3자에 대하여 가지는 권리가 보험자에게 이전하고, 피보험자가 가지고 있던 종전의 권리, 즉 제3자에 대한 손해배상청구권은 소멸한다. 따라서 피보험자가 권리를 행사하거나 처분할 수 없고,[105] 제3자도 피보험자의 청구에 응할 의무가 없다.

2. 대위에 의하여 이전되는 권리

가. 피보험자의 제3자에 대한 권리

보험자대위는 피보험자의 제3자에 대한 권리를 전제로 하는 것이므로 보험자는 피보험자가 제3자에 대하여 가지는 권리보다 더 큰 권리를 가질 수 없다. 따라서 제3자는 당연히 피보험자에 대한 항변으로 보험자에게 대항 할 수 있다.

나. 공동불법행위자에 대한 구상권

공동불법행위자의 보험자들 중 하나가 피해자에게 보험금으로 손해배상금을 지급함으로써 공동 면책된 경우 피보험자가 다른 공동불법행위자의 부담부분에 관하여 가지는 구상권도 보험자에게 이전하고, 이를 다른 공동불법행위자의 보험자에 대하여도 행사할 수 있다.[106]

피보험자가 자기의 부담부분만 배상한 경우에도 대위권행사가 가능한지가 문제된다. 판례는 자기의 부담부분을 넘는 부분을 배상하여야 다른 공동불법행위

---

105) 대법원 1997. 11. 11. 선고 97다37609 판결. 이 판결은 화재보험의 피보험자가 보험금을 지급받은 후 화재에 대한 책임 있는 자로부터 손해배상을 받으면서 나머지 손해배상청구권을 포기하였다 하더라도, 피보험자의 화재에 대한 책임 있는 자에 대한 손해배상청구권은 피보험자가 보험자로부터 보험금을 지급받음과 동시에 그 보험금액의 범위 내에서 보험자에게 당연히 이전되므로, 이미 이전된 보험금 상당 부분에 관한 손해배상청구권의 포기는 무권한 자의 처분행위로서 효력이 없고, 따라서 보험자가 이로 인하여 손해를 입었다고 볼 수 없다고 판시하였다.

106) 대법원 1998. 9. 18. 선고 96다19765 판결. 대법원 1998. 12. 22. 선고 96다40466 판결. 대법원 1999. 6. 11. 선고 99다3143 판결.

자의 구상권이 성립한다는 것을 전제로 자기의 부담부분의 범위 내에서만 배상한 경우에는 보험자대위권을 행사할 여지가 없다고 한다.

한편, 민간인과 직무집행중인 군인의 공동불법행위로 직무집행중인 다른 군인 등이 피해를 입는 사고가 발생하고, 민간인이 피해 군인 등에게 자신의 귀책부분을 넘어서 배상한 경우, 국가를 상대로 구상권을 행사할 수 있는지, 그리고 민간인인 피보험자의 보험자가 피보험자의 부담부분을 넘어 손해배상을 한 다음 국가를 상대로 구상권을 행사할 수 있는가가 문제된다. 대법원 2001. 2. 15. 선고 96다42420 전원합의체 판결은 이를 부정한다. 이 판결의 다수의견은 헌법 제29조 제2항, 국가배상법 제2조 제1항 단서의 입법 취지를 관철하기 위하여 국가 등은 피해 군인 등에 대한 국가배상책임을 면할 뿐만 아니라, 나아가 민간인에 대한 국가의 귀책비율에 따른 구상의무도 부담하지 않는다고 판시하였다.[107]

헌법재판소 1994. 12. 29. 93헌바21 전원재판부 결정은 국가배상법 제2조 제1항 단서 중 군인과 관련되는 부분에 대하여 “일반국민이 직무집행 중인 군인과의 공동불법행위로 직무집행 중인 다른 군인에게 공상을 입혀 그 피해자에게 공동의

107) 위 판결은 민간인은 여전히 공동불법행위자 등이라는 이유로 피해 군인 등의 손해 전부를 배상할 책임을 부담하도록 하면서 국가 등에 대하여는 귀책비율에 따른 구상을 청구할 수 없도록 한다면, 공무원의 직무활동으로 빚어지는 이익의 귀속주체인 국가 등과 민간인과의 관계에서 원래는 국가 등이 부담하여야 할 손해까지 민간인이 부담하는 부당한 결과가 될 것이고(가해 공무원에게 경과실이 있는 경우에는 그 공무원은 손해배상책임을 부담하지 아니하므로 민간인으로서는 자신이 손해발생에 기여한 귀책부분을 넘는 손해까지 종국적으로 부담하는 불이익을 받게 될 것이고, 가해 공무원에게 고의 또는 중과실이 있는 경우에도 그 무자력 위험을 사용관계에 있는 국가 등이 부담하는 것이 아니라 오히려 민간인이 감수하게 되는 결과가 된다.), 이는 위 헌법과 국가배상법의 규정에 의하여도 정당화될 수 없다고 할 것이다. 이러한 부당한 결과를 방지하면서 위 헌법 및 국가배상법 규정의 입법 취지를 관철하기 위하여는, 피해 군인 등은 위 헌법 및 국가배상법 규정에 의하여 국가 등에 대한 배상청구권을 상실한 대신에 자신의 과실 유무나 그 정도와 관계없이 무자력의 위험부담이 없는 확실한 국가보상의 혜택을 받을 수 있는 지위에 있게 되는 특별한 이익을 누리고 있음에 반하여 민간인으로서는 손해 전부를 배상할 의무를 부담하면서도 국가 등에 대한 구상권을 행사할 수 없다고 한다면 부당하게 권리침해를 당하게 되는 결과가 되는 것과 같은 각 당사자의 이해관계의 실질을 고려하여, 위와 같은 경우에는 공동불법행위자 등이 부진정연대채무자로서 각자 피해자의 손해 전부를 배상할 의무를 부담하는 공동불법행위의 일반적인 경우와 달리 예외적으로 민간인은 피해 군인 등에 대하여 그 손해 중 국가 등이 민간인에 대한 구상의무를 부담한다면 그 내부적인 관계에서 부담하여야 할 부분을 제외한 나머지 자신의 부담부분에 한하여 손해배상의무를 부담하고, 한편 국가 등에 대하여는 그 귀책부분의 구상을 청구할 수 없다고 해석하여야 한다고 판시하고 있다.

불법행위로 인한 손해를 배상한 다음 공동불법행위자인 군인의 부담부분에 관하여 국가에 대하여 구상권을 행사하는 것을 허용하지 아니한다고 해석하는 한, 헌법에 위반된다."고 판시하고 있으나, 대법원판결의 설시대로 민간인이 자기의 부담부분에 한하여 손해배상의무를 부담한다고 해석한다면 상충의 여지는 없다.

한편, 책임보험에 가입되어 있는 2 이상의 자동차가 공동으로 하나의 사고에 관여하고 보험자가 공동불법행위자 중 1인과 체결한 보험계약에 따라 피해자에게 배상한 금액 중 다른 공동불법행위자의 과실비율에 따른 금액이 책임보험한도액을 초과하는 경우, 보험자 대위에 따라 다른 공동불법행위자 및 그의 보험자가 부담하는 구상금은 책임보험금의 한도액 전액이 된다.108)

다. 피해자의 직접청구권

책임보험에서 피해자가 가지는 직접청구권도 보험자대위의 대상이 된다.109)

3. 피보험자에 대한 부당이득반환청구 또는 손해배상청구

손해가 제3자의 행위로 인하여 생긴 경우에 피보험자가 보험자로부터 보험금을 지급받은 후 제3자로부터 손해배상금을 지급받았다고 하더라도 이 경우 변제는 변제수령권한이 없는 자에 대한 변제로서 무효이므로 보험자가 보험자대위규정에 의하여 취득한 권리에 아무 영향을 미치지 않는다. 따라서 그로 인하

108) 대법원 2002. 4. 18. 선고 99다38132 전원합의체 판결. 대법원 2002. 7. 23. 선고 2002다24461, 24478 판결. 대법원 2002. 9. 4. 선고 2002다4429 판결.

109) 대법원 1998. 9. 18. 선고 96다19765 판결(상법 제682조의 보험자 대위에 의하여 보험자가 취득하는 권리는 당해 사고의 발생 자체로 인하여 피보험자가 제3자에 대하여 가지는 불법행위로 인한 손해배상청구권이나 채무불이행으로 인한 손해배상청구권을 포함하는 것이고, 한편 같은 법 제724조 제2항에 의하여 피해자에게 인정되는 직접청구권의 법적 성질은 보험자가 피보험자의 피해자에 대한 손해배상채무를 병존적으로 인수한 것으로서 피해자가 보험자에 대하여 가지는 손해배상청구권이므로, 이와 같은 피해자의 직접청구권도 역시 상법 제682조의 보험자 대위에 의하여 보험자가 취득하는 권리에 당연히 포함된다). 대법원 1999. 6. 11. 선고 99다3143 판결(공동불법행위자의 보험자들 상호간에는 그 중 하나가 피해자에게 보험금으로 손해배상금을 지급함으로써 공동 면책되었다면 그 보험자는 상법 제682조의 보험자대위의 법리에 따라 피보험자가 다른 공동불법행위자의 부담 부분에 대한 구상권을 취득하여 그의 보험자에 대하여 행사할 수 있고, 이 구상권에는 상법 제724조 제2항에 의한 피해자가 보험자에 대하여 가지는 직접청구권도 포함된다).

여 피보험자가 이득을 본 것은 없으므로 보험자는 피보험자를 상대로 부당이득반환청구를 할 수 없다.[110)]

다만, 제3자가 보험자가 보험금을 지급하여 보험자대위권을 취득한 줄 모르고 과실 없이 피해자에게 손해배상금을 지급하였다면 이는 채권의 준점유자에 대한 변제로서 유효하고, 만일 피보험자가 보험자로부터 수령한 보험금과 가해자인 자3자로부터 수령한 손해배상금이 실제의 손해를 초과한 과잉배상인 경우에는 그 과잉배상금 부분에 한하여 결과적으로 보험자로부터 법률상 원인 없이 이득을 본 것이라 할 것이므로, 이러한 경우 보험금을 지급한 보험자는 피보험자를 상대로 보험자대위권 침해를 이유로 부당이득반환 또는 손해배상을 청구할 수 있다.[111)]

4. 대위권행사의 제한

가. 보험금의 일부 지급의 경우

보험자가 보상할 보험금액의 일부를 지급한 때에는 피보험자의 권리를 해하지 아니하는 범위 내에서 그 권리를 행사할 수 있다(상법 제682조).

나. 일부보험의 경우

(1) 우리나라의 경우

상법은 일부보험의 경우 보험자대위에 관하여 아무 규정을 두고 있지 않다. 일부보험의 경우에 보험자는 보험금액의 보험가액에 대한 비율에 따라 보상책

110) 대법원 1995. 7. 14. 선고 94다36698 판결.

111) 대법원 1999. 4. 27. 선고 98다61593 판결. 이 판결은 이러한 경우 제3자의 피보험자에 대한 손해배상이 채권의 준점유자에 대한 변제로서 유효한 사실을 주장, 입증하여야 할 것이고, 이 경우에 채권의 준점유자에 대한 변제가 유효하기 위한 요건으로서의 선의라 함은 준점유자에게 변제수령의 권한이 없음을 알지 못하는 것뿐만 아니라 적극적으로 진정한 권리자라고 믿었음을 요하는 것이고, 무과실이란 그렇게 믿는 데에 과실이 없음을 의미하므로, 제3자가 피보험자가 보험에 가입하여 보험금을 수령한 사실을 전혀 모르고 이 점에 대하여 과실이 없이 피보험자에게 손해배상을 한 경우, 또는 제3자가 피보험자가 보험에 가입하여 이미 보험금을 수령한 사실을 알고 있었던 경우에는 피보험자가 입은 손해액과 피보험자가 보험자로부터 보험금을 수령함으로써 보험자대위권(상해보험의 경우에는 대위 약정에 따라)의 대상이 된 금액을 살펴, 피보험자에게 아직도 자신에 대한 손해배상청구권이 남아 있다고 믿고 손해배상을 한 경우에만 선의, 무과실에 해당된다고 할 수 있을 것이라고 판시하였다.

임을 지는 것이 원칙이므로(상법 제674조 본문) 보험자가 보험금을 지급한 범위 안에서 제3자에 대한 권리를 피보험자와 분할하게 되고, 그 행사에 있어서도 경합하게 된다.

피보험자가 제3자로부터 완전한 손해배상을 받을 수 없는 경우에 보험자대위에 의하여 취득하는 금액에 대하여 보험자와 피보험자 사이에 그것을 어떻게 분배할 것인가에 대하여 견해가 나뉜다.

보험가액 1천만 원, 보험금액 500만원이고, 과실비율이 2할이어서 피보험자의 제3자에 대한 손해배상청구권의 액이 800만원인 경우, 보험자가 500만원을 보상하였다.

(가) 절대설

보험자는 보험금액의 한도까지 우선적으로 배정을 받고 피보험자는 나머지에 대하여 지급받게 된다는 입장이다. 설문의 경우 보험자가 취득하는 제3자에 대한 손해배상청구권의 액은 500만원이고, 피보험자는 나머지 300만원을 취득한다.

(나) 상대설

보험자와 피보험자가 부보비율에 따라 분배하여야 한다는 견해이다. 상대설에 따르면 보험자가 취득하는 제3자에 대한 손해배상청구권의 액은 400만원이다. (제3자에 대한 권리의 액) × (보험금액의 보험가액에 대한 비율) = 800만원 × (500만원/1,000만원) = 400만원

(다) 차액설

피보험자가 제3자로부터 우선적으로 손해를 배상받고 나머지가 있으면 보험자가 이를 대위할 수 있다는 견해이다. 판례의 입장이다(대법원 2016.1.28. 선고 2015다236431 판결). 차액설에 따르면 보험자가 취득하는 제3자에 대한 손해배상청구권의 액은 300만원이다.

(제3자에 대한 권리의 액)-(피보험자가 보상받지 못한 금액) = 800만원-(1,000만원-500만원) = 300만원

(2) 비교법적 고찰

일본의 판례[112]는 상대설을 취하지만 통설[113]은 차액설을 채용하고 있고, 일본 보험법 제25조 제1항은 통설에 따라 이와 관련한 법률관계를 명확히 하고 있다.[114]

또한 유럽보험계약법준칙 제10-101조 제4항은 "보험자는 대위권을 행사하여 피보험자에게 손해를 입혀서는 안 된다."고 규정하고 있고, 피보험자가 보험자로부터 손해 전부를 보상받지 못한 경우에는 제3자에 대한 손해배상청구권에 대하여 보험자보다 우선한다는 것을 의미하므로[115] 차액설을 취한 것으로 해석된다.

(3) 사견

차액설이 타당하다. 보험자의 청구권대위보다 피보험자의 권리를 우선하도록 하여 피보험자를 두텁게 보호하는 것이 타당하기 때문이다.

5. 대위에 의하여 취득하는 권리의 소멸시효

보험자는 보험금을 지급하고 보험자대위에 의하여 피보험자가 제3자에 대하여 가지고 있던 권리를 취득하는 것이므로 보험자대위권의 소멸시효의 시효기간과 그 기산점은 피보험자 등이 제3자에 대하여 가지는 채권 자체를 기준으로 한다.[116]

그러나 공동불법행위자의 보험자들 중 보험금을 지급한 보험자가 보험자대위에 의하여 다른 공동불법행위자 및 그의 보험자에 대하여 가지는 구상권의 경우에는 그 구상권의 소멸시효기간은 일반채권과 같이 10년이고, 그 기산점은 구상권이 발생한 시점, 즉 구상권자가 현실적으로 피보험자에게 손해배상금을 지급한 때이다.[117] 보험자가 상인이더라도 상사소멸시효가 적용되지 않는다.[118]

---

112) 最判 昭和 62年 5月 29日 民集 41卷 4號, 723面.

113) 山下友信, 保險法, 有斐閣, 2005, 566面.

114) 高山崇彦 編著, 전게서, 216-218面.

115) Jurgen Basedow & John Birds & Malcolm Clarke & Herman Cousy & Helmut Heiss & Leander Loaker., op. cit., p. 264.

116) 대법원 1993. 6. 29. 선고 93다1770 판결. 대법원 1999. 6. 11. 선고 99다3143 판결.

따라서 보험자대위권의 소멸시효는 다른 공동불법행위자 및 그의 보험자에 대하여 가지는 구상권인 경우에는 일반채권과 같이 10년의 소멸시효가 적용되고, 구상권이 아닌 경우에는 보험자대위에 의하여 취득한 채권 자체를 기준으로 시멸시효가 결정된다.

6. 재보험

재보험의 경우에는 보험금을 지급한 원수보험자가 피보험자 등의 제3자에 대한 권리를 대위취득하고,[119] 재보험자는 원수보험자에게 재보험금을 지급한 한도에서 다시 원수보험자의 권리를 대위하여 취득한다. 그러나 실무상으로는 제3자에 대한 재보험자의 권리는 원수보험자가 자기의 명의로 재보험자의 수탁자와 같은 지위에서 행사하여 회수한 금액을 재보험자에게 교부하는 방법에 의한다.

117) 대법원 1996. 3. 26. 선고 96다3791 판결. 대법원 1998. 12. 22. 선고 98다40466 판결. 대법원 1999. 6. 11. 선고 99다3143 판결.

118) 대법원 1996. 3. 26. 선고 96다3791 판결. 다만 대법원 1998. 7. 10. 선고 97다17544 판결은 대법원 1999. 6. 11. 선고 99다3143 판결 등과 달리 공동불법행위자들과 각각 상행위인 보험계약을 체결한 보험자들 상호간에 있어서 공동불법행위자 중의 1인과 사이에 보험계약을 체결한 보험자가 피해자에게 손해배상금을 보험금액의 범위 내에서 지급하고 다른 공동불법행위자의 보험자가 부담하여야 할 부분에 대하여 직접 구상권을 행사하는 경우 그 손해배상금 지급행위는 상인이 영업을 위하여 하는 행위라고 할 것이므로, 그 구상금채권은 보조적 상행위로 인한 채권으로서 그 권리를 행사할 수 있는 때로부터 5년간 행사하지 아니하면 소멸시효가 완성한다고 판시하였다.
한편 대법원 2006. 11. 10. 선고 2005다35516 판결은 중복보험관계에 있는 보험자들 사이에서 특정 보험자가 다른 보험자에 대하여 그 부담비율에 따른 구상권을 행사하는 경우, 각각의 보험계약은 상행위에 속하고, 보험자와 다른 보험자는 상인이므로 중복보험에 따른 구상관계는 가급적 신속하게 해결할 필요가 있다는 점 등을 이유로, 그 구상금채권은 상법 제64조가 적용되어 5년의 소멸시효에 걸린다고 판시하였다.

119) 재보험자가 원보험자에게 재보험금을 지급함으로써 보험자대위에 의하여 원보험자가 제3자에 대하여 가지는 권리를 취득하였는데, 원보험자가 제3자와 기업개선약정을 체결하여 제3자가 발행한 주식의 신주인수대금채무와 제3자의 채무를 상계계약 방식으로 출자전환을 함으로써 제3자에 대한 채권을 소멸시키고 출자전환주식을 취득한 경우, 재보험자의 보험자대위에 의한 권리가 원보험자가 제3자에 대한 권리행사의 결과로 취득한 출자전환주식에 대하여 미친다(대법원 2015. 6. 11. 선고 2012다10386 판결).

제4편

손해보험 각칙

제4편 손해보험 각칙

제1장 화재보험

Ⅰ. 총설

화재보험은 1666년의 런던대화재를 계기로 고안되었다. 그 후 사회적·경제적 변화에 따라 그 내용이 대폭 변화하여, 폭발·파열과 같은 화재 이외의 손해에 대하여 보험급여가 확대되는 등, 화재보험은 건물 등의 손해를 넓게 보상하는 보험으로 변화되었다.[1]

Ⅱ. 화재보험계약의 의의

화재보험계약은 화재로 인하여 생길 손해를 보험자가 보상하는 것을 목적으로 하는 보험계약이다(상법 제683조)(좁은 의미의 화재보험).

화재보험계약은 그 명칭을 보면 화재손해만을 보상하는 것이지만, 경제생활의 복잡화·다양화에 대응하기 위하여 보험실무에서는 보상범위가 넓은 화재보험(광의의 화재보험)이 취급되고 있다. 주택화재보험에서는 화재손해 이외에도 벼락에 의한 손해, 폭발·파열에 의한 손해·비용 등이 보상되고 있다.

1) 岡田豊基, 전게서, 210面.

III. 화재보험계약의 내용

1. 보험사고

가. 의의

화재를 보험사고로 한다. 화재라 함은 사회통념상 화재로 인정되는 성질과 규모를 가지는 불의 독립한 연소력을 가지는 연소작용이다. 난로가 넘어져서 생긴 그을림은 화재손해이지만, 난로 열에 의한 그을림, 난로에 물건이 추락하여 생긴 손해 등은 해당되지 않는다.

나. 화재의 발생시점

보험사고는 보험기간 안에 발생할 것이 필요하다. 화재는 일정한 시간에 걸쳐 연소하기 때문에 보험사고가 발생한 시점이 문제가 된다. 약관에서는 책임의 시기와 종기를 "보험기간의 첫날 오후 4시에 시작하여 마지막 날 오후 4시에 끝납니다."라고 하는 것이 보통이다. 그 직전·직후의 화재에 대하여 사고설(다수설)과 위험설로 나뉜다.[2]

사고설은 보험사고의 발생시를 목적물이 현실로 연소가 개시된 시점을 발생시로 하고, 위험설은 목적물에 연소하는 것이 불가피하다고 판단하는 시점을 발생시로 한다. 사고설에 의하면 목적물에 인화되지 않으면 보험사고가 발생한 것은 아니고, 보험기간 종료일 오후 3시 40분에 인근에 화재가 발생하여 인화된 날이 오후 4시 20분이면 보험금은 지급되지 않는다. 반면 위험설에 따르면 위의 경우 보험보상이 허용된다. 보험사고 발생을 객관적으로 인정하기 쉬운 사고설을 취하되, 위의 사례도 거래관념상 보험사고로 인정하는 것이 타당하다.

다. 증명책임

보험사고는 우연한 사고이어야 한다. 상해보험사건에서는 판례[3]는 보험금청

2) 岡田豊基, 상게서, 211面.
3) 대법원 2001. 8. 21. 선고 2001다27579 판결. 대법원 2001. 11. 9. 선고 2001다55499, 55505 판결.

구자 부담설을 취하는데 반하여, 화재보험에서는 판례[4]는 "상법 및 화재보험약관 규정의 형식 및 취지, 화재가 발생한 경우에 보험자에게 면책사유가 존재하지 않는 한 소정의 보험금을 지급하도록 함으로써 피보험자로 하여금 신속하게 화재로 인한 피해를 복구할 수 있게 하려는 화재보험제도의 존재의의에 비추어 보면, 화재보험에서 화재가 발생한 경우에는 일단 우연성의 요건을 갖춘 것으로 추정되고, 다만 화재가 보험계약자나 피보험자의 고의 또는 중과실에 의하여 발생하였다는 사실을 보험자가 입증하는 경우에는 위와 같은 추정이 번복된다. 화재보험계약의 약관에서 "보험계약자나 피보험자의 고의 또는 중대한 과실로 발생한 손해에 대하여는 보상하지 아니한다"고 규정하고 있는 경우에 보험자가 보험금 지급책임을 면하기 위해서는 위 면책사유에 해당하는 사실을 입증할 책임이 있고, 여기에서의 입증은 법관의 심증이 확신의 정도에 달하게 하는 것을 가리키고, 그 확신이란 자연과학이나 수학의 입증과 같이 반대의 가능성이 없는 절대적 정확성을 말하는 것은 아니지만, 통상인의 일상생활에 있어 진실하다고 믿고 의심치 않는 정도의 고도의 개연성을 말하는 것이고, 막연한 의심이나 추측을 하는 정도에 이르는 것만으로는 부족하다."고 하여 우연성의 증명책임에 대하여 보험자부담설을 취한다.

2. 피보험이익

피보험이익은 피보험자의 목적물에 대한 소유이익이 다수이지만, 저당권자의 피담보채권, 임차권자의 보증금반환청구권 등도 피보험이익의 대상이 될 수 있다.

Ⅳ. 화재보험계약의 효과

1. 보험증권 교부의무

보험자는 화재보험계약을 체결한 때에는 보험계약자에게 보험증권을 교부하

제6부 제2절Ⅱ. 1. 상해보험에서의 보험사고 참조

4) 대법원 2009. 3. 26. 선고 2008다72578, 72585 판결. 대법원 2009. 12. 10. 선고 2009다56603, 56610 판결.

여야 하다(상법 제638조의 3 제1항). 화재보험증권에는 손해보험에 공통적인 기재사항 이외에 건물을 보험의 목적으로 한 때에는 그 소재지, 구조와 용도, 동산을 보험의 목적으로 한 때에는 그 존치한 장소의 상태와 용도, 보험가액을 정한 때에는 그 가액이 기재된다(상법 제685조).

2. 손해보상의무

가. 손해보상책임·손해방지의무

보험기간 중에 화재가 발생하고, 피보험자에게 손해가 발생하는 경우, 보험자는 이를 보상할 책임을 진다(상법 제683조). 보험계약자 또는 피보험자는 보험손해의 확대를 방지하고 감소에 노력하여야 한다(상법 680조). 보험자는 손해의 감소에 필요한 조치로 인하여 생긴 손해를 보상할 책임이 있다(상법 제684조).

나. 소방에 의한 손해

보험자는 화재의 소방에 필요한 조치로 인하여 생긴 손해를 보상할 책임이 있다(상법 제684조). 소방행위로서 목적물에 대한 물의 투척, 연소방지를 위한 목적물의 파괴, 목적물의 반출 등이 주된 사항이지만, 인명구조를 위한 목적물의 파괴도 포함된다. 이 조치가 필요·유익한 것인지는 목적물과 관련한 구체적인 상황에 비추어 소화 등의 시점에서 객관적으로 판단되어야 한다.[5]

3. 보험자대위

주택화재보험약관에는 "회사가 잔존물을 인수하지 아니할 뜻을 나타내고 손해를 보상한 경우에는 그 잔존물은 피보험자의 소유가 됩니다."라고 규정하고 있다. 청구권대위에 대하여서는 상법 제682조의 취지가 약관에 반영되어 있지만, "타인을 위한 보험계약의 경우에는 보험계약자에 대한 대위권을 포기합니다."라고 하여 타인을 위한 보험계약의 경우 보험계약자에 대한 청구권대위를

5) 岡田豊基, 전게서, 214面.

허용하는 판례[6]의 입장을 수정하고 있다.

"민법 제750조의 규정은 실화의 경우에는 중대한 과실이 있는 때에 한하여 이를 적용한다."는 실화책임에 관한 법률에 대하여 헌법불합치결정을 내린 헌법재판소 전원재판부 결정[7]에 따라 경과실이 있는 실화자에 대하여서도 청구권대위가 허용되게 되었다.

V. 집합보험과 총괄보험

상법은 집합된 물건을 일괄하여 보험의 목적으로 하는 집합보험에 관한 사항(상법 제686조)와 집합보험 중 보험기간 중 물건이 수시로 교체될 것이 예정되는 총괄보험에 관한 사항(상법 제687조)을 규정하고 있다. 입법론으로는 집합보험에 관한 사항은 화재보험항목이 아니라 손해보험 통칙부분으로 이동하거나[8] 상법에서 삭제하고 약관의 규정으로 위임하는 방안을 고려하는 것이 필요하다.

1. 집합보험

집합된 물건을 일괄하여 보험의 목적으로 한 때에는 피보험자의 가족과 사용인의 물건도 보험의 목적에 포함된 것으로 한다. 이 경우에는 그 보험은 그 가족과 사용인의 물건도 보험의 목적에 포함된 것으로 한다. 이 경우에는 그 보험은 그 가족 또는 사용인을 위하여서도 체결한 것으로 본다(상법 제686조).

주택화재보험의 경우 건물, 통화, 귀금속, 문서 등을 함께 보험에 가입하거나, 공장·제품·원자재 등을 일괄하여 보험에 가입하는 경우가 이에 해당한다.

2. 총괄보험

집합된 물건을 일괄하여 보험의 목적으로 한 때에는 그 목적에 속한 물건이

---

6) 대법원 1989. 4. 25. 선고 87다카1669 판결. 대법원 1990. 2. 9. 선고 89다카21965 판결. 대법원 2000. 11. 10. 선고 2000다29769 판결(앞의 청구권대위 참조).

7) 헌법재판소 2007. 8. 30. 선고 2004헌가25 전원재판부 결정.

8) 양승규, 전게서, 281면.

보험기간 중에 수시로 교체된 경우에도 보험사고의 발생 시에 현존한 물건은 보험의 목적에 포함된 것으로 한다(상법 제687조).

일정기간 동안 창고에 임치된 물건에 대하여 화재보험에 가입하는 경우가 그 예이다.

제2장 운송보험

Ⅰ. 운송보험의 의의

1. 운송보험계약의 의의

운송보험계약은 육상운송의 목적물에 대하여 생기는 손해를 보상하는 손해보험계약이다(상법 688조). 송하인이 택배회사나 육상운송업자에게 화물의 위탁하여 운송 중에 그 운송물이 멸실·훼손으로 인한 손해를 담보하기 위하여 이용된다. 운송보험약관에는 호수와 하천에서의 운송을 포함하고 있다. 상법상 육상운송은 육상 또는 호천, 항만에서의 운송을 의미하지만(상법 제125조), 항만운송은 해상보험에서 담보하고 있다.

2. 해상적하보험, 자동차보험과의 이동

운송보험은 운송도중에 운송물의 손해를 담보하는 점에서 해상적하보험과 동일하지만, 해상적하보험은 해상운송 중에 생기는 적하의 손해를 보상함에 대하여 운송보험은 육상운송 중에 생기는 손해를 담보하는 점에서 다르다.

다만 해상적하보험에서도 운송조항(door to door)에 기하여 해상 운송중의 손해만이 아니라 육상에서의 운송중의 적하의 손해를 담보하는 점에서 운송보험이 담보하는 위험과 중복되는 부분이 존재한다. 운송보험은 다른 약정이 없는 한 운송인이 운송물을 수령한 때로부터 수하인이 운송물을 수령한 때까지 담보하는 점(상법 제688조)에서 해상적하보험(상법 제699조 제2항 단서)과 동일하다.

자동차보험은 운송용구인 자동차의 멸실·훼손으로 인한 손해를 담보하는 자기차량보험이 자동종합보험을 구성하고 있으나, 운송보험은 운송용구인 자동차, 기차 등의 손해는 담보하지 않고, 오직 화물에 대한 운송 도중 손해만을 담보한다.

II. 운송보험계약의 내용

1. 보험의 목적

보험의 목적은 운송물이다. 운송인이 운송도중에 운송물이 아닌 제3자의 신체나 생명, 또는 물건에 가한 손해배상책임을 담보하는 자동차대인배상책임보험·자동차대물배상책임보험 등에서 담보하는 것이므로 운송보험의 목적이 아니다.

2. 보험사고

운송보험의 보험사고는 운송하는 도중 운송용구의 탈선, 전복, 추락, 화재, 폭발 또는 충돌로 생긴 손해, 하역 또는 이적 중에 보험의 목적의 추락으로 생긴 손해이다.

3. 피보험이익

운송보험의 피보험이익은 운송물에 대하여 피보험자가 가지는 이해관계이다. 운송보험은 운송물의 소유자인 송하인이 보험계약자로 자기를 위한 보험계약으로 가입할 수도 있고, 운송인이 보험계약자로서 송하인을 피보험자로 하는 타인을 위한 보험계약으로 가입할 수 있다.

4. 보험가액

운송보험에 있어서 보험가액에 대한 합의가 있으면 그에 따르지만, 협정보험가액을 정하지 않은 경우에는 보험기간 전 기간에 걸쳐 특정한 시점에서의 가격을 보험가액으로 확정하는 보험가액불변경주의가 취해지고 있다. 즉 운송물의 보험에 있어서는 발송한 때와 곳의 가액과 도착지까지의 운임 기타의 비용을 보험가액으로 하고(상법 제689조 제1항), 운송물의 도착으로 인하여 얻을 이익은 약정이 있는 때에 한하여 보험가액 중에 산입한다(상법 제689조 제2항).

5. 보험기간

운송보험계약의 보험기간은 다른 약정이 없으면 운송인이 운송물을 수령한 때로부터 수하인에게 인도할 때까지이다. 운송보험약관은 "보험증권에 기재한 발송지의 보관장소(창고를 포함)에서 반출(적재위험을 포함)할 때부터 시작하여, ① 보험증권에 기재된 도착지의 보관장소에 보험의 목적이 반입(하역위험을 포함)되었을 때, ② 보험의 목적이 위, ①의 보관장소에 반입되기 전이라도 보험증권에 기재된 도착지의 보관장소에 도착한 후 24시간이 경과된 때 종료한다."고 규정하고 있다.

III. 운송보험계약의 효과

1. 보험증권 교부의무

보험자는 운송보험계약을 체결한 때에는 보험계약자에게 보험증권을 교부하여야 하다(상법 제638조의 3 제1항). 운송보험증권에는 손해보험에 공통적인 기재사항 이외에 운송의 노순과 방법, 운송인의 주소·성명·상호, 운송물의 수령과 인도의 장소, 운송기간을 정한 때에는 그 기간, 보험가액을 정한 때에는 그 가액이다(상법 제690조).

2. 손해보상의무

운송보험의 경우 보험계약자 등의 고의 또는 중대한 과실로 인한 손해(상법

제659조), 보험적의 고유한 성질 또는 하자로 인한 손해(상법 제678조) 등 일반적인 면책사유 이외에도 보험사고가 송하인 또는 수하인의 고의 또는 중대한 과실로 인하여 생긴 손해도 면책이다(상법 제692조).

3. 운송의 변경과 보험계약의 효력

보험계약은 다른 약정이 없으면 운송의 필요에 의하여 일시운송을 중지하거나 운송의 노순 또는 방법을 변경한 경우에도 그 효력을 잃지 아니한다(상법 제691조). 운송 도중에 재해나 천재지변이 발생하여 운송의 순서를 변경하거나 운송을 중지하는 경우 운송물의 멸실·훼손으로 인한 손해를 담보하기 위함이다.

4. 청구권대위

타인을 위한 운송보험계약에서 보험계약자가 보험자대위의 대상인 제3자에 해당하는지 여부가 문제된다. 판례[9]는 대한통운(보험계약자)이 한국전력(피보험자)을 위하여 운송중인 변압기의 파손 등의 손해를 담보한 운송보험계약에서 변압기의 파손손해에 대하여 보험금을 지급한 보험자는 대한통운에 대하여 한국전력이 가진 손해배상청구권을 대위할 수 있다고 한다. 송하인을 피보험자로 하는 타인을 위한 운송보험계약에서 운송인인 보험계약자에 대한 보험자대위를 허용하는 판례의 입장은 운송인이 피보험자에 대한 손해배상책임을 보장받고자 보험계약을 체결하였음에도 불구하고 보험자대위의 대상이 되어 보험제도의 효용을 현저히 해하게 된다는 점에서 타당하지 않다고 판단된다.

9) 대법원 1989. 4. 25. 선고 87다카1669 판결. 대법원 1990. 2. 9. 선고 89다카21965 판결.

제3장 해상보험

제1절 해상보험

Ⅰ. 해상보험의 의의와 특성

1. 해상보험의 의의

해상보험이라 함은 보험자가 항해사업에 부수하는 사고로 인하여 생길 손해를 보상할 것을 약정하는 계약이다(상법 제693조, 영국해상보험법 제1조).

해상보험은 선박이나 적하와 같은 물건에 대한 손해를 담보하는 것이 일반적이지만, 선박소유자가 다른 선박이나 적하에 대한 손해배상책임 등도 담보한다(영국해상보험법 제3조 제2항 c호).

2. 해상보험의 특성

가. 기업보험성

해상보험은 해운업자나 무역업자가 해상위험을 극복하기 위하여 이용하는 보험으로 협상력이나 정보에 있어서 대등한 당사자 사이의 거래이다. 보험계약법상 정보비대칭을 특색으로 하는 소비자(가계)보험에 대하여여 편면적 강행규정으로 규정되었더라도 해상보험에는 이와 다른 내용의 약정이 허용되는 사적 자치의 원칙이 적용된다. 이에 해상보험을 규율하는 별도의 독립된 해상보험법이 제정되어 있는 것이 일반적이다. 그 중심은 1906년 영국해상보험법이고, 이를 계수한 입법으로는 뉴질랜드(1908년), 호주(1908년), 말레이시아(1956년), 인도(1963년), 홍콩(1964년), 캐나다(1993년), 싱가포르(1993년) 등이 있다. 최근 일본에서는 독립된 단행법으로 보험법이 제정되었지만, 상법 해상편에 의하여 규율

되는 해상보험계약에 대하여서는 보험법이 적용되지 않는다.[10)]

나. 국제거래의 도구로서의 특성

해상보험은 바다를 통하여 항해하는 선박과 그 적재 화물 등에 관련된 보험이다. 따라서 국제거래 당사자들이 예상가능하고 신뢰할 수 있는 국제적인 표준약관이 필수적이다. 1779년에 제정되어 1980년까지 약 200년 동안 사용된 영국 Lloyd's S. G. Policy와 런던보험자협회(Institute of London Underwriters)의 보험증권과 보험약관,[11)] 국제보험자협회(International Underwriting Association)의 2003년 국제선박보험약관[12)] 등이 국제적인 표준으로서의 역할을 하고 있다.

다. 국제성

(1) 영국 해상보험법의 법원(法源)성

국제적 표준으로 인정되고 있는 각종 표준약관은 예외 없이 영국법준거조항을 두고 있고, 우리 대법원은 영국법준거조항의 효력을 포괄적으로 인정한 대법원 1991. 5. 14. 선고 90다카25314 판결에 따라 대법원은 해상고유의 위험,[13)] 인치마리조항,[14)] 고지의무,[15)] 최대선의의무,[16)] 증명책임,[17)] 감항능력,[18)] 특별어획물약관,[19)] 워런티,[20)] 적하보험상 보험담보의 종료시점,[21)] 선박의 양도와 보험

10) 村田敏一, 保険の意義と保険契約類型, 他法との關係(落合誠一 外編, 新しい保險法の理論と實務, 經濟法令研究所, 2008), 28面.

11) 1982년 협회선박보험약관, 1983년 협회적하보험약관(이는 2009년에 개정되었다) 등이 대표적이다.

12) International Hull Clauses. 양승규·한창희, 해상보험법, 삼지원, 2007, 부록 참조.

13) 대법원 1998. 5. 15. 선고 96다27773 판결, 대법원 2001. 5. 15. 선고 99다26221 판결.

14) 대법원 2001. 5. 15. 선고 99다26221 판결.

15) 대법원 1986. 11. 25. 선고 85다카2578 판결, 대법원 1991. 5. 14 선고 90다카25314 판결, 대법원 1996. 3. 8. 선고 95다28779 판결, 대법원 2001. 5. 15. 선고 99다26221 판결, 대법원 2005. 3. 25. 선고 2004다22711, 22728 판결.

16) 대법원 2005. 3. 25. 선고 2004다22711, 22728 판결.

17) 대법원 1991. 5. 14. 선고 90다카25314 판결, 대법원 2001. 5. 15. 선고 99다26221 판결.

18) 대법원 1996. 10. 11. 선고 94다60332 판결, 대법원 1995. 9. 29 선고 93다53078 판결, 대법원 2001. 5. 15. 선고 99다26221 판결, 대법원 2002. 6. 28. 선고 2000다21062 판결.

19) 대법원 1996. 10. 11. 선고 94다60332 판결, 대법원 1995. 9. 29 선고 93다53078 판결.

20) 대법원 1996. 10. 11. 선고 94다60332 판결, 대법원 2001. 7. 27. 선고 99다55533 판결, 대법원 2000. 6. 13 선고 98다35389 판결, 대법원 2002. 6. 28. 선고 2000다21062 판결.

계약의 종료,[22] 선박보험상 선장의 악행,[23] 추정전손,[24] 선박미확정의 해상적하 보험계약에서 영국 협회선급약관[25] 등의 사안에서 영국 해상보험법과 영국판례와 실무를 적용하여 해결하고 있다.

이와 같이 해상보험에 관한 영국법이 우리 법보다 중요한 법원이고, 이에 따라 우리나라의 법은 절차법 등과 관련하여 보충적으로만 적용되고 있는 실정이며, 이에 따라 해상보험을 이해하기 위하여서는 영국 해상보험법, 영국의 표준 해상보험약관, 해상보험실무에 대한 이해가 선행되어야 한다.[26]

(2) 제한적인 한국법의 적용

법원은 적하보험에 한하여 보험자의 설명의무에 관하여서는 우리법을 적용하였지만, 근래에는 선박보험에도 적용하고 있다.

(가) 적하보험의 경우 제한적인 한국법의 적용

우리 대법원은 "이 보험은 일체의 전보청구 및 결제에 관해서 영국의 법률과 관습에만 의한다(this insurance is understood and agreed to be subject to English law and practice only as to liability for and settlement of any and all claims)."라고 되어 있는 해상적하보험사건에서 보험계약의 보험목적물이 무엇인지 여부에 관한 사항, 즉 보험계약의 성립 여부에 관한 사항에까지 영국의 법률과 실무에 따르기로 하기로 한 것으로는 볼 수 없으므로, 약관상의 '어획물 100t'이라는 문언의 해석에 우리나라의 법률을 적용하여 영업사원이 선박이 북태평양에서 어로작업을 하는 동안 냉동창고에 보관중인 어획물이 보험사고로 멸실된 경우에 '100t의 한도 내에서' 보상하는 것이라고 설명하였다면 이 설명한 내용이 보험계약의 내용을 이룬다고 판시하였다.[27] 또한 "보험증권상 야기되는 일체의 책

---

21) 대법원 1988. 9. 27. 선고 84다카1639, 1640 판결, 대법원 2003. 6. 13. 선고 2001다42660 판결.
22) 대법원 2004. 11. 11. 선고 2003다30807 판결.
23) 대법원 2005. 11. 25. 선고 2002다59258, 59535 판결.
24) 대법원 1977. 1. 11. 선고 71다2116 판결, 대법원 1989. 9. 12. 선고 87다카3070 판결, 대법원 1988. 2. 9. 선고 86다카2933, 2934, 2935 판결, 대법원 2001. 2. 23. 선고 98다59309 판결, 대법원 2002. 6. 28. 선고 2000다21062 판결.
25) 대법원 2001. 7. 27. 선고 99다55533 판결.
26) 사법연수원, 보험법연구, 2012, 115면.

임문제는 영국의 법률 및 관습에 따르기로 한다."라는 영국법준거조항이 삽입된 해상적하보험사건에서 선급조항(표준규격선박 요건을 갖추지 못하게 된 사실을 알게 되었을 때에는 보험자인 원고에게 지체 없이 위 담보위반의 사실을 통지하고 보험료 등에 관하여 협의하여야 하는 등의 내용)에 관하여 약관의 규제에 관한 법률상의 설명의무가 적용된다고 판시하였다.[28]

(나) 선박보험에서 보험자의 설명의무

영국의 협회선박보험약관상의 영국법준거조항은 "이 보험은 영국의 법과 관습에 따른다."고 되어 있다."는 내용으로 되어 있다. 최근 대법원(대법원 2015. 3. 20. 선고 2012다118846, 2012다118853 판결)[29]은 협회선박기간보험약관이 보험계약에 편입되기 위해서 보험자가 약관규제에 관한 법률에 따라 설명의무를 진다고 한 취지의 판결[30]을 수정하는 취지의 판시를 하였다. 이에 따르면 영국법준거조항 외에 외국적 요소가 없는 순수국내계약사안인 경우에는 감항능력의 묵시적 워런티에 관한 영국해상보험법 제39조 제5항이나 협회기간선박보험약관 제6조 제2항 제1호의 내용과 효력, 위반의 효과 등을 약관규제법 제3조에 따른 설명의무를 이행하여야 선박보험계약에 편입되지만, 영국법준거조항 외에 외국적 요소가 있는 선박보험에는 약관규제법이 적용되지 않게 된다.[31]

---

27) 대법원 1998. 7. 14. 선고 96다39707 판결.

28) 대법원 2001. 7. 27. 선고 99다55533 판결.

29) 이 판결의 원심법원판결에 대한 평석인 김인현, 영국준거법하의 담보특약에 대한 약관규제법 적용여부, 한국해법학회지 제35권 제2호, 2013, 373~400면은 본 판결은 영국준거법하에서 한국의 강행규정을 적용할 수 있는 기준을 제시한 점에 의의가 있다고 하였다. 대법원판결에 대한 평석인 서동희, 협회기간보험약관(선박)과 약관규제법상의 설명의무, 해상·보험법연구 제9권(2015.7), 해상·보험법연구회, 249~259면은 외국적 요소가 있는지 여부를 기준으로 이것이 존재하는 사안에 한하여 약관규제법을 적용한다고 한 대법원의 판결에 대해 반대하고 있다.

30) 대법원 2010. 9. 2. 선고 2000다105383 판결; 이 판결에 대한 평석으로는 이정원, 영국법 준거약관과 보험자의 설명의무, 저스티스 제122호(2011), 한국법학원, 212~240면. 석광현, 약관규제법은 국제적 강행규정인가, 법률신문 2011. 3. 21. 서영화, 해상보험에서 담보의무조항과 보험자의 설명의무, 한국해법학회지 제33권 제1호(2011), 한국해법학회, 7~29면 참조. 관련논문으로는 박세민, 해상보험에 있어서 영국법 준거조항의 유효성 인정문제와 그 적용범위에 대한 비판적 고찰, 한국해법학회지 제33권 제1호(2011), 한국해법학회, 189~228면 참조.

31) 한창희, 주석상법 보험(Ⅱ), 한국사법행정학회, 2015, 96면.

(3) 한국법이 준거법으로 되어 있는 해상보험

현재 우리법을 준거법으로 하는 약관으로 한국해운조합의 선박공제약관을 비롯한 각종 공제약관, 수산업협동조합의 어선원보험·어선보험, 500톤 미만의 선박의 인수에 사용되는 선박보통보험약관(1971.4.12. 인가 1993.1.1. 시행)에 불과하고, 대한화재보험주식회사에서 개발하여 인가받은 21세기 선박보험보통약관이 있다. 또한 한국선주상호보험조합의 보험계약규정은 “보험계약규정에서 규정하지 않은 사항에 관하여는 대한민국 법령에 의한다(동규정 제48조).”라고 하여 우리법을 준거법으로 하고 있다.

II. 해상보험약관

1. 해상보험약관의 발전과정

가. S.G. Policy

Lloyd's 보험자들은 1779년 총회에서 보험증권양식을 정형화하였는데, 그것이 Lloyd's S.G. Policy Form이다. 이 양식은 1906년 영국해상보험법 부칙 제1조에 수록되어 1980년대까지 사용되었다. 이 양식은 보험증권이자 선박보험약관과 적하보험약관을 통합하는 양식으로도 기능하였다.

런던보험자협회(Institute of London Underwriters)는 변화하는 해상보험실무의 요구에 따라 1888년 협회선박보험약관(Institute Hull Clauses), 1912년에는 협회적하보험약관[Institute Cargo Clauses(F.P.A)], 1921년 협회적하보험약관[Institute Cargo Clauses(W.A)], 1951년 협회적하보험약관[Institute Cargo Clauses(All Risks)]가 제정되었고, 이러한 약관들이 Lloyd's S.G. Policy Form에 첨부되어 사용되었다(현재 사용되는 약관은 1963년 개정 약관임).

나. 신해상보험증권

S.G. Policy Form은 중세영어를 사용하기 때문에 이해하기 어렵고, S.G. Policy가 약관의 기능을 하는데도 또다시 각종 특별약관이 첨부되어 명확히 정리할

필요가 있었다. 1960년대부터 국제연합무역개발회의(UNCTAD)는 해상보험을 규율하는 국제협약을 체결할 목적으로 해상보험에 관하여 지배적인 원칙과 실무에 대한 비판적인 검토 작업을 수행하였다. 동위원회는 1979년에는 "해상보험에 관한 법률적 그리고 서류적 관점의 보고서"를 공간하였다. 런던의 보험자들은 이에 대응하여1982년~1983년에 새로운 간결한 보험증권을 작성하고, 이와 함께 사용될 새로운 약관을 공표하였다. 이에는 지난 30년 동안 영국보험시장을 지탱해온 가치의 변동도 한 몫을 하였다. 보험계약자에게 친근하고 담보특약 등 영국해상보험법의 극단적인 특징을 적용하지 않는 스웨덴 등 대체적인 보험시장이 출현하였다. 이와 같은 발전과 변화로 인하여 동법상 계약당사자사이에 균형이 파괴되어 런던시장이 다른 국제보험시장과 경쟁하는데 장애가 되었다는 인식이 확산된 것도 영향을 미쳤다. 이 신해상보험증권(New Marine Policy Form, 약칭 MAR)은 S.G. Policy와는 달리 보험조건에 관한 사항들은 협회적하보험약관, 협회선박보험약관에 규율하고, 보험증권에는 약인조항, 타보험조항, 선서조항, 영국재판관할권조항 등 보험계약에 관한 증거서류로서 불가결한 최소한의 사항만을 규정하는 간결한 형태가 되었다.[32]

다. 신협회약관

런던보험자협회는 신해상보험증권과 함께 사용하도록 새로운 협회적하보험약관(1982년 시행)과 협회선박보험약관(1983년 시행)을 제정하였고, 전자는 2009년에 개정되어 사용되고 있다. 1982년 협회적하보험약관을 신약관이라고 하고 1963년에 개정된 Institute Cargo Clauses(F.P.A), Institute Cargo Clauses(W.A), Institute Cargo Clauses(All Risks)는 구약관이라고 한다.

라. 국제선박보험약관

런던보험자협회는 1995년 선박보험과 운임보험에 관하여 1983년 협회약관을 대폭 현대화한 협회약관을 공표하였지만, 1983년 협회약관을 대체할 정도에 이르지 못하였다. 1998년에는 런던보험자협회와 LIRMA(London Insurance and Reinsurance

32) 양승규·한창희, 해상보험법, 삼지원, 2007, 52~54면.

Market Association)가 통합하여 국제보험협회(International Underwriting Association)이 출범하였다. 국제보험협회가 발간한 2003년 국제선박보험약관은 가장 현대화된 보험약관이다.

마. 우리나라의 경우

우리나라의 손해보험회사들은 해상보험계약을 체결함에 있어서 S.G. Policy에 영국법준거조항을 삽입한 구약관을 첨부하거나, 신해상보험증권과 신협회적하보험약관을 이용하여 보험계약을 체결한다. 한편 선박보험의 경우에는 일반적으로 1983년 협회선박보험약관에 의하여 보험계약이 체결되고 있다.

2. 협회적하보험약관

적하보험에 의하여 보험금을 받기 위하여는 ① 보험기간 중에, ② 보험사고가 발생하고, ③ 보험사고로 인한 손해는 면책위험에 기인한 손해가 아니어야 하며, ④ 사고발생시 피보험자에게 피보험이익(영국해상보험법 제6조)이 있어야 한다.

가. 보험기간

신협회적하보험약관에 따른 보험기간은 다음과 같다.

8.1. 이 보험은 화물이 운송을 개시하기 위하여 이 보험증권에 기재된 장소의 창고 혹은 보관지점을 떠나는 때[33]에 개시하고, 통상의 운송과정 중에 계속되며,

8.1.1. 이 보험증권에 기재된 목적지에 있는 수하인의 또는 기타의 최종 창고 혹은 최종 보관지점에 화물이 인도될 때,

8.1.2. 이 보험증권에 기재된 목적지 이전에서이든 목적지에서이든 불문하고, 피보험자가 다음의 목적을 위하여 사용하고자 선택한 기타의 창고 혹은 보관지점에 화물이 인도될 때,

8.1.2.1. 통상의 운송과정에 포함되는 보관이 아닌 보관을 위하여, 혹은

33) 2009년 약관에서 이 부분은 "보험목적이 바로 적재할 목적으로 창고…에서 최초로 이동된 때"로 수정되었다. 따라서 창고 안에서 차량으로 운송하기 이전에 임시로 이동하는 경우는 제외된다.

8.1.2.2. 할당 또는 분배를 위하여,

8.1.3. 최종양하항에서 외항선으로부터 부보된 화물의 하역이 완료된 후 60일이 경과한 때,

중 어느 것이든 먼저 발생하는 때에 종료한다.

이 조항은 1912년부터 사용된 것으로 창고간조항(Warehouse to warehouse Clause)고 하고, 1983년 ICC는 운송조항(Transit Clause)라고 한다. 오늘날 국제거래에 따른 적하의 운송에는 두 가지 이상의 운송수단이 이용되는 복합운송이 일반화됨에 따라 해상적하보험약관이 항해에 관한 사고만이 아니라 항해에 부수하는 내수 또는 육상에서의 위험까지 담보하는 데 따라 두어지는 조항이다.

이 조항과 관련하여서는 다음 3판결을 검토할 필요가 있다.

첫째, 적하보험은 통상의 운송과정 중에만 담보가 유지되고, 적하가 통상의 운송과정을 벗어나면 보험담보는 종료된다(1982년, 2009년 협회적하보험약관 제8조 제1항). 대법원 2003. 6. 13. 선고 2001다42660 판결[34)]은 "부보된 화물이 최종 양하항에서 하역이 완료된 후 피보험자인 송하인이 수하인에 대한 화물의 인도를 포기하고 원래의 선적지로 화물을 반송하기로 결정한 경우, 통상의 운송과정을 벗어난 때에 해당하여 적하보험이 종료한다"고 하였고, 학설[35)]도 통상의 운송과정을 벗어나는 경우를 독립한 보험계약의 종료사유로 본다.

둘째, 협회적하보험약관 제8.1조에 따르면 적하보험은 통상의 운송과정 중에 계속되다가 적하가 보험증권에 기재된 목적지에서 수하인의 최종창고 · 보관장소에 인도된 때 보험기간은 종료한다. 최종창고 또는 최종보관장소가 무엇을 의미하는가는 각 사건의 사실관계에 따라 구체적으로 결정되어야 한다. 적하가

34) 이 사건에서 적하가 목적지에 도착하여 보세창고에 보관중 수입상이 대금을 지급하지 아니하자 송하인이 운송을 중단하고 화물을 반송하기로 결정하고 이를 운송인에게 통지하였음에도 불구하고 운송인의 인도네시아 선박대리점이 발행한 화물인도지시서로 보세창고에서 적하를 무단 반출한 것이 의도적인 운송중단에 의하여 통상의 운송과정에서 벗어나게 되는 것인지 여부가 문제되었는데, 법원은 보험자승소판결을 내렸다.

35) 강대섭, "적하보험종료사유인 통상의 운송과정 중의 의미", 「상사판례연구」 제15집, 2003, 한국상사판례학회, 869면; 장상균, "협회적하보험약관(Institute Cargo Clauses A)상 보험담보의 종료시점", 대법원판례해설 44호, 법원도서관, 2003, 137면; 한창희, "보세창고에의 보관 중 송하인의 운송인에 대한 적하의 반송요구와 적하보험의 종료", 상사판례연구 IV, 2006, 박영사, 328면.

보험증권 기재의 목적지에 있는 최종창고 또는 보관장소에서 인도된 후 어느 행위 또는 절차가 완료된 때 비로소 수하인이 적하를 점유할 수 있는 경우에도, 보험은 그 행위 또는 절차가 완료될 때까지 계속되는 것은 아니고, 적하가 최종의 창고 또는 보관장소에 인도되는 것과 동시에 종료된다. 대법원 1988. 9. 27. 선고 84다카1639, 1640 판결에서는 법원은 최종창고에는 자가보세장치장이 포함된다는 이유로 수입원면이 수하인의 대전공장 자가보세장치장에 통관절차를 위하여 입고되어 있던 중 보험사고인 화재발생으로 소실된 경우에 보험자의 보상책임을 인정하지 아니하였다.[36]

셋째, 서울지방법원은 파키스탄 항구에서 부산항까지 운송된 면사가 부산항의 보세장치장에 입고되었다가 일용직노동자의 과실로 소훼된 사안에 관하여 위 화물에 관한 적하보험증권상 달리 도착지에서의 수하인의 창고 또는 최종창고에 대한 약정이 없으므로 위 보세장치장을 위 약관상의 최종창고라고 봄이 상당하므로 위 화물이 보세장치장에 입고된 시점에 보험기간은 종료하였고, 그 이후에 발생한 사고에 대하여 보험자는 보험금지급책임이 없다는 이유로 보험자의 구상금청구를 기각한 사례가 있다.[37]

나. 보험사고의 발생

구약관 ICC(All Risks) 또는 신약관 ICC(A)는 면책사유에 해당하지 아니하는 한 보험사고가 발생하는 경우에 보상을 하는 포괄책임주의를 취한 약관이다. 이 경우에도 보험사고는 우연한 사고이어야 한다. 영국해상보험법의 보험증권의 해석에 관한 규칙(Rules for Construction of Policy, RCP라고 약칭함) 제7조는 해상위험이란 오직 바다의 우연한 사고 또는 재난을 의미한다고 규정하여 이를 명확히 하고 있다. 또한 포괄책임주의 아래에서도 담보하는 위험은 해상위험을

---

36) 이 사건의 사실관계는 원면의 적하에 대하여 "최종원면창고(final mills warehouse)에 입고될 때까지"를 보험기간의 종기로 하는 적하보험계약에 들었는데 수입원면이 인천항과 부산항을 통하여 천안과 예산에 있는 최종창고가 아니라 대전공장 내의 자가보세장치장에 입고되어 있던 중 화재가 발생하여 수입원면 중 일부가 소실되어 보험금이 청구된 것이었다.

37) 서울지방법원 1995. 10. 13. 선고 94가합78758 판결(항소기간도과로 확정); 사법연수원, 전게서, 118면.

뜻한다. 따라서 포괄책임주의를 취하는 해상보험계약에서도 피보험자는 해상위험(perils of the sea)(운송조항에 따라 해상위험에 부수하는 위험으로 육상운송중의 우연한 사고를 포함[38])에 의하여 우연히 사고가 발생하였음을 증명하여야 한다.

구약관의 ICC(F.P.A), ICC(W.A), 신약관의 ICC(B), ICC(C)는 각각 약관이 담보하는 위험을 제한적으로 열거하는 열거책임주의를 취하고 있으므로, 열거하지 아니하는 부보위험에 의한 손해는 보상하지 않는다. 화주가 해상운송만이 아니라 적하보험의 가입 주선까지 해상운송주선인에게 위임하는 경우, 해상운송주선인은 저렴한 보험료를 이유로 전 위험조건이 아닌 기타의 조건의 해상적하보험에의 가입을 주선하는 경우가 많으며, 이 경우 화물이 멸실, 훼손되었음에도 불구하고 보험금을 지급받지 못하는 경우가 있다.[39]

다. 면책위험

(1) 보험사고의 우연성과 관련된 면책위험

구약관 ICC(All Risks) 제5조는 "지연 및 보험목적의 고유의 하자 또는 성질을 근인으로 하는 훼손, 멸실 및 비용"은 보상하지 않는다[40]고 규정하고 있다. 이는 보험사고의 우연성과 관련이 있다.

가령, 항해의 통상의 과정에서 발생하는 어류, 육류, 야채, 과실 등의 부패 및 주류의 산화나 변질, 곡류, 주정 등의 증발로 인한 변질, 금속류의 산화는 보험목적물의 고유의 성질상 발생한 것이므로 우연한 사고가 아니다(다만, 통상의 경우보다 부패 등을 가속시키는 사정이 있는 경우에는 어느 원인이 근인[41]인가

38) 양승규·한창희, 전게서, 67면.

39) 사법연수원, 전게서, 119면.

40) 상법 제678조는 "보험의 목적의 성질, 하자 또는 자연소모로 인한 손해는 보험자가 이를 보상할 책임이 없다."고 규정하고, 영국해상보험법 제55조 제2항 c호는 "보험증권에서 이와 달리 규정하지 않는 한, 보험자는, 보험목적의 통상의 자연소모, 통상의 누손 및 파손, 고유의 하자 또는 성질에 대하여, 또는 쥐 또는 해충에 근인하여 발생하는 손해에 대하여, 또는 해상위험에 근인하여 발생하지 아니하는 모든 기계의 훼손에 대하여 책임을 지지 않는다."고 규정하고 있다.

41) 손해의 발생에 영향을 미치는 원인이 다수인 경우에 그중 손해발생에 끼치는 효과의 측면에서 직접적인 원인을 근인이라고 한다(영국해상보험법 제55조).

를 결정하여야 한다).

선창 또는 컨테이너의 내부의 습기의 응결에 의하여 발생한 화물의 손해 역시 화물의 고유한 성질의 하자로 인한 손해이지만, 만약 선창 또는 컨테이너 내부의 공기순환장치에 하자나 고장이 있었다면 무엇이 근인인가를 판단하여야 한다.[42]

곡물에 곰팡이가 피거나 금속에 녹이 발생하는 경우, 이는 보험목적의 고유한 하자로 인한 손해이다. 그러나 항해중의 악천후로 해수가 유입되어 녹이 발생하였다면 보험자는 면책되기 어렵다.[43]

그 외에 석탄, 양모, 어분, 대마 등은 외부 작용 없이도 화물 자체의 화학적, 생물학적 반응에 의하여 자연 발화될 수 있으므로 이 경우에는 보험자는 면책이고, 화물이 통상의 항해과정을 감내하기에 충분한 정도로 포장되지 않아 멸실, 훼손된 경우인 포장불충분으로 인한 손해도 화물의 고유한 하자로 인한 손해로 다루어져 왔다.[44]

'지연'을 근인으로 한 손해에 대한 면책은 영국해상보험법 제55조 제2항 b호에 규정되어 있다. 지연이 부보위험에 근인한 경우에도 손해가 지연으로 인한 경우에는 면책이다.

신약관 ICC(A), ICC(B), ICC(C)는 영국해상보험법, 구약관 등에서 정립되어 온 면책사유를 다음과 같이 정리하여 열거하고 있다.

1) 피보험자의 고의적 위법행위로 인한 멸실, 훼손 또는 비용
2) 보험목적의 통상의 누손, 중량 또는 용적의 통상적 손실 또는 통상의 자연소모
3) 보험목적의 포장 또는 준비의 불충분함 또는 부적합으로 인한 멸실, 훼손 또는 비용
4) 보험목적의 고유의 하자 또는 성질로 인한 멸실, 훼손 또는 비용
5) 지연에 근인한 손해

42) 사법연수원, 전게서, 119면.
43) 사법연수원, 상게서, 120면.
44) 사법연수원, 상게서, 120면.

6) 선박소유자, 선박관리자, 용선자 또는 운항자의 지급불능 또는 재정상의 채무불이행으로 인한 멸실, 훼손 또는 비용

7) 어떠한 자의 위법행위에 의하여 보험목적의 전부 또는 일부가 고의적으로 훼손 또는 파괴된 경우[45)]

8) 원자력면책

손해가 발생한 경우 화물의 소유한 성질이나 하자가 원인의 하나로는 인정되지만 다른 부보위험도 손해의 발생에 영향을 미쳤다고 판단되는 경우에, 면책사고에 근인한 손해인가 부보위험에 근인한 손해인가를 구별하기 곤란한 경우가 있다.[46)]

법원은 이를 과실상계의 법리에 의하여 해결한 예가 있다. 대법원 2000. 6. 13. 선고 98다35389 판결은 "선박의 통풍불완전으로 생긴 결로에 의하여 젖거나 포장이 터지고 녹이 혼입되어" 화물이 훼손된 사고는 전위험담보의 협회적하보험약관에 의하여 담보되는 것으로 인정하면서도 습기에 취약한 화물의 불충분한 포장상태가 결로로 인한 손해의 확대의 한 원인이라는 이유로 30%의 과실상계를 하였다.

화물의 고유한 성질로 이한 손해에 대하여 보험자의 면책 여부는 액체화물운송과 관련하여 문제가 되고 있다. 가령, 에탄올이나 페놀 등의 액체화물의 변색이 발견된 경우에 변색이 화물의 고유한 성질 또는 잠재적 하자에 의한 것인지가 문제된다. 대법원 2006. 5. 12. 선고 2005다21593 판결은 "페놀이 제조과정에서 생성되는 부산물로 인하여 변색될 가능성이 있는 물질"이라는 점 등을 고려하여 "운송물인 페놀의 변색이 그 자체의 특수한 성질이나 제조과정에서 생성된 부산물의 존재 등 숨은 하자로 인하여 생긴 것이고, 그와 같은 변색은 그 특수한 성질이나 숨은 하자로 인하여 보통 생길 수 있는 것이라고 봄이 상당하므로, 상법 제789조 제2항의 규정에 의하여 해상운송인의 책임이 면책된다고 하였다.

---

45) 포괄책임주의를 취하는 ICC(A)에는 이 사유가 면책사유로 되어 있지 않다.
46) 사법연수원, 전게서, 121면.

(2) 워런티위반으로 인한 면책

(가) 워런티의 의의와 유형

영국해상보험법상 워런티는 특정한 일이 행하여지거나 행하여지지 않을 것, 또는 어떠한 조건이 충족될 것을 약속하거나 특정한 사실상태의 존재를 긍정하거나 부정하는 것을 말한다(영국해상보험법 제33조 제1항). 이는 명시적 워런티와 묵시적 워런티로 구분된다. 전자는 보험증권에 기재되거나 포함된 것을 말하고, 후자는 보험증권에 기재되어 있지 않더라도 법에 의하여 준수될 것이 요구되는 것으로 감항능력워런티과 적법성워런티, 중립워런티가 있다.

(나) 워런티의 기재

실무상 명시적 워런티사항은 보험증권의 표면에 기재된다. 명시적 워런티는 "warranted free from that" 또는 "subject to"라고 기재하여 조건을 명시하는 것이 보통이지만, 이러한 문구를 사용하지 않은 경우에도 내용에 따라 명시적 워런티가 될 수 있다.

(다) 설명의무

법원은 적하보험에 한하여 보험자의 설명의무에 관하여서는 우리법을 적용하다가,[47] 최근 선박보험에 대하여서도 우리법상의 설명의무가 인정된다고 하였다.[48]

(라) 워런티위반의 효과

영국의 2015년 보험법 제정 이전에는 보험자가 워런티에 관한 사항을 알든 모르든 피보험자는 워런티를 정확히 지켜야 하고, 이를 위반하게 되면 그 사유와 시기와 관련 없이 보험자는 바로 그 시점부터 보험계약상의 일체의 책임을 면하므로, 보험자는 워런티에 관한 사항을 알 필요도 없고, 피보험자는 워런티에 관한 사항을 고지할 의무도 없었다.[49]

---

47) 대법원 1998. 7. 14. 선고 96다39707 판결. 대법원 2001. 7. 27 선고 99다55533 판결.
48) 대법원 2010. 9. 9. 선고 2009다105383 판결.
49) 사법연수원, 전게서, 122면

2016년 8월부터 시행되는 영국의 2015년 보험법 제정으로 워런티위반의 경우 보험사고와 워런티 위반과의 인과관계를 요하지 아니하고, 위반후 치유되더라도 워런티 위반일에 소급하여 보험자는 보험계약상의 일체의 책임을 면하였던 사항이 개정되었다. 즉, 1906년 해상보험법의 개정사항은 첫째, 워런티위반과 손해사이에 인과관계를 요구하여 인과관계물문의 원칙을 폐기하였고, 둘째, 워런티 위반의 치유를 허용하여 치유된 후에 발생한 손해에 대해서는 보험자는 보상책임을 진다는 것이다.

대법원 1996. 3. 8. 선고95다28779 판결에서 부가조건으로 포함된 특별어획물약관이 포함된 특별어획물약관 제4조는 "보험계약자가 증권에 기재된 어선에 무선전신기 또는 무선전화기를 설치할 것과 본사에 일일어획량을 보고할 것을 담보로 한다{It is warranted (a) that the Assured wi11 carry wireless te1egraphy and/or telephone 0n board the fishing vessel named in the poilcy. (b) that the Assured will report a daily catch to its Head Office.}"라고 규정되어 있었는데, 법원은 어선에서 본사에 일일어획량을 보고하여야 하는 것은 영국 해상보험법 제35조 소정의 이른바 명시적 담보에 해당하고, 선박에서 보험계약자의 본사에 일일 어획량이 보고되지 아니한 이상 보험계약자는 위 명시적 담보를 충족하지 못하였다고 할 것이므로, 결국 보험자는 영국 해상보험법 제33조 제3항에 의하여 면책된다고 판시하였다.

(마) 워런티위반의 항변

워런티위반에 대하여 항변은 허용되지 않는다. 다만 사정의 변경으로 워런티가 계약의 사정에 적용될 수 없는 경우, 또는 워런티의 충족이 그 후의 법률에 의하여 위법하게 되는 경우에는 예외이다(영국해상보험법 제34조 제1항). 보험자는 워런티위반으로 인한 면책을 포기하고 보험금을 지급할 수 있지만(영국해상보험법 제34조 제3항), 묵시적 워런티사항 중 적법성 워런티는 보험자가 임의로 포기할 수 없다.

(바) 감항능력워런티

묵시적 워런티사항 중 감항능력워런티와 관련하여 구약관들은 공통적으로 제

8조에서 감항능력워런티위반을 허용하고 있고, 신약관 역시 제5조에서 피보험자 및 사용인이 감항능력의 부존재를 알고 있지 않을 것을 전제로 이를 허용하고 있다.

(사) 적법성워런티

① 영국법의 입장

영국해상보험법 제41조는 적법성 워런티에 관하여 "부보된 해상사업은 적합한 항해사업이고, 또한 피보험자가 사정을 지배하는 한, 그 해상사업을 적법한 방법으로 수행하여야 한다."고 규정하고 있다. 따라서 보험목적인 화물이 밀수품이거나 선박이 범죄목적으로 이용되는 경우에는 보험자는 손해에 대하여 면책이다.

Parkin v. Dick[50]사건에서 런던에서 브라질로 운송되는 수출이 금지된 해군물품에 대하여 부보되었는데, 법원은 영국법을 위반하였다는 것을 근거로 보험금 청구를 기각하였다. 또한 최근의 Euro Diam Ltd v. Bathurst[51]사건에서 독일로 운송되는 다이아몬드의 적하에 대하여 포괄담보조건으로 비해상보험으로 부보되었는데, 독일의 소득세를 면탈·절감하기 위하여 적하의 가액을 낮춘 허위의 송장이 발부되었다. 법원은 항해사업은 영국법상 위법하여서는 안 된다는 묵시적 워런티에 관한 영국해상보험법 제41조가 해석의 원칙이고, 이는 외국법에 확장되지 않는다고 판시하였다. 이 쟁점에 대하여 싱가포르법원의 Everbright Commercial Pte Ltd v. Axa Insurance Singapore Pte Ltd[52]사건과 일본 최고재판소의 Connor v. Nippon Fire and Marine Insurance Co[53]사건이 존재한다.

---

50) [1809] 11 East 502.

51) [1990] 1 QB 1.

52) [2000] 4 SLR 226; 이 쟁점은 항소시 다투어지지 않았음; [2001] 2 SLR 316. 호주 부근에 있는 Solomon Islands에서 인도로 수출되는 목재의 적하에 대하여 수출되는 적하에 대하여 솔로몬 아일런드의 관세법과 기타 국내 시행령을 위반하고, 소득세법목재의 가액이 낮게 신고되었다고 주장되었지만, 보험자는 이를 증명하지 못하였다. 쥬디스 프래커시(Judith Prakash)판사는 "영국판례상 영국해상보험법 제41조는 항해사업이 영국법상 적법하여야 한다는 것이다."라고 하였다. 이에 동판사는 목재의 수출품이 목재의 수출품이 솔로몬 아이런드법을 위반한 경우에도, 그것은 싱가포르 법, 계약법상 위법은 아니기 때문에, 제41조의 워런티위반은 아니라고 판시하였다..

53) 1998.5.13. 선고 동경지방법원 판결. 2000.1.9. 선고 동경고등법원 판결[John Dunt, op. cit., p.

② 우리나라에서의 적용

솔로몬 아일런드에서 인도로 수출되는 적하에 대하여 솔로몬 아일런드 관세법을 위반한 적하에 대한 해상적하보험사건이 싱가포르법원에 제소된 경우 싱가포르법위반이 아니므로 적법성위런티위반이 아니라고 한 Everbright Commercial Pte Ltd v. Axa Insurance Singapore Pte Ltd사건과 일본에서 미국으로 수출되는 적하중 미국법을 위반한 이란산 카펫에 대하여 미국세관이 문제삼지 않기로 한 사건에서 일본법위반이 아니므로 적법성워런티 위반이 아니라고 한 일본 최고재판소의 Connor v. Nippon Fire and Marine Insurance Co사건에 비추어 우리나라 법원에 제소된 경우 적법성의 기준이 되는 것은 우리나라 법이다.

(3) 이로 및 항해변경에 의한 면책

영국해상보험법 제45조[54] 및 제46조[55]는 항해의 변경이 있거나 선박이 적법한 이유 없이 항로를 이탈하는 경우에는 원칙적으로 보험자는 면책이지만, 특

117]. 이 사건에서 일본에서 미국으로 운송되는 미국인의 적하중에 미국법상 수입이 금지된 이란의 카펫이 포함되어 있었다. 피보험자는 이를 미국 관세청에 신고를 하고 미국세관은 더 이상 문제 삼지 않기로 하였다. 1심법원은 신고와 미국관세청의 미조치가 있다고 하여 위법성이 조각되지 않는다고 하였다. 고등법원은 이를 파기하고, "이 사건에서 운송은 일본법을 위반할 가능성이 없고," 따라서 영국해상보험법 제41조의 위반이 아니라고 판시하였다. 최고법원은 고등법원의 판결을 유지하였다.

54) 제45조(항해의 변경)
(1) 위험이 개시된 이후에 선박의 목적항이 보험증권에서 정하여진 곳이 아닌 다른 곳으로 임의로 변경된 경우에 항해의 변경이 있다고 한다.
(2) 보험증권에 다른 정함이 없는 한, 항해의 변경이 있는 경우, 보험자는, 항해의 변경이 있은 때, 즉, 항해를 변경하고자 하는 의사가 명백하여졌을 때부터 보상책임을 면한다. 그리고 손해가 발생한 때에 선박이 실제로 보험증권에 정하여진 항로를 이탈하지 아니하였다는 사실은 중요하지 않다.

55) 제46조(이로)
(1) 선박이 적법한 이유 없이 보험증권에서 정하여진 항해를 이탈한 경우에는, 보험자는 이로하였을 때로부터 보상책임을 면한다. 그리고 선박이 손해가 발생하기 이전에 원래의 항구로 복귀하였다는 사실은 중요하지 않다.
(2) 다음의 경우에는 보험증권에서 정하여진 항해를 이로 한 것이다.
(a) 항로가 보험증권에 구체적으로 지정되어 있는 경우에는 그 항로를 이탈한 경우, 또는
(b) 항해의 과정이 보험증권에 구체적으로 지정되어 있지 않는 경우에는, 통상적이고 또한 관습적인 과정을 이탈한 경우
(3) 이로의 의사는 중요하지 않고, 보험자가 계약상 책임을 면하기 위하여는 실제로 이로가 있어야 한다.

약에 의하여 담보됨을 규정하고 있다. 구약관들은 제3조와 제4조에서 신약관들은 제8조 제3항과 제10조에서 일정한 조건(이로의 경우에는 피보험자가 통제할 수 있는 범위외의 사유, 항해의 변경은 보험자에 대한 즉시 통지 및 보험료 등의 조정)하에서 부보됨을 명확히 하고 있다.

(4) 기타의 면책사유

구약관들은 F.C. & S. Clause(포획나포 부담보조항) F.S.R.&C.C. Clause(동맹파업 소요 폭동 부담보조항)을 포함하고 있는데, 이 약관들은 신약관 제6조 및 제7조에 규정되어 있다.

중요한 특약으로 중요한 것은 다음과 같다.[56)]

Inland Termination Clause(30 days)는 구약관 제1조 또는 신약관 제8.1.3조의 하역후 60일간의 담보기간을 30일로 단축하는 책임의 조기종료에 관한 약관이고, On-Deck Clauses는 보험목적이 갑판적된 경우에는 본래의 약관상 담보범위에도 불구하고 구약관의 ICC(F.P.A.)+J.W.O.B. 또는 신약관의 ICC(C)+J.W.O.B.[57)]로 축소하여 부보하는 약관이다. 공동보험의 경우 주간사가 다른 공동보험자들을 대표하여 피보험자의 통지를 수령하고 보험금을 지급하되, 공동 보험자가 각자 인수한 지분의 범위에서만 보험금지급책임을 진다고 규정하는 Co-Insurance Clauses는 면책약관의 예로 다루어진다.

라. 피보험이익

(1) 의의와 요건

피보험이익이라 함은 보험목적이 멸실 또는 훼손되는 경제적 손실을 입게 되는 피보험자와 보험의 목적사이에 존재하는 이해관계를 말한다. 피보험이익은 적법하여야 하므로 강행법규정 또는 공서양속에 위반되는 밀수, 도박, 탈세 등에 관한 이익은 피보험이익이 될 수 없고, 보험보상을 받을 수 있는 이익은 경제적 이익이어야 하므로 객관적 가치를 가지는 것으로 금전적으로 산정할 수 있는 이익이어야 한다.

---

56) 사법연수원, 전게서, 123면

57) Jettison & Washing Over Board, 즉 투하 및 갑판유실.

(2) 존재시기

피보험이익은 보험사고가 발생할 때까지는 보험계약의 요소로서 확정하거나 확정할 수 있는 이익이어야 한다. 멸실 여부를 불문하는 조건으로 보험에 가입된 경우에는 피보험자가 사고발생사실을 모르고 있었다면 보상이 된다(영국해상보험법 제6조 제1항).[58] 해상보험의 특성상 피보험자가 사고발생 사실을 모르고 보험계약을 체결하는 경우가 많은 것을 고려한 것이다.[59]

(3) 적하보험에서의 피보험이익의 평가액(보험가액)

적하보험에서의 피보험이익은 적하의 보험가액과 희망이익, 관세이익을 말하고, 적하의 보험가액은 영국해상보험법 제16조 제3항에 따르면 "부보재산의 원가에 선적비용 및 이 전부에 대한 보험비용"이다. 희망이익이라 함은 화물이 목적지에 무사히 도착함으로써 화주가 얻을 수 있는 이익으로 미확정이익이므로 송장가액(CIF)가격의 10%로 하는 것이 관습이다.[60] 또한 수입화물이 훼손된 상태로 들어오더라도 관세감경혜택을 받지 못하는 경우가 일반적이므로 이러한 경우에 대비하여 보험금액에 관세율을 곱한 금액을 적하보험에 추가하여 가입하는 것이 일반적이다. 또한 시가가 변동하기 쉬운 화물에 대하여서는 예상되

---

58) 제6조(피보험이익이 존재하여야 할 시기)
(1) 피보험자는 보험계약 체결 시에 보험의 목적물에 대하여 이해관계를 가질 것을 필요로 하지 않지만, 손해발생 시에는 이것을 가져야 한다.
다만 보험목적이 "멸실하였는가를 묻지 아니한다"라는 조건으로 부보된 경우에는, 손해발생 이후까지 피보험이익을 취득하지 아니하여도, 보험계약 체결당시에 피보험자가 손해가 발생할 것을 알고 있었고, 또한 보험자가 이를 알고 있는 경우를 제외하고, 피보험자는 보험자로부터 손해를 보상받을 수 있다.

59) 서울고법 1995. 3. 21. 선고 93나49149 판결은 영국 해상보험법 제6조 제1항 단서에는 보험의 목적물이 "lost or not lost"라는 조건으로 보험에 부보되었을 경우에는, 손해발생 시까지 피보험이익을 취득하지 못하였다고 하더라도, 보험계약체 결시에 피보험자가 손해발생사실을 알고 있었고 보험자가 그것을 몰랐던 경우를 제외하고는, 피보험자는 그 손해에 대하여 보험자로부터 보상을 받을 수 있다고 규정되어 있고, 이는 피보험자가 손해발생 시에 보험목적물에 대한 피보험이익을 가지고 있어야 한다는 같은 조항 본문의 원칙에 대한 예외를 규정한 것으로서 피보험자가 손해발생 후에 취득한 피보험이익을 손해발생 시까지 소급시키는 효과를 부여하는 것으로 이해된다고 판시하였다(사법연수원, 전게서, 124면).

60) 서울고등법원 1986. 2. 5. 선고 84나1606 판결 등에서 법원은 보험자의 구상소송에서 희망이익은 특별손해라는 이유로 운송인 등의 손해배상액의 산정에서 배척하여 오고 있다(사법연수원, 상게서, 124면).

는 인상증가분을 증액보험(increased value)으로 가입할 수 있고, 선급운임의 경우 별도의 운임보험으로 가입할 수 있으나 일반적으로 적하의 보험가액에 운임을 포함하는 형태로 보험에 가입한다.[61]

(4) Incoterms의 정형거래조건과 피보험이익

수출입매매계약에서 화물에 대한 피보험이익은 위험부담의 이전시점 또는 소유권이전시점에 이전된다. 가령 CIF가격조건 하에서나 FOB가격조건 하에서나 화물에 대한 위험부담은 지정된 선적항의 선적지점에서 매수인이 지정한 선박에 적재하였을 때 매수인에게 이전하므로[62] 그 이전에 발생한 손해에 대하여 매수인은 피보험이익을 가지지 아니하므로 보상을 받을 수 없는가가 문제된다. FOB(또는 C&F)가격 조건하에서는 수입자가 보험계약을 체결하므로 가령 FOB 가격 조건으로 수입되는 화물과 관련하여 선적 전에 발생한 사고에 대하여는 수입자에게 피보험이익이 발생하기 전의 사고이므로 수입업자는 보험보상을 받을 수 없다고 해석하는 것이 일반적이다.[63] 이와는 달리 서울고법 1995. 3. 21. 선고 93나49149 판결은 C&F가격조건하에서 매수인은 선적 전에도 희망이익에 한하여는 피보험이익을 가지므로 선적 전 사고에 있어서도 매수인인 수입자가 희망이익 상당 손해에 관하여는 보험금을 청구할 수 있다고 판시하였다.

마. 소급보험

(1) 문제의 소재

오래전부터 특히 해상운송 중 생기는 적하의 손해를 보상하는 적하보험에서 이미 출하지를 출발하여 운송중인 적하를 보험의 목적으로 보험계약을 체결하고, 적하가 발송된 시점에 소급하여 효력을 소급하고자 하는 수요가 있었다. 이와 같은 소급보험의 경우 이미 보험사고가 발생하였으므로 손해발생 시에 피보험자와 보험목적사이에 피보험이익의 존재가 인정되지 아니하지만, 영국 해상보

61) 사법연수원, 상게서, 124면.

62) 2010년 Incoterms FOB B(5).

63) 사법연수원, 전게서, 124면; 이와 관련한 영국, 호주판례도 우리학설과 같은 입장을 취하는데 반하여, 미국에서는 피보험이익을 인정하고 있다. 이와 같은 상황을 개선하기 위하여 호주법률개정위원회는 개정안을 제시하고 있다(양승규·한창희, 전게서, 171, 173~174, 182면 참조).

험법을 비롯하여 우리나라 상법에서도 그 유효성을 인정하여 오고 있다. 1982년 이래 해상적하보험에 관한 영국 협회적하보험약관 제11조 제2항은 "보험계약자는 보험계약이 체결되기 이전에 발생한 손해이어도, 피보험자가 손해를 알고 있었고, 보험자가 모르고 있지 아니하는 한, 이 보험에 의하여 담보되는 보험기간에 발생한 손해는 보상한다."라고 하여 소급조항을 두고 있음에도 불구하고 동조항에서는 "이 보험에서 보상받기 위하여서는 피보험자는 손해발생 시에 보험의 목적에 대하여 피보험이익을 가져야 한다."는 내용의 '제11조 제1항에 따르고'라고 하고 있다. 한편 C&F가격조건과 FOB가격조건에서는 위험은 지정된 선적항의 선적지점에서 매수인이 지정한 선박에 적재하였을 때 매수인에게 이전하므로[64] 그 이전에 발생한 손해에 대하여 매수인은 피보험이익을 가지지 아니하므로 보상을 받을 수 없는가가 문제된다.

서울고법 1995. 3. 21. 선고 93나49149 판결은 C&F가격조건하에서 매수인은 선적 전에도 희망이익에 한하여는 피보험이익을 가지므로 선적 전 사고에 있어서도 매수인인 수입자가 희망이익 상당 손해에 관하여는 보험금을 청구할 수 있다고 판시하였다.[65] 이 판결은 해상적하보험에 관한 영국법과 실무에 반하는 것으로 해석되고 있다. 이에 우리판례의 입장을 해상보험에 관하여 우리나라 법원(法源)으로서의 지위가 인정되는 영국법과 정밀하게 검토하는 것이 요구된다.

(2) 해상적하보험에서의 소급보험

(가) 협회적하보험약관상 소급조항

협회적하보험약관에 소급조항이 삽입된 것은 1982년 개정약관에서 이고, 2009년 개정약관 제11조에서 다음과 같이 유지되고 있다.

---

64) 2010년 Incoterms FOB B(5).

65) 이 사건의 사실관계는 다음과 같다. CFR조건으로 수입되는 시멘트 1만2천 톤을 러시아 나호드카항에서 인천항까지 운송중의 위험을 담보하기 위하여 구협회적하보험약관을 보험계약의 내용으로 하는 해상적하보험계약이 체결되었다. 이 약관에는 보험목적물의 멸실 여부를 불문하고 보험에 부보된 것으로 한다는 소급조항과 영국의 법과 관습에 의한다는 준거법조항이 들어 있었다. 비가 내리고 습도가 높은 긴장 동안 선적이 이루어진 관계상 선적항의 창고에서 반출되어 선적하던 중 선적이전에 빗물 또는 공기 중의 습도에 접속되어 시멘트가 훼손되는 보험사고가 발생하였다. 보험자는 CFR매매조건상 선적 전에는 매수인에게 소유권이 이전되지 않고 따라서 피보험이익이 없으므로 보험금을 지급할 의무가 없다고 항변하여 소송이 개시되었다.

제11조 ① 이 보험에서 보상을 받기 위하여서는 보험자는, 손해발생 시에, 보험의 목적에 관하여 피보험이익을 가지고 있어야 한다.

② 제11조 제1항에 따르고, 보험계약자는 보험계약이 체결되기 이전에 발생한 손해이어도, 피보험자가 손해를 알고 있었고, 보험자가 모르고 있지 아니하는 한, 이 보험에 의하여 담보되는 보험기간에 발생한 손해는 보상한다.

이에 따르면 해상보험에서 소급보험의 경우 손해가 이미 발생한 사실에 대하여 보험계약자가 악의이고 보험자가 선의인 경우를 제외하고는 보험자는 보상책임을 진다. 그 예가 Wünsche Handelsgesellschaft International mbH v. Tai Ping Co. Ltd사건[66]이다.

(나) 1982년 협회적하보험약관 개정 이전의 지위

1982년 개정 협회적하보험약관이 사용되기 이전의 SG보험증권에는 "(선박명)이라는 견고한 선박에 적재된 모든 상품 및 화물에 대하여 멸실 여부를 불문하고 (출발항)에서 또는 그곳에서 담보되는 것으로 함"이라고 규정하였다. 또한 영국해상보험법 제6조 제1항은 "보험목적이 '멸실불문조건'으로 부보된 경우에는, 피보험자가 손해발생이후에 피보험이익이 취득되어도 보험계약 체결 당시에 피보험자가 손해발생을 알고 있었고 보험자가 이를 모르고 있었던 경우를 제외하고는 피보험자는 손해보상을 받을 수 있다."고 규정되어 있었다.

손해발생시 소유권을 가지지 않은 자가 "멸실불문조건"으로 부보된 적하에 대하여 보험금청구권이 있는가에 대하여 이에 Sutherland v. Pratt사건[67]에서 보

66) [1998] 2 Lloyd's Rep 8; 이 사건에서 버섯 캔과 아스파라거스 캔의 적하를 중국에서 독일로 운송하는 위험에 대하여 "중국의 공장에서부터(including from ex-factory in P.R. of China)" 전위험담보조건으로 부보되었다. 협회적하보험약관(A) 제11조 2항과 같은 문언이 삽입되었고, 적하는 홍콩 인근의 센첸(Shenzhen)에서 컨테이너에 적입되어 홍콩까지는 바지선이나 트럭으로 운송되어 선박에 적재되었다. 보험계약은 컨테이너가 선박에 적재되기 전에 체결되었지만, 당사자가 손해의 발생사실을 알지 못하는 한 공장에서부터 발생하는 손해를 소급하여 보장하는 내용이었다. 손해는 중국 내륙 공장에서 센첸으로 운송 중에 발생하였다. 법원은 소급조항에 따라 피보험자는 보험계약의 성립 전 중국에서 육상운송 중 발생한 손해에 대하여 보험금청구권을 가진다고 판시하였다.

67) [1843] 11 M & W 296; 이 사건에서 봄베이에서 런던으로 운송되는 목화에 대하여 멸실훼손 불문조건으로 부보되었다. 당사자는 알지 못하였지만, 원고가 적하를 담보로 금전을 대여하고 있었다. 당사자는 알지 못하였지만 원고가 담보로 제공받기 전에 이미 목화는 훼손되어

험금청구권이 인정된 이래 Reinhart v. Hoyle & Sons Limited사건[68]에 이르기 까지 유지되었다.

호주 판결인 New South Wales Leather Co. Pty Limited v. Vanguard Insurance Co. Limited사건[69]은 SG보험증권과 1963년 개정 협회적하보험약관을 보험계약의 내용으로 한 사건으로 FOB매수인에게 선적이전에 발생한 손해에 대하여 손해발생 당시에 피보험이익이 없었지만 SG보험증권과 1963년 개정 협회적하보험약관에 근거하여 보험금청구권이 인정되었다.[70]

(다) 1982년 협회선박보험약관 개정 이후의 지위

1982년 협회적하보험약관 개정 시에 영국해상보험법 제6조 제1항과 동일한 취지의 규정이 두어졌고, 이는 2009년 개정 시에도 그대로 유지되어 있다. 이에 따라 Sutherland v. Pratt사건[71] 등의 판시는 폐기되었고, 협회적하보험약관 제11조를 보험계약의 내용으로 하는 경우 FOB매매조건이나 C&F매매조건에서 매수인에게 위험이 이전하거나 소유권이 이전되기 이전에 손해가 발생한 경우

있었다. 원고의 보험금청구에 대하여 보험자는 원고가 피보험이익을 취득하지 이전에 손해가 발생하였다고 주장하였다. 법원은 원고의 보험금청구를 인용하였다. 방론에서 "매수인이 체결한 보험계약상 선적 이전에 발생한 손해를 보상한다고 하였으면, 매수인이 손해발생 시에 적하에 대하여 소유권이나 위험이 존재하지 않았어도, 매수인은 보상받을 수 있다."고 하였다[Susan Hodges, Cases and Materials on Marine Insurance Law, (Cavendish Publishing Limited, 1999), p. 79; John Dunt, op. cit., p. 69].

68) [1961] 1 Lloyd's Rep. 346; 이 사건은 멕시코산 적하가 C&F조건으로 매도되었는데, 매수인이 피보험이익을 취득하기 이전에 손해가 발생하였어도 매수인은 선적 이전에 입은 손해에 대하여 보상받을 수 있다고 판시되었다(Susan Hodges, op. cit., pp. 79~80).

69) [1990] 103 FLR 70; [1991] NSWLR 699; FOB매매조건로 컨테이너에 적입된 적하를 멸실불문조건으로 부보하였는데, 컨테이너에 적입된 적하는 선박에 실리기 전에 도난당하자 피보험자는 보험금의 지급을 청구하였지만 보험자는 손해발생 시에 피보험자가 피보험이익을 가지지 않았다는 이유로 보험금지급을 거절하였다. 표준적인 FOB 계약상 적하에 대한 위험은 컨테이너가 선박의 난간을 통과한 때에 매수인에게 이전된다. 이에 따라 1심법원은 FOB조건의 매수인은 매도인의 창고에서 선박의 난간까지의 운송중인 적하에 대한 피보험이익을 가지지 않는다고 판시하였는데, 캐러더스(Carruthers)판사는 ICC (A)의 운송조항에 의하여 피보험이익이 없는 경우 그 이전의 시점까지 보험담보를 확장되지 않는다고 하여 보험금지급청구를 배척하였다. 이에 대하여 항소법원은 피보험자가 손해발생 시에 피보험이익을 가지지 않았으므로 운송조항이 적용되지 않는다는 점은 받아들이되, 운송조항과 결합된 '멸실여부불문조항'에 의거 보험보상을 명하였다.

70) John Dunt, op. cit., p. 69.

71) [1843] 11 M & W 296

에 매수인은 피보험자로서 보험금청구권이 없다고 일반적으로 인정되고 있다.[72] 이는 우리나라의 해상적하보험실무와 동일하다.[73]

(3) 시사점

구협회적하보험약관을 보험계약의 내용으로 하는 C&F매매조건에서 매수인이 피보험이익을 가지기 이전인 선적 전 손해에 대하여 매수인에게 피보험이익을 인정하여 보험금청구권을 인용하는 서울고법 1995.3.21. 선고 93나49149 판결은 우리나라 대법원이 법원(法源)으로서의 효력을 인정하는 영국법을 바르게 적용하였는가가 문제된다.

해상적하보험에서 글로벌 스탠더드의 지위를 점하고 있는 영국법상 1982년 이래 협회적하보험약관 제11조에서는 소급보험의 유효성을 인정하되 피보험자가 손해발생 시에 보험의 목적에 대하여 피보험이익을 가져야 하는 것을 전제로 한다. 이에 따라 영국의 학설과 실무는 Sutherland v. Pratt사건과 Reinhart v. Hoyle & Sons Limited사건의 판시를 폐기하고, FOB조건과 CFR조건의 경우 소유권이나 위험이 매수인에게 이전하기 전에 발생한 손해에 대하여서는 손해발생시 피보험자인 매수인에게 적하에 대한 피보험이익이 존재하지 아니한다고 하여 보험금청구권을 인정하지 아니한다.

서울고법 1995. 3. 21. 선고 93나49149 판결은 구 협회적하보험약관을 보험계약의 내용으로 하는 점에서 영국의 1982년 이전의 지위에 근거하여 판시하고 있으므로 이전의 영국법을 바르게 적용하였다고 보지만 그 적용범위는 영국법이 희망이익에 한정하지 않는 점에서 오류라고 본다. 다만 1982년 개정, 2009년 개정의 협회적하보험약관을 보험계약의 내용으로 하는 오늘날의 해상적하보험계약에서는 영국의 실무와 학설은 FOB매매조건이나 CFR매매조건에서 매수인에게 위험이 이전하거나 소유권이 이전되기 이전에 손해가 발생한 경우에 매수인은 피보험자로서 보험금청구권이 없으므로 서울고등법원의 판시는 더 이상 타당하지 않은 것으로 판단된다.

---

72) John Dunt, op. cit., p. 69.
73) 사법연수원, 전게서, 124면.

3. 표준선박보험약관

가. 주요특징

기본적인 협회선박보험약관은 선박, 선박의 기관, 공동해손분담금과 해난구조료 및 선박충돌로 인한 배상책임을 담보한다. 다만, 선박충돌에 따른 손해배상책임은 책임액의 4분의 3만을 보상한다. 나머지 선박충돌에 따른 배상책임 및 기타 선박소유자의 배상책임(인적손해 등)은 선주상호보험조합이 담보한다.

적하보험이 주로 보험기간이 일정한 항해를 기준으로 하여 정하여지는 항해보험으로 체결되는데 반하여, 선박보험은 일정한 기간(1년이 보통임)을 표준으로 보험자의 책임이 정하여 지는 기간보험으로 체결된다. Institute Time Clauses Hulls(이하 ITCH라 함)는 기간보험인 선박보험약관이고, Institute Voyage Clauses Hulls(IVCH로 약칭됨)는 항해보험인 선박보험약관이다. ITCH는 1983년 양식과 1995년 양식이 있고, 국제보험자협회(International Underwriting Association)가 2003년 공표한 국제선박보험약관(International Hulls Clauses)이 있다.

협회선박보험약관에 의하여 보험금을 청구, 지급받기 위하여서는 (1) 보험기간 중에, (2) 보험사고(부보된 위험에 따른 사고)가 발생하고, (3) 그에 따라 손해가 발생하되 그 손해는 면책위험에 근인한 사고가 아니어야 하며, (4) 사고발생시 피보험자에게 피보험이익이 존재하고 있어야 한다.

나. 주요내용

(1) 보험기간

ITCH와 같은 기간보험에서는 보험기간의 시기와 종기가 보험증권에 명확히 표시되어 있다. 다만, 약관상의 계속보조항에 의하여 보험기간 종료 전에 보험자에게 통지된 경우에는, 보험기간 종료 시에 선박이 바다에 있으면서 재난상황 또는 실종중이거나 항구에 있으면서 재난상황중인 경우에는 안전한 항구에 도착할 때까지 또는 선박이 안전하게 될 때까지 보험기간이 연장된다(ITCH 제2조, 국제선박보험약관 제12조).

한편 선박의 양도,[74] 관리자의 변경의 경우, 선급이 변경·종료되거나 선급의 정기검사기간을 도과한 경우에는 보험계약은 자동 종료된다(ITCH 제4조, 국제선박보험약관 제14조). 또한 이미 화물을 선적하였거나 선박이 선적항을 출항하였거나 해상에 있는 경우에는 요청이 있는 경우 종료시기가 연장된다(ITCH 제4조, 국제선박보험약관 제14조).

(2) 보험사고의 발생

ITCH(83)은 약관상 열거된 위험을 부보위험으로 한다. 담보위험을 열거하는 열거책임주의를 취하는 점에서 적하보험약관 ICC(B), ICC(C)와는 같고 ICC(A)다르다. 피보험자가 사고가 부보위험 중 어느 위험에 의하여 발생하였는가를 증명하여야 한다.

(가) 담보위험

ITCH(83) 제6조는 담보위험을 해상위험과 피보험자의 상당한 주의를 필요로 하는 위험(인치마리위험)의 2가지 유형으로 나누고 있다.

① ITCH(83) 제6조 제1항의 담보위험(해상위험)

ITCH(83) 제6조 제1항은 (1) 바다, 강, 호수 기타 항해가능한 수역의 고유의 위험(이하 해상고유의 위험이라고 함), (2) 화재, 폭발, (3) 선박외부로부터 침입한 자에 의한 폭력을 수반한 도난, (4) 투하, (5) 해적행위,[75] (6) 핵장치나 원자

---

74) 대법원 2004. 11. 11. 선고 2003다30807 판결은 "상법 제703조의2는 제1호에서 "선박을 양도할 때"를 자동종료사유의 하나로 규정하고 있는바, 이처럼 선박의 양도를 보험계약의 자동종료사유의 하나로 규정하는 것은 선박보험계약을 체결함에 있어서 선박소유자가 누구인가 하는 점은 인수 여부의 결정 및 보험료율의 산정에 있어서 매우 중요한 요소이고, 따라서 소유자의 변경은 보험계약에 있어서 중대한 위험의 변경에 해당하기 때문이라고 할 수 있는데, 특별한 사정이 없는 한 조업허가를 얻기 위한 목적으로 허위의 매매계약서를 작성하였다는 점만으로는 보험계약상 중대한 위험의 변경이 발생한다고 보기는 어렵다는 점에 비추어 그와 같은 경우를 상법 제703조의2 제1호의 "선박을 양도할 때"에 해당한다고 할 수 없다"고 하였다. 이 판결에 대하여서는 보험계약의 자동종료사유로서 선박의 양도는 좁게 해석되어서는 아니되는 점에 비추어 선박의 양도가 있으면 보험계약은 자동 종료되는 것이지 이 판결과 같이 "특별한 사정이 없는 한 조업허가를 얻기 위한 목적으로 허위의 매매계약서를 작성하였다는 점만으로는 보험계약상 중대한 위험의 변경이 발생한다고 보기는 어렵다는 점에 비추어 그와 같은 경우를 상법 제703조의2 제1호의 "선박을 양도할 때"에 해당한다고 새길 수는 없다."고 보는 것은 옳지 않다는 견해가 유력하다(김동진, "선박보험의 종료사유로서 '선박의 양도의 의미-대법원 2004. 11. 11. 선고 2003다30807 판결", 손해보험 2005년 10월호, 대한손해보험협회, 69면).

75) 예컨대 소말리아 해적에 납치됐던 선박 삼호주얼리호에 대한 손해가 그 예이다.

로의 고장 또는 사고, (7) 항공기 또는 이와 유사한 물체 또는 그로부터 떨어지는 물체, 육상운송용구, 부두 또는 항만시설이나 장비와의 접촉, (8) 지진, 화산폭발, 낙뢰 등을 담보하고 있다.

해상고유의 위험의 예로는 폭풍이나 태풍, 허리케인 기타 황천을 들 수 있고, 암초, 빙산, 다른 선박과의 충돌 역시 영국판례상 상의 위험으로 인정되어 왔다. 선체내부, 가령 선창으로의 해수침입은 이것이 피보험자의 고의행위[선박에 구멍을 뚫어 가라앉히는 행위, Scuttling(천공)]에 의한 경우에는 해상의 위험이 아니다[Samuel v. Dumas(1924) 18 Lloy's Rep 211, HL].

해상고유의 위험(marine risks, perils of the seas)에 대하여 보험증권의 해석규칙 제7조는 "해상고유의 위험은 해상의 우연한 사고 또는 재난을 말하고, 바람과 파도의 통상적 작용은 말하지 않는다"라고 규정한다. 그러나 이 용어는 다양하게 해석될 수 있기 때문에 간단한 정의로 압축될 수 없고, 구체적 사건에서 그 의미는 판례가 제공하는 기준과 예로부터 수집되어야 한다.[76] 특정한 경우에 해상고유의 위험으로 인한 손해인가 여부는 사실판단의 문제이다.

해상고유의 위험은 본질은 훼손이 누구의 과실이 없이 해상에서 바다의 작용으로 인하여 발생하였다는 것이고, 이는 해상적 성격이나 기타 선박에 부수하는 성격의 모든 위험, 멸실 또는 사고를 포함한다.[77]

대법원 1998. 5. 15. 선고 96다27773 판결은 "해상 고유의 위험이라 함은 해상에서 보험의 목적에 발생하는 모든 사고 또는 재난을 의미하는 것이 아니라, 해상에서만(of the seas) 발생하는 우연한 사고 또는 재난만을 의미하며, 우연성이 없는 사고, 예컨대 통상적인 바람이나 파도에 의한 손상, 자연적인 소모 등은 이에 해당하지 아니한다."라고 정의하고 있다. 해상고유의 위험에 관한 우리 판례는 선박이 산호초 지대에서 표류하면서 그 선미의 선저 부분이 산호초에 접촉되어 선체 외판에 균열과 같은 미세한 손상이 발생하였고, 그 상태에서 출항하여 항해하는 가운데 기상악화와 기관회전수 증가로 생긴 선체의 요동 또는 진동에 의하여 위 균열 부분이 더욱 심화되어, 그 틈으로 해수가 유입됨으로써

76) F.D. Rose, Marine Insurance: Law and Practice, (LLP, 2012), ∬14.9 p. 301.

77) F.D. Rose, Supra, ∬14.21 p. 305; Thames and Mersey Marine Insurance Co Ltd v. Hamilton, Frase and Co, 'Inchmaree'사건에서 해상고유의 위험에 관하여 브럼웰(Bramwell)판사의 판시.

선박이 침몰한 사건,[78] 선박의 레이더장비 고장 등으로 인하여 거리측정 등을 잘못하여 항로착오를 일으켜 수중 산호초에 좌초하여 선장 등은 즉시 위 선박의 이초작업을 시도하였으나 실패하자 선원 전원이 위 선박을 떠나 원주민이 살고 있던 으로 대피하자 원주민들이 위 선박에 승선하여 선박내의 장비 등을 일부 약탈 파괴하여 추정전손이 성립한 사건,[79] 해수가 침입하여 침몰한 사건,[80] 삼각파도를 원인으로 하여 불가항력적으로 선박이 침몰한 사건,[81] 화물선이 유빙과 조류에 밀려 좌초되어 중국으로 예인되어 추정전손의 성립여부가 다투어진 사건,[82] 선박이 태풍으로 인하여 암초에 걸려 좌초되는 보험사고가 발생하여 추정전손여부가 다투어진 사건,[83] 선박의 화재로 인한 손해에 관한 사건,[84] 제주도 우도 부근 해상에서 침몰한 223톤급 기선의 침몰 원인불명이고 피보험자가 선박충돌이나 기타 해상고유의 위험으로 손해라는 증명책임을 다하지 아니하였다고 판단한 사건,[85] 모래채취선인 제101 태룡호가 광양만에서 다른 선박과 2회에 걸쳐 충돌하여 좌초한 사건[86] 등 다수 존재한다.

② 인치마리위험

ITCH(83) 제6조 제2항은 피보험자, 선박소유자, 선박관리자의 상당한 주의의 결여로 인한 멸실·훼손이 아닌 것을 조건으로 (1) 적하 또는 연료의 선적, 양륙 또는 이동 중의 사고, (2) 보일러의 파열, 샤프트의 파손 또는 기계나 선체의 잠재적 하자, (3) 선장, 고급선원, 보통선원 또는 도선사의 과실, (4) 수리업자 또는 용선자의 과실(수리업자나 용선자가 이 계약의 피보험자인 경우는 제외), (5) 선장, 고급선원, 보통선원의 악행 등을 담보한다. 이를 인치마리위험이라고 한다.

78) 대법원 2001. 5. 15. 선고 99다26221 판결.
79) 대법원 1989. 9. 12. 선고 87다카3070 판결.
80) 대법원 2001. 7. 27. 선고 99다55533 판결과 대법원 1996. 3. 8. 선고 95다28779 판결.
81) 대법원 1995. 9. 29. 선고 93다53078 판결.
82) 대법원 2002. 6. 28. 선고 2000다21062 판결.
83) 대법원 2001. 2. 23. 선고 98다59309 판결.
84) 대법원 1988. 9. 27. 선고 84다카1639, 1640 판결, 대법원 2004. 11. 11. 선고 2003다30807 판결, 대법원 2005. 3. 25. 선고 2004다22711, 22728 판결.
85) 대법원 1998. 5. 15. 선고 96다27773 판결.
86) 대법원 1996. 10. 11. 선고 94다60332 판결.

인치마리위험은 엔지니어의 과실로 인한 밸브의 폐쇄로 인한 동키펌프(donkey-pump)의 훼손에 대한 Thames and Mersey Marine Insurance v. Hamilton, Fraser and Co, 'Inchmaree'사건[87]에서의 상원의 판결의 결과 도입되었다. Inchmaree사건의 이름을 따서 인치마리조항이라는 불리는 이 조항은 오랜 기간에 거쳐 많이 개정되었다. 인치마리 위험은 피보험자 등의 상당한 주의를 기울일 것을 조건으로 보험보호가 행하여지는 점에서 해상고유의 위험과 다르다.[88]

'선장, 고급선원, 보통선원의 악행'은 인치마리조항이 담보하는 가장 대표적인 위험으로 이에 관한 여러 판결이 내려졌다. 인도네시아 연안 비악섬 51마일 해상에서 좌초하여 침몰한 야호이호에 대한 전손금청구에 대하여 선주의 묵인 또는 공모가 인정된 야호이호 사건,[89] 선주가 선장 및 선원과 공모하여 이루어진 선주의 악행일 가능성이 보다 우월하다고 판시한 나라이호 사건,[90] 선박의 좌초와 선원의 이선으로 인한 원주민의 약탈로 추정전손보상이 청구된 사건,[91] 와이드 시 제28호사건,[92] 선장 등이 고의로 킹스톤 밸브 등을 조작하여 원양트롤어선인 동영호를 침몰시키고 마치 화재 등으로 인하여 자연적으로 동영호가 침몰된 것처럼 가장하여 보험금을 청구한 사건에서 선장 등의 고의적인 선박침

---

87) [1887] 12 App Cas 484, HL.; 이 사건의 사실관계는 다음과 같았다. Inchmaree호는 기간보험에 든 증기선으로 담보위험에는 보험목적에 대하여 손상, 파괴를 야기하는 해상고유의 위험과 '…모든 기타 위험, 멸실 그리고 사고'가 포함되었다. 닻을 내려놓고 지시를 기다리던 중 동키엔진(donkey engine)에 의하여 주요 보일러를 펌프질하는 것이 필요하였다. 그러나 엔지니어의 과실로 인하여 동키엔진과 보일러중 하나의 파이프라인에 있는 밸브가 막혔음이 인정되었다. 그 결과 동키엔진에 과도하게 압력이 가해져 훼손되었다. 선주는 동키엔진을 교체하는 비용에 대하여 보험보상을 청구하였다. 상원은 항소법원의 판결을 파기하여 이 위험은 해상고유의 위험이나 모든 기타위험에 의하여 보험담보되지 아니하고 훼손이 우연히 발생하였는가 여부는 중요하지 아니하다고 판결하였다. 브럼웰(Bramwell)판사는 선박위에서의 동키엔진에 대한 사고가 해상위험에 해당하는가 여부를 고찰하여 이를 부인하였다. 즉 "동키엔진의 훼손은 해상이나 선박을 통한 것은 아니다. 동일한 오작동이 있었더라면 보일러와 엔진이 육상에 있었더라도 동일한 일이 발생하였을 것이다. 바다, 파도, 바람은 그것과 아무 관련이 없다"라고 하였다.

88) 1983년 협회선박기간보험약관 제6.2.조; 1983년 협회선박항해보험약관 제4.2조; 1983년 협회운임항해보험약관 제4.2조; 2003년 국제선박보험약관 2.2조; 1995년 협회선박기간보험약관 6.2조와 1995년 협회선박항해보험약관 6.2조; 2003년 국제선박보험약관은 1983년 협회선박보험약관의 표현으로 복귀하고 있다.

89) 서울지방법원 1999. 10. 1. 선고 98가합7857, 40058 판결.

90) 대법원 1991. 5. 14. 선고 90다카25314 판결.

91) 대법원 1989. 9. 12. 선고 87다카3070 판결.

92) 한창희, 자연적 마모, 감항능력위반, 보험법률 38호(2001), 보험신보사, 28-35면.

몰행위가 선주의 지시 내지 묵인에 의한 것으로서 선박보험상의 부보위험에 해당한다고 볼 수 없다고 한 동영호사건[93] 등이 있다.

우리나라의 법원이 ITCH와 관련하여 다루는 상당수의 사건에서 천공이 주장, 판단되어 왔다. 그 배경은 선박보험은 기평가보험으로 체결되는 경우가 대부분이고, 선가의 경우 시가의 등락이 큰 편이어서 보험가액을 보험계약체결시의 실제의 가액보다 크게 높게 책정하는 경우가 많은데, 재정의 곤란을 겪는 선박소유자가 선박을 침몰시켜 거액의 보험금을 받고자 하는 유혹에 빠지는 경우가 많기 때문이다.[94]

천공의 공통점은 조용한 기후, 잠수부의 조사가 어려울 정도의 심해에서 선박의 침몰, 용이한 선원구조를 위하여 해안 또는 항로에 접근가능성이 있다는 것이다. 그 밖의 특징으로는 사고의 설명과 선박의 물리적 또는 전문가적 증명 간의 불일치 또는 선원들 간의 진술의 불일치, 선박의 기록(항해일지나 기관일지 등)의 멸실 등이다. 천공은 주로 해수유입밸브를 열어두거나 선미의 스턴튜브의 패킹을 빼내는 방식으로 이루어지고, 이 경우 선박은 천천히 선미 부분부터 침몰하는 형태를 보인다.[95]

위와 같은 상황에서 천공이 강력하게 의심되지만, 보험자로서는 피보험자의 고의를 증명하는 것이 용이하지 않기 때문에 보험금지급책임을 지는 경우가 많다. 대법원 1999. 9. 11. 선고 99다24683 판결에서 정황증거에 기초하여 선박소유자인 피보험자의 고의행위를 인정하여 보험자의 면책으로 하고, 대법원 2005. 11. 25. 선고 2002다59258, 59535 판결에서는 선박소유자인 회사의 수산부장이 선장으로부터 전화로 화재발생 보고를 받고 그에게 선박침몰을 지시하였고, 이에 선장 등이 고의로 킹스톤밸브 등을 조작하여 동영호를 침몰시킨 경우 수산부장의 지시 또는 묵인은 곧 선주인 피고의 지시 또는 묵인으로 보아야 한다고 판시하였다.

---

93) 대법원 2005. 11. 25. 선고 2002다59528, 59535 판결.
94) 사법연수원, 전게서, 126면.
95) 사법연수원, 상게서, 127면.

(나) 증명책임

영국해상보험법상 보험사고의 증명책임에 대하여서는 위험에 따라 그 내용을 달리하고 있다.

① 해상고유의 위험

해상고유의 위험에 근거하여 보험금을 청구하는 경우에는 손해가 개연성의 척도에 기하여 이 위험으로 인한 것이라는 증명책임은 피보험자가 지는 것이 원칙이다.

다음으로 법원이 제출된 사실관계에 근거하여 직접적으로 어느 당사자의 승소판결을 내릴 수 없는 경우에 제3의 선택이론이라는 원칙을 사용하여 원고의 청구를 기각할 수밖에 없다는 원칙이다.[96]

또한 선박의 행방불명의 경우 또는 손해를 설명할 수 없는 경우와 같이 피보험자가 손해의 원인의 진정한 성격을 증명하는 증거를 제시하기 불가능한 경우에, 선박이 항해를 개시할 때 감항능력이 있었고, 부보되지 않은 위험이 손해를 야기하지 않았을 것이라는 조건이 충족될 것을 조건으로 피보험자에게 해상고유의 위험에 의한 손해라는 추정이 인정된다.[97]

② 화재사고

해상고유의 위험과는 달리, 화재로 인하여 발생한 손해에 대한 보험금청구시에 우연성은 본질적인 요소가 아니다. 따라서 피보험자는 추정적 증거를 증명하기 위하여 우연하게 시작되었건 고의로 시작되었건 화재로 인한 손해임을 증명하기만 하면 되고, 피보험자측의 공모가 있었음을 증명할 책임은 보험자에게 있다.[98]

③ 악행으로 인한 경우

선장 등의 악행에 근거한 보험금청구에 대응하여 고의적 불법행위가 주장되는 경우에는, 증명책임과 증명의 기준에 관한 법적 원칙이 문제된다. 악행이 개념상 공모의 요소 더 정확히는 공모의 결여를 수반하기 때문에 많은 문제가 제

---

96) Rhesa Shipping Co v. SA v. Edmunds, 'Popi M' [1985] 2 Lloyd's Rep. 1, HL.

97) 양승규·한창희, 전게서, 576~577면.

98) Slattery v. Mance [1962] 1 All ER 525. National Justice Compania Naviera SA v. Prudential Asuurance Co. Ltd., 'Ikarian Reefer' [1993] 2 Lloyd's Rep. 68.

기된다. 첫째, 공모의 결여를 피보험자 또는 보험자중 누가 증명하여야 하는가에 대하여서는 원고가 증명하여야 하는가 아니면 공모를 보험자가 증명하여야 하는가에 대하여서는 보험자가 증명하여야 한다는 Issaias 원칙[99]과 피보험자가 증명하여야 한다는 Martiartu-Michael 원칙[100] 2가지가 주장되고 있고, 후자의 입장을 현재의 영국법원이 채용하는 것은 후자라고 판단된다.

판례는 선장 등의 악행과 관련하여 보험자가 피보험자의 공모에 대하여 증명책임을 진다고 한다.[101]

(다) 증명의 정도

증명의 정도와 관련하여 대법원 2001. 5. 15. 선고 99다26221 판결은 "영국 해상보험법 및 관습에 의하면, 보험의 목적에 생긴 손해가 그 부보위험인 해상 고유의 위험으로 인하여 발생한 것이라는 점에 관한 증명책임은 피보험자가 부담한다고 할 것이고, 그 증명의 정도는 이른바 '증거의 우월(preponderance of evidence)'에 의한 증명으로 충분하다."[102]고 판시하였지만, 우리법상의 증명의 정도와 차이는 없다.[103]

(3) 면책위험

ITCH(1983)는 일반적인 면책조항을 두고 있지 않다. 그러나 선박보험의 경우도 지연, 통상의 자연소모, 통상의 누출 및 파손, 잠재적 하자, 보험목적의 성질, 쥐와 해충을 근인으로 한 손해에 대하여서는 보험자는 면책(영국 해상보험

---

99) Elfie A Issaias v. Marine Insurance Co Ltd [1923] 15 LIL Rep 186, CA.

100) La Compania Naviera Martiartu v. Royal Exchange Assurance Corporation, 'Arnus' [1922] 13 LIL Rep 298, p. 304, col. 2; [1923] 1 K.B. 650, CA; aff'd[1924] AC 850, HL.

101) 대법원 2005. 11. 25. 선고 2002다59528, 59535 판결은 "보험계약자가 선장 등의 고의에 의한 부정행위에 해당하는 사실을 증명하면 일응 선장 등의 악행은 추정된다 할 것이나, 이 경우 선주 등의 지시 또는 묵인이 있었다는 사실을 보험자가 증명하면 이는 보험자의 면책사유인 피보험자의 고의적 불법행위에 해당하여 결국 보험자는 보험금 지급의무를 면한다."고 하였다.

102) 원심인 부산고법 1999. 4. 2. 선고 97나13696 판결은 보다 구체적으로 "증거의 우월에 의한 증명은 단순한 증거의 상대적 우월을 뜻하는 것은 아니고, 당사자 일방의 증거가 유력하고 신용할 수 있으면 가치가 있다는 것으로서 증거의 유력(weight of evidence) 또는 신용할 만한 보다 고도의 증거(great weight of credible evidence)에 의한 증명과 같은 의미로 합리적 의심의 여지가 없는 정도의 증명보다 그 증명도가 낮은 것으로 이해되고 있다."고 판시하였다.

103) 사법연수원, 전게서, 128면.

법 제55조 제2항 c호, d호)이므로 약관에 기재여부를 묻지 않고 면책인 것은 적하보험과 같다.

한편 ITCH(1983)는 항해조항에 의하여 예선 및 구조, 도선, 선박의 해체를 위한 항해에 대하여 명시적 워런티 또는 제한적 부보(ITCH제1.1조~제1.3조)에 관한 사항을 규정하고 있다.

기간보험인 선박보험에서는 피보험자가 불감항상태에서 출항한 것이 아닌 한 선박의 감항능력워런티는 없다. 다만, 피보험자가 선박의 감항능력 없는 상태인 것을 알고 발항한 경우에는, 보험자는 불감항에 기인하는 일체의 손해에 대하여 보상책임이 없다(영국해상보험법 제39조 제5항). 대법원 2002. 6. 28. 선고 2000다21062 판결은 "영국 해상보험법상의 법리에 의하면, 해상보험의 경우 감항성 또는 감항능력은 '특정의 항해에서 통상적인 위험에 견딜 수 있는 능력을 의미하는 상대적인 개념으로서, 어떤 선박이 감항성을 갖추고 있느냐의 여부를 확정하는 확정적이고 절대적인 기준은 없고, 특정 항해에서의 특정한 사정에 따라 상대적으로 결정되어야 하며, 항해보험의 경우에는 원칙적으로 감항능력 불비로 인한 보험자의 면책을 인정하지만, 기간보험의 경우에는 그러한 묵시적 담보가 인정되지 않는 것을 원칙으로 하되, 예외적으로 피보험자가 선박이 감항능력이 없음을 알면서도 항해하게 한 경우에 한하여 보험자가 면책될 수 있으므로, 이 법리에 의하면, 선박 기간보험에서 감항능력 결여로 인하여 보험자가 면책되기 위하여는 손해가 감항능력이 없음으로 인하여 발생한 것이어야 하고, 피보험자가 감항능력이 없음을 알고 있어야 하며, 이러한 감항능력의 결여와 보험사고 사이에 인과관계, 즉 손해의 일부나 전부가 감항능력이 없음으로 인하여 발생한 것이라는 점이 인정되어야 하되, 이러한 요건에 대한 입증책임은 보험자가 부담한다."고 한 후, "영국 해상보험법상 선박기간보험에 있어 감항능력 결여로 인한 보험자의 면책요건으로서 피보험자의 악의(privity)는 영미법상의 개념으로서 피보험자가 선박의 감항능력 결여의 원인이 된 사실뿐 아니라, 그 원인된 사실로 인하여 해당 선박이 통상적인 해상위험을 견디어낼 수 없게 된 사실, 즉 감항능력이 결여된 사실을 알고 있는 것을 의미하는 것으로서, 감항능력이 없다는 것을 적극적으로 아는 것뿐 아니라, 감항능력이 없을 수도 있다는 것을 알면서도 이를 갖추기 위한 조치를 하지 않고 그대로 내버려두는 것까지 포함하는 개념이다."라고 하였다.

기타 전쟁, 동맹파업, 악의행위, 원자력위험이 관한 면책은 ITCH(1983) 제23조에서 제26조까지 규정되어 있다.

III. 영국해상보험법상의 주요원칙과 개념

1. 최대선의의무

해상보험계약은 최대선의에 기초한 계약이다(영국해상보험법 제17조). 따라서 해상보험계약의 당사자는 최대선의의무를 부담하는데, 최대선의의무는 보험계약 체결 전후를 묻지 아니하고 적용된다. 2015년 보험법에 따라 최대선의위반의 경우 취소할 수 있다는 조항이 삭제되었다(동법 제14조 제3항 a호).

대법원 2005. 3. 25. 선고 2004다22711, 22728 판결[104]은 "영국 해상보험법 제17조에 규정된 최대선의의 의무는 같은 법 제18조 및 제20조에 규정된 피보험자의 고지의무 및 부실표시금지의무보다 넓은 개념의 것으로서 보험계약이 체결된 이후 또는 사고 발생 이후라 할지라도 적용되는 것이며, 따라서 영국 협회선박기간보험약관(Institute Time Clauses - Hulls, 1983)이 적용되는 선박보험계약의 피보험자가 사고발생 이후 사기적인 방법으로 보험금을 청구하는 경우에 있어서도 보험자는 최대선의의 의무 위반을 이유로 보험계약을 취소할 수 있다."고 하고 "사고 발생 이후 보험금을 청구함에 있어서 선박의 매수가액에 관한 사실을 허위로 주장하고 나아가 위조된 선박검사증서를 행사함으로써 영국 해상보험법상의 최대선의의 의무를 위반하였으므로 보험자는 이를 이유로 보험계약을 취소할 수 있다."고 하였다.

104) 이 사건은 보험금액 및 보험가액을 미화 60만 달러로 ITCH(1983)을 보험계약의 내용으로 한 선박보험계약이 체결된 후, 보험기간 안에 보험사고가 발생하여 보험금을 청구함에 있어서 선박의 매수가격이 실제로는 5,500만원인데도 1억8천만 원이라고 허위로 진술하였고, 정식 선박검사증서를 발급받지 아니하였음에도 불구하고 허위의 선박검사증서를 제출하여 최대선의의무위반이 문제되었다.

2. 공정한 제공의무

2015년 영국보험법상의 공정한 제공의무는 피보험자가 (1) 알고 있거나 알아야 하는 모든 중요한 사실을 고지하여야 하고, (2) 이와 같은 의무를 이행하지 아니하였더라도 중요한 사항을 명확히 하기 위해서는 추가질문이 필요하다고 신중한 보험자가 인식하기에 충분한 정보를 보험자에게 제공한 경우에는 제공의무를 이행한 것으로 보는 것을 내용으로 한다(2015년 보험법 제3조 제4항 a호). 이와 같은 원칙을 만일을 대비한 고지원칙(fall-back disclosure rule)이라고도 한다. 1906년 해상보험법상의 고지의무를 대체한 것이다.

가. 데이터 덤핑의 방지

보험계약자가 다량의 정돈되지 않은 정보를 제공하여야 하는 데이터 덤핑을 시정하고자 신중한 보험자에게 합리적으로 명백하고 접근가능한 방법으로 고지하도록 되었다(2015년 보험법 제3조 제3항 b.호).

나. 중요한 사실

(1) 위험에 관한 특별하거나 비일상적인 사실, (2) 피보험자로 하여금 보험을 추구하도록 한 특별한 관심, (3) 당해 유형의 위험의 공정한 제공으로 취급되어야 하는 것으로 일반적으로 이해되는 종목의 보험과 활동영역과 관련한 사항은 중요한 사실이다(2015년 보험법 제7조 제4항).

보험자가 알고 있거나 알아야 하는 사항, 알고 있는 것으로 추정되는 사항은 고지의무가 면제되는데, 보험자는 대규모 조직이고, 그 정보는 다수의 자에게 분산되어 있으며, 승계되는 시스템상의 과거의 보험금청구파일에 담긴 정보는 보험자의 결정에 이용되지 않을 수 있는 점을 감안 (1) 인수결정에 참여한 한 명 이상의 개인에게 알려진 사항만 보험자가 알고 있는 것이고(2015년 보험법 제5조 제1항), (2) 보험자는 (a) 보험자의 피용인 또는 대리인에게 알려져 있고 보험자에게 전달되어야 하는 것이 합리적인 것(2015년 보험법 제5조 제2항), (b) 보험자가 보유하고 있고 보험자가 언제든지 이용할 수 있는 사항은, 보험자가 알아야 하는 사항이며, (3) (a) 일반적인 지식인 사항, 그리고 (b) 그리고 당해 활동영역에서 피보험자에게 당해 유형의 보험을 제공하는 보험자가 통상적인 영업과정에서 아는 것으로 기대되는 것은 보험자가 아는 것으로 추정되는 것으로 하였다(2015년 보험법 제5조 제3항). (3)은 인터넷, 신문 등에서의 정보를 포함한다.

다. 비율적 보상원칙의 채용

공정한 제공의무위반의 효과로서 고의 또는 중과실의 경우 비율적 보상원칙이 채용되었다(2015년 보험법 제8조).

라. 임의규정

공정한 제공의무는 표준원칙으로 하고, 이를 변경할 수 있도록 하되, (1) 보험계약이 체결되기 이전에 보험자는 그 조건에 피보험자가 주의하도록 충분한 절차를 취할 것, (2) 그 조건은 명확하고 그 효과에 관하여 분명할 것의 2가지 명료성요건을 규정한다(2015년 보험법 제19조 제4항).

마. 공정한 제공의무에 관한 우리판례

고지의무에 관하여 영국의 선례에 따른 대법원의 판결은 다음과 같다.

먼저 대법원 1991. 5. 14. 선고 90다카25314 판결은 대법원 2001. 5. 15. 선고 99다26221 판결은 "이 사건 보험계약에 적용되는 영국 해상보험법 및 관습에 의하면 고지의무 불이행과 보험계약 체결 사이에 인과관계가 있는 것만을 중요사항으로 보아 고지의무의 대상으로 하고 있는 것은 아니다"고 하였다.

다음으로 대법원 1996. 3. 8. 선고 95다28779 판결은 "고지의무 위반을 이유로 한 보험계약의 취소를 규정하고 있는 영국 해상보험법 제18조에는 그 취소권의 행사기간에 관하여 아무런 제한을 두고 있지 않으나, 영국 법원의 판례에 의하면 피보험자의 고지의무 위반 사실을 안 보험자가 기간의 제한 없이 무한정하게 고지의무 위반을 원인으로 보험계약을 취소할 수 있는 것이 아니라 그 사실을 안 날로부터 보험계약 취소 여부를 결정하는데 필요한 상당한 기간 내에 취소권을 행사하여야 하고, 보험자가 취소권을 행사하지 않을 의사임이 명백할 정도로 오랜 시간이 흐른 경우나 보험자가 취소권을 늦게 행사함으로써 피보험자에게 손해가 발생한 경우 또는 제3자의 권리관계가 개입하게 된 경우라면 보험자가 보험계약을 추인하였다고 볼 수 있다는 것일 뿐이므로, 그 상당한 기간을 일률적으로 우리 상법 제651조 소정의 제척기간에 상응하는 1개월 내라고 단정할 수는 없다."고 하였다.

3. pay to be paid rule과 피해자의 직접청구권

일반적으로 영미법상 계약당사자가 아닌 제3자는 계약상의 권리의무를 갖지 못하고 제3자가 계약상의 권리의무를 이전받기 위하여서는 약정을 체결하여야 한다. 이에 계약법적 영약에서 일정한 범위에서 제3자를 보호하기 위하여 Contracts(Rights of Third Parties) Act 1999가 최근 제정되었다. 보험계약관계에서도 피해자인 제3자는 책임보험계약의 당사자가 아니므로 보험자에게 직접 보험금의 지급을 청구할 수 없다. 이에 피해자를 보호하기 위하여 Third parties (Rights Against Insurers) Act 1930이 제정되어 시행되고 있다.

1930년 제3자법에 의하면 피보험자가 파산하는 경우 등에는 피보험자의 권리가 제3자에게 이전된다. 따라서 피보험자가 파산하는 경우에 제3자는 책임보험자에게 직접 보험금을 청구할 수 있는가가 문제된다.

해상보험에서 책임보험자는 피보험자가 피해자에게 손해를 배상하기 전에는 피보험자에게 보험금을 지급할 수 없다. 이것을 선지급원칙(pay to be paid rule)이라고 한다.[105)]

재보험의 경우에는 원보험계약의 피보험자는 원칙적으로 재보험자에게 직접 보험금을 청구할 수 없고, 예외적으로 필요한 경우에는 특약조항(Cut Through Clause)을 두어 원보험계약의 피보험자도 직접 보험금을 청구할 수 있도록 하고 있다.[106)]

---

105) ITCH(1983) 제8.1조는 "피보험자가 지급한 금액 중 4분의 3을 피보험자에게 보상한다."라고 규정하고 있고, 대부분의 선주상호보험조합 보험계약규정은 동일한 규정을 두고 있다. 이를 pay to be paid rule원칙이라고 하고, 동조항을 Pay First Clause라고 한다.

4. 보험증권과 그 양도

가. 보험증권의 증거력

(1) 영국법상 보험증권의 증거력

영국법상 계약의 해석에 있어서 당사자 사이의 식시적인 서면상의 합의의 내용만을 증거로 인정하고, 그것이 불명료하거나 부당한 경우에만 그 밖의 증거를 허용한다.[107] 이것을 구두증거배척의 원칙(parole evidence rule)이라고 한다.

구두증거배척의 원칙의 연장선상에서 영국법상 해상보험증권에 기재되지 아니하면 증거로 인정되지 않지만,[108] 한편 소송절차에서는 슬립이나 커버 노우트[109] 등을 참조할 수 있다(영국해상보험법 제89조)는 상반된 규정을 하고 있다.

보험증권의 증거력에 관한 영국판례는 다음 2가지 흐름이 있다. 첫째, 소송절차에서 보험증권의 조건과 슬립에 의하여 증명되는 보험계약의 내용이 불일치하는 경우에 법원은 보험증권의 내용을 슬립에 따라 수정하는 판례가 존재한다.[110] 둘째, 슬립은 당사자 사이의 계약의 해석에 대한 보조자료로 허용되지 않는 판례도 있다. Youell v. Bland Welch & Co. 사건[111]에서 벨덤(Beldam)판사는 “보험자가 서명한 슬립은 당사자 사이의 원래의 약정을 기록하고 있지만, 슬립에 보험증권이 발행되는 경우에는 조건은 이후 보험증권에 편입된다는 내용이 들어 있는 경우에는, 당사자 사이의 합의내용을 이루는 것은 슬립이 아니라 보험증권이다”라고 판시하였다.

---

106) 사법연수원, 전게서, 133면.

107) 양승규·한창희, 전게서, 78~80면.

108) 영국해상보험법 22조는 “법령의 규정에 따르는 것으로 하고, 해상보험계약은 이 법에 따라 해상보험증권에 기재되지 아니하는 한 증거로 인정되지 않는다. 보험증권은 보험계약이 체결되는 때 또는 그 이후에 작성하고 발행될 수 있다”라고 규정한다. 또한 동법 21조는 “해상보험계약은 피보험자의 청약이 보험자에 의하여 승낙되었을 때 체결된 것으로 간주되고, 그 당시 보험증권의 발행여부는 불문한다. 승낙시점을 증명하기 위하여 슬립이나 보험인수증 기타 관습상의 계약각서를 참조할 수 있다.”고 규정한다.

109) 슬립은 보험중개사가 피보험자가 제시한 조건의 내용을 간략히 기재한 것으로 이에 의하여 보험자에게 청약을 하게 된다. 커버노우트는 로이즈사무국이 보험증권을 발행하는데 상당한 시일이 소요되기 때문에 발행전이 보험중개사가 작성하여 보험계약자에게 보험계약의 내용을 확인하는 서류이다.

110) Symington & Co. v. Union Ins. Soc'y of Canton Ltd[1928] 34 Com. Cas. 233.

111) [1990] 2 Lloyd's Rep. 431; [1992] 2 Lloyd's Rep. 127(C.A.).

이 두 흐름 중에 현재의 판례의 입장은 후자이다. Punjab National Bank v. DeBoinville사건[112]에서 법원은 슬립의 증거를 거부하고 “슬립을 보험증권의 해석의 보조자료로 참조하는 것은 보험증권으로 하여금 슬립을 대체하게 한 것에 반한다”라고 판시하였다.

(2) 우리법상 보험증권의 증거력

우리법상은 보험증권은 증거증권이고 보험증권의 기재내용과 보험계약의 내용이 다른 때에는 그 사실을 증명하여 진실한 계약의 내용에 따라 당사자는 그 권리를 주장할 수 있고 해상보험에 관한 미국판례도 같은 입장이다.[113] 우리판례[114]는 “보험계약은 당사자 사이의 의사합치에 의하여 성립되는 낙성계약이고, 보험계약을 체결할 때 작성 교부되는 보험증권은 하나의 증거증권에 불과한 것이어서 보험계약의 내용은 반드시 위의 증거증권 만에 의하여 결정되는 것이 아니라 보험계약 체결에 있어서의 당사자의 의사와 계약 체결의 전후 경위 등을 종합하여 그 내용을 인정할 수도 있다”고 판시한다.

나. 보험증권의 양도

“해상보험증권은 양도를 금지하는 명시적인 조건을 포함하고 있지 않는 한 양도할 수 있다. 양도는 손해 발생 전이든 후이든 가능하다(영국해상보험법 제50조 1항).” 그러나 보험증권의 양도는 선박보험과 적하보험과를 구별하여 이해하여야 한다.

(1) 선박보험의 경우

선박보험계약에서 선주가 누구인가에 따라 보험사고가 발생할 위험의 정도가 크게 다르므로 선박기간보험의 경우에는 선박이 양도되는 경우에는 보험이 자동적으로 종료된다(ITCH(1983) 제4.1조, 2003년 국제선박보험약관 제14.1조

---

112) [1992] 1 Lloyd's Rep 7(C.A.).

113) Thomas J. Schoenbaum, Key differences between English and American law of marine insurance, (Cornell Maritime Press, 1999), p. 77.

114) 대법원 1992. 10. 27. 선고 92다32582 판결.

).[115] 그러나 피보험자인 선박소유자가 자신의 선박보험증권을 저당권자에게 담보로 양도하는 경우에는 위의 자동종료사유에 해당하지 않는다. ITCH(1983) 제5조, 2003년 국제선박보험약관 23조[116]는 보험증권의 양도를 규정하는데 이 경우가 선박보험에 있어서 보험증권의 양도의 주된 유형이다.[117]

(2) 적하보험의 경우

표준선박보험약관과 달리 ICC(A), (B), (C)약관은 이와 같은 내용의 조항이 없다. 적하는 일단 운송이 시작되고 나면 소유자의 지배와 통제를 벗어나기 때문에 적하보험에 있어서는 당해 적하의 소유자가 누구인가에 따라 보험사고가 발생할 위험이 변경되지 않기 때문이다.[118] 일반적으로 신용장의 조건으로 선하증권과 보험증권을 들고 있는 경우에 보험증권은 선하증권과 함께 매도인이 발행한 환어음에 담보로 제공된다. 따라서 매수인에게 화물이 인도되지 전에는 운송중인 화물은 선하증권의 양도로 거래되고 이 경우 적하보험증권은 선하증권과 함께 양도된다. 적하보험증권에 양도인이 배서하거나 교부에 의하여 보험계약상의 권리가 양수인에게 이전된다. 그리하여 해상적하보험증권은 보험사고의 발생을 조건으로 하는 보험금청구권을 표창하는 증권으로 그 권리를 이전하거나 행사할 때 증권을 필요로 하는 유가증권이라고 하는 것이 우리나라의 통설이다.[119]

그러나 보험의 목적인 적하와 별도로 적하보험증권 만의 양도로 유효하게 보험계약상의 권리를 양도할 수 있는 것은 아니다. 왜냐하면 피보험자는 보험의 목적에 대한 피보험이익을 가지고 있어야 하므로 양수인이 보험의 목적인 적하

---

115) 1983년 협회선박기간보험약관 4.2조; 1983년 협회운임기간보험약관 5.2조.

116) 동조항은 "이 보험의 양도 또는 이 보험계약상 이익 또는 지급되는 일체의 금전상의 이익의 양도는 보험자를 구속하지 않고 또는 보험자도 이를 승인하는 것도 아니다. 다만 피보험자가 서명한, 재양도의 경우에는 양도인이 서명한, 일자를 기재한 양도의 통지 또는 이익의 통지는 이 보험증권에 배서되고 이 배서가 된 보험증권이 이 보험계약상의 일체의 보험금 또는 반환보험료의 지급전에 제출되는 경우에는 그러하지 아니하다"고 규정한다.

117) 심재두, 해상보험법, 길안사, 1995, 63면.

118) 심재두, 상게서, 63면.

119) 김성태, 보험법강론, 법문사, 2002, 249면; 서돈각·정완용, 상법강의(하). 법문사, 1996, 370면; 최준선, 보험법·해상법, 삼영사, 2005, 80면.

에 대한 권리를 취득하지 않으면 보험계약상의 권리도 행사할 수 없기 때문이다.

다. 보험증권의 양도시기와 양수인의 권리

(1) 양도시기

해상보험증권은, 손해발생전이든 후이든 양도할 수 있다(영국해상보험법 제50조 제1항).

(2) 양수인의 권리

보험증권의 양수인은, 자기의 이름으로 보험증권에 기한 소송을 제기할 수 있고, 보험자는 피보험자가 그 소송을 제기하였더라면 보험자가 주장하였을 보험계약상의 항변으로 대항할 수 있다(영국해상보험법 제50조 제2항).

5. 보험료의 지급과 반환

영국법상 보험료지급의무와 보험증권의 발행의무는 동시이행의 조건이고, 보험자는 보험료의 지급이나 제공이 있을 때까지, 보험증권을 교부할 의무를 지지 않는다(영국해상보험법 제52조).

영국법상 보험료지급의무자는 보험중개사이지만, 보험자의 환급보험료는 피보험자에게 지급된다(영국해상보험법 제53조 제1항).

보험료를 환급하는 경우 당사자 사이에 특약이 있는 경우에는 이에 따른다(영국해상보험법 제83조). 예컨대 선박의 양도 등으로 인하여 보험계약이 종료하는 경우에는 일수에 비례하여 보험료가 반환된다[ITCH(1983) 제4조].

약인의 흠결의 경우에는 피보험자측에 사기 또는 불법이 없는 경우에는, 보험료는 피보험자에게 반환되고(영국해상보험법 제84조 제1항), 보험료 지급에 관한 약인이 분할할 수 있는 것이고, 약인의 분할된 일정부분이 완전히 흠결된 경우에는, 그 부분의 보험료는 같은 조건아래 피보험자에게 반환된다(영국해상보험법 제84조 제2항).

6. 해상손해

해상보험상 손해의 유형에는 전손, 추정전손, 분손의 세 가지 형태가 있다.

가. 전손, 추정전손 및 보험위부

(1) 전손의 의의와 보상기준

전손이라 함은 피보험이익의 전부가 손해를 입은 것을 말한다. 전손의 경우 보험자는 기평가보험의 경우 약정된 보험가액을 보상하고, 미평가보험의 경우에는 선박보험의 경우에는 책임개시시의 보험가액(영국해상보험법 제16조 1호), 적하보험의 경우에는 원가에 선적비용, 보험료를 합산한 가액을 기준(영국해상보험법 제16조 3호)으로 보상한다.

(2) 전손의 분류

전손은 현실전손과 추정전손으로 나뉜다.

(가) 현실전손

현실전손은 보험의 목적이 파괴된 경우, 또는 보험에 부보된 종류의 물건으로 존재한다고 할 수 없을 정도로 심하게 훼손된 경우, 또는 피보험자가 보험목적의 점유를 박탈당하여 회복할 수 없는 경우(영국해상보험법 제57조 제1항)이다. 현실전손의 경우에는 위부통지가 필요 없고, 선박이 행방불명이 되어 상당한 기간이 경과한 후까지 그 소식을 모르는 경우 현실전손으로 추정된다(영국해상보험법 제58조).

(나) 추정전손과 보험위부

① 추정전손

㉠ 의의

추정전손은 현실전손이 불가피하다고 보여지거나, 또는 비용이 지출되어야 하는 경우 지출되고 난 후의 보험목적의 가액을 초과하는 정도의 비용을 지출하지 않고는 현실전손을 면할 수 없기 때문에, 보험목적을 위부하는 것이 상당한 경우이다(영국해상보험법 제60조 제1항).

추정전손에 해당하는 경우는 영국해상보험법 제60조 제2항에서 규정하고 있고, 대표적인 경우 수리비 또는 복구비용이 수리 후 또는 복구후의 가액을 초과하는 것이다. 추정전손의 경우, 피보험자는 그 손해를 분손으로 처리하거나 또는 보험목적을 보험자에게 위부하고 그 손해를 현실전손에 준하여 처리할 수 있다(영국해상보험법 제61조).

㉡ 추정전손의 요건

추정전손의 성립여부의 기준시점, 수리비의 내용, 수리의 내용, 증명책임과 그 내용은 다음과 같다.

(i) 성립여부의 기준시점

추정전손에 해당하는지 여부의 판단은 위부통지 당시에 객관적으로 실제 발생한 사실이 기초가 되어야 하고, 피보험자가 주관적으로 알고 있었던 사실이 그 판단의 기초가 되는 것은 아니며, 추정전손에 해당하는지 여부에 대한 판단의 기준시점은 보험자가 피보험자로 하여금 위부통지 혹은 그 통지에 대한 거절시점에서 소송이 제기된 것과 같은 지위에 있게 되는 것에 명시적으로 동의하지 않는 이상, 위부통지시의 사실관계가 아니고, 보험금 청구소송의 제소 시에 존재하는 사실관계에 의하여 그 여부가 판단된다.[120].

(ii) 수리비의 내용

선박수리비는 훼손된 선박을 원상으로 회복하는 데 소요되는 비용으로서, 이에는 선박의 손상 부위와 정도를 감정하기 위한 비용·선박을 수선항으로 예인하기 위한 비용·선급검사인의 검사료·예선증명서의 발급비용·수선감독자의 감독비용·기타 수선에 부수하는 비용도 포함된다.[121]

(iii) 수리의 내용

선박의 수리의 정도는 동일한 적하를 운송하는 데 필요한 수리가 아니라 공

---

120) 대법원 2002. 6. 28. 선고 2000다21062 판결.

121) 대법원 2001. 2. 23. 선고 98다59309 판결. 대법원 2002. 6. 28. 선고 2000다21062 판결. 98다59309 판결은 수리비에는 선박의 손상 부위와 정도를 감정하기 위한 비용·선박을 수선항으로 예인하기 위한 비용·선급검사인의 검사료·예선증명서의 발급비용·수선감독자의 감독비용 기타 수선에 부수하는 비용도 포함된다고 판시하였다.

선(空船) 상태로 또는 어떠한 저하 상태에서 원래의 목적항으로 항해할 수 있는 선박으로 수리하는 것으로서, 영국법상 수리비는 사고발생 장소와 시간상 그 선박에 수반하는 모든 상황을 고려하여 산정하되, 문제는 선박이 존재하는 곳에서의 수리비가 얼마인가라는 것이며, 또 협회선박기간보험약관에 따라 수리비를 평가할 경우에 선박의 나이, 노후 등으로 인하여 증가된 수리비는 공제하지 아니하지만, 선박이 수리 후의 가격보다 적은 비용으로 항해할 수 있도록 수리가 가능한 경우에는 선박의 노후상태로 인하여 완전한 수리를 위한 비용이 수리 후의 선박가격보다 많다는 이유로 추정전손을 주장하여 위부를 선택할 수는 없다.[122]

(iv) 증명책임과 그 내용

어떠한 보험사고가 추정전손의 요건을 충족하는지는 피보험자가 이를 증명하여야 하고, 따라서 그가 선박을 구조하고 수리하는 비용이 보험가액을 초과한다는 점을 증명할 증거를 제출하여야 한다.[123]

선박의 수리비는 해당 보험사고로 인하여 발생한 손해에 한정되어야 하고, 보험사고로 인하여 발생하지 않은 수리비는 제외되어야 할 것이므로, 피보험자로서는 해당 보험사고가 추정전손에 해당한다는 이유로 위부를 하기 위하여는 우선 해당 피보험사고가 발생하지 아니하였으면 선박이 수리가 필요하지 아니한 상태였음과 보험사고 후에 발생한 수리비를 증명하거나, 혹은 위와 같은 선박의 보험사고 전 무하자를 증명하지 못한다면, 해당 피보험사고로 인하여 손상을 입은 선박 부분을 특정하고, 그에 대한 구체적인 수리비를 증명하여야만 한다.[124]

② 보험위부

추정전손이 성립하는 경우 피보험자는 보험목적을 보험자에게 위부하고 전손보상을 청구할 수 있다(영국해상보험법 제61조).

보험위부를 하기 위하여서는 피보험자는 보험자에게 위부의 통지를 하여야

---

122) 대법원 2002. 6. 28. 선고 2000다21062 판결.
123) 대법원 2002. 6. 28. 선고 2000다21062 판결.
124) 대법원 2002. 6. 28. 선고 2000다21062 판결.

하고, 위부의 통지는 위부의 원인이 생긴 후 상당한 기간 내에 행하여져야 하며, 위부의 통지가 정당하게 행하여진 경우에는, 피보험자의 권리는 보험자가 위부의 승인을 거절하였다는 사실에 의하여 침해받지 않는다(영국해상보험법 제62조 제3항, 제4항).

위부의 승인은 명시적일 수 있고, 보험자의 행위로부터 묵시적으로 가능하지만, 보험자가 위부의 통지를 받은 후에 단순히 침묵한 것만으로는 위부의 승인은 아니다(영국해상보험법 제62조 제5항). 위부의 통지가 승인되면, 위부는 철회할 수 없고. 위부의 통지의 승인은 손해에 대한 책임 및 그 통지의 충분함을 확정적으로 인정하는 것이다(영국해상보험법 제62조 제6항).

보험자가 일단 위부의 통지를 승인하면 이의를 제기할 수 없기 때문에 보험자는 일단 위부의 통지를 거절하는 것이 관습이다.

유효한 위부가 있으면, 보험자는 보험목적의 잔존물에 대한 피보험자의 이익과 보험목적에 부수하는 소유권을 승계할 권리를 가진다(영국해상보험법 제63조 제1항).

나. 분손

분손은 전손이 아닌 해상손해를 말한다(영국해상보험법 제56조 제1항).

(1) 단독해손과 공동해손

분손은 단독해손과 공동해손으로 구분된다. 단독해손은 담보위험으로 인하여 생긴 보험목적의 분손에 대하여 일방의 이해관계자가 부담하는 해상손해를 말하고, 공동해손은 선박과 적하의 공동의 위험을 면하기 위하여 선장이 선박이나 적하에 대하여 행한 처분으로 인하여 생긴 희생 또는 비용으로서 이해관계자 모두가 부담하는 해상손해를 말한다.

(2) 보상내용

선박의 분손의 경우 (1) 선박이 수리된 경우, 피보험자는 합리적인 수리비에서 관습적인 공제를 차감한 잔액을 보상받고, (2) 선박이 훼손된 일부만 수리된 경우에는, 피보험자는 수리부분에서 합리적인 수리비를 보상받는 외에, 미수리의 훼손으로 인한 감가액이 있으면, 상당한 감가액에 대하여 보상받으며, (3) 선박이 수리되지 않고, 또한, 보험자의 위험의 계속 중에 훼손상태 그대로 매각되지 않은 경우에는, 피보험자는, 미수리의 훼손으로 생기는 합리적인 감가액에 대하여 보상받을 권리가 있다(영국해상보험법 제69조).

합리적인 수리비, 관습적인 공제, 합리적인 감가에 대하여 살펴본다.

(가) 합리적인 수리비

건선비용은 선박수리를 위하여 입거되는 경우 도선료, 예선료, 선거비를 포함하고, 선저보수비용은 ITCH(1983) 제15조에 정한 비용이며, 임금 및 부양비는 TCH(1983) 제16조에 정한 비용이고, 조사비용은 선급검사비 기타 검정인의 조사비용이다.

(나) 관습적인 공제

관습적인 공제라 함은 선주인 피보험자가 선박부품을 신품으로 교체함으로 얻는 이익을 고려하여 관습적으로 3분의 1을 공제하던 것을 의미하고, ITCH (1983) 제14조는 이러한 공제를 하지 않는다.

(다) 합리적인 감가

영국해상보험법이나 ITCH(1983)에 규정을 두고 있지 않고, 그 기준에 대한 정확한 선례가 없다.[125)]

(3) 보상방법

적하의 분손의 경우 (1) 기평가보험의 경우에는, 보험자는 멸실한 부분의 보험가액과 전부의 보험가액을 미평가보험증권에 준하여 산정하여, 전자의 후자에 대한 비율을 보험증권에서 정한 가액을 곱하여 산출된 금액을 보상할 책임을 지고, (2) 미평가보험의 경우에는, 보험자는 전손의 경우에 준하여 산출된 멸실부분의 보험가액으로 하며, (3) 훼손된 채로 목적지에서 인도된 경우에는, 보

125) 사법연수원, 전게서, 136면.

험자는 도착지에서의 정상품으로서의 총가액과 훼손품으로서의 총가액과의 차액이 정상품으로서의 총가액에 대하여 차지하는 비율을, 기평가보험증권의 경우에는 보험증권에 정한 가액에, 미평가보험증권의 경우에는 보험가액에, 곱하여 산출한 금액을 보상한다(영국해상보험법 제71조).

다. 비용손해

해상손해가 발생하는 경우 보험자가 부수적으로 보상하는 비용에는 구조료, 특별비용, 공동해손비용의 3가지가 있다.

(1) 구조료

구조료라 함은 계약에 기하지 않고 해난구조자가 취득할 수 있는 비용을 말하고, 구조료에는, 피보험자, 그 대리인, 또는 그 자에게 보수를 받고 고용된 자가 부보위험을 피하기 위하여 행한 구조의 성질을 가지는 서비스의 비용을 포함하지 않으며, 이 종류의 비용이 정당하게 지출된 경우에는, 그 지출된 사정에 따라, 특별비용 또는 공동해손손해로 이를 보상받을 수 있다(영국해상보험법 제65조).

(2) 특별비용

특별비용은 보험목적의 안전이나 보존을 위하여 피보험자에 의하여 또는 그를 위하여 지출된 비용으로서, 공동해손비용이나 구조료가 아닌 것을 말하고, 단독해손에 포함되지 않는다(영국해상보험법 제64조 제2항).

판례는 운송인에 대한 손해배상청구나 보험자에 대한 보험금청구를 위하여 지출한 법률상담비 및 변호사선임비용은 ICC(A) 제16조에 따른 손해방지비용에 해당하지 않는다고 한다.[126)]

---

126) 대법원 2003. 11. 28. 선고 2001다75240 판결은 ICC(A) 제16조에 의하여 보험자가 그 비용을 보상하는 이른바 손해의 경감 내지 방지를 위하여 피보험자가 지출한 비용이라 함은, 보험자가 보상하는 보험목적 자체에 대하여 부보위험으로 인하여 손해가 발생할 우려가 있는 경우 피보험자가 그 손해를 방지하거나 경감하기 위하여 필요한 조치를 취하는 데에 적절하고 합리적으로 발생한 비용을 의미하는 것으로, 운송인 등을 상대로 손해배상을 청구하는 것이나 보험자를 상대로 보험금을 청구하는 것 모두 보험자가 보상하는 보험목적 자체에 대하여 부보위

(3) 공동해손비용

공동해손비용은 적하를 적재한 선박이 좌초한 경우에 부보된 손해를 피하기 위하여 예인하는 경우와 같이 공동위험에 놓은 재산을 보존할 목적으로 지출된 비일상적인 비용을 말한다(영국해상보험법 제66조 제1항).

제2절 선주상호보험

Ⅰ. 선주상호보험의 의의

선주상호보험이라 함은 선박소유자, 선박임차인, 용선자 기타 선박운항업자(선주)의 선박운항으로 인하여 발생하는 제3자에 대한 손해배상책임 및 비용을 선주들이 설립한 상호조합에서 보상하는 것을 내용으로 하는 보험이다(선주상호보험합법 1조). 선주상호보험을 영위하는 보험자가 선주상호보험조합(P&I Club)으로 일반 해상보험자와 성격을 달리하고, 우리나라에서 2001년에 설립한 한국선주상호보험을 비롯하여 국제적인 규모의 상호보험조합이 있다.

Ⅱ. 선주상호보험의 기능

여객·화물의 운송, 수산물의 채취를 위한 선박의 항해사업에 부수하는 사고로 인 한 손해배상책임 중에서 해상보험(주로 선박보험)에서 보장하지 아니하는 위험을 담보할 필요성에 부응하기 위한 제도가 선주상호보험이다. 선박보험에서 제외되는 위험은 (ⅰ) 통상적인 선박보험에서 담보하지 않는 충돌배상책임 중 1/4 (ⅱ) 선박, 화물 기타 장애물의 제거 (ⅲ) 부보선박의 화물 및 재산손해 (ⅳ) 인명손해 (ⅴ) 유류오염 등이 있다. 이중 유류오염손해는 유류오염손해배상

험으로 인하여 손해가 발생할 우려가 있는 경우에 해당된다고 볼 수 없다고 판시하였다.

보장법, 유류오염손해에 대한 민사책임에 관한 국제협약, 유류오염손해의 보상을 위한 국제기금 등에 의하여 담보된다. 따라서 선주상호보험은 유류오염손해를 제외한 선박보험에서 담보하지 아니하는 선주의 각종 손해배상책임을 담보는 기능을 한다. 구체적으로 선주상호보험조합은 (i) 운송화물의 손해에 대한 책임 (ii) 선원·여객 등의 사상 또는 질병에 대한 책임 (iii) 해양 등의 오염으로 인한 손해에 대한 책임 및 그 제거비용 (iv) 선박충돌에 의한 손해에 대한 책임 (v) 부표·잔교·해저전선·어구 기타 시설물의 손해에 대한 책임 (vi) 기타 선박의 운항으로 인하여 선주 등이 부담하여야 하는 책임과 비용 등을 담보한다(선주상호보험조합법 제3조).

Ⅲ. 선주상호보험의 특성

선주상호보험은 해상사업에 부수하는 사고로 인하여 생기는 손해를 보상하는 것을 내용으로 하는 점에서 해상보험과 동일하지만 다음과 같은 특성을 지닌다.

1. 책임보험

해상보험은 보험자가 항해사업에 부수하는 사고로 인하여 생길 손해를 보상할 것을 약정하는 계약(상법 제693조, 영국해상보험법 제1조)인데 반하여, 선주상호보험은 선주의 선박운항으로 인하여 발생하는 제3자에 대한 손해배상책임 및 비용을 보상하는 점에서 해상보험보다 담보범위가 좁다.

2. 상호보험

선주상호보험은 선주가 보험계약자이자 선주상호보험조합의 소유자인 조합원으로 상호회사인데 반하여, 주식회사의 형식을 띠는 보험자의 소유자와 보험계약자가 전혀 별개의 지위에 있는 해상보험과 다르다.

3. 비영리성

선주상호보험은 영국 등에서는 조합원의 상부상조 또는 공통이익의 촉진·옹호를 목적으로 하는 조합의 형태를 취하지만(영국해상보험법 제85조 제1항), 우리나라의 선주상호보험조합은 조합원(선주)과는 별개의 법인이다(선주상호보험조합법 제4조 제1항). 다만 영리사업을 목적으로 하는 것이 아니고 조합원의 다공통이익을 보호하기 위한 점에서 비영리법인이다. 선주상호보험조합의 조합원이 납부한 선급보험료는 회원의 클레임처리를 위하여 사용되고, 선급보험료의 총액과 클레임총액을 비교하여 부족분에 대하여 추가보험료를 납부하도록 하기 때문에 보험료는 클레임의 실적에 좌우된다.[127)]

4. 무한책임

선주상호보험조합은 조합원의 배상책임을 담보하기 때문에 무한책임에 준한 담보를 제공하는 점에서 보험가액의 범위 내에서 보험금액을 한도로 손해액을 보상하는 유한책임이 적용되는 해상보험과 구별된다.

Ⅳ. 선주상호보험의 준거법

한국선주상호보험조합에 가입한 보험계약에 대하여 한국선주상호보험조합의 보험계약규정에서 규정하지 않은 사항에 관하여는 대한민국 법령에 의한다(한국선주상호보험조합 보험계약규정 제48조).

127) 이재복·허연·박영섭·윤민현, 해상보험과 리스크관리, 박영사, 2009, 335면.

제4장 책임보험

Ⅰ. 총설

도덕적 해이를 초래한다는 우려를 극복하고 책임보험이 영국과 미국에 도입된 것은 1888년이다. 책임보험의 발전은 빠른 속도의 산업화, 도로의 확충과 자동차의 증가로 인하여 사람의 주거지역의 확산 등으로 인하여 업무상 또는 일상생활에서 사고를 당할 가능성이 높아진 시대환경에 기인한다.[128] 피해자의 가해자에 대한 책임추궁의식이 제고되어 개인과 회사가 타인에게 손해를 가하여 가해자로서 피해자에 대한 손해배상책임을 지는 상황이 증대되어 이에 대한 대응책이 책임보험이다.

Ⅱ. 책임보험계약의 의의·종류

1. 의의

책임보험계약은 피보험자가 보험기간 중의 사고로 인하여 제3자에게 배상책임을 질 경우에 그로 인한 손해의 보상을 목적으로 하는 손해보험계약이다. 책임보험은 피보험자의 재산에 생긴 손해를 보상하는 것이므로 재산보험이고, 피보험자의 전 재산 내지는 책임재산에 생긴 간접손해를 보상하는 것이므로 적극보험이 아니라 소극보험이다.

2. 성질

책임보험은 타인을 위한 보험, 인보험과 구별된다.

128) Kenneth S. Abraham, The Liability Century, (Harvard University Press, 2008), pp. 14, 26~27.

가. 타인을 위한 보험이 아님

책임보험은 피보험자가 자기 자신의 책임부담위험을 전가하기 위하여 체결하는 것이므로, 결과적으로 피보험자가 보험급여를 받게 되어 보호되지만, 타인을 위한 특정 또는 불특정보험계약은 아니다.

나. 인보험이 아님

책임보험의 보상내용이 사람의 사망이나 상해로 인한 경우 인적 손해의 보상이라는 점에서 인보험과 유사하다. 그러나 책임보험은 인보험과 근본성격을 달리하는 것으로 그 적용법리 또한 다르다.[129)]

3. 종류

오늘날 기업은 물론 개인의 민사책임이 강화되는 결과 각종 사고에 따른 가해자의 책임을 경감하는 한편, 피해자의 구제에 만전을 기할 수 있는 책임보험제도가 각광을 받아 위험의 종류에 따라 다양한 책임보험이 이용되고 있다. 법률로 가입이 강제되는 자동차손해배상책임보험, 원자력손해배상책임보험, 기업이 가입하는 책임보험으로 제조물책임보험, 임원배상책임보험, 영업배상책임보험, 금융사고보상보험, 직업훈련생재해보상책임보험, 근로자재해보상보험, 개인이 가입하는 보험으로 가정일상생활 배상책임보험, 전문직업인책임보험으로 변호사, 의사, 치과의사, 기자 등의 배상책임보험이 있다.

---

129) 대법원 1992. 1. 21. 선고 90다카20654 판결. 무면허면책조항에 관한 이 판결은 상법 제732조의 2는 사망 또는 상해를 보험사고로 한 보험계약, 즉 인보험계약에만 적용되는 규정으로서, 피보험자가 보험기간 중의 교통사고로 인하여 제3자에게 손해를 배상할 책임을 지는 경우에 보험자가 이를 보상할 책임을 지는 책임보험계약에는 적용되지 않는 것임이 위 조항의 문리상 명백하다고 판시하였다.

III. 책임보험계약의 기능·구조

1. 가해자보호와 피해자보호 기능

책임보험계약을 체결한 자는 장래 가해자로서 피해자에게 손해배상책임을 지게 되어도 보험자로부터 지급받는 보험금으로 대응할 수 있기 때문에 안심하고 가지고 사회생활과 기업활동을 행할 수 있게 된다. 이와 같이 책임보험은 가해자를 보호하는 기능을 한다. 또한 피해자로서도 가해자가 책임보험을 체결한 자이면 가해자의 경제력의 유무에 좌우되지 않고 가해자의 보험자로부터 급여를 받을 수 있기 때문이다.

2. 책임보험의 구조–민사책임과 책임보험

책임보험계약은 계약에서 정한 사고가 발생하는 경우, 피보험자가 가해자로서 피해자에게 지는 계약상 또는 법률상의 손해배상책임을 짐으로 생기는 손해를 보상하는 보험계약이다. 책임보험은 피보험자의 피해자에 대한 민사책임과 결부되어 있다. 보험자와 보험계약자 또는 피보험자 사이의 보험계약관계를 책임보험계약관계라고 하고, 가해자인 피보험자와 피해자인 제3자의 민사책임관계를 책임관계라고 한다.

IV. 책임보험계약의 내용

1. 피보험이익

책임보험계약에서 피보험이익이 인정되는가 인정된다면 물건보험에 있어서 피보험이익과 같은가가 문제된다.

책임보험의 피보험이익은 물건보험과 달리 보험사고가 발생하면 손해배상책임을 지게 되어 피보험자의 재산이 감소되기 때문에 피보험자의 재산의 감소를 손해로 보아 피보험자가 전체 재산에 대하여 가지는 이익을 피보험이익이라고 본다.

피보험이익이 손해보험에서 초과보험·중복보험·일부보험을 판단한다는 기능에 비추어 보아도 상법상 수개의 책임보험계약이 체결된 경우에 그 보험금액의 총액이 피보험자의 제3자에 대한 손해배상액을 초과하는 때에는 중복보험에 관한 원칙을 적용하는 점(상법 제725조의 2)에서 피보험이익을 인정할 실익이 있다.

2. 보험의 목적

책임보험은 보험사고로 인하여 제3자에게 생긴 손해에 대한 배상책임을 피보험자가 부담함으로써 초래되는 재산상의 손해를 보상하는 보험이므로 그 보험의 목적이 무엇인지가 문제된다. 이에 대하여서는 피보험자의 전체 재산이 보험의 목적이라는 견해와 피보험자가 제3자에 대하여 부담하는 배상책임이 보험의 목적이라는 견해가 있다. 전자가 타당하다.

3. 보험사고

보험사고는 보험기간 내에 발생하여야 한다. 책임보험에서는 피해자의 손해가 피보험자의 손해로 직결되는 것은 아니다. 손해가 경미한 경우에는 피해자가 피보험자에게 손해배상을 청구하지 않는 경우가 있다.

책임보험계약의 성립에서 종료까지 책임보험계약의 체결, 손해사고의 발생, 피해자의 가해자에 대한 손해배상의 청구, 책임부담액의 확정, 가해자의 피해자에 대한 배상금의 지급, 피보험자의 보험자에 대한 보험금청구, 보험자의 피보험자에 대한 보험금지급의 과정을 거친다. 따라서 어떠한 사항을 보험사고로 할 것인가에 대하여 견해가 나뉜다.

(i) 손해사고설 제3자가 손해를 입은 사고가 발생한 것을 보험사고라고 한다. 피해자가 배상청구를 하지 않은 경우 또는 책임이 확정되지 않아도 피해자의 이송, 권리의 행사·보전에 소요되는 비용 등 보험사고 후의 비용이 보상된다. 보험사고가 명확한 장점이 있기 때문에 사고가 발생한 후에 보험에 가입하거나 보험기간이 경과 한 사고에 대하여 보험금을 청구하는 경우 대처할 수 있는 점에서 통설의 지위에 선다.

(ii) 배상청구설 피보험자가 제3자로부터 현실적으로 청구를 받은 경우를 보험사로로 본다. 소송비용은 보험급여로 할 수 있지만, 손해사고가 발생한 후에 책임보험에 가입하는 것이 가능하고, 배상청구를 하는가 여부는 피해자의 의사에 좌우되는 점에서 보험사고가 명확하지 않은 단점이 있다.

(iii) 책임확정설 피보험자의 책임이 확정판결·화해 등에 의하여 확정된 때를 보험사고로 한다. 보험사고의 발생 시는 명확하지만, 피해자에 대한 책임이 확정되기 전에 책임보험계약을 체결하는 것이 가능하여지고, 소송비용은 보험사고 발생 전의 것으로 보험급여를 받지 못하는 단점이 들어진다.

보험실무상으로는 약관에서 법률상 책임부담에 관한 규정을 두어 이 문제를 해결하고 있다.

V. 책임보험계약의 효과

1. 보험자의 보상의무

보험자는 피보험자가 보험기간 중의 사고로 인하여 제3자에게 배상책임을 지는 경우에 이를 보상할 책임이 있다.

가. 손해보상의 범위

보험자는 피보험자의 제3자에 대한 변제, 승인, 화해 또는 재판으로 인하여 확정된 채무를 보상할 책임이 있고, 그 책임의 범위에는 원금은 물론 지연손해금도 포함된다.[130] 영업책임보험의 경우에 피보험자의 대리인 또는 사업감독자의 제3자에 대한 책임으로 인한 손해도 보상하여야 한다(상법 제721조).

나. 방어비용의 부담[131]

제3자의 청구를 방어하기 위하여 피보험자가 지출한 재판상 또는 재판외의 필요비용도 보험자가 보상하여야 한다(상법 제720조 제1항 전문). 이 때 피보험

130) 대법원 1995. 9. 29. 선고 95다24807 판결.

131) 제3편 제9장 손해방지의무 제5절 2.방어비용 참조.

자는 보험자에 대하여 그 비용의 선급을 청구할 수 있다(같은 항 후문). 또한 피보험자가 담보의 제공 또는 공탁으로써 재판의 집행을 면할 수 있는 경우에는 보험자에 대하여 보험금액의 한도 내에서 그 담보의 제공 또는 공탁을 청구할 수 있다(상법 제720조 제2항). 이러한 방어를 위하여 필요한 비용의 지출이이나 담보의 제공 또는 공탁행위가 보험자의 지시에 의한 것인 경우에는 그 금액에 손해액을 가산한 금액이 보험금액을 초과하는 때에도 보험자가 이를 부담한다(상법 제720조 제3항).

다. 보험금 지급시기

보험자는 특별한 약정이 없으면 채무확정의 통지를 받은 날로부터 10일내에 보험금액을 지급하여야 한다(상법 제723조 제2항). 그러나 보험자는 피보험자가 책임을 질 사고로 인하여 생긴 손해에 대하여 제3자가 그 배상을 받기 전에는 보험금액의 전부 또는 일부를 피보험자에게 지급할 수 없다(상법 제724조 제1항). 이는 직접청구권을 가지는 피해자를 보호하기 위한 것이다.

라. 중복보험규정의 적용

피보험자가 동일한 사고로 제3자에게 배상책임을 짐으로써 입은 손해를 보상하는 수개의 책임보험계약이 동시 또는 순차로 체결된 경우에 그 보험금액의 총액이 피보험자의 제3자에 대한 손해배상액을 초과하는 때에는 중복보험에 관한 제672조와 제673조의 규정을 준용한다(상법 제725조의 2).

(1) 취지

책임보험의 경우에는 보험가액의 관념이 없으므로 수개의 책임보험계약에 의하여 피보험자의 제3자에 대한 배상책임을 담보하고 있다 하더라도 이를 중복보험으로 다룰 수는 없다. 그러나 피보험자가 동일한 보험사고로 피해자인 제3자에게 손해배상책임을 지고, 그로 인한 손해를 수개의 책임보험계약에 의하여 담보하고 있으며, 보험금액의 합계액이 제3자에 대한 손해배상액을 초과하는 경우에는 각 보험자가 개별적으로 그 손해를 보상하도록 하는 것은 보험의 원리상 허용할 수 없다. 이에 따라 상법 제725조의2는 수개의 책임보험이 있는 경우 중복보험의 법리를 준용하여 이를 합리적으로 처리하도록 하고 있다.

(2) 피보험이익의 중복

피보험이익, 보험사고, 보험기간의 중복이 있어야 한다. 대법원 2005. 4. 29. 선고 2004다57687 판결[132]은 "두 개의 책임보험계약이 보험의 목적, 즉 피보험이익과 보험사고의 내용 및 범위가 전부 공통되지는 않으나 상당 부분 중복되고, 발생한 사고가 그 중복되는 피보험이익에 관련된 보험사고에 해당된다면, 이와 같은 두 개의 책임보험계약에 가입한 것은 피보험자, 피보험이익과 보험사고 및 보험기간이 중복되는 범위 내에서 상법 제725조의2에 정한 중복보험에 해당한다."고 하였다.

(3) 보상방법

수개의 책임보험자는 피해자에 대한 손해배상액과 그 보험계약의 보상한도액의 비율에 따라 보상책임을 진다(상법 725조의2, 제672조 제1항)는 점과 관련하여 대법원 2005. 4. 29. 선고 2004다57687 판결은 각 보험계약의 보상한도액이 50억 원과 80억 원임에도 이 사건의 보험자에게 손해액의 5/13에 대한 책임을 인정하지 않고 피해자의 손해배상액의 1/2에 대한 보상책임이 있다고 하여 옳지 않은 판결이라고 판단되지만, 최근의 대법원 2009. 12. 24. 선고 2009다42819 판결은 "보험자는 각자의 보험금액이 비율에 따른 보상책임을 연대하여 진다."고 하여 준용의 법률관계를 명확히 하였다.

---

132) 가스설비업 등을 영위하는 하도급업체인 원고가 보험기간을 1997. 2. 15.부터 1998. 2. 14.까지로 하는 도시가스관련시설의 설치등과 관련한 우연한 사고를 담보하는 영업배상책임보험계약을 체결하고, 그 전에 이미 도급업체가 보험기간을 1996. 12. 8.부터 1997. 12. 7.까지로 하는 영업배상책임보험을 다른 보험자와 체결된 사건(이 당시에는 원고인 피보험자가 도급업체의 안전관리대행사가 아니었지만, 그 이후 보험사고 당시에는 원고가 안전관리대행사가 되었고, 전자의 보험계약과 후자의 보험계약은 그 보험계약자가 다르지만, 후자의 보험계약상 후자의 보험계약 체결 이후에 원고인 안전관리대행사로서 보험계약상 피보험자가 됨)으로서 피보험자가 가스시설의 안전점검을 하지 아니하는 등 안전을 배려할 의무를 다하지 아니하여 소비자의 가스보일러에 공급된 도시가스가 불완전 연소하여 발생한 다량의 이산화탄소에 중독되어 상해를 입는 사고가 발생하여 전자의 보험자에게 보험금의 지급이 청구된 사건이다.

2. 피보험자의 의무

가. 통지의무

피보험자가 제3자로부터 배상의 청구를 받은 때에는 지체 없이 보험자에게 그 통지를 발송하여야 한다(상법 제722조). 이러한 통지를 받음으로써 보험자는 손해에 대한 조치를 강구하고, 보험금의 지급에 대비할 수 있게 된다. 따라서 피보험자가 이 통지의무를 해태하여 손해가 발생한 경우에는 보험자는 보험금 지급 시에 이를 공제하거나 피보험자에게 구상할 수 있다.

또한 피보험자가 제3자에 대하여 변제, 승인, 화해 또는 재판으로 인하여 채무가 확정된 때에는 지체 없이 보험자에게 그 통지를 발송하여야 한다(상법 제723조 제1항). 이는 보험금지급기일의 표준이 된다.

나. 보험자에 대한 협의의무

피보험자는 보험사고가 발생한 후에도 손해방지·경감의무가 있으므로 제3자에 대한 변제, 승인 또는 화해를 하는데 보험자와 협의하여야 한다. 왜냐하면 피보험자가 피해자와 공모하여 보험자의 부담을 가중시킬 위험이 있기 때문이다. 그러나 피보험자가 보험자의 동의 없이 변제·승인·화해를 한 경우에는 보험자가 그 책임을 면하게 되는 합의가 있는 때에도 그 행위가 현저하게 부당한 것이 아니면 보험자는 보상할 책임을 면하지 못한다(상법 제723조 제3항).

자동차종합보험약관에서 대인배상의 보상 한도에 관하여 '약관의 보험금 지급기준에 의하여 산출한 금액을 보상하되, 다만 소송이 제기되었을 경우에는 대한민국 법원의 확정판결에 의하여 피보험자가 손해배상청구권자에게 배상하여야 할 금액'을 보상하도록 규정하고 있는 경우, 위와 같은 보험약관 아래서 확정판결에 의하지 아니하고 피보험자와 피해자 사이의 서면에 의한 합의로 배상액이 결정된 경우에는 보험자는 위 보험약관에서 정한 보험금 지급기준에 의하여 산출된 금액의 한도 내에서 보험금을 지급할 의무가 있다.[133)]

---

133) 대법원 1992. 11. 24. 선고 92다28631 판결. 대법원 1994. 4. 12. 선고 93다11807 판결. 대법원 1995. 11. 7. 선고 95다1675 판결. 대법원 1998. 3. 24. 선고 96다38391 판결. 대법원

VI. 피해자의 보험자에 대한 직접청구권

1. 우리법상의 피해자의 직접청구권

가. 총설

(1) 의의

피해자의 보험자에 대한 직접청구권이라 함은 책임보험의 피해자가 피보험자를 통하지 않고 직접 보험자에게 손해의 전보를 청구할 수 있는 권리를 말한다.

(2) 상법상의 피해자의 직접청구권

책임보험은 피보험자를 위한 보험으로 피해자에게 보험금청구권을 인정하는 보험이 아니므로 피해자는 보험자에 대하여 아무 권리를 가지지 아니함이 원칙이다. 그러나 책임보험계약에서의 보험금은 경제적으로는 피해자에게 귀속되는 것이므로 오늘날 책임보험의 중점이 피해자의 보호라는 측면으로 전환되고 있다. 이에 상법에서는 보험자에 대한 피해자의 직접청구권을 인정하고 있다(상법 제724조 제2항).

나. 법적 성질

피해자의 직접청구권의 법적 성질에 대하여 학설상 손해배상청구권설과 보험

1998. 3. 24. 선고 96다38391 판결은 "위 약관조항은 보험계약의 당사자인 보험계약자와 보험자 간에 합의에 의하여 계약 내용에 편입된 것으로서 보험자가 원칙적으로 위와 같은 약관상의 지급할 보험금을 기준으로 하여 보험료를 책정하고 보험계약자로서도 이를 용인하였다고 보여지고, 위 보험약관에 정한 보험금 지급기준에 의하여 산출된 금액이 법원의 확정판결에 의하여 인정된 금액보다 적다고 하더라도 피보험자와 보험자 간에 보험금 지급에 관하여 합의가 이루어지지 아니한 경우에는 법원의 판결에 의한 손해배상액을 보상하여 주는 것인 이상, 피보험자로서는 보험자와의 사이에 합의가 이루어지지 않는다고 하여 피해자와 성급하게 서면합의를 할 것이 아니고 우선 손해배상금의 일부조로 피해자에게 지급하고 나머지 손해배상액은 보험자에게 소송을 해서 받기로 하는 등의 조치를 취할 수 있는 점 등에 비추어 보면, 위 약관의 보험금 지급기준에 관한 조항이 신의법칙에 위반되거나 피보험자에게 부당하게 불리한 조항이어서 약관의 규제에 관한 법률 제6조의 규정에 위배되어 무효라고 볼 수 없으므로, 위와 같은 보험약관 아래서 확정판결에 의하지 아니하고 피보험자와 피해자 사이의 서면에 의한 합의로 배상액이 결정된 경우에는 보험자는 위 보험약관에서 정한 보험금 지급기준에 의하여 산출된 금액의 한도 내에서 보험금을 지급할 의무가 있다."고 하였다.

금청구권설로 나뉘고 있다.

판례는 피해자가 보험자에게 갖는 직접청구권은 보험자가 피보험자의 피해자에 대한 손해배상채무를 병존적으로 인수함에 따라 피해자가 보험자에 대하여 가지는 손해배상청구권이고, 피보험자가 보험자에 대한 보험금청구권의 변형 또는 이에 준하는 권리가 아니다라고 하여 일관되게 손해배상청구권설을 취하고 있다.[134)]

다. 손해배상청구권, 보험금청구권과의 관계

(1) 피해자의 손해배상청구권

피해자의 피보험자에 대한 손해배상청구권과 보험자에 대한 보험금청구권은 그 발생의 근거가 각기 다르므로 양 청구권을 임의로 선택하여 행사할 수 있다. 그러나 피해자가 2중이득을 얻는 것은 허용되지 않으므로 그 중 하나의 청구권이 이행된 때에는 그 범위 내에서 양 청구권은 동시에 소멸한다. 일종의 부진정연대채무 또는 청구권 경합의 한 경우라 할 수 있다.[135)]

(2) 보험금청구권과의 관계

피해자의 보험자에 대한 직접청구권과 피보험자의 보험자에 대한 보험금청구권은 택일적인 것이 아니고 병존한다. 이에 양 청구권이 경합하는 경우에 어느 것이 우선하는지가 문제된다.

예컨대 피해자의 손해액 9,000만원, 책임보험한도액 6,000만원, 피보험자의 피해자에 대한 지급액 2,000만원의 경우에, 피보험자가 보험자에 대하여 가지는 2,000만원의 보험금청구권에 대하여서는 피해자의 직접청구권(6,000만원)과의 경합문제가 생긴다.

학설로는 일반채권자에 대한 관계에서 피해자에 대한 지급에 의하여 감소된 피보험자의 책임재산이 복구되어야 할 것이므로 피보험자의 보험금청구권이 우

---

134) 대법원 1999. 2. 12. 선고 98다44956 판결. 대법원 2000. 6. 9. 선고 98다54397 판결. 대법원 2006. 4. 13. 선고 2005다77305, 77312 판결.

135) 사법연수원, 전게서, 147면.

선한다는 견해(보험금청구권우선설)[136]와 피보험자는 책임보험에 의한 담보 없이 언제나 다액의 채무를 새로 부담하게 될지 모르므로 피보험자의 일반채권자는 피보험자의 책임재산이 감소할 가능성이 있다는 것을 당연히 각오하여야 할 지위에 있다는 점을 들어 피해자의 직접청구권을 우선하여야 한다는 견해(직접청구권우선설)[137]이 주장된다.

판례는 직접청구권우선설을 취하여 "상법 제724조 제1항은 피보험자가 상법 제723조 제1, 2항의 규정에 의하여 보험자에 대하여 갖는 보험금청구권과 제3자가 상법 제724조 제2항의 규정에 의하여 보험자에 대하여 갖는 직접청구권의 관계에 관하여, 제3자의 직접청구권이 피보험자의 보험금청구권에 우선한다는 것을 선언하는 규정이라고 할 것이므로, 보험자로서는 제3자가 피보험자로부터 배상을 받기 전에는 피보험자에 대한 보험금 지급으로 직접청구권을 갖는 피해자에게 대항할 수 없고, 따라서 보험자는 제3자가 피보험자로부터 배상을 받기 전에는 상법 제724조 제1항의 규정을 들어 피보험자의 보험금지급 청구를 거절할 권리를 갖게 된다."[138]고 판시하고 있다.

136) 위의 사례에서 피보험자가 보험자로부터 2,000만원의 보험금을 지급받으면 피해자는 4,000만원만 청구가 가능하게 된다. 나머지 3,000만원도 피보험자에게 청구할 수 있지만, 피보험자의 자력이 충분한 경우에는 문제가 없지만, 피보험자가 무자력인 경우에는 피해자는 더 이상 손해배상을 받을 수 없다(사법연수원, 상게서, 147면).

137) 위의 사례에서 피보험자로부터 지급받은 2,000만원 외에 보험자에게 6,000만원 전부를 직접 청구할 수 있다. 따라서 피보험자가 무자력이더라도 합계액 8,000만원은 우선적으로 전보 받게 된다(사법연수원, 상게서, 147면).

138) 대법원 1995. 9. 26. 선고 94다28093 판결. 이 판결은 위의 사례와 같은 경우를 직접 언급한 것은 아니고, 피보험자가 피해자에게 손해배상금을 지급하지 않은 상태에서 판결에 의하여 확정된 손해배상금을 청구한 사안에서 업무용자동차 종합보험 보통약관이 "피보험자는 판결의 확정, 재판상의 화해, 중재 또는 서면에 의한 합의로 손해액이 확정되었을 때에 회사에 대하여 보험금의 지급을 청구할 수 있으며, 회사는 피보험자로부터 보험금 청구에 관한 서류를 받은 때에는 지체 없이 필요한 조사를 마치고 곧 보험금을 지급한다."는 취지로 규정되어 있고, 피보험자가 제3자에게 손해배상을 하기 전에는 피보험자에게 보험금을 지급하지 않는다는 내용의 조항을 두지 않고 있다면, 보험자는 그 약관에 의하여 상법 제724조 제1항 소정의 지급거절권을 포기하였다고 봄이 상당하고, 따라서 피보험자로서는 그 약관 소정의 요건을 충족하기만 하면 보험자에 대하여 보험금 청구권을 행사할 수 있으며, 이 경우 피보험자로부터 보험금 지급청구를 받은 보험자로서는 "상법 제724조 제2항에 의하여 직접청구권을 갖는 피해자에게 직접 보험금을 지급함으로써 보험금의 이중지급의 위험을 회피하는 방법을 선택하여야 할 것"이라고 판시하였다. 이 후 자동차종합보험표준약관에 "보험회사는 손해배상청구권자가 손해배상을 받기 전에는 보험금의 전부 또는 일부를 피보험자에게 지급하지 않으며, 피보험자

한편, 보험회사와 피보험자 사이에 보험금청구권이 부존재한다는 판결이 선고 확정된 경우에 그 판결의 기판력에 의하여 피해자가 보험금을 직접 청구하지 못하는가가 문제된다.

이러한 경우 "피해자의 보험자에 대한 손해배상채권과 피해자의 피보험자에 대한 손해배상채권은 별개 독립의 것으로서 병존하고, 피해자와 피보험자 사이에 손해배상책임의 존부 내지 범위에 관한 판결이 선고되고 그 판결이 확정되었다고 하여도 그 판결의 당사자가 아닌 보험자에 대하여서까지 판결의 효력이 미치는 것은 아니므로, 피해자가 보험자를 상대로 하여 손해배상금을 직접 청구하는 사건의 경우에 있어서는, 특별한 사정이 없는 한 피해자와 피보험자 사이의 전소판결과 관계없이 피해자의 보험자에 대한 손해배상청구권의 존부 내지 범위를 다시 따져보아야 한다."는 판례[139]의 태도에 비추어 피해자의 직접청구권에는 기판력이 미치지 않는다.[140]

라. 보험자의 항변권

(1) 피보험자의 제3자에 대한 항변사유

피해자가 보험자를 상대로 직접청구권을 행사하여 보험금의 지급을 구하는 경우에 보험자는 피보험자가 그 사고에 관하여 가지는 항변으로써 제3자에게 대항할 수 있다(상법 제724조 제2항 단서).

(2) 보험계약자 또는 피보험자에 대한 항변사유

보험자는 보험계약자 또는 피보험자에 대한 항변으로 피해자에게 대항할 수 있다. 왜냐하면 피해자의 직접청구권이 법률의 규정에 의하여 인정된 것이라 하더라도 이는 어디까지나 보험자와 피보험자 사이에 책임보험계약의 존재를 전제로 하는 것이므로 보험자는 피보험자나 보험계약자에 대한 항변사유로 당

가 손해배상청구권자에게 지급한 손해배상액을 초과하여 피보험자에게 지급하지 않습니다. 피보험자의 보험금청구가 손해배상청구권자의 직접청구와 경합하는 때에는 보험회사는 손해배상청구권자에게 우선하여 보험금을 지급합니다."라는 조항을 두게 되었다.

139) 대법원 2000. 6. 9. 선고 98다54397 판결.

140) 사법연수원, 전게서, 148면.

연히 피해자에게 대항할 수 있어야 하기 때문이다.

그러나 피해자의 직접청구권은 피보험자가 가지고 있는 보험금청구권과는 별개의 독립한 것으로서 손해발생과 동시에 원시적으로 발생한 것이므로 손해발생후의 보험계약자 또는 피보험자의 행위로 인하여 불이익을 받아서는 아니 된다. 따라서 보험자는 보험사고 발생 전 피해자에 대하여 가지는 항변과 보험사고 발생에 관한 항변으로만 대항할 수 있고, 보험사고 발생 후에 생긴 항변사유(예컨대 피보험자가 통지의무를 게을리 하여 보험자가 손해를 입은 경우)로는 피해자에게 대항할 수 없다고 할 것이다.[141)]

마. 혼동에 의한 채권의 소멸과의 관계

자동차 운행 중 교통사고가 일어나 자동차의 운행자나 동승한 그의 친족의 일방 또는 쌍방이 사망하여 자동차손해배상보장법 제3조에 의한 손해배상채권과 채무가 상속으로 동일인에게 귀속하는 경우(예컨대 사고로 인하여 본인과 동승한 그의 형제자매 모두가 사망하여 그의 부모가 운전자와 동승한 형제자매의 상속인이 된 경우)가 있고, 이 경우 민법 제507조에서 규정하는 이른바 혼동에 의한 채권의 소멸이 문제된다.

판례는 이에 대하여 자동차손해배상보장법 제3조에 의한 손해배상채권과 채무가 상속으로 동일인에게 귀속하더라도 교통사고의 피해자에게 책임보험 혜택을 부여하여 이를 보호하여야 할 사회적 필요성은 동일하고 책임보험의 보험자가 혼동이라는 우연한 사정에 의하여 자신의 책임을 면할 합리적인 이유가 없다는 점 등을 고려할 때 가해자가 피해자의 상속인이 되는 등 특별한 경우를 제외하고는 피해자의 보험자에 대한 직접청구권의 전제가 되는 자동차손해배상보장법 제3조에 의한 피해자의 운행자에 대한 손해배상청구권은 상속에 의한 혼동에 의하여 소멸되지 않는다고 판시하고 있다.[142)]

---

141) 사법연수원, 상게서, 149면.

142) 대법원 1995. 5. 12. 선고 93다48373 판결. 대법원 1995. 7. 14. 선고 94다36698 판결. 대법원 2003. 1. 10. 선고 2000다41653, 41660 판결. 위 판결 들은 사망한 피해자의 상속인에게 책임보험 혜택을 부여하여 이를 보호하여야 할 사회적 필요성은 동일하고, 보험자는 상속에 의한 채권채무의 혼동 그 자체와는 무관한 제3자일뿐만 아니라 이미 자신의 보상의무에 대

따라서 피해자의 보험자에 대한 직접청구권의 전제가 되는 피해자의 손해배상청구권이 운행자와 가해자에게 상속된 경우 가해자의 그 상속분에 상응하는 직접청구권의 행사는 허용되지 않을 것이나, 운행자는 책임보험의 한도액 중 그 상속지분에 상응하는 금액으로 한정하여 직접청구권을 행사할 수 있다.[143)]

바. 보험자대위

책임보험에서 피해자가 가지는 직접청구권도 보험자대위의 대상이 된다.[144)]

사. 압류의 금지

교통사고 피해자의 보험회사 또는 자동차손해배상 보험회사 또는 보장사업자에 대한 직접청구권을 압류 또는 양도할 수 없다(자동차손해배상보장법 제40조). 이에 교통사고 피해자를 치료한 의료기관이 피해자에 대한 진료비 청구권에 기하여 피해자의 보험회사에 대한 직접청구권을 압류하는 것도 금지되는지가 문제된다. 자동차의 운행으로 사람이 사망하거나 부상한 경우에 있어서 피해자를 보호하려는 데에 그 목적이 있는 자동차손해배상보장법상의 직접청구권에 대한 압류금지규정이 치료비에까지 미친다고 볼 것은 아니다.[145)]

한 대가인 보험료까지 받고 있는 처지여서 교통사고의 가해자와 피해자 사이에 상속에 의한 혼동이 생긴다는 우연한 사정에 의하여 자신의 책보상임을 면할 만한 합리적인 이유가 없다는 점 등을 근거로 하고 있다.

143) 대법원 2003. 1. 10. 선고 2000다41653, 41660 판결 참조(이 사건에서 책임보험계약에 가입된 소형화물차의 기명피보험자의 처가 조수석에 아들을 태우고 운행하던 중, 중앙선을 침범하는 교통사고를 일으켜 아들이 사망하여 상속인으로서 부부가 피해자의 보험자에 대한 직접청구권을 주장하여, 판시와 같은 판결이 내려졌다.). 그러나 같은 사안에서 가해자가 적법하게 상속을 포기하면 그 소급효로 인하여 위 손해배상청구권과 직접청구권은 소급하여 소멸하지 않았던 것으로 되어 다른 상속인에게 귀속되고, 그 결과 '가해자가 피해자의 상속인이 되는 등 특별한 경우'에 해당하지 않게 되므로 위 손해배상청구권과 이를 전제로 하는 직접청구권은 소멸하지 않을 뿐만 아니라, 상속포기를 하지 아니하였더라면 혼동으로 소멸하였을 개별적인 권리가 상속포기로 인하여 소멸하지 않게 되었더라도 그 상속포기가 신의칙에 반하여 무효라고 할 수 없다고 한 판례(대법원 2005. 1. 14. 선고 2003다38573, 38580 판결)도 있다.

144) 대법원 1998. 9. 18. 선고 96다19765 판결. 대법원 1999. 6. 11. 선고 99다3143 판결.

145) 대법원 2004. 5. 28. 선고 2004다6542 판결.

아. 소멸시효

판례는 피해자의 직접청구권에 대하여 손해배상청구권설을 취하고 있으므로, 보험사고가 불법행위인 경우 민법 제766조 제1항에 따라 피해자 또는 그 법정대리인이 그 손해 및 가해자를 안 날로부터 3년간 이를 행사하지 않으면 시효로 소멸한다.[146)]

다만, 자동차손해배상보장법에 기하여 피해자가 보험회사에 대하여 가지는 책임보험금 직접청구권의 법적 성질은 자동차손해배상보장법 제10조 소정의 손해배상청구권으로 그 법적 성질은 책임보험에서의 피해자의 직접청구권과 다르지만, 자동차손해배상보장법 제41조, 제10조는 소멸시효를 3년[147)]으로 동일하게 규정하고 있다.[148)]

2. 일본 보험법상의 피해자의 특별선취특권

가. 총설

책임보험에서 급여방법중 피해보호방법으로는 크게 직접청구형과 특별선취특권형이 있다. 전자는 피해자가 가해자(피보험자)의 보험자에 대하여 손해배상을 직접 청구할 수 있는 것은 인정하는 방법이고, 후자는 피해자는 피보험자가 보험자에 대하여 가지는 보험금청구권에 대하여 선취특권을 행사하도록 하는 방법을 말한다.

---

146) 대법원 1999. 12. 28. 선고 99다472355 판결. 대법원 2005. 10. 7. 선고 2003다6774 판결.

147) 2007년 개정 전 자동차손해배상보장법은 위 청구권의 소멸시효를 2년으로 하였지만 3년으로 개정되었다.

148) 대법원은 자동차종합보험(대인배상Ⅰ 및 Ⅱ 포함)의 피보험자가 자동차의 사고로 인하여 손해배상책임을 지는 경우에 있어서, 피해자가 상법 제724조 제2항에 의하여 보험자에 대하여 행사할 수 있는 손해배상청구권은 자동차손해배상보장법 제10조에 의하여 행사할 수 있는 손해배상청구권과 그 범위를 달리하므로 두 청구권은 별개의 청구라 할 것이어서 자동차손해배상보장법 제10조에 적용되는 같은 법 제41조의 소멸시효의 규정이 상법 제724조 제2항에 의한 손해배상청구에 대하여 적용될 수는 없다(대법원 2005. 10. 7. 선고 2003다6774 판결)고 판시하여 자동차손해배상보장법상의 2년의 소멸시효가 완성하였다고 하더라도 이를 우회하여 사고일로부터 3년 이내에는 상법에 근거한 직접청구권에 근거하여 보험금청구를 할 수 있도록 하였으나, 자동차손해배상 보장법상 소멸시효가 3년으로 개정되어 민법상 소멸시효기간과 같아져 소멸시효에 관한 한 그 의미가 없게 되었다.

일본에서는 책임보험에서 피해자의 보호와 관련하여 자동차손해배상보험장법상의 책임보험에 대하여서는 직접청구형을 취하고, 후자에 대하여서는 특별선취특권형을 취하는 점에서 2원적인 입장을 취하고 있다. 자동차손해배상보험장법상의 직접청구권은 우리법과 동일하므로 생략하고 피해자의 선취특권에 대하여 살펴본다.

나. 피해자의 특별선취특권

피해자를 보다 실효성 있게 보호하기 위하여 보험법에서는 책임보험에서 피해자는 채무자인 가해자(피보험자)가 보험자에 대하여 가지는 보험급여청구권에 대하여 선취특권을 가진다고 규정하고 있다(보험법 제22조 제1항). 이 선취특권은 법정의 특별권리로서 보험사고 발생 후에 가해자에 대하여 파산절차가 개시하여도 보험금청구권에 대하여 피해자는 별제권자(別除權者)로서 선취특권을 행사할 수 있다. 책임보험계약에서 특별선취특권을 규정하는 보험법 제22조의 규정은 임의규정이다(보험법 제26조).

다. 피보험자의 보험금청구권의 행사

피보험자는 보험사고에 관한 손해배상청구권에 관한 채무에 대하여 변제한 금액 또는 손해배상청구권자의 승낙이 있는 금액에 한도 내에서만 보험자에 대하여 보험금청구권을 행사할 수 있다(보험법 제22조 제2항). 이것은 보험금청구권에 대한 피해자의 선취특권은 보험금이 피보험자(가해자)에게 지급된 후에는 효력을 상실한다고 해석되기 때문에, 보험금이 피보험자에 의하여 소비되거나, 유용되는 것을 방지하고, 보험금이 피해자에게 확실히 인도되는 것을 보증한 것이다.[149]

라. 보험금청구권의 압류 등의 금지

책임보험계약상의 보험금청구권은 양도·질권의 목적·압류가 금지된다(보험법

149) 岡田豊基, 전게서, 234面.

第22조 제3항 본문). 보험금청구권이 제3자에게 이전되어 피해자의 이익이 침해되는 것을 방지하기 위함이다. 다만 ① 보험사고에 관한 손해배상청구권자에게 양도하거나 손해배상청구권을 압류한 경우, ② 보험법 제22조 제2항에 의하여 피보험자가 보험금청구권을 행사한 경우에는 보험금청구권의 처분 등이 허용된다(보험법 제22조 제3항 단서).

마. 평가

일본 보험법은 책임보험 일반에 대하여 피해자의 보호를 위하여 특별선취특권형 제도를 도입하고 있고, 이를 임의규정으로 하고 있다. 우리 상법이 직접청구권으로 하고 상대적 강행법으로 하고 있는 우리법과는 다르다. 피해자의 보험금청구권에 대한 특별선취권으로 하는 일본 보험법의 장점으로는 책임보험에서 피해자보호가 보험계약상의 법률관계에 바탕을 두는 것을 명확히 하여 우리나라와 같은 피해자의 직접청구권의 법적 성질의 해석과 관련한 다툼의 소지를 제거하고 있는 점을 들 수 있다. 피해자의 선취특권을 임의규정으로 하여 피해자의 선취특권의 허용여부를 사적 자치에 맡기고 있는 점과 관련하여 피해자의 직접청구권을 일률적으로 상대적 강행규정으로 하고 있는 우리법과의 장단점을 면밀하게 검토할 필요가 있다고 판단된다.

제5장 자동차보험

제1절 총 설

Ⅰ. 자동차사고와 자동차보험

자동차사고는 자동차가 가지는 숙명적인 약점이지만 현재까지 신속·편리의 측면에서 자동차를 대체할 수 있는 안전한 교통수단을 인류는 발명하지 못하였다.150)

자동차사고에는 사람의 사상이라고 하는 인적 사고와 자동차·건물·도로시설의 훼손 등과 같은 물적사고가 있다. 상대방(피해자)이 있는 경우에는 대인사고와 대물사고로 구분된다. 상대방이 없는 경우에는 운전자 자신 또는 그 가족의 사망과 상해와 같은 자손사고, 운전자 자기차량의 멸실·훼손과 같은 자기차량사고로 나뉜다.151)

우리는 항상 자동차사고의 가해자가 되거나 피해자일 수 있는 위험에 놓여있다. 가해자가 되는 경우에는 피해자에 대하여 배상책임을 지고, 고액의 배상액으로 인하여 자기의 전재산을 잃을 위험이 있다. 반대로 피해자가 되는 경우에는 가해자가 충분한 자력이 없는 경우에는 입은 손해를 충분하게 전보받지 못할 위험도 있다. 자동차운행에 불가피한 자동차사고를 극복하는 것이 오늘날

---

150) 2019년 6월 자동차등록대수

구분	승용	승합	화물	특수	합계
	18,917,985	828,581	3,604,370	93,249	23,444,165

151) 2018년 교통사고 사망자 통계

(단위 : 명)

구분	사망자수	음주운전사고 사망자수	자동차 1만대당 사망자수(2014년)			
	3,781	346	한국	2.4	독일	0.7
			미국	1.3	영국	0.5
			일본	0.7	OECD평균	1.1

가장 중요한 과제이며, 민사책임분야에서 이 과제를 해결하기 위하여 중요한 것은 자동차보유자의 민사책임을 강화하고, 피해자에게 가능한 한 유효한 구제수단을 부여하는 것이다. 따라서 자동차사고로 인한 경제적 위험에 대처하는 방법으로 자동차보험이 필요하게 된다.[152)]

II. 각국의 자동차배상책임과 자동차책임보험의 발전 동향

자동차배상책임보험은 자동차배상책임제도로부터 파생한 것이고, 그 발전방향도 자동차배상책임의 강화를 지향한다.

1. 독일의 "제2차손해배상법규정개정법" 의 주요내용

독일의 자동차손해배상책임제도의 발전방향을 가장 대표하는 것이 2000년부터 시행되는 제2차손해배상법규정개정법 중 자동차손해배상과 관련한 제 규정이다. 그 주요한 내용은 다음과 같다.[153)]

가. 교통사고 등의 경우 아동의 법적 지위 개선

사동의 신체와 심리상태를 고려하여 교통사고 피해자가 10세 미만의 아동인 경우 아동의 기여과실은 고려하지 않는다(개정민법 제828조 제2항).

---

152) 2017년 자동차보험 종목별통계 (단위: 억원, %)

종목별	원수보험료	경과보험료	보험금	발생손해액	원수손해율	경과손해율
대인배상1	27,797	27,443	19,759	19,972	71.1	72.8
개인용	87,221	84,892	61,622	63,117	70.7	74.3
업무용	29,475	29,103	20,635	21,086	70.0	72.5
영업용	7,629	7,367	5,761	5,796	75.5	78.7
이륜차	1,153	1,145	811	834	70.3	72.8
기타	7,352	7,261	4,599	4,648	62.6	64.0
계	160,627	157,211	113,187	115,453	70.5	73.4

주: 차량 용도별 실적에서 대인배상1의 실적은 제외되어 있음
자료: 보험개발원, 손해보험통계

153) 鈴木辰紀 편저, 日臺中の自動車保險, 成文堂, 2009, 118~120面,

나. 면책범위의 축소

도로에 갑자기 출현한 고령자 등의 부적절한 행위를 면책으로 하기 위한 "사고의 원인이 불가피한 사고로 인한 것으로, 그 불가피함이 당해 자동차의 성능상의 결함·정비 불량 등의 원인에 기한 것이 아닌 경우, 배상책임을 면한다"는 규정이 "사고의 원인이 불가항력인 경우 가해자의 배상의무는 면제된다"라고 개정되었다(도로교통법 제7조 제2항). 또한 자동차보유자, 철도경영자에게 "10세 미만의 아동의 행동"(예상외의 갑자기 출현하는 것)을 불가항력으로 주장하지 못하도록 자동차교통의 민사책임에 관한 유럽협약에 따라 면책사유의 불가항력의 범위를 축소한 열거주의를 채용하여 "무장봉기, 전쟁, 폭동, 특별한 규모의 자연재해"에 국한 하고 있다. 또한 면책사유에 고의를 언급하지 않고 있다. 이와 같이 독일자동차배상책임은 자동차사용자에게 엄격한 손해회피의무를 지우고 있다.

다. 호의 동승자의 보호강화

자동차보유자의 책임은 무상운송되는 승객으로 확장되어 있다. 유상 운송되는 사람이 지급하는 대가는 운송에 대한 것이지, "위험책임"에 대한 것은 아니다. 무상으로 행해지는 영업 외의 여객운송의 경우에도 운송위험이 실현될 가능성을 고려하여 도로운송법 제8a조 제1항의 "무상으로 운송되는 동승자는 자유의사로 위험을 인수한 것이기 때문에 보호받지 않는다."는 규정이 개정되어 피해자가 차내(동승자)에 있든 차외(보행자, 다른 차의 탑승자 등) 이든 묻지 않고, 도로교통법 제7조의 위험책임이 전원에게 적용되게 되었다.

2. 프랑스의 1985년 7월 5일 법

프랑스의 "교통사고피해자의 상황의 개선과 배상절차의 촉진을 목적으로 하는 1985년 7월 5일법"은 자동차배상책임의 강화와 피해자의 적극적인 구제를 목적으로 제정된 법률이다. 동법에서는 "피해자가 운전자가 아니고, 인적손해인 경우, 16세 미만의 아동, 70세 이상의 고령자, 80세 이상의 영구적 장애자는 과실상계의 대상에서 제외된다(동법 제3조 제2항)."라고 규정되어 있다. 이와 같은 보행자의 심신의 발육상황과 건강상태에 비추어, 커다란 요구를 하는 것은 무리라고 고찰하여, 이와 같은 자의 안전을 보장하여 차량을 운전할 주의의무를 자동차운전자에게 부과한 것이다.[154]

자동차책임의 타인성문제에 대하여 1985년 7월 5일법 제정 이전에는 1958년 2월 27일 법에서 창설된 "의무자동차보험"하에서 보험계약자·자동차소유자 또는 동승자가 피해자인 경우에, 피해자가 사고 시에 자동차의 관리를 타인에게 양도한 경우, 이들(보험계약자·자동차소유자 또는 동승자)은 손해배상을 받을 수 있게 되었다.

3. 유럽연합의 자동차보험지침과 각국법의 개정

1983년 12월 30일의 자동차보험제2지침[155] 제3조는 "본법 제1조 제1항의 보험계약자, 운전자, 보유자의 친족에 대하여, 인적손해의 배상을 친족관계라는 이유로 박탈되지 아니한다."고 규정하고 있다. 인적손해에 한하여 보험계약자, 운전자, 모든 유책자의 친족에게 피해 제3자와 같은 보호를 하는 것이 타당하다고 판단한다는 것이 그 이유이다.

4. 미국·영국

가. 미국

미국에서 매년 4만 명이 교통사고로 사망하고, 300만 명이 부상하며, 약 1,500억 달러가 이 손해에 관련하여 지출되고 있다.[156]

미국에서는 1970년대 이래 무상의 호의동승자를 다른 피해자와 구별하여 손해배상청구권을 인정하는 "호의·무상동승자법(GUEST법)"은 동승자에게 불리한

154) 鈴木辰紀 편저, 상게서, 118~120面.

155) Council Directive (EC) 84/5/EEC on the Approximation of the Laws of the Member States relating to Insurance against Civil Liability in respect of the use of Motor Vehicles Third Motor Insurance Directive.

156) Kenneth S. Abraham. Insurance law and regulation-cases and materials, (4th ed. Foundation Press, 2005), p. 643.

법이라고 인식되었다. 이에 1973년 캘리포니아대법원은 자동차보유자인 운전자의 운전과실로 고속도로 중앙선을 침범하여 벽과 충돌하여 호의동승자가 부상을 입어 손해배상을 청구한 사건에서 주헌법의 평등원칙에 반하여 무효라고 판결하였다. 판결이유로는 "책임보험의 보급에 따라 호의동승의 배상청구를 제한하는 이유인 공모청구의 가능성이 소멸하였고, 공모청구를 방지를 이유로 정당한 이유를 가지는 자를 포함하는 차내의 모든 guest의 청구에 대하여 제한을 하는 것은 지나치게 포괄적이어서 평등원칙에 반하며, 동조문의 적용에 많은 예외를 인정하는 것 자차부터 Guest법 자체게 일체성·일관성을 상실한다."는 것이었다.[157)]

나. 영국

영국에서 현재와 같은 강제제3자배상책임보험제도의 근거법은 1988년 도로교통법이다. 영국의 자동차보험은 확대되어 화재·도난 등에 의한 자동차의 멸실·훼손 등도 보상하는 자동차보험이 일반화되어 있다. 영국 최초의 강제자동차보험법규는 1930년의 도로교통법이지만, 1972년 도로교통법부터는 호의동승자도 강제보험의 보호대상에 추가되었고, 피보험자와 고용관계가 있는 피용자의 업무중의 사망·상해로 인한 손해배상책임도 담보하고 있다.

5. 대만

2008년 말 기준으로 대만의 자동차보유대수는 21,092,358대로, 4륜차가 672만 2천대, 오토바이·스쿠터가 1,437만대로 후자가 4륜차의 2배에 달하는 것이 대만의 자동차보험의 특색이다. 2008년 말 기준으로 사고건수는 149,847건이고, 사망자는 2,024명이며, 부상자 수는 198,631명이다.[158)]

대만에서는 1998년 1월 1일부터 강제자동차보험이 본격적으로 시행되었다. 그 내용은 다음과 같다.

---

157) 鈴木辰紀 편저, 전게서, 123面,

158) 鈴木辰紀 편저, 상게서, 16面,

가. 일정한 한도액까지 무과실책임주의의 채용

일정한 한도액(보험금액)내에서는 교통사고 가해자의 배상책임에 대하여 완전한 무과실책임주의가 채용되어 있다(대만 자동차책임보험법 제5조).

표에서와 같이 무과실이 부과되는 강제보험의 보험금액=지급한도액=대통령령지정사항은 제25조 이하에서 규정하고 있는 3종류이다. ① 상해의료보험금, ② 후유장해보험금, ③ 사망보험금이 그것이다. 이 3가지의 보험금의 지급기준과 금액은 재무부와 교통부가 안을 정하여 행정원의 승인을 받아 제정한다.

강제보험의 보험금액(2009.1.1. 현재)

급여항목		최고상한도액(NT$)
대인/1명	상해의료	200,000
	후유장애	1,500,000
	사망	1,500,000
대인/1사고		무제한

2016. 2. 3 현재 1대만달러=36.18원임

구 강제자동차보험에서는 현재 우리나라와 같이 물적 손해를 보장하였지만, 신법은 이를 제외하였다.

나. 무단운전자에 의한 인적 손해담보

피보험자를 "자동차의 보유자 그리고 피보험자동차를 사용 또는 관리 중에 교통사고를 야기한 자"라고 정의하여 무단운전자에 의하여 인적손해를 입은 피해자를 보호대상으로 하였다. 이는 우리나라·일본과 다른 것으로 입법론적으로 참고할 것이 요망된다.[159)]

다. 수익자 개념의 도입

① 신체상해급여와 후유장장애급여의 수익자는 피해자본인, ② 사망급여의 수익자와는 피해자의 상속인, ③ 상속인이 없는 경우는 자동차사고특별보상기금이

159) 鈴木辰紀 편저, 상게서, 22面,

라는 3가지의 수익자 개념을 도입하였다.

라. 보험금 지급기일의 명시

강제보험금의 지급기일을 "보험자는 보험금지급의 청구서를 제출받은 날로부터 5일내에 지급보험금액을 확정하고, 10일 이내에 지급하여야 한다."고 규정하였다.

마. 면책사유에 피해자 등의 공모 등을 추가

피해자·수익자 자신이 공모·고의·범죄에 가담한 경우를 제외하기 위하여 면책사유를 악의 이외에 3가지 사유를 추가하였다. 추가한 3가지는 면책사유에는 ① 피해자 또는 수익자 또는 가해자가 공모한 행위의 경우, ② 피해자 또는 수익자의 고의의 경우, ③ 피해자 또는 수익자의 범죄행위에 의한 경우 등이다(동법 제26조).

바. 5가지의 구상권 인정

피해자 또는 수익자에 대하여 보험금지급의무를 지지만, 지급한 보험금을 한도로 보험자는 가해자에 대하여 구상할 수 있는 5가지를 규정하고 있다(동법 제27조). 이는 ① 음주, 마약, 환각제 등을 복용하고 운전한 경우, ② 범죄 또는 공권력으로부터 도주행위 중이었던 경우, ③ 자살 또는 고의에 의한 경우, ④ 도로교통감리처벌조례 제21조에 의한 행위, ⑤ 피보험자의 허가를 얻지 않고 운전하던 중인 경우 등이다. 무단운전은 2005년 개정 시 특별보상기금의 보상사유로 변경되었다.

사. 특별보상기금의 신설

우리법상의 보장사업에 해당하는 특별보상기금을 창설하여 무보험차와 도주차량의 피해자를 구제하는데 만전을 기하게 되었다.

Ⅲ. 자동차보험계약의 의의·종류

자동차보험계약이라 함은 피보험자가 자동차를 소유·사용·관리하는 동안에 발생한 사고로 인하여 생긴 손해의 보상을 목적으로 하는 손해보험계약이다(상법 제726조의 2).

자동차보험에는 (1) 타인의 생명이나 신체에 대하여 인적 손해를 입혀서 그 배상책임을 지게 됨으로써 생긴 손해의 보상을 목적으로 하는 대인배상책임보험, (2) 타인의 재물에 입혀서 물적 손해를 입혀서 그 배상책임을 지게 됨으로써 생긴 손해의 보상을 목적으로 하는 대물배상책임보험, (3) 피보험자동차에 생긴 물적 손해의 보상을 목적으로 하는 자기차량손해보험, (4) 피보험자의 생명이나 신체에 생긴 인적 손해의 보상을 목적으로 하는 자기신체사고보험, (5) 무보험차상해보험 등이 있다.

그 성질은 대인배상책임보험과 대물배상책임보험은 책임보험, 자기신체사고보험은 인보험, 무보험차상해보험은 손해보험형 상해보험에 해당한다.

Ⅳ. 피보험자

피보험자는 피보험이익의 주체로서 보험사고가 발생한 때에 보험금의 지급을 받을 자이다. 자동차는 소유자뿐만 아니라 그 가족·친구·피용자 등 복수의 사람에 의하여 운행되는 것이 일반적이므로 자동차사고로 인하여 배상책임을 부담하는 자는 자동차소유자에 한하지 않고, 현재 자동차를 사용하고 있는 가족·친구·피용자 등도 포함된다. 따라서 이러한 자동차 소유자 이외의 실제 운행자들이 부담하는 배상책임도 보험자의 보상범위에 포함시킬 필요가 있다. 그 결과 자동차보험에는 자동차 보유자 이외에 실제 운행자도 포함되어 다른 손해보험에 비하여 피보험자의 범위가 확대되는 특성이 있다.

1. 기명피보험자

기명피보험자는 보험증권에 피보험자로 기재된 자를 말한다. 기명피보험자는 사고 당시 피보험자동차를 관리 또는 사용 중인지 여부를 불문하고 항상 피보험자의 지위에 있기 때문에 피보험자가 아닌 자(예컨대 절도운전자, 무단운전자)가 일으킨 사고에 대하여도 기명피보험자가 책임을 지게 되는 경우라면 보험자의 보상책임이 성립한다.[160]

지입차량에 관하여 실제 차주가 보험회사와 사이에 지입한 회사를 피보험자로 하여 보험계약을 체결한 경우 그 지입한 회사가 기명피보험자가 되고 실제 차주는 승낙피보험자가 되며,[161] 경찰서 소속 관용차량에 대하여 경찰서장을 기명피보험자로 기재되어 보험계약을 체결한 경우에 그 기명피보험자는 국가이고 위 차량을 사용하는 경찰서 직원은 승낙피보험자이다.[162]

2. 승낙피보험자(허락피보험자)

기명피보험자의 승낙을 얻어 피보험자동차를 사용 또는 관리중인 자를 말한다.[163] 예를 들어 기명피보험자로부터 피보험자동차를 임차하여 운행하는 자가 이에 해당한다.

기명피보험자의 승낙은 반드시 명시적이거나 개별적이어야 하는 것은 아니고, 묵시적 또는 포괄적 승낙이어도 무방하다. 그러나 특별한 사정이 없는 한 기명피보험자의 직접적 승낙을 요하고, 승낙 받은 자로부터 기명피보험자가 알지 못하는 사이에 다시 승낙 받은 자는 승낙피보험자에 해당하지 않는다.[164]

다만, 기명피보험자로부터의 승낙인 이상 승낙피보험자에게 직접적으로 하건

160) 사법연수원, 전게서, 156면.

161) 대법원 1998. 5. 12. 선고 97다36989 판결. 대법원 2000. 5. 30. 선고 99다66236 판결.

162) 대법원 1992. 2. 25. 선고 91다12356 판결.

163) 다만, 대인배상Ⅱ의 경우에 약관에서 대인배상Ⅰ과 달리 자동차정비업, 주차장업, 급유업, 세차업, 자동차판매업, 자동차탁송업 등 자동차를 취급하는 것을 업으로 하는 자가 업무로서 위탁받은 피보험자동차를 사용 또는 관리하는 경우에는 피보험자로 보지 않는다는 예외 규정을 두고 있다.

164) 대법원 1995. 4. 28. 선고 94다43870 판결. 대법원 1997. 3. 14. 선고 95다48728 판결.

전대를 승낙하는 등 간접적으로 하건 상관이 없다. 전대의 승낙은 명시적·개별적일 필요는 없고, 묵시적·포괄적이어도 무방하며, 자동차를 빌려 주면서 포괄적인 관리를 위임한 경우에는 전대까지 승낙한 것으로 보아야 한다.[165)]

기명피보험자인 매도인이 피보험자동차를 매수인에게 매도하였으나 아직 그 소유 명의는 매수인 앞으로 변경하지 않은 채 매수인이 피보험자동차를 운행하는 경우 매수인이 승낙피보험자에 해당하는지가 문제된다. 판례는 이를 긍정하는 경우도 있으나,[166)] 매도인이 사고 당시 차량에 대한 운행지배 및 피보험이익을 상실하였다고 보이는 경우에는 매도인이 기명피보험자의 지위를 잃게 되었음을 이유로 부정하고 있다.[167)]

3. 운전피보험자

자동차보험약관 소정의 각 피보험자를 위하여 피보험자동차를 운전 중인 자(운전보조자 포함)를 말하고, 통상 기명피보험자 등에 운전사로 고용되어 피보험자동차를 운전하는 자를 의미하나, 기명피보험자가 근로자 파견계약에 의하여 근로자 파견회사로부터 파견 받아 피보험자동차의 운전업무에 종사하도록 한 자도 여기에 포함된다.[168)]

운전피보험자는 당해 운행에 있어서의 구체적이고 개별적인 승낙의 유무에 관계없이 위 약관상의 피보험자에 해당한다.[169)]

다만, 피용자가 운전업무 외의 업무를 위하여 고용되었을 뿐 아니라 자동차 운전면허를 갖고 있지 못하여 그 피용자가 피보험자동차를 운전하는 것이 기명

165) 대법원 1993. 1. 19. 선고 92다32111 판결. 이 판결은 자동차를 빌린 사람만이 사용하도록 승낙이 한정되어 있지 아니하고 자동차의 전대가능성이 예상되며 기명피보험자와 자동차를 빌리는 사람과의 사이에 밀접한 인간관계나 특별한 거래관계가 있어 전대를 제한하지 아니하였을 것이라고 추인할 수 있는 등 특별한 사정이 있는 경우에는 전대의 추정적 승낙도 인정할 수 있다고 판시하였다.

166) 대법원 1980. 6. 10. 선고 80다591 판결. 대법원 1991. 3. 12. 선고 91다605 판결.

167) 대법원 1999. 5. 14. 선고 98다57501 판결. 대법원 2002. 11. 26. 선고 2002다47181 판결.

168) 대법원 2005. 9. 15. 선고 2005다10531 판결.

169) 대법원 2000. 9. 29. 선고 2000다33331 판결. 대법원 2005. 9. 15. 선고 2005다10531 판결. 2005다10531 판결은 '운전피보험자와 기명피보험자의 승낙을 얻어 자동차를 사용 또는 관리 중인 자'를 별도의 항목에서 피보험자로 보고 있는 점을 근거로 하고 있다.

피보험자 등의 의사에 명백히 반하는 것으로 보이는 경우에 무면허인 그 피용자가 기명피보험자인 사용자 등의 개별적 또는 포괄적, 명시적 또는 묵시적 승낙 없이 무단으로 자동차를 운전하였다면 설사 그 피용자가 기명피보험자 등을 위하여 운전한다는 의사로 그 자동차를 운전하였다고 하더라도 그 피용자는 운전피보험자에 해당하지 않는다.[170]

제2절 자동차손해배상보장법상의 배상책임보험

Ⅰ. 자동차손해배상보장법

1. 자동차손해배상보장법의 목적

자동차손해배상보장법은 자동차의 운행으로 사람이 사망 또는 부상하거나 재물이 멸실 또는 훼손된 경우에 손해배상을 보장하는 제도를 확립하여 피해자를 보호하고, 자동차사고로 인한 사회적 손실을 방지함으로써 자동차운송의 건전한 발전을 촉진함을 목적으로 한다(자동차손해배상보장법 제1조). 인적 손해를 보장하기 위한 것을 주된 내용으로 하지만, 자동차의 운행으로 다른 사람의 재물이 멸실·훼손된 경우에 피해자에게 대통령령으로 정하는 금액을 지급할 책임을 지는 보험업법 등에 따른 보험·공제에 가입하도록 하고 있다(자동차손해배상보장법 제5조 제2항). 후자에 대하여서는 자동차임의보험에서 함께 검토한다.

2. 자동차손해배상보장법의 성질

자동차손해배상보장법은 제3조는 불법행위에 관한 민법 제750조, 제756조, 국가배상법 제2조의 특별 규정이다. 따라서 자동차사고로 인한 손해배상청구사

170) 대법원 2002. 3. 26. 선고 2001다78430 판결.

건에서 자동차손해배상보장법이 민법에 우선하여 적용되지만, 동법상의 손해배상책임이 인정되지 않는 경우에도 민법이나 국가배상법상의 불법행위책임을 인정할 수 있다.[171]

3. 내용

가. 보호의 대상

자동차손해배상보장법상 자기를 위하여 자동차를 운행하는 자는 그 운행으로 다른 사람을 사망하게 하거나 부상하게 한 경우에는 그 손해를 배상할 책임을 진다(자동차손해배상보장법 제3조). 따라서 자동차손해배상보장법상의 보호대상은 자동차운행자가 운행으로 타인의 생명 또는 신체에 입힌 손해(대인배상손해)이다.

민법상 고의 또는 과실의 증명책임은 피해자(배상청구자)가 지지만(민법 제750조), 자동차손해배상보장법에서는 피해자의 부담을 경감하기 위하여 증명책임을 전환하여 조건부 무과실책임으로 하고 있다. 즉 자동차운행자는 자기와 운전자가 자동차의 운행에 주의를 게을리 하지 아니하였고, 피해자 또는 자기 및 운전자 외의 제3자에게 고의 또는 과실이 있으며, 자동차의 구조상의 결함이나 기능상의 장해가 없었음을 증명한 경우에는 책임이 없다(자동차손해배상보장법 제3조 1호).

나. 가입강제

자동차손해배상보장법상 자동차책임보험에 보험에 가입되어 있지 아니한 자동차는 도로에서 운행하여서는 아니 된다(자동차손해배상보장법 제8조). 강제가입을 위하여 의무보험에 가입되지 않은 자동차를 운행한 자동차보유자는 1년 이하의 징역 또는 500만 원 이하의 벌금을 부과하고(자동차손해배상보장법 제46조 제2항), 의무보험에 가입하지 않은 자동차의 등록번호판을 영치할 수 있도

---

171) 대법원 1997. 11. 28. 선고 95다29390 판결, 대법원 2001. 6. 29. 선고 2001다23201, 23218 판결.

록 하며(자동차손해배상보장법 제6조 제5항), 의무보험 미가입 자동차보유자의 효율적 관리를 위한 의무보험가입전산망의 운영하도록 하고, 원칙적으로 계약당사자에게 중도해지를 허용하지 않는다(자동차손해배상보장법 제25조). 의무보험에 가입된 자동차가 양도된 경우에 상법 제726조의4에도 불구하고 자동차소유권 이전등록 시까지 자동차의 양수인이 양도인의 권리의무를 승계한다(자동차손해배상보장법 제26조).

다. 해지의 제한

자동차보험계약의 당사자는 다른 의무보험에 이중으로 가입된 경우, 해당 자동차를 양도한 경우, 천재지변·교통사고·화재·도난, 기타 사유로 자동차를 더 이상 운행할 수 없게 된 때, 기타 국토해양부령으로 정하는 경우에 한하여 계약을 해지할 수 있다(자동차손해배상보장법 제25조).

4. 운행·운행자·타인의 개념

가. 운행

(1) 법률·약관의 규정

자동차손해배상보장법은 운행이란 "사람 또는 물건의 운송 여부와 관계없이 자동차를 그 용법에 따라 사용 또는 관리하는 것을 말한다(자동차손해배상보장법 제2조 2호)."고 규정하고 있다. 자동차보험표준약관에서는 "피보험자가 피보험자동차를 소유, 사용, 관리하는 동안에 생긴 피보험자동차의 사고로 인하여 남을 죽게 하거나 다치게 한 때"로 규정하고 있다.

(2) 운행의 의미

(가) 학설

1999. 2. 5. 법률 제 5793호로 개정되기 전의 구 자동자손해배상보장법에서는 운행의 의미를 "… 자동차를 당해 장치의 용법에 따라 사용하는 것을 말한다."라고 정의하여 '당해 장치'가 무엇이냐를 둘러싸고 원동기장치라고 해석하는

원동기설, 자동차에 장비되어 있는 주행장치라는 주행장치설, 자동차가 정지중의 상태를 포함하기 위하여 탱크, 트럭의 적재함 등 자동차의 각 장치를 포함한다고 해석하는 고유장치설, 자동차가 차고에서 출발하여 입고할 때까지의 타인에게 초래하는 위험성을 책임발생의 근거로 하는 차고출입설 등이 주장되었다.[172]

(나) 판례

판례는 구 자동차손해배상보장법상 취한 고유장치설을 개정 이후에도 유지하고 있다.

즉 대법원은 운행의 의미에 관하여는, '당해 장치'라 함은 자동차에 계속적으로 고정되어 있는 장치로서 자동차의 구조상 설비되어 있는 자동차의 고유의 장치를 뜻하는 것이고, 자동차를 당해 장치의 용법에 따라 사용한다는 것은 위와 같은 각종 장치의 전부 또는 일부를 각각의 사용목적에 따라 사용하는 것을 말하는 것으로서, 자동차의 반드시 주행상태에 있지 않더라도 주행의 전후단계로서 주정차 상태에서 문을 열고 닫는 등 각종 부수적인 장치를 사용하는 것도 포함하는 것으로 보고 있다.[173]

구체적인 경우를 보면, 피보험자가 주차된 피보험자동차에 들어가 시동을 켜고 잠을 자다가 담뱃불로 인하여 발화된 것으로 추정되는 화재로 사망한 경우[174]와 자동차를 잠을 자기 위한 공간으로 이용하면서 방한 목적으로 시동과 히터를 켜놓은 상태에서 잠을 자다 질식사한 경우에는 자동차의 운행 중의 사고로 보지 않고,[175] 운전자가 차량을 정차한 후 운전석 문을 열고 내리던 중 무언가에 걸려 빙판길 노면에 넘어지면서 머리를 강하게 부딪쳐 상해를 입은 경우[176]와 구급차로 환자를 병원에 후송한 후 구급차에 비치된 들것(간이침대)

172) 岡田豊基, 전게서, 238面.

173) 대법원 1999. 11. 12. 선고 98다30834 판결, 대법원 2000. 1. 21. 선고 99다41824 판결, 대법원 2000. 9. 8. 선고 2000다89 판결, 대법원 2009. 12. 8. 선고 2000다46375, 46382 판결, 대법원 2005. 3. 25. 선고 2004다71232 판결, 대법원 2009. 2. 26. 선고 2008다69834, 59841 판결 등.

174) 대법원 2000. 12. 8. 선고 2000다46375, 46382 판결.

175) 대법원 2000. 1. 21. 선고 99다41824 판결.

176) 대법원 2009. 2. 26 선고 2008다59834, 59841 판결.

으로 환자를 하차시키던 도중 들것을 잘못 조작하여 환자를 땅에 떨어뜨려 상해는 입게 한 경우[177]에는 운행 중 사고로 보았다.[178]

또한 자동차의 당해 장치의 용법에 따른 사용 이외에 그 사고의 다른 직접적인 원인이 존재하거나, 그 용법에 따른 사용의 도중에 일시적으로 본래의 용법 이외의 용도로 사용한 경우에도 전체적으로 위 용법에 따른 사용이 사고발생의 원인이 된 것으로 평가될 수 있다면 역시 자동차의 사고라고 본다.[179]

구체적으로 피보험자인 운전자가 화물자동차를 정차하여 적재함에 화물을 적재하던 중 바지가 적재함 문짝 고리에 걸려 중심을 잃고 땅바닥으로 떨어져 상해를 입은 경우,[180] 화물자동차의 버킷을 수리할 목적으로 화물자동차를 운전하여 회사의 자재창고에 도착하여 창고 정문 안쪽의 내리막 경사지에 주차한 후 하차하여 수리하다가 날이 어두워지자 화물자동차에 시동을 걸고 전조등을 켜서 그 불빛을 이용하여 작업을 계속하던 중 화물자동차가 경사지에서 굴러 내려와 충격하는 바람에 운전자가 사망한 경우,[181] 버스차 내의 화재가 승객의 휘발유 지참행위와 성냥불꽃을 던진 행위가 그 주된 직접 원인이 되어 발생하

---

177) 대법원 2004. 7. 9. 선고 2004다20340, 20357 판결. 이 판결은 "'자동차를 그 용법에 따라 사용한다.'는 것은 자동차의 용도에 따라 그 구조상 설비되어 있는 각종의 장치를 각각의 장치목적에 따라 사용하는 것을 말하는 것으로서, 자동차가 반드시 주행 상태에 있지 않더라도 주행의 전후단계로서 주·정차 상태에서 문을 열고 닫는 등 각종 부수적인 장치를 사용하는 것도 포함하는 것이고, 한편 자동차의 용도에 따라 그 구조상 설비되어 있는 각종의 장치는 원칙적으로 당해 자동차에 계속적으로 고정되어 사용되는 것이지만 당해 자동차에서 분리하여야만 그 장치의 사용목적에 따른 사용이 가능한 경우에는, 그 장치가 평상시 당해 자동차에 고정되어 있는 것으로서 그 사용이 장치목적에 따른 것이고 당해 자동차의 운행목적을 달성하기 위한 필수적인 요소이며 시간적·공간적으로 당해 자동차의 사용에 밀접하게 관련된 것이라면 그 장치를 자동차에서 분리하여 사용하더라도 자동차를 그 용법에 따라 사용하는 것으로 볼 수 있다."는 것을 근거로 하였다.

178) 대법원 2009. 2. 26. 선고 2008다59834, 59841 판결. 대법원 1998. 9. 4. 선고 98다22604, 22611 판결. 다만 대법원 1994. 8. 23. 선고 93다59595 판결은 버스가 정류소에 완전히 정차한 상태에서 구 심신장애자복지법 소정의 장애 2급 해당자인 승객이 열린 출입문을 통하여 하차하다가 몸의 중심을 잃고 넘어져 부상한 경우 운행 중의 사고이지만 은행과 사고와 인과관계가 없다고 하여 자동차손해배상 책임을 부인하였다.

179) 대법원 1980. 8. 12. 선고 80다904 판결, 대법원 2000. 9. 8. 선고 2000다89 판결, 대법원 2005. 3. 25. 선고 2004다71232 판결. 대법원 2009. 2. 26. 선고 2008다86454 판결 등.

180) 대법원 2009. 2. 26. 선고 2008다86454 판결.

181) 대법원 2005. 3. 25. 선고 2004다71232 판결.

였다 할지라도 버스의 원동기에 의한 진행시의 진동 때문에 위 지참휘발유통이 흔들려 비닐마개 틈으로 휘발유가 스며 나와 버스바닥에 흘러 퍼지게 되었고 그 버스의 조명시설이 승객의 소지품을 찾는데 적당치 못한 사정이었으며 그밖에 출입문 등 위 차의 구조가 승객의 탈출 등 대피에 부적당한 상태였음이 위 화재발생의 간접적 원인이 된 경우,[182] 심야에 엘피지 승용차를 운전하여 목적지로 향하여 운행하던 중 눈이 내려 도로가 결빙되어 있어 도로 상태가 좋아질 때까지 휴식을 취할 목적으로 도로변에 승용차를 주차한 후 시동을 켠 채 승용차 안에서 잠을 자다가 차내에 누출된 엘피지 가스의 폭발로 화재가 발생하여 운전자가 소사한 경우[183] 등에 자동차의 운행 중의 사고로 보았다.

한편 '관리'에 관하여는 이를 정면으로 언급한 대법원 판례는 보이지 않고 있다.[184]

(3) 운행으로 인하여

자동차의 운행 중에 일어난 사고라고 하여 모두 자배법에 의한 손해배상책임을 지는 것이 아니라 운행과 인신사고 사이에 상당인과관계가 있는 경우에 한하여 운행자가 책임을 진다.[185]

나. 운행자

(1) 개념

운행자란 자동차에 대한 운행을 지배하여 그 이익을 향수하는 책임주체로서의 지위에 있는 자이다.[186] 즉 자동차의 사용에 대하여 지배권(운행지배)을 가

---

182) 대법원 1980. 8. 12. 선고 80다904 판결.
183) 대법원 2000. 9. 8. 선고 2000다89 판결.
184) 사법연수원, 전게서, 168면.
185) 대법원 1993. 4. 27. 선고 92다8101 판결, 대법원 1994. 8. 23. 선고 93다59595 판결, 대법원 1994. 8. 23. 선고 93다59595 판결(위의 각주 136 참조). 대법원 1996. 5. 28. 선고 96다7359 판결, 대법원 1996. 5. 31. 선고 95다19232 판결, 대법원 1996. 9. 20. 선고 96다24675 판결, 대법원 1997. 1. 21. 선고 96다42314 판결, 대법원 1997. 4. 8. 선고 95다26995 판결, 대법원 1997. 7. 11. 선고 96다39837 판결, 대법원 1997. 8. 26. 선고 97다5183 판결, 대법원 1997. 9. 30. 선고 97다24276 판결, 대법원 1998. 9. 4. 선고 98다22604, 22611 판결.
186) 대법원 2001. 4. 24. 선고 2001다3788 판결. 대법원 2002. 11. 26. 선고 2002다47181 판결 등.

지고, 자동차의 사용에 의하여 향수하는 이익(운행이익)이 자기에게 귀속하는 자를 말한다.[187]

자배법상의 배상책임의 주체인 '자기를 위하여 자동차를 운행하는 자' 즉 '운행자'는 직접 책임을 발생시킨 그 수족에 불과한 '운전자 및 운전보조자'(이들은 민법 제 750조에 의한 책임은 부담하나 '운행자'에는 포함되지 않는다.) 및 자배법의 보호대상자인 '타인'과 구별되며 자배법 제2조 제3항의 '보유자'와 일치하는 경우가 많다.[188]

운행지배는 자동차의 사용에 관한 사실적인 처분권을 갖는 것, 즉 자동차의 운행과 관련하여 현실적으로 자동차를 관리 운영할 수 있는 것을 말하고,[189] 운행의 지배는 현실적인 지배에 한하지 아니하고 간접지배 내지는 지배가능성이 있다고 볼 수 있는 경우도 포함한다.[190]

운행이익은 자동차의 사용에 의하여 향수하는 이익으로 자동차 임대업자의 임대료, 명의대여인의 명의료가 그 예이고, 무상대여시 인적관계에 따른 정신적 이익(만족감)도 운행이익이다.[191]

(2) 증명책임

자동차 소유자는 제3자가 무단히 그 자동차를 운전하다가 사고를 내었다고 하더라고, 그 운행에 있어 소유자의 운행지배와 운행이익이 완전히 상실되었다고 볼 특별한 사정이 없는 경우에는 그 사고에 대하여 자배법 제3조 소정의 운행자로서의 책임을 부담한다.[192]

운행자성의 증명책임과 관련하여 피해자인 원고가 사고차량의 자동차등록원부 또는 중기등록원부 등을 제출하여 피고가 자동차의 보유자라는 사실을 주장

---

187) 岡田豊基, 전게서, 240面.
188) 사법연수원, 전게서, 160면.
189) 사법연수원, 상제서, 161면.
190) 대법원 2002. 11. 26. 선고 2002다47181 판결.
191) 사법연수원, 상게서, 161면.
192) 대법원 1992. 3. 10. 선고 91다43701 판결, 대법원 1995. 2. 24. 선고 94다41232 판결, 대법원 1997. 11. 14. 선고 95다37391 판결, 대법원 1998. 7. 10. 선고 98다1072 판결, 대법원 1999. 4. 23. 선고 98다61395 판결, 대법원 2006. 7. 27. 선고 2005다56728 판결 등.

·증명하면 피고가 운행자라는 사실상의 추정이 이루어져 원고는 그 증명을 다한 것이 되고, 피고가 그 책임을 면하려면 구체적 운행당시 운행자로서의 지위를 상실하였다는 특별한 사정을 주장·증명하여야 한다.[193]

(3) 운행자성 인정여부에 관한 판례의 입장

운행자성의 내용을 이루는 운행지배와 운행이익의 상실 여부는 객관적이고 외형적인 여러 사정을 사회통념에 따라 종합적으로 평가하여 이를 판단하여야 한다.

(가) 무단운전

자동차 보유자와 일정한 인적 관계(가족, 피용자 등)에 있는 자가 보유자의 승낙 없이 자동차를 운행하는 경우를 말한다.

보유자의 운행자성 상실 여부는 ① 평소 차량과 열쇠의 보관 및 관리상태, ② 보유자와 운전자와의 인적 관계, ③ 보유자의 의사와 관계없이 운행이 가능하게 된 경위, ④ 무단운전자의 차량 반환의사의 유무, ⑤ 무단운전 후 보유자의 사후승낙 가능성, ⑥ 무단운전에 대한 피해자의 인식 유무(특히 동승자의 경우) 등의 제반 사정을 기준으로 판단하여야 한다.[194]

회사의 운전사가 근무시간외에 무단 운전하다가 행인을 차어 사망하게 하는 경우 소유자와 운전사 사이에 고용관계 등 밀접한 관계가 존재하고, 자동차의 운전 및 관리상황상 객관적·외형적으로 자동차 소유자를 위하여 운전하였다고 인정되는 경우에는 소유자는 운행자성을 상실하지 아니한다.[195]

아버지가 등록명의인인 자동차를 미성년인 자가 무단으로 운전하다가 행인에게 상해를 입힌 경우 아버지가 자동차를 사실상 지배, 관리하는 것이 가능하고, 사회통념상 운행이 사회에 해악을 끼치지 아니하도록 감시·감독할 입장에 있으므로 운행자이다.[196]

---

193) 서울중앙지방법원 손해배상소송실무(교통·산재), 한국사법행정학회, 2005, 45면; 사법연수원, 사법발전재단, 2017, 13면.

194) 대법원 1995. 2. 24. 선고 94다41232 판결, 대법원 1997. 11. 14. 선고 95다37391 판결, 대법원 1998. 7. 10. 선고 98다1072 판결, 대법원 1999. 4. 23. 선고 98다61395 판결, 대법원 2006. 7. 27. 선고 2005다56728 판결 등.

195) 일본 最判昭39·2·11民集29·18·2·315.

196) 일본 最判昭50·11·28民集29·10·1818.

사고 피해자가 무단운전자의 차량의 동승자인 경우에는 그가 무단운행 사실을 알았는지 여부가 자동차 소유자의 운행지배 내지 운행이익 상실 여부를 판단하는 중요한 요소가 되는 것이지만, 피해자인 동승자가 무단운행에 가담하였다거나 무단운행의 정을 알고 있었다고 하더라도, 그 운행경위나 운행목적에 비추어 당해 무단운행이 사회통념상 있을 수 있는 일이라고 선해할 만한 사정이 있거나, 그 무단운행이 운전자의 평소업무와 사실상 밀접하게 관련된 것이어서 보유자의 사후승낙 가능성을 전적으로 배제할 수 없는 사정이 있는 경우에는 보유자가 운행지배와 운행이익을 완전히 상실하였다고 볼 수 없다.[197]

실무상 피해자가 무단운전자에게 무단운전을 권유하거나 공동음주하고 동승하는 등 무단운전에 적극적으로 가담하지 아니한 이상 무단운전만을 이유로 피고(보유자)의 운행자성 상실 항변을 인용할 수 있는 경우는 드물다.[198]

(나) 절취운전

절취운전은 무단운전 중에서 가장 극단적인 경우로서, 자동차보유자와 아무런 인적 관계가 없는 자가 자동차를 보유자에게 되돌려 줄 생각 없이 보유자의 승낙을 받지 아니한 채 자동차를 절취하여 운행하는 경우를 말한다.[199]

절취운전의 경우 보유자는 원칙적으로 자동차를 절취 당하였을 때에 운행지배와 운행이익을 상실하여 자배법상의 운행자성을 갖지 않는다. 다만 예외적으로 자동차 보유자의 차량이나 시동열쇠 관리상의 과실이 중대하여 객관적으로 볼 때에 자동차 보유자가 절취운전을 용인하였다고 평가할 수 있을 정도가 되고, 또한 절취운전 중 사고가 일어난 시간과 장소 등에 비추어 볼 때에 자동차 보유자의 운행지배와 운행이익이 잔존한다고 평가할 수 있는 경우에 한하여 자동차를 절취당한 자동차 보유자에게 운행자성을 인정할 수 있을 것이다.[200]

---

197) 대법원 1997. 7. 8. 선고 97다15685 판결, 대법원 1998. 7. 10. 선고 98다1072 판결, 대법원 1999. 4. 23. 선고 98다61395 판결.

198) 서울중앙지방법원, 전게서, 15면; 사법연수원, 전게서, 162면.

199) 사법연수원, 상게서, 162면.

200) 대법원 1998. 6. 23. 선고 98다10380 판결, 대법원 2001. 2. 23. 선고 99다66953 판결, 대법원 2001. 4. 24. 선고 2001다3788 판결. 위 98다10380 판결은, 시동열쇠를 꽂고 문을 열어둔 채로, 학교 출입문이나 주차장에 관리원이 따로 배치되어 있지 않은 고등학교 구내에 학교 교

그러나 집 앞 도로에 열쇠를 꽂은 채로 차량을 주차시켜 놓은 경우와 같이 자동차보유자에게 사고 차량 및 열쇠의 관리를 소홀히 한 과실이 있는 때에는 민법상의 일반 불법행위책임을 진다.[201)]

(다) 차량임대차와 사용대차

임대인이나 사용대차의 대주가 제3자에 대한 관계에서는 운행자의 지위를 갖는다하더라도, 임차인이나 사용대차의 차주와의 관계에 있어서는 대주와 차주에게 운행자성을 함께 인정한다.[202)]

① 임차인과 사용대차의 차주(借主)의 운행자성

임차인이나 사용대차의 차주(借主)는 자동차를 사용할 권리가 있는 자로서 자기를 위하여 자동차를 운행하는 자에 해당하므로 특별한 사정이 없는 한 운행자성이 인정된다.[203)]

② 대주(貸主)의 운행자성

임대인의 경우에 임대료를 받고 자동차를 대여하는 것으로 자동차의 사용에 필요한 상태를 유지하게 할 의무를 지고(민법 제623조), 특히 운전자와 함께 차량을 대여한 경우에는 운전자를 통하여 간접적으로 지배력을 행사하여 운행지

문으로부터 200미터 가량 떨어진 곳에 차량을 주차시켜 놓았는데, 제3자가 10:15경 그 차량을 절취하여 상당한 거리가 있는 사고 장소까지 운전하여 갔다가 절취한 때로부터 6시간 30분가량이 경과한 때에 사고를 일으킨 경우 보유자의 운행자성을 부정하고, 위 2001다3788 판결은 차량 소유자가 경비원이 관리하는 아파트 주차장에 보조키를 대시보드에 넣어 둔 채 차량을 주차시키고, 실제로 차량의 문이 시정되었는지 여부를 확인하지는 않았으나, 자동잠금장치를 작동시켰는데, 그 아파트의 주민이 아닌 자가 새벽 02:40경에 차량을 절취해 간 경우 자동차보유자에게 운행자성을 부정하였다(사법연수원, 상게서, 162면).

201) 대법원 1988. 3. 22. 선고 86다카2747 판결, 대법원 2001. 6. 29. 선고 2001다23201, 23218 판결 등. 이와 같이 자동차 보유자가 민법상의 책임만을 부담하는 경우에는 임의보험인 자동차종합보험의 경우에는 보험금이 지급되나 책임보험의 경우에는 보험금이 지급되지 않는다(사법연수원, 전게서, 163면).

202) 대법원 1991. 3. 27. 선고 91다3048 판결, 대법원 1992. 2. 11. 선고 91다42388, 42396 판결.

203) 대법원 1997. 4. 8. 선고 96다52724 판결(운임을 주고 임차한 자의 운전자성을 인정함), 대법원 2000. 7. 6. 선고 2000다560 판결, 대법원 2001. 1. 19. 선고 2000다12532 판결(자동차운전학원에서 교습용 자동차를 이용하여 운전연습을 하는 피교습자에게 운행자성을 인정함) 등. 다만, 무상으로 차량을 빌려 사용하다 사고가 발생한 사안에서 자동차를 빌린 자가 이를 사용하였다는 사정만으로 그를 운행자로 볼 수 없다고 판시한 사례(대법원 1987. 1. 20. 선고 86다카1807 판결, 대법원 1991. 5. 10. 선고 91다3918 판결)도 있다.

배를 하고 있으므로 운행자성을 상실하지 않는다.

사용대차의 대주의 경우는 일반적으로 자동차 보유자인 대주와 차주와의 사이에 친구, 가족, 피용인 등의 밀접한 인적관계가 있는 것이 보통이고, 그 사용목적이 제한적이고 대여기간도 단기간인 것이 일반적이므로 그와 같은 경우에 특별한 사정이 없는 한 대주는 운행지배와 운행이익을 여전히 갖고 있다.[204)]

③ 자동차대여업자의 운행자성

자동차대여업자(렌트카 영업)는 자동차의 보유자로서 차량임차인에 대한 인적관리과 임대차량에 대한 물적 관리를 통하여 임대차량에 대하여 운행지배와 운행이익을 갖고 있으므로 대여업자는 임차인과 공동운행자관계에 있다.[205)] 친구들이 여행을 가기 위해 그 중 1인 명의로 렌터카를 임차하여 운행하던 중 사고차량에 동승한 피해자는 운전자 및 렌터카 회사와 운행지배와 운행이익을 공유하여 공동운행자 관계에 있으므로 손해배상액이 감액된다.[206)] 차량임차인이 손수운전임대차계약(운전면허를 취득한 자에게만 자동차를 임대하고 제3자로 하여금 임대차량을 운전시킬 수 없다는 내용의 약관)에 위배하여 운전면허 없는 제3자에게 자동차를 사용하도록 하였다가 사고가 발생한 경우에도 자동차대여업자는 그 제3자를 통하여 자동차의 운행을 간접적이고 잠재적으로 지배하고 있어 운행지배와 운행이익을 상실하지 않는다.[207)]

(라) 명의대여

지입차주가 운수회사(지입회사)의 상호를 사용하는 지입차의 경우[208)]나 실질적인 자동차 소유자와 자동차등록원부상의 소유명의자가 다른 경우[209)] 명의차용자가 운행 중 사고를 야기한 때에 명의대여자와 명의차용자에게 공동운행자성이 인정되고 있다.

---

204) 대법원 1987. 11. 10. 선고 87다카376 판결(친구로부터 무상으로 대여 받은 자동차 운전자 옆좌석에 조카를 태우고 운전하다가 조카를 사망하게 한 경우임). 일본 最判 昭48·1·30判時695·64.
205) 대법원 1992. 2. 11. 선고 91다42388, 42395 판결. 일본 最判 昭50·5·29判時783·107.
206) 대법원 1991. 3. 27. 선고 91다3048 판결. 대법원 1997. 8. 26. 선고 94다37844 판결.
207) 대법원 1991. 4. 12. 선고 91다3932 판결, 대법원 1993. 8. 13. 선고 93다10675 판결.
208) 대법원 1991. 2. 26. 선고 90다6460 판결, 대법원 1993. 4. 23. 선고 93다1879 판결 등.
209) 대법원 1991. 2. 26. 선고 90다6460 판결.

(마) 명의잔존

매매·교환 등으로 상대방에게 자동차를 매도·인도하고서도 아직 매도인 등에게 자동차등록 명의가 남아 있는 상태에서 매수인 등이 자동차를 운행하다가 사고를 야기한 경우에 매수인이 보유자로서 운행자책임을 지는 것은 당연하나, 나아가 매도인에게도 운행자책임이 인정되는지가 문제된다.[210]

판례는 이러한 경우 대금 완제 및 이전등록서류의 교부 여부를 운행지배·운행이익의 이전의 중요한 판단기준으로 보고 있다. 즉 명의잔존자인 매도인이 대금을 전부 지급받음과 동시에 매수인에게 이전등록서류를 전부 교부하였다면 운행지배가 매수인에게 전부 이전하였기 때문에 매도인의 운행자책임이 부정되지만,[211] 자동차를 매도·인도하였다 하더라도 대금이 완전히 결제되지 아니하고 이전등록서류도 교부되지 않았다면 매도인의 지배를 완전히 벗어났다고 할 수 없어 매도인의 운행자책임이 인정된다.[212] 대금 완제 및 이전등록서류의 교부 여부 이외에도 대금수수, 차량의 이전등록서류 교부에 관한 당사자의 합의 내용, 차량의 매매 경위 및 인도 여부, 인수차량의 운행자, 차량의 보험관계 등 여러 사정 그 밖의 차량매매에 따른 여러 가지 사정까지 모두 참작하여 매도인의 운행자책임을 인정할 것인지를 판단해야 한다는 판례도 있다.[213]

다만, 매도인이 자동차판매업자인 경우 매도인은 잔대금채권을 확보하기 위하여 소유명의를 가지는 데 불과하여 운행지배나 운행이익이 없으므로 일반매매와 달리 계약과 동시에 운행자성을 상실한다.[214]

(바) 자동차의 세차·수리·보관 등

자동차 정비업자, 세차업자, 급유업자, 주차장업자(호텔, 유흥음식점주의 차량

---

210) 서울중앙지방법원, 전게서, 22면; 사법연수원, 전게서, 164면.

211) 대법원 1985. 4. 23. 선고 84다카1484 판결, 대법원 1992. 4. 14. 선고 91다41866 판결, 대법원 1998. 5. 12. 선고 97다49329 판결, 대법원 1999. 5. 14. 선고 98다57501 판결. 대법원 2002. 11. 26. 선고 2002다47181 판결 등. 2002다47181 판결은 갑이 자동차영업소 직원 을로부터 신차를 구입하면서 그 소유의 구차의 인도와 함께 이전서류를 넘기며 구차의 매매를 부탁하고, 을로부터 구차의 매매를 개인적으로 위탁받은 전문영업자 병(丙)이 구차의 매매를 다시 전문영업자 정에게 위탁한 경우, 갑과 병의 사용자 무의 운행지배를 부정한 사례이다.

212) 대법원 1980. 6. 10. 선고 80다591 판결. 대법원 1991. 3. 12. 선고 91다605 판결.

213) 대법원 1999. 5. 14. 선고 98다57501 판결.

214) 대법원 1990. 11. 13. 선고 90다카25413 판결.

보관도 포함) 등은 각기 계약에 기하여 위탁받은 범위 내에서 자동차를 사용할 수 있는 경우가 보통이다. 자동차수리업자 등의 종업원의 무단운전과 결부되어 보유자(의뢰자)의 운행자성이 문제된다.

① 세차업자

자동차의 세차를 의뢰한 경우의 볍률관계는 세차작업의 완료를 목적으로 하는 도급관계이므로 특단의 사정이 없는 한 세차업자에게만 운행자책임을 인정할 수 있다.[215]

② 정비업체

자동차의 수리를 의뢰하는 경우는 자동차정비업자에게 자동차의 수리와 관계되는 일체의 작업을 맡기는 것으로서, 여기에는 수리나 시운전에 필요한 범위 안에서의 운전행위도 포함되는 것이고, 자동차의 소유자는 수리를 의뢰하여 자동차를 수리업자에게 인도한 이상 수리완료 후 다시 인도받을 때까지는 자동차에 대하여 관리지배권을 가지지 아니한다고 할 것이며, 수리하는 동안에도 자동차의 소유자가 사고 당시 자동차의 운행에 대한 운행지배와 운행이익을 완전히 상실하지 아니하였다고 볼 특별한 사정이 없는 한 그 자동차의 운행지배권은 수리업자에게만 있다.[216] 다만 자동차의 수리업자가 수리완료 여부를 확인하고자 시운전을 하면서 동시에 수리의뢰자의 요청에 따라 수리의뢰자 등이 거주할 방을 알아보고자 운행한 것과 같은 경우에는 자동차 소유자도 수리업자와 공동으로 운행지배와 운행이익을 가진다.[217]

③ 주차장관리업자

호텔, 음식점 등 공중접객업자의 주차관리자에게 자동차와 시동열쇠키 등을 맡기는 경우에는 주차 의뢰자는 운행자성을 상실한다. 판례는 손님의 자동차를 그 주차안내자가 그 손님의 승낙 없이 운전하다가 사고를 일으킨 경우에는 그

215) 대법원 1979. 9. 11. 선고 79다1279 판결.

216) 대법원 2000. 4. 11. 선고 98다56645 판결.

217) 대법원 2002. 12. 10. 선고 2002다53193 판결. 대법원 2000. 4. 11. 선고 98다56645 판결. 98다56645에서 자동차 소유자의 피용자가 수리업자에게 자동차의 수리를 맡기고서도 자리를 뜨지 않고 부품 교체작업을 보조·간섭하였을 뿐만 아니라, 위 교체작업의 마지막 단계에서는 수리업자의 부탁으로 시동까지 걸어 준 경우 자동차소유자는 수리작업동안 수리업자과 공동으로 자동차에 대한 운행지배를 하고 있다고 보았다.

차량은 주차장관리자가 보관하고 있고, 주차 의뢰자의 차량에 대한 운행지배는 떠났다고 하였다.[218)]

④ 대리운전자

자동차등록원부상의 소유자 또는 그로부터 사용허락을 받은 자가 대리운전자에게 차량을 운전하게 하다가 교통사고로 상해를 입은 경우 등에는 운행자성을 상실하지 않는다. 판례는 기명피보험자로부터 피보험차량을 빌려 운행하던 자가 대리운전자에게 차량을 운전하게 하고 자신은 동승하였다가 교통사고로 상해를 입은 사안에서, 그 운행자는 기명피보험자와의 관계에서 자동차손해배상보장법 제3조의 '다른 사람'에 해당한다고 볼 수 없어, 피보험차량의 책임보험자가 그 운행자에게 책임보험금 지급의무를 부담하지 않는다고 하였다.[219)]

⑤ 수급인에 대한 도급인

수급인이 도급인의 자동차를 운전하다가 행인을 치여 사망하게 하는 경우에는 수급인이 도급인에 대하여 전속적·종속적 관계에 있지 않고, 수급인으로서 자동차를 운전하고 있다고 하여도 도급인이 운행자성을 상실하는 것은 아니다.[220)]

다. 타인

(1) 의의

자배법의 보호대상자인 타인이라 함은 '자동차의 운행자 및 운전자(운전보조자 포함)를 제외한 그 이외의 자'를 의미한다. 자배법상 '타인'인지 여부에 관한 논의는 교통사고로 피해를 입은 자 중에서 누가 자배법상 손해배상청구권을 가지느냐에 관한 판단 문제이다.[221)]

(2) 호의동승자·운행자의 처, 자녀

무상(호의)동승자,[222)] 운행자의 처, 자녀는 타인이다. 호의동승자이어도 운행에 지시를 내려 운행이익을 얻는 자는 타인이 아니다.[223)]

---

218) 대법원 1988. 10. 25. 선고 86다카2516 판결.
219) 대법원 2009. 5. 28. 선고 2007다87221 판결.
220) 일본 最判 昭50·9·11判時797·100.
221) 사법연수원, 전게서, 169면.
222) 대법원 1999. 2. 9. 선고 98다53141 판결. 대법원 2005. 9. 29. 선고 2005다25755 판결.

(3) 공동운행자

(가) 공동운행자의 종류

공동운행자 중 실무에서 주로 문제되는 경우로는 ① 동업자나 공동임차인과 같은 진정한 공동운행자, ② 임대인과 임차인 사이와 같이 수직적 운행지배가 중복되는 중첩적 공동운행자를 들 수 있다.

진정한 공동운행자의 경우는 원칙적으로 타인으로 보호되지 못한다.[224] 중첩적 공동운행자의 경우에는 공동운행자 사이에 있어서 운행지배와 운행이익의 정도를 비교하여 피해자인 공동운행자의 운행지배와 운행이익이 다른 공동운행자의 그것에 비하여 동등하거나 그 이상인 경우에는 타인성이 상실되고, 사고를 당한 피보험자의 운행지배 및 운행이익에 비하여 상대방 피보험자의 그것이 보다 주도적이거나 직접적이고 구체적으로 나타나 타인임을 주장할 수 있는 경우, 사고를 당한 피보험자가 상대방 피보험자와의 관계에서 나누어 가지고 있는 사고자동차에 대한 운행지배 및 운행이익의 정도, 사고자동차의 운행 경위 및 운행 목적 등을 참작하여 손해부담의 공평성 및 형평과 신의칙의 견지에서 상대방 피보험자가 부담할 손해액을 감경한다.[225]

(나) 구체적 고찰

차량의 사용대차나 임대차에 있어서의 대주와 차주 사이와 같은 중첩적 공동운행자 사이에서 어떠한 경우에 일방이 상대방에 대하여 타인임을 주장할 수 있는지가 문제된다.

차량 사용대차의 경우에 관하여는, 타인으로부터 자동차를 무상으로 빌려 다른 사람으로 하여금 운전하게 하고 자동차에 동승하였다가 사고를 당한 경우, 그는 사고 당시 위 자동차의 운행을 지배하고 운행이익을 향유하고 있어서 운행자의 지위에 있었다고 할 수 있고, 이 경우 자동차의 소유자 역시 여전히 운행자의 지위를 가지고 있었다 하더라도, 사고에 있어서 빌린 사람의 구체적 운행에 대한 지배의 정도, 태양이 소유자보다 직접적·구체적으로 나타나 있어 용

223) 岡田豊基, 전게서, 244面.
224) 대법원 1992. 6. 12. 선고 92다930 판결.
225) 대법원 1997. 8. 29. 선고 97다12884 판결.

이하게 사고발생을 방지할 수 있었다고 보이므로, 타인이 아니다.[226] 다만, 운전기사를 포함하여 차량을 무상으로 빌려 사용하다 사고를 당한 사안에서 자동차를 빌린 자가 이를 사용하였다는 사정만으로 그를 공동운행자로 볼 수 없으므로 운행자성이 부정되었다.[227]

차량의 임대차의 경우에 관하여는, 임차인이 임대인으로부터 운전사와 함께 차량을 임차하여 그 운전사로 하여금 운전을 하게 하였다가 사고를 당한 경우에는 그 차량에 대하여 차량소유자인 임대인의 운행지배를 보다 구체적이고 직접적인 것으로 보아 사고를 당한 공동운행자인 임차인의 타인성이 인정되었고,[228] 임차인이 임차한 차량을 직접 운전하다가 사고를 일으킨 경우에는 임대인에 비하여 임차인의 운행지배와 운행이익이 보다 구체적이고 직접적으로 나타나 있어 사고의 발생을 용이하게 방지할 수 있다고 보아 임차인의 타인성이 부정되었다.[229]

(4) 운전자

자배법상 '운전자'는 다른 사람을 위하여 자동차를 운전하거나 운전을 보조하는 일에 종사하는 자를 말한다(제2조 제4호). 보유자와 운전자와의 관계는 반드시 고용관계에 한정되는 것은 아니고 위임이나 기타 계약관계도 가능하다. 운전자는 그 스스로가 사고를 미연에 방지하여야 할 주의의무를 부담하는 자이므로 자배법상 보호대상자가 될 수 없으나, 사고 시에 구체적·현실적으로 운전을 담당하지 아니한 운전자는 원칙적으로 자배법상의 운전자가 아니므로 타인으로 보호된다.

(가) 교대운전자

교대운전자란 ① 본 운전자와 교대하기 위하여 탑승한 운전자, ② 교대한 뒤 동승한 운전자, ③ 운전 중 수시로 교대하기 위하여 동승한 비번운전자 등

---

226) 대법원 1989. 6. 27. 선고 88다카12599 판결, 대법원 1991. 7. 9. 선고 91다5358 판결, 대법원 1992. 3. 13. 선고 91다33285 판결 등. 위 판결은 모두 운전자 없이 차량만을 빌린 경우에 관한 것이다.

227) 대법원 1987. 1. 20. 선고 86다카1807 판결, 대법원 1991. 5. 10. 선고 91다3918 판결.

228) 대법원 1992. 2. 11. 선고 91다42388, 42395 판결, 대법원 1993. 4. 23. 선고 93다1879 판결, 대법원 1997. 7. 25. 선고 96다46613 판결, 대법원 1997. 8. 29. 선고 97다12884 판결 등.

229) 대법원 2000. 10. 6. 선고 2000다32840 판결.

을 말한다.[230] 교대운전자의 타인성 여부에 관하여, 판례상 대체로 사고 당시 현실적으로 운전을 담당하지 않은 교대운전자는 타인성이 인정된다.[231] 그러나 교대운전자라도 차량을 후진함에 있어 그 후진을 유도하다가 사고를 당하게 된 경우에는 운전업무에 관여한 자이므로 타인에 해당하지 않는다.[232]

(나) 운전보조자

운전을 보조하는 일에 종사하는 자란 업무로서 운전자의 운전행위에 참여하여 그 지배하에 운전행위를 도와주는 자로서 통상 조수가 이에 해당된다. 운전보조자에게 현실적으로 사고발생을 미연에 방지할 의무가 있거나 실제 운전에 관여한 경우에는 타인에 해당하지 않는다.

그러나 사고차량의 보조기사라 하여도 사고당시 현실적으로 운전이나 운전보조 업무에 관여하지 않았다면 타인에 해당한다.[233] 승객이나 통행인 등이 업무종사와 관계없이 운전자 등의 권유에 의하여서나 자발적으로 단순히 선의로 운전자의 운전 행위를 돕는 경우 운전보조자에 해당하지 않고 타인에 해당한다.[234]

(다) 운전위탁과 운전교습

이삿짐센터 화물자동차의 운전과 이에 부착된 고가사다리의 작동을 담당하는 운전사가 사고 자동차에 탑승을 하였으나 현실적으로 운전을 하지 아니한 경우라 할지라도 그가 운전하여야 할 지위에 있으면서 직무상 의무에 위반하여 또

230) 사법연수원, 전게서, 172면.

231) 운전자 2인이 장거리를 교대로 운전하여 가는 경우 사고 당시 조수석에 앉아 수면휴식 중이던 교대운전자(대법원 1983. 2. 22. 선고 82다128 판결, 대법원 1993. 9. 14. 선고 93다15946 판결 등), 택시회사 소속운전사가 자신에게 배차된 택시를 회사규칙 등에 위배하여 같은 회사의 동료 택시운전사에게 운전을 하도록 시키고 자신은 옆 좌석에 동승하여 가다가 사고를 당한 경우(대법원 1989. 4. 24. 선고 89다카2070 판결), 차량의 운전사가 차량 소유자의 묵인하에 전에도 자신을 대신해 그 차량을 운전한 적이 있는 운전 숙련자인 자신의 형에게 운전을 맡기고 동승해 가던 중 사고를 당한 경우(대법원 1997. 11. 28. 선고 97다28971 판결) 등(사법연수원, 전게서, 172면).

232) 대법원 1987. 10. 28. 선고 87다카1388 판결.

233) 대법원 1999. 9. 17. 선고 99다22328 판결. 이 판결은 굴삭기의 보조기사로 고용된 자가 사고 당시 그 굴삭기의 고장을 수리하던 중 동인을 발견하지 못한 굴삭기 운전사가 후진하는 바람에 사고를 당한 사안에 관한 것이다.

234) 사법연수원, 전게서, 172면.

는 법령에 위반하여 무면허의 조수나 제3자에게 운전을 맡긴 사이 피해를 당한 경우 운전위탁행위 자체가 선관주의의무의 위반이고, 따라서 그 운전사에게 사고에 직결되는 과실이 없었다 할지라도 그 이유로서 운행자에게 대항할 수 없다고 보는 것이 정의 관념에 합치되므로 '타인'으로서 보호될 수 없다.[235] 또한 운전교습중인 지도원의 타인성 인정여부와 관련하여 교습생은 운전지도원의 수족으로서 운전하는 것으로 보아야 하므로 교습생의 운전행위는 지도원 자신의 운전행위로 보아 운전교습생의 운전사고에 대하여 운전지도원은 타인임을 주장할 수 없다고 보아야 할 것이다.[236]

(5) 증명책임

타인성에 대한 증명책임에 관하여는 견해가 나뉜다.

(가) 배상청구자 책임설

자배법 제3조의 타인은 동조의 권리발생요건으로서 청구원인에 해당하기 때문에 권리를 주장하는 원고가 자신이 타인임을 주장·증명하여야 한다는 견해이다.

(나) 보험자책임설

피고측에서 권리장애사실로서 원고가 자배법상의 타인이 아니라는 사실을 주장·증명하여야 한다는 견해가 있다.

(다) 맺음말

보험자주장설이 타당하다. 따라서 타인성을 흠결하였다는 사실은 피고측의 항변사유가 된다.

---

235) 대법원 2000. 3. 28. 선고 99다53827 판결.

236) 사법연수원, 전게서, 183면; 대법원 2000. 2. 11. 선고 99도4510 판결 참조(여객자동차운수사업법위반에 관한 사건임).

II. 자동차손해배상책임보험

1. 보험계약 관계자

자동차손해배상책임보험의 보험자는 보험업법에 따른 보험회사와 공제사업을 하는 공제조합이다(자동차손해배상보장법 제6조). 보험계약자는 피해자에게 배상책임을 지는 자동차보유자이다(동법 제5조 제1항). 보유자는 "자동차의 소유자나 자동차를 사용할 권리가 있는 자로서 자기를 위하여 자동차를 운행하는 자(자동차손해배상보장법 제2조 3호)"이다.

피보험자는 배상책임이 발생할 가능성이 있는 자동차보유자와 운전자이다(자동차손해배상보장법 제2조 2·3호)이다. 운전자라 함은 "다른 사람을 위하여 자동차를 운전하거나 운전을 보조하는 일에 종사하는 자(자동차손해배상보장법 제2조 3호)"를 말하고, 기업에 고용되어 있는 운전자 또는 운전보조자를 말한다. 운전자를 피보험자로 하는 것은 운전자가 가해자가 되어 불법행위상의 손해배상책임을 지는 경우(민법 제750조), 운전자를 피보험자로 하지 아니하면, 보험자가 보유자에게 보험금을 지급한 후에 보유자가 운전자에 대하여 가지는 구상권을 대위하여 운전자에게 손해배상을 청구하는 것이 가능하기 때문에(자동차손해배상보장법 제29조 제1항) 운전자가 불이익을 입을 우려가 있기 때문이다.[237)]

2. 보험금

자동차손해배상보장법에서는 표와 같이 피해자 1인에게 지급하는 보험금의 한도액을 시행령으로 정하도록 하고(자동차손해배상보장법 제5조 제1항), 자배법 시행령 제3조 제1항에 의하면 사망의 경우 최저 2,000만원에서 최고 1억 5천만원, 후유장애의 경우 최고 1억 5천만원 한도 내에서 치료관계비(응급치료비, 호송비, 입원비 등), 휴업손해액, 상실수익액 기타 손해배상금 등을, 부상의 경우 3,000만원까지 보상하고 있다. 대물보상한도는 2천만원이다.

---

237) 岡田豊基, 전게서, 247面.

[표 5] 자동차손해배상보장법상의 책임보험금

구분	최저한도액	최고한도액
사망보험금	2천만원	1억5천만원
후유장애보험금	1천만원(14급)	1억5천만원(1급)
부상보험금	50만원(14급)	3천만원(1급)
대물보험금		2천만원

3. 보험사고와 면책사유

가. 보험사고

자동차의 운행으로 다른 사람이 사망하거나 부상한 경우 이 법에 따른 손해배상책임을 부담하는 것에 의하여 피보험자의 손해가 보상된다(자동차손해배상보장법 제1조, 제3조).

나. 면책사유

(1) 고의로 인한 사고

자동차손해배상보장법은 피해자보호를 목적으로 하기 때문에(자동차손해배상보장법 제1조) 보험자의 면책을 제한하고 있다. 자동차손해배상보장법에서는 보험계약자 또는 피보험자의 고의로 인한 손해에 대하여서만 면책된다. 다만 피해자가 직접 손해배상액의 지급을 청구한 경우에는 보험회사는 자동차손해배상보장법령에서 정한 액수를 한도로 피해자에게 손해배상액을 지급하고 피보험자에게 구상을 청구한다[자동차보험표준약관 제14조 1. 일반면책사항 (1) 대인배상Ⅰ].

(2) 자동차손해배상보장법 제3조의 면책사유

자배법 제3조 단서에서 면책사유를 규정하고 있는데 피해자가 승객인 경우와 승객이 아닌 경우로 나누어진다.

(가) 피해자가 승객이 아닌 경우

승객이 아닌 자가 사상한 경우에는 그 면책요건으로 ① 자기 및 운전자가 운행에 관한 주의를 게을리 하지 아니하고, ② 피해자 또는 자기 및 운전자 이외의 제3자에게 고의 또는 과실이 있으며, ③ 자동차의 구조상의 결함 또는 기능에 장해가 없었다는 것을 증명한 때일 것이 요구된다.

실무상 자동차의 구조상의 결함 또는 기능에 장해가 없었다는 점에 관한 주장·증명과 자기, 즉 운전하지 아니한 운행자의 고의·과실이 없음에 관한 주장·증명은 특별히 사고에 그러한 사유가 문제가 되었을 경우가 아닌 한(운전자에게는 아무런 운행상의 과실이 없는데 운행자의 정비의무해태로 인하여 사고가 발생한 경우 등) 사실상 요구하지 않고 있다.[238]

(나) 피해자가 승객인 경우

승객이 사상한 경우에는 승객의 고의 또는 자살행위로 인한 것일 때를 면책요건으로 규정하고 있다. 그러나 실무상 승객에 대한 면책사유가 인정되는 예는 거의 없다.[239]

승객의 고의 또는 자살행위는 승객의 자유로운 의사결정에 기하여 의식적으로 행한 행위에 한정된다. 판례도 승객인 피해자가 운전자의 강제추행이나 감금 등을 피하기 위해 달리는 차에서 뛰어내리다 사망하거나 다친 경우에 고의 또는 자살행위에 해당하지 않는다고 판시하고 있다.[240]

자동차손해배상보장법 제3조 단서 2호의 위헌여부에 관하여 대법원은 "자동차사고에 관하여 일반불법행위책임과 달리 위험책임의 법리를 도입한 것으로서 헌법이 보장한 재산권을 침해한 규정으로 볼 수 없다."[241]고 하였다.

다. 가불금

피해자는 피보험자의 책임이 확정되기 전에 보험회사 등에게 소정한 금액을 보험금 등을 지급하기 위한 가불금의 지급할 것을 청구할 수 있다(자동차손해배상보장법 제11조 제1항). 가불금은 보험금의 일부를 선급한 성질을 가지고 가불금이 지급하여야 할 보험금 등을 초과하면 가불금을 지급받은 자에게 그 초

238) 사법연수원, 전게서, 173면.
239) 사법연수원, 상게서, 173면.
240) 대법원 1991. 3. 8. 선고 90다16771 판결, 대법원 1997. 11. 11. 선고 95다22115 판결.
241) 대법원 1998. 7. 10. 선고 97다52653 판결.

과액의 반환을 청구할 수 있다(자동차손해배상보장법 제11조 제2항). 피보험자가 손해배상액의 일부를 배상한 때에는 피해자의 청구와 피보험자의 청구가 경합하고, 양자의 청구를 합산하면 보험금액을 초과하는 경우, 피보험자의 청구가 우선한다고 해석된다.

라. 무보험차량·뺑소니차·도난차량에 의한 사고

자동차보유자를 알 수 없는 자동차에 의한 사고, 보험가입자 등이 아닌 자에 의한 사고, 도난차량에 의한 사고 등에 그 보유자에게 자동차손해배상보장법 제3조의 책임을 지울 수 없는 경우 정부가 피해자의 손해를 보상한다(자동차손해배상보장사업: 자동차손해배상보장법 제30조).

제3절 임의자동차보험

Ⅰ. 총설

1. 서설

자동차손해배상책임보험에서 보상하는 것은 다른 사람의 사망·부상에 대한 보유자의 손해배상책임뿐이기 때문에(자동차손해배상보장법 제3조), 보유자의 대물배상책임, 자기차량손해 그리고 자기신체사고에 대비할 필요가 있다. 또한 보유자가 자동차손해배상보장법상의 대인배상책임의 보상한도를 초과하는 손해배상책임을 지는 경우, 보유자의 자력이 충분하지 못하면 피해자는 구제받을 수 없게 된다. 따라서 자동차손해배상책임보험의 보험금액을 초과하는 손해배상액에 상당하는 금액을 보험금으로 급여할 필요가 있다. 이에 대응하는 보험이 임의자동차보험이다. 임의자동차보험은 자동차손해배상책임보험에서 보상되지 않는 대물배상책임, 자기차량손해, 무보험자동차에 의한 상해보험, 자기신체사고

보험 그리고 자동차손해배상책임보험의 보상범위를 초과하는 대인배상책임의 부분을 보상하는 대인배상책임보험으로 구성되어 있다. 가입여부는 보유자 등의 임의이다.

2. 면책약관의 개별 적용

자동차보험에 있어 동일한 자동차사고로 인하여 피해자에 대하여 배상책임을 지는 피보험자가 복수로 존재하는 경우에 그 피보험이익도 피보험자마다 개별적으로 독립하여 존재하기 때문에 각각의 피보험자마다 손해배상책임의 발생요건이나 면책조항의 적용 여부 등을 개별적으로 가려서 보상책임의 유무를 결정하여야 한다.

따라서 자동차보험 대인배상에 있어서 약관에 피보험자 개별적용조항을 별도로 규정하고 있지 않더라도 각 피보험자별로 면책조항의 적용 여부를 가려 면책 여부를 결정하여야 하고, 복수의 피보험자 중 어느 한 피보험자가 면책조항에 해당한다고 하여 보험자가 모든 피보험자에 대하여 보상책임을 면하는 것으로 해석하여서는 안 된다.[242)]

이 법리는 자동차보험의 대물배상에 있어서도 마찬가지로 적용된다. 대법원 판례도 같은 입장이다.[243)]

---

242) 대법원 1998. 4. 23. 선고 97다19403 전원합의체 판결. 대법원 1999. 11. 26. 선고 98다42189 판결 등.

243) 대법원 1998. 4. 23. 선고 97다19403 전원합의체 판결. 이 판결은 甲은 기명피보험자인 乙로부터 덤프트럭을 그 소속 운전기사 丙과 함께 임차하여 甲의 지휘, 감독 하에 丙으로 하여금 이를 운전하게 하였는데, 丙이 덤프트럭을 운전하다가 부주의하게 후진한 과실로 甲이 사용, 관리하던 제3자 소유의 재물이 파손되자 기명피보험자인 乙이 보험회사를 상대로 대물배상에 따른 보험금을 청구한 사건에서, 피보험자별 개별적용원칙에 따라 乙은 기명피보험자, 甲은 승낙피보험자, 丙은 운전피보험자이어서 피해자에게 배상책임을 지는 개별적용원칙에 따라 乙은 기명피보험자라 할 것인데, 甲에 대한 관계에 있어서는 면책조항 제1호 소정의 '피보험자가 사용 또는 관리하는 재물'에 해당하고, 丙에 대한 관계에 있어서는 면책조항 제2호 소정의 '피보험자가 사용자의 업무에 종사하고 있을 때 피보험자의 사용자가 사용 또는 관리하는 재물에 생긴 손해'에 해당하므로, 보험자에게 면책사유가 존재한다고 할 것이나, 乙에 대한 관계에 있어서는 乙은 위 피해 재물을 소유, 사용 또는 관리하는 자가 아니고, 甲이 乙의 사용자로 되거나 乙이 甲의 업무를 수행한 일도 없으므로 약관소정의 각 면책사유에 해당하지 아니하므로, 보험자의 보험금지급책임이 면책되는 것은 아니라고 판시하였다.

II. 대인배상책임보험

1. 이원적 구조

대인배상책임보험은 강제보험(자동차손해배상보장법에 의하여 가입이 강제되는 책임보험으로 자동차보험약관상 대인배상Ⅰ이 이에 해당한다)과 임의보험(자동차보험약관상 대인배상Ⅱ가 이에 해당한다)으로 이원화되어 있다.

2. 보험자의 보상책임

보험회사는 피보험자가 피보험자동차를 소유·사용·관리하는 동안에 생긴 피보험자동차의 사고로 인하여 남을 죽게 하거나 다치게 하여 법률상 손해배상책임을 짐으로써 입은 손해 중 대인배상Ⅰ으로 지급되는 금액 또는 피보험자동차가 대인배상Ⅰ에 가입되어 있지 아니한 경우에는 대인배상Ⅰ로 지급되는 금액을 넘는 손해를 보상하는 보험을 말한다.

위 보험의 보상범위는 보험약관상 피보험자가 법률상 손해배상책임을 짐으로써 입은 손해 중 대인배상Ⅰ으로 지급되거나 지급될 수 있는 금액이 있는 경우,[244] 피보험자동차가 대인배상Ⅰ에 가입되어 있는지를 묻지 않고 이를 보험자가 보상할 금액에서 공제한 나머지 부분에 한정된다. 다만 피보험자가 자배법에 의한 손해배상책임을 지지 아니하고 민법상의 불법행위로 인한 손해배상책임만을 부담하는 관계로 대인배상Ⅰ이 적용될 여지가 없어 대인배상Ⅰ로 지급되거나 지급될 수 있는 금액이 전혀 없는 경우에는 대인배상Ⅰ이 적용되는 경우를 가상하여 산정한 금액을 보상하는 것이 아니라 다른 특별한 사정이 없는 한 피보험자가 법률상 손해배상책임을 짐으로써 입은 손해 전부를 대인배상Ⅱ로 보상받을 수 있다.[245]

244) 자배법 시행령 제3조 제1항에 의하면 사망 또는 후유장애의 경우 1억 5천만원까지, 상해의 경우 3,000만원까지 보장되고 있다.

245) 사법연수원, 전게서, 160면.

3. 피보험자

1대의 자동차는 다수의 사람이 사용하는 경우가 많고, 피보험자와 피해자보호의 필요성으로 인하여 피보험자의 범위는 넓게 규정되어 있다.[246] 피보험자에는 기명피보험자, 피보험자동차를 관리중인 자(기명피보험자의 배우자, 기명피보험자 또는 그 배우자의 동거의 친족 등), 기명피보험자의 승낙을 받아 피보험자동차를 사용·관리중인 자(승낙피보험자), 기명피험자의 피용인 등이 포함된다.

4. 면책사유

가. 총설

보험계약자 또는 피보험자의 고의로 생긴 손해는 보상하지 아니한다. 이와 같이 피보험자 등의 중과실로 인한 손해를 보상하는 것은, 과실의 경중을 판단하기 어렵기 때문이다. 고의에는 미필적 고의를 포함한다고 해석된다.

나. 무면허운전 면책약관

(1) 약관의 규정

현행 자동차종합보험 표준약관은, 대인배상II에 있어서 "피보험자 본인이 무면허운전을 하였거나, 기명피보험자의 명시적·묵시적 승인 하에서 피보험자동차의 운전자가 무면허운전을 하였을 때에 생긴 손해"를 보험자의 면책사유로 규정하고 있다.

1996. 8. 1. 개정 전의 약관에서의 "피보험자동차의 운전자가 무면허운전을 하였을 때에 생긴 사고로 인한 손해"라고 규정되어 있었기 때문에 이 면책조항이 적용되는 무면허운전자의 범위에 대하여 대법원 1991. 12. 24. 선고 90다카23899 전원합의체 판결은 위 개정 전의 무면허운전 면책조항에 대하여, 자동차종합보험약관상의 무면허운전 면책약관이 사고 발생 시에 무면허운전 중이었다는 법규위반상황을 중시하여 사고발생의 원인과 관계없이 보험자를 면책시키고

246) 岡田豊基, 전게서, 254面.

자 한 것이므로 피보험자의 고의 또는 중과실 여부와 관계없이 무면허운전 중에 발생한 사고에 있어서는 보험자의 책임이 면제된다고 해석하면서도, 무면허운전자의 범위에 제한을 두지 않았던 개정 전 약관의 효력을 긍정한 종전 판결을 변경하여 무면허운전이 보험계약자나 피보험자의 지배 또는 관리가 가능한 상황에서 이루어진 경우에 한하여 적용되는 조항으로 수정 해석하는 한도 내에서 유효하고, 무면허운전이 보험계약자나 피보험자의 지배 또는 관리가 가능한 상황에서 이루어진 경우라고 함은 구체적으로는 무면허운전이 보험계약자나 피보험자 등의 명시적 또는 묵시적 승인 하에 이루어진 경우를 말한다고 판시하여[247] 위 면책조항의 적용범위를 제한하였다.

이 판결의 취지에 따라 개정된 것이 현행 약관조항이다.

(2) 무면허 운전의 의미

무면허운전이라 도로교통법 상의 운전면허를 취득하지 아니하고 자동차를 운전하는 것을 말한다. 운전자의 운전면허가 정지되거나 취소된 경우에도 위 면책규정상의 무면허운전에 해당된다.[248] 운전자가 그 무면허운전 사실을 인식하였는지 여부는 묻지 않는다.[249]

247) 위 전원합의체 판결의 다수의견의 근거는 "무면허운전면책조항을 문언 그대로 무면허운전의 모든 경우를 포함하여 보험의 보호대상에서 제외하는 것으로 해석하면 절취운전이나 무단운전의 경우와 같이 자동차보유자는 피해자에게 손해배상책임을 부담하면서도 자기의 지배·관리가 미치지 못하는 무단운전자의 운전면허 소지의 여부에 따라 보험보호를 받지 못하는 경우가 생기는바, 이는 보험계약자의 정당한 이익과 합리적인 기대에 어긋나는 것으로서 고객에게 부당하게 불리하고 보험자가 부담하여야 할 보험책임을 상당한 이유 없이 배제하는 것이어서 현저하게 형평을 잃은 것이며, 이는 보험단체의 공동이익과 보험의 등가성을 고려하더라도 마찬가지라 할 것이므로, 결국 무면허운전면책조항이 보험계약자나 피보험자의 지배 또는 관리가능성이 없는 무면허운전의 경우에까지 적용된다고 보는 경우에는 그 조항은 신의성실의 원칙에 반하여 공정을 잃은 조항으로서 약관의 규제에 관한 법률 제6조 제1항, 제2항 등에 비추어 무효라고 볼 수밖에 없다."는 것이었다.

248) 대법원 1993. 3. 9. 선고 92다38928 판결, 대법원 1997. 9. 12. 선고 97다19298 판결. 위 97다19298 판결은 무면허운전 면책조항은 무면허운전과 보험사고 사이에 인과관계가 있는 경우에 한하여 적용되는 것으로 제한적으로 해석할 수는 없다고 판시하고 있다.

249) 대법원 1998. 3. 27. 선고 97다6308 판결, 대법원 2000. 5. 30. 선고 99다66236 판결.

(3) 피보험자의 명시적·묵시적 승인

(가) 묵시적 승인

묵시적 승인은 명시적 승인의 경우와 동일하게 면책약관이 적용되므로 무면허운전에 대한 승인의도가 명시적으로 표현되는 경우와 동일시할 수 있는 정도로 그 승인 의도를 추단할 만한 사정이 있는 경우에 한정된다.[250]

무면허운전이 피보험자의 묵시적 승인 하에 이루어졌는지 여부는 보험계약자나 피보험자와 무면허운전자의 관계, 평소 차량의 운전 및 관리상황, 당해 무면허운전이 가능하게 된 경위와 그 운행 목적, 평소 무면허운전자의 운전에 관하여 보험계약자나 피보험자가 취해 온 태도 등의 제반 사정을 함께 참작하여 인정하여야 한다.[251]

(나) 승인의 주체

판례는 승인의 주체의 범위를 매우 좁게 인정하고 있다. 승낙피보험자의 승인만이 있는 경우에는 위 면책조항이 적용되지 않는다.[252]

(다) 승인의 대상

승인의 대상은 운전행위 자체가 아니라 '무면허 운전행위'이다. 그러므로 무면허운전자의 구체적인 운전행위 그 자체는 피보험자 등의 승인에 의하여 이루어졌더라도 피보험자 등이 통상의 주의의무를 다하였음에도 운전자가 면허 없는 사실을 몰랐다면, 무면허운전면책약관을 적용할 수 없다.[253]

---

250) 대법원 1999. 4. 23. 선고 98다61395 판결. 대법원 1994. 5. 25. 선고 93다20313 판결.

251) 대법원 1998. 3. 24. 선고 96다38391 판결, 대법원 1998. 7. 10. 선고 98다1072 판결, 대법원 1999. 4. 23. 선고 98다61395 판결, 대법원 2000. 5. 30. 선고 99다66236 판결 등. 대법원 2003. 11. 13. 선고 2002다31391 판결은 무보험자동차에 의한 상해담보특약과 같이 자동차보험 대인배상Ⅱ에 가입된 자동차에 의하여 사고를 당한 피해자가 그 자동차보험계약의 무면허운전 면책약관이나 21세 한정운전특약에 의하여 대인배상Ⅱ에서 정한 손해보상을 받지 못하는 경우에 그 손해를 보전하기 위하여 상해 워런티에서 정한 보험금을 지급하는 것을 내용으로 하는 보험계약에 있어서 무면허운전 면책약관에 해당되어 대인배상Ⅱ에서 정한 손해배상을 받지 못하는지의 여부도 같은 기준에 의하여 판단하여야 한다고 보았다.

252) 대법원 1993. 12. 21. 선고 91다36420 판결, 대법원 1994. 5. 24. 선고 93다41211 판결, 대법원 1995. 9. 15. 선고 94다17888 판결, 대법원 2000. 5. 30. 선고 99다66236 판결.

253) 대법원 1993. 11. 23. 93다41549 판결. 93다41549 판결은 화물운송회사의 운전사인 갑이 운전을 하다가 사고를 일으켜 보험회사가 보험금을 지급하였는데, 갑이 사고 당시 운전면허정지

다. 음주운전 자기부담금

자동차종합보험약관은, "피보험자 본인이 음주운전을 하였거나, 피보험자의 명시적·묵시적 승인 하에서 피보험자동차의 운전자가 음주운전을 하였을 때에 생긴 사고의 경우에는 지급할 보험금 중 200만원"[254]을 피보험자가 자기부담금으로 보험회사에 납부하도록 하여 사실상의 면책사유로 규정하고 있다. 무면허운전과 달리 완전면책으로 하지 않고 일부 보험금면책으로 규정하고 있는 것이 특징이다.

라. 유상운송 면책약관

자동차종합보험약관은 개인용자동차보험에 대하여 '요금이나 대가를 목적으로 반복적으로 피보험자동차를 사용하거나 대여한 때에 생긴 손해'를 보험자의 면책사유로 규정하고 있다.

유상운송 중의 사고를 보험자의 면책으로 규정하고 있는 것은, 비사업용 자동차를 유상운송에 제공하는 행위가 자동차운수사업법에 의하여 처벌의 대상이 되므로 이를 억제하여야 할 뿐만 아니라, 사업용자동차와 비사업용자동차는 보험사고의 위험률에 큰 차이가 있어 사업용자동차의 경우에 보험사고의 위험이 훨씬 큰 만큼 별도의 위험담보특약에 의하여 추가로 보험료를 납부하지 않는 한 그로 인한 위험을 인수하지 않겠다는 데 그 주된 취지가 있다.[255] 다만, 유상운송위험담보특약에 가입하면 유상으로 운송용에 제공하는 경우에는 보상을 받게 된다.

보험 가입시 동료나 직원 등의 출·퇴근용으로 공동사용하려는 목적을 밝히고 공동사용특별요율에 의한 할증보험료를 납입한 후 피보험자동차를 이용하는 동료 등으로부터 일정한 금원을 받는 카풀행위가 유상운송에 해당하는지가 문

중이었던 사실이 나중에 밝혀져 보험회사가 운송회사에 대하여 보험금의 반환을 청구한 사안으로, 대법원은 당시 갑이 운송회사에 대하여 운전면허정지사실을 여러 가지 술책으로 숨겨와 운송회사로서는 갑이 무면허사실을 알 수 없었던 점을 들어 보험회사의 책임을 인정하였다.

254) 이는 대인배상Ⅰ에도 적용되고 대물배상의 경우 자기부담금을 50만 원으로 하고 있다. 한편, 무면허 운전의 경우에도 같은 취지의 자기부담금을 대인배상Ⅰ과 대물배상에 한하여 규정하고 있다.

255) 대법원 1999. 1. 26. 선고 98다48682 판결. 대법원 1999. 9. 3. 선고 99다10349 판결.

제된다. 이 경우 피보험차량을 이용하는 사람들로부터 반복적으로 금원을 수수하였다는 사정만으로 곧바로 유상운송에 해당한다고 판단하여서는 안 되고, 운행의 목적과 빈도, 운행경로나 이용승객수, 운행형태의 변경으로 인한 위험의 증가 정도 등에 비추어서 유상운송 여부를 판단한다.[256)]

유상운송을 유발한 탑승자와 같이 유상운송과 직접 관련이 없는 피해자가 입은 손해에 대하여도 유상운송면책약관이 적용된다.[257)]

마. 피보험자 등에 대한 면책약관

자동차보험보통약관은 "대인배상Ⅱ의 경우 다음에 열거하는 사람이 죽거나 다친 경우에는 보상하지 아니합니다."라고 하면서, 제외되는 범위에 관하여 ① 기명보험자 또는 그 부모, 배우자 및 자녀, ② 피보험자동차를 운전 중인 자 또는 그 부모, 배우자 및 자녀, ③ 기명피보험자로부터 허락을 얻어 피보험자동차를 운행하는 자 또는 그 부모, 배우자 및 자녀 등을 규정하고 있다.

친족 간의 사고에 대하여 대인배상책임보험에서 보험자면책으로 한 것이다. 이러한 가족들은 자기신체사고보험에 있어서는 피보험자로 보아 보상한다.

Ⅲ. 대물배상책임보험

1. 보상책임

보험회사는 피보험자동차를 소유·사용·관리하는 동안에 생긴 피보험자동차의 사고로 남의 재물을 멸실, 파손 또는 오손하여 법률상 손해배상책임을 짐으로써 입은 손해를 보상한다. 이 때의 법률상 손해배상책임이란 민법상의 불법행위에 의한 손해배상책임을 말한다.

2003. 8. 21.의 자동차손해배상보장법 개정으로 제5조 제2항이 신설되어 자동차보유자는 자동차의 운행으로 다른 사람의 재물이 멸실 또는 훼손된 경우에

256) 대법원 1995. 5. 12. 선고 94다54726 판결. 대법원 1999. 9. 3. 선고 99다10349 판결.
257) 대법원 1992. 5. 22. 선고 91다36642 판결.

피해자에게 대통령령이 정하는 금액[258]을 지급할 책임을 지는 보험업법에 의한 보험에 가입하도록 하여 강제보험화 되어 있다.

2. 면책조항

대물배상의 경우에도 무면허 및 음주운전 면책조항이 있고, 이는 대인배상의 경우와 동일하게 해석·운용되고 있으나, 의무보험의 한도 내에서는 보상을 한다.

그 외에 자동차보험보통약관은 대물배상에 특유한 면책조항으로 ① 피보험자 또는 그 부모, 배우자 및 자녀가 소유, 사용 또는 관리하는 재물에 생긴 손해, ② 피보험자가 사용자의 업무에 종사하고 있을 때 피보험자의 사용자가 소유, 사용, 관리하는 재물에 생긴 손해, ③ 피보험자동차에 싣고 있거나 운송중인 물품에 생긴 손해, ④ 남의 서화, 골동품, 조각물 기타 미술품과 탑승자와 통행인의 의류나 소지품에 생긴 손해 등 4가지를 열거하고 있다.

대인배상의 경우와 다른 것은 각개의 피보험자별로 면책조항을 달리 규정한 것이 아니라 그냥 '피보험자'로만 규정하였다는 점이다. 여기의 피보험자는 당연히 기명피보험자를 비롯하여 약관 소정의 각 피보험자를 모두 포함한다.[259]

Ⅳ. 자기차량손해보험

1. 보상책임

피보험자동차가 충돌, 접촉, 추락, 전복, 차량의 침수, 화재, 폭발, 낙뢰, 날아온 물체, 떨어지는 물체에 의한 손해 또는 풍력에 의한 차체에 생긴 손해, 자동차의 전부의 도난으로 인한 손해 등 물적 손해를 대상으로 하고 실손을 보상한다. 자기차량손해보험은 자동차보험 중 전형적인 손해보험이다.

---

258) 자배법 시행령 제3조 제3항에 의하면, '사고 1건당 3천만 원의 범위 안에서 사고로 인하여 피해자에게 발생한 손해액'이다.

259) 사법연수원, 전게서, 505면.

2. 무면허·음주운전면책약관

자기차량손해보험의 면책약관은 면책조항의 하나로 '보험계약자, 피보험자, 이들의 법정대리인, 피보험자와 같이 살거나 살림을 같이하는 친족, 피보험자동차를 빌려 쓴 사람 또는 피보험자동차에 관계되는 이들의 피용자(운전자를 포함합니다)가 무면허운전을 하였거나 음주운전을 하였을 때에 생긴 손해'를 규정하고 있다.

위 무면허·음주면책조항은 그 면책조항의 문언 그대로 아무런 제한 없이 면책되는 것으로 해석된다.[260] 이 점에서 대인배상이나 대물배상의 무면허·음주운전 면책조항의 효력과 차이가 있다.

V. 무보험자동차에 의한 상해보험

1. 의의와 법적 성질

자동차보험 중 무보험자동차에 의한 상해보험은 자동차보험의 피보험자가 무보험자동차에 의하여 생긴 사고로 죽거나 다쳤을 때에, 그 손해에 대하여 배상의무자가 있을 경우 그 손해를 보상하는 보험이다.

그 법적 성질은 손해보험으로서의 성질과 함께 상해보험으로서의 성질도 갖고 있는 손해보험형 상해보험이다.[261]

---

260) 대법원 1998. 12. 22. 선고 98다35730 판결. 대법원 2000. 10. 6. 선고 2000다32130 판결. 위 판결들은 위 면책조항을 제한 없이 해석하여야 하는 이유로, 자기차량 손해보험은 물건보험으로서 손해보험에 속하기는 하나 보험금이 최종적으로 귀속될 자가 보험계약자 또는 피보험자 자신들이므로 대인·대물배상 보험에 있어서와 같이 제3자의 보호를 소홀히 할 염려가 없고, 보험계약자나 피보험자의 지배관리가 미치지 못하는 자동차운전자의 무면허 또는 음주운전 여부에 따라 보호를 받지 못한다고 하더라도 자기차량 손해보험의 보상금 상한이 제한되어 있어 보험계약자나 피보험자가 이를 인용할 여지도 있는 점을 들고 있다.

261) 대법원 2000. 2. 11. 선고 99다50699 판결. 대법원 2006. 11. 10. 선고 2005다35516 판결 등.

2. 무면허운전 면책약관

무보험자동차에 의한 상해보험의 면책약관은 '피보험자가 무면허운전 중 생긴 사고로 인한 손해'를 면책사유로 규정하고 있다. 이 보험이 상해보험(인보험)의 성질을 갖고 있는 보험사고가 전체적으로 보아 고의로 평가되는 행위로 인한 경우뿐만 아니라 과실(중과실 포함)로 평가되는 행위로 인한 경우까지 포함하는 취지라면 과실로 평가되는 행위로 인한 사고에 관한 한 이 면책조항은 무효이다.[262]

VI. 자기신체사고보험

1. 의의와 법적 성질

자기신체사고보험은 피보험자가 피보험자동차를 소유·사용·관리하는 동안에 생긴 피보험자동차의 사고로 인하여 상해를 입었을 때에 보상하는 보험이다. 위 보험의 법적 성질은 인보험이다.[263]

2. 무면허·음주운전면책조항 없음

자기신체사고보험의 경우에도 2000. 4.경 개정되기 전의 약관에서는 '피보험자가 무면허 운전 또는 음주운전을 하던 중 생긴 사고로 그 본인이 손해를 입은 때'를 면책조항으로 규정하고 있었고, 이 보험이 인보험의 일종이므로 보험사고가 전체적으로 보아 고의로 평가되는 행위로 인한 경우뿐만 아니라 과실(중과실 포함)로 평가되는 행위로 인한 경우까지 포함하는 취지라면 과실로 평가되는 행위로 인한 사고에 관한 한 이 면책조항은 무효라고 판시되었다.[264] 따라서 2000. 4.경 개정된 현행 약관에서는 위 무면허운전 또는 음주운전 면책조항은 삭제되었다.

262) 대법원 1999. 2. 12. 선고 98다26910 판결.
263) 대법원 1998. 12. 22. 선고 98다35730 판결. 대법원 2008. 6. 12. 선고 2008다8430 판결 등.
264) 대법원 1998. 12. 22. 선고 98다35730 판결.

제4절 자동차손해배상 보장사업

Ⅰ. 의의

자동차손해배상 보장사업은 책임보험에 가입하여야 하는 자동차보유자와 도로 이외에서 운행되는 자동차로 책임보험에 가입이 면제되는 자동차보유자에게 정부가 분담금으로 징수하여 교통사고를 당하고도 보상받지 못하는 피해자에 대하여 자배법상의 대인배상Ⅰ의 한도 내에서 손해를 보상하는 사업을 말한다. 뺑소니 자동차 또는 무보험 자동차에 의한 교통사고의 피해자 보호를 목적으로 하면서 법률상 강제되는 자동차책임보험제도를 보완하려는 것이다.[265)]

Ⅱ. 보장사업의 주체

보험사업의 주체는 국가이고, 국가의 위임을 받아 손해보험회사가 업무를 수행하고 있다.

Ⅲ. 보장청구권의 성질

피해자의 보장청구권의 법적성질에 대하여서는 공법상의 채권설과 책임보험상의 청구권설로 나뉜다.

1. 공법상채권설

책임보험과 이질의 사회보장적 내지는 공법적 급부로 해석하는 견해이다. 판례[266)]의 입장으로 정부보장사업은 최소한의 보상을 하는 사회보장제도이고 그

265) 대법원 2005. 4. 15. 선고 2004다35113 판결.
266) 대법원 2003. 7. 25. 선고 2002다2454 판결; 김홍도, 대법원 2003. 7. 25. 선고 2002다2454

보상금지급청구권은 자배법에 의하여 창설되는 청구권이라고 할 것이므로, 실질적 기능이 책임보험처럼 손해 전보에 있다고 하여 반드시 책임보험금과 동일한 금액을 보상하여야 한다고 볼 수는 없다는 것을 근거로 한다.

2. 책임보험상의 청구권설

책임보험과 같은 성질의 청구권이라고 하는 견해이다. 보장사업의 재원이 책임보험료에서 충당되고 책임보험과 같은 보상이 이루어지는 것을 근거로 한다.

3. 사견

정부보장사업에 기초한 보상금지급청구권은 자배법에 의하여 창설된 공법상 청구권으로 사법상의 손해배상청구권과는 성질을 달리한다고 본다.[267]

Ⅳ. 보상한도와 보장청구권의 소멸시효

보상한도는 자동차손해배상보장법상의 대인배상Ⅰ의 한도와 같다. 즉 사망의 경우 최저 2,000만원에서 최고 1억 5천만원, 후유장애의 경우 최고 1억 5천만원 한도 내에서 치료관계비(응급치료비, 호송비, 입원비 등), 휴업손해액, 상실수익액 기타 손해배상금 등을, 상해의 경우 3,000만원까지 보상하고 있다.

피해자의 보장청구권은 3년간 행사하지 아니하면 시효로 소멸한다(자동차손해배상보장법 제41조).

판결의 판례평석, 대법원판례해설 46호(2004), 131면.

267) 판례(대법원 2009. 8. 20. 선고 2009다27452 판결)은 피해자의 보장청구권은 피해자구제를 위하여 법이 특별히 인정한 청구권이라 하였다.

주요국가의 보장한도

구분	보장사업 대인한도	보장사업 대물한도
영국	무한	1백만파운드(*)
프랑스	무한	1백만유로(*)
독일	7백만유로	1백만유로(*)
일본	4천만엔	N/A
미국(뉴욕)	5만달러	N/A
캐나다	20만달러	3천달러
한국	1억원	N/A

(*) 영국, 프랑스, 독일의 경우 가해자가 확인되거나, 심각한 인적 피해가 있어 뺑소니 사고임이 명확하게 증명될 때에만 대물보상(공제금액을 설정하여 소액건 청구방지 및 보험사고 예방)

V. 적용대상

보장사업의 대상은 자동차보유자를 알 수 없는 뺑소니 사고나 무보험차량 사고로 인한 인적손해이다.

1. 자동차보유자 불명의 자동차사고

뺑소니 자동차에 의한 교통사고로 인하여 사망 또는 부상을 당한 피해자의 손해를 보상한다.

2. 보험가입자 등이 아닌 자가 자배법상의 운행자 책임을 지는 경우

무보험자동차에 의한 교통사고로 인한 사망 또는 부상을 당한 피해자의 손해를 보상한다.

가. 대인배상 I 에 미가입한 자동차에 의하여 피해를 입은 경우

무보험 상태에 있는 자동차의 운행으로 인하여 발생한 피해를 보상한다.

나. 대인배상 I 에 가입한 자동차에 의하여 피해를 입은 경우라도 도난자동차나 무단운전중인 자동차보유로서 운행자성을 상실한 경우

자동차가 제3자에 의하여 절취된 경우 자동차보유자는 특별한 사정이 없는 한 운행자성을 상실한다. 자동차보유자와 일정한 인적 관계에 있는 자[274)]에 의한 무단운전의 경우에도 자동차위 운행자성이 부정되어 무보험차량에 해당하므로 보장사업의 대상이 된다.

VI. 청구권대위와 자동차손해배상보장사업 채권정리위원회

1. 청구권대위

국가가 피해를 보상한 경우에는 그 보상금액의 한도에서 자동차손해배상보장법 제3조에 따른 손해배상책임이 있는 자에 대한 피해자의 손해배상 청구권을 대위행사 할 수 있다(자동차손해배상보장법 제39조 제1항).

2. 자동차손해배상보장사업 채권정리위원회

정부는 (1) 해당 권리에 대한 소멸시효가 완성된 때 (2) 그 밖에 채권을 회수할 가능성이 없다고 인정되는 경우로서 (1) 손해배상책임이 있는 자의 행방을 알 수 없거나[275)] 재산이 없다는 것이 판명되어 법 제39조 제3항에 따른 구상금

---

274) 대법원 2006. 7. 27. 선고 2005다56728 판결, 대법원 1998. 7. 10. 선고 98다1072 판결, 대법원 1999. 4. 23. 선고 98다61395 판결(무단운전의 경우 운행지배와 운행이익의 상실 여부는 평소의 자동차나 그 열쇠의 보관 및 관리 상태, 소유자의 의사와 관계없이 운행이 가능하게 된 경위, 소유자와 운전자의 인적 관계, 운전자의 차량 반환의사의 유무, 무단운행 후 소유자의 사후승낙 가능성, 무단운전에 대한 피해자의 인식 유무 등 객관적이고 외형적인 여러 사정을 사회통념에 따라 종합적으로 평가하여 이를 판단하여야 한다).

275) 자동차손해배상보장사업 채권정리위원회 운영세칙에 따르면 '채무자의 행방을 알 수 없는 경우'는 (1) 채무자의 주민등록이 말소되어 있고 주소지 확인방문 시 우편물이 적재되어 있거나 등기발송 시 '수취인이 거주하지 않음'을 이유로 반송된 경우로서 소재를 알 수 없는 경우 (2) 채무자가 외국인인 경우로 출국한 사실이 확인된 경우. 다만, 가까운 장래에 재입국이 확실시되거나 재입국한 때에는 그러하지 아니하다 (3) 채무자가 출국한 사실이 확인된 경우로 그 사유가 '이민'일 경우. 다만, 가까운 장래에 재입국이 확실시 되거나 재입국한 때에는 그러하지

등을 받을 가능성이 없는 경우[276] (2) 채무자가 "채무자 회생 및 파산에 관한 법률"에 따라 납부의무를 면제받게 된 경우[277] (3) 그 밖에 구상금 등을 받을 가능성이 없다고 자동차손해배상보장사업 채권정리위원회가 인정한 때[278] 등에는 자동차손해배상보장사업 채권정리위원회의 의결에 청구권의 대위행사를 중지할 수 있으며, 구상금 또는 미반환가불금 등의 채권을 결손처분할 수 있다(자동차손해배상보장법 제39조 제2항).

제6장 보증보험

Ⅰ. 서언

보증보험계약은 보험자가 보험계약자가 피보험자에게 계약상의 채무불이행 또는 법령상의 의무불이행으로 입힌 손해를 보상하는 보험계약이다(상법 제726조의 5) 보험업법 제2조 1호 나목은 손해보험상품에 "계약상 채무불이행 또는 법령상 의무불이행으로 발생하는 손해를 포함한다."라고 하여 보증보험사업의

아니하다. (4) 읍·면·동장의 불거주 증명 또는 통장의 불거주사실확인서가 있는 경우. (5) 법원의 실종선고 결정문, 법원의 부재선고 심판서가 있는 경우 (6) 그 밖에 채무자의 행방을 알 수 없음을 증명할 수 있는 경우 등이다.

276) 자동차손해배상보장사업 채권정리위원회 운영세칙에 따르면 "채무자 재산이 없다는 것이 판명되어 구상금 등을 받을 가능성이 없는 경우"는 (1) 재산명시신청 결과 재산이 발견되지 아니한 경우 (2) 재산조회결과 재산이 없는 것으로 확인된 경우 (3) 그 밖에 재산이 없다는 사실을 명백하게 증명할 수 있는 서류가 있는 경우 등이다.

277) 자동차손해배상보장사업 채권정리위원회 운영세칙에 따르면 채무자가 "채무자회생 및 파산에 관한 법률"에 의하여 면책결정을 받은 경우는 "납부의무를 면제받게 된 경우"로 보지만, 동법에 따라 회생결정을 받은 경우는 제외된다.

278) 자동차손해배상보장사업 채권정리위원회 운영세칙에 따르면 "그 밖에 구상금 등을 받을 가능성이 없다고 채권정리위원회가 인정한 경우"는 (1) 채무자의 현재 재산상황을 파악하고, 가까운 장래의 재산상황을 예견하여 볼 때 변제받기를 포기하는 것이 부득이하다고 판단한 경우 (2) 채무자가 사망하고 상속인이 한정승인 또는 상속포기 하여 구상금 등을 받을 가능성이 없는 경우 (3) 기타 채권정리위원회가 안건을 심의하면서 인정한 경우 등이다.

근거를 마련하고 있고, 보험업법 제4조 2호 라목은 보증보험사업을 영위하기 위하여서는 금융위원회의 허가를 얻도록 하고 있다. 현재 서울보증보험주식회사가 독점적으로 보증보험사업을 영위하고 있다.

한편 건설업자 상호간의 협동조직을 통하여 자율적인 경제활동을 도모하고 건설업의 영위에 필요한 각종 보증과 자금융자 등을 하기 위하여 건설업자는 공제조합을 설립할 수 있다"는 건설산업기본법 제54조 제1항에 근거하여 건설공제조합과 전문건설공제조합이 보증보험과 유사한 사업을 행하고 있다.

II. 보증보험의 의의와 종류

1. 의의

보증보험계약은 보험자가 보험계약자가 피보험자에게 계약상의 채무불이행 또는 법령상의 의무불이행으로 입힌 손해를 보상하는 보험계약이다(상법 제726조의 5) 채권채무를 담보하는 방법으로 보증이 있다(민법 제428조). 보증인 주채무자가 채무를 변제하지 아니하는 경우 보증인이 주채무자를 대신하여 채권자에게 변제할 것을 약정하는 계약(보증계약)으로 부담하는 채무를 말한다. 그러나 보증에서는 보증인이 경제력이 없는 등, 주채무자의 채무를 변제할 상황에 아닌 경우에는, 채권자는 채권을 전액 변제받지 못할 위험이 존재한다. 따라서 보증을 경제적으로 확실히 하는 기능을 수행하는 보증보험이 발달하였다.

보증보험이라 함은 채무자를 보험계약자, 채권자를 피보험자로 하고, 채무자가 채무불이행 또는 불법행위에 의하여 채권자에게 손해를 입히는 경우에, 보험자가 채권자에 대하여 보험금을 지급하는 보험계약을 말한다. 보험자가 보험금을 지급하는 경우 대위 또는 채권양도(민법 제449조)에 의하여 채권자의 채무자에 대한 권리를 취득하고, 채무자인 보험계약자에게 구상한다. 따라서 보증보험은 제3자를 위한 보험계약이다.

보증과 보증보험의 비교

〈보증〉

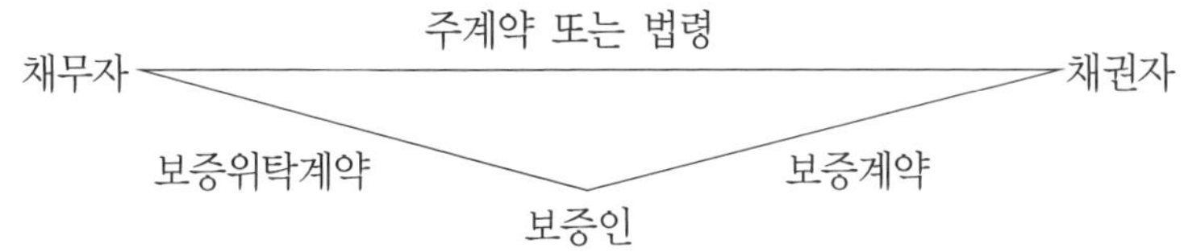

- 보증인·채권자간의 보증계약
- 주채무에 대한 보증채무의 이행
- 보증인의 구상권

〈보증보험계약〉

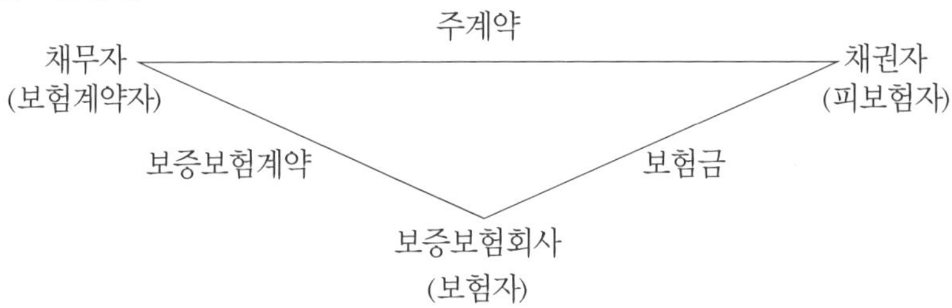

- 보증보험회사·채무자간의 보험계약
- 보험금의 지급
- 청구권대위에 의한 구상

2. 종류

주요한 보증보험으로는 다음과 같은 보험이 존재한다.

가. 신원보증보험

피용자(보험계약자)가 사용자(피보험자)를 위하여 그 사무를 집행함에 있어 또는 자기의 직무상의 직위를 이용하여 보험기간 중에 횡령 등으로 사용자가 입은 손해를 보상하는 것이 신원보증보험이다.

나. 입찰보증보험

입찰계약자(보험계약자)가 낙찰하였지만 도급계약 또는 매매계약을 이행하지 아니하여 사업자(피보험자)가 입은 손해를 보상하는 것이 입찰보증보험이다.

다. 이행보증보험

수급인(보험계약자)이 도급계약 또는 매매계약의 채무불이행으로 인하여 도급인(피보험자)가 입은 손해를 보상하는 것이 이행보증보험이다.

라. 할부판매보증보험

할부판매구입자(보험계약자)가 할부대금의 전부 또는 일부를 지급하지 아니하여 할부판매자(피보험자가)가 입은 손해를 보상하는 것이 할부판매보증보험이다.

3. 적용제외

보증보험계약에 관하여는 보험계약자의 보험금청구권(제639조 제2항 단서)이 없고(상법 제726조의 6 제1항), 보험계약자의 사기, 고의 또는 중대한 과실이 있는 경우에도 이에 대하여 피보험자에게 책임이 있는 사유가 없으면 제651조, 제652조, 제653조 및 제659조 제1항을 적용하지 아니한다(상법 제726조의 6 제2항).

제5편

생명보험

제5편

생명보험

제1장 인보험 총론

Ⅰ. 인보험계약의 의의

인보험계약은 보험자가 보험계약자로부터 보험료를 받고 피보험자의 생명 또는 신체에 관하여 보험사고가 생길 경우에 보험계약이 정하는 바에 따라 보험금이나 그 밖의 급여를 하기로 하는 보험계약이다(상법 제727조). 본다.[279)]

Ⅱ. 인보험의 특성

손해보험과 대비되는 인보험의 특성은 다음과 같다.

1. 보험의 목적과 보험사고

인보험의 보험의 목적은 사람이고, 사람의 생명이나 신체에 관한 사고를 보험사고로 하는 점에서 물건이나 재산에 생기는 사고를 보험사고로 하는 손해보험과 다르다. 인보험의 보험사고 중 상해와 질병은 손해보험의 보험사고와 마찬가지로 그 발생 여부, 그 시기 등이 모두 불확정적이지만, 생명보험 중 사망보험의 경우 사망은 그 발생시기만이 불확정되어 있다는 점에서 손해보험의 보

279) 판례(대법원 2009.8.20. 선고 2009다27452 판결)은 피해자의 보장청구권은 피해자구제를 위하여 법이 특별히 인정한 청구권이라 하였다.

험사고와 다르다.

2. 정액보험과 부정액보험

인보험 특히 생명보험은 보험사고가 발생하면 보험계약에서 정한 일정한 보험금액을 지급하여야 하는 정액보험인 점에서 손해보험과 다르다. 그러나 상해보험이나 질병보험의 경우는 상해의 정도나 치료일수에 따라 일정액의 급여를 하는 경우도 있고, 의료비 등 피보험자가 상해나 질병으로 인하여 입은 경제적 손실을 보상하는 부정액보험도 있다.

3. 피보험이익

우리 보험법제상 손해보험에만 피보험이익의 개념이 인정되고, 인보험에는 피보험이익의 개념이 인정되지 않는다.

4. 보험자대위

손해보험에서는 이득금지의 원칙의 실현을 위하여 보험자대위제도를 인정하고 있으나, 인보험에서는 잔존물대위는 있을 수 없고, 청구권대위도 원칙적으로 금지된다(상법 제729조 본문). 그러나 인보험 가운데 상해보험은 생명보험과는 달리, 상해로 소요되는 입원비, 치료비 등을 지급하는 경우에는 손해보험의 성질도 아울러 지니게 되므로 보험자대위를 부정할 필연적 이유는 없다. 따라서 상해보험계약의 경우에는 당사자간에 다른 약정이 있는 때에는 보험자는 피보험자의 권리를 해하지 않는 범위 내에서 대위권 행사가 허용된다(상법 제729조 단서).

5. 면책사유

손해보험에서는 보험계약자나 피보험자의 고의 또는 중대한 과실로 보험사고가 발생하면 보험자는 책임을 면하지만(상법 제659조), 인보험에서는 보험계약자 등의 중과실로 보험사고가 생기더라도 보험자는 책임을 진다(상법 제732조의 2. 제739조).

제2장 생명보험

Ⅰ. 생명보험계약의 의의

생명보험계약은 보험자가 보험계약자로부터 보험료를 받고 피보험자의 생명에 관한 보험사고가 생길 경우에 약정한 보험금액을 지급하기로 하는 보험계약이다(상법 제730조).

Ⅱ. 생명보험계약의 종류

1. 분류

생명보험계약은 다양한 기준에 따라 분류된다.

	분류의 방법	보험의 종류		
생명보험	보험사고	사망보험	생존보험	생사혼합보험
	보험금의 변동	정액보험	변액보험	
	보험기간	정기보험	양로보험	종신보험
		개인연금보험		
	피보험자의 수	개인보험	단체보험	

가. 보험사고에 따른 분류

피보험자의 사망을 보험사고로 하는 보험을 사망보험, 일정한 시기까지 피보험자의 생존을 보험사고로 하는 보험을 생존보험, 이 양자가 혼합된 보험을 생사혼합보험이라고 한다.

나. 피보험자의 수에 따른 분류

피보험자가 1인인 보험을 개인보험 또는 단생보험, 피보험자가 복수인 보험을 연생보험,[1] 회사나 공장 등 단체의 구성원 전부 또는 일부를 일괄하여 피보험자로 한 보험을 단체보험이라고 한다.

다. 보험기간에 따른 분류

보험기간의 종기를 정하는 정기보험, 종기를 정하지 아니하는 종신보험계약이 있다. 후자에는 보험료납입기간을 약정한 시기까지로 하는 경우가 많다.

라. 보험금지급방법에 따른 분류

보험금전액을 일괄하여 지급하는 자금보험계약 또는 일시금보험계약과 연금으로 지급하는 연금보험계약이 있다.

마. 보험계약자와 피보험자 · 보험수익자의 동일 여부에 따른 분류

보험계약자와 피보험자가 동일인인 경우를 '자기의 생명보험'이라 하고, 보험계약자가 타인을 피보험자로 한 보험을 '타인의 생명보험'이라고 한다. 또한 보험계약자와 보험수익자가 동일인인 보험을 '자기를 위한 생명보험'이라 하고, 다른 경우를 '타인을 위한 생명보험'이라고 한다.

2. 특약

주계약에 부가하여 피보험자에게 특정한 보험사고가 보험기간 내에 발생한 경우, 특별한 보험급여가 행해지도록 약정하는 하는 특약을 말한다. 주요한 특약으로는 중독, 자연재해, 살인 등과 같은 사고로 사망 또는 고도장해가 된 경우(재해할증특약), 사고로 부상당한 경우(상해특약), 3대질병(암, 급성심근경색, 뇌출혈)에 걸린 경우(3대질병특약), 질병으로 입원 또는 수술 받은 경우(입원수술특약) 등이 있다.

1) 예컨대 부부의 사망을 보험사고로 하고 다른 1인이 보험금을 지급받기로 하는 생명보험이다.

특약에는 생명보험계약 중에 자동적으로 편입되는 경우와 부가되기 위하여서는 특별한 의사표시를 요하는 경우가 있다. 특약은 주계약의 체결을 전제로 하고, 주계약이 소멸하면 특약도 소멸한다.

Ⅲ. 생명보험계약의 요소

1. 생명보험계약의 요소

생명보험계약은 사람이 보험기간 내에 사망하거나 만기 시에 생존한다면 보험급여가 행해지는 보험계약이다. 따라서 피보험자, 보험사고, 보험기간, 보험금액, 보험료 등을 확정할 필요가 있다.

2. 보험사고

피보험자의 사망 또는 일정한 시점에서의 생존이다. 보험사고의 우연성은 발생의 여부 빛 시기가 불확실할 것을 요하는데, 생존은 이 요건을 충족하는데 대하여 사망은 발생시기만이 불확실한 것이다.

3. 보험기간

보험기간은 일정한 일자에서 개시하고, 그날로부터 몇 년으로 정하는 보험(정기보험), 보험기간의 시기는 정하지만, 종료기일은 정하지 아니하는 보험(종신보험)이 있다. 피보험자의 생존을 보험사고로 하는 생명보험계약에서는, 보험기간 종료 후 피보험자가 생존하는 것이 보험사고이다.

4. 보험금액

생명보험계약에서는 보험사고가 발생한다면 보험계약자측에 대하여 손해의 유무를 묻지 않고, 보험계약 체결 시에 당사자 사이에 약정한 보험금액과 같은 보험금이 지급된다(정액보험). 따라서 보험금액은 보험계약자의 의사에 따라 자유롭게 설정된다.

	생명보험계약	손해보험계약
보험급여의 태양	정액급여(금전급여)	손해보상
보험계약의 당사자	보험계약자와 생명보험자	보험계약자와 손해보험자
보험사고	피보험자의 생사	보험목적물의 멸실·훼손으로 인한 손해 또는 총재산의 감소로 인한 손해
보험사고발생의 객체	피보험자	보험의 목적물
보험금수령자	보험수익자	피보험자(피보험이익의 귀속자)
보험기간	장기	단기

IV. 타인의 생명보험

1. 의의

타인의 생명보험이라 함은 보험계약자가 타인을 피보험자로 하여 체결하는 보험계약을 말한다.

2. 제한(동의주의)

타인의 사망을 보험사고로 하는 보험사고를 무제한 허용하면 도박의 목적에 이용되거나 고의로 피보험자를 살해할 우려가 있다. 따라서 각국은 이에 대한 제한을 하고 있는데, 그 입법례로는 이익주의, 동의주의, 친족주의, 절충주의 등이 있다.

가. 이익주의

보험수익자가 피보험자의 생존에 대하여 피보험이익을 가져야 한다는 입장이다. 영미법계에서 채용되는 입장이다. 영국에서는 피보험자의 생존에 대하여 금전상의 이익을 가지는 채권자, 부부, 핵심피용자 등은 피보험이익을 인정하지만, 부자간의 정신적·감정적 이익은 모두 제외하는 등 그 적용범위를 좁게 하고 있다. 이 입장에 대하여서는 생명보험의 사회적 기능을 축소할 우려가 있고, 보험계약자는 보험계약이 성립한 후에는 보험수익자를 변경할 수가 있으므로 도덕적 위험의 방지에도 철저하지 못하다는 비판이 있다.[2)]

나. 동의주의

타인의 피보험자의 사망을 보험사고로 하는 생명보험에 대하여 타인의 동의를 요구하는 입법주의로 많은 국가에서 채용되고 있다.

다. 친족주의

보험수익자가 피보험자의 친족이어야 한다는 입장이다. 이에 대한 비판은 친족 이외의 채권자 등에 대하여도 보험금을 취득하게 할 사회적 수요가 증가하고 있고, 이를 금지한다면 사회적 수요에 적절히 대응하지 못한다는 점을 든다. 또한 보험수익자를 친족으로 제한하여도 도덕적 위험은 여전히 존재한다는 점도 지적되고 있다.

라. 우리 상법의 입장

우리 상법은 타인의 사망을 보험사고로 하는 보험계약에 피보험자의 동의를 얻도록 규정하여(상법 제731조 제1항) 동의주의를 취하고 있다.

3. 피보험자의 동의

타인의 생명보험에 피보험자의 동의가 있어야 하는 경우는 다음과 같다.

가. 타인의 사망보험

타인의 사망을 보험사고로 하는 보험계약에는 보험계약 체결 시에 그 타인의

2) 한창희, 현대보험법의 동향, 국민대학교출판부, 2009, 58~69면.

서면에 의한 동의를 얻어야 한다(상법 제731조). 생사혼합보험인 경우도 위 규정이 적용된다. 다만, 단체보험의 경우에는 피보험자의 동의를 요하지 아니한다(상법 제735조의 3 제1항).

나. 보험계약으로 생긴 권리의 양도

피보험자의 동의를 얻어 성립된 보험계약상의 권리, 즉 보험수익자의 권리를 피보험자가 아닌 자에게 양도하는 경우에도 피보험자의 동의가 필요하다(상법 제731조 제2항).

다. 보험수익자의 지정 · 변경

타인의 생명보험이 성립한 후 보험계약자가 보험수익자를 지정 또는 변경하는 경우에도 피보험자의 동의를 얻어야 한다(상법 제734조 제2항). 다만 피보험자를 보험수익자로 지정 또는 변경하는 경우에는 피보험자의 동의가 필요 없다고 해석한다.

4. 동의의 방식 · 시기 · 철회

가. 동의의 방식

타인의 사망을 보험사고로 하는 보험계약에는 보험계약 체결시에 그 타인의 서면(「전자서명법」 제2조 제2호에 따른 전자서명 또는 제2조 제3호에 따른 공인전자서명이 있는 경우로서 대통령령으로 정하는 바에 따라 본인 확인 및 위조 · 변조 방지에 대한 신뢰성을 갖춘 전자문서를 포함한다)에 의한 동의를 얻어야 한다(상법 제731조 제1항). 또한 동의는 각 계약에서 개별적으로 하여야 하고, 장래에 체결될 모든 사망보험에 대하여 동의하는 포괄적 동의 또는 묵시적이거나 추정적인 동의는 인정되지 않는다.[3)]

서면동의의 대리 또는 대행이 가능한지에 대하여 대법원은 피보험자인 타인의 동의가 그 타인이 보험청약서에 자필 서명하는 것만을 의미하지는 않으므로

3) 대법원 2003. 7. 22. 선고 2003다24451 판결. 대법원 2006. 9. 22. 선고 2004다56677 판결.

타인으로부터 특정한 보험계약에 관하여 서면동의를 할 권한을 구체적·개별적으로 수여받았음이 분명한 사람이 권한 범위 내에서 타인을 대리 또는 대행하여 서면동의를 한 경우에도 그 타인의 서면동의는 적법한 대리인에 의하여 유효하다고 판시하였다.[4)]

나. 동의의 시기

피보험자의 동의의 시기는 상법상 보험계약의 체결 시이다(상법 제731조 제1항). 그러므로 타인의 생명보험의 경우에 피보험자의 동의는 늦어도 보험계약의 성립 시까지는 행해져야 하고, 보험계약으로 생긴 권리의 양도와 보험수익자의 지정·변경의 경우에도 그 행위가 있을 때에 피보험자의 동의가 있어야 한다.

다. 동의의 철회

피보험자는 계약의 성립 전이라면 일단 행한 동의를 철회할 수 있고, 동의에 의하여 계약이 성립한 때에도 계약의 효력이 유지되는 기간 중에는 언제든지 서면동의를 장래를 향하여 철회할 수 있다.[5)] 이에 비하여 일본보험법은 (1) 보험계약자 등의 고의로 피보험자를 사망하게 하거나 사망시키려 한 경우(동법 제57조 제1항 1호) 또는 보험수익자가 그 생명보험계약에 근거한 보험급부의 청구에 대하여 사기를 행하거나 행하고자 한 경우(동법 제57조 제1항 2호), (2) 피보험자의 보험계약자 또는 보험수익자에 대한 신뢰가 훼손되고, 당해 사망보

---

4) 대법원 2006. 12. 21. 선고 2006다69141 판결.

5) 생명보험표준약관 제6조 제1항.; 대법원 2013. 11. 14. 선고 2011다101520 판결은 "상법 제731조, 제734조 제2항의 취지에 비추어 보면, 보험계약자가 피보험자의 서면동의를 얻어 타인의 사망을 보험사고로 하는 보험계약을 체결함으로써 보험계약의 효력이 생긴 경우, 피보험자의 동의 철회에 관하여 보험약관에 아무런 규정이 없고 계약당사자 사이에 별도의 합의가 없었다고 하더라도, 피보험자가 서면동의를 할 때 기초로 한 사정에 중대한 변경이 있는 경우에는 보험계약자 또는 보험수익자의 동의나 승낙 여부에 관계없이 피보험자는 그 동의를 철회할 수 있다. 그리고 피보험자가 서면동의를 할 때 기초로 한 사정에 중대한 변경이 있는지는 보험계약자 또는 피보험자가 보험계약을 체결하거나 서면동의를 하게 된 동기나 경위, 보험계약이나 서면동의를 통하여 달성하려는 목적, 보험계약 체결을 전후로 한 보험계약자 또는 보험수익자와 피보험자 사이의 관계, 보험계약자 또는 보험수익자가 고의로 피보험자를 해치려고 하는 등으로 피보험자의 보험계약자 또는 보험수익자에 대한 신뢰가 깨졌는지 등의 제반 사정을 종합하여 사회통념에 비추어 개별적·구체적으로 판단하여야 한다."고 하였다.

험계약의 존속을 곤란하게 하는 중대한 사유가 있는 경우(동법 제58조 3호), (3) 보험계약자와 피보험자의 친족관계의 종료 그밖의 사정에 의하여 피보험자의 동의를 함에 있어서 기초가 된 사정이 현저히 변경된 경우에(동법 제58조 4호) 한하여 동의의 철회를 허용한다(동법 제58조 제1항).

5. 동의와 능력

상법상 15세 미만자, 심신상실자 또는 심신박약자의 사망을 보험사고로 한 보험계약은 무효이다. 다만, 심신박약자가 보험계약을 체결하거나 제735조의3에 따른 단체보험의 피보험자가 될 때에 의사능력이 있는 경우에는 그러하지 아니하다(상법 제732조). 따라서 이들이 동의하여 보험계약이 체결되었다고 하더라도 이는 무효이다.

6. 동의 없는 계약의 효력

피보험자의 동의를 얻도록 한 상법 제731조 제1항은 강행규정으로 타인의 생명보험계약 성립 시까지 서면에 의한 동의가 없는 타인의 생명보험계약은 확정적으로 무효이고,[6] 피보험자가 이미 무효가 된 보험계약을 추인하였다고 하더라도 그 보험계약이 유효가 될 수 없다.[7]

이러한 경우 피보험자의 동의를 받지 않은 채 타인의 생명보험계약을 체결한 보험회사가 보험계약이 유효함을 전제로 보험료를 징수하고도 보험사고 발생 후 동의가 없음을 이유로 계약의 무효를 주장하는 것은 신의성실의 원칙 또는 금반언의 원칙에 반하는 것인지 여부가 문제되는데, 판례는 신의칙 또는 금반언의 원칙에 위배되는 것으로 볼 없다고 한다.[8] 왜냐하면 이를 긍정하는 경우 상법 제731조 제1항의 입법취지를 몰각하는 결과가 되기 때문이다. 이러한 경우 보험업법 제102조에 규정된 손해배상책임이 인정된다.

---

6) 대법원 1992. 11. 24. 선고 91다47109 판결. 대법원 1996. 11. 22. 선고 96다37084 판결. 대법원 1999. 4. 27. 선고 98다54830, 54847 판결. 대법원 1998. 10. 8. 선고 98다24563, 24570 판결.

7) 대법원 2006. 9. 22. 선고 2004다56677 판결.

8) 대법원 1996. 11. 22. 선고 96다37084 판결. 대법원 1998. 10. 8. 선고 98다24563, 24570 판결.

판례[9]는 타인의 사망을 보험사고로 하는 생명보험계약에서 피보험자의 동의를 얻지 않는 경우 보험계약은 무효이고 납부한 보험료의 반환청구권의 소멸시효에 대하여 보험계약자가 납부한 보험료 전체의 반환청구권 소멸시효가 보험료를 마지막으로 납부한 때부터 진행한다는 전제에서 보험료의 반환청구권이 시효소멸하지 아니하였다고 본 원심판결을 파기하고, 특별한 사정이 없는 한 각 보험료를 납부한 때부터 진행한다고 하였다.

7. 단체보험

넓은 의미의 단체보험은 어떠한 단체의 구성원의 전부 또는 일부가 집단으로 피보험자로 설정된 보험계약을 말한다. 단체보험에서는 구성원이 가입·탈퇴함으로써 당연히 피보험자의 자격을 상실하게 되고, 이러한 피보험자의 교체에도 불구하고 보험계약은 동일성을 갖는다.[10]

상법 제735조의 3이 적용되는 단체보험계약은 어느 단체가 규약에 따라 구성원의 전부 또는 일부를 피보험자로 하여 체결한 보험계약이므로 다수의 회사 직원을 피보험자로 하여 보험계약을 체결하였다고 하여 곧바로 상법 제735조의 3의 적용을 받는 단체생명보험계약에 해당한다고 판단하여서는 곤란하고 위 규정 소정의 규약에 따라 보험계약이 체결되었는지 여부를 심리하여야 한다.[11]

상법 제735조의3에서 단체보험의 유효요건으로 요구하는 '규약'의 의미는 단체

---

9) 대법원 2011. 3. 24. 선고 2010다92612 판결. 이 판결에서 대법원은 "상법은 보험료반환청구권에 대하여 2년간 행사하지 아니하면 소멸시효가 완성한다는 취지를 규정할 뿐(제662조) 소멸시효의 기산점에 관하여는 아무것도 규정하지 아니하므로, 소멸시효는 민법 일반 법리에 따라 객관적으로 권리가 발생하고 그 권리를 행사할 수 있는 때로부터 진행한다. 그런데 상법 제731조 제1항을 위반하여 무효인 보험계약에 따라 납부한 보험료에 대한 반환청구권은 특별한 사정이 없는 한 보험료를 납부한 때에 발생하여 행사할 수 있다고 할 것이므로, 위 보험료반환청구권의 소멸시효는 특별한 사정이 없는 한 각 보험료를 납부한 때부터 진행한다."고 하였다.

10) 대법원은 보험계약자인 회사가 근로자가 퇴사한 이후에도 보험회사에 이를 알리지 아니하고 해당 근로자에 대한 보험료를 납입하여 오다가 위 근로자가 퇴사 후 사망한 사안에서 단체의 구성원이 보험사고 이외의 사고로 사망하거나 퇴직 등으로 단체의 구성원으로서의 자격을 상실하면 그에 대한 단체보험계약에 의한 보호는 종료되고, 구성원으로서의 자격을 상실한 종전 피보험자는 보험약관이 정하는 바에 따라 개별보험계약으로 전환하여 계속 보호를 받을 수 있을 뿐이라고 하였다. 대법원 2007. 10. 12. 선고 2007다42877, 42884 판결.

11) 대법원 2002. 2. 25. 선고 99다60443, 60450 판결.

협약, 취업규칙, 정관 등 그 형식을 막론하고 단체보험의 가입에 관한 단체내부의 협정에 해당하는 것으로서, 반드시 당해 보험가입과 관련한 상세한 사항까지 규정하고 있을 필요는 없고 그러한 종류의 보험가입에 관하여 대표자가 구성원을 위하여 일괄하여 계약을 체결할 수 있다는 취지를 담고 있는 것이면 충분하다 할 것이지만, 위 규약이 강행법규인 상법 제731조 소정의 피보험자의 서면동의에 갈음하는 것(상법 제735조의3 제1항)인 이상 취업규칙이나 단체협약에 근로자의 채용 및 해고, 재해부조 등에 관한 일반적 규정을 두고 있다는 것만으로는 이에 해당한다고 볼 수 없다.[12)]

판례는 단체가 구성원의 전부 또는 일부를 피보험자로 하는 생명보험계약을 체결함에 있어서 상법 제735조의3에서 규정하고 있는 '규약'을 구비하지 못한 경우에는 피보험자의 서면동의가 있으면 되지만, 묵시적, 추정적 동의는 허용되지 아니한다고 하였다.[13)]

단체보험계약이 체결된 때에는 보험자는 보험계약자에 대하여서만 보험증권을 교부한다(상법 제735조의3 제2항).

단체보험은 고용주가 보험계약자로서 보험계약을 체결하면서 피보험자를 회사 직원의 전부 또는 일부로 하되 고용주 자신을 보험수익자로 하는 경우 단체보험이라고 하여 당연히 타인을 위한 보험계약이 되어야 하는 것은 아니므로 이러한 형태의 단체계약이 단체보험의 본질에 반한다고 볼 수 없다.[14)]

12) 대법원 2006. 4. 27. 선고 2003다60259 판결.

13) 대법원 2006. 4. 27. 선고 2003다60259 판결.

14) 대법원 1999. 5. 25. 선고 98다59613 판결. 다만 이 판결은 문제된 보험계약의 보험사고가 업무상 재해로 인한 사망 또는 부상에 국한시키지 아니한 점, 회사 직원들이 자신들이 업무상 재해가 아닌 사망이나 부상을 당하는 보험사고가 발생한 경우에는 회사가 그 보험금을 수령하여 보유하는 것을 용인할 의도로 특별히 보험수익자를 회사로 하는 위 보험계약 체결에 동의하였다고 보기는 통상적으로 어려운 점 등에 비추어 보면, 보험계약자인 피고 회사와 피보험자인 그 직원들 사이에서는 보험사고 내용에 따라 특별히 다른 약정을 하였다는 사정이 없는 한, 보험기간 내에 피보험자가 사망하거나 부상을 당하는 보험사고가 발생하지 아니한 경우에는 보험료를 납부한 피고 회사가 보험료의 원금을 수령하여 이를 취득하고, 보험기간 내에 업무상 재해로 인한 보험사고가 발생한 경우뿐만 아니라 보험사고가 업무상 재해로 인한 것이 아닌 경우에도 피고 회사가 보험금을 수령하여 이를 보유하는 것이 아니라 피보험자나 그 유족에게 지급하기로 하는 의미로 보험수익자를 보험계약자인 피고 회사로 하는 데 대하여 회사가 그 직원들에게 동의를 구하였고 직원들도 그와 같은 의미로 알고서 이에 동의한 것이라고 해석함이 그들 사이의 의사에 합치된다고 판시하여 피보험자가 사망하거나 상해를 입은 사정

2014년 개정상법은 보험계약에서 보험계약자가 피보험자 또는 그 상속인이 아닌 자를 보험수익자로 지정할 때에는 단체의 규약에서 명시적으로 정하는 경우 외에는 그 피보험자의 서면 동의를 받도록 하였다(상법 제735조의3 제3항).

V. 타인을 위한 생명보험계약

1. 총설

타인을 위한 생명보험계약이라 함은 보험계약자 이외의 자를 보험수익자로 하는 생명보험계약을 말한다. 타인의 생활상 부양이나 경제적 지원을 목적으로 한다(대법원 2018. 9. 13. 선고 2016다255125 판결). 타인을 위한 생명보험계약에서 보험수익자는 1인이어야만 하는 것은 아니고, 수인이어도 된다. 보험수익자가 2인 이상인 경우에는 대표자 1인을 지정할 것이 약관에서 요구되고 있다. 이 경우 대표자는 다른 보험수익자를 대리하는 것(생명보험표준약관 제12조 제1항)으로 하므로 보험수익자 전원이 아니라 대표자에게 행위하는 것으로 충분하다. 지정된 보험수익자의 소재가 확실하지 아니한 경우에는 보험수익자 1인에 대하여 한 행위는 다른 보험수익자에 대하여도 효력이 미친다(생명보험표준약관 제12조 제2항).

생명보험계약에서는 피보험이익이 요구되지 않기 때문에 보험계약자는 누구라도 보험수익자로 지정할 수 있고, 자연인이 아닌 법인을 보험수익자로 할 수도 있다. 다만 보험수익자와 불륜관계에 있는 여성을 보험수익자로 지정하는 경우, 그 보험수익자 지정이 불륜관계의 유지·계속을 목적으로 하는 경우에는 그 보험수익자 지정은 공서양속에 반하여 무효이다.[15)]

타인을 위한 생명보험계약에서 보험자의 보험수익자에 대한 급부는 보험수익자에 대한 보험자 자신의 고유한 채무를 이행한 것이다. 따라서 보험자는 보험

을 이용하여 보험수익자로 지정된 고용주가 보험금을 수령하는 것에 대하여 제약을 가하여 피보험자측을 보호하고 있다(사법연수원, 전게서, 195면).

15) 일본 東京地判平 8·7·30 金商 1002·25, 東京高判平 11·9·21金商 1080·30.

계약이 무효이거나 해제되었다는 것을 이유로 보험수익자를 상대로 하여 그가 이미 보험수익자에게 급부한 것의 반환을 구할 수 있고, 이는 타인을 위한 생명보험이나 상해보험이 제3자를 위한 계약의 성질을 가지고 있다고 하더라도 달리 볼 수 없다(대법원 2018. 9. 13. 선고 2016다255125 판결).

상법은 보험계약자에게 보험수익자를 지정 또는 변경할 권리를 인정하고 있다(상법 제733조).

2. 보험수익자의 지정

가. 지정방법

보험수익자의 지정이라 함은 보험수익자를 정하는 행위이고, 타인을 위한 생명보험계약이 성립하기 위하여서는 보험계약자가 자신 이외의 자를 보험수익자로 지정할 필요가 있다.

보험수익자의 지정이 없거나 그 지정이 무효인 경우 보험계약자가 자신을 보험수익자로 하는 자기를 위한 생명보험계약이 된다.

보험계약자가 보험수익자의 지정권을 행사하지 아니하고 사망한 때에는 피보험자를 보험수익자로 한다(상법 733조 제2항).

보험수익자가 보험존속 중에 사망한 때에는 보험계약자는 다시 보험수익자를 지정할 수 있고, 보험계약자가 지정권을 행사하지 아니하고 사망한 때에는 보험수익자의 상속인을 보험수익자로 한다(상법 733조 제3항).

보험계약자가 보험수익자의 지정권을 행사하기 전에 보험사고가 생긴 경우에는 피보험자의 상속인이 보험수익자로 되고,[16] 보험수익자가 사망한 후 지정권

16) 대법원 2001. 12. 28. 선고 2000다31502 판결. 대법원 2004. 7. 9. 선고 2003다29463 판결. 대법원 2004. 7. 9. 선고 2003다29463 판결은 자동차상해보험은 인보험의 일종으로서 상해의 결과 사망에 이른 경우 생명보험에 속한다고 할 것인데, 보험계약자가 보험수익자의 지정권을 행사하기 전에 보험사고가 발생하여 피보험자가 사망한 경우에는 상법 제733조에 의하여 피보험자의 상속인이 보험수익자가 되고, 그러한 경우 보험금청구권은 보험수익자인 상속인들의 고유재산일 뿐 피상속인의 상속재산은 아니라고 할 것이므로, 상속인들이 이 사건 자동차상해보험의 사망보험금을 수령한 행위는 민법 제1026조 제1호에 정한 단순승인 사유에 해당하지 아니하며, 따라서 상속인들의 상속포기 신고는 적법하다고 판시하였다.

을 행사하기 전에 보험사고가 생긴 경우에는 보험수익자의 상속인이 보험수익자가 된다(상법 733조 제4항).

생명보험표준약관은 "이 계약에서 계약자가 보험수익자를 지정하지 않은 때에는 보험수익자를 중도보험금·만기보험금의 경우에는 계약자로 하고, 사망보험금의 경우에는 피보험자의 법정상속인, 장해보험금과 입원보험금 등의 경우에는 피보험자."라고 규정하고 있다(생명보험표준약관 제11조).

보험수익자의 지정방법은 특별한 제한은 없고, 구체적으로 성명을 표시하거나 단지 상속인으로 표시하여도 된다.

후자의 경우에는 구체적으로 누가 보험수익자인가 다툼이 발생할 수 있고, 보험수익자의 지정은 보험자를 상대방으로 하는 의사표시이기 때문에, 보험계약자의 보험자에 대한 표시를 합리적이고 객관적으로 해석하여 지정한 보험수익자를 정할 필요가 있다.[17]

또한 보험수익자의 지위에 다툼이 있는 경우에, 이와 같은 객관적인 해석방법이 아니라, 보험계약자의 의사가 과연 무엇인가라는 진의를 가급적 탐구하는 주관적 해석방법을 취하여야 한다는 견해가 유력하다.[18]

나. 지정의 법적 성질

보험수익자의 지정의 법적 성질은 보험계약 체결시의 변경이나 계약체결 후에 행해지는 변경이나 보험자의 승낙을 요하지 아니하는 보험계약자의 일방적 의사표시이고, 그 의사표시의 상대방은 보험자이다.

보험계약 체결 시 보험자는 보험수익자의 속성과 피보험자와의 관계를 고려하여 최종적으로 보험의 인수여부를 결정한다고 할 수 있다. 그러나 보험자는 누가 보험수익자로 지정되었는가를 알 필요는 있다고 하여도, 보험자는 본래 직접적으로 이에 관하여 이해관계를 가진다고 할 수 없기 때문에 보험자는 보험수익자의 지정에 대하여 통상은 이를 거부할 수 없다. 따라서 보험수익자의 지정은 보험자의 승낙을 요하지 아니하는 단독행위이다.[19]

---

17) 最判 昭58·9·8 民集37·7·918.
18) 潘阿憲, 전게서 222面.

다. 지정에 관한 법적 문제

보험계약자가 보험수익자를 단순히 상속인이라고 기재한 경우 피보험자의 사망 시, 즉 보험급여청구권 발생 당시의 상속인을 보험수익자로 지정한 것으로 해석한다. 생명보험계약 체결 시 내지 보험수익자 지정 시부터 보험사고발생시까지는 장기간이 경과하는 것이 보통이고, 그 기간에 피보험자의 친족에 변동이 생길 수 있음을 고려하여 그 변동 시 보험수익자변경의 절차를 생략하기 위한 취지로 해석된다.[20]

보험계약자와 피보험자가 다르고, 단지 보험수익자를 상속인으로 지정한 경우 피보험자의 상속인을 보험수익자로 지정한 것으로 보는 견해도 있지만, 보험계약자의 상속인을 보험수익자로 보는 것이 일반적이다.[21]

보험계약자가 자기 이외의 제3자를 피보험자로 하고 자기 자신을 보험수익자로 하여 맺은 생명보험계약에 있어서 보험수익자와 피보험자가 동시에 사망한 것으로 추정되는 경우에 상법 제733조 제3항 후단 소정의 보험계약자가 다시 보험수익자를 지정하지 아니하고 사망한 경우에 준하여 보험수익자의 상속인이 보험수익자가 되고,[22] 이러한 경우 보험수익자의 상속인이 피보험자의 사망이라는 보험사고가 발생한 때에 보험수익자의 지위에서 보험자에 대하여 가지는 보험금지급청구권은 상속재산이 아니라 상속인의 고유재산이다.[23]

3. 보험수익자의 지위

가. 보험수익자 지정에 의한 권리의 취득

타인을 위한 생명보험계약에서 보험수익자가 지정되면 보험수익자는 수익의 의사표시 없이 당연히 생명보험계약상의 이익을 받는다(상법 제639조 제2항). 이는 편면적 강행규정으로 보험수익자에게 불리한 약정은 금지된다(상법 제663조).

다만 보험수익자로 지정된 경우에도 제3자는 권리취득이 강제되는 것이 아니

19) 潘阿憲, 상게서, 223面.
20) 潘阿憲, 상게서, 224面.
21) 潘阿憲, 상게서, 224面.
22) 대법원 2007. 11. 30. 선고 2005두5529 판결.
23) 대법원 2004. 7. 9. 선고 2003다29463 판결 참조.

고, 포기할 수 있다. 이 경우에는 지정 시에 소급하여 권리를 취득하지 않은 것이 되고, 보험계약자 자신을 위한 생명보험계약이 된다. 한편 보험금청구권이 구체화된 후에 보험수익자가 그 보험급여청구권을 포기하는 경우에는 보험급여청구권은 확정적으로 소멸하고, 보험자는 보험금지급의무를 면한다.

보험계약자는 보험수익자를 변경할 수 있고, 또한 변경권을 포기할 수 있는 점에서 보험수익자의 권리는 매우 불안정하다. 보험수익자의 권리의 성질에 대하여 단순히 기대권이라는 견해와 보험계약자는 보험수익자를 변경하지 않을 것을 조건으로 하는 조건부보험금청구권이라는 견해로 나뉘지만, 후자를 취한다.[24]

보험자는 보험계약자의 고지의무위반을 이유로 보험계약을 해지할 수 있고, 보험계약자의 보험료지급채무불이행을 이유로 보험계약이 해지되면 보험수익자로서의 지위가 상실된다.

나. 권리취득의 성질

보험금청구권은 상속재산이 아니라 상속인의 고유재산이다.[25] 즉 보험수익자는 보험계약자의 권리를 승계 취득하는 것이 아니고, 자기 고유의 권리로서 보험자에 대하여 보험급여청구권을 취득한다. 보험계약자 겸 피보험자의 상속인이 보험수익자로 지정되어도 상속인인 보험수익자는 보험계약자 겸 피보험자의 권리를 상속하여 취득하는 것이 아니라, 원시적으로 취득하는 것이고, 보험급여청구권은 보험계약의 효력발생과 동시에 상속인인 보험수익자의 고유재산이 된다.

따라서 보험수익자로서 상속인이 상속을 포기하거나 한정승인 한 경우에도 보험급여청구권의 취득에는 영향이 없고, 피상속인인 보험계약자의 채권자가 보험금에 대하여 강제집행 할 수 없다.

보험수익자를 '상속인'으로만 지정하였는데 상속인이 수인인 경우에는 각 상속인은 그 상속분의 비율에 따라 보험금청구권을 가진다고 본다.[26] 상속인을

---

24) 潘阿憲, 전게서, 224面.

25) 대법원 2000. 12. 24. 선고 2001다65755 판결. 대법원 2001. 12. 28. 선고 2000다31502 판결. 대법원 2002. 2. 8. 선고 2000다64502 판결 등.

보험수익자로 지정한 것은 분할채권관계에 관하여 규정하고 있는 민법 제408조의 특별한 의사표시에 해당하기 때문이다.[27]

이에 대하여 보험수익자가 사망하고, 보험계약자가 보험수익자를 지정하지 아니하고 사망하여 보험수익자의 상속인이 보험수익자가 되거나[28] 약관의 정함에 의하여 사망한 보험수익자의 상속인이 보험수익자가 되고, 보험수익자가 수인인 경우에는, 보험수익자간의 권리의 비율은 민법 제408조에 따라 균등한 비율로 한다.

보험수익자가 취득하는 권리는 원칙적으로 보험급여청구권이다. 보험계약해지권, 보험료반환청구권, 보험료감액청구권, 보험증권교부청권 등은 보험계약자에게 귀속한다. 보험료적립금반환청구권, 이익배당청구권도 보험계약자에게 귀속하는 것이 원칙이지만, 약관의 규정으로 보험계약자의 권리로 할 수 있다.

다. 보험수익자의 의무

보험수익자는 보험계약의 당사자가 아니기 때문에 보험계약상의 의무를 지는 것은 아니다. 보험료지급의무도 보험계약자가 진다. 다만 보험계약자가 파산선고를 받거나 보험료의 지급을 지체한 때에는 보험수익자가 그 권리를 포기하지 아니하는 한 보험수익자도 보험료를 지급할 의무가 있다(상법 제639조 제3항 단서).

이에 대하여 일본 보험법은 이에 관한 규정을 두고 있지 않다. 그 이유는 보험계약자가 파산하여도 생명보험계약의 보험급여청구권은 파산재단에 귀속하지 않고 보험수익자의 고유재산이기 때문에 파산관재인이 보험계약을 해지하는 것이 보통이기 때문에 이 규정의 존재의의는 거의 없다는 것을 들고 있다.[29] 우리법의 입법에도 참조하여야 할 것으로 판단된다.

보험수익자는 피보험자가 사망한 것을 안 때에는 지체 없이 통지를 발송할 의무를 진다(상법 제657조 제1항).

26) 사법연수원, 전게서, 199면.
27) 潘阿憲, 전게서, 228面.
28) 상법 제733조 제3항
29) 潘阿憲, 상게서, 229面.

4. 보험수익자의 변경

가. 개관

보험계약자가 보험수익자를 지정하여 제3자가 권리를 취득하면, 보험계약자는 제3자의 동의가 없는 한 이를 변경하거나 소멸시킬 수 없는 것이 원칙이다(민법 제541조). 그러나 생명보험계약은 통상 보험기간이 장기이고, 가족구성원의 변동 계약체결 당시의 사정이 계약체결 후에 변화하여, 원래의 보험수익자를 변경할 필요성이 생기는 경우가 있다.

따라서 보험계약자는 보험수익자를 변경하는 것이 인정된다(상법 제733조 제1항). 이 규정도 편면적 강행규정이지만, 보험수익자를 일정한 범위로 고정하거나 보험수익자가 될 수 있는 자를 일정한 범위로 한정하는 약정은 허용된다고 해석된다.

보험수익자의 변경에 보험자의 동의를 요하도록 하는 것은 상법 제733조 제1항과 상법 제663조에 반하여 허용되지 않는다. 표준생명보험약관은 "계약자는 보험수익자를 변경할 수 있으며 이 경우에는 회사의 승낙을 요하지 아니합니다(생명보험표준약관 제20조 제2항)."라고 하여 보험수익자의 변경에 보험자의 동의를 요하지 않도록 하고 있다.

사망보험계약의 보험수익자의 변경에는 피보험자의 서면에 의한 동의가 필요하다(상법 제734조, 제731조 제1항). 보험수익자의 변경으로 인한 도덕적 위험의 폐해를 방지하기 위함이다. 피보험자의 동의 없는 보험수익자의 변경은 무효이기 때문에 종래의 보험수익자가 그대로 보험수익자의 지위를 유지한다.

채권자인 보험수익자 겸 피보험자가 무자력이 된 후, 보험수익자를 자기로부터 타인으로 변경하는 경우에는 채권자의 이익을 침해하기 때문에 채권자취소권(민법 제406조)의 대상이 되어 보험수익자의 변경을 취소할 수 있다고 해석된다. 보험수익자의 변경의 취소가 인정된다면, 새로운 보험수익자는 그 지위를 상실하고, 이전의 보험수익자가 다시 보험수익자의 지위를 회복하고, 채권자는 보험수익자가 가지는 사망보험급여청구권을 직접 행사할 수 있다.

나. 보험수익자 변경의 의사표시와 효력발생

보험계약자가 계약체결 후에 보험수익자를 지정 또는 변경할 때에는 보험자에 대하여 그 통지를 하지 아니하면 이로써 보험자에게 대항하지 못한다(상법 제734조 제1항).

Ⅵ. 면책사유

생명보험계약 중 일정한 사유가 생기는 경우 보험자의 면책이 인정되는 경우는 사망보험계약뿐이다. 사망보험계약의 경우에는 피보험자 자신이 자살하거나, 보험계약자 또는 보험수익자가 고의로 피보험자를 사망하도록 하여 사망보험금의 부정취득을 꾀하는 경우가 있기 때문에 그와 같은 경우에 보험자의 면책으로 할 필요가 있다. 그러나 일정한 시기까지 생존에 대하여 보험금이 지급되는 생존보험의 경우에는 일반적으로 그와 같은 보험금의 부정취득의 폐해가 없기 때문이다.[30)]

상법 제732조의 2에 의하면 생명보험의 경우 보험자의 면책사유를 제한하여 보험사고가 피보험자 등의 중대한 과실로 인하여 생긴 경우에도 보험금을 지급하도록 규정하고 있고, 이 규정은 상법 제739조에 의하여 상해보험에도 준용된다.

1. 피보험자의 자살

가. 자살의 면책

피보험자의 자살은 면책임이 원칙이다(상법 제659조). 이는 피보험자의 자살행위는 사행계약으로서 생명보험계약에 요청되는 신의성실의 요청에 반하고, 생명보험계약이 부당한 목적에 이용되는 것을 방지하기 위함이다.[31)]

자살은 단지 피보험자가 스스로 생명을 끊을 것을 목적으로 사망의 결과를 초래하는 행위, 즉 고의에 의한 사망을 의미하고, 과실로 인한 사망, 의사무능

30) 潘阿憙, 상게서, 247面.
31) 潘阿憙, 상게서, 247面.

력자의 자살, 우울증 기타 정신장애 상태하의 자살은 포함되지 않는다.

자살의 방법은 묻지 않는다. 따라서 촉탁살인과 같이 타인에게 의뢰하여 살해한 경우에도 자살로 취급된다. 다만 촉탁살인이 자살과 완전히 동시된다면, 생명보험약관상의 자살면책기간의 경과후의 촉탁살인에 대하여서도 보험자면책이 인정되지 않는다. 따라서 촉탁살인은 타인에 의한 살해행위가 개입되어 있는 점에서 자살의 경우에 비하여 반사회성의 정도가 보다 강하다는 점도 비교적 적지 않은 점을 이유로 생명보험약관의 자살면책조항의 자살에는 촉탁살인은 포함되지 않고, 약관소정의 자살면책기간 경과후의 촉탁살인에 대하여서도 보험자면책을 인정하는 일본판례도 있다.[32]

나. 생명보험약관상 자살면책조항

생명보험약관에서는 비록 피보험자가 고의로 자신을 해친 경우라도 "심신상실 등으로 자유로운 의사결정을 할 수 없는 상태[33]"인 경우[34]와 보장개시일 부터 2년이 경과된 후에 자살한 경우[35]에는 보험자의 면책사유에서 제외하여 보험금을 지급하는 것으로 되어 있다. 일정한 기간이 경과한 후에 보험금을 지급한다고 하는 취지는 당해 기간경과 후에 자살을 계획하여 보험에 가입하는 자는 적고, 따라서 당해 기간경과 후 자살은 당초 계약체결 시의 동기와의 관계가 희박한 것이 보통이며, 설사 체결 시에 자살할 의사를 가졌다고 하더라도 일정한 기간이 경과한 후에는 자살을 실행하는 것은 극히 적고, 그 경우 다수

32) 東京地判 平 4.11.26 判時1469·154.

33) 대법원 2006. 3. 10. 선고 2005다49713 판결은 부부싸움 중 극도의 흥분되고 불안한 정신적 공황상태에서 베란다 밖으로 몸을 던져 사망한 경우, 위 사고는 보험약관상 보험자의 면책사유인 '고의로 자신을 해친 경우'에 해당하지 않는다고 판시하였다.

34) 이와 관련하여 생명보험표준약관 제5조 1호는 보상하지 아니하는 사항 중 "피보험자의 고의. 다만, 피보험자가 심신상실 등으로 자유로운 의사결정을 할 수 없는 상태에서 자신을 해친 경우 특히 그 결과 사망에 이르게 된 경우에는 재해사망보험금(약관에서 정한 재해사망보험금이 없는 경우에는 재해 이외의 원인으로 인한 사망보험금)을 지급합니다."라고 규정하고 있다.

35) 이와 관련하여 생명보험표준약관 제5조 1호는 보상하지 아니하는 사항 중 "계약의 보장개시일 (부활(효력회복)계약의 경우는 부활(효력회복)청약일)부터 2년이 지난 후에 자살한 경우에는 재해 이외의 원인에 해당하는 사망보험금을 지급(약관에서 정한 재해 이외의 원인에 해당하는 사망보험금을 지급합니다."라고 규정하고 있다.

는 정신적 이상이라고 할 수 있으며, 자살의 진정한 동기·원인이 무엇인가를 사후에 규명하는 것은 극히 곤란한 점 등이 들어진다.[36)]

이 약관은 불가쟁조항의 일종이고 유효라고 해석되고 있다.

자살면책조항에서 규정하는 면책기간은 책임개시일로부터 일정한 기간 안에 자살하는 경우에는 자살의 동기, 목적을 묻지 않고, 일률적으로 보험자의 면책으로 함에 대하여, 그 기간경과후의 피보험자의 자살로 인한 사망에 대하여서는 자살에 관하여 범죄행위 등이 개입하고, 당해 자살에 대하여 사망보험금을 지급하는 것이 사회질서에 반한다는 우려가 있는 특별한 사정이 있는 경우를 제외하고는, 당해 자살의 동기, 목적이 보험금의 취득이라는 것이 인정될 수 있는 경우이어도, 면책의 대상으로 하지 않는다는 뜻의 약정이라고 해석된다.[37)]

다. 증명책임

자살은 법정면책사유이기 때문에 피보험자의 사망이 자살에 의함 것임을 증명할 책임은 보험자가 지지만, 피보험자의 정신장애 등의 사유로 인한 자살이라는 것의 증명책임은 보험수익자측에게 있다고 해석된다.

라. 일본 보험법의 입장

보험법 제51조 제1항에 따르면 피보험자가 자살한 경우에는 보험자는 면책이다. 그러나 실제로 생명보험의 약관에서는 보험자의 책임개시 시부터 일정한 기간(1년 내지 3년)내의 자살만을 면책으로 하는 것이 보통이다. 제51조 제1호는 장기 생명보험계약의 모든 기간에 자살면책이 미치는 것을 당연시하는 것은 아니고, 그 기간이 한정되는 것이 보통이라는 것을 전제로 그 기간이 생명보험계약의 종류와 사회상황에 따라 변한다는 것을 전제로 오히려 자살면책기간의 원칙규정을 두지 않은 것에 불과하다.[38)]

---

36) 山下友信·竹濱修·洲崎博史·山本哲生, 保險法, 有斐閣, 2010, 431面.

37) 潘阿憲, 전게서, 250面.

38) 法制審議會保險法部會 第22回議事錄, 36~39面(竹濱 修, 生命保險契約および傷害疾病保險契約特有の事項,『ヅェリスト』, No. 1364, 2008. 10. 1, 47面).

이 규정은 임의규정이고, 개별적인 생명보험약관에 따라 보통 자살면책기간(1년~3년)이 두어지고 있다.

2. 보험계약자에 의한 살해

보험계약자가 고의로 피보험자를 살해한 경우에는 보험자는 면책이다(상법 제659조). 보험계약자에 의한 피보험자의 고의에 의한 살인은 보험계약상 요구되는 신의성실의 원칙에 반하기 때문이다.

보험계약자가 고의로 피보험자를 살해하는 경우 사행계약으로서 보험계약의 당사자에게 요구되는 신의성실의 원칙에 반하지만, 공익에 반한다고까지 할 수 없지만, 보험급여에 대하여 보험계약자가 밀접한 관계를 가지는 경우에는, 보험수익자에 의한 살인의 경우와 같이 공익에 반하여 보험자는 면책이다.[39]

보험계약자가 피보험자를 겸하는 경우에는 당해 피보험자가 자살한 경우에는 보험계약자에 의한 고의의 살인은 아니고, 피보험자의 자살이다.

보험계약자가 보험수익자를 겸하는 경우에 피보험자를 고의로 살해한 경우 보험자는 면책이다. 보험계약자가 다수의 보험수익자중의 1인의 지위를 겸하는 경우에도 보험자는 면책이다. 가령 아내를 살해하고 보험사고를 위장하여 보험금을 취득할 목적으로 아내를 피보험자로 하고 보험수익자를 상속인으로 한 생명보험에 가입한 후 아내를 살해한 경우 보험금을 청구할 수 없다.[40]

보험계약자와 보험수익자가 다르지만 양자가 공모하여 피보험자를 고의로 살해한 경우에도 보험계약자에 의한 피보험자의 고의의 살해로 보아 보험자의 면책이라고 해석한다.

3. 보험수익자에 의한 살해

보험수익자가 고의로 피보험자를 살해한 경우에는 보험자는 면책이다(상법

---

39) 潘阿憲, 전게서, 250面.

40) 대법원 2000. 2. 11. 선고 99다49064 판결은 보험계약자인 남편 이외에 보험수익자로 지정된 피보험자의 친정부모도 보험금청구를 할 수 없다고 하였다.

제659조). 보험수익자가 고의로 피보험자를 살해하고 보험금을 취득하는 것은 공익에 반하기 때문이다.

보험수익자가 피보험자를 살해하는 당시에 보험금취득의 의도가 없었더라도 보험자는 보험금지급책임을 면한다. 사망보험계약에서 보험자가 면책인 것은 보험수익자의 고의에 의한 살해뿐이고, 과실로 피보험자를 사망하도록 한 경우에는 면책되지 않는 것으로 해석된다.

보험금청구권의 상속, 양도 또는 질입에 의하여 사실상 보험금을 취득할 지위에 있는 자에 의한 피보험자의 고의에 의한 살인에 대하여서도 상법 제659조를 유추적용하여 보험자 면책으로 하는 것이 타당하다.

보험수익자중 일부의 자가 피보험자를 살해한 경우, 보험자는 사망보험금 중 살해한 보험수익자가 취득할 부분에 대하여서는 보험금지급책임을 면하지만, 다른 보험수익자에 대하여 잔액을 지급할 책임을 진다.[41] 이와 같은 경우에 당해 보험수익자의 보험금의 지급을 배제하는 것은 면책규정의 취지에 반하기 때문이다. 다만, 보험자가 보험금의 잔액이 아니라 그 전액을 살해한 보험수익자 이외의 보험수익자에게 지급한다는 특약의 효력에 대하여서는 도덕적 위험을 야기하기 용이하기 때문에 무효라고 해석한다.

보험수익자중 일부의 자가 피보험자를 과실 등으로 사망하도록 한 경우 다른 보험수익자의 보험금청구권은 발생하고, 그 보험금청구권은 독립한 재산권으로서 상속재산을 구성하며, 상속에 의하여 상속인에게 승계되기 때문에, 피보험자를 과실 등으로 사망하도록 한 자이어도 일단 발생한 보험금청구권을 상속하고, 그 행사 또는 처분을 할 수 있다고 해석된다.

보험계약자겸 피보험자 A가 유언에 의하여 보험수익자를 B에서 C로 변경한 경우에, 보험수익자 B가 A를 살해한 경우에는 A의 사망과 동시에 유언의 효력이 발생하고, B에서 C로 보험수익자가 변경되었기 때문에, B는 결과적으로 보험수익자의 지위를 상실하여 보험금을 스스로 취득할 수 없고, A를 살해할 시

41) 생명보험표준약관 제5조 2호는 "보험수익자가 고의로 피보험자를 해친 경우. 그러나 그 보험수익자가 보험금의 일부 보험수익자인 경우에는 그 보험수익자에 해당하는 보험금을 제외한 나머지 보험금을 다른 보험수익자에게 지급합니다."라고 규정하고 있다.

점에서는 보험수익자의 지위에 있는 이상 보험수익자에 의한 고의의 살해로 C는 보험금을 취득할 수 없다고 해석한다.[42)]

또한 유언에 의하여 새로운 보험수익자로 지정된 C가 A를 살해한 경우에는, A의 사망과 동시에 유언에 의한 보험수익자의 변경의 효력이 발생하기 때문에 C는 보험수익자의 지위를 취득한다. A의 살해 당시에 C가 아직 보험수익자는 아니지만, 고의에 의한 살인자인 C에게 보험금취득을 허용하는 것은 공익에 반하기 때문에, 유언에 의한 보험수익자지정에 의하여 보험금취득자의 지위를 취득하는 자에 의한 고의의 살인이어도 보험자면책이라고 해석한다.[43)]

4. 전쟁, 변란, 범죄행위에 의한 피보험자의 사망

보험사고가 전쟁 기타의 변란으로 인하여 생긴 때에는 당사자간에 다른 약정이 없으면 보험자는 보험금액을 지급할 책임이 없다(상법 제660조). 이 경우에는 사망률이 증가하여 보험료산정의 기초가 변경되기 때문이다.

다만 생명보험약관에서는 전쟁 기타 변란으로 인하여 사망하는 피보험자의 수가 보험료산출기초에 중대한 영향을 미칠 우려가 있다고 인정될 때에는 보험금을 감액하거나 면책할 수 있다는 규정이 두어지는 것이 보통이다.

피보험자가 범죄행위로 인하여 사망하는 경우에 면책으로 할 것인지가 문제된다. 범죄행위로 인한 사망을 일률적으로 면책으로 하여야 하는 논거로는 범죄행위로 인하여 사망한 경우에도 보험금의 지급이 인정된다면, 유족을 염두에 두고 범죄행위를 하게 되어 공익에 반한다는 이유가 들어진다.[44)]

그러나 약관상 면책으로 할 수 있는 범죄행위는 형사 처벌이 되는 모든 범죄행위일 수는 없고, 공익적으로 허용할 수 없는 강한 불법성이 존재하는 범죄행위에 대하여서만 면책으로 하여야 한다고 판단된다. 왜냐하면 생명보험계약상 보험수익자가 범죄행위로 인한 사망의 경우에도 보험급여청구권이 존재한다고 하여 범죄를 유발하는 예는 드물고, 보험수익자의 입장에서 보면 우연한 사고

42) 潘阿憲, 전게서, 252面.
43) 潘阿憲, 상게서, 252面.
44) 潘阿憲, 상게서, 252面.

에 의한 피보험자의 사망의 결과를 보험수익자에게 불리하도록 하는 것은 타당하지 않다.[45]

생명보험약관에서는 피보험자의 범죄행위를 면책사유에서 완전히 제외하거나, 보험계약의 성립일로부터 일정기간(1년 내지 3년) 이내의 범죄행위로 인한 사망에 대하여서만 면책으로 하고 있다.

5. 보험료적립금반환의무

보험계약자가 보험사고가 발생하기 전에 생명보험계약을 해지한 때에는 보험료적립금을 반환하여야 한다(상법 제736조 제1항). 다만 다른 약정이 없으면 보험사고가 보험계약자의 고의 또는 중과실로 인하여 생긴 경우에는 반환의무가 없다(상법 제736조 제2항, 제659조 제1항). 신의칙에 반하는 행위를 한 보험계약자를 제재하기 위함이다. 보험계약자가 자살한 경우가 이에 해당한다. 상법상 보험계약자가 자살한 경우에도 약관의 정함으로 보험료적립금반환의무를 인정할 수 있다. 일본 보험법상 보험계약자의 자살의 경우 보험료적립금반환의무가 없지만, 약관으로 이를 인정하는 것은 물론 가능하고, 실무상으로는 반환을 하지 않는 것이 통례이다.[46]

보험계약자가 피보험자를 겸하고 피보험자가 자살한 경우에 보험계약자에 의한 자살로 규율하여 보험료적립금반환의무를 인정하지 않으면 보험계약자측에게 불리하다. 따라서 이 경우에는 반환의무를 진다고 해석한다.[47]

한편 보험계약자가 보험수익자를 겸하고, 보험계약자 겸 보험수익자가 피보험자를 살해하거나 또는 보험계약자와 보험수익자가 별개이지만 양자가 공모하여 피보험자를 살해한 경우에는, 보험계약자에 의한 살해가 우선하여 보험자는 보험료적립금반환의무를 면한다.[48]

---

45) 潘阿憲, 상게서, 255面.
46) 潘阿憲, 상게서, 255面.
47) 일본 보험법 제51조 2호는 피보험자 등의 자살 등이 우선적으로 적용된다고 명시하여 반환의무를 면하지 못하도록 한다.
48) 일본 보험법 제51조 3호는 이를 명시하고 있다.

Ⅶ. 생명보험과 상속

1. 보험수익자의 지정

생명보험에서 보험계약자는 보험수익자를 지정변경 할 수 있다(상법 제733조). 여기서 보험수익자는 그 지정시점에 특정되어야 하는 것은 아니고 보험사고발생시에 특정할 수 있으면 된다. 따라서 보험계약자는 이름 등을 통하여 특정인을 보험수익자로 지정할 수 있음은 물론 '배우자' 또는 '상속인'과 같이 보험금을 수익할 자의 지위나 자격 등을 통하여 불특정인을 보험수익자로 지정할 수도 있고, 후자와 같이 보험수익자를 추상적 또는 유동적으로 지정한 경우에 보험계약자의 의사를 합리적으로 추측하여 보험사고 발생 시 보험수익자를 특정할 수 있다면 그러한 지정행위는 유효하다.[49)]

2. 보험수익자로 '상속인'을 지정한 경우

가. 보험금청구권의 성격

생명보험에서 보험수익자의 지정과 관련하여 상속이 문제된다. 먼저 보험수익자가 상속인중 특정인이 지정된 경우는 물론이고 단지 '상속인'이라고 추상적으로만 기재된 경우라도 그 의미는 보험금청구권이 일단 피보험자에게 귀속되어 상속재산을 형성하였다가 그 상속인에 이전되는 취지가 아니라 장래 보험금청구권이 발생하는 때에 보험수익자를 특정 하는 방법으로 그와 같이 표시하였다고 해석함이 상당하므로 그 보험금청구권은 상속재산이 아니라 상속인의 고유재산이라고 할 것이고,[50)] 생명보험의 보험계약자가 보험수익자의 지정권을 행사하기 전에 보험사고가 발생하여 상법 제733조에 의하여 피보험자의 상속인이 보험수익자가 되는 경우에도 마찬가지이다.[51)]

---

49) 대법원 2006. 11. 9. 선고 2005다55817 판결.

50) 대법원 2000. 12. 24. 선고 2001다65755 판결. 대법원 2001. 12. 28. 선고 2000다31502 판결. 대법원 2002. 2. 8. 선고 2000다64502 판결, 대법원 2007. 11. 30. 선고 2005두 5529 판결. 등. 다만 이 경우에도 상속세 및 증여세법 제8조는 상속재산으로 보아 상속세를 과세한다.

51) 대법원 2004. 7. 9. 선고 2003다29463 판결.

나. 상속인의 의미

보험수익자가 '상속인'으로 되어 있는 경우, 보험계약 체결 당시 상속인을 말하는 것이 아니라 보험사고 발생 당시의 상속인을 말하는 것으로 이해되어야 한다. 이 점은 보험수익자를 '처'로 해놓은 경우에도 마찬가지로, 만일 보험계약 체결시의 처는 갑이었으나, 그 후 보험계약자 겸 피보험자가 을과 재혼하고 나서 보험사고가 발생한 경우 보험수익자는 을이다.

다. 상속포기

상속인이 상속을 포기한 경우에도 보험금을 지급받을 수 있는가가 문제된다. 보험수익자로서 상속인이란 민법상의 상속인과는 개념, 기능 등이 다르고, 단지 피보험자 사망 시 보험수익자를 지정하는 표준에 불과한 것이고, 더구나 보험금은 보험수익자의 고유재산이므로 상속포기는 상속재산에 영향을 미칠 뿐 이미 확정된 보험수익자의 권리에는 영향이 없다고 하는 견해가 유력하다.[52)]

라. 상속결격

상속인에게 상속결격사유가 발생하면 어떻게 되느냐가 문제된다. 만일 보험계약자가 처음부터 피보험자를 해칠 의도로 보험계약을 체결하였다면, 이 경우는 보험계약 자체가 무효이며 상속문제를 거론할 필요가 없다.[53)]

상속결격에는 소급효가 있다고 보는 것이 일반적이고, 민법 제1004조는 상속결격이 있으면 "상속인이 되지 못한다."라고 하고 있으므로, 상속결격자는 처음부터 상속인이 아니었다고 할 것이어서 그를 제외한 나머지 공동상속인들이 보험사고 발생당시의 '상속인'으로 보험금 전액을 취득하는 것인가가 문제된다.

통상은 약관에 "보험수익자가 고의로 피보험자를 해친 경우에 보험금을 지급하지 않지만, 수익자가 보험금의 일부 수익자인 경우에는 그 잔액을 다른 수익자에게 지급한다."고 규정하는데, 이 약관에 의하면, 피보험자를 해친 상속인이 취득하였을 보험금액만큼은 다른 공동상속인도 취득하지 못한다고 보아야 한

52) 김성태, 전게서, 854면.
53) 대법원 2000. 2. 11. 선고 99다49064 판결.

다.[54] 만약 그러한 약관 규정이 없다고 하더라도 피보험자를 해친 상속인이 취득하였을 보험금액만큼 다른 공동상속인도 취득하지 못한다고 본다.[55]

한 가지 유념하여야 할 점은 상속결격사유와 보험자의 면책사유와는 다르다는 점이다. 즉, 상속결격사유는 수익자가 피보험자를 해친 경우만으로 한정되지 않는데 반하여(민법 제1004조), 생명보험에서는 보험사고가 보험계약자, 피보험자, 보험수익자의 고의로 생긴 경우에만 면책된다(상법 제732조의 2), 따라서 수익자가 피보험자를 해친 경우외의 "사기 또는 강박으로 피상속인의 상속에 관한 유언 또는 유언의 철회를 방해" 하는 등의 결격사유(민법 제1004조 제3,4,5호)에는 상속의 문제는 아니므로 그 상속결격자는 보험금청구권을 취득하는 것으로 본다.[56]

3. 보험수익자로 보험계약자 겸 피보험자로 지정한 경우

저축의 성격을 겸유하는 생명보험의 경우에는 보험계약자 겸 피보험자가 보험수익자도 자신으로 해놓는 경우가 많다. 이와 같이 피보험자와 보험수익자가 일치하는 경우에는 보험금청구권이 상속재산이 된다는 것이 통설·판례[57]이다.

4. 보험수익자의가 수인인 경우 보험금청구권의 비율

보험수익자를 '상속인'으로만 지정하였는데 상속인이 수인인 경우에는 비록

54) 사법연수원, 전게서, 198면.

55) 대법원 2001. 12. 28. 선고 2000다31502 판결. 이 판결의 원심인 서울고등법원 2000. 5. 24. 선고 2000나777 판결은, 처가 상속인들을 보험수익자로 지정한 보험계약을 체결하였는데, 남편이 처를 과도로 찔러 사망에 이르게 한 사안과 관련하여 원고들(부부의 자녀들)이 보험금 중 남편의 상속지분에 해당하는 부분의 지급을 구하자 피고인 보험회사에게 그 보험금지급책임이 없다고 판시하면서 원고들의 주장을 배척한 것으로 대법원은 상속재산이 아니라는 이유를 내세워 원고들의 상고를 기각하였다.

56) 사법연수원, 전게서, 199면.

57) 대법원 2000. 10. 6. 선고 2000다38848 판결. 이 판결은 생명보험에 있어서 보험계약자가 피보험자 중 1인인 자신을 보험수익자로 지정한 경우라도 그 지정은 유효하고 따라서 보험수익자의 사망으로 상속인이 보험수익자로 되며 그 보험금은 상속재산이 된다고 본 것이다. 한편, 이 사건에서 상속인은 피보험자 사망 후에 상속포기신고를 하였으나, 그 이전에 보험사고 발생을 원인으로 하여 보험금을 지급받았고 이는 상속재산의 처분행위에 해당하므로 민법 제1026조 제1호에 의하여 단순 승인한 것으로 보았다.

상속재산은 아니라고 하더라도 각 상속인은 그 상속분의 비율에 따라 보험금청구권을 가진다고 본다.[58]

이와 달리 처음부터 보험수익자를 '상속인'으로 표시한 것이 아니라 수인을 나열하여 지정한 경우에는 보험계약자의 의사에 따라 배분비율을 정하여야 할 것이나, 만약 보험계약자가 분배기준을 정하지 않은 경우에는 각자 균등한 비율에 따라 보험금청구권을 가진다고 보아야 한다.[59]

Ⅷ. 보험료적립금 반환의무

1. 의의

생명보험에서는 피보험자의 연령이 많아질수록 사망위험률이 높아지고 보험료도 고액이기 때문에 매년의 보험료를 평균화하기 위하여 계약의 초반부에는 위험률을 초과하는 보험료를 징수하여 이것을 이자와 함께 후반부의 부담에 대비하여 축적하고 있다. 생명보험에는 납입된 보험료에는 장래의 보험금의 지급재원이 되는 부분이 있고, 생명보험회사는 이 부분을 내부유보 하여야 한다. 이것을 보험료적립금이라고 한다. 상법은 보험계약이 해지되거나 보험자가 책임을 면하는 일정한 경우에 보험자에게 보험수익자를 위하여 적립한 보험료를 반환할 의무를 지우고 있다(상법 제736조 제1항). 적립금반환의무의 소멸시효기간은 3년이다(상법 제662조 제1항).

2. 보험료적립금반환의무

상법상 적립금반환의무가 인정되는 경우는 보험사고발생전의 보험계약자에 의한 보험계약의 임의해지(상법 제649조), 보험료 지급지체로 인한 해지(상법 제650조), 고지의무위반으로 인한 해지(상법 제651조), 위험증가통지의무위반으로 인한 해지(상법 제652조), 위험유지의무위반으로 인한 해지(상법 제653조),

---

58) 사법연수원, 전게서, 2010, 199면.
59) 사법연수원, 상게서, 199면.

(상법 제654조), (상법 제655조)의 규정에 의하여 보험계약이 해지된 때, (상법 제659조), 보험자의 파산으로 인한 해지(상법 제660조) 등 이다. 그러나 다른 약정이 없으면 보험사고가 보험계약자의 고의 또는 중과실에 의하여 생긴 경우(상법 제659조 제1항)에는 반환의무가 없다(상법 제736조 제2항).

보험계약자의 고의 또는 중고실로 인한 보험사고의 경우 적립금반환의무를 인정하지 않는 이유는 신의칙에 반하는 행위를 한 보험계약자를 제재하기 위함이다.

3. 보험료적립금 압류채권자의 보험계약의 해지권

보험계약자의 보험료적립금 반환청구권에 대하여 압류 및 추심명령을 받은 채권자가 추심권에 기하여 자기의 이름으로 보험계약을 해지할 수 있는지 여부가 문제된다.[60] 판례[61]는 이를 긍정하였다.

IX. 보험계약자대출

1. 보험계약자 대출의 의의와 취지

가. 의의

보험계약자대출이라 함은 보험회사의 약관에 의하여 창설된 제도로(예컨대

60) 김선정, 보험계약자의 해지환급금청구권에 대한 채권자의 압류제한, 진산 김문환선생정년기념논문집 제2권, 법문사, 2011, 370면 이하.

61) 대법원 2009. 6. 23. 선고 2007다26165 판결은 "보험계약에 관한 해약환급금채권은 보험계약자가 해지권을 행사할 것을 조건으로 효력이 발생하는 조건부 권리이기는 하지만 금전 지급을 목적으로 하는 재산적 권리로서 민사집행법 등 법령에서 정한 압류금지재산이 아니어서 압류 및 추심명령의 대상이 되며, 그 채권을 청구하기 위해서는 보험계약의 해지가 필수적이어서 추심명령을 얻은 채권자가 해지권을 행사하는 것은 그 채권을 추심하기 위한 목적 범위 내의 행위로서 허용된다고 봄이 상당하다. 그러므로 당해 보험계약자인 채무자의 해지권 행사가 금지되거나 제한되어 있는 경우 등과 같은 특별한 사정이 없는 한, 그 채권에 대하여 추심명령을 얻은 채권자는 채무자의 보험계약 해지권을 자기의 이름으로 행사하여 그 채권의 지급을 청구할 수 있다."고 하고, "해약환급금청구권에 대한 추심명령을 얻은 채권자가 추심명령에 기하여 제3채무자를 상대로 추심금의 지급을 구하는 소를 제기한 경우 그 소장에는 추심권에 기초한 보험계약 해지의 의사가 담겨 있다고 할 것이므로, 그 소장 부본이 상대방인 보험자에 송달됨에 따라 보험계약 해지의 효과가 발생한다."고 하였다.

생명보험표준약관 제33조) 보험계약자가 보험계약의 해지환급금의 범위 내에서 보험자로부터 대출을 받는 제도이다. 보험금지급청구권과 해약환급금지급청구권과 함께 보험계약자의 권리이고, 보험자의 의무이다. 생명보험표준약관에는 보험계약자는 보험계약의 해약환급금의 범위 내에서 보험회사가 정한 방법에 따라 대출을 받을 수 있고, 이에 따라 대출이 된 경우에 보험계약자는 그 대출원리금을 언제든지 상환할 수 있으며, 만약 상환하지 아니한 동안에 보험금이나 해약환급금의 지급사유가 발생한 때에는 위 대출 원리금을 공제하고 나머지 금액만을 지급한다는 취지로 규정되어 있다.

나. 보험료의 자동대출납입과 보험계약자대출

보험료의 자동대출납입이라 함은 약관에서 해지환급금이 있는 경우에 보험계약자의 보험료납입이 없어도 회사가 정한 방법에 따라 보험자로부터 보험료상당액을 대출받아 보험료로 자동 납입되는 제도이다(생명보험표준약관 제25조). 서면, 인터넷 또는 전화(음성녹음) 등으로 신청한다.

보험료의 자동대출납입제도는 보험료의 지급이 일시적으로 곤란한 경우에 보험료상당액을 대출하는 제도인데 대하여, 보험계약자대출제도는 보험계약자의 일반적인 자금수요를 충족하기 위한 제도이다.

2. 보험계약자 대출의 법적 성질

보험계약자대출의 법적 성격에 대하여서는 상계예약부 소비대차설과 선급설이 주장되고 있다. 대법원 2007. 9. 28. 선고 2005다15598 전원합의체 판결[62)]

62) 보험자와 보험계약자가 생명보험계약을 체결하고, 보험계약자가 보험자로부터 약관대출을 받았다. 대출약관상 보험금이나 해약환급금 지급사유가 발생한 경우 약관대출금의 원리금을 상계 내지 공제하고 나머지만 지급하기로 되어 있었다. 한편, 채권신고기간이 만료된 이후에 보험자가 생명보험계약을 해지함과 아울러 약관대출금을 상계/공제한다는 의사표시를 하고 보험계약자에게 해약환급금 중 위 약관대출원리금을 공제한 금액만 지급하자, 보험계약자는 약관대출금은 정리채권으로서 그 채권신고기간이 경과되었으므로 상계의 시한이 경과되어 상계할 수 없다고 주장하면서 약관대출금 상당의 지급을 구하는 소를 제기하였다. 이 판결에서 가장 중요한 쟁점은 약관대출금이 대여금인지 아니면 보험금의 선급금인지 여부인바, 이는 약관대출계약이 보험계약과 별개 독립한 소비대차계약인지, 아니면 보험계약과 일체인지 여부로 연결되었다.

이 내려지기 이전에는 전자가 다수설의 입장이었지만, 이 판결은 선급설을 채용하였다.

가. 학설

(1) 상계예약부 소비대차설

보험금청구권 또는 해지환급금반환청구권이라는 생명보험계약상의 권리가 구체화되는 경우에 이것을 대출채권과 상계하는 내용의 예약이 포함되어 있는 소비대차라고 본다.[63]

소비대차설을 취하는 대법원 2007. 9. 28. 선고 2005다15598의 소수의견은 (1) "대출이라는 형식을 통하여 금전의 소유권을 보험회사로부터 보험계약자에게 이전하고, 보험계약자는 이를 '상환기일'에 금전으로 반환하되 약정 상환기일까지 '이자'를 지급하고 그 상환기일까지 '상환'이 지체될 경우에는 '연체이자'를 가산하여 지급하기로 명시하여 약정하고 있는 점, (2) 보험업 관계 법령도 보험약관의 규정에 의한 대출을 신용공여거래의 한 유형으로 분류하고 있는 점, (3) 기업회계기준상으로도 보험회사의 약관대출에 관한 회계처리는 자산계정 중 '선급금 항목'이 아니라 '대출채권 항목'에 기재하도록 규정되어 있고, 이에 따라 보험약관대출을 '대출채권'으로 취급하여 회계처리를 하는 것이 보험업계에 보편화되어 있는 점 등을 들었다.

(2) 선급설

선급설은 보험계약자대출은 보험계약상의 권리의 일부의 선급이라고 한다.[64] 이 설에 따르면 대출이자는 진정한 이자는 아니고 준비금의 운용으로 얻을 수 있는 이윤의 보상이고, 대출금의 반환은 선급금을 보험자에게 반환하여 본래의 상태로 복구하는 것이라고 본다. 선급설을 취하는 대법원 2007. 9. 28. 선고

전원합의체 판결의 다수의견은 약관대출금의 성격을 선급금으로 보고, 선급금의 공제는 상계와 다른 것이므로 정리채권을 자동채권으로 한 상계에 관한 시적 제한은 약관대출금의 공제에는 적용될 수 없다고 판시하였다.

63) 양승규, 전게서, 474면; 최기원, 전게서, 476면.

64) 김선정, 약관대출에 대한 법적고찰, 보험학회지 제59집(2001), 한국보험학회, 167면; 장덕조·한창희, 전게서, 210면.

2005다15598의 다수의견은 (1) 보험계약자대출계약은 약관상의 의무의 이행으로 행하여지는 것으로서 보험계약과 별개의 독립된 계약이 아니라 보험계약과 일체를 이루는 하나의 계약이라고 보아야 하고, 보험약관대출금의 경제적 실질은 보험회사가 장차 지급하여야 할 보험금이나 해약환급금을 미리 지급하는 선급금과 같은 성격이라고 보아야 하는 점, (2) 원칙적인 모습의 보험약관대출에서는 대출을 받은 보험계약자가 그 대출 원리금을 '언제든지' 상환할 수 있는 것이므로 이를 상환할지, 아니면 상환하지 아니하고 그대로 둘지의 여부는 오로지 보험계약자의 선택에 달려 있는 점, (3) 보험약관대출을 소비대차로 보게 되면 보험사고가 발생한 때에 그 보험금과 보험약관대출 원리금이 상계되는 것이라고 해석하여야 하는데 만약 보험수익자와 보험계약자가 다른 경우에는 보험금청구권자와 보험약관대출 원리금의 상환의무자가 서로 다른 사람이 되므로, 위 두 채권은 서로 상계할 수 없게 되는 문제가 발생하게는 점 등을 들고 있다.

이 설에 대한 비판은 약관의 문언, 당사자의 의사에 반하고, 자산운용으로 얻을 수 있는 이익 이상을 이자로 지급하는 이유를 설명할 수 없으며, 이직 구체화되지 않고 있는 해약환급금, 보험금청구권을 선급할 수 있는 것인가(고의로 인하여 보험사고가 초래된 경우에는 보험금청구권이 실현되지 않는다), 대출원리금을 변제하면 왜 보험계약이 복구하는가(한번 소멸한 채권은 부활한다고 할 없다)는 점 등이 들어진다.[65]

나. 판례

판례는 선급설을 취하고 있다.

다. 사견

상계예약부 소비대차설의 입장이 타당하다고 판단된다. 이 설의 문제점에 대하여 검토한다.[66]

---

65) 山下友信·米山高生, 전게서, 387~388面.
66) 山下友信·米山高生, 상게서, 388~389面.

(1) 약정에 변제기가 없는 점

보험계약자가 대출금반환의무를 지는 것은 아니고, 약관상 원금과 이자를 언제든지 반환할 수 있다는 특약이 있음에 불과하다.

(2) 이행기의 결여로 인한 상계적상의 문제

상계예약에 의하여 약관대출금의 이행기는 보험계약의 소멸 시이고, 보험계약의 소멸 시에 보험자가 가지는 구체화된 채권(보험금청구권, 해지환급금반환청구권)과 보험자가 가지는 약관대출채권이 상계적상이 되어 보험계약의 소멸과 동시에 상계된다.

(3) 타인을 위한 보험계약상 보험계약자에 대한 대출을 보험수익자에게 대항하는 문제

판례의 다수의견의 주된 논거이지만, 약관규정에 따라 보험수익자에게 대항할 수 있는 것이다.

(4) 보험계약자 또는 보험자가 파산하여 대출채권과 해지환급금과의 상계의 곤란의 문제

판례와 같은 보험자의 파산회사정리의 경우 선급설의 입장이 논리적으로 우월하지만, 소비대차설에 의하여서도 상계제한의 대상이 아니라고 해석된다. 원래 계약자대출의 최종적인 변제는 보험금·해지환급금의 지급 시에 행하여지는 것을 전제로 하기 때문에, 상계는 당사자의 합리적인 기대에 합치된다.

제6편

상해보험·질병보험

제6편 상해보험·질병보험

제1장 총 설

상해보험계약은 신체의 상해에 관한 보험사고가 생길 경우에 보험자가 보험금액 기타의 급여를 하는 보험계약이다(상법 제737조). 질병보험계약은 보험자가 질병에 관한 보험사고가 생길 경우에 보험급여를 하는 보험계약이다.

오늘날 고령화사회로의 진전에 따라 일상생활에서 상해를 당하고 질병에 걸리는 일이 많아졌고, 상해와 질병으로 인한 경제적 손실을 보험에 의하여 보장할 수요가 매우 크며, 실제로도 많은 상해보험상품과 질병보험상품이 판매되고 있다.

상해보험계약과 질병보험계약에는 실손보상방식과 정액보상방식의 2가지 유형이 존재한다.

실손보상방식의 상해보험계약에는 상해보험계약상의 치료비용보험금지급조항, 자동차종합보험계약상의 자기신체사고조항과 무보험차상해조항 등이 그 예이다.

정액급여형 상해보험계약과 질병보험계약은 보험사고인 상해나 질병이 발생하는 경우 일정한 보험급여를 행하는 것을 약정하는 계약이고, 실무상으로는 정액급여형이 많지만 실손보상형의 점유비율도 늘고 있다. 두 유형의 보험계약이 통합된 보험상품도 있다.

제2장 상해보험

Ⅰ. 상해보험계약의 의의

상해보험계약은 보험자가 피보험자의 신체의 상해에 관한 보험사고가 생길 경우에 보험금액 기타의 급여를 할 것을 약정하는 보험계약이다(상법 제737조).

상해보험은 생명보험과 같이 인보험이지만, 생명보험이 피보험자의 일정한 시점에서의 생존 또는 피보험자의 사망을 보험사고로 하는데 반하여, 상해보험은 상해로 인한 사망, 입원, 수술 등을 급여사유로 하는 점에서 생명보험계약과 다르다.

상해보험계약의 종류에는 교통사고로 인한 상해를 담보하는 교통상해보험, 여행 중의 사고로 인한 상해를 담보하는 해외여행상해보험·국내여행상해보험, 학교등의 단체의 구성원의 상해를 담보하는 단체상해보험 등이 있다. 이와 같은 단독의 상해보험상품은 보통 손해보험회사가 인수하고 있다.

생명보험회사는 생명보험상품(주계약이라고 함)에 피보험자의 상해 또는 질병을 급여사고로 하는 상해특약, 재해할증특약, 질병입원특약을 첨부하는 형태로 상해보험을 인수하는 것이 보통이다.

Ⅱ. 보험사고

1. 상해보험의 보험사고

상해보험의 보험사고는 피보험자의 신체의 상해이다. 상해보험에서 담보하는 위험으로서의 '상해'에 대하여 상법에서는 명확한 규정을 두고 있지 않다. 손해보험회사의 상해보험약관에 따르면 상해는 급격하고 우연한 외래의 사고로 인한 상해이다.

생명보험계약에 부가된 상해특약과 재해할증특약도 상해를 "보험기간 중 발생한 급격하고 우연한 외래의 사고"라고 하므로 상해의 요건으로 급격성, 우연성, 외래성이 요구된다.

2. 보험사고의 요건

상해보험계약의 보험사고는 손해보험회사가 취급하는 보험이나 생명보험회사의 보험 모두 급격하고 우연한 외래의 사고일 것을 요한다. 이것을 보험사고의 3요소라고 한다.

가. 급격성

상해사고의 급격성이라 함은 사고가 돌발적으로 발생하고, 이것을 원인으로 하는 결과(상해·사망)가 발생하기까지 시간적 간격이 매우 짧은 것을 의미한다. 추락사고, 익사사고, 교통사고가 전형적인 예이다. 사고의 발생을 예견하지 못하고(예측불능), 예견이 가능하였더라도 상해의 결과의 발생을 회피할 수 없었을 것(회피불능)이 요구된다.

급격성은 사고발생 후 장기간 신체에 작용함으로 인한 상해를 배제하는 개념이기 때문에, 반복성, 지속성이 강한 것은 급격성의 요건을 충족하지 않고, 급격성이 인정되지 않는 예는 계속적으로 유독가스를 흡입하여 중독된 경우이다.

급격성이 보험사고의 요건으로 요구되는 이유는 시간적 간격이 존재하면 결과의 예견과 회피가 가능하기 때문이고, 또한 시간이 경과하여 생긴 신체장해가 상해인가 질병인가의 구별의 곤란을 회피하기 위함이다.[1)]

다만 급격성의 요건의 판단에는 사고의 결과 상해가 발생할 때까지의 시간이 단기인가 여부만이 중시되는 것은 아니고, 사고의 발생을 예견할 수 있었는가 여부, 사고의 발생이 예견된 경우 상해의 발생을 회피하는 것이 가능하였는가 여부의 요소도 중요하다. 예컨대 석유난로의 불완전연소로 인하여 이산화탄소에 중독된 경우와 같이, 석유난로의 불완전연소를 예견할 수 없었고, 결과(상해)를 회피할 수 없었을 경우에는 비록 신체에의 작용이 비교적 장기간 지속되었어도

1) 山下友信, 保險法, 有斐閣, 2005, 450面.

급격성의 요건이 충족될 수 있다.[2)]

그러나 과로사의 경우 과중한 노동은 장기간의 지속적·반복적인 작용으로 진전하는 것이고, 어떠한 수단을 다하여도 회피할 수 없다는 것을 의미하는 급격성을 인정할 수 없다.[3)]

외과적 수술 기타의 의료처치는 사람의 신체에 대하여 의학적으로 절개하거나 도려내는 것으로 사람의 건강에 손상을 야기할 위험이 있지만, 원칙적으로 환자 또는 그 가족의 동의 내지 승낙을 얻어 행해지는 것이기 때문에 우연성과 급격성이 인정되지 않는다.[4)]

나. 우연성

(1) 의의

상해사고의 우연성이라 함은 피보험자가 사고원인과 상해의 결과를 예측하지 못한 것을 말한다. 사고의 원인이 우연인 경우와 사고의 원인은 필연이지만, 사고의 결과가 우연인 경우를 포함한다. 우연성이라 함은 피보험자의 고의에 의하지 않은 것이라 함과 같은 의미이다. 따라서 피보험자가 자살하거나 자상행위는 우연성을 결하여 상해사고가 아니다. 사람의 신체에 대한 의학적 절개 등을 수반하는 외과적 수술 등 의료처치는 우연성도 결여한다. 고의에 의한 경우이어도 정당방위와 인명구조 등에 의한 상해는 우연성의 요건을 충족한다.

피보험자가 피할 수 있었음에도 불구하고 방치한 결과 입은 상해(자살, 싸움 등으로 인한 상해 등)는 예측의 범위내이어서 우연성을 결한다.

판례[5)]는 '우연한 사고'라 함은 사고가 피보험자가 예측할 수 없는 원인에 의하여 발생하는 것으로서, 고의에 의한 것이 아니고 예견치 않았는데 우연히 발생하고 통상적인 과정으로는 기대할 수 없는 결과를 가져오는 사고를 의미한다고 한다.

---

2) 潘阿憲, 전게서, 300面.

3) 東京地判平9·2·3判タ952·272.

4) 潘阿憲, 전게서, 301面. 대법원 1980. 11. 25. 선고 80다1109 판결. 이 판결은 피보험자가 겨드랑 밑의 악취제거를 위한 수술 중에 급성심부전증으로 사망한 경우에는 상해보험사고에 해당되지 아니한다고 하였다.

5) 대법원 1998. 10. 13. 선고 98다28114 판결. 대법원 2001. 11. 9. 선고 2001다55499, 55505 판결. 대법원 2003. 11. 28. 선고 2003다35215, 35222 판결.

(2) 증명책임

보험사고의 우연성이라 함은 고의에 의하지 아니하는 사고를 의미하고, 고의에 의하지 아니함은 보험사고의 구성요소이기 때문에 우연성에 대한 증명책임은 보험금청구자가 진다. 그러나 상해보험약관에서는 피보험자의 고의를 면책으로 하기 때문에, 고의에 의한 사고임은 보험자가 증명책임을 진다는 점에서 논리적으로 모순되는 점에서 증명책임을 누가 지는가를 명확히 하는 것이 필요하다.

(가) 청구자부담설

상해보험의 보험사고는 급격하고 우연한 외래의 사고로 인한 신체의 손상이기 때문에, 우연성 즉 비고의성은 상해의 본질적인 요소로서, 고의에 의하지 아니함은 보험금청구자가 증명하여야 하는 소극적 요건이고, 보험금청구자가 사고의 우연성의 증명책임을 진다고 한다.

(나) 보험자부담설

보험금청구자가 증명하여야 한다면 원인이 불명인 사고인 경우 보험금청구가 어려워져 보험금청구자에게 가혹한 결과가 되고, 상해보험 약관에는 피보험자의 고의가 면책사유로 규정되어 있는데 면책사유의 존재는 보험자가 증명하여야 하므로, 사고가 우연하지 아니함의 증명책임은 보험자가 진다는 견해이다.[6)]

(다) 판례의 입장

판례[7)]는 보험금청구자부담설을 취하여 “인보험계약에 의하여 담보되는 보험사고의 요건 중 ‘우연한 사고’라 함은 사고가 피보험자가 예측할 수 없는 원인에 의하여 발생하는 것으로서, 고의에 의한 것이 아니고 예견치 않았는데 우연히 발생하고 통상적인 과정으로는 기대할 수 없는 결과를 가져오는 사고를 의미하는 것이며, 이러한 사고의 우연성에 관해서는 보험금 청구자에게 그 증명

---

6) 최기원, 전게서, 621면; 박세민, 전게서, 942면.

7) 대법원 2001. 8. 21. 선고 2001다27579 판결. 대법원 2001. 11. 9. 선고 2001다55499, 55505 판결. 2001다55499, 55505 판결은 피보험자가 술에 취한 상태에서 출입이 금지된 지하철역 승강장의 선로로 내려가 지하철역을 통과하는 전동열차에 부딪혀 사망한 경우, 피보험자에게 판단능력을 상실 내지 미약하게 할 정도로 과음을 한 중과실이 있더라도 보험약관상의 보험사고인 우발적인 사고에 해당한다고 한 사건이다.

책임이 있다."고 하였다.

(라) 사견

우연성은 상해사고의 본질적인 요소이기 때문에 보험금청구자가 증명책임을 진다고 본다. 약관상의 고의면책규정은 확인적 의미를 가진 것에 불과하다고 해석되기 때문에 우연성을 포함하는 상해사고의 개념규정과 고의면책규정이 모순되는 것은 아니다.[8)]

다. 외래성

(1) 외래성의 의의

상해의 원인이 피보험자의 신체의 외부로부터 작용하는 것을 말한다.

외래성의 요건은 상해를 야기하는 원인이 외부로부터 피보험자의 신체에 의 작용을 의미하기 때문에, 피보험자의 신체의 질병 등 내부적 원인으로 인한 상해는, 보험급여의 대상에서 제외된다. 사람의 생존 또는 사망을 보험사고로 하는 생명보험과 달리, 상해보험은 사람의 신체에 생기는 상해를 급여사유로 하지만, 사람의 신체에 대한 상해를 초래하는 원인은, 외래의 사고 외에 신체의 질병 등 내부적 원인이 존재하고, 상해보험은 신체의 질병 등 내부적 원인으로 인하여 생기는 상해를 급여사유의 대상에서 제외한다. 신체의 질병 등 내부적 원인으로 인한 사망(사망 또는 고도장애상태)은 생명보험 내지 건강보험의 대상이 된다. 외래성은 피보험자의 신체의 외부적 작용이고, 그 작용 자체는 물리적, 화학적, 기타 성질의 것이어도 된다. 저온(低溫)과 햇빛과 같은 기상조건에 의한 영향도 외부적 작용에 해당하지만, 이와 같은 상해는 보통 급격성과 우연성의 요건을 충족하지 않는다. 다만 재해사고를 당하여 정신적인 충격으로 급성심부전으로 인하여 사망한 경우에는 외래성의 요건을 충족한다.[9)]

피보험자의 신체에의 작용이 피보험자 자신의 행위에 의한 생긴 경우(예컨대 운동), 예컨대 산에서 글라이더를 타고 하강 중 다리가 골절된 경우, 무거운 물

8) 潘阿憲, 전게서, 302面.
9) 潘阿憲, 상게서, 303面.

건을 들다가 척추가 다친 경우 등도 외래성의 요건은 충족된다.

(2) 질병으로 인한 사고와 외래성

신체의 질병 등과 같은 내부적 원인에 기한 것은 제외된다.[10] 예컨대 뇌출혈은 급격성과 우연성을 충족하지만 외래성은 없다.

다만 사고가 질병에 기인한 경우 예컨대 피보험자가 목욕 중 또는 차량운전 중 심장발작 등의 질병으로 익사하거나 충돌사고로 사망한 경우 외래성의 요건이 충족되는지가 문제된다.

일본 최고재판소판례 중에는 파킨스병의 기왕증을 가진 피보험자가 기도가 막혀 질식하여 사망한 경우 사고의 외래성을 긍정하고,[11] 협심증발작에 의한 의식장애에 의하여 자동차를 적절히 운전할 수 없었기 때문에 저수지에 추락하여 사망한 경우 "피보험자의 질병에 의한 운행사고"도 외래의 사고에 해당하여 보험사고가 성립한다[12]고 판시한 경우가 있다.

이 논점에 관하여서는 심장발작으로 노상에서 졸도하여 주행하는 자동차에 사망한 경우와 같이 질병발작과 때마침 외래적인 힘이 작용한 경우에는, 당해 상해(사망)은 질병으로 인한 통상의 과정은 아니고 직접적이고 우발적인 외부적인 작용에 의한 결과이기 때문에 외래성의 요건을 충족한다고 본다. 반면 일상생활 중 보통으로 행해지는 목욕 중 질병이 발작하여 사망한 경우에는 외부적인 작용으로 평가할 수 없다.[13]

(3) 사고와 질병의 경합

외래의 사고와 질병이 경합하여 상해가 발생한 경우 어떻게 해결할 것인지가 문제된다.

일반적으로 외래의 사고 이외에 피보험자의 질병 기타 기왕증이 공동 원인이 되어 상해에 영향을 미친 경우에도 사고로 인한 상해와 그 결과인 사망이나 후

10) 대법원 2001. 8. 21. 선고 2001다27579 판결.
11) 일본 最判平19・7・6.
12) 일본 最判平19・10・19.
13) 潘阿憲, 전게서, 304面.

유장해 사이에 인과관계가 인정되면 보험계약 체결 시 약정한 대로 보험금을 지급할 의무가 발생한다.[14)]

상해보험약관에는 보험사고인 상해를 입은 경우 이미 존재한 상해 또는 질병의 영향에 의하거나, 또는 상해를 입은 후 그 원인이 된 사고와 관계없이 발생한 상해 또는 질병으로 인하여 상해가 중하게 된 경우에는 그 영향이 없었던 때에 상당하는 금액을 결정하여 지급한다는 뜻의 규정(한정지급조항)을 두고 있다. 즉 보험사고와 무관계한 질병 등에 의하여 상해사고가 결과 신체상해가 중하게 된 경우에는 신체상해의 정도를 판단하여 지급한다는 것이다.

판례[15)]는 약관규정에 따른 감액지급을 허용한다.

(4) 외래성의 증명책임

외래성은 상해사고의 구성요소의 하나이기 때문에 본래 보험금청구권자는 보험금여청구권의 성립요건으로 외래성을 증명할 책임을 진다. 그러나 타방 상해보험약관에는 "피보험자의 뇌질환, 질병 또는 심신상실"로 생긴 상해는 보험자 면책사유로 되어 있고, 면책사유의 존재에 대하여서는 보험자가 증명책임을 지게 된다. 따라서 어느 당사자가 외래성의 증명책임을 지는가가 문제된다.

판례[16)]는 "상해보험에서 담보되는 위험으로서 상해란 외부로부터의 우연한 돌발적인 사고로 인한 신체의 손상을 말하는 것이므로, 원인이 피보험자의 신체의 외부로부터 작용하는 것을 말하고 신체의 질병 등과 같은 내부적 원인에 기한 것은 제외되며, 이러한 사고의 외래성 및 상해 또는 사망이라는 결과와 사이의 인과관계에 관해서는 보험금청구자에게 그 증명책임이 있다."고 하여 보험금청구자 증명책임설을 취한다. 또한 판례에 따르면 이 경우의 인과관계는 의학적·자연과학적 인과관계가 아니라 사회적·법적 인과관계이고, 그 인과관계는 반드시 의학적·자연과학적으로 명백히 증명되어야 하는 것은 아니다.[17)]

---

14) 대법원 2005. 10. 27. 선고 2004다52033 판결.
15) 대법원 2002. 10. 11. 선고 2002다564 판결.
16) 대법원 2001. 8. 21. 선고 2001다27579 판결. 대법원 2003. 11. 28. 선고 2003다35215, 35222 판결.
17) 대법원 2002. 10. 11. 선고 2002다564 판결.

반면 일본 최고재판소판결[18]은 보험급여청구권자가 외부에서의 작용으로 인한 사고와 피보험자의 상해사이의 인과관계를 주장·증명하면 충분하고, 피보험자의 상해가 질병으로 인하여 발생한 것은 아니라는 것까지 증명할 책임을 지는 아니라고 하고 있다.

생각건대 상해사고의 우연성의 증명책임은 보험금청구자가 지는 것과 달리 질병과 외래의 사고는 질병 있는 자가 익사한 경우와 같이 질병이 있다고 하여 외래의 사고가 부존재한다는 것은 아니기 때문에 질병면책을 주장하는 보험자가 사고의 질병과의 인과관계를 증명하여야 한다고 해석된다.[19]

Ⅲ. 보험금

상해보험은 그 약정내용에 따라 상해에 의하여 발생한 구체적인 손해액과 관계없이 일정금액을 보험금으로 지급하는 경우도 있고(정액보험), 상해로 인한 치료를 위한 의료비 또는 약품대를 지급하는 실손보상방식도 있다(손해보험). 정액보험인 상해보험이라고 하더라도 그 약관에 "피보험자가 약관 소정의 상해를 입고 이미 존재한 신체장애, 질병의 영향으로 약관 소정의 상해가 중하게 된 경우 보험자는 그 영향이 없었을 때에 상당하는 금액을 결정하여 지급한다."고 규정되어 있는 경우 보험자는 그 약관에 따라 보험금을 감액하여 지급할 수 있고,[20] 피보험자가 사망에 이른 경우도 '중하게 된 경우'에 포함되므로 그 약관을 적용하여 감액 지급할 수 있다.[21]

한편 상해보험약관에서 후유장애보험금의 지급의무의 발생요건을 일정비율 이상의 후유장애를 입은 경우로 한정하고, 이와 별도로 보험금액 산정에 있어 기왕증 기여도의 감액요건과 방법에 관한 규정을 두고 있는 경우 판례는 보험

18) 일본 最判平19·7·6. 最判19·10·19.

19) 潘阿憲, 전게서, 312面.

20) 대법원 1999. 8. 20. 선고 98다40763, 40770 판결. 대법원 2002. 3. 29. 선고 2000다18752, 18769 판결. 대법원 2002. 10. 11. 선고 2002다564 판결. 대법원 2005. 10. 27. 선고 2004다52033 판결 등.

21) 대법원 2002. 10. 11. 선고 2002다564 판결.

사고로 인한 후유장애의 지급률이 위 일정비율 이상이면 일단 보험금지급의무가 발생하고, 기왕증은 보험금액 산정에 있어 그 기여분을 감액하면 된다고 하고 있다.[22]

Ⅳ. 면책사유

1. 상해보험의 면책사유

2018년 7월 10일 개정 질병·상해보험표준약관(손해보험회사용) 제5조는 (1) ① 피보험자가 고의로 자신을 해친 경우, ② 보험수익자가 고의로 피보험자를 해친 경우, ③ 계약자가 고의로 피보험자를 해친 경우, ④ 피보험자가 임신·출산·산후기로 입원한 경우, ⑤ 전쟁·외국의 무력행사·혁명·내란·사변·폭동으로 인한 경우, (2) 피보험자가 직업, 직무 또는 동호회 활동 목적으로 ① 전문등반·글라이더 조종·스카이다이빙·스쿠버다이빙·행글라이딩·수상보트·패러글라이딩, ② 모터보트 · 자동차 또는 오토바이에 의한 경기, 시범, 행사 또는 시운전, ③ 선박승무원·어부· 사공·그 밖에 선박에 탑승하는 것을 직무로 하는 사람의 직무상 선박탑승의 행위로 인하여 생긴 상해 등을 면책사유로 한다.

의료사고에 대하여서 2002년 7월 26일 개정 상해보험표준약관에는 '피보험자의 임신, 출산(제왕절개 포함), 유산 또는 외과적 수술, 그 밖의 의료처치를 원인으로 하여 생긴 손해는 보상하지 아니한다. 그러나 회사가 부담하는 상해로 인한 경우에는 보상한다.'고 규정하였고, 판례[23]는 "의료처치 면책조항의 취지는 피보험자에 대하여 상해나 질병 등을 치료하기 위한 외과적 수술 기타 의료처치(이하 '외과적 수술 등'이라고 한다)가 행하여지는 경우 피보험자는 일상생활에서 노출된 위험에 비하여 상해가 발생할 위험이 현저히 증가한다. 이 사건 보험계약에서 이 사건 면책조항을 둔 이유는 상해나 질병 등을 치료하기 위한 외과적 수술 등에 기한 위험 중 처음부터 상해보험의 보호 대상에서 제외되는 질병 등을 치료하기 위한 외과적 수술 등에 의하여 증가된 위험은 보험보호의

22) 대법원 2005. 10. 27. 선고 2004다5203 판결.
23) 대법원 2010. 8. 19. 선고 2008다78491, 78507 판결.

대상으로부터 배제하고, 보험회사가 보상하는 보험사고인 상해를 치료하기 위한 외과적 수술 등으로 인한 위험에 대해서만 보험보호를 부여하기 위한 것이다"고 하였으며, 2018년 7월 10일 개정 질병·상해보험표준약관(손해보험회사용) 제5조 제1항 4호는 '피보험자(보험대상자)의 임신, 출산(제왕절개 포함), 산후기. 그러나 회사가 부담하는 위험의 결과로 상해를 치료하는 경우에는 보험금을 지급합니다.'라고 규정하는바, 판결의 입장을 반영한 것으로 판단된다.[24]

---

24) 피부비뇨기과의원에서 겨드랑밑 악취방지를 위한 수술중 급성심부전증에 의하여 사망한 사건에서 법원은 상해사고가 아니라고 하였고(대법원 1980.11.25.선고 80다1109판결), 상해보험의 피보험자가 후복막강 종괴를 제거하기 위한 개복수술과정에서 의료진의 과실로 인한 감염으로 폐렴이 발생하여 사망한 사건에서, "피보험자가 위 수술에 동의하였다는 것만으로 의료과실로 인한 상해의 결과까지 동의하고 예견하였다고 볼 수는 없고, 이 사고는 오히려 피보험자의 고의에 의한 것이 아니고 그가 예측할 수 없는 원인에 의하여 발생한 것으로 '우연한 사고'에 해당한다고 볼 가능성을 배제할 수 없다(대법원 2010. 8. 19. 선고 2008다78491,78507 판결)"고 하였으며, 피보험자가 복부통증을 호소하여 복부 CT 촬영 결과 장 게실, 장 마비, 탈수 등으로 입원치료를 받은 후 장파열이 의심되어 장 유착 박리술과 장 일부 절단 및 문합술 시행 이후 호전이 되던 중, 지남력이 떨어지거나 미열, 백혈구 상승, 황색 포도상 구균 배양 등의 증상을 보였으나 병원의 의료진은 망인에 대한 구강섭취를 격려하였으며. 망인의 산소포화도가 떨어지자 의료진은 망인에 대하 기관삽관술 시행하였고, 망인의 식도에서 다량의 음식물 찌꺼기가 발견되자 흡인성 폐렴 치료를 하였으며, 그 후 폐부종, 패혈성 쇼크 상태, 허혈성 뇌손상과다 장기 부전, 망인은 위와 같은 상태에서 혼수상태로 치료를 받던 중 사망한 사건에서 '이 신체의 상해나 질병 등을 치료하기 위한 외과적 수술 등에 기한 상해가 아니라 순수한 건강검진 목적의 의료처치에 기하여 발생한 상해는 이 사건 면책조항의 대상이 아니다(대법원 2014. 4. 30. 선고 2012다76553 판결)'라고 하였다.

분쟁조정결정례로는 신청인이 입은 설신경 손상은 사랑니 발치과정에서 의사의 과실로 인해 우연히 발생한 상해사고이며 이를 치료하기 위해 병원에서 의료처치를 받은 것은 당해보험 약관에서 담보하는 상해를 치료하기 위한 것(2008.3.25. 조정번호 제2008-27호)이라고 하였고, 스테로이드 치료가 보험약관상 면책조항인 '외과적 수술, 그 밖의 의료처치'에는 해당하지 아니한다고 할 것이나, 본 건의 경우 보험사고의 성립조건인 사고와 상해간의 인과관계를 인정하기 어려워 피신청인은 약관에서 정하고 있는 보험금을 지급할 책임이 없다고 하였으며(2012.7.24. 조정번호 제2012-19호), 대퇴골두 무혈성 괴사가 뇌종양 수술 및 방사선 치료 후 발생한 심한 뇌부종 치료를 위해 스테로이드제의 약물치료의 부작용으로 발생한 것으로 추정되는 만큼 이 건 사고는 질병이지 상해라기 보기 어려우며, 설령 상해로 인정된다고 하더라도 질병의 치료를 원인으로 하는 경우 약관상 보상하지 아니하는 손해인 '외과적 수술, 그 밖의 의료처치로 인한 손해'에 해당하므로 보험금을 지급할 책임이 없다는 주장에 대하여 "이 면책조항은 특정 의료행위에 따른 사고발생 가능성이 통상의 경우 보다 높다면 약관상 상해사고의 성립요건인 우연성이 결여되므로 이를 보상범위에서 제외한다는 상해보험의 당연한 특성을 부연 설명한 것이지 질병치료를 위한 것은 모두 보상하지 아니한다는 의미로까지 확대해석할 수 없다"고 하여 보상을 명하였다(2013.5.28. 조정번호 제2013-15호). 또한 교통사고로 피보험자가 입은 상해가 곧바로 사망의 결과를 가져올 정도의 치명상은 아니었다 하더라도 하악골골절, 비골골절, 흉부좌상, 다발성 안면부 좌상 및 열창 등의 중상을 입은 사실이 인정되

2. 면책사유의 제한

생명보험의 경우와 마찬가지로 보험자의 면책사유를 제한하여 사고가 비록 보험계약자 또는 피보험자나 보험수익자의 중대한 과실로 인하여 생긴 것이라고 하더라도 보험금을 지급하도록 하고 있다(상법 제739조, 제732조의 2), 이는 상법 제659조에 대한 특칙으로서 피보험자나 보험수익자를 보호하기 위함이다.

3. 무면허운전 및 음주운전면책약관의 효력

상해보험이나 생명보험과 같은 인보험의 경우에는 보험계약자 또는 피보험자나 보험수익자의 중대한 과실로 인하여 생긴 경우에도 보험자의 보험금을 지급책임이 면제되지 않는다고 약관상 규정되어 있다.

현재 자동차보험표준약관의 '무보험자동차에 의한 상해특약'에서 보상하지 아니하는 손해로 '피보험자가 본인의 무면허운전 중 생긴 사고로 인한 손해'를 규정하고 있는데, 이 보험의 법적 성질은 손해보험형 상해보험으로서 인보험으로서의 성질을 가지기 때문에 그 해석에 있어서 견해가 나뉜다.

(1) 유효설

무면허운전에 관한 면책조항은 손해발생시의 상황에 관한 면책사유이므로 손해발생원인에 관한 면책사유를 규정하고 있는 상법 제739조, 제732조의 2가 적용되지 않으며, 음주운전과 무면허운전은 반사회적인 범죄행위로서 보험계약의 선의성·윤리성에 반하고 사고발생의 위험도도 높을 뿐만 아니라 다른 면책사유와의 균형상 이 조항은 유효하다고 해석하는 견해이다.

고, 사고차량의 파손상태 등을 고려해 볼 때 수술과정에서 발생한 심장병은 부수적인 원인을 제공한 것으로 보여지며 피보험자의 보다 직접적인 사망원인은 교통사고에 의한 상해라고 하였고(2001.1.16. 조정번호 제2001-2호), 주사기에 의한 약물투여 등의 주사는 그 약물의 성분, 그 주사기의 소독상태, 주사방법 및 주사량 등에 따라 인체에 위해를 발생시킬 우려가 높은 행위로 의료법상 의료행위에 포함되므로, 피보험자가 요통을 호소하자 간호조무사로서 무자격자인 피보험자의 딸이 피보험자에게 행한 주사행위는 약관상의 '그 밖의 의료처치'에 해당하여 면책이라고 하였다(2006.6.28. 조정번호 제2006-34호).

(2) 한정적 무효설

보험사고가 전체적으로 보아 고의로 평가되는 행위로 인한 경우뿐만 아니라 과실(중과실 포함)로 평가되는 행위로 인한 경우까지 포함하는 취지라면 상법 제6732조의 2항 및 제663조의 규정에 비추어 볼 때 과실로 평가되는 행위로 인한 사고에 관한 한 무효라고 보아야 한다는 견해이다.

(3) 판례

판례[25]는 대법원 1990. 5. 25. 선고 89다카17591 판결 이래 일관하여 한정적 무효설을 취하고 있다.[26]

(4) 결어

무면허운전의 경우에는 운전자가 운전능력이나 정상적인 판단능력이 결여된 상태이기 때문에 교통사고를 일으켜 그 자신 또는 타인의 신체나 생명에 위해를 초래할 수 있음을 충분히 예견할 수 있다는 점에서 그러한 상태에서 운전하다가 사고를 내 운전자가 사망하거나 운전자 자신의 신체에 상해를 입게 된 경우에 운전자의 미필적 고의에 의한 사고로 평가하여 위 면책조항을 적용한다는 주장이 제기될 수 있다.

하급심판결 중에도 그러한 경우 미필적 고의에 해당한다고 하여 무면허운전이나 음주운전의 면책조항을 유효하다고 보아 보험자를 면책시킨 판결이 있으나, 대법원은 그와 같은 경우에도 특별한 사정이 없는 한 운전자가 교통사고

---

25) 대법원 1990. 6. 22. 선고 89다카32965 판결. 대법원 1998. 3. 27. 선고 97다48753 판결. 대법원 1998. 4. 28. 선고 98다4330 판결. 대법원 1998. 10. 20. 선고 98다34997 판결. 대법원 1998. 12. 22. 선고 98다35730 판결.

26) 대법원은, 상법 제732조의2, 제739조가 사망이나 상해를 보험사고로 하는 인보험에 관하여는 보험자의 면책사유를 제한하여 보험사고가 비록 중대한 과실로 인하여 생긴 것이라 하더라도 보험금을 지급하도록 규정하고 있는 점이나 인보험이 책임보험과 달리 정액보험으로 되어 있는 점에 비추어 볼 때, 인보험에 있어서의 무면허운전이나 음주운전 면책약관의 해석이 책임보험에 있어서의 그것과 반드시 같아야 할 이유가 없으며, 음주운전의 경우에는 보험사고 발생의 가능성이 많을 수도 있으나 그 정도의 사고 발생 가능성에 관한 개인차는 보험에 있어서 구성원 간의 위험의 동질성을 해칠 정도는 아니라고 할 것이고, 또한 음주운전이 고의적인 범죄행위기는 하나 그 고의는 특별한 사정이 없는 한 음주운전 자체에 관한 것이고 직접적으로 사망이나 상해에 관한 것이 아니어서 그로 인한 손해보상을 해준다고 하여 그 정도가 보험계약에 있어서의 당사자의 선의성·윤리성에 반한다고는 할 수 없다는 점을 근거로 하고 있다.

발생 가능성을 인식하면서도 이를 용인하고 운전을 감행한 미필적 고의에 의한 사고로 보지 않고 과실로 평가되는 행위로 인한 사고로 보아 위 면책조항의 적용을 배제하고 있다.[27)]

V. 청구권대위

인보험에 있어서는 청구권대위가 금지된다(상법 제729조 본문). 이것은 인보험에 있어서는 보험자의 책임이 계약에 의하여 고정되고, 손해보상의 원칙에 따라 피보험자에게 책임을 지는 것이 아니기 때문이다. 그러나 상해보험계약의 경우에는 보험약관의 정함에 따라 상해보험자의 대위권을 인정할 수 있도록 되어 있다(상법 제729조 단서).[28)]

상해보험은 상해로 말미암아 지급되는 의료비와 약품대를 지급하는 경우에는 일종의 손해보험적 성질을 가지기 때문에 이득금지의 원칙이 적용되어 실제로 입은 손해를 초과하는 부분은 보험자에게 청구권대위를 인정하는 것이 타당하기 때문이다.[29)]

정액급여형의 상해보험에 대하여 보험약관의 정함에 따라 청구권대위를 인정할 수 있는가 여부가 문제된다.

1. 부정설

청구권대위를 허용하는 약관조항이 존재하여도 실손보상형급여에 대하여서만 대위할 수 있고, 정액보험형급여에 대하여서는 이것이 허용되지 아니한다고 한다.[30)] 그 근거로는 정액급부방식으로 지급되는 보험금(사망보험금, 후유장해보험금)에 대하여는 이중의 이득이 발생할 여지가 없다는 것이 들어진다.[31)]

---

27) 사법연수원, 보험법연구, 2010, 203면.

28) 대법원 2000. 2. 11. 선고 99다50699 판결. 대법원 2002. 3. 29. 선고 2000다18752, 18769 판결. 대법원 2003. 11. 28. 선고 2003다35215, 35222 판결, 대법원 2003. 12. 26. 선고 2002다61958 판결. 대법원 2008. 6. 12. 선고 2008다8430 판결도 같은 취지임.

29) 양승규, 보험법, 2004, 442면.

30) 김성태, 보험법강론, 법문사, 2002, 859면; 일본 최고재판소판례 昭55·5·1.判時971·102.

2. 긍정설

정액급여형의 상해보험에 대하여서도 청구권대위를 인정하는 입장이다. 계약당사자 사이에 보험수익자의 제3자에 대한 손해배상청구권이 보험자에게 이전한다는 합의는 채권양도에 유사한 법률행위라고 해석할 수 있다는 것을 근거로 한다.

3. 결어

정액급여형의 상해보험은 생명보험계약에 상당하기 때문에 청구권대위는 허용할 수 없다고 해석된다. 이에 관한 판례의 입장은 명확하지 않다. 향후 판례의 입장이 기대된다.

VI. 타인의 상해보험계약과 피보험자의 동의

타인의 상해를 보험사고로 하는 보험계약에 보험계약 체결 시 피보험자의 서면에 의한 동의를 요하는가에 문제된다.

상법상 상해보험에 타인의 사망을 보험사고로 하는 생명보험에 피보험자의 동의를 요하는 상법 제731조가 준용된다(상법 제739조). 이에 따라 타인의 상해보험계약에 관하여 피보험자의 서면의 동의 없는 상해보험은 무효이다.[32] 일본 보험법 제67조는 상해질병정액보험에 관하여 같은 취지의 규정을 하고 있다.[33]

31) 정경영, 자기신체사고보험과 가해차량의 대인배상책임보험의 관계, 보험법연구6(2005), 삼지원, 28면.

32) 양승규, 전게서, 484면; 김성태, 전게서, 860면; 최기원, 전게서, 1998, 629면, 정경영, 상법학강의, 2009, 938면.

33) 상해질병정액보험에 관한 일본 보험법 제67조에 따르면 보험계약자 이외의 자를 피보험자로 하는 상해보험계약은 피보험자의 동의가 없으면 무효이다(동조 제1항). 다만 피보험자(피보험자의 사망에 관한 보험금여에 있어서는 피보험자 또는 그 상속인)가 보험수익자인 경우에는 피보험자의 동의가 필요 없지만(동조 제1항 단서), 이에 해당하는 경우에도 급여사유가 상해질병으로 인한 사망만인 상해질병보험계약에는 피보험자의 동의가 필요하다(동조 제2항).

제3장 질병보험

Ⅰ. 총설

질병보험계약은 보험자가 질병에 관한 보험사고가 생길 경우에 보험금이나 기타의 급여를 하는 보험계약이다(상법 제739조의 2).

오늘날 고령화사회로의 진전에 따라 일상생활에서 질병에 걸리는 일이 불가피하게 되었고, 질병으로 인한 경제적 손실을 보험에 의하여 보장하는 질병보보험상품이 많이 판매되고 있다. 질병보험은 국민건강보험법에 의해 발생한 의료비 중 환자 본인이 지출한 의료비(본인부담금 + 국민건강보험 비급여 부분)를 보장하는 보험이다.

질병보험계약에는 실손보상방식과 정액보상방식의 2가지 유형이 존재한다.

실손보상방식의 질병보험계약에는 질병으로 입원하여 발생한 병실료, 의료비 질병의 치료를 위한 통원의료비, 질병의 치료목적의 처방조제비 등을 보상하는 경우 등이 있다.

정액급여형 질병보험계약은 보험사고인 질병이 발생하는 경우 일정한 보험급여를 행하는 것을 약정하는 계약이다.

현재 질병보험을 손해보험회사는 실손의료보험이라고 하고, 생명보험회사는 의료실비보험이라고 한다.

Ⅱ. 종류

질병보험에는 치명적 질병보험, 의료보장보험, 암보험, 간병보험, 소득보상보험이 주로 판매되고 있다.

1. 치명적 질병보험

치명적 질병(critical illness) 발병시 치료비, 생활비, 간병비 등을 지급할 수 있도록 사망보험금의 전부 또는 일부를 지급 하거나 별도의 생활비를 지급하는 내용의 보험이다. 일반적인 보험상품은 질병의 종류만으로 보장여부를 구분하지만, 이 보험은 질병의 종류와 함께 치명성(예컨대 중대한 암과 치료가 쉬운 암)에 따라 보장여부를 판단한다.

2. 의료보험

질병으로 의료서비스를 받아야 하는 경우 입원비, 치료비, 처방조제비 등 건강보험상의 자기부담부분이나 비급여부분을 지급하는 것을 내용으로 하는 실손보상형과 약정한 금액을 지급하는 정액보상형이 있다.

3. 암보험

암보험진단, 입원, 수술, 통원, 간병비 등을 정액 또는 비용을 보장하는 보험으로, 손해보험의 경우에는 15년의 단기보장만 가능하다.

4. 간병보험

치매성 질환 등으로 간병이 필요한 경우에 간병비를 지급하거나, 노인장기요양보험으로 간병서비스를 받을 때 소비자들이 내야 하는 자기부담금을 보장하는 실손형 민영 장기간병보험이 그 예이다.

5. 소득보상보험

질병으로 인한 노동력 상실로 인한 소득상실손해를 보상하는 보험이다. 현재 생명보험에서 재해 장해 시에 정액급부를 10년 정도 보장하는 것이 이에 해당하지만, 산업재해보상보험의 담보가 충분하지 않은 점에 비추어 수요가 늘 전망이다.

III. 계약전 발병 부담보조항

1. 계약전 발병 부담보조항의 쟁점

질병보험약관 등은 "보험계약의 청약일로부터 5년 이내에 그 질병으로 인하여 진단 또는 치료를 받은 경우", 암보험약관은 "피보험자가 계약일로부터 5년 이내 또는 해당 피보험자의 암보장 책임개시일(계약일로부터 그 날을 포함하여 90일이 지난날의 다음날)의 전일 이전에 암으로 진단 확정되어 있는 경우(이 경우에는 계약자 및 피보험자가 그 사실을 알고 있었거나 모르고 있었거나를 묻지 아니함)"을 계약의 무효사유로 하고 있다. 이를 계약전 발병 무효조항이라고 한다. 이 규정이 "보험계약당시에 보험사고가 이미 발생하였거나 또는 발생할 수 없는 것 인 때에는 그 계약은 무효로 한다. 그러나 당사자 쌍방과 피보험자가 이를 알지 못한 때에는 그러하지 아니하다(상법 제644)."는 조항에 반하여 무효인가가 문제된다. 또한 보험계약자 등이 고지의무를 이행하였음에도 불구하고, 보험기간 중에 생긴 질병이 계약 체결 전에 걸린 발병과 인과관계가 인정되는 경우 보험계약자 또는 피보험자는 보험급여를 받지 못하여 보험가입자측의 기대에 반하는 문제가 있다.

2. 계약전 발병 부담보조항의 효력

계약전 발병 부담보조항의 효력에 대하여서는 계약체결후의 위험선택의 하나의 수단으로 유효하다는 전제아래 논의되어 왔다.

먼저, 소급보험과 관련하여 판례[34]는 "보험계약의 당사자 쌍방 및 피보험자가 모두 선의이어서 상법 644조 단서가 적용되는 경우라 할지라도 그 보험계약에서 정한 책임개시시기 이후 발생한 보험사고에 대하여 보험자에게 보험금지

---

34) 대법원 2004. 8. 20. 선고 2002다20889 판결. 이 판결은 보험금청구자가 보험기간 중에 제1급의 장해상태가 되었다는 보험사고를 증명하여야 하는데, 보험기간 중에 최초로 뇌성마비의 진단을 받았다는 것만으로는 보험기간 중에 제1급의 장해상태가 되었다고 인정하기에 부족하다고 하였다.

급의무가 인정될 수 있을 뿐이고, 보험계약에서 정한 책임개시시기 이전에 보험사고가 발생한 경우 이는 그 보험자가 인수하지 아니한 위험에 해당하므로 보험금지급의무가 없다."고 하였다.

다음으로, 계약전 발병 부담보조항이 선의의 보험가입자측의 기대에 반한다는 쟁점에 대하여서는 계약전 발병 부담보는 계약체결 후에 위험선택을 하여 고지의무제도로 다하지 못한 위험의 선택을 보완하는 제도로 보아, 이 부담보조항의 효력을 일반적으로 승인하고 있다.[35] 그러나 계약전 발병 부담보제도가 보험제도의 건전한 기대를 도모하기 위한 필요불가결한 제도라고 하여도, 그것은 고지의무를 적법하게 이행한 선량한 보험계약자의 기대를 저버리는 제도이어서는 안 되는 점에서 개선이 요구되고 있다.

3. 개선방안

계약전발병 부담보제도가 보험제도의 건전한 유지를 위하여 불가결한 제도이더라도, 그것이 고지의무를 적법히 이행한 선량한 보험계약자의 기대를 해치는 제도로 개선이 요구되어 왔다.[36] 일본의 보험법 시행이후 개정 질병보험약관은

35) 潘阿憲, 전게서, 325面

36) 금융분쟁조정위원회 조정결정 2017.6.27. 2017-9호는 "청약서상 '계약전 알릴의무(중요한 사항에 한합니다)' 해당하는 질병으로 과거(청약서상 해당 질병의 고지대상 기간을 말합니다)에 진단 또는 치료를 받은 경우에는 제1조(보험금의 지급사유)의 보험금 중 해당 질병과 관련된 보험금을 지급하지 않습니다.'와 같은 계약전 발병 부담보 조항을 유효하게 해석하여 적용해보면 보험사고의 발생에 대한 증명책임을 부담하는 보험수익자로서는 피보험자의 질병으로 인한 보험사고의 발생이라는 사실뿐만 아니라 피보험자의 질병이 보험기간 중에 최초로 발병한 것이라는 점, 보험계약 청약 이전에는 보험사고와 인과관계 있는 그 어떤 질병으로도 진단·치료 받은 적이 없다는 점까지 증명해야 한다는 결론에 이르게 된다. 보험계약 전에 발병의 소인이나 증상 등이 있었던 경우에는 보험기간 중에 그로 인한 보험금 지급사유가 발생하였다고 하더라도 보험금을 지급하지 않는다는 의미의 이른바 '계약전 발병 부담보(혹은 책임개시전 발병 부담보, 이 사건 약관의 문언상으로는 청약전 발병 부담보)조항'은 질병 혹은 그 소인의 발병 시기는 상해보험(또는 생명보험회사가 판매하는 재해보험)에서 사고의 발생시점을 증명하는 것과는 상이한 것으로 그 질병의 최초 발병 시기를 객관적으로 확정짓는 것은 실제상 거의 불가능에 가까울 뿐더러 의학의 발달에 따라 발병시기가 지속적으로 소급되는 경향인 점 등에 비추어 볼 때, 그 의미가 지극히 포괄적이고 모호한 '계약전 발병'을 이유로 한 보험자의 무제한적인 면책효 주장을 허용한다면 보험계약자 측이 질병보험이나 생명보험계약을 체결한 근본목적을 위태화 할 수 있다. 따라서 계약전 발병 부담보 조항은 보험계약자 측의 정당한 이익과 합리적인 기대에 반하는 등 일반적으로 예상하기 어려운 조항이며, 신의칙에

이를 개선하였다.[37]

반하여 보험계약자 측을 부당하게 불이익하게 하고, 보험자가 부담하여야 할 담보책임을 상당한 이유없이 배제하는 것이어서 현저하게 형평을 잃은 조항이라 하지 않을 수 없으므로 「약관의 규제에 관한 법률」 제6조 제1항, 제2항 및 제7조 제2호, 제3호의 각 규정에도 위배되므로 무효이다"라고 하였다.

37) 보험자의 책임개시 전에 발병한 질병을 직접 원인으로, 질병입원급부 등의 지급사유에 해당하는 경우이어도, ① 질병보험계약의 체결시, 보험회사가 고지 등에 의하여 알고 있었던 질병에 관한 사유에 기하여 승낙한 경우에는, 사실의 일부가 고지되지 않은 것에 의하여 그 질병에 관한 사실이 보험회사가 정확히 아는 것이 불가능한 경우를 제외하고는, 그 승낙한 범위내에서 질병입원급무금 등을 지급하는 것, ② 그 질병에 대하여 질병보험계약의 책임개시전에 그 피보험자가 의사의 진료를 받지 않고, 또한, 건강진단 등에서 이상하다는 지적을 받지 않은 경우에는, 그 질병에 의한 증상에 대하여 보험계약자 또는 피보험자가 인식 또는 자각한 경우를 제외하고는, 질병입원급부금을 지급한다라고 규정한다.; 潘阿憲, 상게서, 325面.

제7편

연금보험

제7편 연금보험

Ⅰ. 우리나라의 연금제도

우리나라는 고령화사회에 본격적으로 들어서면서 노후준비가 부족한 경우에 빈곤과 노인질병 등 심각한 사회문제를 야기할 가능성을 의미하는 장수위험(longevity risk)에 대비하는 제도로 연금의 중요성이 사회적 관심사로 되고 있다.

우리나라의 노후소득의 감소·상실에 대비한 연금제도는 (1) 기초노령연금, 장애인연금 등 공적부조형태의 공적연금, (2) 국민연금, 퇴직연금, 공무원·군인·사립학교원의 특수직역연금제도 등을 포함하는 공적연금, (3) 개인연금제도라는 3층적 보장체계를 이루고 있다.

[표 1. 우리나라의 연금제도 체계]

구분			내용
2층	추가 보장	개인 연금	개인연금저축(400만원한도로 세제혜택): 조세특례제한법
			연금보험
1층	1차 안전망	사회 보험 연금	국민연금
			특수직역연금(공무원연금, 사립학교교직원연금, 군인연금)
			퇴직연금: 근로자퇴직급여보장법
			주택연금(주택소유자 55세 이상 주택가격 9억원 이하): 한국주택금융공사법
			농지연금(65세 이상의 영농경력 5년 이상의 농업인의 농지담보): 한국농어촌공사 및 농지관리기금법
0층	기초 안전망	사회부 조연금	기초노령연금(기초노령연금법)
			장애인연금(장애인연금법)

Ⅱ. 연금의 의의

연금은 정기적이고 장기간 지급되는 금전급여이다. 연금에 상응하는 영어는 pension으로 금전을 지급한다는 의미가 내포되어 있다. pension의 어원은 pay를 의미하는 라틴어 pendo로, 저울로 중량을 측정한다라는 물건의 교환의 경우의 화폐량을 의미하며, 이것에서부터 지급이라는 의미가 되었다.

1. 정기적으로 지급되는 금전급여

연금은 정기적으로 지급되는 금전급여이고, 일시금으로 지급되는 금전급여와 대비되는 개념이다. 사전은 연금의 의미를 "일정기간 동안 또는 종신에 걸쳐서 해마다 지급되는 일정액의 돈"이라고 정의하고 있다. 연금에 해당하는 다른 영어인 annuity의 어원은 year이라는 의미의 라틴어 annus이다.

다만 오늘날 연금은 해마다 지급되는 금전을 의미하는 것은 아니고, 주, 2주, 매월 지급되는 방법이 존재한다. 우리나라에서는 공적연금의 액은 연간액으로 표시되어 매월 지급되고 있다.

사적연금도 공적연금과 같이 정기적으로 지급되지만 매년 지급되어야 하는 것은 아니고, 1년 또는 이보다 단기간으로 정할 수 있다.

2. 장기간 지급되는 금전급여

연금은 장기간 지급되는 금전급여이고, 공적연금은 원칙적으로 종신 지급된다. 이것은 연금의 지급사유가 되는 노령, 장애, 사망에 의한 소득의 감소·상실이 일반적으로 영속적이기 때문이다. 공적연금에는 유기(有期)연금도 있다. 종신연금이어도 장애연금에 대하여서는 장애의 정도가 낮아지면 지급 정지되는 경우가 있다.

III. 연금의 종류

1. 공적연금과 사적연금

가. 의의

연금은 공적연금(public pension)과 사적연금(private pension)으로 구분된다. 공적연금은 사회보장제도의 일환으로 국민의 생활을 보장하기 위한 연금이다. 이에 대하여 사적연금은 국가·민간이 운영하든 개인이 노후의 장애·사망 등에 대비하는 것이다. 사회보장학에서 공적연금과 사적연금은 보험학에서 공보험과 사보험의 구별에 대응하지 않는다. 정보통신부에서 운영하는 우체국연금은 국가가 운영하는 공영보험의 연금이지만, 기본적으로는 사보험의 연금이고, 사회보장학에서 말하는 사적연금이다.

우리나라 보험업법상 연금보험계약은 생명보험계약에 편입되어 있고(보험업법시행령 제1조의 2 제2항), 연금보험은 "일정 연령이후에 생존하는 경우 연금을 주된 보장으로 하는 보험"으로 정의되어 있다(보험업감독규정 제1-2조 5호).

나. 공적연금과 사적연금의 구별기준

[표 2. 공적연금과 사적연금(개인연금)의 구별기준[1]]

공적연금	사적연금
공공목적	사적목적
국가책임	사적책임
강제가입	임의가입
급여반대급여균형의 원칙 적용 안 됨	급여반대급여균형의 원칙 적용됨
연동함	연동하지 않음
보험료납부강제	보험료납부임의
공적자금의 투입	공적자금투입 없음
부과방식	적립방식

1) 堀勝洋, 年金保険法, 法律文化社, 2011, 9面.

공적연금과 사적연금을 구별하는 것은 용이하지 않다. 표2는 보험의 틀을 이용하는 연금에 대하여 공적연금과 사적보험을 구별하는 기준을 나타내고 있다. 사적연금에는 개인연금과 기업연금이 있지만, 기업연금은 기업의 근로자복지라는 측면이 있기 때문에 개인연금에 포함하여 비교하였다.

다만 이 표에는 많은 예외가 인정된다. 먼저 강제가입과 임의가입을 공적연금과 사적연금의 구별기준으로 하고 있지만, 사적보험인 자배책보험은 자동차손해배상책임보험계약의 체결이 강제된다. 또한 국가에 따라서는 기업보험 등의 사적연금에의 가입을 강제하는 경우도 있다.

다음으로 부과방식과 적립방식의 구별기준과 관련하여, 적립방식의 공적연금도 존재한다. 부과방식은 강제가입이 전제되는 공적연금에서만 채용될 수 있다.

다만 전체적으로 보아 공적연금난에 표시된 특징을 가지는 연금이 공적연금이고, 사적연금도 같다.

다. 공적연금과 사적연금의 종류

주요한 공적연금에는 국민연금, 공무원·사립학교교직원·군인연금 등이 있다. 이들은 사회보장방식의 연금이지만, 사회부조방식(세금방식)의 연금도 있다. 기초노령연금법상의 기초노령연금, 장애인연금법상의 장애인연금 등이 후자의 예이다.

2. 노령연금, 장애연금, 유족연금

가. 소득의 감소·상실과 연금

연금은 노령연금(old-age pension), 장애연금(disability pension), 유족연금(survivor's pension)으로 분류할 수 있다. 일반적으로 공적연금이나 사적연금이나 주로 노후생활을 위한 것이다. 이것은 대부분이 사람은 고령자가 되는데 반하여, 장애자 특히 수급자가 사망하여 유족이 되는 경우는 적기 때문이다. 그러나 특히 공적연금에서 장애자와 유족에 대하여서도 연금은 매우 중요하다.

연금이 고령자, 장애자 및 유족에게 지급되는 것은 이 자들은 소득이 감소하거나 상실하는 경우가 많기 때문이다. 그러나 대부분의 사람에게 소득은 장기에 걸쳐서는 감소·상실하기 때문에 장기적인 급여인 연금의 지급사유로 하기에는 적당하지 않다. 따라서 연금은 가동능력이 저하·상실하여 소득이 감소·상실한 자에 대하여 지급되는 것이라고 설명되고 있다.

그러나 인과관계는 반드시 항상 성립하는 것은 아니다. 고령자, 장애자, 유족은 외형적인 판단기준에 따른 것이고, 실제로는 취업하여 소득이 있는 자도 있다. 또한 고령자, 장애자, 유족이어도 자산에 의하여 소득을 얻는 자도 있다. 그러므로 사회부조방식의 연금제도에서는 고령자이어도 일정액 이상의 소득을 얻는 자는 연금을 지급하지 않거나 지급을 제한하는 경우가 많다. 그러나 사회보험방식의 연금제도에서는 연금은 보험료납입의 대가이기 때문에 소득이 있어도 이와 같은 제한은 없고 연금이 지급되는 경우가 많다.

이상과 같이 연금은 가동능력의 저하·상실에 대한 급여라는 면과 소득의 감소·상실에 대한 지급이라는 면이 있다. 이 양자는 반드시 일치하지는 않지만, 통상은 일치하고, 연금은 이 양자를 지급사유로 하고 있다.

나. 노령연금과 퇴직연금

노령연금은 고령자를 위한 연금이고, 퇴직연금은 퇴직자를 위한 연금이다. 노령연금은 고령이 되어 취업하기 곤란하여 지급된다. 60세, 65세의 연령에 도달하는 것이 연금의 지급요건이다. 퇴직연금은 퇴직으로 임금이 없게 되어 지급된다.

우리나라에서 국민연금은 60세에 달한 때에(65세 이전까지 소득이 없는 경우에 한함, 65세 이전까지 소득이 있는 경우에는 재직자노령연금에 해당) 지급된다. 국민연금의 수급권자에는 취업이라는 관념이 성립하기 어려운 자영업자를 포함하기 때문이다. 이에 대하여 퇴직연금은 55세 이상으로서 가입기간이 10년 이상이고 연금의 지급기간은 5년 이상인 장에 한한다(근로자퇴직급여보장법 제12조 6호 가호).

사적연금중 개인연금은 노령연금인 경우가 많다. 기업연금은 이론적으로는 퇴직연금의 성격을 가지지만, 실제로는 일정한 연령에 지급된다.

다. 장애연금

일반적으로 일정한 정도 이상의 장애를 가지는 자는 취업하기가 곤란하고 소득이 감소·상실하는 경우가 많다. 장애연금은 이와 같은 장애자의 소득을 전보하기 위하여 지급되는 연금이다. 본래 장애연금은 가동능력이 저하·상실됨에 의하여 소득이 감소·상실한 자에게 지급되는 것이고, 많은 국가에서는 그와 같이 행해지고 있다. 그러나 우리나라의 국민연금법상의 장애연금은 일상생활의 제한의 정도에 따라 장애등급이 결정되고 소득이 감소·상실하지 않아도 지급된다.

라. 유족연금

유족연금은 주된 생계유지자가 사망하여 그 자의 소득으로 생활을 영위할 수 없게 되는 유족에게 지급되는 연금이다. 유족연금은 유족이 미성년자인 경우와 고령인 경우로 나눌 수 있다.

유족이 미성년자인 경우 유족 자신이 취업하는 것이 가능하면 지급될 필요가 없다. 우리나라 국민연금법상의 유족연금은 유족연금 수급권자가 배우자인 경우 수급권이 발생한 때부터 3년 동안 유족연금을 지급한 후 55세가 될 때까지 그 지급을 정지하고, 소득이 있는 업무에 종사하면 지급이 종료된다(국민연금법 제76조).

유족이 고령인 경우에는 사망자인 수급권자가 받는 노령연금의 일부가 실질적으로 유족에게 대체된 연금이다. 이와 같은 유족연금은 유족의 생활보장과 노후의 생활보장이라는 2중적인 성격을 띤다.

사적연금은 유족연금으로 지급되는 경우는 많지 않지만, 유기(有期)연금의 수급권자가 사망하는 경우 남은 기간분의 연금이 유족에게 지급되는 경우가 있다.

3. 종신연금과 유기연금

종신연금(lifetime pension)은 수급권자가 사망할 때까지 지급되는 연금이다. 공적연금은 요건을 충족하는 한 원칙적으로 종신연금이다. 사적연금은 유기연금인 경우가 많지만, 사적연금도 수명을 계산하여 종신연금으로 할 수 있다.

유기연금(limited pension)은 5년, 10년, 15년 등 기한을 한정하여 지급되는 연금이다. 예컨대 국민연금의 유족연금은 수급권자가 배우자인 경우 수급권이 발생한 때부터 3년 동안 유족연금을 지급한 후 55세가 될 때까지 그 지급을 정지하기 때문에 유기연금이다. 유기연금은 생존을 조건으로 지급되는 연금이고, 일정한 기간 내에 사망하면 지급되지 않는다. 이에 대하여 생존에 관계없이 지급되는 연금을 확정연금(definite pension)이라고 한다.

4. 정액연금과 소득비례연금

공적연금은 정액연금(flat-rate pension)과 소득비례연금(income(earning)-related pension)으로 나뉜다. 정액연금은 연금액이 정액인 연금이고, 일반적으로 정액보험료에 대응하는 연금이다. 국민연금의 노령연금은 정액연금이지만, 그 액은 보험액을 납입한 기간에 비례하기 때문에 반드시 모든 자에게 최고액의 정액연금이 지급되는 것은 아니다.

소득비례연금은 소득에 따라 보험료를 지급하고, 소득에 비례한 금액이 지급되는 연금이다. 다만 퇴직연금에서는 임금에 기하여 보험료와 연금액이 계산된다.

개인연금은 기본적으로는 납입된 보험료에 비례하는 연금이지만, 기업보험은 일반적으로 임금에 비례하는 연금이다.

5. 확정급여형연금과 확정기여형연금

확정급여연금(defined benefit: DB)은 대체로 먼저 연금액(또는 연금수준)을 결정하고 이에 필요한 보험료(또는 보험료수준)를 결정하는 틀의 보험이다. 근로자퇴직급여보장법상의 확정급여형퇴직연금은 근로자가 지급받을 급여의 수준이 사전에 결정되어 있는 퇴직연금을 말한다(동법 제2조 7호).

확정기여연금(defined contribution:DC)은 이와 반대로 보험료액을 먼저 결정하고 그 보험료에 적립금의 운용수입을 추가한 연금을 지급하는 틀의 연금이다. 근로자퇴직급여보장법상의 확정기여형퇴직연금은 급여의 지급을 위하여 사용자가 부담하여야 할 부담금의 수준이 사전에 결정되어 있는 퇴직연금을 말한다(동법 제2조 7호). 이와 같이 확정기여형연금은 각자가 받을 연금액이 각자가 납부한 보험료액에 이자를 부가한 연금이다. 따라서 이것은 개인계정(individual account)의 연금이라고 한다.

또한 평균수명, 물가·임금 변동 등 전제가 현실과 다른 경우 리스크는 일반적으로 확정급여형연금의 경우에는 보험자가 부담하지만, 확정기여형연금은 피보험자가 부담한다.

Ⅳ. 퇴직연금

1. 의의

근로자가 퇴직하는 경우 노후생활을 보장하기 위한 연금제도로 2005년부터 시행되었다. 2010년 말에 퇴직보험과 신탁제도가 폐지되고, 퇴직연금만이 기업이 손비인정을 받을 수 있는 유일한 제도가 되어 비약적인 발전이 예상되고 있다.

2. 확정급여(DB)형과 확정기여(DC)형

퇴직연금은 확정급여(DB)형과 확정부담(DC)형으로 구분된다.

가. 확정급여(DB)형

확정급여형은 근로자의 근속기간과 급여수준에 따라 미리 정하여진 방식으로 퇴직 후 받을 급여가 확정되어 있는 제도이다.

나. 확정기여(DC)형

확정기여형은 근로자가 적립금을 운용하는 형태로 최종급여는 자신이 선택한 운용성과에 따라 변동하는 제도이다. 기업은 연간 임금총액 12분의 1 이상의 금액을 노사가 퇴직연금규약에서 정한 금융회사의 근로자의 개인별규좌(IRA)에 납입하고, 근로자는 이 돈을 다양한 금융상품을 통하여 직접 운용한다.

V. 개인연금저축보험

1. 의의

"개인연금저축보험"은 개인의 안정적인 노후생활보장을 위해서 조세특례제한법에 의하여 세제상 혜택을 부여하는 상품으로 2001년 1월말부터 판매 개시되었고 근로소득자 및 자영업자에게 연간 납입보험료 100%(400만원 한도)를 소득공제하는 개인연금보험이다. "개인연금저축투자신탁"에도 개인연금저축보험과 합산하여 400만원까지 세제혜택이 부여된다.

2. 내용

가. 가입요건

가입연령은 만 18세 이상 국내거주자이고, 적립기간은 10년 이상 만55세 이후까지이며, 납입한도는 연 400만원이고, 연금지급기간은 만 55세 이후부터 5년 이상이다.

나. 세제지원

매년 보험료 납입금액 전액(400만원 한도)을 연말정산시 공제하지만, 연금수령시 연금소득에 대해 5.5%(주민세 포함)의 연금소득세가 부과된다.

다. 중도해지 또는 일시금수령시 해지가산세부과

가입자가 계약기간 만료 전에 중도해지하거나 적립기간 만료 후 연금 외에 형태(일시금)로 수령 시에는 과세대상 소득금액을 기타소득으로 하여 20% 세율로 해지가산세를 부과하여 원천징수한다.

부 록

1. 미국보험약사[1)]

연도	사건
1601	영국에서 최초로 엘리자베스법(상인간의 보험에 관한 법률)이 시행되었다. 적하와 선박의 보장에 관한 이 법은 현대보험의 근원이다.
1666	런던대화재가 도시환경에서 화재의 파괴력을 증명하였고, 지도적 기업가인 니콜라스 바본은 화재로 훼손된 가옥을 수리하기 위한 기업을 설립하였다.
1684	영국에서 공제조합참가자가 화재손해를 보장하기 위하여 상호보험회사를 설립하였다.
1688	로이즈 오브 런던의 선구자인 에드워드 로이드 커피하우스가 해상보험을 가입하고자 하는 선주의 중요한 회합장소가 되었다.
1696	세계에서 지속적으로 영업을 하고 있는 보험회사 중 가장 오래된 것인 Aviva의 전신인 Hand in hand Mutual Fire Company가 설립되었다.
1710	상호를 유지한채 영업을 하는 회사중 세계에서 가장 오래된 것인 the Sun을 찰스 포비가 설립하였다.
1735	미국의 최초의 보험회사인 the Friendly Society가 사우스 캐롤리나 찰스톤에서 설립되었다. 이 상호회사는 1740년에 폐업하였다.
1752	미국에서 현재까지 영업을 하고 있는 보험회사중 가장 오래된 것인 화재로 인한 가옥의 보험을 인수한 Philadelphia Contributionship이 설립되었다.
1759	미국에서 가장 오래된 생명보험회사인 Presbyterian Ministers Fund가 설립되었다.
1762	세계에서 가장 오래된 상호보험회사인 Equitable Life Assurance Society가 영국에서 설립되었다.
1776	미국 최초의 2개의 해상보험회사인 Charleston Insurance Company와 South Carolina Insurance Company가 설립되었다.
1779	로이즈 오브 런던이 최초의 원양해상보험증권을 도입하였다.
1792	미국에서 최초의 주식회사 형태의 보험회사인 Insurance Company of North Carolina가 설립되었다.

1) Insurance Information Institute, Insurance Handbook for Policymakers, 2009, pp. 325~327.

연도	사건
1813	Eagle Fire Insurance Company of New York이 Union Insurance Company의 모든 위험을 인수하였는데, 이것은 미국 최초의 기록된 화재재보험약정이다.
1849	뉴욕주가 미국 최초의 보험법을 제정하였다.
1850	Franklin Health Assurance Company of Massachusetts가 최초로 상해보험과 질병보험을 판매하였다.
1851	New Hampshire가 미국에서 최초로 보험을 감독하는 공식적인 기관을 설립하였다.
1866	뉴욕시에서 설립된 National Board of Fire Underwriters가 보험료율표준화의 시초를 이루었다.
1873	메사추세츠의회가 최초로 표준해상보험증권을 채용하였다.
1873	Fidelity and Casualty Company of New York이 신용보험증권과 보증보험증권을 판매하기 시작하였다.
1885	사용자책임보험계약의 도입으로 책임보험이 최초로 판매되었다.
1890	질병으로 인한 장애급여를 제공하는 최초의 보험이 판매되었다.
1894	전국화재보험자협회가 전기제품이 화재안전기준을 충족하는가를 조사시험하기 위한 보험자연구소를 설립하였다.
1898	Travelers Insurance Company가 미국에서 최초로 자동차보험을 판매하였다.
1899	뉴욕에서 행인이 최초로 자동차에 의하여 사망하였다.
1910	뉴욕이 최초로 근로자재해보상법을 제정하였다. 그러나 후일 위헌판결을 받았다.
1911	위스콘신이 미국에서 최초로 상근근로자보상법을 제정하였다.
1912	로이즈 오브 런던이 항공보험을 도입하였다.
1925	메사추세츠가 강제자동차보험법률을 제정하였다.
	코넥티컷트가 자동차운전자를 위한 재정책임법을 최초로 도입하였다.
1938	연방곡물보험법에 의하여 최초로 연방곡물보험제도가 도입되었다.
1945	McCarran-Ferguson Act(Public Law 15)가 제정되었다. 동법은 보험업에 대한 주법의 우선을 보장하여 연방독점법이 제한된 범위에서 보험업에 적용되지 않도록 하였다.

연도	사건
1947	뉴욕이 자동차보험회사파산을 보장하는 자동차책임보장기금을 설립하였다. 이 기금은 파산보험자의 보험금청구를 보장하기 위하여 모든 주가 설립하고 있는 주보장기금의 선구자이다.
1950	주택소유자종합보험이 최초로 도입되었다.
1960	보스톤 도시지역에서 보험이용문제를 다루는 보스톤계획이 설립되었다.
1968	고위험지역에서 재산보험의 이용을 보장하기 위한 주운영 Fair Access to Insurance Requirements(FAIR) 계획이 최초로 설립되었다.
	National Flood Insurance Act의 제정으로 연방홍수보험계획이 도입되었다. 이는 홍수감소계획에 참가하는 지역의 재산소유자가 홍수손해에 대비한 보험을 구입할 수 있도록 하였다.
1971	매사추세츠주가 진정한 무과실자동차보험계획을 최초로 도입하였다.
1981	Federal Risk Retention Act가 제정되었다. 동법은 위험보유단체의 성장을 촉진하였고 기타 비전통적인 보험기구를 육성하였다.
	일리노이의회는 개별보험중개사와 위험보유자거래를 로이즈 오브 런던과 유사한 단일시장으로 하기 위한 공동노력인 Illinois Insurance Exchange를 설립하였다.
1985	Mission Insurance Group이 파산하였다. 이 파산으로 인하여 당시 단일 손해보험회사의 파산으로 주보장기금에 의한 최대의 지급이 초래되었다. 이 파산과 기타 파산으로 인하여 1980년대에 각 주가 보험자파산에 대하여 엄격히 규율하게 되었다.
	몬태나주가 보험료율 설정에서 성차별을 최초로 금지하였다.
1992	유럽단일보험시장을 창설하는 유럽연합 제3차비생명보험지침이 발효하였다.
1996	플로리다는 보험회사가 허리케인손해에 대하여 개별적인 정액공제를 하도록 하는 규칙을 입법하였고, 이로 이하여 금액기준이 아니라 허리케인손해의 일정 비율을 정액공제하는 것으로 변화하였다.
	자본시장에서 재난위험을 담보하는 재난증권(catastrophe bonds)이 도입되었다.
1997	보험, 은행, 증권을 포함하는 금융서비스에 대한 거래장벽을 제거하기 위한 세계무역기구에 미국과 100여 개 국가가 가입하였다.

연도	사건
1998	Travelers가 인터넷에서 보험을 최초로 판매하였다.
1999	Financial Services Modernization Act(Gramm-Leach-Bliley)가 제정되어 보험, 은행, 증권회사가 단일한 금융지주회사에 속하는 것이 허용되었다.
2001	뉴욕시의 세계무역센터와 워싱턴 디시의 국방부를 테러리스트가 공격하여 약 400억 달러의 보험금이 지급되는 손해가 발생하였다.
	뉴욕이 운전중 휴대폰 사용을 최초로 금지하였다.
2002	Terrorism Risk Insurance Act가 테러리즘보험손해에 대하여 연방차원의 임시적 지원을 위하여 제정되었다.
2003	미국연방대법원은 2004년에 내려진 역사적인 판결인 Farm v. Campbell 사건에서 징벌적손해배상은 손해배상액의 9배를 초과할 수 없음이 일반적이라고 판시하였다.
2004	뉴욕주법무장관인 Eliot Spitzer와 다수의 조사관이 보험업의 판매와 회계관행에 대하여 조사를 개시하였다.
2005	2002년에 손해보험사업을 분리하였던 시티그룹이 Travelers 생명보험부문을 매각하였다. 이는 1999년의 Gramm-Leach-Biley이 입법되도록 유인하였던 협약을 해체하였다.
	Federal Class Action Fairness Act가 단체소송에 대한 방어비용과 평결비용의 저렴화의 전망을 제공하여 연방법원에 다수의 단체소송에 제기되었다.
	Katrina를 포함한 허리케인으로 인하여 2005년이 가장 허리케인이 온해가 되었다.
2006	메사추세츠가 Universal Health Insurance Law를 최초로 입법하였다.
	연방의회가 만료된 Terrorism Risk Insurance Act를 2007년까지 연장하였다.
2007	플로리다주가 허리케인손해에 대하여 사적보험회사로부터 주정부로 비용보상을 변경하는 입법을 하였다.
	워싱턴주가 운전중 휴대폰으로 문자를 하는 것은 최초로 금지하였다.
	연방의회가 Terrorism Risk Insurance Act의 유효기간을 2014년으로 연장하였다.

연도	사건
2008	연방준비은행이 AIG에 850억달러를 지원하고 주식의 79%를 취득하였고, 지원금액은 증가하였다.
2010	금융감독개혁법(Dodd-Frank Wall Street Reform and Consumer Protection Act)가 제정되어 Consumer Financial Protection Bureau가 설립되었으나 보험업분야에는 적용이 면제되었다.

2. 2018년 수입보험료 세계 10대 국가

(2018년: 단위 억달러)

순위	국가	총보험료	
		금액	세계점유율
1	미국	14,693	28.29
2	중국	5,748	11.07
3	일본	4,406	8.49
4	영국	3,365	6.48
5	프랑스	2,579	4.97
6	독일	2,414	4.65
7	한국	1,790	3.45
8	이탈리아	1,702	3.28
9	캐나다	1,379	2.46
10	대만	1,219	2.35
전체		51,392	100.00

1,790억달러=약 199조 7,640억원(1USD=1,160원, 2018년말기준)

순위	국가	생명보험	
		금액	세계점유율
1	미국	5,933	20.58
2	일본	3,133	11.85
3	중국	3,428	11.11
4	영국	2,355	8.35
5	프랑스	1,650	5.85
6	이탈리아	1,253	4.44
7	대만	1,020	3.62
8	한국	980	3.48
9	독일	964	3.42
10	인도	737	2.61
전체		28,200	100.00

980억달러=약 109조 3,680억원(1USD=1,160원, 2018년말기준)

순위	국가	손해보험	
		금액	세계점유율
1	미국	8,759	36.91
2	중국	2,615	10.02
3	독일	1,450	6.11
4	일본	1,064	4.48
5	영국	1,010	4.26
6	프랑스	928	3.91
7	한국	809	3.41
8	캐나다	738	3.11
9	네덜란드	686	2.89
10	호주	489	2.11
전체		23,730	100.00

809억달러=약 90조 2,844억원(1USD=1,160원, 2018년말기준)
출처: 월간 생명보험, 2019년 9월호, 생명보험협회

3. 수입 세계 10대 보험회사(2013년 : 단위 100만달러)

순위	회사	수입	국가	종류
1	Berkshire Hathaway	$182,150.0	미국	Property/casualty
2	AXA	165,893.5	프랑스	Life/health
3	Japan Post Holdings	152,125.8	일본	Life/health
4	Allianz	134,636.1	독일	Property/casualty
5	United Health Group	122,489.0	미국	Health
6	Assicurazioni Generali	115,224.4	이탈리아	Life/health
7	Munich Re Group	83,844.8	독일	Property/casualty
8	Prudential	81,867.7	영국	Life/health
9	China Life Insurance	81,867.7	중국	Life/health
10	Zurich Insurance Group	72,045.0	스위스	Property/casualty

Global Forune 500개 회사의 분석에 기초하고, 주식회사와 상호회사를 포함함.
출처: Fortune.

4. 2013년 순재보험료 세계 10대 재보험회사

(2013년 : 단위 100만달러)

순위	회사	순수입재보험료	국가
1	Munich Reinsurance Co.	$22,545.9	독일
2	Swiss Re Ltd.	14,542.0	스위스
3	Hannover Re S.E.	12,905.8	독일
4	Berkshire athawayReinsurance Group	11,440.0	미국
5	Lloyd's of London	11,363.7	영국
6	Scor S.E.	5,931.9	프랑스
7	Everest Re Group Ltd.	5,004.8	버뮤다
8	PartnerRe Ltd.	4,479.1	버뮤다
9	Korean Reinsurance Co.	3,499.0	대한민국
10	Transatlantic Holdings Inc.	3,248.0	미국

3월 31일 종료 회계연도
출처: Business Insurance, September 1, 2014

5. 수입 세계 10대 보험중개회사

(2013년 : 단위 100만달러)

순위	회사	중개료수입	국가
1	Marsh & McLennan Cos. Inc.	$12,270	미국
2	Aon P.L.C.	11,787	영국
3	Willis Group Holdings P.L.C.	3,633	영국
4	Arthur J. Gallagher & Co.	2,742	미국
5	Jardine Lloyd Thompson Group P.L.C.	1,746	영국
6	BB&T Insurance Holdings Inc.	1,582	미국
7	Brown & Brown Inc.	1,356	미국
8	Wells Fargo Insurance Services USA Inc.	1,350	미국
9	Hub International Ltd.	1,148	미국
10	Lockton Cos. L.L.C.	1,117	미국

보험중개와 관련사업으로 인한 수입
출처: Business Insurance, 2014. 7.21.

참고문헌

[서양서]

Arnould, Law of Marine Insurance and Average, (16th ed., Sweet & Maxwell, 1981).

Barries G. Jervis, Reeds Marine Insurance, 2005(大谷孝一·中出哲譯, 現代海上保險, 成山堂書店, 2013).

F.D. Rose, Marine Insurance: Law and Practice, (LLP, 2012).

George Walker and Robert Purves, Financial Services Law, (3rd ed., Oxford, 2014).

Howard Bennett, The Law of Marine Insurance, (2nd ed., New York, Oxford University Press, 2006).

Johanna Hjalmarsson & Dinging Hwang, Insurance in China, (informa law from Routledge, 2016).

John Birds, Modern insurance law, (10th ed., Sweet & Maxwell, 2016).

John Dunt, International Cargo Insurance, (informa law from Routledge, 2016).

________, International Marine Cargo Insurance, (informa, 2012).

Jonathan Gilman and Robert Merkin, Arnould's Law of Marine Insurance and Average, (17th ed., Sweet & Maxwell, London, 2008).

Julian Burling, Lloyd's: law and practice, (informa law from Routledge, 2014).

Jurgen Basedow & John Birds & Malcolm Clarke & Herman Cousy & Helmut Heiss & Leander Loaker, Principles of European Insurance Contract Law, (2 expended edition, ottoschmidt, 2016).

Kenneth S. Abraham, The Liability Century, (Harvard University Press, 2008).

________________, Insurance law and regulation-cases and materials, (4th ed. Foundation Press, 2005).

Kyriaki Noussia, Insurable Interest in Marine Insurance Contracts: Modern Commercial Needs versus Tradition, 39 Journal of Maritime Law and Commerce 91, 2008.

_____________, The Principle of Indemnity in Marine Insurance Contracts, (Springer,

Leipzig, 2007).

Law Commission, Insurance Contract Law Issues Paper 4 Insurable Interest, 14 January 2008.

______________, Insurance Contract Law: Misrepresentation, Non-Disclosure and Breach of Warranty by the Insured, (TSO, London, 2007).

Malcolm A. Clarke, Aggravation of risk during the insurance period, 109-110 Lloyd's Maritime and Commercial Law Quarterly, 2003.

_____________, The law of liability insurance, (Informa Law from Routledge, 2017).

_____________, Policies and Perceptions of Insurance Law in the Twenty-First Century, (Oxford University Press, 2007).

______________, The Law of Insurance Contracts, (Informa, 2009).

______________, "Trends in the interpretation of marine insurance contracts", in Marine insurance: The law in transition edited by Rhidian Thomas (informa, 2005).

Nicholas Leigh-Jones and John Birds and David Owen, MacGillivray on Insurance Law, (10th ed., Sweet and Maxwell, 2003).

Peter J. Tyldesly, Consumer Insurance Law, (Bloomsly Professional, 2015).

Robert H. Jerry, II and Douglas R. Richmond, Understanding Insurance Law, (LexisNexis, 2007).

Robert Merkin(editor), Insurance Law-An Introduction, (informa, 2007).

____________, Reforming Insurance Law: Is There a Case for Reverse Transportation?. A report for the English and Scottish Law Commissions on the Australian Experience of Insurance Law Reform(http://www.lawcom.gov.uk /docs/merkin_report.pdf, 2011.5.6. 방문).

Xu Guojian and Lü Guoming and Tee Pek Sian, Insurance Law in China, (CCH Kong Limited, Hong Kong, 2007).

Yvonne Lambert-Faivre et Laurent Leveneur, Droit des assurances, (14 éd, Dalloz, 2018).

[일본서]

甘利公人·山本哲生編, 保険法の論点と展望, 商事法務, 2009.

岡田豊基, 現代保険法, 中央經濟社, 2017.

高山崇彦 編著, Q&A 新保険法の解説, 金融財政事情研究會, 2008.

堀勝洋, 年金保険法, 法律文化社, 2011.

近見正彦·吉澤卓哉·高尾厚·甘利公人·久保英也, 新·保険學, 有斐閣, 2006.

金澤理·大塚英明·兒玉康夫, 新保険法と保険契約法理たな新展開, ぎょうせい, 2009.

東京海上日動火災保険株式會社, 損害保険の法務と實務, 金融財政事情研究會, 2017.

東京海上日動火災保険株式会社, 損害保険の法務と実務, 金融財政事情研究会, 2016.

潘阿憲, 保険法概説, 中央經濟社, 2018.

山野嘉朗, 保険契約と保険消費者保護の法理, 成文堂, 2007.

山下友信, 保険法, 有斐閣, 2005.

________, 保険の意義と保険契約の類型(竹濱修 外編, 保険法改正の論点, 法律文化社, 2009).

________, 保険法(上), 有斐閣, 2018.

山下友信·米山高生, 保険法解説, 有斐閣, 2010.

山下友信·竹濱修·洲崎博史·山本哲生, 保険法, 有斐閣, 2015.

山下友信·永澤徹 編著, 保険法1, 第一法規, 2016.

安居孝啓, 最新保険業法の解説, 大成出版社, 2010.

鈴木辰紀 編著, 日臺中の自動車保険, 成文堂, 2009.

竹濱修 外編, 保険法改正の論点, 法律文化社, 2009.

村田敏一, 保険の意義と保険契約類型, 他法との關係(落合誠一 外編, 新しい保険法の理論と實務, 經濟法令研究所, 2008).

萩本修 外, 新しい保険法, 金融財政事情研究所, 2008.

萩本修, "保険法現代化の概要"(落合誠一 外編, 新しい保険法の理論と實務, 經濟法令研究所, 2008).

坂本三郎 外, 新しい保險法, 金融財政事情研究所, 2008.
下和田功, はじめて学ぶリスクと保険 有斐閣, 2010.

[국내서]

금융감독원, 금융감독개론, 2017.
______, 금융소비자보호백서, 2011.
______, 초·중·고 금융교육표준안 연구보고서, 2010.
김성태, 보험법강론, 법문사, 2000.
박세민, 보험법, 박영사, 2019.
사법연수원, 보험법연구, 2012.
서돈각·정완용, 상법강의(하). 법문사, 1996.
서울중앙지방법원, 손해배상소송실무(교통·산재), 사법발전재단, 2017.
성대규·안종민, 보험업법, 두남, 2015.
심재두, 해상보험법, 길안사, 1995.
양승규, 보험판례연구, 삼지원, 2000.
양승규·장덕조·한창희, 보험법개정의 관점, 2009.
양승규·한창희. 해상보험법, 삼지원, 2007.
올바른보험교육위원회, 올바른 보험교육을 위한 연구, 한국보험학회, 2010.
유관우·이현열, 인보험약관관해석, G&P, 2006.
이기수·최병규·김인현, 보험·해상법, 박영사, 2008.
이원섭, 일본에서 온 우리말사전, 고려대학교 출판부, 2014.
이재복·허연·박영섭·윤민현, 해상보험과 리스크관리, 박영사, 2009
장덕조, 보험법, 법문사, 2018.
장덕조·한창희, 보험판례연구집, 법영사, 2010.
정경영, 상법학강의, 박영사, 2009.
정완용·서돈각, 상법강의(하), 법문사, 1998.
정찬형, 상법강의(하), 박영사, 2015.
정희철, 상법학(하), 박영사, 1990.

보험법

최기원, 보험법, 박영사, 1998

최준선, 보험법·해상법, 삼지원, 2005.

한기정, 보험법, 박영사, 2017.

한창희, 금융소비자보호법, 고시아카데미, 2019.

______, 보험금 지급시기에 관한 영국의 2015년 보험법과 일본 보험법의 시사점, 보험학회지 제118집(2019), 한국보험학회.

______, 영국보험법, 국민대학교 출판부, 2018.

______, 프랑스, 일본 보험법상 보험자의 정보제공의무의 시사점, 법학논총 제32권 제1호(2019), 국민대학교 법학연구소..

______, 현대보험법의 동향, 국민대학교 출판부, 2009.

판례색인

[대법원]

[고등법원]

[지방법원]

[헌법재판소]

사항색인

보험법

(ㅎ)

보험법 (개정4판)

초 판 발 행	2011년 8월 31일
개정3판발행	2016년 2월 29일
개정3판2쇄발행	2017년 2월 28일
개정4판발행	2019년 12월 16일
지 은 이	한 창 희(Han, Changhi)
발 행 인	임 홍 재
발 행 처	국민대학교 출판부
주 소	서울시 성북구 정릉로 77
전 화	02-910-4242
팩 스	02-910-4240
등록년월일	1975년 6월 17일
등 록 번 호	제6-33호
인 쇄	삼아인쇄사

ISBN 978-89-7812-452-2 93360 가격 32,000원

국립중앙도서관 출판예정도서목록(CIP)

이 도서의 국립중앙도서관 출판예정도서목록(CIP)은 서지정보유통지원시스템 홈페이지(http://seoji.nl.go.kr)와 국가자료종합목록 구축시스템(http://kolis-net.nl.go.kr)에서 이용하실 수 있습니다.

(CIP 제어번호 2019048967)